W0396373

La fable

- Récit **court** et plaisant, en **prose** ou en **vers**, mettant souvent en scène des **animaux**.
- Présence d'une **morale**.
- **Critique** de la société et des comportements humains.

Ex : Marie de France, « Le Loup et le Chien » ▶ p. 70

Le discours

- Allocution à visée **argumentative**.
- **Art de la parole**.
- **Engagement** pour une cause, une idée.

Ex : Baker, « Discours de la marche pour les droits civiques » ▶ p. 188

LES GENRES ARGUMENTATIFS

- Textes de genres divers à visée essentiellement **argumentative**.
- Volonté de **convaincre** (par la raison) ou **persuader** (par les sentiments).
- L'auteur y défend une **thèse** grâce à des **arguments**.

La tribune, la lettre ouverte

- **Discours écrit** et souvent publié dans la presse.
- **Art de la parole**.
- **Engagement** pour une cause, une idée.

Ex : Le Clézio, « Tribune sur le dérèglement climatique » ▶ p. 192

DES TEXTES
LIBRIS 3^{e}

LA POÉSIE

- Disposition du texte en **vers** ou en **prose**.
- **Musicalité** du langage : jeux de sonorités (rimes, allitérations, assonances, rythme).
- Pouvoir évocateur des **images** (métaphores, comparaisons, personnifications…).

La poésie lyrique

- La **poésie lyrique** se caractérise par l'expression des **sentiments personnels**.

Ex : Aragon, « Que serais-je sans toi » ▶ p. 208

La poésie engagée

- La **poésie engagée** se met au service d'une **cause** politique, sociale…

Ex : Aragon, « La Rose et le Réséda » ▶ p. 206
Depestre, « Minerai noir » ▶ p. 216

LE THÉÂTRE

- Texte destiné à être **joué** devant un public.
- Constitué de **répliques** (paroles échangées par les personnages) et de **didascalies** (indications de mise en scène et de jeu).
- Découpé en **actes** et en **scènes**.
- Progresse par étapes : **exposition**, déroulement de l'intrigue, **dénouement**.
- De l'Antiquité au XIXe siècle, le théâtre se caractérise par son registre **tragique** ou **comique**. Le théâtre moderne mêle souvent les deux.

Flashez-moi pour accéder à toutes les ressources élève !

Comment accéder aux ressources numériques de Colibris 3ᵉ ?

POUR LES ÉLÈVES

▶ En accès **direct et gratuit** (sans passer par le manuel numérique)

1 Dans le manuel papier, je repère le code de la ressource :

Écoutez le texte lu.
hatier-clic.fr/22luf72

2 Je me connecte au site hatier-clic.fr :

https://www.hatier-clic.fr/

3 Je saisis le code de la ressource pour y accéder :

ENTREZ LE **CODE DE LA RESSOURCE**
22luf72
ACCÉDER À LA RESSOURCE

▶ Et en accès direct dans le **manuel numérique élève** en cliquant sur le code

SPÉCIAL ENSEIGNANTS

▶ En accès direct dans le **manuel numérique enseignant**

1 Repèrez les ressources signalées par :
+PROF

2 Cliquez sur le picto pour accéder à la ressource.

+PROF
Dictée (Ernst Jünger)

+PROF
Évaluation BREVET (Jean Anouilh)

+PROF
Dossier Résister par l'art et la littérature

▶ Toutes les ressources numériques **hatier-clic** pour les élèves sont également accessibles dans le **manuel numérique enseignant**

LES RESSOURCES NUMÉRIQUES DE COLIBRIS 3ᵉ

→ Signalées p. 4 à 13, et au fil des chapitres et des fiches

- ▶ 40 textes lus par des comédiennes et des comédiens
- ▶ Les bilans des chapitres lus par des comédiennes et des comédiens
- ▶ Des vidéos (extraits de mises en scène, films, entretiens...)
- ▶ Des lectures d'images interactives
- ▶ Des quiz sur les lectures cursives
- ▶ Des documents à imprimer et compléter (tableaux, cartes mentales, frises...)
- ▶ Des propositions de sites en prolongement des textes étudiés
- ▶ 160 exercices pour l'étude de la langue (tests diagnostiques et évaluations)

SPÉCIAL ENSEIGNANTS

- ▶ Des dictées
- ▶ Des évaluations Brevet et leurs corrigés
- ▶ Des activités numériques pour la classe (tutos)

3e

Livre unique

COLIBRIS
Français

Ouvrage réalisé sous la direction de **Béatrice Beltrando**

Malika Amrouche
professeure à Antony (92)

Béatrice Beltrando
professeure à Arpajon (91)

Jeanne Beltrando
professeure à Arpajon (91)

Jérémie Cantet
professeur à Vigneux-sur-Seine (91)

Mathilde Ferrier
professeure à Paris (75)

Julien Jaumonet
professeur à Fontenay-sous-Bois (94)

Nathalie Soula
professeure à Saint-Arnoult-en-Yvelines (78)

Anne Subervie
professeure à Levallois-Perret (92)

Les activités numériques des pages bilans proposées
en complément des chapitres 2, 4, 9, 10, 11 et 13
ont été réalisées par **Marine Bantignies**, professeure à Noisy-le-Grand (93).

Hatier

Dans votre manuel

Vidéo Interview d'Albert Camus hatier-clic.fr/22luf26 — **Écoutez le texte lu.** hatier-clic.fr/22luf128
→ Vous allez visionner un extrait vidéo ou écouter un document audio.

+PROF Évaluation BREVET (Jean Anouilh)
→ Vous allez vous évaluer avec des sujets de Brevet.

Lecture d'image hatier-clic.fr/22luf17
→ Vous allez découvrir une œuvre d'art de façon interactive.

160 exercices pour se tester et s'évaluer
→ Vous allez vous tester et vous évaluer en langue.

Site BDnF, la fabrique à BD hatier-clic.fr/22luf75
→ On vous indique des liens en prolongement des textes étudiés.

Fiche vocabulaire hatier-clic.fr/22luf42b
→ Vous allez imprimer et compléter des documents (tableaux, cartes mentales, frises...).

CARNET DE VOCABULAIRE — Recopiez les mots en vert accompagnés d'une courte définition.
→ Vous allez créer et compléter votre carnet de vocabulaire.

Quiz sur votre lecture (La Danse de l'araignée) hatier-clic.fr/22luf43
→ Vous allez répondre à un quiz sur une lecture cursive.

Travailler AUTREMENT
→ On vous propose des activités originales et différenciées.

Conception graphique (intérieur) : Fravre & Lhaïk, Marc Henry
Réalisation : Marc Henry, Sabine Beauvallet
Iconographie : Julie Sirdey / Hatier illustration
Gardes : Sandra Fauché (arrière), Vincent Landrin (avant)
Édition : Sarah Gaisser et Florence de Boissieu
Correction : Christine Ligonie

ISBN : 978-2-401-08583-1

COLIBRIS 3e

1 Atelier de rentrée
Présentons-nous !

▶ *Comment se révéler à travers un autoportrait ?*

LES RESSOURCES NUMÉRIQUES DANS COLIBRIS 3e

▶ **Pour les élèves :**
en accès direct et gratuit sur hatier-clic.fr
en tapant le code hatier-clic.fr/22luf401
et dans le manuel numérique élève

Texte lu | Lecture d'image | Vidéo

▶ **Réservées aux enseignants :**
signalées par +PROF et à retrouver dans le manuel numérique enseignant

Dictée | Évaluation Brevet

2 Albert Camus sur les traces de son enfance
Le Premier Homme (1994, posth.)

Œuvre intégrale par extraits

▶ *Comment et pour quelles raisons raconter ses souvenirs ?*

3 Adolescents et adolescentes témoins de l'Histoire

4 Des animaux très humains

5 Derrière l'écran

Texte intégral

Didier Daeninckx, « Œil pour œil » (1992)

6 Une tragédie moderne

Œuvre intégrale par extraits

Jean Cocteau, *La Machine infernale* (1932)

7 Le théâtre de la Grande Guerre

▶ *Comment représenter la Première Guerre mondiale au théâtre ?*

8 Un pion dans l'Histoire

Œuvre intégrale par extraits

Stefan Zweig, *Le Joueur d'échecs* (1943)

▶ *Comment le récit de fiction fait-il réfléchir sur l'Histoire ?*

9 Des nouvelles du monde
Andrée Chedid, *L'Artiste et autres nouvelles* (1999)

10 Prenons la parole !

11 Louis Aragon, poète engagé et amoureux

Œuvre intégrale par extraits

▶ *En quoi la poésie d'Aragon est-elle à la fois lyrique et engagée ?*

12 Identité et métissage en poésie

▶ *En quoi les voix de la négritude enrichissent-elles notre regard sur le monde ?*

13 Fictions spatiales

14 Une société du bonheur ?

Jean Molla, *Felicidad* (2005)

Œuvre intégrale par extraits

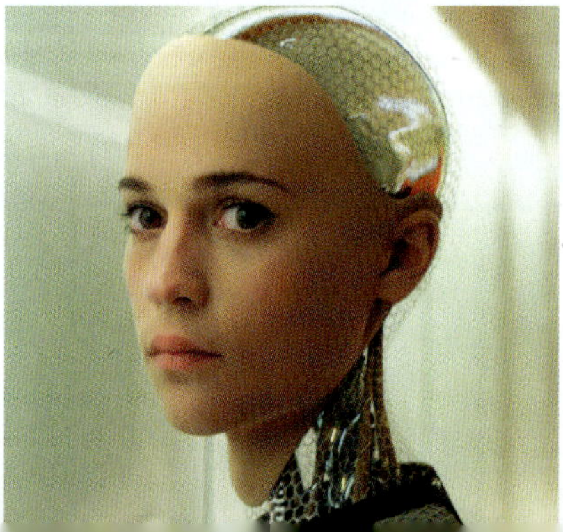

Méthode

Étude de la langue

160 exercices pour se tester et s'évaluer

LA PHRASE

LES CLASSES GRAMMATICALES

LES FONCTIONS

Étude de la langue

LE TEXTE ET LE DISCOURS

ORTHOGRAPHE

LEXIQUE

CONJUGAISON

Compétences du programme de français (CYCLE 4)	
COMPRENDRE LE FONCTIONNEMENT DE LA LANGUE	
C4.1	Connaître les différences entre l'oral et l'écrit.
C4.2	Analyser le fonctionnement de la phrase simple et de la phrase complexe.
C4.3	Consolider l'orthographe lexicale et grammaticale.
C4.4	Enrichir et structurer le lexique.
C4.5	Construire les notions permettant l'analyse et l'élaboration des textes et des discours.

Réussir mon année de 3e en Français

Je me prépare à l'épreuve du Brevet

▶ Des SUJETS GUIDÉS pour s'entraîner

▶ Des ÉVALUATIONS avec des questionnaires différenciés +PROF

▶ Des fiches MÉTHODE BREVET

▶ Des fiches MÉMO BREVET

Je travaille autrement, à mon rythme

DIFFÉRENCIATION

▶ Des parcours en groupe dans les chapitres

▶ Des questionnaires et bilans différenciés

▶ Des activités originales

Je développe mes compétences numériques

pix

1 Atelier de rentrée

Présentons-nous !

▶ *Comment se révéler à travers un autoportrait ?*

Dans ce chapitre, vous allez découvrir les enjeux de l'écriture de soi tout en vous présentant et en instaurant des échanges dans la classe.

Doc 1

Johannes Gumpp, *Autoportrait* (1646), huile sur toile (88,5 x 89 cm), galerie des Offices (Florence, Italie)

1. Ces deux œuvres (doc 1 et 2) mettent en scène des artistes faisant leur autoportrait.
a. En décrivant ce que vous voyez, donnez une définition précise de l'autoportrait.
b. Quelle est la technique employée ? Que révèle-t-elle de l'évolution de la pratique de l'autoportrait ?
2. Ces autoportraits (doc 1, 2 et 3) vous paraissent-ils fidèles à la réalité ?
3. Quelle est la tonalité du document 3 ? Quelle mise en garde exprime-t-il ?

AUTOPORTRAIT EN EMOJIS

Proposez un autoportrait en utilisant des emojis.

Vous pouvez vous appuyer sur l'exemple suivant : quel célèbre personnage de fiction se cache derrière cet exemple ?

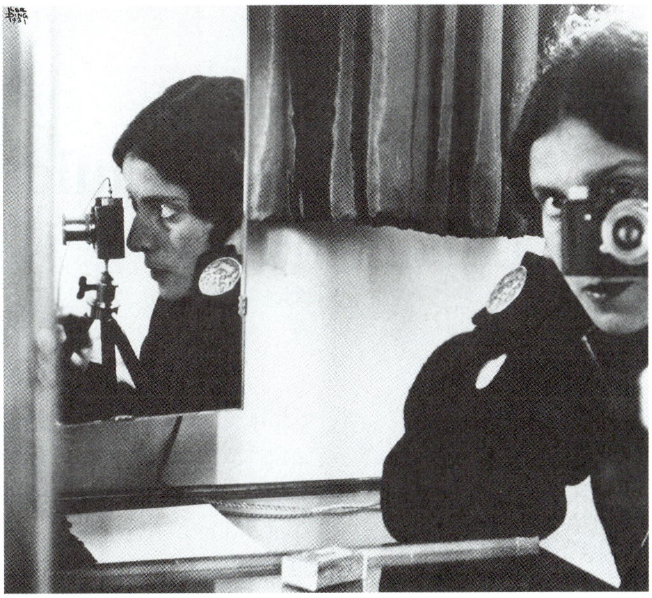

Doc 2

Ilse Bing, *Autoportrait au Leica* (1931), photographie (26,5 x 30,3 cm), centre Pompidou (Paris)

Doc 3

Lucia Heffernan, *Norman Catwell* (2016), huile sur bois (61 x 76 cm), collection particulière

INTERDISCIPLINARITÉ

AUTOPORTRAIT À L'INSTANT T

Réalisez la frise chronologique de votre vie.

1. Choisissez les dates marquantes que vous ferez apparaître.
2. Déterminez également des périodes (**Ex :** à l'école élémentaire, du CP au CM2...).
3. Construisez la frise en repérant les dates et en délimitant les périodes.

Peinture

Norman Rockwell
Triple autoportrait (1960)
hatier-clic.fr/22luf15

4. Comment Rockwell s'inscrit-il dans une tradition de l'autoportrait en peinture avec cette toile ?

AUTOPORTRAIT J'AIME / JE N'AIME PAS

Définissez-vous par vos goûts.

1. Proposez un couple « J'aime... / Je n'aime pas... » pour chaque sens : la vue, le toucher, le goût, l'ouïe et l'odorat.
Ex : J'aime l'odeur du linge qui a séché au soleil. / Je n'aime pas le bruit sec et métallique du grille-pain qui éjecte ses tartines...
2. Présentez-vous oralement grâce à ces couples de phrases.

Objectif
Entrer dans le genre de l'autobiographie et se poser la question de la sincérité

La Rochefoucauld par lui-même

Écoutez le texte lu.
hatier-clic.fr/22luf16h

Je suis d'une taille médiocre[1], libre, et bien proportionnée. J'ai le teint brun, mais assez uni ; le front élevé et d'une raisonnable grandeur ; les yeux noirs, petits, et enfoncés, et les sourcils noirs et épais, mais bien tournés. Je serais fort empêché à dire de quelle sorte j'ai le nez fait, car il n'est ni camus[2], ni **aquilin**, ni gros, ni pointu, au moins à ce que je crois : tout ce que je sais, c'est qu'il est plutôt grand que petit, et qu'il descend un peu trop bas. J'ai la bouche grande, et les lèvres assez rouges d'ordinaire, et ni bien ni mal taillées ; j'ai les dents blanches, et **passablement** bien rangées. On m'a dit autrefois que j'avais un peu trop de menton : je viens de me tâter et de me regarder dans le miroir, pour savoir ce qui en est, et je ne sais pas trop bien qu'en juger. Pour le tour du visage, je l'ai ou carré, ou en ovale ; lequel des deux, il me serait fort difficile de le dire. J'ai les cheveux noirs, naturellement frisés, et avec cela assez épais et assez longs pour pouvoir prétendre en belle tête. J'ai quelque chose de chagrin et de fier dans la mine : cela fait croire à la plupart des gens que je suis méprisant, quoique je ne le sois point du tout. J'ai l'action fort aisée, et même un peu trop, et jusques à faire beaucoup de gestes en parlant. Voilà naïvement comme je pense que je suis fait au-dehors ; et l'on trouvera, je crois, que ce que je pense de moi là-dessus n'est pas fort éloigné de ce qui en est.

■ **François de La Rochefoucauld**, « Portrait du duc de La Rochefoucauld fait par lui-même », *Recueil des portraits et éloges* (1659)

VOCABULAIRE

Aquilin
En latin, *aquila* désigne un aigle.
→ Déduisez de cette étymologie la forme du nez de l'auteur.

Passablement
→ Sur quel adjectif cet adverbe est-il formé ? Donnez-en la définition.

1. **médiocre** : qui se situe dans la moyenne.
2. **camus** : court et aplati.

Comment se représenter physiquement ?

1. L'auteur semble-t-il fidèle à la réalité quand il se décrit ?
2. Relevez au moins trois expressions du texte qui montrent que l'auteur n'est pas sûr de ce qu'il affirme.
3. Quelles indications de La Rochefoucauld prouvent au lecteur et à l'auteur lui-même que son apparence physique est bien telle qu'il la décrit ?

ÉCRITURE

- À la manière de La Rochefoucauld (l. 1 à 15 jusqu'à *point du tout*), écrivez votre portrait physique.
- Vous reprendrez les étapes de son portrait, ainsi que les formules qui expriment le doute ou la certitude.

COUP DE POUCE

Liste à imprimer
hatier-clic.fr/22luf16b

Le vocabulaire du portrait physique

Teint : blafard, bruni, cireux, coloré, congestionné, cramoisi, éclatant, frais, hâve, rubicond...
Yeux : allongés, en amande, encaissés, enfoncés, exorbités, globuleux, saillants...
Nez : aquilin, busqué, camus, crochu, proéminent, rectiligne, saillant, tombant...
Bouche, lèvres : charnue, étroite, expressive, large, lippue, pincée, pulpeuse, rieuse, sensuelle...
Visage : anguleux, ascétique, bouffi, creux, émacié, empâté, maigre, osseux, plissé, plein...
Cheveux : abondants, auburn, blonds, bruns, châtains, clairsemés, crépus, drus, ébouriffés, hérissés, hirsutes, noirs, ondulés, rejetés en arrière, roux...

XVIIᴱ SIÈCLE
AUTOPORTRAIT PICTURAL

Objectif
Comprendre la particularité de l'autoportrait féminin en peinture

Autoportrait d'Artemisia Gentileschi

Découvrir

1. À quelle activité se livre la personne représentée ? Voit-on le résultat de cette activité ?

2. L'artiste cherche-t-elle à se mettre en valeur ? Vous pourrez observer notamment sa position ainsi que ses vêtements.

3. Selon vous, pourquoi les autoportraits féminins sont-ils beaucoup moins nombreux que les autoportraits masculins jusqu'au XXe siècle ?

Lecture d'image
hatier-clic.fr/22luf17

Artemisia Gentileschi, *Autoportrait en allégorie de la peinture* (1638-1639), huile sur toile (96,5 x 73,7 cm), Royal Collection (Windsor, Royaume-Uni)

AUTOPORTRAIT PHOTOGRAPHIQUE

Comme Artemisia Gentileschi, proposez un autoportrait – photographique, cette fois-ci – où vous mettrez en scène la passion qui vous anime. Écrivez un petit texte explicatif pour accompagner votre autoportrait.

DÉBAT

Le selfie est un mot d'origine anglaise (de *self* = soi) qui désigne une photo de soi-même par soi-même. C'est un peu l'autoportrait d'aujourd'hui.

Désignez un animateur de débat. Il posera aux débatteurs les questions proposées et distribuera la parole équitablement.

- Est-on sincère dans ces clichés ?
- Quel sens donner à cette multiplication des autoportraits ?

XXIe SIÈCLE
CHANSON

Objectif
Étudier un texte poétique et autobiographique

« Funambule »

Écoutez le texte lu.
hatier-clic.fr/22luf18

Grand Corps Malade (Fabien Marsaud) est slameur et réalisateur. Son nom d'artiste fait référence à un grave accident qui l'a laissé handicapé à vingt ans.

VOCABULAIRE

Opulence
→ L'opulence est présentée comme l'antonyme de la « dèche ». Déduisez-en sa signification.

À chaque époque, on s'cherche un peu, et on s'demande si on s'connaît
On est nous-même, on fait c'qu'on peut, on changera pas c'est ce qu'on s'promet
Entre bitume et tapis rouge, j'ai slalomé de part en part
J'côtoie la dech[1] et l'**opulence**, j'apprends à faire le grand écart
Ma vie propose tellement de thèmes, parfois je fonce parfois je freine,
J'vois les deux côtés du système, pourtant j'me sens pas schizophrène[2]
J'essaie de pas faire trop d'erreurs et dans mes choix je me sens libre
Je crois en c'truc du fond du cœur, tout est une question d'équilibre
C'est pour ce besoin d'équilibre que j'ai dû prendre un peu de risques
Après un mauvais coup du sort, ma vie partait pour être triste
Écarté des terrains de sport, comme un sursaut j'ai compensé
J'avais besoin d'un autre support, dans l'écriture j'me suis lancé
C'est pour ce besoin d'équilibre qu'il me fallait de l'aventure
Toute mon histoire se refermait, fallait trouver une ouverture
J'ai touché l'accélérateur pour retrouver des sensations
Car comme je marche à 2 à l'heure, il me fallait une compensation

Je suis un funambule, j'avance loin des certitudes
Les pieds sur terre, l'air dans ma bulle, l'équilibre est une attitude
Je suis un funambule, j'avance loin des certitudes...

Je suis un funambule, j'avance loin des certitudes
Les pieds sur terre, l'air dans ma bulle, l'équilibre est une attitude
Je suis un funambule... [...]

1. **dech** (dèche) : manque d'argent, misère.
2. **schizophrène** : individu dont la personnalité se dédouble.

■ **Grand Corps Malade**, extrait de « Funambule » (2013),

Comment dire qui l'on est ?

1. Rappelez la définition du mot *funambule*. Quelles caractéristiques du funambule retrouve-t-on dans le texte ?

2. Le texte répète le mot *équilibre* (v. 8, 9, 13, 19, 23). De quel équilibre s'agit-il ?

3. a. Quels sont les pronoms utilisés dans les trois premiers vers du texte ? Que signifie le changement de pronom ?
b. En observant les temps verbaux, repérez le passage qui constitue un retour en arrière. Quel événement est rapporté ? En quoi est-il important ?

4. Entre quels mondes le slameur se trouve-t-il en équilibre ?

SE REPRÉSENTER EN IMAGE

Grand Corps Malade choisit l'image du funambule pour se décrire et se présenter. Frida Kahlo montre son corps meurtri mais aussi l'espoir qui l'anime.

Et vous, quelle image poétique pourrait vous représenter ? Cela pourra être un art, une activité, un animal, un objet, un lieu...

À vous ensuite de développer l'image dans un court texte en vers libres comme dans la chanson.

XXᴱ SIÈCLE
AUTOPORTRAIT PICTURAL

Objectif
Analyser un autoportrait atypique

Autoportrait de Frida Kahlo

Découvrir

1. ORAL Décrivez la composition de cet autoportrait et tous les éléments que vous y voyez. Quelles questions soulèvent-ils ?

2. RECHERCHE Connaissez-vous Frida Kahlo ?

a. Recherchez quelques indications biographiques sur cette célèbre peintre.

b. Quels éléments de l'autoportrait évoquent l'origine de Frida Kahlo ?

Frida Kahlo, *Arbre de l'espoir, rester fort* (1946),
huile sur toile (41 x 56 cm),
collection particulière

Travailler AUTREMENT

DIFFÉRENCIATION

1. Téléchargez avec le lien ci-contre (ou recherchez sur Internet) le célèbre « questionnaire de Proust ».

Questionnaire à imprimer
hatier-clic.fr/22luf19g

2. Parmi ces questions, choisissez-en dix qui vous paraissent pertinentes pour connaître quelqu'un.

3. Ajoutez cinq questions qui permettront de mieux cerner la personnalité d'un adolescent d'aujourd'hui.

4. a. Échangez votre questionnaire avec votre voisin.

b. Répondez chacun aux questions posées.

5. Ce questionnaire vous semble-t-il efficace pour vous présenter tel que vous êtes ?

SE PRÉSENTER EN SLAM

Comme dans le documentaire *À voix haute*, où le slameur Loubaki Loussalat le propose à ses élèves, présentez-vous en complétant les quatrains suivants :

Je suis... / J'ai... / Je viens... /
Je m'appelle...
Hier... / Aujourd'hui... / Demain... /
Un jour...

Vous trouverez un exemple dans cet extrait.

Vidéo
Un extrait d'*À voix haute*
hatier-clic.fr/22luf19d

« Une bonne figure »

J'étais fortement constituée, et, durant toute mon enfance, j'annonçais devoir être fort belle, promesse que je n'ai point tenue. Il y eut peut-être de ma faute, car à l'âge où la beauté fleurit, je passais déjà les nuits à lire et à écrire. Étant fille de deux êtres d'une beauté parfaite, j'aurais dû ne pas dégénérer, et ma pauvre mère, qui estimait la beauté plus que tout, m'en faisait souvent de naïfs reproches. Pour moi, je ne pus jamais m'astreindre à soigner ma personne. Autant j'aime l'extrême propreté, autant les recherches de la mollesse m'ont toujours paru insupportables.

Se priver de travail pour avoir l'œil frais, ne pas courir au soleil quand ce bon soleil de Dieu vous attire irrésistiblement, ne point marcher dans de bons gros sabots de peur de se déformer le cou-de-pied, porter des gants, c'est-à-dire renoncer à l'adresse et à la force de ses mains, se condamner à une éternelle gaucherie, à une éternelle débilité[1], ne jamais se fatiguer quand tout nous commande de ne point nous épargner, vivre enfin sous une cloche pour n'être ni hâlée, ni gercée, ni flétrie avant l'âge, voilà ce qu'il me fut toujours impossible d'observer. Ma grand'mère renchérissait encore sur les réprimandes de ma mère, et le chapitre des chapeaux et des gants fit le désespoir de mon enfance ; mais, quoique je ne fusse pas volontairement rebelle, la contrainte ne put m'atteindre. Je n'eus qu'un instant de fraîcheur et jamais de beauté. Mes traits étaient cependant assez bien formés, mais je ne songeai jamais à leur donner la moindre expression. L'habitude contractée, presque dès le berceau, d'une rêverie dont il me serait impossible de me rendre compte à moi-même, me donna de bonne heure l'*air bête*. Je dis le mot tout net, parce que toute ma vie, dans l'enfance, au couvent, dans l'intimité de la famille, on me l'a dit de même, et qu'il faut bien que cela soit vrai.

Le sujet de Brevet comporte toujours **un texte** et **une image**.

Somme toute, avec des cheveux, des yeux, des dents et aucune difformité, je ne fus ni laide ni belle dans ma jeunesse, avantage que je considère comme sérieux à mon point de vue, car la laideur inspire des préventions[2] dans un sens, la beauté dans un autre. On attend trop d'un extérieur brillant, on se méfie trop d'un extérieur qui repousse. Il vaut mieux avoir une bonne figure qui n'éblouit et n'effraye personne, et je m'en suis bien trouvée avec mes amis des deux sexes.

■ George Sand, *Histoire de ma vie* (1855)

1. **débilité** : faiblesse.
2. **préventions** : des jugements rapides et parfois injustes.

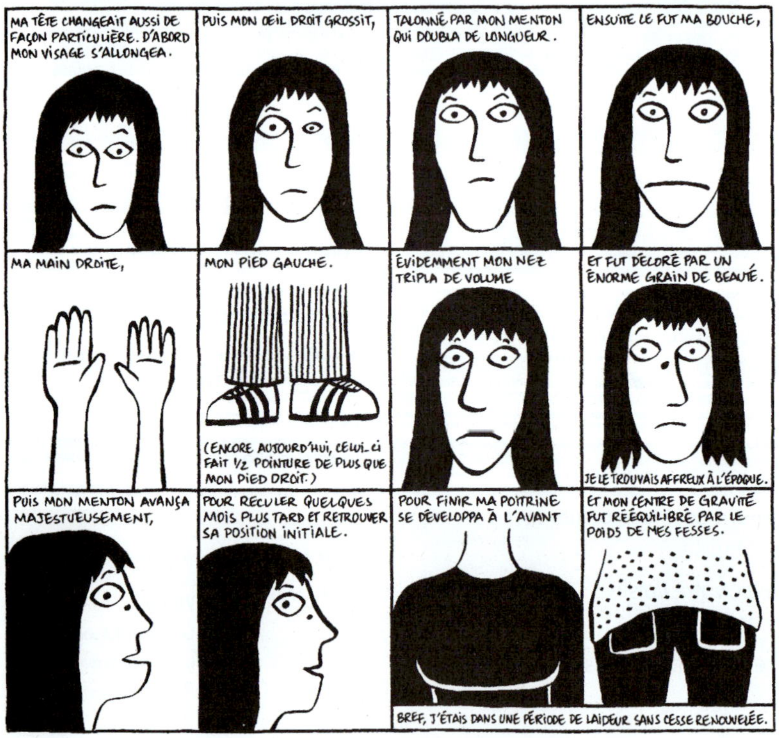

Marjane Satrapi, « Le légume » (détail), planche extraite de *Persepolis*, volume 3 (2002) © L'Association

▶ Méthode Brevet p. 284 à 293

Le sujet de Brevet comporte toujours ces **quatre parties**.

COMPRÉHENSION ET COMPÉTENCES D'INTERPRÉTATION

32 POINTS

Ces questions vérifient que le **texte** est **compris** de manière approfondie et font le **lien** entre le **texte** et l'**image** proposée.

1 a. Quel âge approximatif a la fille décrite dans cet autoportrait ? **(1 point)**
b. La narratrice a-t-elle toujours le même âge quand elle se décrit ? **(4 points)**

2 Relevez les expressions qui développent « toute ma vie » (l. 23). Déduisez-en les étapes de la vie d'une femme du XIXe siècle. **(4 points)**

3 Que désigne l'expression « à l'âge où la beauté fleurit » (l. 3) ? Quel est le procédé utilisé ? **(2 points)**

4 a. La narratrice a-t-elle l'air intelligente ? **(2 points)**
b. Cela correspond-il à son intelligence réelle ? **(4 points)**

5 Pourquoi la narratrice ne prend-elle pas soin d'elle ? **(4 points)**

6 a. La narratrice fut-elle belle dans sa jeunesse ? **(1 point)**
b. Est-elle satisfaite de sa situation ? Pour quelle raison ? Citez le texte. **(4 points)**

7 Quel regard M. Satrapi porte-t-elle sur son apparence physique ? A-t-il des points communs avec celui que porte G. Sand sur sa jeunesse ? **(6 points)**

On attend des réponses rédigées, incluant des citations du texte à l'appui. ▶ p. 284

Certaines questions demandent d'identifier un procédé littéraire. Vous apprendrez ces procédés tout au long de l'année. ▶ p. 380

Cette question permet d'**associer le texte et l'image**.

GRAMMAIRE ET COMPÉTENCES LINGUISTIQUES

18 POINTS

Ces questions vérifient les **connaissances** liées à la **grammaire**.

8 a. Réécrivez la phrase des lignes 19-20 (« Mes traits… expression ») pour faire apparaître une proposition principale et une proposition subordonnée. **(2 points)**
b. Donnez la fonction grammaticale de la proposition subordonnée que vous avez créée. **(2 points)**

Cette question prend appui sur une réécriture : une modification de la phrase selon une consigne précise.

9 « On attend trop d'un extérieur brillant, on se méfie trop d'un extérieur qui repousse. » (l. 32 à 35)
a. Relevez les expansions du nom « extérieur ». **(2 points)**
b. Donnez pour chacune sa fonction et sa classe grammaticale. **(2 points)**

Cette question demande l'identification précise d'une fonction ▶ p. 312 et d'une classe grammaticale ▶ p. 310.

10 Réécrivez le passage surligné en remplaçant « je » par « il ». Effectuez toutes les modifications nécessaires. **(10 points)**

Cette question invite à transformer un passage du texte. Les modifications porteront principalement sur l'orthographe (les accords), mais aussi sur les marques de la personne (pronoms, déterminants).

DICTÉE

10 POINTS

Le professeur vous **lira** le texte en entier (environ 15 lignes) puis vous le **dictera**.

+PROF
Dictée (George Sand)

RÉDACTION

40 POINTS

Chaque sujet invite à **prolonger la réflexion** sur le texte.

Vous traiterez à votre choix l'un des sujets suivants.

Sujet d'imagination

Un ami de George Sand lui écrit pour évoquer leur première rencontre, lorsqu'ils étaient plus jeunes. Il la décrit telle qu'il l'a vue à ce moment-là.

Ce sujet propose d'écrire un récit avec un changement de point de vue. ▶ p. 290

Sujet de réflexion

Pour vous, est-il important de savoir qui sont vraiment les auteurs des œuvres que vous lisez ou que vous regardez ?
Vous répondrez à cette question par un développement argumenté en vous appuyant sur les œuvres étudiées en classe, vos lectures personnelles et les œuvres cinématographiques et artistiques que vous connaissez.

Ce sujet est un sujet d'argumentation. Vous devez trouver arguments et exemples et organiser votre réponse argumentée. ▶ p. 292

2 Albert Camus sur les traces de son enfance

Le Premier Homme

▶ ***Comment et pour quelles raisons raconter ses souvenirs ?***

Dans ce chapitre, vous allez lire un roman autobiographique et découvrir comment et pourquoi les écrivains racontent leur enfance.

Doc 1

Albert Camus (à gauche) et son frère aîné Lucien (vers 1920)

Doc 2

« Dans les pages qui vont suivre, je ne dirai de moi ni mal ni bien : ce n'est pas de moi que je parle, mais de l'enfant que je ne suis plus. C'est un petit personnage que j'ai connu, et qui s'est fondu dans l'air du temps, à la manière des oiseaux qui disparaissent sans laisser de squelette. »

■ Marcel Pagnol, *La Gloire de mon père* (1957) © Éditions de Fallois

Doc 3

Andrew Macara, *Deux filles sautant à la corde, Mykonos*, huile sur toile (50,8 × 61 cm), collection privée

Doc 4

Maurice Denis, *La Boxe* (1918), huile sur carton (85 × 70 cm), collection privée

1. Pourquoi a-t-on plaisir à évoquer les souvenirs d'enfance ?
2. Quels sentiments ressentez-vous à regarder ces images (doc 1, 3 et 4) ? Laquelle vous rappelle vos propres souvenirs ?
3. Décomposez le mot *auto-biographie*. Déduisez-en une définition simple de ce genre littéraire.
4. *Ce n'est pas de moi que je parle, mais de l'enfant que je ne suis plus*, dit Pagnol (doc 2) : comment comprenez-vous cette affirmation ?

Les clés du CHAPITRE

Qu'est-ce que l'autobiographie ?

LE GENRE AUTOBIOGRAPHIQUE

Doc 1

Je veux montrer à mes semblables un homme dans toute la vérité de la nature ; et cet homme ce sera moi.

Moi seul. Je sens mon cœur, et je connais les hommes. [...]

Que la trompette du jugement dernier sonne quand elle voudra, je viendrai, ce livre à la main, me présenter devant le souverain juge. Je dirai hautement : voilà ce que j'ai fait, ce que j'ai pensé, ce que je fus. J'ai dit le bien et le mal avec la même franchise. Je n'ai rien tu de mauvais, rien ajouté de bon ; et s'il m'est arrivé d'employer quelque ornement indifférent, ce n'a jamais été que pour remplir un vide occasionné par mon défaut de mémoire. J'ai pu supposer vrai ce que je savais avoir pu l'être, jamais ce que je savais être faux. Je me suis montré tel que je fus : méprisable et vil quand je l'ai été ; bon, généreux, sublime, quand je l'ai été : j'ai dévoilé mon intérieur tel que tu l'as vu toi-même.

■ Jean-Jacques Rousseau, *Les Confessions*, « Préambule » (1782, posth.)

Portrait de **Jean-Jacques Rousseau** (1712-1778)

Doc 2

L'autobiographie est un **récit rétrospectif** en prose qu'une personne réelle fait de sa propre existence, lorsqu'elle met l'accent sur sa vie individuelle, en particulier sur l'histoire de sa personnalité.

■ Philippe Lejeune, *Le Pacte autobiographique* (1975) © Seuil

1. D'après la définition du doc 2 peut-on dire que Rousseau écrit une autobiographie (doc 1) ?
2. Quelle promesse Rousseau fait-il au lecteur de son autobiographie ?

LES ENJEUX ET LES FORMES DE L'AUTOBIOGRAPHIE

- On peut écrire son autobiographie pour diverses raisons.

Autobiographie :
- **conserver une trace** de son passé personnel, des êtres aimés
- **témoigner** de ce que l'on a vécu
- **se raconter** pour **se comprendre**

- L'autobiographie regroupe plusieurs genres : le journal intime, les mémoires...
- Certains **autobiographes** font des choix originaux : Charles Juliet parle ainsi de lui à la deuxième personne (doc 4). Dans *Enfance*, Nathalie Sarraute imagine un dialogue intérieur où elle se parle à elle-même : « – Alors, tu vas vraiment faire ça ? "Évoquer tes souvenirs d'enfance"... »

CARNET DE VOCABULAIRE
Recopiez les mots en vert accompagnés d'une courte définition.

Doc 3

Couvertures de récits autobiographiques

Doc 4

À la fin de son autobiographie, l'auteur raconte le moment où il s'est mis à écrire le livre.

Ce récit aura pour titre *Lambeaux*. Mais après en avoir rédigé une vingtaine de pages, tu dois l'abandonner. Il remue en toi trop de choses pour que tu puisses le poursuivre. Si tu parviens un jour à le mener à terme, il sera la preuve que tu as réussi à t'affranchir de ton histoire, à gagner ton autonomie.

■ Charles Juliet, *Lambeaux* (1995) © Éditions P.O.L

3. Faites des hypothèses sur la fonction de l'autobiographie pour Simone de Beauvoir, Primo Levi et Nathalie Sarraute en vous appuyant sur les couvertures de leurs ouvrages (doc 3).

4. À quelle personne est rédigé ce récit (doc 4) ? Quel est l'effet de ce choix ?

Le roman autobiographique

• De nombreux auteurs font le choix du roman autobiographique : le récit est inspiré de leur vie, mais il est mené à la troisième personne, avec des personnages dont les noms sont différents. C'est le cas de *Poil de Carotte* de Jules Renard (doc 5), de *L'Enfant* de Jules Vallès (p. 43), mais aussi du *Premier Homme* d'Albert Camus.

5. ORAL Lisez cet extrait (doc 5) en remplaçant la troisième personne (*il*) par la première (*je*) : est-ce convaincant ?

6. Jules Renard vous semble-t-il avoir rendu fidèlement les sentiments de son personnage lors de cette aventure ?

Doc 5

Poil de Carotte est envoyé fermer l'enclos des poules, tout seul, dehors, la nuit.

Quand il rentre, haletant, fier de lui, dans la chaleur et la lumière, il lui semble qu'il échange des loques pesantes de boue et de pluie contre un vêtement neuf et léger. Il sourit, se tient droit, dans son orgueil, attend les félicitations, et maintenant hors de danger, cherche sur le visage de ses parents la trace des inquiétudes qu'ils ont eues.

Mais grand frère Félix et sœur Ernestine continuent tranquillement leur lecture, et madame Lepic lui dit, de sa voix naturelle :

– Poil de Carotte, tu iras les fermer tous les soirs.

■ Jules Renard, *Poil de Carotte* (1902)

Doc 6

Couverture du *Premier Homme* d'Albert Camus

Vous êtes prêt(e)s ?

Découvrons* Le Premier Homme *d'Albert Camus, un roman autobiographique qui revient sur l'enfance de l'auteur en Algérie.

Travailler **AUTREMENT**

DIFFÉRENCIATION

Parcours différencié autour d'Albert Camus

Vous allez mener des recherches autour d'Albert Camus et de son enfance en Algérie. Chaque groupe présentera ensuite son travail à la classe. Chacun des sujets demande des compétences différentes. Choisissez celui qui vous convient le mieux et écrivez un paragraphe pour convaincre votre professeur de vous confier ce sujet.

SUJET 1 ALBERT CAMUS, UN GRAND HOMME DU XXᴱ SIÈCLE

Objectif	**Réaliser une interview fictive**
Niveau de difficulté	* *
Compétences requises	• Recherches documentaires • Écriture d'invention • Expression orale
Consignes	• Lisez une ou deux biographies courtes d'Albert Camus et repérez les événements marquants de sa vie. • Imaginez maintenant une interview fictive : nous sommes en décembre 1959 et vous allez faire la dernière interview d'Albert Camus avant son tragique accident. • Après avoir rédigé les questions du ou de la journaliste et les réponses de Camus, entraînez-vous à jouer l'interview à deux. Un autre camarade du groupe pourra la filmer.

COUP DE POUCE
Regardez quelques interviews sur le site de l'INA (les archives de la télévision française) pour repérer les codes de l'exercice (lieu, positions de l'interviewé et du journaliste, longueur des réponses, etc.).

Vidéo
Interview d'Albert Camus
hatier-clic.fr/22luf26

SUJET 2 LA BIOGRAPHIE EN IMAGES D'ALBERT CAMUS

Objectif	**Réaliser un portrait en diaporama**
Niveau de difficulté	*
Compétences requises	• Recherches documentaires • Utilisation de l'outil informatique
Consignes	• Lisez une biographie de Camus et réalisez le « roman photo » de sa vie. • Cherchez des images d'archives : des photos, des coupures de presse (notez-en bien la source : auteur, titre, date...). Réalisez un diaporama chronologique. • Rédigez soigneusement le commentaire des images, puis enregistrez-le. Vous veillerez à parler de manière audible et à caler votre commentaire sur les images.

COUP DE POUCE
Pour pouvoir projeter les images à la classe, il faut qu'elles soient de bonne qualité.

SUJET 3 LES GRANDES ŒUVRES D'ALBERT CAMUS

Objectif	**Réaliser une exposition**
Niveau de difficulté	✻ ✻
Compétences requises	• Recherches documentaires • Utilisation de l'outil informatique • Composition et réalisation d'affiches
Consignes	• Réalisez une affiche pour chacune des œuvres suivantes : *L'Étranger, Les Justes, La Peste*. • Pour ces trois œuvres, présentez un court résumé, deux ou trois citations, une image (couverture, illustration...). Vous trouverez des résumés de ces œuvres sur Internet.

COUP DE POUCE

Pour réussir votre affiche, suivez les conseils page 145.

SUJET 4 LE TRAVAIL ET LE RÔLE DE L'ÉCRIVAIN

Objectif	**Réaliser un recueil de citations**
Niveau de difficulté	✻ ✻ ✻
Compétences requises	• Recherches documentaires • Lecteur expert • Composition et réalisation d'affiches
Consignes	• Lisez *Le Discours de Suède* d'Albert Camus. Il s'agit de son discours de réception du prix Nobel de littérature où il explique quel est, selon lui, le rôle de l'écrivain. • Sélectionnez quatre citations représentatives du discours. Vous les recopierez et associerez des images à votre affiche.

COUP DE POUCE

Mettez-vous en groupe, lisez les paragraphes un par un, à haute voix, puis échangez sur votre compréhension du texte.

SUJET 5 LE CONTEXTE HISTORIQUE DU *PREMIER HOMME*

Objectif	**Réaliser une présentation virtuelle**
Niveau de difficulté	✻ ✻
Compétences requises	• Recherches documentaires • Esprit de synthèse • Maîtrise de l'outil informatique de présentation choisi
Consignes	• Faites des recherches pour répondre aux questions suivantes. 1. Quand la France a-t-elle colonisé l'Algérie ? Quel statut l'Algérie acquiert-elle alors ? 2. Qui compose la population d'Algérie en 1946 ? Tous les citoyens y sont-ils égaux ? Recherchez ce qu'est le Code de l'indigénat. 3. Où est né Albert Camus ? Où a-t-il ensuite vécu et étudié ? • Pour chaque question, réalisez une ou deux diapositives avec des documents et un texte court pour les expliquer.

COUP DE POUCE

Certains sites permettent de faire de très belles présentations comme **Prezi** ou **Genially**.

La mort du père

Écoutez le texte lu.
hatier-clic.fr/22luf28

Le personnage principal est né en 1913, en Algérie. Son père, Henri Cormery, est mobilisé pour combattre en France et meurt en 1914. L'enfant vit avec sa famille, qui est pauvre, à Alger. Sa mère est presque sourde.

Quelques semaines et puis un dimanche matin, sur le petit palier intérieur de l'unique étage, entre l'escalier et les deux cabinets sans lumière, trous noirs ménagés à la turque dans la maçonnerie, sans cesse nettoyés au crésyl[1] et sans cesse puant, Lucie Cormery et sa mère étaient assises sur deux chaises basses, triant des lentilles sous la lumière de l'imposte[2] au-dessus de l'escalier, et le bébé dans une petite corbeille à linge suçait une carotte pleine de sa bave, quand un monsieur, grave et bien habillé, avait surgi dans l'escalier avec une sorte de pli[3]. Les deux femmes surprises avaient posé les assiettes où elles triaient les lentilles qu'elles prenaient dans une marmite placée entre elles et s'essuyaient les mains quand le monsieur, qui s'était arrêté sur l'avant-dernière marche, les avaient priées de ne pas bouger, avait demandé Madame Cormery, « la voilà, avait dit la grand-mère, je suis sa mère », et le monsieur avait dit qu'il était le maire, qu'il apportait une douloureuse nouvelle, que son mari était mort au champ d'honneur et que la France le pleurait en même temps qu'elle était fière de lui. Lucie Cormery ne l'avait pas entendu, mais s'était levée et lui tendait la main avec beaucoup de respect, la grand-mère s'était dressée, la main sur la bouche, et répétait « mon dieu » en espagnol. Le monsieur avait gardé la main de Lucie dans sa main, puis l'avait encore serrée dans ses deux mains, avait murmuré des paroles de consolation, et puis lui avait donné son pli, s'était retourné et avait descendu les escaliers d'un pas lourd. « Qu'est-ce qu'il a dit ? avait demandé Lucie. – Henri est mort. Il a été tué. » Lucie regardait le pli qu'elle n'ouvrait pas, ni elle ni sa mère ne savaient lire, elle le retournait, sans mot dire, sans une larme, incapable d'imaginer cette mort si lointaine, au fond d'une nuit inconnue. Et puis elle avait mis le pli dans la poche de son tablier de cuisine, était passée près de l'enfant sans le regarder et était allée dans la chambre qu'elle partageait avec ses deux enfants, avait fermé la porte et les persiennes de la fenêtre qui donnait sur la cour et s'était étendue sur son lit, où elle était restée muette et sans larmes pendant de longues heures à serrer dans sa poche le pli qu'elle ne pouvait lire et à regarder dans le noir le malheur qu'elle ne comprenait pas.

■ Albert Camus, *Le Premier Homme* (1994) © Gallimard

VOCABULAIRE

Mourir au champ d'honneur
→ Dans quel contexte cette expression s'applique-t-elle ? De quel « champ » s'agit-il ?

1. **crésyl** : nom d'un nettoyant désinfectant.
2. **imposte** : partie vitrée au-dessus d'une porte.
3. **pli** : lettre.

Partageons notre lecture

1. Quel personnage de ce récit est Albert Camus ? Avez-vous le sentiment de lire un récit autobiographique ?
2. Justifiez votre réponse.

VERS LE BREVET

Quels éléments de l'image permettent d'évoquer l'isolement de cette femme ? (couleurs, lumière...)

Pablo Picasso, *Femme assise au fichu* ou *La Mélancolie* (1902), huile sur toile (100 × 69,2 cm), Detroit Institute of Arts (États-Unis)

Comment l'auteur décrit-il sa famille ?

1. Comment caractériseriez-vous la maison d'enfance du narrateur ? Justifiez votre réponse en relevant plusieurs indices dans le texte.

2. a. Pourquoi Lucie n'ouvre-t-elle pas la lettre ?
b. Relevez les expressions qui montrent qu'elle ne comprend pas ce qui lui arrive.
c. Qu'aurait pu lui apporter la lecture de la lettre ?

3. Comment Lucie apprend-elle la mort de son mari ?

4. Par quel procédé l'auteur rapporte-t-il les différentes paroles du maire ? Justifiez ce choix.

Bilan

Réalisez un arbre généalogique de la famille d'Albert Camus telle que vous la découvrez. Pour chacun des membres, notez toutes les informations qui vous sont données.

Outils

Les paroles rapportées

- **Le style direct** ▸ p. 342
- **Le style indirect** ▸ p. 343
- **Le style indirect libre :** intégré dans le récit, il conserve certains aspects oraux comme la ponctuation expressive. Il donne l'impression d'entendre en même temps la voix du narrateur et celle du personnage qui parle. **Ex :** *Il le répétait souvent. Les mauvaises nouvelles, on ne s'habitue pas à les annoncer !*
- **Le discours narrativisé :** complètement intégré au récit, il ne permet pas de connaître les détails de ce qui a été dit. **Ex :** *Il annonça une mauvaise nouvelle.*

RÉÉCRIRE ET JOUER LA SCÈNE

Réécrivez ce passage sous forme d'une scène de théâtre.

1. Écrivez les répliques de la mère, de la grand-mère et du maire en reprenant les paroles rapportées dans le texte.

2. Pensez à intégrer des didascalies liées aux déplacements du maire, aux gestes des trois personnages et aux accessoires, comme les lentilles et la lettre.

Les vêtements trop grands

C'est ainsi que Jacques, pendant toute sa vie d'enfant, devait porter des imperméables trop longs car la grand-mère les achetait pour qu'ils durent et comptait sur la nature pour que la taille de l'enfant rattrape celle du vêtement. Mais Jacques grandissait lentement et ne se décida vraiment à pousser que sur ses quinze ans, et le vêtement était usé avant d'être ajusté. On en rachetait un autre selon les mêmes principes d'économie, et Jacques, dont les camarades moquaient l'accoutrement, n'avait plus que la ressource[1] de faire bouffer[2] ses imperméables à la ceinture pour rendre original ce qui était ridicule. Au reste, ces courtes hontes étaient vite oubliées en classe, où Jacques reprenait l'avantage, et dans la cour de récréation, où le football était son royaume. Mais ce royaume était interdit. Car la cour était cimentée et les semelles s'y usaient avec une telle rapidité que la grand-mère avait interdit à Jacques de jouer au football pendant les récréations. Elle achetait elle-même pour ses petits-fils de solides et épais souliers montants qu'elle espérait immortels. Pour accroître[3] en tout cas leur longévité, elle faisait clouer leurs semelles d'énormes clous coniques qui présentaient un double avantage : il fallait les user avant d'user la semelle et ils permettaient de vérifier les infractions à l'interdiction de jouer au football. Les courses sur le terrain cimenté en effet les usaient rapidement et leur donnaient un poli dont la fraîcheur dénonçait le coupable. Chaque soir, en rentrant chez lui, Jacques devait donc se rendre dans la cuisine, où Cassandre[4] officiait au-dessus de noires marmites, et, genou plié, semelle en l'air, dans l'attitude du cheval qu'on ferre, devait montrer ses semelles. Bien entendu, il ne pouvait résister à l'appel des camarades et à l'attrait de son jeu préféré, et toute son application se portait non sur l'exercice d'une vertu impossible mais sur le maquillage de la faute. Il passait donc de longs moments au sortir de l'école et plus tard du lycée à frotter ses semelles dans de la terre mouillée. La ruse réussissait parfois. Mais un temps venait où l'usure des clous devenait scandaleuse, où la semelle même parfois était atteinte, ou même, catastrophe dernière, par suite d'un coup de pied maladroit sur le sol ou dans la grille qui protégeait les arbres, elle s'était détachée de l'empeigne[5] et Jacques arrivait alors chez lui le soulier cerclé d'un bout de ficelle pour lui tenir la gueule fermée.

■ Albert Camus, *Le Premier Homme* (1994) © Gallimard

1. **ressource** : solution.
2. **faire bouffer** : rendre bouffant.
3. **accroître** : augmenter.
4. **Cassandre** : personnage antique, dont le nom désigne couramment une personne qui annonce des malheurs.
5. **empeigne** : dessus de la chaussure.

Pierre Jamet, *Quatre paires de jambes, Colonie à Belle-Île-en-mer* (1936)

▶ Méthode Brevet p. 284 à 293

COMPRÉHENSION ET COMPÉTENCES D'INTERPRÉTATION

32 POINTS

1 a. Comment la grand-mère choisit-elle les vêtements de Jacques ? **(2 points)**
b. Pour quelle raison se livre-t-elle à ce type d'achats ? **(2 points)**
c. Jacques comprend-il les motivations de sa grand-mère ? **(2 points)**

2 a. Relevez plusieurs éléments du texte qui donnent un aspect humain aux chaussures. **(2 points)**
b. De quelle figure de style s'agit-il ? **(2 points)**

3 En vous appuyant sur des éléments précis du texte, montrez l'importance du football dans la vie de Jacques. **(8 points)**

4 Expliquez pour quelle raison la grand-mère fait poser des clous sur les chaussures de ses petits-enfants et dans quel but. **(8 points)**

5 Quels aspects du texte sont exprimés dans la photographie ? **(6 points)**

COUP DE POUCE
Observez le comportement de Jacques pour voir s'il semble soutenir sa grand-mère.

COUP DE POUCE
▶ Les principales figures de style p. 381

COUP DE POUCE
Observez la double fonction donnée aux clous par la grand-mère.

COUP DE POUCE
Observez les types de personnes prises en photo, leur position, le contexte de la photo et l'intérêt de voir leurs chaussures.

GRAMMAIRE ET COMPÉTENCES LINGUISTIQUES

18 POINTS

6 « la grand-mère les achetait pour qu'ils durent et comptait sur la nature pour que la taille de l'enfant rattrape celle du vêtement. » (l. 2-3)
a. Quelle est la valeur des compléments circonstanciels introduits par « pour que » ? **(1 point)**
b. Quelle est leur classe grammaticale ? **(2 points)**

7 a. Relevez les expansions du nom « clous » (l. 15). **(1 point)**
b. Donnez leur classe grammaticale. **(1 point)**
c. Donnez leur fonction grammaticale. **(1 point)**

8 a. Remplacez le groupe « par suite d'un coup de pied maladroit sur le sol ou dans la grille qui protégeait les arbres » (l. 31 à 33) par une proposition de même sens. **(1 point)**
b. Quelle est sa fonction grammaticale ? **(1 point)**

9 Réécrivez le passage en couleur (l. 1 à 5 et 8 à 10) en remplaçant « Jacques » par « Jacques et Joseph ». **(10 points)**

COUP DE POUCE
▶ Les compléments circonstanciels p. 326

COUP DE POUCE
Le groupe s'organise-t-il autour d'un nom ou d'un verbe conjugué ?

DICTÉE

10 POINTS

Votre professeur vous dictera le texte, extrait du *Premier Homme*.

+PROF
Dictée (A. Camus)

COUP DE POUCE
Pour vous préparer à la dictée, révisez les accords entre le sujet et le verbe conjugué ▶ p. 356.

RÉDACTION

40 POINTS

Vous traiterez au choix l'un des sujets suivants.

Sujet d'imagination

Vous imaginerez le face-à-face entre Jacques et sa grand-mère quand celle-ci découvre la chaussure abîmée, réparée avec un bout de ficelle.

Sujet de réflexion

Lire le récit de bêtises d'enfance vous paraît-il important, en tant que jeune lecteur ou lectrice ? Vous développerez votre point de vue en prenant appui sur des exemples précis de votre culture personnelle et des œuvres étudiées lors de votre scolarité.

COUP DE POUCE
Votre texte pourra prendre la forme d'un dialogue vif dans lequel la grand-mère rappellera les raisons de ses interdictions et de ses inquiétudes, face à Jacques qui se défendra. Vous pourrez également développer les pensées des deux personnages.

Objectif
Comprendre la place de l'école

Dans la classe

Écoutez le texte lu.
hatier-clic.fr/22luf32

Ensuite c'était la classe. Avec M. Bernard, cette classe était constamment intéressante pour la simple raison qu'il aimait passionnément son métier. Au-dehors, le soleil pouvait hurler sur les murs fauves pendant que la chaleur crépitait dans la salle elle-même pourtant plongée dans l'ombre des stores à grosses rayures jaunes et blanches. La pluie pouvait aussi bien tomber comme elle le fait en Algérie, en cataractes[1] interminables, faisant de la rue un puits sombre et humide, la classe était à peine distraite. Seules les mouches par temps d'orage détournaient parfois l'attention des enfants. Elles étaient capturées et atterrissaient dans les encriers, où elles commençaient une mort hideuse, noyées dans les boues violettes qui emplissaient les petits encriers de porcelaine à tronc conique qu'on fichait dans les trous de la table. Mais la méthode de M. Bernard, qui consistait à ne rien céder sur la conduite et à rendre au contraire vivant et amusant son enseignement, triomphait même des mouches. Il savait toujours tirer au bon moment de son armoire aux trésors la collection de minéraux, l'herbier, les papillons et les insectes **naturalisés**, les cartes ou... qui réveillaient l'intérêt fléchissant de ses élèves. Il était le seul dans l'école à avoir obtenu une **lanterne magique** et, deux fois par mois, il faisait des projections sur des sujets d'histoire naturelle ou de géographie. En arithmétique, il avait institué un concours de calcul mental qui forçait l'élève à la rapidité d'esprit. Il lançait à la classe, où tous devaient avoir les bras croisés, les termes d'une division, d'une multiplication ou parfois d'une addition un peu compliquée. Combien font 1 267 + 691. Le premier qui donnait le résultat juste était crédité[2] d'un bon point à valoir sur le classement mensuel. Pour le reste, il utilisait les manuels avec compétence et précision... Les manuels étaient toujours ceux qui étaient en usage dans la métropole. Et ces enfants qui ne connaissaient que le sirocco[3], la poussière, les averses prodigieuses et brèves, le sable des plages et la mer en flammes sous le soleil, lisaient avec application, faisant sonner les virgules et les points, des récits pour eux mythiques[4] où des enfants à bonnet et cache-nez de laine, les pieds chaussés de sabots, rentraient chez eux dans le froid glacé en traînant des fagots[5] sur des chemins couverts de neige, jusqu'à ce qu'ils aperçoivent le toit enneigé de la maison où la cheminée qui fumait leur faisait savoir que la soupe aux pois cuisait dans l'âtre[6]. Pour Jacques, ces récits étaient l'exotisme même.

Albert Camus, *Le Premier Homme* (1994) © Gallimard

VOCABULAIRE

Naturalisés
Ce mot fait partie de la famille du mot *nature*.
→ **En vous interrogeant sur ce que fait l'instituteur avec ces insectes, déduisez-en le sens de « naturalisés ».**

Lanterne magique
Cet objet s'appelait « lanterne de peur » à son invention.
→ **Expliquez en quoi elle peut fasciner les élèves.**

1. **cataractes** : très forte chute d'eau.
2. **crédité** : ajouté aux bons points déjà acquis.
3. **sirocco** : vent chaud et sec venant du Sahara.
4. **mythiques** : légendaires.
5. **fagots** : ensemble de branches attachées entre elles.
6. **âtre** : foyer de la cheminée.

Partageons notre lecture

- Le personnage principal apprécie-t-il d'aller à l'école ?

19 novembre 1957

Cher Monsieur Germain,

J'ai laissé s'éteindre un peu le bruit qui m'a entouré tous ces jours-ci avant de venir vous parler de tout mon cœur. On vient de me faire un bien trop grand honneur, que je n'ai ni recherché ni sollicité. Mais quand j'en ai appris la nouvelle, ma première pensée, après ma mère, a été pour vous. Sans vous, sans cette main affectueuse que vous avez tendue au petit enfant pauvre que j'étais, sans votre enseignement, et votre exemple, rien de tout cela ne serait arrivé. Je ne me fais pas un monde de cette sorte d'honneur. Mais celui-là est du moins une occasion pour vous dire ce que vous avez été, et êtes toujours pour moi, et pour vous assurer que vos efforts, votre travail et le cœur généreux que vous y mettiez sont toujours vivants chez un de vos petits écoliers qui, malgré l'âge, n'a pas cessé d'être votre reconnaissant élève. Je vous embrasse de toutes mes forces.

Albert Camus

Albert Camus à Paris en octobre 1957, après avoir reçu le prix Nobel de littérature

Texte à lire
La réponse de M. Germain
hatier-clic.fr/22luf33

Comment le narrateur met-il en valeur la figure de l'instituteur ?

1. Relevez des hyperboles montrant que ce qui se passe dans la classe est plus important que ce qui peut se passer à l'extérieur.

2. a. Comment sont qualifiés les objets que l'instituteur conserve dans son armoire ? Interprétez cette image.
b. Quels autres éléments confirment cette image ?
c. Quelle représentation cela donne-t-il de l'instituteur ?
d. Quelle place l'instituteur prend-il dans la vie du héros ? Appuyez-vous sur la lecture de la lettre de Camus à M. Germain (ci-dessus) pour confirmer votre réponse.

3. a. Qu'enseigne M. Bernard aux enfants d'Alger ?
b. Quels manuels utilise-t-il ? Pour quelle raison ?

4. Comment le personnage principal ressent-il ce décalage entre ce qu'il lit et le monde qui l'entoure ?

Bilan

À partir du texte, établissez les bonnes pratiques de M. Bernard pour faire la classe.

Quel matériel utiliser ? Comment réagir quand les élèves sont moins attentifs ? Comment motiver les élèves (notamment pour les mathématiques) ?

Outils

Les figures de style

- **L'hyperbole** est une exagération qui renforce l'idée exprimée dans le texte.
- **La comparaison** associe deux éléments, un comparé et un comparant, grâce à un mot outil.
- **La métaphore** fonctionne comme une comparaison, mais sans mot outil.

LECTURE EXPRESSIVE

Lisez la lettre d'Albert Camus à M. Germain à voix haute en faisant ressortir les sentiments que l'adulte ressent pour cet instituteur qui a marqué son enfance puis sa vie.

Œuvre intégrale par extraits
XXᴱ SIÈCLE
AUTOBIOGRAPHIE

Objectif
Étudier les sensations dans le récit

À la plage des Sablettes

Écoutez le texte lu.
hatier-clic.fr/22luf34

À droite, un établissement de bains offrait ses cabines et, les jours de fête, sa salle, une grande boîte de bois montée sur pilotis, pour danser. Tous les jours, à la saison, un marchand de frites activait son fourneau. La plupart du temps, le petit groupe n'avait même pas l'argent d'un cornet. Si par hasard l'un d'entre eux avait la pièce nécessaire, il achetait son cornet, avançait gravement vers la plage, suivi du cortège respectueux des camarades et, devant la mer, à l'ombre d'une vieille barque démantibulée[1], plantant ses pieds dans le sable, il se laissait tomber sur les fesses, portant d'une main son cornet bien vertical et le couvrant de l'autre pour ne perdre aucun des gros flocons croustillants. L'usage était alors qu'il offrît une frite à chacun des camarades, qui savourait religieusement l'unique friandise chaude et parfumée d'huile forte qu'il leur laissait. Puis ils regardaient le favorisé qui, gravement, savourait une à une le restant des frites. [...] Le festin terminé, plaisir et frustration aussitôt oubliés, c'était la course vers l'extrémité ouest de la plage, sous le dur soleil, jusqu'à une **maçonnerie** à demi détruite qui avait dû servir de fondation à un cabanon disparu et derrière laquelle on pouvait se déshabiller. En quelques secondes, ils étaient nus, l'instant d'après dans l'eau, nageant vigoureusement et maladroitement, s'exclamant, bavant et recrachant, se défiant à des plongeons ou à qui resterait le plus longtemps sous l'eau. La mer était douce, tiède, le soleil léger maintenant sur les têtes mouillées, et la gloire de la lumière emplissait ces jeunes corps d'une joie qui les faisait crier sans arrêt. Ils régnaient sur la vie et sur la mer, et ce que le monde peut donner de plus fastueux[2], ils le recevaient et en usaient sans mesure, comme des seigneurs assurés de leurs richesses irremplaçables.

Ils en oubliaient même l'heure, courant de la plage à la mer, séchant sur le sable l'eau salée qui les faisait visqueux, puis lavant dans la mer le sable qui les habillait de gris. Ils couraient, et les martinets[3] avec des cris rapides commençaient de voler plus bas au-dessus des fabriques et de la plage. Le ciel, vidé de la touffeur[4] du jour, devenait plus pur puis verdissait, la lumière se détendait et, de l'autre côté du golfe, la courbe des maisons et de la ville, noyée jusque-là dans une sorte de brume, devenait plus distincte. Il faisait encore jour, mais des lampes s'allumaient déjà en prévision du rapide crépuscule d'Afrique. Pierre, généralement, était le premier à donner le signal : « Il est tard », et aussitôt, c'était la débandade[5], l'adieu rapide. Jacques avec Joseph et Jean couraient vers leurs maisons sans se soucier des autres. Ils galopaient hors de souffle. La mère de Joseph avait la main leste[6]. Quant à la grand-mère de Jacques... Ils couraient toujours dans le soir qui descendait à toute allure, affolés par les premiers becs de gaz, les tramways éclairés qui fuyaient devant eux, accélérant leur course, atterrés de voir la nuit déjà installée, et se quittaient sur le pas de la porte sans même se dire au revoir.

■ Albert Camus, *Le Premier Homme* (1994) © Gallimard

VOCABULAIRE

Maçonnerie
→ Recherchez la fonction exacte d'un « maçon » afin de comprendre le terme de maçonnerie.

1. **démantibulée** : démontée.
2. **fastueux** : luxueux.
3. **martinets** : petits oiseaux.
4. **touffeur** : étouffement.
5. **débandade** : dispersion, désordre.
6. **avoir la main leste** : donner facilement des coups.

Henri Chevalier, *Les bains Matarès à Alger* (1925), huile sur carton, collection MHFA, Montpellier Méditerranée Métropole

Partageons notre lecture

1. Que raconte le texte ?
2. Les enfants ont-ils le droit de se distraire ainsi ?

Comment le texte montre-t-il la baignade comme un pur plaisir ?

1. **a.** Relevez le champ lexical des sensations.
b. Les sensations sont-elles importantes dans ce récit d'un souvenir d'enfance ?

2. **a.** Identifiez plusieurs étapes dans cette escapade, afin de montrer qu'il s'agit d'un rituel que les enfants refont à chaque fois.
b. Quel temps verbal est majoritairement utilisé dans ce passage ? Quelle est sa valeur ? ▸ p. 347

3. **a.** Relevez les deux informations montrant que la vie des enfants n'est pas si facile.
b. Cela semble-t-il être important pour eux ?

4. **a.** Relevez des mots et des expressions du texte qui montrent qu'après la baignade, tout semble plus beau et plus doux.
b. Ces termes sont-ils mélioratifs ou péjoratifs ? De qui montrent-ils le point de vue ?

Bilan

En vous aidant des citations du texte que vous relèverez, rédigez un paragraphe d'une dizaine de lignes montrant que ce passage du *Premier Homme* illustre l'insouciance des enfants. Vous pourrez vous appuyer sur les réponses données aux questions précédentes.

Outils

Le vocabulaire appréciatif

- **Le vocabulaire mélioratif** : il exprime un jugement positif de la part de celui qui s'exprime. Ce sont des termes valorisants.
- **Le vocabulaire péjoratif** : il exprime un jugement négatif de la part de celui qui s'exprime. Ce sont des termes dévalorisants.

RACONTER UN SOUVENIR

Racontez une activité de votre enfance qui vous faisait tout oublier, au profit du plaisir qu'elle vous apportait.

1. Au brouillon, cherchez des mots de vocabulaire mélioratif et des termes du champ lexical des sensations.
2. Rédigez en utilisant les temps du récit au passé. Vous pouvez utiliser la première ou la troisième personne. Intégrez le vocabulaire recherché, ainsi que des images mélioratives (*les frites sont un « festin »*).

Objectif
- Étudier l'adaptation d'un passage en BD

Entrer au lycée

Grâce à son instituteur, M. Bernard, qui a réussi à convaincre sa grand-mère, Jacques prépare et passe l'examen qui lui permettra de poursuivre ses études. Il attend les résultats.

Sur la première vignette de cette planche, le dessinateur représente le lycée Émir-Abdelkader d'Alger.

Jacques Ferrandez, *Le Premier Homme* d'après Albert Camus (2017) © Gallimard Jeunesse

VOCABULAIRE

Planche : page entière de BD.
Bande : succession de vignettes en ligne horizontale.
Vignette ou case : image délimitée par un cadre.
Bulle ou phylactère : forme qui contient les paroles d'un personnage. La bulle est reliée au personnage par une flèche quand il parle, et par des petits ronds quand il pense.
Cartouche : encadré contenant le texte du récit.

Partageons notre lecture

Proposez à la classe un récit oral qui reprend brièvement les éléments de cette planche.

Comment évoquer un souvenir marquant grâce à la BD ?

→ Première bande

1. **a.** Où et quand se situe l'action ? Quels cadrages ▸ p. 286 sont choisis par le dessinateur pour évoquer cette scène ?
b. Que symbolise la porte du lycée pour le héros ?

→ Deuxième bande

2. **a.** Où et quand se situe maintenant l'action ? Expliquez les indices qui vous ont permis de répondre.
b. Quel engagement prend M. Bernard ? Expliquez l'importance de ce personnage dans le destin d'Albert Camus (p. 33).

→ Troisième bande

3. **a.** Quelle particularité présente cette troisième bande ? Pour répondre à la question, identifiez les personnages et l'époque de chaque vignette.
b. Quel élément architectural sépare le garçon de son maître ? Dans quel « monde » le garçon est-il placé ? Dans quel « monde » se trouve l'instituteur ?
c. Quels sentiments contradictoires animent le petit garçon ? Quel personnage en fait l'analyse ?

Bilan

a. Faites une liste des avantages de représenter un souvenir marquant grâce à la bande dessinée, puis une liste des difficultés auxquelles peuvent être confrontés le scénariste et le dessinateur.

b. Lisez le passage dans le roman de Camus. Préférez-vous le roman autobiographique ou la bande dessinée ? Justifiez votre choix.

Texte à lire
Le passage dans le roman
hatier-clic.fr/22luf37

Travailler AUTREMENT DIFFÉRENCIATION

Choisissez un des textes du chapitre et réalisez à votre tour une planche de BD.

Au brouillon, déterminez d'abord la composition et le cadrage des différentes vignettes ainsi que le texte des **bulles** et des **cartouches**.

DÉBAT INTERPRÉTATIF

Dans la dernière vignette, le personnage dit qu'il va apprendre à *devenir un homme*. En vous appuyant sur cette planche de bande dessinée, ainsi que sur la lecture de l'extrait « La mort du père » (p. 28), expliquez comment vous comprenez le titre de cette autobiographie : *Le Premier Homme*.

Atelier LEXIQUE

Le vocabulaire des émotions et du souvenir

Enrichir le vocabulaire des émotions et du souvenir

1 * **Recherchez au moins trois mots pour chaque famille proposée.**

LA MÉMOIRE	LE SOUVENIR
...	...
...	...
...	...

2 * **Regroupez les mots suivants par couples de synonymes.**

évanescent • évocation • frappant • fuyant • vestiges • insignifiant • marquant • omission • oubli • quelconque • rappel • se rappeler • se souvenir • traces

3 * **a. Donnez au moins deux synonymes du mot « émotion ».**

b. Classez les mots suivants selon qu'ils expriment une émotion positive ou négative.

affolement • culpabilité • embarras • enthousiasme • étonnement • exaltation • gaieté • honte • inquiétude • joie • peur • plaisir • ravissement • stress • tendresse • tristesse

4 ** **a. Reliez chaque mot à sa définition (deux mots sont synonymes).**

vrai •	• qui exprime ses véritables pensées
véritable •	• qui semble vrai
véridique •	• qui dit la vérité
sincère •	• qui correspond à la réalité, à la vérité
vraisemblable •	

b. Complétez chaque phrase avec le mot qui convient.

1. Même si Rousseau ne dit pas toujours la vérité, il est toujours ....
2. Ce souvenir raconté par l'auteur est ....
3. Tout dans ses propos est ....
4. Le narrateur s'appuie sur sa .... expérience pour raconter celle de son personnage.
5. Tout le récit est .... mais aucun document ne le confirme.

CARNET DE VOCABULAIRE

Complétez votre carnet avec les mots de l'exercice 4.

Utiliser le vocabulaire des émotions et du souvenir

5 ** **Complétez chaque phrase en choisissant la forme qui convient.**

1. Albert Camus se rappelle (Ø/*de*) .... son enfance à Alger.
2. Il se souvient (Ø/*de*) .... ses activités avec ses camarades.
3. Il raconte les détails (*dont*/*qu'*) .... il se souvient.
4. Lors des bains de mer, c'est le plaisir de l'eau (*qu'*/*dont*) .... il se rappelle le plus.

6 ** **Rédigez au moins trois phrases qui évoquent un de vos souvenirs d'enfance en utilisant une expression ou un mot concernant :**

1. le souvenir
2. la vérité
3. l'émotion

7 ** **Transposez ce souvenir négatif en un souvenir positif, en utilisant le vocabulaire des émotions.**

Ce fut avec beaucoup de peine que je reçus la lettre de ma correspondante. Elle m'y annonçait une bien triste nouvelle. Petit à petit, l'accablement cédait la place au désespoir. Le cœur serré, elle me confiait son affliction, espérant adoucir ainsi sa souffrance morale.

8 *** **a. Relevez les mots qui renvoient au souvenir.**

b. À quel sentiment sont-ils associés ?

c. Comment Rousseau retrouve-t-il le plaisir de son enfance ?

d. Écrivez la suite de cet extrait en quelques lignes. Vous imaginerez le souvenir d'enfance que Rousseau veut raconter et utiliserez le vocabulaire du souvenir.

Je sais bien que le lecteur n'a pas grand besoin de savoir tout cela ; mais j'ai besoin, moi, de le lui dire. Que n'osé-je lui raconter de même toutes les petites anecdotes de cet heureux âge, qui me font encore tressaillir d'aise quand je me les rappelle. Cinq ou six surtout... composons. Je vous fais grâce des cinq, mais j'en veux une seule ; pourvu qu'on me la laisse conter le plus longuement qu'il me sera possible, pour prolonger mon plaisir.

■ Jean-Jacques Rousseau, *Les Confessions*, livre I (1782, posth.)

Le jeu des personnes et des temps dans l'autobiographie

Le jeu des personnes

1 * **a. Relevez les sujets des verbes conjugués.**

b. Quelle place est accordée au *je* ? Est-il acteur ou subit-il les actions ?

J'étais presque mort quand je vins au jour. Le mugissement des vagues, soulevées par une bourrasque annonçant l'équinoxe d'automne, empêchait d'entendre mes cris : on m'a souvent conté ces détails ; leur tristesse ne s'est jamais effacée de ma mémoire. Il n'y a pas de jour où, rêvant à ce que j'ai été, je ne revoie en pensée le rocher sur lequel je suis né, la chambre où ma mère m'infligea la vie, la tempête dont le bruit berça mon premier sommeil, le frère infortuné qui me donna un nom que j'ai presque toujours traîné dans le malheur.

■ François-René de Chateaubriand, *Mémoires d'outre-tombe*, I (1848)

2 ** **a. Relevez les pronoms *je*.**

b. Classez-les selon qu'ils désignent l'auteur adulte ou le personnage de l'enfant.

Le narrateur rapporte une anecdote qui lui est arrivée lorsqu'il avait neuf ans.

Ici, je dois ouvrir une parenthèse.

Je sais bien que, lorsqu'il s'agit de leurs exploits amoureux, les hommes ne sont que trop portés à la vantardise. À les entendre, leurs prouesses viriles ne connaissent pas de limites, et ils ne vous font grâce d'aucun détail.

Je ne demande donc à personne de me croire lorsque j'affirme que, pour ma bien-aimée, je consommai encore un éventail japonais, dix mètres de fil de coton, un kilo de noyaux de cerises – Valentine me mâchait, pour ainsi dire, la besogne, en mangeant la chair et en me tendant les noyaux – et trois poissons rouges, que nous étions allés pêcher dans l'aquarium de son professeur de musique.

■ Romain Gary, *La Promesse de l'aube*, I, XI (1960)

Le jeu des temps

3 * **Classez les temps verbaux selon qu'ils appartiennent au système du présent ou au système du passé.**

conditionnel • futur • futur antérieur • imparfait • passé antérieur • passé composé • passé simple • plus-que-parfait • présent

4 ** **Relevez dans chaque extrait ce qui concerne le moment présent.**

COUP DE POUCE

Observez bien les temps verbaux : ceux qui appartiennent au récit au passé et ceux qui appartiennent au récit au présent.

1. Il sortait de ces bouchons[1] un bruit de querelles, un goût de vin qui me montait au cerveau [...]. Ce goût de vin ! – La bonne odeur des caves ! – j'en ai encore le nez qui bat et la poitrine qui se gonfle.

2. Je ne me souviens plus du chemin, je ne sais par où je passais, comment finissait la ville. Je me rappelle seulement que je me trouvais le long d'un fossé qui sentait mauvais, et que je marchais à travers un tas d'herbes et de plantes qui ne sentaient pas bon.

3. Je me dénonce moi-même, et je vais dire dans quelle circonstance je commis ce faux[2], comment je fus amené à cette honte, et avec quel cynisme j'entrai dans la voie du déshonneur.

■ Jules Vallès, *L'Enfant* (1881)

1. **bouchons** : bistrots.
2. **je commis ce faux** : j'écrivis ce faux document.

5 *** **a. À quel temps sont conjugués la majorité des verbes dans le texte ci-dessous ?**

b. Classez les verbes conjugués selon qu'ils renvoient à l'enfance ou à l'âge adulte.

c. Quelle est la valeur du présent dans chacun des cas ?

COUP DE POUCE

▶ La valeur des temps p. 346

Le narrateur tente de voler des pommes chez son patron.

Le lendemain, retrouvant l'occasion belle, je tente un nouvel essai. Je monte sur mes tréteaux, j'allonge la broche, je l'ajuste ; j'étais prêt à piquer... Malheureusement le dragon ne dormait pas : tout à coup la porte de la dépense[1] s'ouvre ; mon maître en sort, croise les bras, me regarde, et me dit : Courage !... La plume me tombe des mains.

■ Jean-Jacques Rousseau, *Les Confessions*, livre I (1782, posth.)

1. **dépense** : réserve à provisions.

Atelier
EXPRESSION

Écrire un récit autobiographique

Observer comment se construit le récit autobiographique

1 * **Complétez ce récit de souvenir en ajoutant un commentaire fait par le narrateur au moment de l'écriture.**

Pendant que le narrateur révise laborieusement avec son père, le chien se couche sur le lit.

Cinq minutes plus tard, le chien était de nouveau sur le lit. Il avait juste pris le soin d'aller chercher la vieille couverture qui protégeait son fauteuil et de se coucher sur elle. Admiration générale, bien sûr, et justifiée : qu'un animal pût associer une interdiction à l'idée abstraite de propreté et en tirer la conclusion qu'il fallait faire son lit pour jouir de la compagnie des maîtres, chapeau, évidemment, un authentique *raisonnement* ! Ce fut un sujet de conversation familiale qui traversa les âges. Personnellement, j'en tirai l'enseignement que même le chien de la maison pigeait plus vite que moi.

■ Daniel Pennac, *Chagrin d'école* (2007) © Gallimard

2 ** **Imaginez le souvenir qui pourrait donner lieu à ce commentaire du narrateur au moment de l'écriture.**

Ce n'est pas ce qui est criminel qui coûte le plus à dire, c'est ce qui est ridicule et honteux. Dès à présent je suis sûr de moi : après ce que je viens d'oser dire, rien ne peut plus m'arrêter.

■ Jean-Jacques Rousseau, *Les Confessions*, livre I (1782, posth.)

3 ** **Enrichissez ce brouillon avec des notations descriptives afin de lui donner un aspect plus authentique et précis.**

Quand la maîtresse entra dans la salle ...., je la regardai .... Ses habits me semblaient .... Sa voix me fit l'effet de .... Je me tournai immédiatement vers ma voisine .... qui .... Lorsque Mme .... appela mon nom, mon cœur ....

4 *** **Complétez ce récit par des commentaires de la narratrice adulte, qui permettent de croire qu'il est authentique.**

La petite Sophie veut faire un plat. Il lui manque un ingrédient, qu'elle envisage de prélever dans l'aquarium de sa mère.

« Si j'avais quelque chose à saler ? se dit-elle. Je ne veux pas saler du pain ; il me faudrait de la viande ou du poisson... Oh ! la bonne idée ! Je vais saler les petits poissons de maman ; j'en couperai quelques-uns en tranches avec mon couteau, je salerai les autres tout entiers ; que ce sera amusant ! Quel joli plat cela fera ! »

■ Comtesse de Ségur, *Les Malheurs de Sophie*, IV « Les petits poissons » (1858)

Raconter le souvenir et le commenter

5 ** **La mémoire se fixe en partie par les sensations et le contexte dans lequel on les ressent. Quels sont les trois aliments qui sont associés à votre enfance ? Proposez pour chacun un court souvenir et la vision que vous en avez aujourd'hui.**

COUP DE POUCE
▶ Champ lexical des émotions, des sensations et du souvenir p. 38.

RACONTER UN SOUVENIR

6 *** **Racontez un souvenir d'enfance en vous inspirant de la photographie. Vous mêlerez le regard d'aujourd'hui et les événements du passé.**

COUP DE POUCE
- **Préparez le récit du souvenir** en utilisant le champ lexical du souvenir.
- Si le souvenir raconté est difficile à croire, n'hésitez pas à **ajouter des expressions qui montrent la sincérité du récit**.
- **Pensez au regard que vous portez aujourd'hui sur ce souvenir ancien**, en recherchant le vocabulaire des émotions.

JE FAIS LA SYNTHÈSE DES TEXTES LUS

1 ORAL **Répondez aux questions suivantes pour chacun des textes lus.**

• Quel souvenir est raconté ? • Quelles difficultés ont marqué l'enfance du personnage ? • Quel plaisir est évoqué ?

2 **a. Quel récit avez-vous préféré ? b. Lequel avez-vous trouvé le plus touchant ?**

3 **Vérifiez que vous savez définir les mots suivants :** mélioratif • péjoratif • discours direct • discours indirect • discours indirect libre • discours narrativisé • comparaison • métaphore • hyperbole.

4 **Établissez une carte mentale autour des éléments qui composent le mot « autobiographie ».**

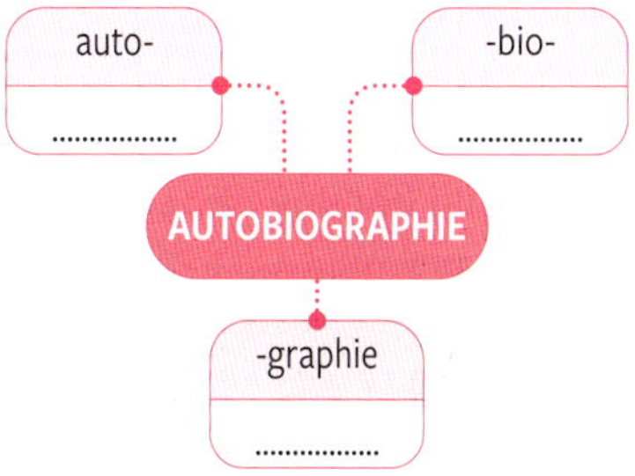

• En lien avec l'élément *auto* (« de soi-même »), associez les éléments qui caractérisent le narrateur. *Qui est-il ? Quel âge a-t-il ? Quel est son point de vue sur ce qu'il raconte ?*

• En lien avec *bio* (« la vie »), indiquez ce qui concerne les souvenirs racontés. *Qui est mis en scène ? Quels lieux sont décrits ? Quels thèmes reviennent ?*

• En lien avec *graphie* (« écrire »), associez les procédés qui permettent d'écrire une autobiographie. *Quels temps verbaux ? Quels pronoms personnels ? Quel vocabulaire particulier ?*

JE PROLONGE LA RÉFLEXION

5 **Choisissez une des citations de Camus et expliquez pourquoi elle vous paraît rendre compte de son projet dans *Le Premier Homme*.**

« Arracher cette famille pauvre au destin des pauvres qui est de disparaître de l'histoire sans laisser de traces. Les Muets. Ils étaient et ils sont plus grands que moi. »

« En somme, je vais parler de ceux que j'aimais. Et de cela seulement. Joie profonde. »

« L'art n'est pas à mes yeux une réjouissance solitaire. Il est un moyen d'émouvoir le plus grand nombre d'hommes en leur offrant une image privilégiée des souffrances et des joies communes. »

« Créer, c'est vivre deux fois. »

6 **Qu'ai-je appris dans ce chapitre ?**

Êtes-vous capable d'écrire une autobiographie ?
Appuyez-vous sur le tableau pour évaluer votre niveau et les aspects à améliorer.

J'indique mon niveau de compétence		*	**	***	****
L'analyse	Je comprends l'importance des origines de l'individu dans son récit. Je comprends la valeur d'une personne dans la vie de celui ou celle qui raconte.				
Les sensations	Je sais comment associer un souvenir à des sensations variées.				
La description	Je sais enrichir le récit d'un souvenir avec des détails descriptifs.				
Le jeu des personnes	Je sais faire la différence entre le « je » qui écrit maintenant et le « je » enfant qui a vécu les épisodes du passé.				
Les temps du récit	Je fais la différence entre les temps du récit au passé et ceux de l'écriture au présent.				

Écoutez le bilan en version audio.
hatier-clic.fr/22luf42a

L'auteur : Albert Camus

- Albert Camus naît en **Algérie** en 1913. Son père meurt au combat en 1914. Il passe son enfance avec sa grand-mère, sa mère à moitié sourde et son frère, à peine évoqué dans *Le Premier Homme*, son roman autobiographique inachevé. Soutenu par son instituteur, M. Germain, il va au lycée, ce qui lui ouvre la porte des études supérieures.
- Camus est un **homme de lettres** : journaliste, résistant, philosophe. Il a écrit des romans (*L'Étranger*), des nouvelles (*L'Exil et le Royaume*), des pièces de théâtre (*Les Justes*), des essais (*Le Mythe de Sisyphe*) et des articles de presse. Il a reçu le prix Nobel de littérature en 1957.

Le genre de l'autobiographie

- C'est un **genre narratif** : on y raconte son histoire. Dans sa définition de **récit intime**, l'autobiographie apparaît dans la littérature française au XVIIIe siècle, avec les *Confessions* de Jean-Jacques Rousseau.
- Dans une autobiographie, on retrouve **deux époques** différentes de la vie de l'auteur : une époque passée, dans laquelle évolue l'auteur quand il était plus jeune ; et une époque présente, qui est celle de l'écriture. Ces deux époques sont associées à des **temps verbaux** différents : les temps du passé pour les faits racontés et les temps du présent pour le regard de l'auteur plus âgé.
- Il s'agit toujours de la même personne, qui peut se désigner par le pronom « **je** ». Mais ce n'est pas obligatoire : Albert Camus rédige *Le Premier Homme* à la **troisième personne**.

LE PREMIER HOMME, UN ROMAN AUTOBIOGRAPHIQUE

Le problème de la vérité

- Quand un auteur entreprend de raconter sa vie, il affirme parfois, avant de commencer le récit, sa volonté de **dire la vérité**. Mais l'auteur ne peut rapporter que sa propre version d'une réalité qu'il a vécue. L'autobiographie est donc **sincère** mais pas toujours entièrement véridique.

Raconter son enfance

- *Le Premier Homme* raconte **l'enfance de Camus**, mais il a modifié les noms, n'a pas évoqué certains éléments de sa vie.
- On y découvre comment son éducation au sein d'une famille pauvre de colons français en Algérie a pu **forger son identité**.

Pour vous aider

Des fiches MÉMORISATION
- Fiche vocabulaire hatier-clic.fr/22luf42b
- Carte mentale hatier-clic.fr/22luf42c

Activité numérique pix
Une activité à mener en classe pour créer une séance d'écriture avec **Genially**.
+PROF Activité et tuto Genially

Vers le Brevet

Évaluation DIFFÉRENCIATION
Un sujet type Brevet pour vous évaluer.
+PROF Évaluation BREVET (Albert Camus)

Lecture CURSIVE

Laura Alcoba, *La Danse de l'araignée* (2017)

Découvrir l'œuvre

Laura Alcoba est une autrice francophone née en Argentine en 1968. Sa famille a quitté l'Argentine quand elle était enfant pour des motifs politiques. C'est ce qu'elle raconte dans ses romans *Manèges* (2007), *Le Bleu des abeilles* (2013) et *La Danse de l'araignée* (2017) qui suivent son histoire, de l'enfance à l'adolescence.

Toujours cette histoire de mygale que j'aimerais avoir.

Mon père est de plus en plus sceptique. *Je ne sais pas si c'est une bonne idée. Ça me paraît en réalité assez compliqué.*

Ça fait presque deux mois que nous en parlons. Notre correspondance a des cycles, comme ça. Depuis cet été, dans mes lettres comme dans les siennes, il y a au moins une demi-page consacrée aux mygales argentines, ces araignées que mon père appelle *las arañas pollito* – les « araignées poussin ».

Tout est parti d'un ami de ma tante et de ce qu'elle a raconté à mon père lors de la dernière visite qu'elle lui a rendue en prison. [...] Il paraît que chaque fois que l'homme retrouve son appartement de La Plata après une journée de travail, la mygale se met à danser dans la cage de métal qui lui tient lieu de maison.

■ Laura Alcoba, *La Danse de l'araignée* (2017) © Gallimard

CARNET DE LECTURE

→ Faites une rapide recherche sur la vie politique en Argentine entre 1976 et 1983 afin de comprendre pourquoi le père de l'héroïne est emprisonné.

→ Sélectionnez un passage de la vie de la collégienne qui vous paraît représenter votre vision de l'adolescence. Justifiez votre choix.

→ Expliquez comment la jeune fille trouve sa place dans ce pays nouveau pour elle. Vous pourrez notamment évoquer le rôle de Robertito.

→ Choisissez une citation du roman qui vous a particulièrement plu ou marqué.

À lire et à voir

L'Enfant
de **Jules Vallès** (1881)

• Premier tome d'une trilogie, *L'Enfant* raconte la jeunesse de Jacques Vingtras, image de l'auteur Jules Vallès. Le personnage principal vit en province, à la fin du XIXe siècle. Sa famille a peu d'argent et l'élève de façon très dure, souvent injuste. Vallès dédie son livre, comme il le dit, « *À tous ceux qui crevèrent d'ennui au collège ou qu'on fit pleurer dans la famille, qui, pendant leur enfance, furent tyrannisés par leurs maîtres ou rossés par leurs parents* ».

La Promesse de l'aube
d'**Éric Barbier** (2017)

• Adapté du roman autobiographique de Romain Gary, ce film retrace son enfance en compagnie de sa mère. Ils ont traversé l'Europe avant de s'installer en France. Le héros revient sur de nombreuses anecdotes qui ont ponctué ce périple ainsi que le début de sa vie d'adulte pendant la Seconde Guerre mondiale. Il évoque également de manière émouvante la forte personnalité de sa mère.

TESTEZ-VOUS !

Quiz sur votre lecture (La Danse de l'araignée)
hatier-clic.fr/22luf43

PROJET

Décrire un paysage aimé

La description poétique vise à rendre la beauté du lieu ainsi que l'affection qu'on lui porte. Elle développe les caractéristiques visibles d'un lieu et les sentiments qu'on ressent lorsqu'on s'y trouve.

Albert Camus à Tipasa en 1935

Doc 1

L'auteur décrit Tipasa, un lieu qu'il apprécie beaucoup et qu'il a beaucoup fréquenté. Il s'agit d'une ville côtière algérienne dont les vestiges historiques sont nombreux.

Nous arrivons par le village qui s'ouvre déjà sur la baie. Nous entrons dans un monde jaune et bleu où nous accueille le soupir odorant et âcre de la terre d'été en Algérie. Partout, des bougainvillées rosat dépassent les murs des villas ; dans les jardins, des hibiscus au rouge encore pâle, une profusion de roses thé épaisses comme de la crème et de délicates bordures de longs iris bleus. Toutes les pierres sont chaudes. À l'heure où nous descendons de l'autobus couleur de bouton d'or, les bouchers dans leurs voitures rouges font leur tournée matinale et les sonneries de leurs trompettes appellent les habitants.

À gauche du port, un escalier de pierres sèches mène aux ruines, parmi les lentisques[1] et les genêts. Le chemin passe devant un petit phare pour plonger ensuite en pleine campagne.

■ Albert Camus, *Noces* (1938) © Gallimard

1. **lentisques** : arbustes méditerranéens.

Doc 2

Une première fois déjà, j'étais revenu à Tipasa, peu après ces années de guerre qui marquèrent pour moi la fin de la jeunesse. J'espérais, je crois, y retrouver une liberté que je ne pouvais oublier. En ce lieu, en effet, il y a plus de vingt ans, j'ai passé des matinées entières à errer parmi les ruines, à respirer les absinthes[1], à me chauffer contre les pierres, à découvrir les petites roses, vite effeuillées, qui survivent au printemps. À midi seulement, à l'heure où les cigales elles-mêmes se taisaient, assommées, je fuyais devant l'avide flamboiement d'une lumière qui dévorait tout. La nuit, parfois, je dormais les yeux ouverts sous un ciel ruisselant d'étoiles. Je vivais, alors.

■ Albert Camus, *L'Été* (1954) © Gallimard

1. **absinthes** : plantes aromatiques.

Tipasa aujourd'hui

S'INSPIRER D'ALBERT CAMUS

Étape 1 La lecture

Lisez les deux descriptions que fait Albert Camus de Tipasa (doc 1 et 2).

- À quoi voit-on qu'Albert Camus aime le paysage qu'il décrit ?
- À quelle période de sa vie ce paysage est-il associé ?

Étape 2 L'observation

Observez comment procède Albert Camus.

- Relevez les noms de plantes et le champ lexical de la **couleur**.
- Relevez les indicateurs de **lieux** et les verbes de **mouvement**.
- Relevez le champ lexical des **sensations**. À quels sens la description fait-elle appel ?
- Pour chacune des expressions surlignées dans les textes, indiquez quel est le procédé utilisé et ce qu'il apporte au sens du texte.

COUP DE POUCE
► Les principales figures de style p. 381

LA PRÉPARATION AU BROUILLON

Étape 3 Le choix du lieu

- **Choisissez un lieu à décrire** car il représente de bons souvenirs. Listez les éléments du paysage que vous souhaitez évoquer.
- Vous pouvez décrire le lieu quand vous le découvrez (doc 1) ou lorsque vous le retrouvez (doc 2).

COUP DE POUCE
Trouvez une photo du lieu à décrire.

Étape 4 La création d'images poétiques

- **Recherchez un vocabulaire spécifique** (plantes, architecture, meubles...).
- **Associez chaque élément à une couleur** en cherchant des synonymes aux couleurs utilisées (fuchsia, saumon, rosé...).
- **Recherchez le vocabulaire des odeurs** (parfum, effluve...) **ou du toucher** (doux, rugueux...).
- **Créez des images poétiques** associant les couleurs, les matières, les textures. Comme Albert Camus, vous pouvez utiliser des figures de style comme la comparaison, la métaphore ou encore la personnification. Ces images rendent le lieu accueillant.

Étape 5 L'organisation du lieu

- **Imaginez un déplacement** selon l'organisation du lieu.
- **Faites une liste des éléments à décrire en fonction de leur position** dans le décor (en haut, en-dessous, à côté de...) et de leur apparition lors du déplacement (quand on s'avance... en tournant à gauche...).
- S'il s'agit de la description d'un lieu que vous retrouvez (doc 2), **associez ce lieu au sentiment positif** précis qu'il vous inspire (insouciance, liberté...).

LA RÉDACTION DU TEXTE

Étape 6 La rédaction au brouillon

- **Rédigez une première version** et vérifiez que la description correspond au lieu.
- **Relisez votre texte** pour éviter les fautes d'orthographe, de langue ou de syntaxe.

COUP DE POUCE
Vérifiez que chaque élément décrit est associé à une **précision valorisante**.

Étape 7 La rédaction au propre

- **Présentez votre texte sur une feuille blanche**, associé à des photos du lieu.

3 Adolescents et adolescentes témoins de l'Histoire

▸ *En quoi les journaux intimes écrits pendant la guerre racontent-ils aussi l'Histoire ?*

Dans ce chapitre, vous allez découvrir les caractéristiques du genre du journal intime et sa fonction de témoignage.

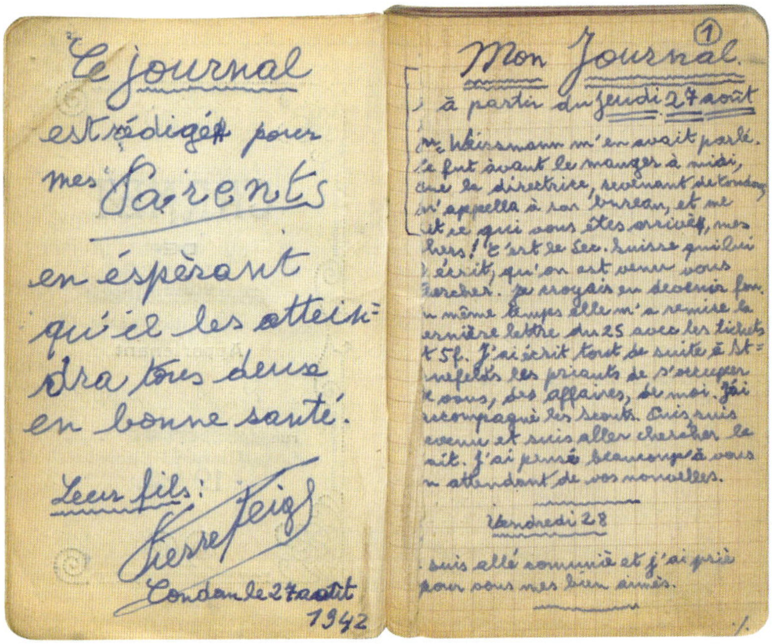

Doc 1

Pierre Feigl, pages de son journal intime (1942), Mémorial de l'Holocauste (Washington, États-Unis)

Pierre Feigl n'a que treize ans quand ses parents sont arrêtés en 1942 dans le Gers parce qu'ils sont juifs. Il est quant à lui caché jusqu'à la fin de la guerre grâce à un réseau d'entraide. Espérant retrouver ses parents, il tient son journal à leur intention.

1. a. À quoi voyez-vous que ces documents (doc 1, 2) sont les productions de très jeunes gens ?
b. Qu'est-ce qui révèle, dans ces documents, une volonté de laisser un témoignage ? À qui celui-ci est-il destiné ?
2. D'après le document 3, quel retentissement a eu le *Journal* d'Anne Frank ? Pourquoi, selon vous ?

Doc 2

Helga Weissová, *Le Journal d'Helga*, l'arrivée au ghetto (1942).

Helga Weissová a douze ans quand elle est déportée en 1941 avec ses parents dans le ghetto de Theresienstadt, puis à Auschwitz en Pologne. Son père lui recommande de dessiner ce qu'elle voit. Elle parvient à conserver son journal et ses dessins jusqu'à sa libération en 1945. Elle deviendra une artiste renommée.

Doc 3

Exemplaires du *Journal* d'**Anne Frank** traduit dans de nombreuses langues

Anne Frank se cache à Amsterdam en 1942 avec sa famille, de confession juive, pendant près de deux ans. Elle est arrêtée et déportée au camp de concentration de Bergen-Belsen où elle mourra en 1945. Elle commence son journal peu avant son entrée en clandestinité, à l'âge de treize ans. Il a été publié et traduit dans plus de soixante-dix langues.

ACTIVITÉ

En groupe, faites un travail de recherche sur la vie et les journaux écrits par les trois auteurs évoqués dans les documents 1, 2 et 3, en vue d'une brève présentation.

DÉBAT

À votre avis, pourquoi décide-t-on d'écrire son journal, aujourd'hui comme hier ?

Les clés du CHAPITRE

Comment écrire sa propre histoire ?

L'ÉCRITURE DE SOI

• On doit à **Montaigne**, auteur des *Essais* (1580), l'idée qu'écrire sur soi est intéressant. Mais c'est au XVIIIe siècle que se développe l'écriture autobiographique, notamment avec *Les Confessions* (1782) de **Jean-Jacques Rousseau**.

• Longtemps limité à l'écriture journalière de faits quotidiens, le **journal intime** devient alors un moyen privilégié pour exprimer ses états d'âme et ses émotions. Au XVIIIe siècle, le développement de l'espace privé permet l'émergence de cette pratique, en particulier chez les femmes, comme **Madame de Staël**.

• Au XIXe siècle, le journal est une pratique de plus en plus fréquente. Il devient un genre à part entière au XXe siècle, notamment avec la parution du *Journal* d'**André Gide** à partir de 1934.

• Comme l'**autobiographie** ▸ p. 24, le journal intime se fonde sur l'idée de sincérité et d'authenticité. Il est censé rester secret, mais il est parfois rédigé dans l'intention d'être publié ou transmis à des proches. On nomme l'auteur d'un journal un **diariste**.

Doc 1 Les journaux intimes de **Claude Mauriac** entre 1927 et 1965

L'écrivain et journaliste Claude Mauriac a tenu son journal intime à partir de 1927, à l'âge de treize ans.

Étymologie

Le mot « journal » vient du latin *diurnalis* qui signifie « de jour ».

Doc 2

La base du journal, c'est la *date*. Le premier geste du diariste est de la noter en tête de ce qu'il va écrire. [...] La datation peut être plus ou moins précise ou espacée, mais elle est capitale. Une entrée de journal, c'est ce qui a été écrit à tel moment, dans l'ignorance absolue de l'avenir, et dont il faut que je sois sûr que cela n'a pas été modifié. Un journal corrigé ou élagué par la suite gagnera peut-être en valeur littéraire, mais il aura perdu l'essentiel : l'authenticité de l'instant. [...] Si je le fais, je quitte le journal pour tomber dans l'autobiographie. [...]

C'est d'abord pour soi qu'on tient un journal : on est son propre **destinataire** dans l'avenir. On veut pouvoir, demain, dans un mois, dans vingt ans, retrouver des éléments de son passé : ceux que l'on aura notés, ceux qui leur seront associés dans notre mémoire.

■ Philippe Lejeune et Catherine Bogaert, *Un journal à soi*, introduction (2003) © Textuel.

1. Observez le document 1. Que vous inspire le nombre de cahiers écrits par Claude Mauriac depuis 1927 ? Comment sont-ils classés, d'après vous ?

2. a. Qu'est-ce qui fait la spécificité du journal intime, pour Philippe Lejeune (doc 2) ? Qu'est-ce qui distingue ce genre de l'autobiographie ?
b. Pour qui écrit-on un journal ?

CARNET DE VOCABULAIRE

Recopiez les mots en vert en les accompagnant d'une courte définition.

Les témoignages écrits pendant la Shoah

- Pendant la **Shoah**, les Juifs furent persécutés, puis souvent arrêtés et déportés ; certains ont fui, d'autres arrivèrent à se cacher.
- Des récits de ces traumatismes ont été écrits et publiés après la guerre de 1939-1945, en particulier par des résistants, juifs ou pas : ceux de **Primo Levi**, **Charlotte Delbo**, **Robert Antelme**, **Simone Veil**...

Doc 3

Marise Crémieux-Hurstel pose avec son journal, légué au Mémorial de la Shoah (Toulouse, 23 février 2016)

Marise Crémieux-Hurstel, issue d'une famille juive, a écrit son journal intime à partir de 1943, à quinze ans. Elle est alors cachée avec son frère par une famille catholique.

Les journaux intimes d'adolescent(e)s

- Parmi les victimes, de rares adolescent(e)s écrivirent un journal intime qui apparaît comme un **témoignage** sur cette époque et lui donne une valeur historique.

On distingue les journaux :

- écrits par des réfugiés qui ont pris la fuite (d'Allemagne, d'Autriche...) vers d'autres pays (**Pierre Fiegl** et ses parents ▸ p. 46) ;
- écrits dans la clandestinité (**Anne Frank** et sa famille, cachées à Amsterdam ▸ p. 50) ;
- écrits dans les ghettos ou les camps (**Yitskhok Rudashevski** ▸ p. 56 ou **Helga Weissová** ▸ p. 47).

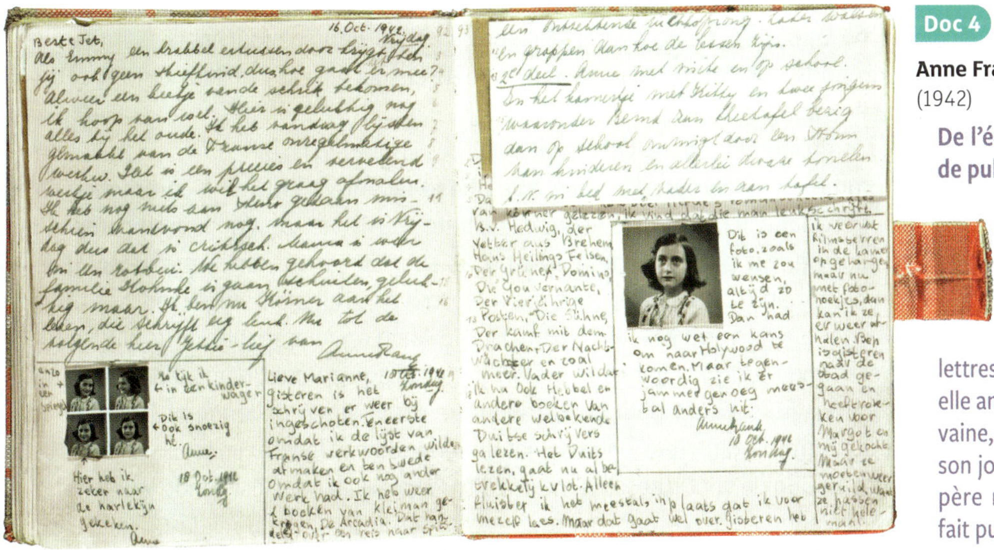

Doc 4

Anne Frank, pages du *Journal* (1942)

De l'écriture pour soi au désir de publication

Anne Frank apprend en 1943 par la radio de Londres qu'à la fin de la guerre seront collectés et publiés les journaux et lettres de cette période. Comme elle ambitionne de devenir écrivaine, elle commence à réécrire son journal. Après sa mort, son père réalise son souhait et le fait publier.

3. Qu'est-ce qui montre, sur cette photographie (doc 3), que le journal est une trace du passé ?

4. À quoi voit-on qu'Anne Frank a retravaillé son journal (doc 4) ? Dans quel but, d'après vous ?

Vous êtes prêt(e)s ?

Découvrons des pages de journaux de jeunes diaristes de leur temps, qui nous restent comme de précieux témoignages de l'Histoire.

Objectif
- Comprendre les raisons qui incitent à écrire un journal intime

« Je n'ai pas d'amie »

Écoutez le texte lu.
hatier-clic.fr/22luf50

Anne Frank, jeune juive d'origine allemande, a reçu un journal intime pour ses treize ans, en 1942. Voici ce qu'elle écrit dans les premières pages.

VOCABULAIRE

Le mot « intimité » et l'adjectif « intime » viennent du latin *intimus*, « le plus intérieur ».
→ Déduisez-en le sens du mot **journal intime**.

Samedi 20 juin 1942

Me voici arrivée à la constatation d'où est partie cette idée de journal ; je n'ai pas d'amie.

Pour être encore plus claire, il faut donner une explication, car personne ne comprendrait qu'une fille de treize ans soit complètement seule au monde, ce qui n'est pas vrai non plus : j'ai des parents adorables et une sœur de seize ans, j'ai, tout bien compté, au moins trente camarades et amies, comme on dit, j'ai une nuée d'admirateurs, qui ne me quittent pas des yeux et qui en classe, faute de mieux, tentent de capter mon image dans un petit éclat de miroir de poche. J'ai ma famille, des tantes adorables et un chez-moi. Non, à première vue, rien ne me manque, sauf l'amie avec un grand A. Avec mes camarades, je m'amuse et c'est tout, je n'arrive jamais à parler d'autre chose que des petites histoires de tous les jours, ou à me rapprocher d'elles, voilà le hic[1]. Peut-être ce manque d'intimité vient-il de moi, en tout cas le fait est là et malheureusement, on ne peut rien y changer. De là ce journal.

Et pour renforcer encore dans mon imagination l'idée de l'amie tant attendue, je ne veux pas me contenter d'aligner les faits dans ce journal comme ferait n'importe qui d'autre, mais je veux faire de ce journal l'amie elle-même et cette amie s'appellera Kitty.

Mon histoire ! (Idiote. On n'oublie pas ces choses-là.)
Comme on ne comprendra rien à ce que je raconte à Kitty si je commence de but en blanc, il faut que je résume l'histoire de ma vie, quoi qu'il m'en coûte.

Mon père, le plus chou des petits papas que j'aie jamais rencontrés, avait déjà trente-six ans quand il a épousé ma mère, qui en avait alors vingt-cinq. Ma sœur Margot est née en 1926, à Francfort-sur-le-Main en Allemagne. Le 12 juin 1929, c'était mon tour. J'ai habité Francfort jusqu'à l'âge de quatre ans. Comme nous sommes juifs à cent pour cent, mon père est venu en Hollande en 1933, où il a été nommé directeur de la société néerlandaise Opekta, spécialisée dans la préparation de confitures. Ma mère, Edith Frank-Holländer, est venue le rejoindre en Hollande en septembre. Margot et moi sommes allées à Aix-la-Chapelle, où habitait notre grand-mère. Margot est venue en Hollande en décembre et moi en février et on m'a mise sur la table, parmi les cadeaux d'anniversaire de Margot. [...]

Notre vie a connu les tensions qu'on imagine, puisque les lois antijuives de Hitler n'ont pas épargné les membres de la famille qui étaient restés en Allemagne. En 1938, après les pogroms[2], mes deux oncles, les frères de maman, ont pris la fuite et se sont retrouvés sains et saufs en Amérique du Nord, ma grand-mère est venue s'installer chez nous. Elle avait alors soixante-treize ans.

■ *Le Journal d'*Anne Frank (1942-1944), traduit du néerlandais par Philippe Noble et Isabelle Rosselin

1. **hic** : point difficile, délicat.
2. **pogrom** : violences et pillages à l'encontre de communautés juives.

Partageons notre lecture

- Anne vous paraît-elle proche ou différente de vous ?

Ari Folman et **David Polonsky**, *Le Journal d'Anne Frank*, (roman graphique), traduit de l'anglais par Claire Desserrey et du néerlandais par Isabelle Rosselin et Philippe Noble © Calmann-Lévy, 2017, 2019

VERS LE BREVET

En quoi cette vignette illustre-t-elle bien l'extrait ci-contre du *Journal* d'Anne Frank ?

Comment Anne Frank explique-t-elle l'écriture de son journal ?

1. À quoi reconnaissez-vous qu'il s'agit d'un texte autobiographique ? Quels détails montrent qu'il s'agit d'un journal intime ?

2. Quels sentiments Anne exprime-t-elle ? Pour quelles raisons ? Qu'est-ce qui motive l'écriture de son journal, selon vous ?

3. Quelles dates Anne mentionne-t-elle à partir de la ligne 22 ? Quels événements veut-elle raconter et pourquoi ?

Outils

L'écriture autobiographique

- Elle se caractérise par :
- l'emploi de la **première personne** (*je, me, moi...*) ;
- l'expression des **sentiments** ;
- l'évocation de **souvenirs**.

Bilan

En quoi Anne se confie-t-elle à son journal comme elle le ferait auprès d'une amie ? Répondez à cette question dans un développement argumenté.

ACTIVITÉ

Vidéo
Bande-annonce du film *Où est Anne Frank ?*
hatier-clic.fr/22luf51

- Regardez la bande-annonce du film *Où est Anne Frank ?* d'Ari Folman (2021).
- Quels personnages avez-vous reconnus ? Qui va prendre vie dans ce film ?

ATELIER PHILO

Organisez un débat sur l'amitié en vous appuyant sur ces citations et les questions suivantes.

« Personne ne choisirait de vivre sans ami, eût-il tous les autres biens. » (Aristote)

« L'amitié se nourrit de communication. » (Montaigne)

- Que vous inspirent ces pensées sur l'amitié ? Vous semblent-elles en accord avec ce qu'attend Anne Frank de l'amitié ?
- Cela est-il en accord avec votre propre conception de l'amitié ?

Objectif
• Comprendre quelle est la fonction d'un journal intime

« Comme une marque au fer rouge »

Hélène Berr, étudiante à Paris, raconte dans son journal intime son quotidien, bouleversé par les lois antisémites à partir de 1942.

Photogramme du film
Un sac de billes
de **Jacques Doillon** (1975)

Vidéo
Le *Journal* d'H. Berr présenté par O. Barrot
hatier-clic.fr/22luf52

Mardi 9 juin [1942]

Aujourd'hui, cela a été encore pire qu'hier.

Je suis éreintée comme si j'avais fait une promenade de cinq kilomètres. J'ai la figure tendue par l'effort que j'ai fait tout le temps pour retenir des larmes qui jaillissaient je ne sais pourquoi.

Ce matin, j'étais restée à la maison, à travailler du violon. Dans Mozart, j'avais tout oublié.

Mais cet après-midi tout a recommencé, je devais aller chercher Vivi Lafon à la sortie de l'agreg[1] [l'agrégation d'anglais] à deux heures. Je ne voulais pas porter l'étoile, mais j'ai fini par le faire, trouvant lâche ma résistance. Il y a eu d'abord deux petites filles avenue de la Bourdonnais qui m'ont montrée du doigt. Puis, au métro à l'École militaire (quand je suis descendue, une dame m'a dit : « Bonjour mademoiselle »), le contrôleur m'a dit : « Dernière voiture. » Alors, c'était vrai le bruit qui avait couru hier. Cela a été comme la brusque réalisation d'un mauvais rêve. Le métro arrivait, je suis montée dans la première voiture. Au changement, j'ai pris la dernière. Il n'y avait pas d'insignes[2]. Mais rétrospectivement, des larmes de douleur et de révolte ont jailli à mes yeux, j'étais obligée de fixer quelque chose pour qu'elles rentrent.

Je suis arrivée dans la grande cour de la Sorbonne à deux heures tapantes, j'ai cru voir Molinié[3] au milieu, mais, n'étant pas sûre, je me suis dirigée vers le hall au bas de la bibliothèque. C'était lui, car il est venu me rejoindre. Il m'a parlé très gentiment, mais son regard se détournait de mon étoile. Quand il me regardait, c'était au-dessus de ce niveau, et nos yeux semblaient dire : « N'y faites pas attention. » Il venait de passer sa seconde épreuve de philo.

Puis il m'a quittée et je suis allée au bas de l'escalier. Les étudiants flânaient, attendaient, quelques-uns me regardaient. Bientôt, Vivi Lafon est descendue, une de ses amies est arrivée et nous sommes sorties au soleil. Nous parlions de l'examen, mais je sentais que toutes les pensées roulaient sur cet insigne. Lorsqu'elle a pu me parler seule, elle m'a demandé si je ne craignais pas qu'on m'arrache mon bouquet tricolore, et ensuite elle m'a dit : « Je ne peux pas voir les gens avec ça. » Je sais bien : cela blesse les autres. Mais s'ils savaient, eux, quelle crucifixion c'est pour moi. J'ai souffert, là, dans cette cour ensoleillée de la Sorbonne, au milieu de tous mes camarades. Il me semblait brusquement que je n'étais plus moi-même, que tout était changé, que j'étais devenue étrangère, comme si j'étais en plein dans un cauchemar. Je voyais autour de moi des figures connues, mais je sentais leur peine et leur stupeur à tous. C'était comme si j'avais eu une marque au fer rouge sur le front.

■ **Hélène Berr**, *Journal* (1942-1944) © Tallandier, 2007.

1. **agreg** : agrégation d'anglais, concours pour devenir professeur de lycée. Hélène Berr n'a pas pu la passer, parce que juive.
2. **Il n'y avait pas d'insignes** : il n'y avait personne portant l'étoile jaune.
3. **Molinié** : camarade d'Hélène.

COMPRÉHENSION ET COMPÉTENCES D'INTERPRÉTATION

35 POINTS

1 À quel genre appartient ce texte ? Répondez en vous appuyant sur des indices précis. **(4 points)**

2 Quelles sont les réactions des autres personnes lorsqu'elles voient l'étoile jaune que porte Hélène ? Réagissent-elles toutes de la même façon ? **(6 points)**

3 Que ressent Hélène lorsqu'elle sort dans Paris ? Développez au moins deux éléments de réponse en vous appuyant sur des citations précises. **(8 points)**

4 Dans les lignes 35 à 39, relevez deux comparaisons qui permettent à la narratrice d'exprimer ce qu'elle éprouve. Expliquez-les. **(4 points)**

5 Quel est l'intérêt pour Hélène de tenir son journal, d'après cet extrait ? Répondez dans un développement construit. **(8 points)**

6 En quoi le photogramme (p. 52) fait-il écho à la page du journal d'Hélène Berr que vous venez de lire ? **(5 points)**

COUP DE POUCE
Le genre est la catégorie (poème, récit, texte théâtral) à laquelle appartient une œuvre littéraire. On le reconnaît à des indices spécifiques.

COUP DE POUCE
Une comparaison est une figure de style qui permet, au moyen d'un outil de comparaison (souvent *comme*), d'établir un rapprochement entre deux éléments. ▶ p. 381

GRAMMAIRE ET COMPÉTENCES LINGUISTIQUES

15 POINTS

7 À quelle classe grammaticale appartient le mot « lâche » (l. 12) ? Quelle est sa fonction dans cette phrase ? **(2 points)**

8 « Il m'a parlé très gentiment, mais son regard se détournait de mon étoile. » (l. 23-24) Justifiez que cette phrase est complexe. Comment sont reliées les propositions ? **(2 points)**

9 Réécrivez les lignes 2 à 8 (« Aujourd'hui, cela a été... » à « j'avais tout oublié ») au discours indirect en commençant par : « Hélène raconta que... » **(6 points)**

10 Réécrivez le passage surligné en remplaçant « je » par « mon amie et moi ». Faites toutes les modifications nécessaires. **(5 points)**

COUP DE POUCE
Les propositions d'une phrase complexe peuvent être juxtaposées, coordonnées ou subordonnées. ▶ p. 294

DICTÉE

10 POINTS

Votre professeur vous dictera le texte.

+PROF
Dictée (Joseph Joffo)

COUP DE POUCE
Revoyez les **homophones** *ces / ses / c'est*... et la conjugaison du **futur** de l'indicatif.

RÉDACTION

40 POINTS

Vous traiterez au choix l'un des deux sujets suivants.

Sujet d'imagination

Imaginez un passage du journal juste après « pour qu'elles rentrent » (l. 20). Hélène imagine ce qu'elle aurait aimé pouvoir répondre au contrôleur.

Sujet de réflexion

Quel est l'intérêt, selon vous, de tenir un journal intime ?

COUP DE POUCE
Au brouillon, notez tous les arguments qui permettent à Hélène de se défendre. Rédigez ensuite votre texte.

COUP DE POUCE
Aidez-vous de vos lectures et demandez-vous à chaque fois ce que ce journal a apporté à celui ou celle qui l'a écrit, mais aussi ce qu'il vous a appris.

XXE SIÈCLE
JOURNAL INTIME

Objectif
Étudier l'expression des émotions dans une page de journal intime

« J'ai besoin d'écrire »

Écoutez le texte lu.
hatier-clic.fr/22luf54

Renia Spiegel est une jeune juive polonaise. En 1939, après l'invasion de la Pologne par les armées allemande et soviétique, le pays est scindé en deux zones. Renia et sa sœur, qui se trouvent à Przemysl chez leurs grands-parents, ne peuvent plus voir leur mère qui vit à Varsovie.

12 mai 1942, mardi

Ces derniers temps, j'écris quand ça ne va pas, et j'écris quand ça va bien. Dans tous les cas, j'ai besoin d'écrire. Écoute ! Écoute-moi et comprends.[1] Une espèce de fièvre s'est emparée de la ville. Le spectre du ghetto[2], que tous avaient déjà oublié, est revenu. Et c'est encore plus épouvantable qu'avant, car il frappe aux portes de cœurs **pétrifiés** et il est impitoyable, il refuse de s'en aller. Hier, il me faisait peur aussi, mais pas aujourd'hui. Rien ne peut m'atteindre aujourd'hui. Je suis heureuse de pleurer maintenant, alors que personne ne peut me voir. Aujourd'hui, j'ai crié : « Ô Dieu, je veux que vienne le moment où ils m'emmèneront ! » [...]

L'atmosphère est très pesante à la maison. Bimba[3] est angoissée, épuisée par le travail et exaspérée. Elle se fait du **mauvais sang**. Elle souffre à cause des enfants, à cause de son mari et de la famille. À tel point que l'on n'a même pas le droit de rire dans la maison. Et ils ne cessent de me rappeler que je suis à leur merci.

La vie est si misérable. Misérable, laide, mauvaise, et pourtant, j'ai tout de même le **cœur lourd** de chagrin quand je pense... vais-je mourir ? Qu'est-ce que l'avenir nous réserve ? Ô Dieu tout-puissant ! Tant de fois, je Vous ai imploré et Vous m'avez écoutée. Pitié, mettez fin à notre misère. Je me sens mieux à présent : cela fait un bien fou de pleurer. Ce qui me fait le plus de mal, ce sont eux. Certes, cela fait déjà longtemps, certes, c'est depuis toujours, mais... quand même. Les gens racontent désormais que ce qu'il y a de plus important, c'est la nourriture. J'ai fait un bon repas, mon dîner m'a rempli l'estomac, et je me sens affreusement mal. Je n'ai pas faim, mais j'ai faim de protection et d'attention.

Et Zygus[4] ? Oui, c'est peut-être pour ça que je ne veux pas faire mes adieux à la vie.

Renia Spiegel, *Le Journal de Renia* (1939-1942), traduit de l'anglais par Typhaine Ducellier © 2020, Les Escales.

VOCABULAIRE

Recopiez et cherchez la définition des mots en vert.
→ En quoi s'agit-il d'expressions imagées ?

1. Renia s'adresse ici à son journal.
2. **ghetto** : quartier où les juifs sont regroupés de force ; les conditions de vie y sont inhumaines.
3. **Bimba** : grand-mère de Renia.
4. **Zygus** : petit ami de Renia.

Partageons notre lecture

Échangez entre vous : d'après vous, Renia est-elle plus triste et inquiète qu'heureuse ? En quoi nous semble-t-elle très lucide ?

Ceija Stojka, *Sans titre* (1995),
acrylique sur papier cartonné, 69,5 x 99 cm,
collection Antoine de Galbert (Paris)

Lecture d'image
hatier-clic.fr/22luf55

VERS LE BREVET

1. Présentez le tableau et décrivez-le brièvement.

2. En quoi le sentiment qui se dégage de ce tableau fait-il écho à ceux qu'exprime Renia ?

Comment Renia exprime-t-elle les émotions qui la traversent ?

1. Quelle menace Renia évoque-t-elle dans cet extrait ? En quoi cette situation a-t-elle des répercussions sur sa famille ?

2. Relevez plusieurs adjectifs qui appartiennent au lexique des émotions. Dans quel état d'esprit presque contradictoire se trouve Renia ?

3. Quel type de phrase ▸ p. 296 lui permet d'exprimer ses doutes et inquiétudes ? Relevez plusieurs exemples.

4. À qui Renia s'adresse-t-elle dans le premier et le dernier paragraphes ? Pourquoi, d'après vous ?

Outils

Les procédés de l'expression de soi

- l'emploi de la **première personne** du singulier,
- la **ponctuation expressive**,
- le lexique des **émotions**.

Bilan différencié

À L'ORAL

Créez en groupe un nuage d'une dizaine de mots tirés de l'extrait et qui vous semblent le mieux refléter les émotions contradictoires de Renia.

À L'ÉCRIT

Dressez un bref bilan de la situation dans laquelle se trouve Renia.

ÉCRITURE

- Selon vous, le fait d'écrire sur soi peut-il permettre de surmonter des épreuves ? Répondez à cette question dans un développement argumenté.
- Vous vous appuierez sur vos lectures et votre expérience personnelle.

Objectif
Comprendre quels sont les enjeux de l'écriture de soi

« Aujourd'hui j'ai quinze ans »

Écoutez le texte lu.
hatier-clic.fr/22luf56

Yitskhok Rudashevski est né en 1927. Il a été enfermé en 1941 dans le ghetto de Vilnius en Lituanie avec ses parents.

VOCABULAIRE

Recopiez et cherchez la définition des mots en vert.
→ Quel état d'esprit permettent-ils de définir ?

[Jeudi 10 décembre 1942]

Je réalise qu'aujourd'hui c'est mon anniversaire. Aujourd'hui j'ai quinze ans. On ne se rend pas compte comme le temps fuit. Lui, le temps, court de l'avant sans qu'on s'en aperçoive et tout à coup on réalise, comme moi aujourd'hui, que filent les jours, les mois, que le ghetto n'est pas que le douloureux instant **éphémère** d'un cillement[1], d'un battement de cœur, d'un cauchemar qui peut s'évanouir à tout moment, mais un vaste **marécage** où s'enlisent nos jours, nos semaines. Aujourd'hui j'ai beaucoup réfléchi. J'ai décidé de ne pas perdre mon temps au ghetto à ne rien faire et je me sens heureux de pouvoir étudier, lire, me développer, et veiller à ce que le temps ne s'arrête pas, mais que j'avance normalement avec lui. Dans mon quotidien du ghetto, j'ai l'impression de mener une vie normale, mais souvent je sens un coup au cœur. Je pourrais vivre mieux. Est-il normal de devoir voir jour après jour le portail du ghetto emmuré ? Est-il normal, en mes meilleures années, de voir cette seule ruelle, ces quelques cours encloses[2], étouffées ?

Bien d'autres pensées se sont embrouillées dans ma tête, mais j'ai ressenti très fort deux choses : un regret, tenaillant, lancinant. Je voudrais crier au temps d'attendre, de cesser de courir. Je voudrais rattraper mon année passée et la garder pour plus tard, jusqu'à la nouvelle vie. Mon second sentiment est de courage et d'espoir. Je n'éprouve pas le moindre désespoir. Aujourd'hui j'ai quinze ans et je vis confiant en l'avenir. Je n'ai aucune **ambiguïté** de pensée[3]. Je vois devant moi du soleil, du soleil, du soleil...

■ Yitskhok Rudashevski, *Entre les murs du ghetto de Wilno*[4], *1941-1943*, traduit du yiddish par Batia Baum © L'Antilope

1. **cillement** : battement de cils.
2. **encloses** : fermées.
3. **Je n'ai aucune ambiguïté de pensée** : je n'ai pas de pensées contradictoires.
4. **Wilmo** : autre nom de la ville de Vilnius.

Ancien ghetto de Vilnius (Lituanie)

Agrandissement de photographies retrouvées dans les ruines du ghetto après la Libération et placées dans les fenêtres d'un ancien immeuble en 2015.

Partageons notre lecture

● Quels sentiments évoque le narrateur ? Est-ce surprenant ?

VERS LE BREVET

1. Observez la photographie de la page 56. Pourquoi, à votre avis, a-t-on installé ces photos dans l'ancien ghetto de Vilnius ?

2. Comment le ghetto est-il représenté sur le tableau ci-contre ? Pourquoi ?

Samuel Bak, *Le Ghetto* (1976), huile sur toile (132 × 122 cm), Pucker Gallery (Boston, États-Unis)

Qu'apporte l'écriture de soi à Yitskhok ? DIFFÉRENCIATION

*Répondez à toutes les questions *, choisissez de répondre à deux questions ** et à une question ****

1. * À l'occasion de quel événement le narrateur s'exprime-t-il ici ?

2. * Relevez plusieurs verbes à la première personne qui expriment la pensée.
** À quel mode et à quel temps sont-ils conjugués ?
*** Quelle est leur valeur ?

3. * Où se trouve le narrateur ?
** Quelle image le narrateur donne-t-il du lieu où il se trouve ? Relevez et analysez les expressions qui décrivent physiquement ce lieu.

4. * Quel constat le narrateur fait-il sur le temps qui passe ? Que souhaite-t-il alors ?
** Relevez les expressions qui évoquent la fuite du temps : quel sentiment se dégage ?
*** Relevez les images parmi les expressions qui évoquent la fuite du temps et analysez-les.

5. * Comment Yitskhok semble-t-il voir l'avenir ? Recopiez la phrase qui vous a permis de répondre.
** Analysez comment le narrateur exprime cet espoir dans la dernière phrase du texte.

Outils

Les valeurs des modes

- L'**indicatif** permet d'exprimer un **fait réel** (qu'il soit passé, présent ou futur).
- Le **conditionnel** permet d'exprimer **ce qui est probable, hypothétique** (un fait soumis à une condition, incertain).
- Le **subjonctif** permet d'exprimer une **action envisagée, non réalisée** (un souhait, un regret, une crainte...).

Bilan

Quelle leçon de vie Yitskhok Rudashevski nous propose-t-il ?

RÉDIGER UN QUIZ

Vidéo
Le journal de Yitskhok caché et retrouvé
hatier-clic.fr/22luf57

- Après avoir visionné la vidéo, rédigez par groupe un quiz de cinq questions avec à chaque fois trois réponses possibles.
- Remettez vos questions à votre enseignant qui se chargera de les rassembler et de vous proposer l'ensemble des questions élaborées par la classe.
- Le groupe qui répondra juste au plus grand nombre de questions sera déclaré vainqueur.

Objectif
Étudier une forme picturale de récit intime

Charlotte Salomon, une peintre dans la tourmente de l'Histoire

Doc 1

Charlotte Salomon, *Autoportrait* (1940), gouache sur carton, musée historique juif (Amsterdam, Pays-Bas)

Une vie marquée par le régime nazi

Charlotte Salomon est née à Berlin en 1917 dans une famille juive aisée. En 1933, à cause des persécutions envers les Juifs, elle quitte le lycée et se consacre désormais à la peinture.

Étudiante aux Beaux-Arts, elle parvient à quitter l'Allemagne en 1939 pour se réfugier à Nice. C'est là qu'elle réalise l'essentiel de son œuvre. En 1943, elle est arrêtée avec son mari et déportée à Auschwitz, où elle meurt à l'âge de vingt-six ans, alors qu'elle est enceinte.

Découvrir le document 1

1. Qu'est-ce qu'un autoportrait ? Cherchez d'autres autoportraits d'artistes célèbres. ▸ chap. 1 p. 14 à 21

2. Quel âge peut-elle avoir ici ?

3. Observez la composition : combien y a-t-il de plans et que représentent-ils ? Quel est l'effet de ce choix ?

4. a. Qu'a-t-elle placé au centre de l'image ?

b. Quel effet est recherché par le travail du regard ?

c. Quel sentiment se dégage de cette figure ?

Doc 2

Charlotte Salomon, *Charlotte en train de peindre* (1940-1942), gouache sur papier (32,5 x 25 cm), musée historique juif (Amsterdam, Pays-Bas)

L'œuvre de Charlotte Salomon

Elle réalise son œuvre entre 1940 et 1942, alors qu'elle est réfugiée à Nice chez ses grands-parents. Elle peint 1300 gouaches qui composent un journal de sa vie, marquée par l'Histoire, mais aussi par des drames personnels. Elle affirme peindre pour ne pas devenir folle et confie toute son œuvre à son médecin au moment de son arrestation. « C'est toute ma vie », lui dit-elle.

Découvrir le document 2

1. Décrivez le document 2. Comment interpréter cette multiplication des images de la peintre ?
2. Par quel adjectif pourriez-vous qualifier sa composition ?
3. Reconnaissez-vous des objets emblématiques de l'histoire de la peinture ?
4. Choisissez un adjectif pour décrire les couleurs utilisées.
5. En rassemblant les réponses précédentes, expliquez comment Charlotte Salomon conçoit son activité.

Découvrir le document 3

1. Quel élément saute aux yeux du spectateur ? Que symbolise-t-il ?
2. Comment est composé le tableau ?
3. **a.** Comment les couleurs s'opposent-elles dans cette composition ? Que peuvent-elles symboliser ?
b. Comment Charlotte Salomon a-t-elle représenté les soldats ? Quel est l'effet du tableau sur le spectateur ?

Doc 3

Charlotte Salomon, *L'Accession au pouvoir de Hitler le 30 janvier 1933. L'avancée des nazis* (1940-1942), gouache sur papier (32,5 x 25 cm), musée historique juif (Amsterdam, Pays-Bas)

Le 30 janvier 1933, Hitler devient chancelier. Cet événement historique fait partie des souvenirs marquants de Charlotte Salomon qui le représente dans cette peinture.

INTERDISCIPLINARITÉ

ACTIVITÉ

- Faites des recherches sur la nuit de Cristal (novembre 1938).
- Puis cherchez et analysez sa représentation par Charlotte Salomon.

+PROF
Dossier Résister par l'art et la littérature

LECTURE

Lisez *Charlotte* de David Foenkinos, un roman qui retrace la vie de Charlotte Salomon.

Écoutez David Foenkinos sur la vie de Charlotte Salomon.
hatier-clic.fr/22luf59

Atelier LEXIQUE

Le vocabulaire des émotions

Employer le vocabulaire des émotions

Outils

Pour exprimer des émotions, on peut utiliser :

- des **noms** : *la honte, le désespoir, la colère, le bonheur, l'amitié, la peur...*
- des **adjectifs** : *abasourdi, inquiet, rassuré...*
- des **adverbes** : *fortement, terriblement...*
- des **verbes** : *se tranquilliser, se réjouir, s'attrister, fuir...*

1 * **a. Associez chaque expression à sa définition.**

Broyer du noir •	• Être bouleversé
Sortir de ses gonds •	• Se sentir motivé
Se sentir pousser des ailes •	• Être mélancolique
Être plus mort que vif •	• S'étonner
Être sens dessus dessous •	• Être terrifié
Se faire des cheveux blancs •	• Se mettre en colère
Ne pas en croire ses yeux •	• S'inquiéter

b. Employez trois de ces expressions dans des phrases de votre choix.

2 * **a. Associez les synonymes deux par deux.**

allégresse – appréhension – contrariété – calme – colère – courroux – effroi – énervement – étonnement – épouvante – agacement – joie – perplexité – peur – sérénité – souci

b. Trouvez un antonyme pour chaque couple de synonymes.

3 ** **Complétez les phrases suivantes qui expriment une émotion.**

1. Anne est (*adjectif*) .... lorsqu'elle comprend qu'elle doit se cacher. Elle prépare (*adverbe*) .... sa valise.

2. Hélène éprouve une violente (*nom*) .... quand elle sort avec son étoile jaune.

3. Renia se sent (*adverbe*) .... abattue, loin de sa mère et de son fiancé, elle (*verbe*) ....

4. Je trouve (*adjectif*) .... le courage que manifeste Yitskhok et le fait qu'il garde (*nom*) ....

4 ** **À deux, choisissez trois émotions dans la liste ci-dessous et faites-en le portrait chinois.**

Pour chacune, indiquez quel animal, quelle couleur, quelle musique, quelle saison, quelle boisson, quel livre elle serait.

Ex : *Si la joie était une couleur, elle serait...*

espoir – amusement – inquiétude – colère – lassitude – gaîté

5 ** **a. Complétez le tableau suivant en ajoutant le préfixe ou le suffixe adéquat.**

Noms	Adjectifs	Verbes	Adverbes en *-ment*
peur			
	paisible		
		égayer	
			nerveusement

Identifier les émotions exprimées

6 ** **Identifiez l'émotion exprimée dans les phrases suivantes.**

1. On me vole ma liberté, on m'arrache à mon foyer, à mes rues de Wilno que j'aime tant. (Y. Rudashevski)

2. Tout s'est bien passé, j'ai tout validé, même si je n'avais pas beaucoup révisé. Bref, à moi les vacances. (R. Spiegel)

3. Papa est malade. [...] Et nous ne pouvons même pas appeler le médecin, rends-toi compte ! (A. Frank)

7 *** **Lisez le texte et répondez aux questions.**

En 1939, le père de Fanny est arrêté en pleine nuit pour des raisons politiques.

Les doigts d'Erika se crispèrent tellement fort sur ma main qu'il me sembla qu'ils voulaient s'y enfoncer. Je sentis les sanglots se coincer dans ma gorge et mes joues se mouiller. Je dégageai ma main et étreignis ma sœur.

« Tu dois tenir bon, Fanny ! me dis-je. Pour papa. Et pour Erika. Si tu pleures, qui les rassurera ? » [...]

Pourtant, à ce moment, au lieu d'assurer à Erika que tout se passerait bien et que papa reviendrait, je me tenais à ses côtés, toute tremblante, et les larmes coulaient de mes yeux sans que je puisse les retenir.

Fanny Ben-Ami, *Le Voyage de Fanny* (1986), récit recueilli par G. Ron-Feder, traduit de l'hébreu par B. Ben-Ami © Le Seuil

a. Que ressent la narratrice et pourquoi ?

b. Par quelles manifestations physiques cela s'exprime-t-il ?

CARNET DE VOCABULAIRE

Complétez votre carnet avec les mots des exercices 2, 3, 4 et 5.

Grammaire pour écrire sur soi

Le récit au présent

Outils

L'emploi des temps dans un récit au présent

Dans un récit au présent, on utilise :

- le **présent de l'indicatif** pour une action qui se déroule au moment où l'on parle / écrit, une habitude, une description ;
- le **passé composé** pour une action achevée et l'**imparfait** pour une description ou une habitude passée ;
- le **futur de l'indicatif** pour une action à venir. ▶ p. 346

1 * **Complétez les phrases suivantes en conjuguant le verbe *écrire* au temps qui convient.**

1. Quand ça ne va pas bien, Renia .... et quand ça va bien, elle .... aussi.

2. Le jour de son arrestation, Yitskhok Rudashevski .... un message d'espoir.

3. Chaque jour, Pierre Feigl .... en pensant à ses parents.

4. Après avoir lu le *Journal* d'Anne Frank, de nombreux adolescents .... un journal eux aussi.

5. Votre avenir s'........ de lui-même, quoi qu'il arrive.

2 ** **a. Réécrivez le texte en commençant par *Demain*.**
b. Réécrivez le texte en commençant par *Aujourd'hui*.

Chère Kitty, Lundi 9 novembre 1942

Hier, c'était l'anniversaire de Peter, il a eu seize ans. À huit heures, j'étais déjà en haut et j'ai regardé les cadeaux avec Peter. On lui a donné, entre autres, le jeu de la Bourse, un rasoir et un briquet. [...]

La plus grande surprise, c'est M. Van Daan qui nous l'a faite en nous annonçant [...] que les Anglais avaient débarqué à Tunis, à Alger, à Casablanca et à Oran.

■ Le *Journal* d'**Anne Frank** (1942-1944), traduit du néerlandais

3 *** **Conjuguez les verbes entre parenthèses au temps qui convient.**

Aujourd'hui, je (*garder*) .... intact le souvenir des derniers regards et des ultimes mots échangés avec Jean. Je (*repenser*) .... à nos efforts, à toutes les trois, pour le convaincre de ne pas nous suivre, et une épouvantable tristesse m' (*étreindre*) .... de savoir que nos arguments, loin de le sauver, l' (*envoyer*) .... peut-être .... à la mort. Jean (*avoir*) .... alors dix-huit ans.

■ D'après Simone Veil, *Une vie* (2007) © Stock

La modalisation

Outils

Les marques de la subjectivité / les modalisateurs

- Les **adverbes** : *trop, très, bien, mal, peut-être, sans doute...*
- Le vocabulaire **mélioratif** (*formidable, adorer...*) ou **péjoratif** (*détestable, haïr...*).
- Les **verbes** de **jugement**, d'**opinion** (*croire, penser, estimer...*).
- Le **conditionnel** (**Ex :** *Il serait bon qu'il vienne*).
- La **ponctuation expressive** (exclamation, interrogation).
- Les **figures de style** : métaphore, comparaison, personnification... (**Ex :** *Il était rouge comme une tomate !*).

4 ** **a. Dans les phrases suivantes, soulignez les marques de la subjectivité du narrateur.**
b. Indiquez leur classe grammaticale.

1. Je voudrais tellement pouvoir sortir ! Hélas, ce n'est pas possible.

2. Il me semble qu'il faut s'efforcer de garder espoir en toutes circonstances.

3. Tous me sont franchement insupportables.

4. J'ai une vraie soif d'apprendre.

5. À mon avis, cela ne vaut vraiment pas la peine.

6. Je bous de fureur.

7. Oh, venez-moi en aide !

8. Je crois que fondamentalement, les humains sont bons.

5 *** **Dans le texte ci-dessous, soulignez les marques de la subjectivité.**

Étudiante parisienne, Hélène évoque les premiers moments où elle a dû sortir en portant l'étoile jaune.

Lundi soir

Mon Dieu, je ne croyais pas que ce serait si dur.

J'ai eu beaucoup de courage toute la journée. J'ai porté la tête haute, et j'ai si bien regardé les gens en face qu'ils détournaient les yeux. Mais c'est dur.

D'ailleurs, la majorité des gens ne regarde pas. Le plus pénible, c'est de rencontrer d'autres gens qui l'ont. Ce matin, je suis partie avec Maman. Deux gosses dans la rue nous ont montrées du doigt.

■ Hélène Berr, *Journal* (1942-1944) © Tallandier, 2007

Atelier EXPRESSION

Écrire et dire une page de journal

Écrire sur soi

1 * Nous avons tous vécu depuis 2020 une expérience extraordinaire, celle de l'épidémie et du confinement. Imaginez une page de journal intime d'un adolescent de votre âge qui raconte :

1. une journée de confinement : vous pourrez y évoquer les sensations liées à cet enfermement, les sentiments, les activités, les difficultés ou les joies de l'enseignement à distance, les espoirs et les doutes de cet adolescent.

2. le déconfinement : vous y évoquerez les premières expériences de liberté retrouvée, les sensations, les émotions, les espoirs de cet adolescent.

COUP DE POUCE

- **Vous présenterez vos pages** comme dans un journal, avec la date du jour.
- **Vous écrirez au présent** (associé au futur et au passé composé) : *Aujourd'hui, je...*
- **Vous pourrez y associer des dessins** pour illustrer votre page de journal.

2 * Raconter un souvenir à partir d'une photographie

Le narrateur a été enfermé en 1942 avec sa petite sœur dans le camp de Drancy. Récupérés par des membres de leur famille, ils ont échappé à la déportation.

Un jour, on nous a accompagnés chez un photographe. J'y allai avec un vague pressentiment, me souvenant que c'était aussi la raison que l'on nous avait donnée pour nous conduire à la prison. Mais tout se passa bien. C'était un portrait de nous deux, visage contre visage ; j'avais ma main droite sur l'épaule de ma sœur et la gauche contre sa joue. Nos cheveux commençaient à repousser.

■ Jean-Claude Moscovici, *Voyage à Pitchipoï* (1995) © L'École des loisirs

1. Décrivez la photographie.

2. D'après vous, pourquoi cette photographie est-elle importante pour le narrateur ?

3. À votre tour, racontez un souvenir à partir d'une photographie de votre choix.

COUP DE POUCE

- **Racontez dans quel contexte** cette photographie a été prise (date, lieu, etc.).
- **Décrivez l'image**.
- **Expliquez pourquoi** ce souvenir est important pour vous.

Raconter de façon expressive

3 * ORAL Entraînez-vous à lire un extrait du *Journal de Renia* ▸ p. 54 **de façon expressive, en suivant les indications données.**

Passages	Indications de lecture
Ces derniers temps... j'ai besoin d'écrire. (l. 2-3)	Marquer une pause à chaque signe de ponctuation.
Écoute !... il refuse de s'en aller. (l. 3 à 6)	Faire entendre plus haut et plus fort les impératifs. Mettre en valeur l'inquiétude de la narratrice.
Hier, il me faisait peur... personne ne peut me voir. (l. 7 à 9)	Exprimer la détermination dans la voix ; marquer une pause à chaque signe de ponctuation.
Aujourd'hui... où ils m'emmèneront ! (l. 9-10)	Hausser le ton, et marquer l'exclamation.
L'atmosphère... le droit de rire dans la maison. (l. 11 à 14)	Baisser la voix et ralentir le débit. Faire entendre distinctement les mots exprimant une émotion. Baisser le ton à la fin du passage.

4 * Imaginez la page de journal que Joseph pourrait écrire pour raconter cet épisode.

En 1942, à Paris, Joseph porte l'étoile jaune à l'école pour la première fois.

– Jo !
On court après moi. C'est Zerati.
Il est un peu essoufflé. Dans sa main, il a un sac de toile qui ferme avec un lacet. Il me le tend.
– Je te fais l'échange.
Je n'ai pas compris tout de suite.
– Contre quoi ?
D'un doigt éloquent, il désigne le revers de mon manteau.
[...] Je me décide brusquement.
– D'accord.
C'est cousu très solide. Je passe un doigt, puis deux et d'un coup sec, je l'arrache.
– Voilà.
Les yeux de Zérati brillant.
Mon étoile. Pour un sac de billes.

■ Joseph Joffo, *Un sac de billes* (1973) © Jean-Claude Lattès

JE FAIS LA SYNTHÈSE DES TEXTES LUS

1 Recopiez le tableau suivant et remplissez-le.

Narratrice / narrateur	Événements / anecdotes raconté(e)s	État d'esprit / émotions...	Fonction du journal intime
A. Frank ▸ p. 50			
H. Berr ▸ p. 52			
R. Spiegel ▸ p. 54			
Y. Rudashevski ▸ p. 56			

2 Vérifiez que vous savez définir les termes suivants.

autobiographie DIARISTE intime journal

3 Pour la classe Réalisez un « abécédaire du journal intime ».

- Choisissez chacun **un mot** en rapport avec le journal intime.

Ex : *stylo, intime, carnet, cachette, date, secret, destinataire imaginaire, espoirs, joies, déceptions, colères, doutes, vie quotidienne, épreuves, résister, penser, connaître (se), épancher (s'), penser...*

- Réalisez chacun **votre page**, en mentionnant la première lettre du mot choisi en tête : vous définirez ce mot et l'illustrerez d'un extrait de texte et / ou d'une image de votre choix.
- Rangez vos productions respectives par **ordre alphabétique**.

JE PROLONGE LA RÉFLEXION

4 Avec laquelle de ces citations êtes-vous le plus d'accord ? Justifiez votre réponse.

« Qu'est-ce qu'un homme qui tient un journal ? Un bavard, un collectionneur de propos, d'anecdotes. »
PAUL LÉAUTAUD

« Le papier a plus de patience que les gens. »
ANNE FRANK

« C'est d'abord pour soi qu'on tient un journal. »
PHILIPPE LEJEUNE

« On reproche aux gens de parler d'eux-mêmes, c'est pourtant le sujet qu'ils traitent le mieux. »
ANATOLE FRANCE

« Écoutez ; ma vie, c'est la vôtre. »
VIRGINIA WOOLF

5 Qu'ai-je appris dans ce chapitre ?

Quelles étapes de l'écriture d'une page de journal intime maîtrisez-vous ? Lesquelles devez-vous encore travailler ? Appuyez-vous sur le tableau pour évaluer votre niveau et les aspects à améliorer.

J'indique mon niveau de compétence		*	**	***	****
Organisation	Je sais organiser une page de journal intime (date, adresse éventuelle à un interlocuteur, première personne...)				
Temps	Je sais utiliser les différents temps dans un récit au présent.				
Modalisation	Je sais utiliser les marques de la subjectivité pour raconter un événement personnel.				
Émotions	Je sais exprimer mes émotions.				
Images	Je sais m'appuyer sur une photographie pour évoquer un épisode personnel.				

Écoutez le bilan en version audio.
hatier-clic.fr/22luf64a

LES FONCTIONS DU JOURNAL INTIME

Se connaître

- La pratique du journal intime se développe au XVIIIe siècle, dans un contexte où l'**individualité** prend de l'importance.
- Le journal permet à toutes les époques une **exploration de l'intime** qui vise à **réfléchir sur soi**, à se connaître ou, dans le cas d'une publication, à se faire connaître.

S'épancher

- Parce qu'il remplace parfois l'amie(e) que l'on souhaiterait avoir (comme Kitty pour **Anne Frank**) et qu'il est censé rester secret, le journal offre la possibilité de raconter des choses **personnelles**.
- Il permet également de laisser libre cours à ses émotions, comme l'expérimentent **Hélène Berr** et **Renia Spiegel**.

Résister aux épreuves

- L'écriture d'un journal intime peut devenir le moyen de résister aux épreuves ou de supporter des situations difficiles, comme celles vécues par **Hélène Berr**.
- Le journal peut venir combler un sentiment de solitude : ainsi **Anne Frank** s'invente-elle une amie imaginaire à qui écrire.
- Face aux épreuves, son journal permet à **Yitskhok Rudashevski** de se tourner vers l'avenir et de se donner du courage.

Laisser un témoignage

- Par son ancrage dans un moment précis, indiqué par la **date**, le journal a pour but de saisir un instant de vie que l'on veut **garder en mémoire** ou que l'on veut faire partager, plus tard, à quelqu'un.
- Il manifeste toujours un **goût de l'écriture** et un sentiment d'exister grâce aux mots.
- Il permet enfin de réfléchir sur ce qui nous entoure et constitue un témoignage, à travers une **histoire personnelle**, de l'**Histoire**.

Pour vous aider

Les mots du chapitre

Retrouvez les mots essentiels à retenir avec une partie à compléter.

Fiche vocabulaire
hatier-clic.fr/22luf64b

Carte mentale MÉMORISATION

Complétez la carte mentale pour vous aider à mémoriser le bilan.

Carte mentale
hatier-clic.fr/22luf64c

Vers le Brevet

Évaluation DIFFÉRENCIATION

Un sujet type Brevet pour vous évaluer.

+PROF
Évaluation BREVET (Anne Frank)

Lecture
CURSIVE

Ari Folman et David Polonsky, *Le Journal d'Anne Frank* (2017)

Découvrir l'œuvre

Le scénariste Ari Folman et l'illustrateur David Polonsky ont adapté le *Journal* d'Anne Frank en roman graphique.

Ari Folman et **David Polonsky**, *Le Journal d'Anne Frank*, (roman graphique), traduit de l'anglais par Claire Desserrey et du néerlandais par Isabelle Rosselin et Philippe Noble © Calmann-Lévy, 2017, 2019

Vidéo
Bande-annonce du film *Où est Anne Frank ?*
hatier-clic.fr/22luf51

Ce film d'animation d'Ari Folman est centré sur une Kitty imaginaire qui part à la recherche d'Anne Frank.

CARNET DE LECTURE

→ Faites une sélection des cinq vignettes que vous préférez dans la bande dessinée.
→ Collectez-les dans un fichier, en les prenant en photo, par exemple.
→ À l'oral, présentez votre sélection, décrivez les images que vous avez choisies, et dites pourquoi elles vous ont interpellé(e).

TESTEZ-VOUS !

Quiz sur votre lecture (BD Ari Folman)
hatier-clic.fr/22luf65

À lire et à voir

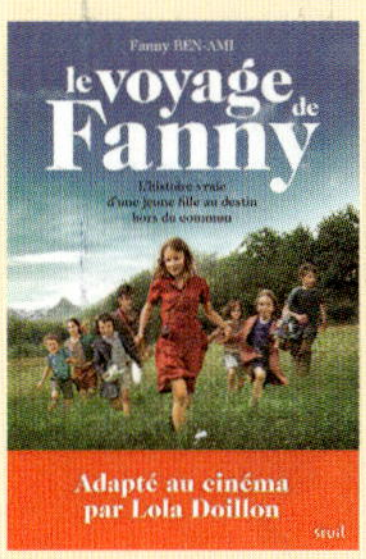

Le Voyage de Fanny

De **Fanny Ben-Ami** (1986)

• Issue d'une famille juive d'origine russe, Fanny est placée avec ses sœurs dans un foyer pour enfants juifs après l'arrestation de son père. Lorsque l'on décide d'envoyer les enfants en Suisse pour les protéger, Fanny doit prendre la tête du groupe alors qu'elle n'a que treize ans.

Au revoir les enfants

De **Louis Malle** (1987)

• En janvier 1944, après les vacances de Noël, Julien Quentin regagne le collège catholique dans lequel il est pensionnaire. Un nouvel élève arrive dans l'établissement et suscite sa curiosité : qui est ce Jean Bonnet, brillant élève, excellent pianiste, et qui ne reçoit aucune lettre ? Julien parvient à comprendre qu'il est juif, et que le père Jean, le directeur du collège, le cache...

4

Des animaux très humains

▶ Pourquoi les textes satiriques mettent-ils en scène des animaux ?

Dans ce chapitre, vous allez comprendre pourquoi et comment les écrivains imaginent des personnages animaux pour critiquer les êtres humains.

Doc 1

Charles Le Brun, *Portraits d'homme en relation avec la chèvre*, planche extraite du « Livre de portraiture » (XVIIe siècle), Bibliothèque nationale de France (Paris)

Grand peintre de Louis XIV, Charles Le Brun (1619-1690) a consacré une importante étude théorique au monde animal, permettant de relier les traits du visage et les caractères humains et animaux.

Doc 2

« Je me sers d'animaux pour instruire les hommes. »

■ Jean de La Fontaine

Doc 3

Cranach, *Animaux*, photomontage (2017)

1. Quels animaux reconnaissez-vous sur ces documents (doc 1, 3, 4) ? Quels éléments permettent de les rapprocher d'êtres humains ?
2. Quel est l'effet produit par les œuvres contemporaines (doc 3 et 4) ? Laquelle vous semble la plus marquante ? Pourquoi ?
3. Lisez la citation de Jean de La Fontaine (doc 2). Comment la comprenez-vous ? Quel document vous semble le mieux lui faire écho ? Pourquoi ?

Doc 4

André Sanchez, *Lion*, collage (2017)

DÉBAT

Et vous, quel animal aimeriez-vous être ? Quels seraient les avantages et les inconvénients d'une telle transformation ?

Les clés du CHAPITRE

Qu'est-ce que la satire ?

À L'ORIGINE DE LA SATIRE

• La **satire** est une pratique littéraire très ancienne : elle existe depuis l'Antiquité.

• Le poète latin **Horace** (Ier siècle avant J.-C.) a écrit un recueil de satires qui permet de « dire la vérité en riant » (« *ridentem dicere verum* »).

LE TON SATIRIQUE

• Le **ton satirique** est présent dans des textes de **genres très variés** : fable, portrait, pièce de théâtre, roman épistolaire, conte philosophique, article de presse...

• Dans ces textes, l'auteur se moque d'un personnage ridicule, raille un défaut, ou dénonce une injustice. Le **rire** y est un outil au service de la **critique**.

CARNET DE VOCABULAIRE

Recopiez les mots en vert accompagnés d'une courte définition.

Doc 2

Gustave Doré, illustration pour « Le Loup devenu berger » de Jean de La Fontaine, gravure (1867), Bibliothèque nationale de France (Paris)

Étymologie

Le mot **satire** vient du latin *satura*. À l'origine, ce mot désignait une salade de fruits ou une macédoine de légumes. Il a ensuite été utilisé pour désigner des textes de formes et de genres mélangés (théâtre, poésie) qui avaient en commun de critiquer des défauts humains.

Doc 1

Enluminure extraite du ***Roman de Renart*** (XIVe s.), Bibliothèque nationale de France (Paris)

UNE CRITIQUE DÉGUISÉE

• La critique n'est pas toujours bien tolérée par ceux qui en sont la **cible**. Certaines satires ont rencontré des difficultés pour être publiées : elles ont pu être condamnées ou interdites. C'est ce qu'on appelle la **censure**.

• Pour éviter d'être censurés, les textes satiriques empruntent parfois des **détours**. L'**allégorie** est une de ces ruses. Les personnages critiqués y sont déguisés sous les traits d'animaux.

1. Observez les animaux représentés sur l'enluminure (doc 1) et la gravure (doc 2). Lesquels sont représentés dans des attitudes naturelles pour des animaux ? Lesquels ne le sont pas ?

Doc 3

La Fontaine a choisi de réécrire des fables animalières anciennes afin de parler des êtres humains de manière déguisée. Le message est ainsi plus accessible pour les jeunes lecteurs. De plus, cela lui permet d'éviter la censure.

Dites à un enfant que Crassus, allant contre les Parthes[1], s'engagea dans leur pays sans considérer comme il en sortirait ; que cela le fit périr, lui et son armée, quelque effort qu'il fît pour se retirer. Dites au même enfant que le renard et le bouc descendirent au fond d'un puits pour y éteindre leur soif ; que le renard en sortit, s'étant servi des épaules et des cornes de son camarade comme d'une échelle : au contraire, le bouc y demeura pour n'avoir pas eu tant de prévoyance ; et par conséquent il faut considérer en toute chose la fin ; je demande lequel de ces deux exemples fera le plus d'impression sur cet enfant.

■ Jean de La Fontaine, *Fables*, préface (1668)

1. Référence à la bataille de Carrhes, en Turquie, en 53 av. J.-C. Le général romain Crassus a fait de graves erreurs tactiques qui ont causé le massacre de son armée et une grande humiliation pour l'Empire romain.

2. Quelle histoire vous semble la plus facile à comprendre (doc 3) : celle de Crassus ou celle du bouc ?

3. D'après vous, par qui un texte qui parle d'une défaite militaire pourrait-il être censuré ?

L'ART DE LA SATIRE AU XXIE SIÈCLE

- Aujourd'hui encore, l'art de la satire s'exprime bien au-delà de la littérature : on le reconnaît dans le **stand-up**, le **sketch**, la **chanson**, la **chronique radiophonique**...
- Dans les médias, la satire sensibilise par le sourire aux grands problèmes de société. Les procédés de la **caricature** ou du **dessin de presse**, par exemple, invitent les citoyens à la réflexion et au débat.

Vidéo
C'est quoi une caricature ?
hatier-clic.fr/22luf69

Doc 4

Dessin de presse de **Rodho** (2015)

4. Observez le dessin de presse (doc 4) et reformulez son message. Quelle est la cible de la critique ?

Vous êtes prêt(e)s ?

Parcourons les siècles et amusons-nous à débusquer les défauts des êtres humains qui se cachent derrière les animaux !

Objectif
Étudier l'allégorie dans une fable

Texte 1 : Ésope (VIe s. av. J.-C.)

« Le Loup et le Chien »

Pendant l'Antiquité, de nombreuses fables circulaient de manière orale et écrite. C'étaient de courts récits en prose, parfois assortis d'une morale.

Un loup voyant un très gros chien attaché par un collier lui demanda : « Qui t'a lié et nourri de la sorte ? — Un chasseur, » répondit le chien. « Ah ! Dieu garde de cela le loup qui m'est cher ! Autant la faim qu'un collier pesant. » Cette fable montre que dans le malheur on n'a même pas les plaisirs du ventre.

■ **Ésope**, « Le Loup et le Chien » dans *Fables* (VIe s. av. J.-C.), traduit du grec par Émile Chambry © Les Belles Lettres (1927)

Texte 2 : Marie de France (XIIe s.)

« Le Loup et le Chien »

Dès la fin de l'Antiquité, de nombreux auteurs se sont prêtés au jeu de la réécriture des fables. Les textes deviennent plus longs et plus agréables à lire.

Un loup et un chien se croisèrent
Au beau milieu d'une clairière.
Le loup, examinant le chien,
Lui dit : « Frère, vous êtes beau !
Et quel luisant[1] a votre peau ! »
Le chien lui répondit : « C'est vrai.
Je mange très bien, en effet,
Je dors sur un coussin moelleux
Aux pieds de mon maître et, bien mieux,
Tous les jours, je ronge des os,
Ce qui me rend bien gras, bien gros.
Il ne tient qu'à vous de venir
Et si vous savez obéir
Comme je fais, vous mangerez
Autant et plus que vous voudrez. »
« Vrai, j'irai », lui répond le loup
Et ils s'en vont, cou contre cou.
Avant qu'ils ne fussent rendus,
Le loup, tout soudain, aperçut
Le collier que le chien portait
Et vit la chaîne qui traînait...
« Frère, dit-il, qu'est-ce ? Je vois
Sur ton cou un je ne sais quoi... »
Le chien lui répond : « C'est la chaîne
Par quoi l'on m'attache en semaine
Car, sinon, je mordrais souvent
Et ferais tort[2] à bien des gens
Que mon maître veut protéger...
Et donc il me fait enchaîner.
La nuit, je garde la demeure[3]
Pour en éloigner les voleurs. »
« Quoi ? fait le loup, tu ne peux donc
Te promener sans permission ?
Rentre chez toi ; moi, je m'en vais :
Nul ne m'enchaînera jamais.
Mieux vaut vivre en loup sans collier
Que vivre riche et enchaîné.
Puisque j'en ai encor le choix,
Rentre chez toi : je rentre au bois. »
Et par la chaîne fut rompue
La belle alliance ainsi conclue.

■ **Marie de France**, « Le Loup et le Chien » dans *Fables* (XIIe s.), traduit de l'ancien français par Françoise Morvan © Actes Sud (2010)

1. **luisant** : brillant.
2. **ferais tort** : je ferais du mal, j'attaquerais.
3. **la demeure** : la maison.

VOCABULAIRE

Chaîne

→ Dans le texte 2, relevez un mot qui appartient à la famille de *chaîne*. Expliquez comment il est formé, puis rappelez la définition d'une *famille de mots*.

Grandville, *Le Loup et le Chien*, gravure (1855)

Partageons notre lecture

● Vous sentez-vous plus chien ou loup ? À quel animal vous identifiez-vous ? Faites votre choix et confrontez-le avec celui d'autres élèves.

Comment une histoire d'animaux peut-elle donner une leçon aux êtres humains ?

Texte 1

1. Dans la fable d'Ésope, repérez les lignes qui correspondent à l'apologue et celles qui correspondent à la morale.

2. a. Relisez le début du texte (jusqu'à *demanda*, l. 1) : relevez les deux expansions du nom *chien* ▶ p. 83.

b. Dans la question du loup (l. 2), deux mots font écho à ces deux expansions. Lesquels ?

3. Que signifie *Autant la faim qu'un collier pesant* (l. 3) ? Reformulez avec vos mots.

Texte 2

4. Marie de France a développé l'apologue plus longuement qu'Ésope.

a. En voyant le chien, que remarque le loup en premier (l. 3-5) ?

b. Que voit le loup dans un second temps (l. 18 à 21) ?

c. Imaginez l'émotion que le loup éprouve à chaque moment (l. 3 à 5 puis l. 18 à 21).

Outils

La fable

- Dans la fable, les animaux sont **personnifiés**. Ils incarnent une qualité ou un défaut.
- Elle est constituée, pour la plus grande partie, d'un récit, aussi appelé **apologue**.
- La **morale** peut être implicite, c'est-à-dire sous-entendue, ou bien explicite. Dans ce cas, elle est souvent à la fin du texte.

Bilan

Pourquoi peut-on dire que les animaux présentés dans ces fables ont des caractéristiques humaines ? Trouvez au moins trois éléments de réponse.

Premier élément de réponse :	Animaux personnifiés	Troisième élément de réponse :
...	Deuxième élément de réponse : ...	...

INTERPRÉTER LA FABLE

Interprétez la fable de Marie de France à la manière d'une scène de théâtre. Pour cela, formez un groupe de trois élèves et répartissez-vous les rôles. Une personne jouera le narrateur, une autre le loup et la troisième le chien.

XXE SIÈCLE
ROMAN

Objectif
Décoder un extrait de roman à clés

« L'homme est notre seul véritable ennemi »

Écoutez le texte lu.
hatier-clic.fr/22luf72

George Orwell est un écrivain britannique (1903-1950). Ses œuvres expriment son engagement politique contre les inégalités sociales et le totalitarisme, et en faveur de la liberté d'expression. Au début de La Ferme des animaux*, un cochon s'adresse aux autres animaux de la ferme.*

– Camarades, vous avez déjà entendu parler du rêve étrange que j'ai fait la nuit dernière. J'y viendrai tout à l'heure mais j'ai d'abord quelque chose à vous dire. Je ne pense pas, camarades, qu'il me reste de longs mois à vivre auprès de vous et, avant de mourir, je crois qu'il est de mon devoir de vous transmettre un peu de la sagesse que j'ai pu acquérir. J'ai eu une longue vie, j'ai eu beaucoup de temps pour réfléchir dans la solitude de mon box et je pense pouvoir dire que je comprends, aussi bien que n'importe qui, parmi les animaux, la nature de la vie sur cette terre. C'est de cela que je désire d'abord vous parler.

Quelle est donc, camarades, la nature de notre existence ? Regardons les choses en face : nos vies sont **brèves**, **laborieuses** et **misérables**. Nous naissons, on nous donne tout juste assez de nourriture pour ne pas **crever** de faim et ceux d'entre nous qui le peuvent sont obligés de travailler jusqu'aux dernières limites de leurs forces. Alors, quand arrive le moment où nous cessons d'être utiles, on nous abat, avec la plus atroce des cruautés. Il n'est pas un animal en Angleterre qui, ayant dépassé l'âge de un an, ne connaisse le sens de mots comme loisir ou bonheur. Il n'est pas un animal qui soit libre. La vie de l'animal n'est que misère et servitude, voilà la simple vérité.

Mais tout cela est-il dans l'ordre naturel des choses ? Notre pays est-il si pauvre qu'il ne puisse offrir une vie **décente** à tous ceux qui demeurent sur son sol ? Non, camarades, non, mille fois non ! Le sol de l'Angleterre est **fertile** et son climat est **agréable**. Il peut fournir une nourriture **abondante** à bien plus d'animaux qu'il n'y en a aujourd'hui. Notre ferme à elle seule pourrait subvenir aux besoins d'une douzaine de chevaux, d'une vingtaine de vaches et de centaines de moutons – et leur offrir un confort, une dignité qu'on ne peut même pas imaginer actuellement. Alors pourquoi poursuivons-nous dans de telles conditions ? Parce que la quasi-totalité de ce que nous produisons nous est volée par l'homme. C'est là, camarades, qu'est la réponse à tous nos problèmes. Elle tient en un mot, l'homme ! L'homme est notre seul véritable ennemi. Éliminez l'homme, et les racines de la faim et de l'esclavage seront abolies à tout jamais.

George Orwell, *La Ferme des animaux* (1945),
traduit de l'anglais par Stéphane Labbe

VOCABULAIRE

→ Classez les mots en vert en deux groupes, selon qu'ils ont une connotation méliorative ou péjorative ▶ p. 194.

Partageons notre lecture

Trouvez-vous ce discours convaincant ? Répartissez-vous en deux groupes selon votre avis. Chaque groupe fait la liste de ses arguments, puis les confronte avec ceux de l'autre groupe.

Photogramme du long métrage d'animation *La Ferme des animaux* de **John Halas** et **Joy Batchelor** (1954)

Pourquoi masquer les hommes sous les traits d'animaux ?

1. Par quel mot le personnage s'adresse-t-il à ses auditeurs ?

2. Observez le deuxième paragraphe (l. 9 à 17). Quel est le pronom personnel sujet le plus employé ?

3. À partir de vos réponses aux questions 1 et 2, dites dans quelle position l'orateur se place par rapport à ses auditeurs.

4. Le texte comporte trois paragraphes. Donnez un titre à chaque paragraphe pour montrer l'enchaînement de l'argumentation.

5. Relisez attentivement le troisième paragraphe (l. 18 à 29). Repérez les figures de style suivantes : répétition, gradation, hyperbole, question oratoire ▸ p. 381. Quel sentiment l'orateur veut-il susciter ?

Outils

La fiction à clés

- **Les fictions à clés** mettent en scène des personnages fictifs qui cachent des personnes réelles. C'est un procédé qui permet d'éviter la **censure**, et qui peut conférer à l'œuvre une portée universelle. Pour comprendre le récit et ses enjeux, le lecteur doit être capable d'identifier les personnalités réelles. Ce **décodage** fait partie du plaisir de la lecture.

Bilan différencié

Choisissez une des activités pour rendre compte de votre lecture.

1. Complétez le tableau. Dans notre monde actuel, quel type de personne pourrait tenir un discours similaire ? Face à qui ? Dans quel but ? ▸ p. 176

Type d'orateur	Auditoire	But du discours
...	...	...

2. Composez la Une d'un journal. Complétez-la à l'aide de vos réponses pour rendre compte du discours comme si vous y aviez assisté.

→ **Titre** : « Journal de la ferme »

→ **Bandeau** : « Le discours de Major l'Ancien »

→ **Article** : Le cochon Major l'Ancien s'est adressé hier à tous les animaux de la ferme réunis dans la grange. Pendant tout son exposé, l'orateur s'est adressé à ses auditeurs comme à des **...** . Il a d'abord parlé de **...** . Ensuite, il a dénoncé **...** . Pour finir, il a **...** . Tous les auditeurs se sont sentis **...** par **...** . Nous n'oublierons pas sa phrase la plus marquante : « **...** » .

Modèle à compléter
hatier-clic.fr/22luf73b

INTERDISCIPLINARITÉ

ACTIVITÉ

Regardez cette vidéo pour retrouver les points communs entre le discours du personnage du texte et les idées politiques de **Karl Marx**.

Vidéo
Karl Marx, le combattant
hatier-clic.fr/22luf73a

Objectif
Étudier une planche de bande dessinée

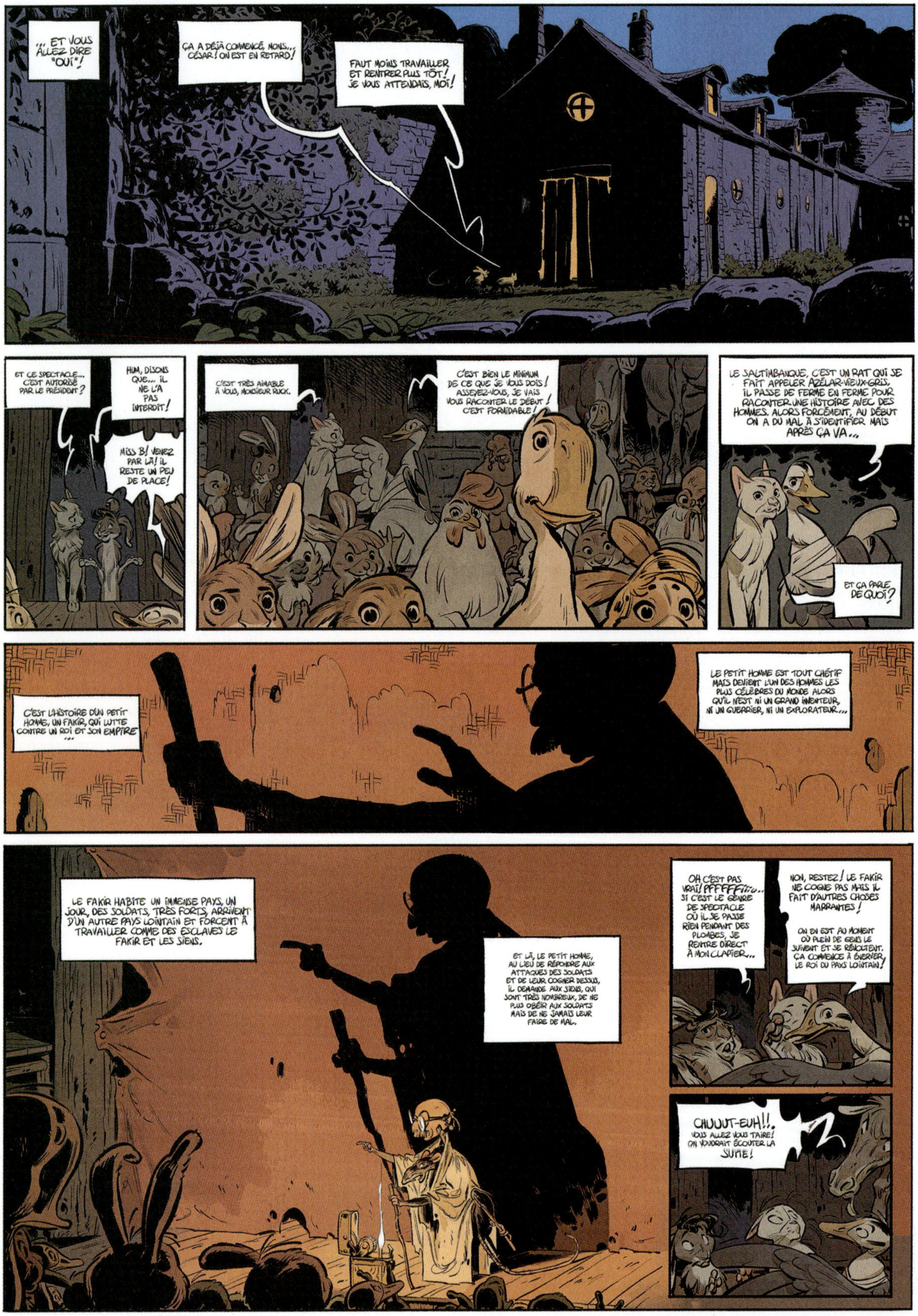

Xavier Dorison (scénario) et **Félix Delep** (dessin), *Le Château des animaux, tome 1-Miss Bengalore* (2019)

Le Château des animaux

Découvrir

1. Où se déroule l'action ? Quel est le lieu dans la première bande ? Et ensuite ? Pouvez-vous faire un lien avec le texte de George Orwell (p. 72) ?

2. Qui sont les personnages présents ? Associez chaque nom de personnage à l'espèce correspondante.
un canard • un lapin • un rat • une chatte / Miss Bengalore • César • Monsieur Ruck • Azélar-Vieux-Gris

3. Relisez les paroles des personnages dans la deuxième vignette. Qu'en déduisez-vous concernant le pouvoir politique de leur société ?

4. La troisième bande crée une rupture dans le rythme de la page. Reproduisez et complétez ce schéma pour expliquer comment est construit cet effet de surprise.

Effet de surprise
- Couleurs : …
- Cadrage : …
- Texte (contenu et disposition) : …
- Format des vignettes : …
- Échelle de plan : …
- Champ et hors-champ : …
- Personnages présents : …

5. Relisez les paroles du canard dans la quatrième vignette. Que signifie le verbe *s'identifier* ? Pourquoi cette réplique peut-elle faire sourire le lecteur ?

Outils

L'adaptation

Les œuvres importantes donnent souvent lieu à des adaptations dans d'**autres genres** (bande dessinée, cinéma, théâtre). L'adaptation peut être **fidèle** ou apporter des **variantes** (nouveaux personnages ou épisodes).
Ici, dans le « petit homme », le lecteur peut reconnaître le personnage historique de Gandhi (1869-1948), avocat et homme politique indien qui s'est révolté pacifiquement contre la domination anglaise et a inspiré de nombreux mouvements de libération dans le monde.

CARNET DE VOCABULAIRE

Complétez votre carnet en donnant une courte définition à chacun de ces termes de l'analyse d'image : cadrage • champ et hors-champ • échelle de plan.

Travailler AUTREMENT

DIFFÉRENCIATION

À l'écrit

Quel effet la découverte du spectacle du rat peut-elle produire chez les animaux présents ? Imaginez le scénario de la suite de la bande dessinée.

Rédigez un texte d'environ 60 mots, ou bien réalisez une page de bande dessinée en vous aidant de l'application BDnF.

Site
BDnF, la fabrique à BD
hatier-clic.fr/22luf75

À l'oral

D'après vous, quel type de prise de parole est la plus efficace pour inciter à l'indignation, à la révolte contre une situation injuste : un discours ou un récit ?

Donnez plusieurs arguments.

XXE SIÈCLE
ROMAN

Objectif
• Découvrir un incipit absurde

« Un monstrueux insecte »

Écoutez le texte lu.
hatier-clic.fr/22luf76

Franz Kafka (1883-1924) est un auteur majeur du XXe siècle. Voici l'incipit (les premières lignes) d'une de ses nouvelles les plus célèbres, La Métamorphose.

En se réveillant un matin après des rêves agités, Gregor Samsa se retrouva, dans son lit, **métamorphosé** en un monstrueux insecte. Il était sur le dos, un dos aussi dur qu'une carapace, et, en relevant un peu la tête, il vit, bombé, brun, cloisonné par des arceaux plus rigides, son abdomen sur le haut duquel la couverture, prête à glisser tout à fait, ne tenait plus qu'à peine. Ses nombreuses pattes, lamentablement grêles[1] par comparaison avec la corpulence qu'il avait par ailleurs, grouillaient désespérément sous ses yeux.

« Qu'est-ce qui m'est arrivé ? » pensa-t-il. Ce n'était pas un rêve. Sa chambre, une vraie chambre humaine, juste un peu trop petite, était là tranquille entre les quatre murs qu'il connaissait bien. Au-dessus de la table où était déballée une collection d'échantillons de tissus – Samsa était représentant de commerce –, on voyait accrochée l'image qu'il avait récemment découpée dans un magazine et mise dans un joli cadre doré. Elle représentait une dame munie d'une toque[2] et d'un **boa** tous les deux en fourrure et qui, assise bien droite, tendait vers le spectateur un lourd manchon[3] de fourrure où tout son avant-bras avait disparu.

Le regard de Gregor se tourna ensuite vers la fenêtre, et le temps maussade – on entendait les gouttes de pluie frapper le rebord en zinc – le rendit tout mélancolique. « Et si je redormais un peu et oubliais toutes ces sottises ? » se dit-il ; mais c'était absolument irréalisable, car il avait l'habitude de dormir sur le côté droit et, dans l'état où il était à présent, il était incapable de se mettre dans cette position. Quelque énergie qu'il mît à se jeter sur le côté droit, il tanguait et retombait à chaque fois sur le dos.

■ Franz Kafka, *La Métamorphose* (1915),
traduit de l'allemand par Bernard Lortholary © Flammarion (1988)

VOCABULAIRE

Métamorphosé
→ Cherchez l'étymologie de ce mot : de quels mots grecs vient-il ?
Quel poète latin a intitulé une de ses œuvres *Les Métamorphoses* ?

Boa
→ Quels sont les différents sens de ce mot ? Quel est le sens employé dans le texte ? Comment appelle-t-on un mot qui a plusieurs sens ?

1. **grêles** : fines et longues.
2. **toque** : petit chapeau rond, sans bords.
3. **manchon** : accessoire cylindrique, utilisé pour protéger les mains du froid.

Histoire littéraire

L'absurde

• Le XXe siècle est marqué par les atrocités et la **barbarie** des guerres mondiales. Le monde moderne apparaît comme un **univers menaçant**, instable, où l'avenir est **inquiétant**.

• Dans ce contexte, les intellectuels s'interrogent sur la **condition humaine**. Les écrivains inventent des personnages impuissants, dont les comportements illogiques expriment la **perte de sens** et l'angoisse existentielle de l'époque.

Partageons notre lecture

● L'image vous semble-t-elle correspondre à la description du personnage (l. 2 à 7) ? Choisissez une partie du corps et comparez le texte avec l'illustration.

Pourquoi imaginer une métamorphose inexpliquée ?

1. Étudiez le statut et le point de vue du narrateur dans cet extrait.
a. Qui raconte l'histoire ? Observez les pronoms personnels utilisés pour désigner le personnage.
b. Observez l'emploi des guillemets dans le texte. Qu'indiquent-ils ?

2. Comment réagit Gregor à sa transformation ? Si une telle transformation vous arrivait, réagiriez-vous de la même manière ? Expliquez.

3. Quel sentiment ce texte fait-il naître chez le lecteur ? Le trouvez-vous plutôt tragique ou comique ? Vous pouvez nuancer votre réponse.

4. D'après vous, peut-on dire que Gregor est encore un humain après sa transformation ? Pourquoi ?

Outils

Le narrateur

- Le narrateur raconte l'histoire à la **première** ou à la **troisième personne**. Le narrateur à la première personne est souvent un personnage de l'histoire qu'il raconte.
- Le narrateur peut avoir le point de vue d'un témoin (**point de vue externe**), celui d'un des personnages de l'histoire (**point de vue interne**) ou celui d'un observateur qui connaît les pensées et les sentiments des personnages (**point de vue omniscient**).

A. C. Farley, *Metamorphosis*, acrylique sur toile (1984)

Bilan

Le caractère inexpliqué de la métamorphose participe à construire dans ce texte le sentiment de l'absurde.
Reproduisez et complétez ce schéma en reprenant vos réponses aux questions.

Situation de départ : … + Statut et point de vue du narrateur : … + Attitude du personnage : … + Tonalité : … = **Sentiment de l'absurde**

ÉCRITURE

Imaginez la suite du texte : Gregor réussit à se rendormir, mais à son réveil, rien n'a changé. Votre narration adoptera un point de vue interne ou omniscient.

ATELIER PHILO

Répondez ensemble à cette question :
Quelles sont les frontières entre l'animalité et l'humanité ?

Textes & images

XXᴱ SIÈCLE
NOUVELLE

BREVET GUIDÉ

Objectif
Comprendre les procédés de la dénonciation

« Je me sentais un monstre »

Le narrateur assiste à la transformation progressive en rhinocéros de tous ceux qui l'entourent. Même ses amis et la femme qu'il aime, Daisy, finissent par se métamorphoser en animaux sauvages. Lui seul reste humain. Voici la fin de la nouvelle.

Mise en scène de **Romulo Torres Carroll** (Birdbath Theatres, San Francisco, 2017)

Ionesco a écrit une pièce de théâtre à partir de sa nouvelle.

La situation devint pour moi littéralement intenable. C'était de ma faute si Daisy était partie. Qui sait ce qu'elle était devenue ? Encore quelqu'un sur la conscience. Il n'y avait personne à pouvoir m'aider à la retrouver. J'imaginai le pire, me sentis responsable.

Et de partout leurs barrissements[1], leurs courses éperdues, les nuages de poussière. J'avais beau m'enfermer chez moi, me mettre du coton dans les oreilles : je les voyais, la nuit, en rêve.

« Il n'y a pas d'autre solution que de les convaincre. » Mais de quoi ? Les mutations[2] étaient-elles réversibles ? Et pour les convaincre il fallait leur parler. Pour qu'ils réapprennent ma langue (que je commençais d'ailleurs à oublier) il fallait d'abord que j'apprisse la leur. Je ne distinguais pas un barrissement d'un autre, un rhinocéros d'un autre rhinocéros.

Un jour, en me regardant dans la glace, je me trouvai laid avec ma longue figure : il m'eût fallu une corne, sinon deux, pour rehausser mes traits tombants.

Et si, comme me l'avait dit Daisy, c'était eux qui avaient raison ? J'étais en retard, j'avais perdu pied, c'était évident.

Je découvris que leurs barrissements avaient tout de même un certain charme, un peu âpre[3] certes. J'aurais dû m'en apercevoir quand il était temps. J'essayai de barrir : que c'était faible, comme cela manquait de vigueur ! Quand je faisais un effort plus grand, je ne parvenais qu'à hurler. Les hurlements ne sont pas des barrissements.

Il est évident qu'il ne faut pas se mettre toujours à la remorque des événements et qu'il est bien de conserver son originalité. Il faut aussi cependant faire la part des choses ; se différencier, oui, mais... rester parmi ses semblables. Je ne ressemblais plus à personne ni à rien, sauf à de vieilles photos démodées qui n'avaient plus de rapport avec les vivants.

Tous les matins je regardais mes mains dans l'espoir que les paumes se seraient durcies pendant mon sommeil. La peau demeurait flasque[4]. Je contemplais mon corps trop blanc, mes jambes poilues : ah, avoir une peau dure et cette magnifique couleur d'un vert sombre, une nudité décente, comme eux, sans poils !

J'avais une conscience de plus en plus mauvaise, malheureuse. Je me sentais un monstre. Hélas ! jamais je ne deviendrai rhinocéros : je ne pouvais plus changer.

Je n'osai plus me regarder. J'avais honte. Et pourtant, je ne pouvais pas, non, je ne pouvais pas.

Eugène Ionesco, *Rhinocéros* (1957), dans *La Photo du colonel*

1. **barrissements** : cris des rhinocéros et des éléphants.
2. **mutations** : changements.
3. **âpre** : désagréable.
4. **flasque** : mou.

▶ Méthode Brevet p. 284 à 293

COMPRÉHENSION ET COMPÉTENCES D'INTERPRÉTATION

32 POINTS

1 Que pense le narrateur des rhinocéros au début du texte. Et à la fin ? À partir de quelle ligne le narrateur change-t-il d'avis ? Justifiez. **(4 points)**

2 Quels sont les sentiments exprimés au fil du texte ? Trouvez au moins trois éléments de réponse. Justifiez en citant le texte. **(6 points)**

3 **a.** Quels sont le statut et le point de vue du narrateur dans ce texte ? **(2 points)**
b. « Il n'y a pas d'autre solution que de les convaincre. » (l. 10). D'après vous, pourquoi cette phrase est-elle entre guillemets dans le texte ? **(2 points)**

4 « il fallait d'abord que j'apprisse la leur » (l. 13-14) : que veut faire le narrateur ? Ce projet vous semble-t-il réalisable ? Pourquoi ? **(4 points)**

5 « ah, avoir une peau dure et cette magnifique couleur d'un vert sombre. » (l. 32-33)
a. D'après vous, comment ces transformations s'expliquent-elles ? De quoi les rhinocéros sont-ils l'allégorie ? **(4 points)**
b. À quels événements politiques du XXe siècle l'auteur fait-il référence ? **(4 points)**

6 Sur l'image, où se trouve le personnage du narrateur ? Dans quelle attitude est-il ? Comment comprenez-vous la présence des autres personnages ? À quelles lignes du texte ce moment peut-il faire écho ? **(6 points)**

> **COUP DE POUCE**
> **Vous pouvez distinguer les sentiments** exprimés dans les lignes 2-3, puis 20-21, et enfin 35.

> **COUP DE POUCE**
> ▶ Le narrateur p. 77

> **COUP DE POUCE**
> Ionesco a expliqué que pour lui, être pareil aux autres, c'est renoncer à soi. Cette réflexion s'inscrit dans **le contexte du développement de régimes totalitaires** (l'Allemagne nazie et l'URSS).
> ▶ L'absurde p. 76

GRAMMAIRE ET COMPÉTENCES LINGUISTIQUES

18 POINTS

7 Que signifie l'adjectif « intenable » (l. 1) ? Expliquez sa construction. **(4 points)**

8 **a.** Dans les lignes 18-19, relevez deux verbes conjugués à un temps composé. **(2 points)**
b. Comment s'appelle ce temps ? Comment est-il construit ? **(4 points)**
c. Quelle est sa valeur ? **(2 points)**

9 Réécrivez le passage surligné en bleu (l. 27 à 31) en remplaçant *je* par *nous*. Effectuez toutes les modifications nécessaires. **(6 points)**

> **COUP DE POUCE**
> **Les mots formés par dérivation** comportent un radical, auquel peuvent s'ajouter des affixes (préfixes et suffixes) qui modifient le sens du radical ou la classe du mot.

> **COUP DE POUCE**
> ▶ Les temps composés p. 347

DICTÉE

10 POINTS

Votre professeur vous dictera le texte.

+PROF
Dictée (E. Ionesco)

> **COUP DE POUCE**
> **Pour vous préparer à la dictée,** révisez les terminaisons du passé simple, le participe présent et la formation des adverbes.

RÉDACTION

40 POINTS

Vous traiterez au choix l'un des sujets suivants.

Sujet d'imagination

Vous aussi, vous avez déjà ressenti un sentiment profond de différence, de solitude face à un groupe. Racontez.

Sujet de réflexion

D'après vous, est-il préférable d'assumer sa singularité ou vaut-il mieux accepter le point de vue majoritaire ? Vous développerez votre point de vue en prenant appui sur des exemples variés issus de votre expérience personnelle, de votre culture et des œuvres que vous avez étudiées.

> **COUP DE POUCE**
> **Avant de commencer à rédiger,** réfléchissez aux circonstances de votre récit : où se déroule la scène ? Qui sont les personnages présents ? Combien de temps dure l'action racontée ?

XXIe SIÈCLE
ROMAN

Objectif
- Lire le récit d'une métamorphose

« La chute à venir »

Une étrange pandémie frappe l'humanité : hommes et femmes se transforment en animaux, sans pouvoir prévoir quelle en sera l'espèce. Isabelle, persuadée qu'elle va se transformer en animal marin, a décidé de vivre ses derniers jours au plus près de l'océan, sur un bateau de croisière.

Écoutez le texte lu.
hatier-clic.fr/22luf80

Isabelle, verrouillant chaque soir sa **cabine** contre les carnivores, rêvait aux quelques secondes où son esprit humain aurait conscience d'être orque, et se demandait si elle saurait trouver un clan, le guider ; trouver le saumon, éviter les bateaux, les zones polluées, les zones mortes ; assurer la croissance et le bonheur des petits. Elle espéra un temps que les touristes ne la dérangeraient pas, puis se souvint que de touristes, il ne restait plus que ceux qui, comme elle, avaient consacré leurs dernières économies aux places luxueuses d'un espoir de survie.

Le risque majeur était de se transformer dans la cabine et ne pas pouvoir en sortir. Aussi, lorsqu'un soir en s'allongeant, considérant ce qui arriverait si elle allait frapper à la porte du dernier homme humain de l'équipage, Isabelle aperçut des marques blanches et noires colorer ses poignets, elle bondit hors du lit et courut jusqu'au **pont**, sentant à chaque foulée qu'elle prenait un kilo. Jetée contre le **bastingage** par un élan inattendu, sous une demi-lune éclatante cernée d'étoiles plus nombreuses qu'elle n'en avait jamais vu de sa vie, elle sentit le sommet de son crâne se creuser, s'aplatir, s'allonger, et arracha ses vêtements, scrutant les flots. Un souffle sonore, lorsqu'elle ôta ses collants, lui signala la présence de cétacés[1] près de la **coque**, et elle reconnut les grands poumons d'une orque[2], puis son aileron de deux mètres, détaché des ténèbres sur les reflets mouvants du ciel.

Ses doigts n'étaient déjà plus aussi mobiles. Les nageoires arrivaient : avant de ne plus pouvoir se le permettre, elle enjamba la rambarde et se retrouva nue à une trentaine de mètres du vide, au sommet de la chute à venir. Plus bas l'orque suivait la muraille, s'élevait au-dessus de la surface en bonds de plus en plus altiers, s'allégeant avec la vitesse. Isabelle se demanda ce qu'elles se diraient lorsqu'elles auraient des organes en commun pour se parler et s'entendre – et ses pieds dérapèrent, changés en sabots.

La scène fut filmée par une passagère chinoise six ponts plus bas, dont l'excellent téléphone capta même, en dépit de la distance, le regard effaré[3] d'un okapi[4] nageant dans les vagues, aux côtés d'une orque qui le suivit un instant, croisa son regard et puis, plongeant, le saisit au jarret et l'attira vers le fond. Invisibles jusqu'alors, deux enfants transformés, jeunes orques aussi, s'approchèrent. Le festin commença, et dans le mucus expulsé par le haut de leur crâne, des cétologues[5] auraient pu relever les traces des hormones du bonheur ; mais il ne restait plus de cétologues sur Terre. Seulement des cétacés.

■ Camille Brunel, *Les Métamorphoses* (2020) © Alma Éditeur

VOCABULAIRE

→ Vérifiez avec l'image que vous savez situer les mots en vert du texte.

1. **cétacés** : mammifères marins.
2. **orque** : grand mammifère marin carnivore.
3. **effaré** : effrayé, affolé.
4. **okapi** : mammifère ruminant de la famille des girafes.
5. **cétologues** : scientifiques spécialistes des cétacés.

Partageons notre lecture

1. Qu'est-ce qu'une pandémie ? Dans l'histoire de l'humanité, quelles ont été les pandémies les plus marquantes ?

2. Quels sont, dans ce texte, les symptômes de la maladie qui touche les humains ?

La métamorphose des pirates tyrrhéniens en dauphins, vase étrusque à figures noires attribué au peintre de Micali (VIe s. av. J.-C.), Musée national étrusque (Rome, Italie)

VERS LE BREVET

Présentez cette œuvre (type d'objet, époque de réalisation). Décrivez précisément le motif représenté. Quels liens pouvez-vous faire avec le texte étudié ?

Comment l'auteur construit-il un récit à chute ?

1. Résumez le texte en reformulant les actions du personnage. Utilisez le lexique et la représentation du bateau de croisière pour décrire son trajet ▶ Vocabulaire p. 80.

2. Étudiez le point de vue narratif ▶ Le narrateur p. 77.
a. Repérez les passages qui rendent compte des pensées d'Isabelle. Indiquez les lignes. Quel est le point de vue dans ces passages ?
b. Relisez attentivement le dernier paragraphe (l. 26 à 33). Quel est le point de vue ici ?

3. Quelles sont les deux espèces animales dont il est question dans le texte ? Pour chaque espèce, relevez le champ lexical qui se rapporte à sa description. À la ligne 25, quel mot choisit l'auteur pour créer la surprise et amorcer la chute ?

Bilan

Écrivez un court bilan pour répondre à la question initiale : « Comment l'auteur construit-il un récit à chute ? »

Pour cela, utilisez ce que vous avez découvert sur les points de vue narratifs (question 2) et sur le lexique (question 3).

Outils

Le récit à chute

- On parle de **chute** lorsque la fin d'un récit est inattendue. Tout ce qui précède la dernière phrase, ou le dernier paragraphe, est construit pour accentuer cette surprise, et prend un sens nouveau une fois la lecture achevée. Par ce procédé, l'auteur tente de produire un effet sur le lecteur : l'amusement, l'étonnement, mais aussi la réflexion ou l'indignation.

DÉBAT

En quelle espèce animale souhaiteriez-vous être transformé(e) ? Justifiez votre choix et tentez de convaincre vos camarades.

Atelier LEXIQUE

Le vocabulaire de la satire

Connaître le vocabulaire de l'allégorie animalière

Outils

Synonymes et antonymes

- La synonymie et l'antonymie sont des relations entre des mots d'une **même classe grammaticale**, fondées sur leur **sens**.
- Deux **synonymes** sont deux mots de sens très **proches**, parfois **interchangeables**.
- Deux **antonymes** sont deux mots de sens **contraires** ou **contradictoires**.

1 * **Complétez avec les mots *vice* et *vertu*.**

Une ...... est un synonyme de qualité morale.
Un ...... est un synonyme de défaut moral.

2 * **Voici une liste de défauts :**

arrogant • hypocrite • insolent • lâche • négligé • nerveux • niais • taciturne

a. Trouvez un antonyme pour chaque défaut de la liste.

COUP DE POUCE
Qualités : calme, courageux, franc, humble, joyeux, malin, respectueux, soigné

b. Trouvez un synonyme pour chaque défaut de la liste.

3 ** **Choisissez l'une des expressions suivantes et expliquez ce qu'elle signifie.**

1. être comme un poisson dans l'eau
2. prendre le taureau par les cornes
3. devenir chèvre
4. monter sur ses grands chevaux
5. passer du coq à l'âne
6. se jeter dans la gueule du loup
7. avoir le cafard
8. prendre la mouche
9. vendre la peau de l'ours avant de l'avoir tué
10. se tailler la part du lion

CARNET DE VOCABULAIRE
Complétez votre carnet avec les mots des exercices 1 et 2.

4 ** **a. Associez chaque animal à la qualité ou au défaut qu'il peut symboliser.**

ANIMAUX	QUALITÉS / DÉFAUTS
l'abeille • l'agneau • l'âne • le chien • l'éléphant • l'hyène • le mouton • le paon • le serpent	**QUALITÉS** la fidélité • l'innocence • la longévité • le travail d'équipe
	DÉFAUTS l'ignorance • la méchanceté • la naïveté • l'orgueil • la tentation

b. En dehors de cette liste, choisissez un animal pour représenter chaque personnage (plusieurs réponses sont possibles).

1. un personnage puissant, dominant : ......
2. un personnage rusé, malin : ......
3. un personnage fougueux, plein d'énergie : ......
4. un personnage laid, repoussant : ......

Identifier les procédés de l'ironie

5 ** **Lisez cet extrait.**

Ces enfants sont bêtes, me disais-je. S'ils avaient l'esprit d'un âne, au lieu de se donner l'ennui d'écrire les numéros sur notre dos, ils nous rangeraient tout simplement le long du mur, le premier serait 1, le second 2, ainsi de suite.

Comtesse de Ségur, *Mémoires d'un âne* (1860)

a. Qui est le narrateur ? Justifiez grâce à deux éléments.
b. Qui est qualifié par l'adjectif *bête* ? Par qui ? Pourquoi le lecteur peut-il trouver cela amusant ?
c. Commentez l'expression *s'ils avaient l'esprit d'un âne*.
d. D'après vous, quel est l'objet de la satire dans ce récit ?

6 ** **Complétez de manière ironique, à la manière du texte de l'exercice 5 :** *S'ils avaient l'esprit d'un âne.*

1. S'ils avaient ...... d'un loup
2. S'ils avaient ...... d'un serpent
3. S'ils avaient ...... d'un hippopotame
4. S'ils avaient ...... d'une hyène

Grammaire pour critiquer et se moquer

Les expansions du nom

Outils

- **Le groupe nominal** est un groupe syntaxique dont le noyau est un nom. Le GN comporte très souvent un déterminant et, facultativement, une expansion du nom.
- **Les expansions du nom** peuvent avoir la fonction épithète (construction directe) ou complément du nom (construction indirecte, au moyen d'une préposition).

1 a. * Pour chaque expansion, dites si elle est construite de manière directe ou indirecte.

COUP DE POUCE
La construction est indirecte lorsque le premier mot de l'expansion est une préposition (par exemple à, *de*, *en*).

b. ** Précisez la classe et la fonction de chaque expansion.

1. C'est un récit satirique.
2. C'est un récit à chute.
3. C'est un récit qui se termine d'une façon inattendue.
4. C'est un récit choc.
5. C'est un récit séduisant pour le lecteur.
6. C'est un récit de métamorphose.

2 a. ** Relevez les expansions et classez-les en deux groupes.

COUP DE POUCE
Cherchez d'abord les noms, puis cherchez leurs expansions. Votre réponse est complète si vous avez relevé cinq épithètes et six compléments du nom.

Apollon, dieu de Délos, est en colère contre Midas, qui a nié la beauté de la musique.

Le dieu de Délos ne veut pas que des oreilles si grossières conservent la forme humaine ; il les allonge, les remplit de poils gris ; il en rend la racine flexible et leur donne la faculté de se mouvoir en tous sens ; Midas a tout le reste d'un homme ; il n'est puni que dans cette partie de son corps ; il est coiffé des oreilles de l'âne aux pas lents.

Ovide, *Les Métamorphoses* (Ier s.), traduit du latin par Georges Lafaye

b. *** Recopiez les phrases suivantes et complétez chaque nom en gras avec deux expansions de fonctions différentes. Soulignez les expansions.

1. Midas est un **homme**. 2. Il commet une **faute**.
3. Un **dieu** le punit.

Le point de vue du narrateur

▶ Le narrateur p. 77

3 a. ORAL * Quel est le point de vue du narrateur ? Justifiez.

b. ORAL ** Que pourriez-vous ajouter pour changer le point de vue narratif ? Cherchez des exemples précis. Confrontez vos propositions.

c. RÉÉCRITURE ** Réécrivez l'extrait en supprimant *tous les deux* et en remplaçant le pronom sujet *ils* par *il*. Faites toutes les modifications nécessaires.

Et tandis qu'ils parlaient ainsi, ils se plièrent tous les deux jusqu'à se retrouver à quatre pattes par terre, et marchant avec les mains et les pieds, ils se mirent à tourner et à courir à travers la pièce. Et tandis qu'ils couraient, leurs bras devinrent des pattes, leurs visages s'allongèrent et devinrent des museaux et leur dos se couvrit d'un pelage gris clair moucheté de noir.

Carlo Collodi, *Les Aventures de Pinocchio* (1881), traduit par Nathalie Castagné © Gallimard

4 *** À partir de cette illustration, racontez ce qui arrive au personnage, en variant le statut et le point de vue du narrateur.

a. Le narrateur est le personnage, son point de vue est interne.

b. Le narrateur est un autre personnage, un témoin, son point de vue est externe.

c. Le narrateur est une voix extérieure à l'histoire, son point de vue est omniscient.

Actéon transformé en cerf, détail d'une fresque de **Francesco Mazzola**, dit Le Parmesan (vers 1524), château de Fontanellato (Italie)

Atelier EXPRESSION

Utiliser la tonalité satirique

Formuler des critiques dans une lettre ou un discours

1 Choisissez un animal et mettez-vous à sa place. Imaginez ce que voit cet animal chaque jour. S'il pouvait s'adresser aux humains qui l'entourent, quelles critiques pourrait-il leur adresser ? Que leur dirait-il de leurs mauvaises habitudes, de leurs défauts ?

1. votre chat, qui ne quitte jamais votre domicile

2. l'araignée qui tisse sa toile en haut d'une étagère du CDI, au collège

3. l'oiseau perché sur l'arbre de la rue, devant les commerces et les terrasses de restaurants

a. * **Écrivez la critique sous la forme d'une lettre.**

b. ** **Préparez la critique sous la forme d'un discours et enregistrez-le.**

Composer une fable animalière

2 Lisez ces trois morales écrites par Jean de La Fontaine dans ses *Fables*.

1. « On a souvent besoin d'un plus petit que soi. »

2. « Rien ne sert de courir, il faut partir à point. »

3. « Garde-toi, tant que tu vivras, / De juger des gens sur la mine. »

a. * **Associez chaque morale avec le récit correspondant.**

A. Dans une course de vitesse, un personnage rapide pense arriver facilement avant un personnage plus lent. Trop confiant, il ne se presse pas et arrive finalement le dernier. Le personnage le plus lent gagne la course.

B. Un personnage très fort, puissant, est dérangé par un personnage faible, arrivé par hasard. Le personnage fort laisse partir le faible. Plus tard, le personnage fort est en difficulté. Il est alors sauvé par le plus faible.

C. Un personnage très jeune voit deux êtres qu'il ne connaît pas. Le premier lui fait peur, le deuxième lui plaît. Plus tard, il apprend que le premier était inoffensif, alors que le deuxième était très dangereux.

b. ORAL * **Imaginez chaque situation en remplaçant chaque personnage par un animal. Partagez vos idées avec la classe. Vous pouvez aussi chercher quels sont ceux qui ont été choisis par La Fontaine.**

S'entraîner à lire de manière expressive

3 ** Proposez une lecture expressive de cette fable. Vous pouvez lire seul ou bien vous répartir les rôles en groupe de deux ou trois élèves.

Cette fable est une réécriture moderne de la célèbre fable de La Fontaine « Le Loup et l'Agneau ».

Le loup timide

Un agneau se désaltérait
Dans le courant d'une onde pure.
Un loup survint, timide et n'osant l'aventure
Que son grand-père lui lisait
Dans un célèbre fablier.
« Sire, lui dit l'agneau, que votre Majesté
Prenne un peu plus d'audace.
L'honneur de votre race
En dépend, faites vite !
– Je viens boire et croquer seulement ces myrtilles,
Répondit le timide.
– Vous plaisantez ? – Non pas.
Épargne-moi tes moqueries.
Je suis de ces loups blancs qui sont, dans les familles,
Toujours montrés du doigt. »
Dans le fond des forêts il détale
Et l'agneau se noie.
Car il était fort maladroit.

Point de vrai loup, point de morale !

Gérard Bocholier, dans Jacques Charpentreau, *Jouer avec les poètes* © Le Livre de Poche Jeunesse (2015)

RÉÉCRIRE UNE FABLE

4 *** À votre tour, réécrivez une fable célèbre, à la manière du texte de l'exercice 3.

COUP DE POUCE

- **Choisissez une fable que vous connaissez**, ou une de celles évoquées dans l'exercice 2.
- **Faites votre casting !** Choisissez pour chaque personnage un animal. Vous pouvez opter pour un animal dont la symbolique est bien assortie au récit, mais ce n'est pas obligatoire. Un choix à « contre-emploi » peut aussi être un bon point de départ.
- **Écrivez le récit**, sans oublier d'insérer quelques lignes de dialogue. Modernisez la fable en utilisant un vocabulaire qui vous est familier. Évitez d'utiliser des mots compliqués ou des tournures inhabituelles.
- **Reformulez la morale** à votre façon et placez-la à l'endroit qui vous semble le plus pertinent (avant ou après le récit).

JE FAIS LA SYNTHÈSE DES TEXTES LUS

1 **Complétez cette frise chronologique pour chaque texte du chapitre.**

VIe s. av. J.-C.		XIIe s.	1915	1945	1957	2020
Nom de l'auteur :	....	....	....	....	....	....
Titre :	....	....	....	....	....	....
Genre :	....	....	....	....	....	....
Cible de la satire :	....	....	....	....	....	....

2 ORAL **Choisissez un mot et donnez sa définition.**

fable SATIRE allégorie
fiction à clés apologue MORALE
métamorphose ABSURDE ironie censure

JE PROLONGE LA RÉFLEXION

3 Pour la classe **Nous avons vu dans ce chapitre que la découverte d'œuvres d'art permet de développer l'esprit critique.**

Réalisez une affiche collective pour résumer vos observations.

- Cherchez collectivement des exemples d'œuvres d'art de domaines variés (littérature, cinéma, musique, peinture...).
- Formez des groupes et répartissez-vous les exemples.
- Pour chaque exemple, commencez par présenter l'œuvre et l'artiste, puis décrivez l'œuvre.
- Enfin, montrez comment elle fait appel à l'esprit critique du public.
- Synthétisez vos exemples sur une affiche ou dans un document numérique partagé.
- Rédigez collectivement une conclusion.

4 **Qu'ai-je appris dans ce chapitre ?**

Quels procédés de la tonalité satirique savez-vous repérer ?

Lesquels avez-vous encore du mal à identifier ?

Appuyez-vous sur le tableau pour évaluer votre niveau et les aspects à améliorer.

J'indique mon niveau de compétence		*	**	***	****
L'allégorie	Je sais identifier les caractéristiques morales symbolisées par un animal.				
La métamorphose	Je sais poser les enjeux de la transformation d'un être humain en animal.				
La fiction à clés	Je sais décoder l'implicite en identifiant les cibles réelles d'une satire.				
L'absurde	Je suis capable de percevoir et d'expliquer le sentiment de l'absurde.				

Écoutez le bilan en version audio.
hatier-clic.fr/22luf86a

LA SATIRE À TRAVERS LES ANIMAUX

Pour instruire et distraire

- Le procédé de l'**allégorie** permet de rendre un propos abstrait plus facile à comprendre, et d'ajouter le **plaisir** à l'apprentissage. Il est plus amusant de découvrir des histoires d'animaux qui se comportent comme des êtres humains, par exemple dans les textes d'Ésope et de Marie de France, que de lire une leçon de morale théorique sur le bien et le mal.
- Grâce aux **fables animalières**, aux **romans** à clés ou à chute, aux **apologues**, aux **bandes dessinées**, le lecteur découvre les enjeux moraux de manière plaisante.

Pour déguiser sa critique

- Les auteurs de satire utilisent aussi les animaux pour masquer leur critique. Ce peut être pour éviter la **censure**, mais aussi pour rendre plaisante la lecture de textes qu'il faut savoir décrypter pour en comprendre les clés. C'est ce que font George Orwell, en transposant sa critique de la société anglaise dans une ferme, et Eugène Ionesco, en imaginant des métamorphoses animales pour rendre visible la banalisation des idées totalitaires.
- Ces auteurs font le pari que le lecteur sera assez fin pour décoder astucieusement l'**implicite** et l'**ironie** de leur texte et en percevoir la **portée satirique**.

Pour adopter un autre regard

- Mettre en scène des animaux permet de **regarder le monde d'un œil nouveau, de se mettre à leur place**, comme dans *La Métamorphose* de Franz Kafka ou dans *Les Métamorphoses* de Camille Brunel. Des aspects de notre vie qui nous semblaient banals se révèlent surprenants, ou révoltants, lorsqu'ils sont vus par d'autres que nous.
- La remise en question des évidences conduit le lecteur à une **attitude critique** qui dépasse sa lecture, pour agir sur sa perception du réel. Pour certains auteurs, la fiction est l'occasion de s'interroger sur le **sens de l'existence humaine** et de faire partager le sentiment de l'**absurde** qui émerge dans la seconde moitié du XXe siècle.

Pour vous aider

Des fiches MÉMORISATION

Fiche vocabulaire
hatier-clic.fr/22luf86b

Carte mentale
hatier-clic.fr/22luf86c

Activité numérique pix

Une activité à mener en classe pour créer et animer un espace d'écriture collaboratif sur **Framapad**.

+PROF
Activité et tuto Framapad

Vers le Brevet

Évaluation DIFFÉRENCIATION

Un sujet type Brevet pour vous évaluer.

+PROF
Évaluation BREVET (Émile Zola)

Lecture
CURSIVE

Pierre Chaine, *Mémoires d'un rat* (1917)

Découvrir l'œuvre

Soldat pendant la Première Guerre mondiale, Pierre Chaine s'est inspiré de son expérience des tranchées pour imaginer les aventures d'un rat nommé Ferdinand. Les lecteurs l'ont d'abord découvert au sein d'un feuilleton, publié dans le journal *L'Œuvre* en 1916, avant la publication des *Mémoires d'un rat* en 1917.

Je ne suis pas un rat d'opéra ; n'attendez pas de moi des récits polissons ni des contes égrillards[1]. Je ne suis pas non plus un rat de cave dont les lumières pourraient être utiles aux amateurs de pinard[2]. Enfin ce serait m'offenser que de me confondre avec un vil rat d'hôtel. Né dans les camps, j'ai connu, dès l'âge le plus tendre, le tumulte des champs de bataille ; mes parents m'ont nourri d'espoirs glorieux et de détritus militaires. Vous avez déjà deviné que l'auteur de ces lignes est un de ces innombrables rats de tranchées qui, de la mer aux Vosges, ont juré de tenir, eux aussi, « jusqu'au bout ! »

Cet aveu ingénu de mon origine me fera du tort, je le sais, dans l'esprit du lecteur ; une sournoise conspiration nous traque et nous pourchasse comme de simples embusqués ; aussi, avant d'aller plus loin, me paraît-il nécessaire de présenter notre défense.

L'histoire impartiale dira un jour quel fut notre rôle. Combien de soldats se seraient laissé surprendre par l'ennemi, si notre activité nocturne n'avait stimulé leur vigilance ! Grâce à nous, le poilu ne dort jamais que d'un œil.

Pierre Chaine, *Mémoires d'un rat* (1917)

1. **égrillards** : provocants.
2. **pinard** : vin en argot.

TESTEZ-VOUS !

Quiz sur votre lecture (Mémoires d'un rat)

hatier-clic.fr/22luf87

CARNET DE LECTURE

→ Qui parle dans l'incipit ? À qui s'adresse-t-il ? Quel est son objectif ?

→ Pour chaque chapitre, inventez un titre.

→ Choisissez un moment du récit qui vous a marqué(e). Représentez-le sous forme de bande dessinée en dessinant ou en utilisant l'application BDnF.

À lire et à voir

Maus
d'**Art Spiegelman** (1980)
• Un classique de la bande dessinée qui livre le témoignage d'un fils sur son père, revenu des camps de concentration de la Seconde Guerre mondiale.

Qui a tué Glenn ?
de **Leonie Swann** (2007)
• Un roman farfelu et hilarant : après l'assassinat d'un berger, son troupeau de moutons mène l'enquête.

5 Derrière l'écran

Didier Daeninckx, « Œil pour œil »

▶ ***Comment l'écriture satirique critique-t-elle la télévision ?***

Dans ce chapitre, vous allez découvrir des dessins de presse, un récit satirique et les procédés utilisés dans ce récit pour dénoncer la télé-réalité.

Doc 1

« La télévision est un spectacle. C'est une tribune, une scène, un journal du monde, un stade, un cirque. »

■ Jean d'Ormesson

Doc 2

Dessin du *Chat* de **Philippe Geluck**

Doc 3

Dessin de **Rodho** (2013)

1. Sur quel jeu de mot est construit le dessin de Geluck (doc 2) ? Quelle critique de la télévision permet-il d'exprimer ?
2. Quel est le point commun entre *un spectacle, une scène, un stade et un cirque* (doc 1) ? Quel semble être le principal objectif de la télévision selon Jean d'Ormesson ?
3. En quoi le dessin de Rodho (doc 3) illustre-t-il bien la citation ?
4. Pourquoi peut-on dire que des programmes de télévision sont *plats* quand ils ne cherchent qu'à faire du sensationnel ?

Objectif
Étudier une nouvelle satirique

« Œil pour œil »

Partie 1 : l'incipit de la nouvelle

Histoire littéraire

• Didier Daeninckx est un auteur contemporain de romans et nouvelles. La nouvelle « Œil pour œil » est parue en 1992 dans le recueil *Zapping* qui livre une critique grinçante du monde des médias.

VOCABULAIRE

Moumoute, adhésif
→ Cherchez un synonyme de chacun de ces mots.

Prime-time
→ Proposez un équivalent de cette expression en français.

Le rouge était mis, et la moumoute de Roland Rastrols bâillait légèrement près de la tempe gauche. Pas question de déposer la prothèse à vingt secondes de l'envoi du générique... La maquilleuse se souvint d'une ficelle de métier : elle dévida cinq centimètres de Scotch, en fit une boucle, la surface collante placée à l'extérieur, souleva le coin de la perruque du présentateur et glissa l'adhésif entre peau et plastique. Elle tapota les cheveux, opéra un raccord au pinceau, tamponna la sueur qui perlait au front puis recula derrière le fauteuil pour juger du résultat dans la glace.

– Tu peux y aller, mon chou, tu as rajeuni de dix ans !

Rastrols se leva brusquement et arracha les serviettes papier coincées sous son col de chemise. Une assistante se précipita pour brosser les épaules et le revers de son costume bleu nuit. Les premières notes de *Audimat Gloria*, une musique spécialement composée par Michel-Jean Charre[1] pour l'émission vedette du prime-time de début de semaine, résonnèrent dans les couloirs. L'animateur emplit ses poumons au maximum et bloqua sa respiration, les poings fermés, les paupières closes. Il compta jusqu'à dix, libéra ses poumons en poussant un cri de para[2] montant à l'assaut, et se mit à marcher vers l'entrée du studio en épousant le rythme de la batterie. Il dépassa la frontière, ses pieds foulèrent la moquette immaculée[3], et sa silhouette accrocha les milliers de watts dispensés par l'armada[4] de projecteurs vissés au plafond. Rastrols leva le bras droit, en guise de salut, et une formidable ovation monta du studio vide.

Dans sa cabine de verre le réalisateur, Andréas, envoya vers tous les écrans du pays le plan de coupe d'un public en folie. Il disposait d'une cinquantaine de séquences du même genre dans ses archives électroniques ; il lui suffisait de pianoter le code numérique de l'extrait désiré pour qu'il se substitue à l'image du présentateur et donne l'illusion de la présence physique et approbatrice du public. En face de lui, dans une autre cellule vitrée, Paulo s'escrimait sur les manettes de son piano à applaudissements. Le synthétiseur devait couvrir la musique lors de la progression de Roland Rastrols jusqu'au centre de la piste, et il fallait que l'ovation aille décroissant lorsqu'il s'approchait du pupitre. Paulo ne put s'empêcher de lancer un « Bravo » sur son micro d'ambiance. Son cri d'encouragement se répercuta dans toute la francophonie. Rastrols, plein cadre, fit naître sur son visage le sourire mielleux[5] qui lui valait depuis près de cinq ans une première position au hit-parade des présentateurs de variétés ainsi que le trophée Joie de Maçon de l'animateur le plus sympathique. Il s'inclina tout en saisissant le micro posé sur le pupitre. Visions fugitives de spectateurs frappant dans leurs mains, de jeunes femmes aux anges, jambes et cuisses exhibées, d'anciens combattants agitant leurs breloques, de lycéens biactolés[6] ajustant leurs pin's, de ménagères permanentées, reflets violets, amourachées du clone.

– Merci... Merci encore...

Paulo injecta une dernière giclée de tapotements, pour faire bonne mesure, arrachant un demi-sourire cantonné à la partie droite de la tête de Rastrols.

1. **Michel-Jean Charre** : allusion au compositeur de musique électronique Jean-Michel Jarre, très connu à la fin du XXᵉ siècle.
2. **para** : abréviation de « parachutiste ».
3. **immaculée** : sans tache.
4. **armada** : grand nombre.
5. **mielleux** : d'une douceur exagérée.
6. **biactolés** : adjectif créé à partir de « Biactol » qui désigne un produit utilisé par les jeunes ayant de l'acné.

TEXTE INTÉGRAL

Partie 2 : la découverte de l'émission

Anecdote

Didier Daeninckx s'est inspiré de l'émission « La Nuit des héros », diffusée au début des années 1990, dans laquelle des gens ordinaires réalisent des actes de sauvetage. Des épreuves sportives permettent de rapporter de l'argent à des associations.

– Bonsoir. Je suis heureux de vous accueillir sur ce plateau en cette veille de Noël pour le dixième numéro de « Légendes des gens ». Au sommaire ce soir, quatre histoires **extraordinaires**, exceptionnelles qui toutes auraient pu vous arriver à vous monsieur, à vous madame *(plans judicieux d'Andréas sur les faces graves de deux pékins[7] pêchés dans les profondeurs informatisées des stock-shots[8])*, quatre drames de tous les jours qui auraient pu se terminer en tragédies si un homme n'avait mis en péril son confort quotidien pour venir au secours de son prochain ! Tout d'abord la folle aventure de Gérard Prunier qui avait choisi de passer son baptême de l'air à bord d'un U.L.M. et qui s'est trouvé dans la position la plus inconfortable qui soit quand le pilote a été victime d'un infarctus en survolant le château de Versailles...

La régie bloqua les manettes sur la musique de Michel-Jean Charre. Le présentateur vint s'asseoir sur un rebord du décor et alluma une cigarette tandis que le réalisateur de l'émission diffusait le film de l'exploit de Gérard Prunier reconstitué la semaine précédente avec le concours d'une équipe de cascadeurs. Le baptisé, inondé de sueur, enjambait le corps inerte du cardiaque, s'installait aux commandes et essayait de comprendre comment l'appareil réagissait. L'hélice approchait dangereusement du toit du château, les ailes frôlaient les cimes des arbres, l'U.L.M. tanguait comme un bateau ivre, le moteur toussotait, hoquetait... Tout à coup le museau pointait sur un étang et la voilure s'abîmait dans l'eau tandis que le moteur de tondeuse glougloutait, surpris par la froidure. Gérard Prunier avait juste le temps d'enlever les sangles qui retenaient le pilote et il ramenait le corps jusque sur la rive.

Une lumière se mit à clignoter. Roland Rastrols écrasa le mégot sous sa Weston[9] et vint se replacer à droite du pupitre. Sur un signe d'Andréas il prit le micro et se tourna vers le fond du studio. Un rideau s'ouvrit en deux.

– Et voici le héros de cet incroyable sauvetage... Gérard Prunier... *(Déchaînement du piano bruiteur de Paulo : applaudissements fervents, cris d'admiration, exclamations.)* Merci... Merci encore... C'est **inouï** ! Comment avez-vous réussi à maîtriser cet engin ?

Le miraculé de l'ultraléger motorisé remonta son pantalon par la ceinture et toussota avant de parler dans le micro que lui tendait Rastrols.

– Je ne sais pas encore... J'ai fait pas mal de karting quand j'étais plus jeune, alors j'ai trouvé comment on coupait les gaz... Heureusement qu'il y avait le petit lac, sinon on se plantait dans les arbres...

Le présentateur ramena le micro vers sa propre bouche. *(Gros plan sur le sourire, mise à feu de fumigènes rouges, inserts[10] de visages expressifs dans les archives numériques.)*

– Je tiens à préciser que le pilote, M. Fleural, n'a pu être présent sur notre plateau : il est toujours soigné pour les suites de cette... comment pourrait-on dire... de cette crise cardiaque aérienne. *(Soulèvement réflexe de la commissure[11] des lèvres.)* Il nous a fait parvenir une très jolie lettre que je n'ai malheureusement pas le temps de vous lire...

Rastrols pivota sur les talons et fit face à Gérard Prunier.

– Gérard... Vous permettez que je vous appelle Gérard... merci... Vous connaissez

7. **pékins** : individus, en langage familier.
8. **stock-shots** : images d'archives.
9. **Weston** : marque de chaussures de luxe.
10. **inserts** : plans brefs insérés au montage.
11. **commissure** : point où se rejoignent la lèvre supérieure et la lèvre inférieure.

Dessin de **Phil**

VERS LE BREVET

Sur quel jeu de mots l'image et son commentaire sont-ils construits ? Quelle contradiction est ainsi mise en évidence ? Qu'en pensez-vous ?

VOCABULAIRE

Extraordinaire, inouï
→ Déduisez le sens propre de ces mots en analysant leur formation.

Pactole
→ Cherchez l'origine de ce mot pour mieux en comprendre le sens.

le principe de notre émission. Après chacun des quatre films reconstituant un exploit, le héros de la séquence doit répondre à une question de culture générale. S'il trouve la bonne réponse, il fait gagner la somme de 25 000 francs offerte par notre partenaire *Casse-cou*, le magazine de ceux qui n'ont pas froid aux yeux *(regard furtif mais néanmoins complice à la caméra, droit sur Andréas)*, ni aux oreilles d'ailleurs… Le concurrent suivant peut doubler la mise, soit 50 000 francs. Le troisième porter la cagnotte à 100 000 francs et le dernier décrocher le **pactole** de 200 000 francs ! 200 000 francs qui permettront de venir en aide à un enfant touché par le malheur.

La caméra opéra un lent mouvement circulaire. L'opérateur zooma et immobilisa l'objectif sur un couple accompagné d'une fillette dont le visage était à moitié caché par de grosses lunettes noires. Ils se mirent en mouvement et rejoignirent Roland Rastrols et le candidat.

– Gérard, je vous présente M. et Mme Bertholet ainsi que leur fille, Véronique. C'est pour elle que vous allez jouer. En effet Véronique est passionnée de peinture depuis son plus jeune âge, mais elle ne peut voir les motifs qu'elle crée… Une affection très particulière du nerf optique… Depuis peu il est possible de venir à bout de ce handicap… Des scientifiques de Dayton aux États-Unis pratiquent des interventions qui sont couronnées de succès à hauteur de 90 % ! Le voyage, l'opération, les soins, la convalescence, tout cela revient très cher… Près de 200 000 francs, 20 millions de centimes… Après le miracle de l'U.L.M., si vous réussissez cet autre exploit, Gérard, vous rendrez plus que la vue à Véronique, vous lui donnerez toutes les raisons de vivre… Vous êtes prêt ?

TEXTE INTÉGRAL

Partie 3 : une plongée dans l'absurde

Le concurrent émit un drôle de bruit en déglutissant. Il hocha la tête.

– Oui, Roland, je suis prêt.

Le réalisateur injecta sur les écrans les images d'une foule attentive.

– Pour 25 000 francs, je vous demande qui, à la fin du XVe siècle, est le précurseur[12] de l'hélicoptère et du parachute ?

Gérard Prunier se tourna vers la famille Bertholet et leur sourit d'un air entendu. Il se pencha vers le micro.

– Je crois qu'il s'agit de Léonard de Vinci...

Depuis sa cabine Paulo satura l'espace de vivats[13] et de hurlements de joie puis l'animateur présenta la séquence suivante, l'histoire d'un voltigeur solitaire qui s'était brisé les poignets à vingt mètres du sol, lors d'une réception, et qui était resté près d'une demi-heure suspendu par les dents à son trapèze... Le film durait une dizaine de minutes, farci de mouvements de caméra nauséeux, balancements, amorces de chute, gros plans sur les maxillaires saillants[14], bave aux commissures, mains inertes, flasques. Roland Rastrols but d'un trait le cognac que lui présentait sa secrétaire. La maquilleuse changea le morceau de Scotch qui maintenait la moumoute et combla quelques rides à l'aide de poudre. Un roulement de tambour précéda la chute du trapéziste aux dents d'acier dans le rond de tissu tendu au cœur de la piste par la brigade des pompiers de Paris. L'homme de cirque fit son apparition en tenue de travail, les poignets maintenus par des bracelets de cuir. Il rabattit les pans de sa cape sur ses épaules et s'apprêta à répondre à la question de l'animateur. Andréas balada sa caméra sur les lunettes de la petite Véronique, et vint y chercher le reflet hautement symbolique du trapéziste. Rastrols exhiba[15] sa fiche.

– Pour 50 000 francs, pouvez-vous me citer le nom d'un des interprètes de Tarzan au cinéma ?

VERS LE BREVET

1. Quelle partie de l'image correspond à ce que le téléspectateur voit ?
2. Que nous permet de comprendre cette photographie sur l'envers du décor d'une émission ?

Caméras enregistrant une émission sur un plateau de télévision

L'athlète aux mâchoires d'acier respira profondément.

– Christophe Lambert, Johnny Weissmuller et Elmo Lincoln au temps du muet... Il y en a d'autres, mais c'est à la télé, pas au cinéma...

Sur son piano à bruits, Paulo mixa un sifflement prolongé et des martèlements de pieds sur les gradins. L'animateur annonça **cérémonieusement** que la famille Bertholet disposait déjà du quart de la somme. Le chiffre 50 000 s'inscrivit en nombres néon sous le nom du sponsor, « *Casse-cou*, le magazine de ceux qui n'ont pas froid aux yeux ». La régie balança ses pages publicitaires : nouveau dispositif antifuite de Pampers, tampon féminin Vania super-absorbant à fibres gonflantes, plan d'épargne pour mettre fin à l'angoisse des obsèques...

La deuxième mi-temps démarra sur les chapeaux de roue avec le calvaire[16] d'un pompiste d'autoroute projeté par des clients indélicats sur le capot d'une voiture et promené sur dix kilomètres, les mains accrochées aux essuie-glaces en marche ! Le Mobil Homme, cloué sur son lit d'hôpital, ne pouvait être présent sur le plateau et il s'était fait représenter par Geneviève Espagnac, la guichetière du péage de Tain-l'Hermitage qui avait arrêté la B.M.W. en laissant sa barrière baissée. Roland Rastrols prit la péagiste par l'épaule.

– Vous avez la possibilité de doubler la somme déjà gagnée par la famille Bertholet et la porter à 100 000 francs, en me donnant la réponse exacte à la question suivante : Quelle est la plus ancienne portion d'autoroute construite en France ? *(Plan de coupe sur une mémé se rongeant les ongles et un V.R.P.[17] se mordillant la moustache.)*

Geneviève se passa les mains sur le visage.

– Pardon, vous parlez de la plus vieille autoroute complète ou seulement d'un tronçon ?

L'animateur reprit sa fiche qu'il relut en détachant chaque syllabe.

– La question est simple : Quelle est la plus ancienne portion d'autoroute construite en France... Je dis bien PORTION...

– Dans ce cas, c'est le trajet qui va de Saint-Cloud à Orgeval... Le début de l'autoroute de l'Ouest...

Andréas scinda l'écran en six et l'anima par des vues de public en délire tandis que Paulo caquetait[18] dans son micro d'ambiance et jouait de la crécelle. Rastrols exulta[19] en proclamant que la barre des 100 000 francs était atteinte. *(Image furtive du visage de Mme Bertholet, suivi de la larme qui gonfle la paupière et roule sur la joue.)* Il écarta les bras pour rétablir le silence. Les techniciens agirent sur leurs commandes.

– Pour terminer cette émission de décembre, l'histoire de deux hommes qui ne se connaissaient pas, qui n'avaient rien en commun, qu'en fait tout séparait... Un chômeur et un P.-D.G... Je ne vous en dis pas plus. Regardez.

Le réalisateur mit le magnétoscope en route. Une rue sombre, la nuit. Un homme habillé avec goût se fait agresser par un drogué en manque qui lui porte un coup de poinçon dans la gorge. Survient un nouveau pauvre qui hante le quartier et qui, voyant le sang s'écouler de la plaie béante, plonge son pouce dans la blessure pour stopper l'hémorragie. Les deux hommes marchent, l'un soutenant l'autre, jusqu'au service d'urgence d'un hôpital parisien... *(Public tétanisé, compassion, douleur, suspense, attention focalisée sur le doigt colmateur[20].)*

Roland Rastrols ne put s'empêcher d'applaudir à la fin de la séquence et Paulo, déjà occupé à bidouiller son synthé, capta le son de justesse.

– Je vous demande de faire un triomphe à Gaspard de Tressous et à son sauveur Robert Classens...

VOCABULAIRE

Cérémonieusement
→ **Déduisez le sens de cet adverbe en analysant sa formation.**

---

12. **précurseur** : personne à l'origine d'une trouvaille.
13. **vivats** : applaudissements et cris du public.
14. **maxillaires saillants** : mâchoires qui ressortent.
15. **exhiber** : montrer pour se faire remarquer.
16. **calvaire** : épreuve qui fait beaucoup souffrir.
17. **V.R.P.** : représentant(e) de commerce qui se déplace pour vendre ses produits.
18. **caqueter** : (familier) tenir des propos sans intérêt.
19. **exulter** : manifester une joie extrême.
20. **colmateur** : ici, qui bouche la plaie (mot inventé à partir du verbe « colmater »).

TEXTE INTÉGRAL

Partie 4 : la chute

Le P.-D.G. s'avança, le cou masqué par une minerve[21] tandis que l'ex-chômeur, le dos voûté, se faisait tout petit près de l'animateur. Gaspard expliqua qu'il l'avait embauché dans son entreprise, comme préparateur de commandes, et que Robert lui donnait toute satisfaction. Andréas ne fut pas économe de ses zooms sur le pouce **salvateur**. Rastrols agita sa dernière fiche.

– Lequel de vous deux va répondre à la question déterminante ? Vous Robert ? Vous Gaspard ? Je rappelle aux téléspectateurs que 20 millions de centimes sont en jeu, 20 millions de centimes qui représentent tout pour Véronique... Une ouverture sur le monde. Alors, qu'avez-vous décidé ?

Robert Classens ouvrit la bouche.

– Parlez près du micro...

– Oui, ce que je veux dire, c'est que moi, la culture générale c'est pas mon fort... Je suis plutôt un manuel... Je préfère que ce soit M. de Tressous qui réponde...

Le P.-D.G. se rengorgea et plissa le front pour gagner des points de Q.I. supplémentaires. Le présentateur ânonna[22] le texte de la fiche.

– Quel est le premier homme célèbre français qui put bénéficier des services d'une ambulance ?

Gaspard de Tressous toussota en se cognant le menton contre le rebord de la minerve.

– Un homme célèbre... Vous voulez dire un artiste, un comédien, un savant ?

Roland Rastrols fixa le réalisateur par le canal de l'objectif de la caméra.

– La question n'est pas simple, mais l'enjeu est important... Je peux vous aider en précisant qu'il s'agit d'un homme politique de première importance. Il vous reste quinze secondes...

– Je ne sais vraiment pas... Une ambulance... Je vais dire Louis XVI, à tout hasard...

Paulo appuya sur les boutons de commande des bruitages de déception tandis qu'Andréas **constellait** l'écran de mines désabusées. Rastrols poussa un long soupir désenchanté.

– Eh non, malheureusement... Vous n'étiez pas loin, car la première ambulance a été inventée du vivant de Louis XVI, en 1792, par le chirurgien Dominique Jean Larrey, mais c'est Napoléon Bonaparte qui en profita le premier car Larrey était son médecin personnel !

Le directeur de « *Casse-cou*, le magazine de ceux qui n'ont pas froid aux yeux », traversa le plateau tandis que tous les héros du jour entouraient Rastrols. Il remit un chèque géant de 100 000 francs aux époux Bertholet et prononça quelques mots noyés sous les applaudissements en boîte. L'image de Rastrols, derrière la pluie de noms du générique, donna rendez-vous pour le mois suivant à ses 35 % de parts de marché puis la musique de Michel-Jean Charre satura les amplis.

La semaine suivante Véronique Bertholet s'envola pour Dayton (U.S.A.) en compagnie de ses parents et des 100 000 francs convertis en 17 000 dollars. On l'opéra à concurrence de[23] cette somme.

D'aveugle, elle devint borgne[24].

■ Didier Daeninckx, « Œil pour œil », *Zapping* © Denoël (1992)

VOCABULAIRE

Salvateur est un emprunt au latin *salvator* désignant une personne qui sauve.
→ **Trouvez un nom, un verbe et un adjectif de la même famille (étymologique).**

Consteller
→ **Déduisez le sens de ce verbe grâce à un mot de la même famille.**

21. **mincrvc** : appareil faisant le tour du cou et servant à maintenir la tête.
22. **ânonner** : lire un texte avec difficulté.
23. **à concurrence de** : à hauteur de.
24. **borgne** : qui ne voit que d'un œil.

DÉBAT

La télévision doit-elle forcément proposer du sensationnel pour faire de l'audimat ?

Dessin de **Rémi Malingrëy**

Comment ce récit dénonce-t-il la manipulation par la télévision ?

Partie 1 : l'incipit de la nouvelle ▸ p. 89

1. Où se situe la scène évoquée ? Relevez des indices.

2. Quels sont les personnages ? Précisez leur rôle.

3. *Une formidable ovation monta du studio vide.* (l. 21) Sur quelle antithèse ▸ p. 381 cette phrase est-elle construite ? Que permet-elle de comprendre ?

4. Relevez des expressions qui donnent une vision caricaturale des personnages et du public. En quoi s'agit-il de caricatures ?

Partie 2 : la découverte de l'émission ▸ p. 90-91

5. a. Quel est le nom de l'émission ? Sur quel jeu de mots est-il construit ?
b. Précisez le principe et l'objectif de cette émission.

6. a. Relevez le champ lexical de ce qui est inouï.
b. En quoi peut-on dire que ces mots et ces expressions sont des exagérations ? À quoi servent-elles ?

7. a. Repérez les passages entre parenthèses : à quoi servent-ils ?
b. Relevez d'autres expressions qui renvoient à la façon dont l'émission est tournée et montée. Qu'en pensez-vous ?

8. Que se passe-t-il dans les deux derniers paragraphes (l. 55 à 68) ? Quel est l'effet recherché ?

Partie 3 : une plongée dans l'absurde ▸ p. 92-93

9. Relevez les éléments qui mettent en évidence les aspects caricaturaux, et souvent risibles, des reportages projetés dans l'émission. Ces histoires sont-elles crédibles ? Pourquoi ?

10. Que pensez-vous des questions posées à chaque « héros du quotidien » présent sur le plateau ?

11. Relevez des expressions qui montrent que l'émission cherche à tout prix à émouvoir les téléspectateurs. Quelles émotions suscite-t-elle ?

Partie 4 : la chute ▸ p. 94

12. Qui va répondre à la *question déterminante* (l. 6) ? Pourquoi ? En quoi est-elle *déterminante* ?

13. Pourquoi la réponse du P.-D.G. est-elle refusée ? Était-il possible de répondre à cette question ? Qu'en déduit-on sur le jeu ?

14. a. Comment s'achève la nouvelle ?
b. Que pensez-vous de cette chute ? En quoi est-elle ironique ?

15. Recherchez l'origine et le sens de l'expression « œil pour œil ». Quel(s) sens lui donner ici ?

Outils

La satire et ses procédés

- **Un récit satirique** critique en se moquant. Ainsi, le **registre satirique** appartient au registre comique.
- **La caricature** prête à celui qui est critiqué des traits qui le ridiculisent.
- **L'ironie** est une figure de style par laquelle on fait entendre le contraire de ce qu'on dit.

Bilan différencié

1. Recopiez et complétez le tableau. Expliquez ensuite en quoi il s'agit d'une nouvelle satirique.

Étape du récit	Caricature, exagération, ironie (à préciser)	Ce qui est critiqué
...	...	...

2. Imaginez une couverture pour la nouvelle. Pensez à l'organisation de la page : nom de l'auteur, titre de la nouvelle, illustration, nom de l'éditeur. Mettez en évidence la dimension satirique (illustration, couleurs).

XXIE SIÈCLE
CARICATURE

Objectif
• Étudier un dessin satirique

Dénoncer l'absurdité

Angel Boligán (Cuba, 1965) travaille au Mexique comme caricaturiste pour le journal El Universal *et pour des magazines. Il dénonce l'absurdité de notre époque à travers ses dessins satiriques.*

Lecture d'image
hatier-clic.fr/22luf96

Caricature d'**Angel Boligán** (2014) parue dans le journal *El Universal* (Mexique)

Décrire

1. Que représente ce dessin ? Décrivez-le avec précision.

Analyser

2. Que symbolise la main qui tient les fils ? Pourquoi se trouve-t-elle dans l'écran ?

3. Qui est représenté par le pantin ? Où est-il placé par rapport au téléviseur ? Quel est l'effet produit ?

4. Formulez un avis personnel en vous aidant des questions suivantes. Que critique cette image ? Quelles réflexions suscite-t-elle ? Vous sentez-vous concerné(e) ? Pourquoi ?

Bilan

En vous appuyant sur votre lecture de la nouvelle de Daeninckx (p. 89 à 94) et sur votre analyse du dessin de Boligán, expliquez en quoi cette image illustre bien l'effet que cherche à produire l'émission « Légendes des gens » sur ses téléspectateurs. En quoi la nouvelle et le dessin sont-ils des **caricatures** ?

CARNET DE VOCABULAIRE

Cherchez les mots *caricature* et *caricaturiste* dans le dictionnaire et recopiez leur définition.

Écoutez le bilan en version audio.
hatier-clic.fr/22luf97a

LA SATIRE EN MOTS ET EN IMAGES

Une nouvelle satirique

- **Un récit satirique** critique l'époque, la société ou le pouvoir en place, en s'en moquant. Ainsi, la nouvelle « Œil pour œil » de Didier Daeninckx **critique** notre société et les médias, par l'évocation d'une émission de télé-réalité.
- Didier Daeninckx **dénonce** la manipulation dont sont victimes les téléspectateurs en mettant en évidence le montage et les trucages. L'émission est présentée de façon **ironique** : on prend conscience de l'**absurdité** de ce « reality-show » qui montre des situations peu crédibles, mais aussi de son **caractère révoltant** grâce à la chute de la nouvelle.

Les outils de la satire

- Cette satire repose sur la **caricature** : les personnages sont **stéréotypés** et les exagérations nombreuses. La caricature **ridiculise** en effet celui qui est critiqué à travers des caractéristiques physiques exagérées et des traits de caractère le rendant antipathique ou le transformant en objet de moquerie.
- Un **dessin satirique** cherche également à faire réfléchir, à critiquer, à dénoncer, tout en faisant rire ou sourire. Les dessins de Rodho ou Boligán nous font ainsi réfléchir sur la télévision dont le but principal semble de plaire aux téléspectateurs pour mieux les manipuler.

Lecture CURSIVE

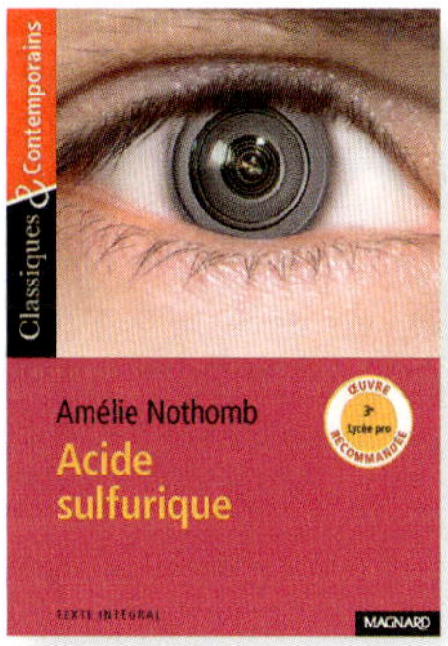

Amélie Nothomb, *Acide sulfurique* (2005)

Amélie Nothomb a imaginé les dérives de la télé-réalité à travers une émission appelée « Concentration », qui reconstitue l'horreur d'un camp.

Ce matin-là, Pannonique était partie se promener au Jardin des Plantes. Les organisateurs vinrent et passèrent le parc au peigne fin. La jeune fille se retrouva dans un camion. C'était avant la première émission : les gens ne savaient pas encore ce qui allait leur arriver. Ils s'indignaient. À la gare, on les entassa dans un wagon à bestiaux. Pannonique vit qu'on les filmait : plusieurs caméras les escortaient qui ne perdaient pas une miette de leur angoisse.

Elle comprit alors que leur révolte non seulement ne servirait à rien, mais serait télégénique[1].

■ Amélie Nothomb, *Acide sulfurique* (2005) © Éditions Albin Michel

1. **télégénique** : qui produit un bel effet à la télévision.

CARNET DE LECTURE

Préparez un abécédaire au format numérique (diaporama), en binôme.

→ Élaborez un nuage de mots sur l'œuvre : thèmes, personnages, lieux, actions...

→ Classez-les par ordre alphabétique, puis choisissez au moins vingt mots pour représenter tous les aspects du livre.

→ Répartissez-vous les articles à rédiger.

→ Trouvez des illustrations en précisant les sources (site, auteur, date, type d'illustration).

TESTEZ-VOUS !

Quiz sur votre lecture
hatier-clic.fr/22luf97b

Créer un petit journal satirique

LE NUMÉRO : 2 EUROS

On espère que Charles Michel a bien célébré la Fête des Pères...

PAN

... le contraire aurait été ingrat, lui qui doit tant à son cher papa !

LE JOURNAL SATIRIQUE BELGE DEPUIS 1945

18 juin 2021 • Numéro 3988 • Tous les vendredis en librairie • www.pan.be • @panlofficiel • @pan_officiel – 76ème année

LE CLIMAT CHANGE MAIS À QUI LA FAUTE ?!

La confusion sémantique de l'expression « changement climatique »

Les allusions à une urgence climatique servent les intérêts de certains acteurs, militants écologistes, organisations, médias, politiciens et même scientifiques, et sèment la confusion quant à ce que l'on a fait, ce que l'on pourrait faire, ce que l'on devrait faire et ce que l'on fera pour affronter un climat changeant. Mais pourquoi fustiger politiquement à ce point le citoyen?

Ce n'est pas votre serviteur qui vous le sert à plat, c'est Steven Koonin, bien placé pour en juger dans son livre Unsettled comme cela a été exposé la semaine passée (voir le PAN #3987 du 11 juin). Ce physicien de haute réputation fut responsable pour la science et le climat avec rang de sous-secrétaire (ministre délégué) dans l'administration (le gouvernement) **Obama**. *«Il y a eu beaucoup trop peu de discussions publiques sérieuses, écrit-il, sur les connaissances et les inconnues de la science du climat.»*

En vérité, la science du climat implique de nombreux domaines scientifiques différents, englobant la physique quantique des molécules et la physique classique de l'air, de l'eau et de la glace en mouvement; les processus chimiques dans l'atmosphère et l'océan; la géologie de la terre solide et la biologie des écosystèmes. Il comprend également les technologies utilisées pour *«faire»* la science, y compris la modélisation informatique sur les machines les plus rapides du monde, la télédétection par satellite, l'analyse paléoclimatique et les méthodes statistiques avancées.

Suite en page 2

PAN AU PALAIS – DUO SUR CANAPÉ: KRINGS AU SECOURS DE BUYLE – PAGE 3

Le feuilleton de l'été – LE MR ET SON UNIVERS IMPITOYABLE... ÉPISODE 1 – PAGE 4

VOIX DU SUD – LEGO LAND, NOUVEL ENJEU DE CATERPILLAR CHARLEROI ET DOCKS BRUXSEL – PAGE 5

INTERVIEW EXCLU! – PIERRE VANDERSMISSEN ET ALEXIS DESWAEF... JE TE DÉTESTE, MOI AUSSI! – PAGE 5

PLAN B – EN DIRECT DE LA MAISON CLOSE DE BRUXELLES – BRUXELLES, SOVIET SUPRÊME DE L'EMPLOI OU BALBUTIEMENTS DE RAPPROCHEMENTS ÉLECTORAUX? – PAGE 7

Une du journal satirique belge « Pan », n°3988 (18 juin 2021), www.pan.be

Vous allez concevoir un mini-journal satirique consacré à la télévision. Par groupe, vous élaborerez des articles et des dessins satiriques. Vous réunirez des comités de rédaction pour vous répartir les rôles et valider les différentes étapes de la réalisation de votre journal.

1. Quelles sont les différentes parties qui constituent la Une de ce journal ?
2. Qu'est-ce qui est mis en évidence ?

DES IDÉES D'ARTICLES

Vous pouvez choisir parmi ces idées d'articles ou proposer d'autres idées que vous ferez valider par le directeur ou la directrice de publication.

1. **Mode d'emploi** pour s'abrutir avec la télévision, à la manière d'une recette.
2. **Article** vantant les qualités des émissions de télé-réalité de façon ironique.
3. **Article « coup de cœur »** pour l'émission de la nouvelle de Daeninckx : « Légendes des gens » en utilisant de nombreuses exagérations.
4. **Portrait** (ou autoportrait fictif) d'adolescent(e) accro aux écrans.
5. **Courrier des lecteurs** (un lecteur ou une lectrice demande par exemple « Comment puis-je faire pour devenir célèbre à la télévision ? » → rédaction de la réponse).
6. **Rubrique « Offres d'emploi »** : profils de poste (caricaturaux) pour un animateur et une animatrice TV.

LA PRÉPARATION

Étape 1 La ligne éditoriale (1 heure)

- **Réunissez un comité de rédaction** (la classe entière) dirigé par le directeur de publication (votre professeur).
- **Constituez les groupes** et répartissez-vous les rôles :
  – les rédacteurs en chef (un groupe de quatre élèves) ;
  – les rédacteurs (cinq à six groupes de quatre élèves) ;
  – les illustrateurs (un groupe de trois ou quatre élèves).
- **Choisissez les thèmes** des articles et des dessins.

Étape 2 La rédaction (1 heure)

- Chaque groupe de rédacteurs rédige un **court article satirique**.
- Les illustrateurs élaborent au moins deux **dessins satiriques**, en lien avec l'un des articles (illustration en Une et fausse publicité par exemple).
- Les rédacteurs en chef cherchent un **titre** pour le journal et rédigent l'**édito**.

COUP DE POUCE
L'édito permet d'exprimer une opinion, de critiquer, de donner des indications sur ce que contient le journal (sujets principaux, tonalité satirique...).

Étape 3 L'édition (1 heure)

- Réunissez un **second comité de rédaction** (si possible dans une salle avec des postes informatiques) pour choisir des titres et lire les articles.
- Chaque groupe **tape son article** en suivant les conseils du comité.
- Parmi ceux qui ont fini, désignation de **correcteurs** pour les articles et de **concepteurs** pour la mise en page du journal.

LA RÉALISATION

Étape 4 La conception

- Les concepteurs récupèrent les articles corrigés et les dessins. Ils s'occupent de la **mise en page** et transmettent le fichier au directeur de publication.
- Le directeur de publication prend en charge l'**impression** et éventuellement la **diffusion** du journal.

COUP DE POUCE
N'hésitez pas à solliciter l'aide de votre **professeur de technologie** ou de votre **professeur-documentaliste** !

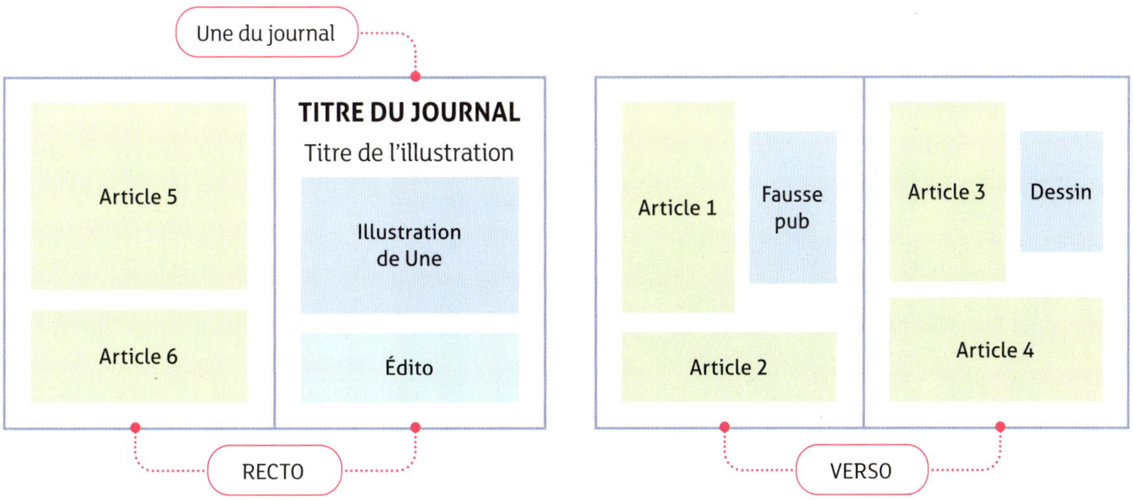

Travailler **AUTREMENT**

DIFFÉRENCIATION

Escape Game : énigmes au théâtre

Toute la classe est au théâtre et attend le début de la représentation. Tout à coup les lumières s'éteignent et vous entendez : « Je suis le maître de ce théâtre. J'y ai joué de mon vivant et, maintenant, je hante ce lieu. Si vous voulez sortir d'ici, il vous faudra démontrer votre connaissance du théâtre et trouver le code du cadenas ! »

Les règles du jeu

- Formez des équipes de 4 à 5 joueurs.
- Répondez aux énigmes de chaque salle.

Chaque énigme résolue vous fera gagner une lettre. La dernière vous permettra de convertir ces lettres en chiffres et découvrir ainsi la **combinaison du cadenas.**

ÉNIGME 1 LA SALLE DE SPECTACLE

Voici une lettre de ma chère Antoinette. Retrouvez les mots effacés en complétant la grille. Vous découvrirez la clé de la première énigme : mon prénom.

L			E								
P											
	P					C	L				
		O	I	S		C			P	S	
R	I	D					R			G	
S	C			E							

Mon cher amour,
Vous fîtes battre mon cœur hier soir. De la l...e où j'étais installée, je m'amusais à épier les spectateurs du p...t...rre, en attendant le début du s...cl.... La salle fit silence d'un seul coup. Je pensai à ce moment que tous attendaient de vous voir et j'en fus un instant jalouse. Les ...ois c...ps retentirent alors et je cessai tout à fait de respirer quand le lourd rid... r...g... s'ouvrit. Ce fut une apparition extraordinaire que de vous voir enfin, sur la s...e, éclairé par les feux de la rampe, dans le costume du Cid et je sus alors que je serai toujours votre fidèle Antoinette.

ÉNIGME 2 LES COULISSES

Saurez-vous trouver les légendes manquantes sur l'image ?
Il vous faut trouver la clé du code que je n'ai jamais pu découvrir.

1	2	3	4	5	6
2	B	P	K	N	S
3	J	A	Q	U	F
4	I	Ô	C	G	T
5	H	D	É	V	M
6	O	X	L	R	E

1. 44•26•53•46•24•62•62•66
2. 44•34•64•45 44•26•53•56
3. 44•34•64•45 23•33•56•35•24•52

ÉNIGME 3 LA GALERIE DES AUTEURS

Corneille	Molière	Rostand	Anouilh
Cyrano de Bergerac	*Antigone*	*Le Cid*	*L'Avare*
Créon	Rodrigue	Harpagon	Roxane

Un impertinent a mélangé toutes les informations sous les portraits de nos illustres dramaturges.

Rendez à chacun sa pièce et son personnage et vous me rendrez un grand service que je n'oublierai pas quand il sera temps de vous libérer.

COUP DE POUCE
CLR-MLH-RCR-AAC

ÉNIGME 4 LA BIBLIOTHÈQUE DU THÉÂTRE

Notre bibliothécaire est un peu spécial. Je lui ai donné l'ordre de vous aider, mais j'ai l'impression qu'il dit des mots au hasard. Quoique...
À y regarder de plus près... vous allez peut-être retrouver trois mots.

1. Je suis une longue tirade qu'un personnage se dit à lui-même : un ....

2. Sans mes indications, difficile de mettre en scène le texte théâtral : une ....

3. À l'origine, je ménageais une pause dans le spectacle pour que l'on puisse changer les chandelles des lustres qui éclairaient le théâtre : un ....

ÉNIGME FINALE LA PORTE

Encore un dernier effort ! Suivez les consignes et trouvez le code ! C'est un peu difficile, je sais, mais je n'ai pas envie de vous voir partir...

Étape 1 Les réponses aux énigmes des quatre salles vous donnent chacune une lettre.

Étape 2 Écoutez bien Harpagon, l'objet de son obsession vous donne la clé du code pour transformer ces quatre lettres en cinq nombres et trouver la combinaison qui ouvre le cadenas.

	Lettres	Combinaison
Énigme 1 : c'est la première lettre de mon prénom.	...	...
Énigme 2 : c'est la première lettre de chacune des légendes.	...	... ...
Énigme 3 : c'est l'initiale du personnage de Molière.	...	...
Énigme 4 : c'est la lettre finale de chaque mot.	...	...

Les solutions
hatier-clic.fr/22luf101

6 Une tragédie moderne

Jean Cocteau, *La Machine infernale*

▶ ***Pourquoi réécrire un mythe antique ?***

Dans ce chapitre vous allez comprendre pourquoi et comment les écrivains revisitent les mythes de l'Antiquité.

Doc 1

La Machine infernale de Jean Cocteau, illustration de **Jean Colin** pour la couverture du programme d'une représentation de la pièce (Pont-aux-Dames, 11 décembre 1954)

Doc 2

Vase grec, céramique peinte à figures rouges (vers 470 av. J.-C.), musées du Vatican (Italie)

Doc 3

« Le mythe, c'est du faux qui devient vrai. »

Jean Cocteau

Doc 4

Mise en scène de *La Machine infernale* par **Gloria Paris** au théâtre de l'Athénée (Paris, 2002)

1. Cherchez la définition du mot « mythe ».
2. Comment comprenez-vous la citation de Cocteau (doc 3) ?
3. De quelle culture vient cette poterie (doc 2) ? Saurez-vous identifier les deux personnages ?
4. **a.** Observez les sources et expliquez la nature des documents 1 et 4.
b. Reconnaissez-vous les deux personnages (doc 4) ? Comment ont-ils évolué ?

Les clés du **CHAPITRE**

Tragédies antiques et modernes

Doc 1

Masque de tragédie grec (IVe s. av. J.-C.)

L'ORIGINE DE LA TRAGÉDIE ANTIQUE

- Dans l'Antiquité, la tragédie est une pièce de théâtre qui met en scène des personnages de hauts rangs (roi, reine, prince, princesse...) face à la volonté des dieux. Les héros les provoquent dans leurs attitudes et ont toujours une destinée tragique : les dieux s'acharnent sur eux. C'est la **fatalité tragique**.
- Le but de la tragédie est de rendre hommage aux dieux et d'atteindre la **catharsis**, un sentiment de crainte et de pitié qui purge les passions, en libère le spectateur.

Étymologie

« Tragédie » vient du grec ancien *tragos*, « bouc », et *-odos*, « chant ». Le mot fait ainsi référence aux chants liés au sacrifice du bouc dans le culte de Dionysos, et montre que le spectacle tragique possède une origine religieuse.

Doc 2

Spectacle dans le théâtre antique de Dionysos à Athènes (Grèce), gravure coloriée (XIXe s.)

LE GENRE THÉÂTRAL DE LA TRAGÉDIE

- La tragédie antique a été reprise au fil de l'histoire du théâtre en conservant ses principales caractéristiques. Elle connaît son âge d'or au XVIIe siècle avec les tragédies de **Jean Racine** ou de **Pierre Corneille**.
- Leurs œuvres sont généralement des **réécritures** de tragédies ou de mythes antiques : *Médée* de Corneille, *Phèdre* ou *Andromaque* de Racine.

Tragédie

- **Pièce de théâtre** en vers ou en prose
- Progression du récit grâce aux **dialogues**
- Présence de **didascalies** qui donnent des informations sur l'attitude des personnages
- **Fin tragique** : mort, empoisonnement, sacrifice, meurtre...
- **Finalité** : convaincre les spectateurs du danger des **passions** humaines (l'amour, l'ambition, la jalousie, l'orgueil...) grâce à la **catharsis**

CARNET DE VOCABULAIRE

Recopiez les mots en vert accompagnés d'une courte définition.

AU XXE SIÈCLE, DES TRAGÉDIES QUI FONT ÉCHO À L'HISTOIRE

- Au XXe siècle, des auteurs s'emparent des mythes de l'Antiquité pour en proposer une **réinterprétation** à la lumière de notre monde moderne mais aussi pour interroger celui-ci.
- Dans *La guerre de Troie n'aura pas lieu* de **Jean Giraudoux**, les personnages s'interrogent sur l'imminence de la guerre de Troie quand le spectateur sait qu'elle aura lieu, malgré tout. La pièce est jouée pour la première fois, le 21 novembre 1935 au théâtre de l'Athénée, sous la direction de Louis Jouvet.
- ***Antigone*** de **Jean Anouilh** est une pièce de théâtre écrite alors que la France est occupée (1942). Antigone, fille d'Œdipe y brave l'autorité de son oncle Créon qui dirige Thèbes. Le personnage d'Antigone devient ainsi le porte-parole de la Résistance.

Doc 3

Mise en scène de *La guerre de Troie n'aura pas lieu* par **Jean Vilar** à la cour d'honneur du Palais des papes (Avignon, 15 juillet 1962)

Doc 5

Mise en scène d'*Antigone* par **Nicolas Briançon**, avec Barbara Schulz (Antigone), théâtre de Marigny (Paris, 2003)

Doc 4

Comprendre... Vous n'avez que ce mot-là dans la bouche, tous, depuis que je suis toute petite. Il fallait comprendre qu'on ne peut pas toucher à l'eau, à la belle eau fuyante et froide parce que cela mouille les dalles, à la terre parce que cela tache les robes. Il fallait comprendre qu'on ne doit pas manger tout à la fois, donner tout ce qu'on a dans ses poches au mendiant qu'on rencontre, courir, courir dans le vent jusqu'à ce qu'on tombe par terre et boire quand on a chaud et se baigner quand il est trop tôt ou trop tard, mais pas juste quand on en a envie ! Comprendre. Toujours comprendre. Moi, je ne veux pas comprendre. Je comprendrai quand je serai vieille.

Elle achève doucement.

Si je deviens vieille. Pas maintenant.

■ Jean Anouilh, *Antigone* (1944) © Éditions de la Table ronde (1946)

1. Quels éléments de la mise en scène rappellent l'Antiquité (doc 3) ?

2. En quoi cette tirade et la photo de mise en scène évoquent-elles la révolte d'Antigone (doc 4 et 5) ?

Vous êtes prêt(e)s ?

Maintenant, découvrons ensemble la réécriture du mythe d'Œdipe par Jean Cocteau.

Œuvre intégrale par extraits
XXe SIÈCLE
THÉÂTRE

Objectif
Comprendre le rôle du prologue

Le prologue

Écoutez le texte lu par Jean Cocteau.
hatier-clic.fr/22luf106

Ce prologue ouvre la pièce. À sa création, la voix était celle de Jean Cocteau lui-même, enregistrée sur un magnétophone.

Histoire littéraire

• Pour écrire sa pièce, Jean Cocteau s'est inspiré de la pièce *Œdipe roi* de **Sophocle**, auteur du Ve siècle avant J.-C.

LA VOIX

« *Il tuera son père. Il épousera sa mère.* »

Pour déjouer cet oracle[1] d'Apollon, Jocaste, reine de Thèbes, abandonne son fils, les pieds troués et liés, sur la montagne. Un berger de Corinthe trouve le nourrisson et le porte à Polybe. Polybe et Mérope, roi et reine de Corinthe, se lamentaient d'une couche stérile[2]. L'enfant, respecté des ours et des louves, Œdipe, ou *Pieds percés*, leur tombe du ciel. Ils l'adoptent.

Jeune homme, Œdipe interroge l'oracle de Delphes.

Le dieu parle : *Tu assassineras ton père et tu épouseras ta mère.* Donc il faut fuir Polybe et Mérope. La crainte du parricide[3] et de l'inceste le jette vers son destin.

Un soir de voyage, au carrefour où les chemins de Delphes et de Daulie se croisent, il rencontre une escorte. Un cheval le bouscule ; une dispute éclate ; un domestique le menace ; il riposte par un coup de bâton. Le coup se trompe d'adresse et assomme le maître. Ce vieillard mort est Laïus, roi de Thèbes. Et voici le parricide.

L'escorte craignant une embuscade a pris le large. Œdipe ne se doute de rien ; il passe. Au reste, il est jeune, enthousiaste ; il a vite oublié cet accident.

Pendant une de ses haltes, on lui raconte le fléau du Sphinx. Le Sphinx, « la Jeune Fille ailée », « la Chienne qui chante », décime[4] la jeunesse de Thèbes. Ce monstre pose une devinette et tue ceux qui ne la devinent pas. La reine Jocaste, veuve de Laïus, offre sa main et sa couronne au vainqueur du Sphinx.

Comme s'élancera le jeune Siegfried[5], Œdipe se hâte. La curiosité, l'ambition le dévorent. La rencontre a lieu. De quelle nature, cette rencontre ? Mystère. Toujours est-il que le jeune Œdipe entre à Thèbes en vainqueur et qu'il épouse la reine. Et voilà l'inceste.

Pour que les dieux s'amusent beaucoup, il importe que leur victime tombe de haut. Des années s'écoulent, prospères. Deux filles, deux fils compliquent les noces monstrueuses. Le peuple aime son roi. Mais la peste éclate... Les dieux accusent un criminel anonyme d'infecter le pays et ils exigent qu'on le chasse. De recherche en recherche et comme enivré de malheur, Œdipe arrive au pied du mur. Le piège se ferme. Lumière est faite. Avec son écharpe rouge, Jocaste se pend. Avec la broche d'or de la femme pendue, Œdipe se crève les yeux.

Regarde, spectateur, remontée à bloc, de telle sorte que le ressort se déroule avec lenteur tout le long d'une vie humaine, une des plus parfaites machines construites par les dieux infernaux pour l'**anéantissement** mathématique d'un mortel.

■ **Jean Cocteau**, *La Machine infernale* (1932)

VOCABULAIRE

Anéantissement
On reconnaît ici le mot de base *néant* qui signifie « rien, vide ».
→ Quelle hypothèse pouvez-vous faire sur le sens de ce mot ?

1. **oracle** : prédiction.
2. **couche stérile** : le couple ne pouvait pas avoir d'enfants.
3. **parricide** : acte d'assassiner son propre père.
4. **décime** : fait de nombreuses victimes.
5. **Siegfried** : héros de la mythologie germanique.

Vidéo
Le début d'une tragédie antique
hatier-clic.fr/22luf107

Le chœur dans une mise en scène de l'opéra *Œdipe roi* de Carl Orff (d'après Sophocle) par **Günther Rennert** au théâtre Sarah Bernhardt (actuel théâtre de la Ville, Paris, 1963)

Partageons notre lecture

Pourquoi peut-on dire que la voix résume le mythe ? Que pensez-vous de cette manière d'entrer dans l'histoire ?

Quel est le rôle de ce prologue ?

1. Relevez les verbes de la première phrase. À quel temps sont-ils conjugués ? Donnez leur valeur. Pourquoi peut-on dire qu'ils contribuent à construire la « machine infernale » ?

2. a. Jocaste tente de *déjouer* l'oracle (l. 3). Expliquez la construction de ce verbe. Que pouvez-vous en déduire quant au regard que portent les dieux sur les hommes ?
b. Comment Jocaste procède-t-elle pour *déjouer* les dieux ?

3. a. Œdipe tente aussi d'échapper à sa destinée. Comment fait-il ? Relevez les connecteurs qui marquent les étapes de son histoire.
b. *Pour que les dieux s'amusent beaucoup, il importe que leur victime tombe de haut.* (l. 26-27) : quelle est la fonction de la subordonnée circonstancielle ? Quelle image donne-t-elle des relations entre les humains et les dieux ?
c. Quelle tonalité ce genre de commentaire donne-t-il au passage ?

4. Comment la voix s'adresse-t-elle aux spectateurs ? Comment décrit-elle la « machine infernale » ?

Outils

La tragédie antique

- **Le prologue :** dans les pièces antiques, un acteur présentait le contexte et les éléments de l'histoire au public. Puis il laissait la place au chœur.
- **Le chœur :** le chœur antique est composé de citoyens, costumés et parfois masqués. Sous la direction du coryphée (chef du chœur), ils chantent et dansent. La fonction du chœur est de présenter l'action et de la commenter.

Bilan différencié

Choisissez une des activités suivantes pour rendre compte de votre lecture.

→ **Activité 1** Vérifiez que vous avez compris l'histoire d'Œdipe : entraînez-vous à en faire un bref résumé.

→ **Activité 2** Imaginez une mise en scène du prologue. Imaginez le décor, comment est incarnée « la voix ».

→ **Activité 3** Écrivez un paragraphe pour expliquer le titre de la pièce à la lumière de ce prologue.

→ **Activité 4** Dessinez une affiche pour la pièce : vous devrez associer le personnage d'Œdipe à l'idée d'une machine infernale représentant la fatalité tragique.

Lecture expressive

Comme l'a fait Cocteau, enregistrez le prologue de la pièce.
Faites une lecture expressive qui mettra en évidence le mélange des tons.

Les remparts de Thèbes

Écoutez le texte lu.
hatier-clic.fr/22luf108

La pièce débute sur les remparts de la ville de Thèbes. Les soldats de la garde voient le fantôme du roi Laïus[1] apparaître toutes les nuits et tenter en vain de délivrer un message.

LE JEUNE SOLDAT. Ils s'amusent !

LE SOLDAT. Ils essaient. [...]

LE JEUNE SOLDAT. C'est égal, ils se soûlent et ils font l'amour et ils passent la nuit dans les boîtes, pendant que je me promène de long en large avec toi. Eh bien, moi je n'en peux plus ! Je n'en peux plus ! Je n'en peux plus ! Voilà, c'est simple, c'est clair : Je n'en peux plus.

LE SOLDAT. Déserte.

LE JEUNE SOLDAT. Non, non. Ma décision est prise. Je vais m'inscrire pour aller au Sphinx ! [...]

LE SOLDAT. Et la frousse ?

LE JEUNE SOLDAT. Quelle frousse ?

LE SOLDAT. La frousse quoi... la frousse ! J'en ai vu de plus malins que toi et de plus solides qui l'avaient, la frousse. À moins que monsieur veuille abattre le Sphinx et gagner le gros lot.

LE JEUNE SOLDAT. Et pourquoi pas, après tout ? Le seul rescapé du Sphinx est devenu idiot, soit. Mais si ce qu'il radote était vrai. Suppose qu'il s'agisse d'une devinette. Suppose que je la devine. Suppose...

LE SOLDAT. Mais ma pauvre petite vache, est-ce que tu te rends bien compte que des centaines et des centaines de types qui ont été au stade et à l'école et tout, y ont laissé leur peau, et tu voudrais, toi, toi, pauvre petit soldat de deuxième classe... [...]

LE JEUNE SOLDAT. Je te déteste !

Le soldat cogne avec sa lance contre le mur derrière le jeune soldat. Le jeune soldat s'immobilise.

LE SOLDAT. Qu'est-ce que tu as ?

LE JEUNE SOLDAT. Tu n'as rien entendu ?

LE SOLDAT. Non... Où ?

LE JEUNE SOLDAT. Ah !... il me semblait... J'avais cru...

LE SOLDAT. Tu es vert... Qu'est-ce que tu as ?... Tu tournes de l'œil ?

LE JEUNE SOLDAT. C'est stupide... Il m'avait semblé entendre un coup. Je croyais que c'était lui !

LE SOLDAT. Le Sphinx ?

LE JEUNE SOLDAT. Non, lui, le spectre, le fantôme quoi !

LE SOLDAT. Le fantôme ? Notre cher fantôme de Laïus ? Et c'est ça qui te retourne les tripes. Par exemple !

LE JEUNE SOLDAT. Excuse-moi.

LE SOLDAT. T'excuser mon pauvre bleu[2] ? Tu n'es pas fou ! D'abord, il y a des chances pour qu'il ne s'amène plus après l'histoire d'hier, le fantôme, il ne nous a guère fait peur. Si... Peut-être la première fois... Mais ensuite, hein ?... C'était un brave homme de fantôme, presque un camarade, une distraction. Alors, si l'idée de fantôme te fait sauter en l'air, c'est que tu es à cran, comme moi, comme tout le monde, riche ou pauvre à Thèbes, sauf quelques grosses légumes[3] qui profitent de tout. La guerre, c'est déjà pas drôle, mais crois-tu que c'est un sport que de se battre contre un ennemi qu'on ne connaît pas. On commence à en avoir soupé des oracles, des joyeuses victimes et des mères admirables.

■ Jean Cocteau, *La Machine infernale* (1932), Acte I, « Le fantôme »

1. **Laïus** : Laïos. Nom déformé ironiquement par Cocteau, le mot « laïus » désignant un long discours.
2. **bleu** : novice.
3. **grosse légume** : expression argotique pour parler d'un personnage puissant.

Partageons notre lecture

● Vous attendiez-vous à ce début, pour une pièce sur le mythe d'Œdipe ? Pourquoi ?

Johann Heinrich Füssli (d'après), *Hamlet, Horatio et le fantôme du père d'Hamlet* (XVIIIe s.), huile sur bois (44,5 × 47,5 cm), collection privée

Au début d'*Hamlet*, célèbre tragédie de Shakespeare (1602), le prince Hamlet est interpelé par le fantôme de son père, mort depuis peu, sur les remparts du château. Ce fantôme lui apprend que son oncle est son meurtrier et lui demande de le venger.

Comment Cocteau réécrit-il de manière légère deux célèbres tragédies ?

1. a. De quoi parlent les deux soldats ? avec quel niveau de langue ? Citez des exemples précis. Ce vocabulaire est-il attendu dans une tragédie ?
b. À quelle période historique la scène est-elle censée se passer ? Relevez des anachronismes dans le dialogue des soldats.
c. La période d'écriture de la pièce se situe dans les « années folles » : recherchez les caractéristiques de cette période. Les retrouvez-vous dans le dialogue entre les deux soldats ?

2. En vous appuyant sur le mythe, tel qu'il est raconté dans le prologue (p. 106), quelles références au mythe d'Œdipe avez-vous repérées dans l'extrait ? Quelle modification Cocteau a-t-il opérée ?

3. Observez l'image et sa légende : en quoi peut-on dire que Cocteau a repris aussi le *Hamlet* de Shakespeare ?

Outils

L'intertextualité

- **L'intertextualité** est le fait de reprendre des éléments identifiables d'œuvres qui existent déjà grâce à des allusions, des citations.
- **Un anachronisme** attribue à une époque des éléments qui appartiennent à une autre.
- **Une réécriture** est une nouvelle version d'une œuvre déjà écrite.

Bilan

Expliquez dans un paragraphe en quoi Jean Cocteau propose une réécriture moderne et satirique du mythe d'Œdipe.

DÉBAT INTERPRÉTATIF

Dans *Hamlet*, le fantôme du roi dénonce son meurtrier à son fils et crie vengeance. Jean Cocteau reprend l'idée en créant un fantôme comique, celui de Laïus, qui ne parvient jamais à délivrer son message.

Quel est l'intérêt de cette création dans la pièce de Cocteau ? Pour répondre, pensez aux conséquences si le fantôme du roi était parvenu à parler.

Textes & images

HISTOIRE DES ARTS

Objectif

Étudier les représentations du Sphinx

Le Sphinx

Doc 1

Hésiode est un auteur grec de la fin du VIIIe siècle avant J.-C., connu pour avoir mis par écrit les mythes. Dans cet extrait, il évoque les monstres nés de la nymphe Echidna, mi femme, mi serpent.

On dit que de Typhon, le plus impétueux, le plus terrible des vents, cette nymphe aux beaux yeux conçut une formidable race : d'abord le chien Orthros, que posséda Geryon ; puis l'horrible, le dévorant Cerbère, le gardien des demeures d'Hadès, le monstre aux cinquante têtes, à la voix d'airain, au corps énorme, à la force indomptable ; enfin, la cruelle Hydre de Lerne [...]. Enfin c'est la Chimère, vomissant d'invincibles feux, la terrible, l'immense, la rapide et indomptable Chimère. Ce monstre avait trois têtes, une de lion, une de chèvre sauvage, une de serpent ; son encolure était d'un lion, sa croupe d'un serpent ; le reste d'une chèvre sauvage. Prodige affreux, de sa bouche s'échappaient des torrents de feu. [...] Du commerce de ce monstre avec Orthros sortit le Sphinx, fléau des Thébains.

■ **Hésiode**, *La Théogonie*, traduit du grec par Henri Joseph Guillaume Patin (1892)

Doc 2

Statue en marbre (VIe s. av. J.-C.), The Metropolitan Museum of Art (New York, États-Unis)

Découvrir

1. D'après le texte (doc 1), définissez ce qu'est un monstre mythologique.
2. De quels parents monstrueux naît le Sphinx antique ?
3. Rédigez une définition du Sphinx antique d'après les deux documents (doc 1 et 2).
4. Décrivez le Sphinx (doc 3). Selon l'étymologie du mot « monstre », pourquoi peut-on dire que cet être est un monstre ?
5. Quels sont les éléments picturaux qui prouvent que la situation est dangereuse pour Œdipe ? À quel moment du mythe sommes-nous ? Justifiez votre réponse.
6. La vue est une faculté importante dans le mythe d'Œdipe. Observez le regard échangé entre Œdipe et le Sphinx. Qu'en pensez-vous ?

Doc 3

Gustave Moreau, *Œdipe et le Sphinx* (1864), huile sur toile (206 × 105 cm), The Metropolitan Museum of Art (New York, États-Unis)

Lecture d'image

hatier-clic.fr/22luf110

Comparer les représentations

Faites l'étude comparative de ces deux œuvres (doc 4 et 5). Que représentent-elles ? L'une s'inspire de l'autre. À quoi le voyez-vous ?

Doc 4

Jean-Auguste-Dominique Ingres, *Œdipe explique l'énigme du Sphinx* (1808), huile sur toile (189 × 144 cm), musée du Louvre (Paris)

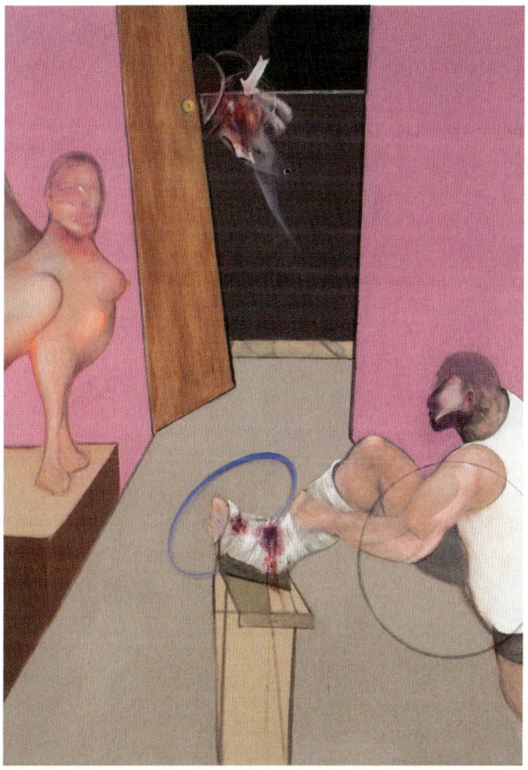

Doc 5

Francis Bacon, *Œdipe et le Sphinx d'après Ingres* (1983), huile sur toile (198 × 147,5 cm), musée Berardo (Lisbonne, Portugal)

CARNET DE VOCABULAIRE

Cherchez les définitions précises, étymologie comprise, de *monstre* et *chimère*.

ÉCRITURE

Recherchez une autre représentation du Sphinx. Faites des recherches sur son auteur afin de présenter l'œuvre. Puis, écrivez un paragraphe pour décrire la représentation du monstre. Vous expliquerez ce qu'elle conserve de la tradition et ce qu'elle apporte de nouveau.

Le Sphinx et la Matrone

Écoutez le texte lu.
hatier-clic.fr/22luf112

La scène présente le Sphinx, une jeune fille, attendant une proie sur la route de Thèbes. Une femme, la Matrone[1], s'approche et la discussion s'engage.

LE SPHINX. Vous avez plusieurs fils ?

LA MATRONE. J'en avais quatre. Il m'en reste trois : sept ans, seize ans et dix-sept ans. Et je vous assure que, depuis cette maudite bête, la maison est devenue inhabitable.

LE SPHINX. Vos fils se disputent ?

LA MATRONE. Mademoiselle, c'est-à-dire que c'est impossible de s'entendre. Celui de seize ans s'occupe de politique. Le Sphinx, qu'il dit, c'est un loup-garou pour tromper le pauvre monde. [...] Le Sphinx a bon dos. C'est à cause du Sphinx qu'on crève de famine, que les prix montent, que les bandes de pillards infestent les campagnes ; c'est à cause du Sphinx que rien ne marche, que personne ne gouverne, que les faillites se succèdent, que les temples regorgent d'offrandes tandis que les mères et les épouses perdent leur gagne-pain, que les étrangers qui dépensent se sauvent de la ville : et il faut le voir, mademoiselle, monter sur la table, criant, gesticulant, piétinant ; et il dénonce les coupables, il prêche la révolte, il stimule les anarchistes[2], il crie à tue-tête des noms de quoi nous faire pendre tous. Et entre nous... moi qui vous parle, tenez... Mademoiselle, je sais qu'il existe le Sphinx... mais on en profite. C'est certain qu'on en profite. Il faudrait un homme de poigne, un dictateur !

LE SPHINX. Et... le frère de votre jeune dictateur ?

LA MATRONE. Ça, c'est un autre genre. Il méprise son frère, il me méprise, il méprise la ville, il méprise les dieux, il méprise tout. On se demande où il va chercher ce qu'il vous sort. Il déclare que le Sphinx l'intéresserait s'il tuait pour tuer, mais que notre Sphinx est de la clique[3] des oracles, et qu'il ne l'intéresse pas.

LE SPHINX. Et votre quatrième fils ? Votre deuil date...

LA MATRONE. Je l'ai perdu voilà presque une année. Il venait d'avoir dix-neuf ans.

LE SPHINX. Pauvre femme... Et, de quoi est-il mort ?

LA MATRONE. Il est mort au Sphinx.

LE SPHINX, *sombre*. Ah !...

LA MATRONE. Mon fils cadet peut bien prétendre qu'il a été victime des intrigues de la police... Non... Non... Je ne me trompe pas. Il est mort au Sphinx. Ah ! Mademoiselle... Je vivrais cent ans, je verrai toujours la scène. [...] Des malheurs pareils, comprenez-vous, ça vous marque. Je vous félicite si vous n'êtes pas de Thèbes et si vous n'avez point de frère. Je vous félicite... Son cadet l'orateur, il veut le venger. À quoi bon ? [...] La reine Jocaste est encore jeune. De loin, on lui donnerait vingt-neuf, trente ans. Il faudrait un chef qui tombe du ciel, qui l'épouse, qui tue la bête, qui punisse les trafics, qui boucle Créon et Tirésias, qui relève les finances, qui remonte le moral du peuple, qui l'aime, qui nous sauve, quoi ! qui nous sauve...

Jean Cocteau, *La Machine infernale* (1932), Acte II, « La rencontre d'Œdipe et du Sphinx »

VOCABULAIRE

Gagne-pain
→ Comment ce mot est-il composé ? Trouvez un synonyme.

1. **Matrone** : mère de famille d'âge mûr à l'allure imposante.
2. **anarchistes** : groupe prônant l'anarchie, un système sans chef, sans gouvernement, sans État.
3. **clique** : groupe de personnes qui complotent.

Partageons notre lecture

- Cette scène vous paraît-elle surprenante ? Pourquoi ?

IMAGINER UNE MISE EN SCÈNE

Par groupes de cinq, avec uniquement ce dont vous disposez dans la classe, proposez une mise en scène de ce dialogue. Puis jouez-le (vous pouvez lire les répliques) et expliquez vos choix de mise en scène à la classe.

Odilon Redon, *La Lyre* (*Sphinx*, 1895), pastel sur papier (51 × 37 cm), collection privée

Comment Cocteau mêle-t-il le mythe et l'époque contemporaine ?

1. **a.** Comment le fils de seize ans explique-t-il l'origine du Sphinx (l. 7 à 13) ?
b. Relevez trois procédés littéraires qui appuient sa théorie. À quoi aboutit-elle ?
c. Quel lien voyez-vous avec la période de l'entre-deux-guerres ?

2. Quel regard le fils de dix-sept ans porte-t-il sur le Sphinx (l. 20 à 23) ? En quoi cette attitude relève-t-elle du comique de caractère ?

3. **a.** *Il est mort au Sphinx* (l. 27) fait écho à une expression populaire. Laquelle ? En quoi fait-elle aussi écho à des conflits modernes ?
b. Expliquez la réaction du Sphinx quand elle apprend la cause de la mort de ce fils. En quoi la situation est-elle comique ?

4. **a.** Comment caractériser le langage de la Matrone ? Donnez des exemples à l'appui de votre réponse.
b. Que souhaite la Matrone pour faire face à la situation ?

Bilan

En prenant appui sur vos réponses aux questions précédentes, expliquez de quoi Jean Cocteau fait ici la satire. Vous répondrez sous la forme d'un paragraphe rédigé.

Outils

La satire au théâtre

La satire est une œuvre qui dénonce un travers de la société en s'en moquant. Elle utilise les procédés du comique, de l'ironie, de l'exagération.

Les types de comique au théâtre

- **Le comique de caractère** met en scène des personnages type souvent caricaturaux.
- **Le comique de geste** repose sur les actions des personnages (chute, coups de bâton, course-poursuite...).
- **Le comique de mots** repose sur les jeux de mots, le mélange des niveaux de langue, etc.
- **Le comique de situation** exploite une situation incongrue (quiproquo, personnage caché...).

Œdipe et le Sphinx

C'est au tour d'Œdipe d'affronter le Sphinx, qui lui fait la démonstration de son pouvoir.

Costumes de **Christian Bérard** pour la mise en scène de Louis Jouvet au théâtre des Champs-Élysées (Paris, 1934)

Écoutez le texte lu. hatier-clic.fr/22luf114

VOCABULAIRE

Incorruptible
→ Comment cet adjectif est-il formé ? Déduisez-en son sens.

LE SPHINX. Inutile de fermer les yeux, de détourner la tête. Car ce n'est ni par le chant, ni par le regard que j'opère. Mais, plus adroit qu'un aveugle, plus rapide que le filet des gladiateurs, plus subtil que la foudre, plus raide qu'un cocher, plus lourd qu'une vache, plus sage qu'un élève tirant la langue sur des chiffres, plus gréé[1], plus voilé, plus ancré, plus bercé qu'un navire, plus **incorruptible** qu'un juge, plus vorace que les insectes, plus sanguinaire que les oiseaux, plus nocturne que l'œuf, plus ingénieux que les bourreaux d'Asie, plus fourbe que le cœur, plus désinvolte qu'une main qui triche, plus fatal que les astres, plus attentif que le serpent qui humecte sa proie de salive ; je sécrète, je tire de moi, je lâche, je dévide, je déroule, j'enroule de telle sorte qu'il me suffira de vouloir ces nœuds pour les faire et d'y penser pour les tendre ou pour les détendre ; si mince qu'il t'échappe, si souple que tu t'imagineras être victime de quelque poison, si dur qu'une maladresse de ma part t'amputerait, si tendu qu'un archet[2] obtiendrait entre nous une plainte céleste ; bouclé comme la mer, la colonne, la rose, musclé comme la pieuvre, machiné comme les décors du rêve, invisible surtout, invisible et majestueux comme la circulation du sang des statues, un fil qui te ligote avec la volubilité[3] des arabesques folles du miel qui tombe sur du miel.

ŒDIPE. Lâchez-moi !

LE SPHINX. Et je parle, je travaille, je dévide, je déroule, je calcule, je médite, je tresse, je vanne[4], je tricote, je natte, je croise, je passe, je repasse, je noue et dénoue et renoue, retenant les moindres nœuds qu'il me faudra te dénouer ensuite sous peine de mort ; et je serre, je desserre, je me trompe, je reviens sur mes pas, j'hésite, je corrige, enchevêtre, désenchevêtre, délace, entrelace, repars ; et j'ajuste, j'agglutine, je garrotte[5], je sangle, j'entrave[6], j'accumule, jusqu'à ce que tu te sentes, de la pointe des pieds à la racine des cheveux, vêtu de toutes les boucles d'un seul reptile dont la moindre respiration coupe la tienne et te rende pareil au bras inerte sur lequel un dormeur s'est endormi.

ŒDIPE, *d'une voix faible*. Laissez-moi ! Grâce...

LE SPHINX. Et tu demanderais grâce et tu n'aurais pas à en avoir honte, car tu ne serais pas le premier, et j'en ai entendu de plus superbes appeler leur mère, et j'en ai vu de plus insolents fondre en larmes, et les moins démonstratifs étaient encore les plus faibles, car ils s'évanouissaient en route, et il me fallait imiter les embaumeurs[7] entre les mains desquels les morts sont des ivrognes qui ne savent même plus se tenir debout !

1. **gréé** : équipé de voiles et de cordes.
2. **archet** : baguette utilisée pour jouer de certains instruments à cordes.
3. **volubilité** : abondance, rapidité et facilité de parole.
4. **vanner** : tamiser le grain pour en ôter la paille et l'écorce.
5. **garrotter** : attacher très solidement.
6. **entraver** : retenir, attacher.
7. **embaumeur** : celui dont le métier est de préparer un cadavre pour la conservation.
8. **Anubis** : dieu des morts dans la mythologie égyptienne.

Œdipe. Mérope !... Maman !

Le Sphinx. Ensuite, je te commanderais d'avancer un peu et je t'aiderais en desserrant tes jambes. Là ! Et je t'interrogerais. Je te demanderais par exemple : Quel est l'animal qui marche sur quatre pattes le matin, sur deux pattes à midi, sur trois pattes le soir ? Et tu chercherais, tu chercherais. À force de chercher, ton esprit se poserait sur une petite médaille de ton enfance, ou tu répéterais un chiffre, ou tu compterais les étoiles entre ces deux colonnes détruites, et je te remettrais au fait en te dévoilant l'énigme. Cet animal est l'homme qui marche à quatre pattes lorsqu'il est enfant, sur deux pattes quand il est valide, et lorsqu'il est vieux, avec la troisième patte d'un bâton.

Œdipe. C'est trop bête !

Le Sphinx. Tu t'écrierais : C'est trop bête ! Vous le dites tous. Alors puisque cette phrase confirme ton échec, j'appellerais Anubis[8], mon aide. Anubis !

Anubis paraît, les bras croisés, la tête de profil, debout à droite du socle.

Œdipe. Oh ! Madame... Oh ! Madame ! Oh ! non ! non ! non ! non, madame !

Le Sphinx. Et je te ferais mettre à genoux... Allons... Allons... là, là... Sois sage. Et tu courberais la tête... et l'Anubis s'élancerait. Il ouvrirait ses mâchoires de loup !

Œdipe pousse un cri.

Jean Cocteau, *La Machine infernale* (1932), Acte II, « La rencontre d'Œdipe et du Sphinx » © Éditions Grasset & Fasquelle

Partageons notre lecture

Observez la photographie et lisez le texte. Quels sont les personnages en présence, ici ? Que savez-vous d'eux ? À quel moment de la tragédie sommes-nous ?

VERS LE BREVET

1. Identifiez les personnages de la scène.

2. Quels aspects du Sphinx Cocteau choisit-il de mettre en avant ?

Jeanne Moreau (Le Sphinx), Jean Marais (Œdipe) et Alain Nobis (Anubis), mise en scène de **Jean Cocteau**, théâtre des Bouffes Parisiens (Paris, 1954)

Sphinx et Thébain, copie d'une partie de la statue chryséléphantine de Zeus à Olympie par **Phidias** (Ve s. av. J.-C.), musée d'Histoire de l'art (Vienne, Autriche)

LECTURE D'IMAGE

Comparez la mise en scène de la pièce de Jean Cocteau (p. 115) et la représentation antique de la rencontre d'Œdipe et du Sphinx. Quelles sont les inventions de Cocteau ?

Comment Cocteau représente-t-il le personnage du Sphinx ?

▸ Texte p. 114-115

1. Quelle différence constatez-vous entre les prises de parole d'Œdipe et celles du Sphinx ?

2. Comment le pouvoir du Sphinx s'exerce-t-il des lignes 1 à 17 puis 19 à 27 ? Relevez des procédés littéraires précis pour répondre.

3. Lignes 19 à 27 et 29 à 34 : à quels temps et à quels modes les verbes sont-ils employés dans ces deux phrases ? Pourquoi peut-on dire que cela amplifie le pouvoir du Sphinx sur Œdipe ?

4. a. Pourquoi le Sphinx donne-t-il la réponse à l'énigme, selon vous ? Pensez au titre de la pièce et à la fin du prologue.
b. Dans la pièce de Jean Cocteau Œdipe est-il toujours un héros ?

Outils

La répartition de la parole au théâtre

• **Le dialogue** de théâtre est souvent un affrontement verbal. La répartition de la parole au sein de cet affrontement est révélatrice des **rapports entre les personnages** : généralement, celui qui domine parle davantage.

Bilan

Cocteau est le premier à écrire cet épisode du mythe. Comment présente-t-il respectivement le Sphinx et Œdipe au spectateur ?

ÉCRITURE

Proposez votre propre réécriture de la scène de la rencontre d'Œdipe et du Sphinx. Vous reprendrez la célèbre énigme du mythe. Vous pourrez choisir une version plus proche du récit mythologique ou une version plus fantaisiste. N'oubliez pas de développer les didascalies pour préciser le lieu de la rencontre et votre vision du monstre qu'est le Sphinx.

LECTURE EXPRESSIVE

Travaillez puis proposez une lecture expressive de la seconde tirade du Sphinx (l. 19 à 27). Entraînez-vous à lire les longues énumérations : n'allez pas trop vite et articulez bien.

Vous pourrez vous inspirer de la version à écouter.

Le dénouement

Écoutez le texte lu.
hatier-clic.fr/22luf117

Œdipe vient d'apprendre qu'il est l'assassin du roi Laïus. Mais les révélations ne s'arrêtent pas à la résolution de ce premier crime. Un berger vient maintenant éclairer Œdipe sur ses origines.

TEXTE 1

ŒDIPE. Quel est cet homme ?

CRÉON[1]. L'homme qui t'a porté blessé et lié sur la montagne d'après les ordres de ta mère. Qu'il avoue.

LE BERGER. Parler m'aurait valu la mort. Princes, que ne suis-je mort afin de ne pas vivre cette minute.

ŒDIPE. De qui suis-je le fils, bonhomme ? Frappe, frappe vite.

LE BERGER. Hélas !

ŒDIPE. Je suis près d'une chose impossible à entendre.

LE BERGER. Et moi… d'une chose impossible à dire.

CRÉON. Il faut la dire. Je le veux.

LE BERGER. Tu es le fils de Jocaste, ta femme, et de Laïus tué par toi au carrefour des trois routes. Inceste et parricide, les dieux te pardonnent.

ŒDIPE. J'ai tué celui qu'il ne fallait pas. J'ai épousé celle qu'il ne fallait pas. J'ai perpétué ce qu'il ne fallait pas. Lumière est faite…

Il sort.

1. **Créon** : oncle d'Œdipe, frère de la reine Jocaste ; il a dirigé Thèbes avant l'arrivée d'Œdipe.

Jean Marais (Œdipe) et Elvire Popesco (Jocaste), mise en scène de **Jean Cocteau**, théâtre des Bouffes Parisiens (Paris, 1954)

Œdipe s'effondre aux pieds du fantôme de sa mère, Jocaste ▶ texte 2 p. 118.

TEXTE 2

Anéantis par ces révélations (p. 117), Jocaste s'est pendue avec son écharpe et Œdipe s'est crevé les yeux avec la broche de sa femme.

Écoutez le texte lu.
hatier-clic.fr/22luf118

Jocaste paraît dans la porte. Jocaste morte, blanche, belle, les yeux clos. Sa longue écharpe enroulée autour du cou.

ŒDIPE. Jocaste ! Toi ! Toi vivante !

JOCASTE. Non, Œdipe. Je suis morte. Tu me vois parce que tu es aveugle ; les autres ne peuvent plus me voir.

ŒDIPE. Tirésias[1] est aveugle...

JOCASTE. Peut-être me voit-il un peu... mais il m'aime, il ne dira rien...

ŒDIPE. Femme ! ne me touche pas...

JOCASTE. Ta femme est morte pendue, Œdipe. Je suis ta mère. C'est ta mère qui vient à ton aide... Comment ferais-tu rien que pour descendre seul cet escalier, mon pauvre petit ?

ŒDIPE. Ma mère !

JOCASTE. Oui, mon enfant, mon petit enfant... Les choses qui paraissent abominables aux humains, si tu savais, de l'endroit où j'habite, si tu savais comme elles ont peu d'importance.

ŒDIPE. Je suis encore sur la terre.

JOCASTE. À peine...

CRÉON. Il parle avec des fantômes, il a le délire, la fièvre, je n'autoriserai pas cette petite...

TIRÉSIAS. Ils sont sous bonne garde.

CRÉON. Antigone ! Antigone ! je t'appelle...

ANTIGONE. Je ne veux pas rester chez mon oncle ! Je ne veux pas, je ne veux pas rester à la maison. Petit père, petit père, ne me quitte pas ! Je te conduirai, je te dirigerai...

CRÉON. Nature ingrate.

ŒDIPE. Impossible, Antigone. Tu dois être sage... je ne peux pas t'emmener.

ANTIGONE. Si ! si !

ŒDIPE. Tu abandonnerais Ismène[2] ?

ANTIGONE. Elle doit rester auprès d'Étéocle et de Polynice[2]. Emmène-moi, je t'en supplie ! Je t'en supplie ! Ne me laisse pas seule ! Ne me laisse pas chez mon oncle ! Ne me laisse pas à la maison !

JOCASTE. La petite est si fière. Elle s'imagine être ton guide. Il faut le lui laisser croire.

■ Jean Cocteau, *La Machine infernale* (1932), Acte IV, « Œdipe roi »

1. **Tirésias** : devin de Thèbes.
2. **Ismène, Étéocle et Polynice** : ce sont, avec Antigone, les enfants qu'Œdipe a eus avec Jocaste.

Partageons notre lecture

1 Après avoir lu les deux extraits (p. 117 et 118), racontez le dénouement de la pièce de Jean Cocteau.

2 Quels sentiments dominent alors chez le lecteur ?

Charles François Jalabert (1842), huile sur toile (115 × 147 cm), musée des Beaux-Arts de Marseille

LECTURE D'IMAGE

1. Identifiez les personnages représentés. Justifiez votre réponse.

2. Le titre du tableau a été omis : proposez-en un.

Comment dénouer une tragédie ?

▶ Texte 1 p. 117

1. Montrez que l'extrait résout l'enquête menée par Œdipe.

2. a. Retrouvez dans le texte du prologue (p. 106) la prédiction de l'oracle.
b. Quelles phrases prononcées par Œdipe montrent que l'oracle s'est réalisé ?

▶ Texte 2 p. 118

3. a. Le fantôme de Jocaste est une invention de Cocteau. Quelle autre invention vous rappelle-t-elle ? Quel est ici son rôle ?
b. Le lecteur découvre le personnage d'Antigone qui devient, dans d'autres tragédies, une héroïne à son tour. Quelle image Jean Cocteau donne-t-il de ce personnage ? Citez le texte à l'appui de votre réponse.

Outils

La structure d'une pièce de théâtre

Toutes les pièces de théâtre s'organisent autour de trois moments importants.

- **L'exposition** : au début, présente les personnages, le cadre et l'intrigue.
- **Le nœud de l'intrigue** : au milieu, désigne le moment où la situation dramatique est la plus intense et où tous les problèmes sont posés.
- **Le dénouement** : à la fin, apporte réponse et solution à tous les problèmes et dénoue ainsi les fils de l'intrigue.

Bilan

Une tragédie déclenche la terreur et la pitié chez le spectateur. Ce dénouement réussit-il à provoquer ces deux sentiments ? Justifiez votre réponse par des références précises aux textes.

Atelier LEXIQUE

Le vocabulaire de la tragédie

Connaître le vocabulaire du théâtre

1 * **Complétez la grille d'après ces définitions.**

Vertical : **1.** fin de la pièce **2.** histoire de la pièce

Horizontal : **3.** début de la pièce **4.** longue réplique **5.** présentation qui précède la pièce

Utiliser le lexique tragique

2 * **Faites correspondre chaque mot à sa définition.**

mythe •
tragédie •
catharsis •
oracle •

- Réponse d'une divinité que l'on venait consulter en un lieu sacré
- Récit fabuleux qui met en scène des êtres incarnant des forces de la nature, des aspects de la condition humaine
- Sentiment de crainte et de pitié qui purge les passions, les libère
- Pièce de théâtre antique qui met en scène des personnages de hauts rangs face à la volonté des dieux

3 ** **Complétez ces phrases avec les mots du chapitre.**

1. Jean Cocteau réécrit la ……… de Sophocle, *Œdipe roi,* pièce antique retraçant le ……… malheureux du héros.

2. Le titre *La Machine infernale* évoque la ……… tragique.

3. Il mêle tragédie et ……… pour se moquer de sa propre époque en utilisant plusieurs types de ……… et en mélangeant les niveaux de ……… .

4. Il ne se contente pas de reprendre Sophocle, car l'on trouve des ……… à *Hamlet* de Shakespeare.

Connaître les mots exprimant le destin

4 ** **a. Dans la liste suivante, regroupez les mots évoquant le destin et ceux évoquant l'oracle.**

destinée • présage • fortune • sort • prophétie • avenir • prédiction • fatalité • augure

Les mots du destin	Les mots de l'oracle
…	…

b. Choisissez deux mots dans chaque liste et écrivez un bref résumé de l'histoire d'Œdipe en les utilisant.

5 *** **Replacez les mots évoquant le destin dans cette tirade d'*Hernani*.**

poussé • jamais • vouloir • fatal • Marche • funèbres • force • malheur • meurt • course • destin

COUP DE POUCE

Le sens des mots doit vous guider. Mais vous pouvez aussi réfléchir à la versification, car cette tirade est écrite en alexandrins et présente des rimes plates ▶ p. 280. Enfin, les accords peuvent vous donner des indices.

Oh ! par pitié pour toi, fuis !... Tu me crois peut-être,
Un homme comme sont tous les autres, un être
Intelligent, qui court droit au but qu'il rêva.
Détrompe-toi. Je suis une ……… qui va !
Agent aveugle et sourd de mystères ……… !
Une âme de ……… faite avec des ténèbres !
Où vais-je ? Je ne sais. Mais je me sens ………
D'un souffle impétueux, d'un ……… insensé.
Je descends, je descends et ……… ne m'arrête.
Si, parfois, haletant, j'ose tourner la tête,
Une voix me dit : « ……… ! » et l'abîme est profond,
Et de flamme ou de sang je le vois rouge au fond !
Cependant, à l'entour de ma ……… farouche,
Tous se brise, tout ……… . Malheur à qui me touche !
Oh ! Fuis ! Détourne-toi de mon chemin ……… !
Hélas, sans le ……… je te ferai du mal !

■ Victor Hugo, *Hernani* (1830)

CARNET DE VOCABULAIRE
Complétez votre carnet avec les mots des exercices 2 et 3.

Répondre à une question d'interprétation

Répondre à une question sur le texte

Rumeurs sinistres. La petite Antigone, les cheveux épars, apparaît, à la logette.

ANTIGONE. Mon oncle ! Tirésias ! Montez vite, vite, c'est épouvantable ! J'ai entendu crier dans la chambre ; petite mère ne bouge plus, elle est tombée tout de son long et petit père se roule sur elle et il se donne des coups dans les yeux avec sa grosse broche en or. Il y a du sang partout. J'ai peur ! J'ai trop peur, montez... montez vite...

■ Jean Cocteau, *La Machine infernale* (1932), Acte IV, « Œdipe roi » © Éditions Grasset & Fasquelle

QUESTIONS TYPE BREVET

Cocteau choisit de faire annoncer la mort de Jocaste et la mutilation d'Œdipe par leur fille Antigone.

Question 1 En quoi ce passage suscite-t-il la terreur chez le spectateur ? Citez le texte à l'appui de votre réponse. **(4 points)**

Question 2 Comment suscite-t-il aussi la pitié ? Vous analyserez un procédé pour répondre à la question. **(4 points)**

1 * **Quelle est la reformulation correcte de la question 1 ?**

1. Pour quelles raisons Cocteau choisit-il de susciter la terreur chez le spectateur ?
2. Quels sont les passages qui créent un sentiment de terreur chez le spectateur ?
3. Quels sont les mots du texte qui appartiennent au champ lexical de la terreur ?

2 * **a. Voici la réponse d'un élève. Pourquoi cette réponse n'a-t-elle obtenue que 2 points sur 4 ?**

Question 1 : Le passage suscite la terreur chez le spectateur car il décrit le sort tragique de Jocaste qui s'est donné la mort et le supplice que s'inflige Œdipe.

b. Proposez une correction pour l'améliorer.

> COUP DE POUCE
> À tout vouloir dire en une phrase, on va souvent trop vite. **Obligez-vous à développer vos réponses**, en suivant, par exemple ce modèle :
> *Le passage suscite la terreur chez le spectateur. D'abord, il évoque ... comme en témoigne cette citation : « ... » Ensuite, Antigone décrit ... par ces mots : « ... »*

3 ** **a. Parmi les procédés suivants, lesquels vous semblent pertinents pour répondre à la question 2 ?**

- emploi de l'impératif pour donner un ordre ;
- emploi d'un langage enfantin ;
- interpellation des autres personnages ;
- ponctuation expressive traduisant les sentiments ;
- expression des émotions du personnage par le vocabulaire.

b. Rédigez votre réponse en nommant les deux procédés choisis et en les citant.

Mettre en rapport texte et image

Photogramme du film *Œdipe roi* de **Pier Paolo Pasolini** (1967)

Question 3 En quoi l'image proposée peut-elle illustrer ce passage ? **(4 points)**

4 *** **Rédigez la réponse à la question 3. Veillez à citer le texte et à vous appuyer sur des éléments de l'image.**

> COUP DE POUCE
> **Vous devez justifier votre réponse en mettant en parallèle éléments du texte et analyse de l'image.**
> - **Formules pour citer un texte :**
> – En effet, l'auteur affirme / déclare que « ... »
> – Ainsi l'auteur fait-il allusion à « ... » / qualifie de « ... » / évoque « ... »
> – L'expression / le terme / la phrase « .... » est utilisé(e) par l'auteur pour décrire / souligner / exposer / évoquer...
> - **Formules pour citer un élément de l'image :**
> – On peut observer... L'image présente...
> – Le peintre / photographe / dessinateur a choisi de représenter...

JE FAIS LA SYNTHÈSE DES TEXTES LUS

1 Pour la classe **Choisissez trois adjectifs pour caractériser la pièce de Jean Cocteau.**

- Sur une feuille, chacun choisit trois adjectifs et les justifie par la référence à un moment précis de la pièce.
- Mettez en commun les trois adjectifs les plus choisis dans la classe.
- Rédigez une appréciation commune en utilisant les trois adjectifs retenus et leur justification.

2 **Recopiez le tableau et notez les éléments repris du mythe, les éléments inventés et les éléments satiriques dans la pièce de Jean Cocteau.**

Le mythe	La réécriture	La satire
...	...	...

3 ORAL **a. Expliquez les expressions soulignées dans le texte.**

b. Retrouve-t-on ces caractéristiques du héros chez Jean Cocteau ?

c. Que pensez-vous de la leçon que Sophocle propose à la fin de l'extrait ?

d. Souvenez-vous du prologue de Cocteau : est-ce la même leçon que nous retrouvons dans *La Machine infernale* ? Œdipe est-il un véritable héros dans la pièce moderne ?

Voici la dernière intervention du chœur de la pièce de Sophocle.

Ô citoyens de Thèbes, mes compatriotes, regardez-le, cet Œdipe, cet illustre expert en énigmes, cet homme qui était parvenu au sommet de la puissance, regardez-le cet homme qui ne s'embarrassait ni de la machine politique ni des vicissitudes du sort, et voyez dans quel formidable océan de malheur il s'est précipité ! Considérez cette journée qui fut, pour les yeux d'Œdipe, la dernière, et apprenez que nul mortel ne peut être dit heureux qu'il n'ait passé le terme de son existence sans avoir rencontré la souffrance.

Sophocle, *Œdipe roi*, adapté du grec ancien par Didier Lamaison © Gallimard (1994)

JE PROLONGE LA RÉFLEXION

4 **Dans un court paragraphe organisé, montrez comment Cocteau a revisité le mythe antique d'Œdipe.**

Vous pourrez évoquer les inventions de Cocteau et le mélange des tons (la satire mêlée à la tragédie).

5 **Qu'ai-je appris dans ce chapitre ?**

Appuyez-vous sur le tableau ci-dessous pour évaluer votre niveau et les aspects à améliorer.

J'indique mon niveau de compétence		*	**	***	****
La tragédie	Je sais définir le genre tragique.				
La satire	Je repère les éléments satiriques d'un texte.				
L'analyse de la pièce	Je connais la fonction du prologue, de l'exposition et du dénouement.				
La réécriture	Je sais expliquer ce qu'est une réécriture.				

BILAN

🎧 Écoutez le bilan en version audio.
hatier-clic.fr/22luf123a

JE RETIENS

UNE TRAGÉDIE REVISITÉE PAR LA SATIRE

La réécriture d'une tragédie antique

- En 1932, Jean Cocteau réécrit l'histoire d'**Œdipe**, un mythe de la Grèce antique. Il s'appuie sur la tragédie de Sophocle *Œdipe roi* (Ve s. av. J.-C). Il s'inscrit ainsi dans un courant qui voit de nombreuses réécritures de tragédies antiques, dont la plus célèbre sera ***Antigone*** de Jean Anouilh.

- **Il reprend les principaux éléments de l'histoire d'Œdipe** ainsi que ses **personnages**. Des éléments de la tragédie antique sont également conservés. Ainsi le prologue raconte l'histoire au spectateur avant le début de la pièce.

+PROF
Évaluation BREVET (*Antigone* d'Anouilh)

Un mélange des genres moderne et original

- Jean Cocteau mêle d'abord à l'intrigue d'Œdipe, une référence à une autre tragédie : celle d'***Hamlet*** de Shakespeare (1602). Œdipe et le prince Hamlet enquêtent tous deux sur le meurtre du père.

- Il invente ensuite l'épisode du **Sphinx** qui n'avait jamais été représenté. Il y mêle un autre personnage issu de la mythologie égyptienne, Anubis.

- Ces mélanges sont perceptibles aussi dans le ton de la pièce. Elle commence de manière **comique** avec les discussions des soldats sur les remparts de Thèbes, devient **merveilleuse** avec les personnages du Sphinx et d'Anubis et finit de façon **tragique**.

Une tragédie antique miroir du XXe siècle

- À première vue, la pièce paraît être une adaptation originale de la pièce de Sophocle au théâtre moderne. Mais certaines scènes, où figurent des anachronismes, proposent **une satire des années folles et de la montée des tensions qui vont aboutir à la Seconde Guerre mondiale**. Ainsi le personnage de la Matrone souhaite-t-il l'arrivée au pouvoir d'un dictateur pour mettre fin aux problèmes que connaît Thèbes.

Lecture CURSIVE

Antigone de Jean Anouilh (1942)

Quiz sur votre lecture
hatier-clic.fr/22luf123b

Voilà. Ces personnages vont vous jouer l'histoire d'Antigone. Antigone, c'est la petite maigre qui est assise là-bas, et qui ne dit rien. Elle regarde droit devant elle. Elle pense. Elle pense qu'elle va être Antigone tout à l'heure, qu'elle va surgir soudain de la maigre jeune fille noiraude et renfermée que personne ne prenait au sérieux dans la famille et se dresser seule en face du monde, seule en face de Créon, son oncle, qui est le roi. Elle pense qu'elle va mourir, qu'elle est jeune et qu'elle aussi, elle aurait bien aimé vivre. Mais il n'y a rien à faire. Elle s'appelle Antigone et il va falloir qu'elle joue son rôle jusqu'au bout…

■ Jean Anouilh, *Antigone* (1944), prologue © Éditions de la Table ronde (1946)

Travailler AUTREMENT

DIFFÉRENCIATION

Préparez dix cartes cartonnées (6 x 12 cm) proposant chacune une question sur la pièce ou son auteur. Notez au dos la réponse.

→ Vous poserez : une question sur l'auteur ou sur la création de la pièce, une question sur le mythe antique, quatre questions sur les personnages, quatre questions sur l'intrigue.

→ Vous pourrez ensuite interroger un ou une camarade, qui vous interrogera à son tour.

→ Une bonne réponse vaut 2 points, une mauvaise réponse 0 et une réponse incomplète 1 point.

7 Le théâtre de la Grande Guerre

▶ *Comment représenter la Première Guerre mondiale au théâtre ?*

Dans ce chapitre, vous allez lire et mettre en scène des extraits de pièces de théâtre racontant la Première Guerre mondiale.

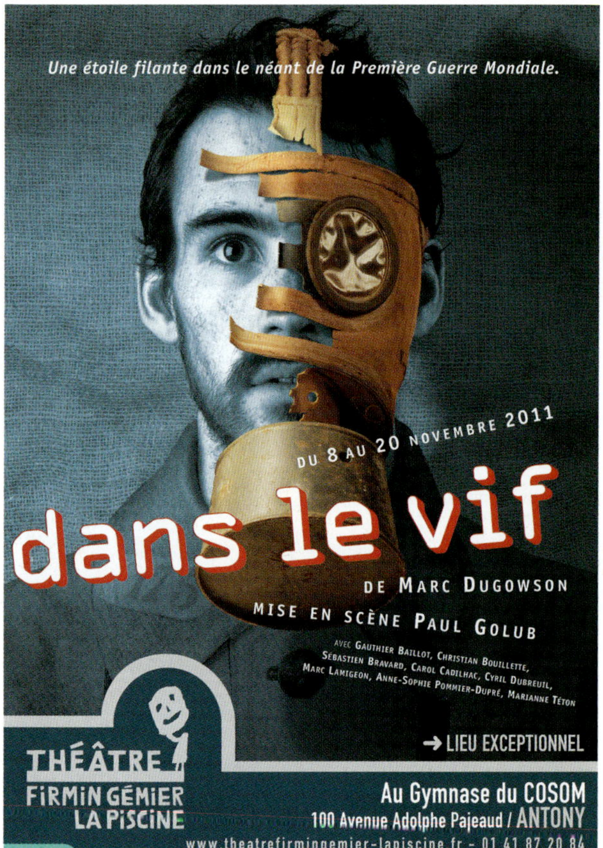

Doc 1

Affiche de la pièce *Dans le vif* de **Marc Dugowson**, mise en scène par **Paul Golub** (2011)

Vidéo
Bande-annonce du spectacle
hatier-clic.fr/22luf124

1. Quels mots vous viennent à l'esprit pour décrire la Première Guerre mondiale ?
2. Le tableau de Severini (doc 2) est-il réaliste ? Qu'exprime-t-il des combats ?
3. Quelle est la difficulté de représenter les combats de cette guerre sur la scène ?
4. Pourquoi un dramaturge ou un metteur en scène voudrait-il se lancer dans une telle aventure ?

Doc 2

Gino Severini, *Canon en action (Mots en libertés et formes)* (1914-1915), huile sur toile (50 × 61 cm), collection privée

Doc 3

Shell Shock, A Requiem of War, opéra de **Nicholas Lens** et **Nick Cave**, mise en scène de **Sidi Larbi Cherkaoui**, Théâtre de La Monnaie (Bruxelles, 2014)

Doc 4

« Le théâtre est un point d'optique. Tout ce qui existe dans le monde, dans l'histoire, dans la vie, dans l'homme, tout doit et peut s'y réfléchir, mais sous la baguette magique de l'art. »

■ Victor Hugo, préface de *Cromwell* (1827)

Quelles œuvres nous parlent de la Grande Guerre ?

UNE GUERRE TOTALE

- **Une guerre mondiale :** le conflit démarre entre puissances européennes et s'étend ensuite à plusieurs continents. Il dure de 1914 à 1918. En France, la majeure partie des hommes jeunes a été mobilisée pour combattre. À l'arrière, les femmes jouent un nouveau rôle en participant activement à la vie économique du pays.
- **Une guerre meurtrière :** d'une intensité terrible, elle se solde par plus de 10 millions de morts (soldats et civils) et 20 millions de blessés.
- **Une guerre moderne :** de nombreuses avancées scientifiques et technologiques marquent la guerre comme l'utilisation des aéronefs, puis des avions, l'apparition des blindés, le développement des armes lourdes (mitraillettes, canons à longue portée, **obus**...), les armes chimiques...
- **Une guerre de tranchées :** de 1915 à 1918 la guerre est une guerre de position. Les **fronts** s'établissent dans des **tranchées** où la vie des soldats est très difficile. Le Nord de la France constitue le principal front de cette guerre de tranchées.

Doc 1

Photographie de **Paul Castelnau** d'un groupe de poilus devant l'entrée d'un abri à Hirtzbach (Haut-Rhin), le 16 juin 1917

Anecdote

Le mot **poilus** désigne les soldats. Au début de la guerre, ils avaient du mal à se raser et à se faire couper les cheveux : ils étaient donc poilus au sens propre. Ce mot est rattaché aussi à l'idée de courage par rapport aux « embusqués » qui ont échappé aux combats.

Site Internet
Les femmes et la Première Guerre mondiale
hatier-clic.fr/22luf126a

LETTRES ET JOURNAUX DE POILUS

- Écrites sur le front, les lettres des poilus constituent un témoignage souvent bouleversant de la vie du soldat.
- Certains poilus tiennent un journal.

C'est le cas de Louis Barthas, dont les cahiers de guerre sont consultables en ligne.

Site Internet
Cahiers de Louis Barthas
hatier-clic.fr/22luf126b

Doc 2

Carte postale de la Première Guerre mondiale (1916) : « À ceux que j'aime. Se battre pour la France est un devoir suprême. Mais on se bat bien mieux encore pour ceux qu'on aime ! »

CARNET DE VOCABULAIRE

Recopiez les mots en vert en les accompagnant d'une courte définition. Cherchez la définition de l'expression « Der des Ders ».

Doc 3

Ma femme adorée,

Figure-toi que tu reçois une grande lettre de 20 pages toutes débordantes d'amour, de mots tendres, de baisers. Que je te raconte tout plein de choses avec beaucoup d'amour.

Mais vraiment, je ne peux pas t'écrire, je ne peux pas. Suis enfoncé dans un trou creusé par moi cette nuit, seul abri contre les obus qui pleuvent sur nous jour et nuit, nous descendent beaucoup de monde. Les **boches** se vengent d'avoir perdu 4 lignes de tranchées. T'écrire dans ces conditions c'est impossible.

Je suis à Neuville-St-Vaast, nord d'Arras, sale coin, qui nous fait regretter Berry.

Hier, minuit, on nous a apporté à manger (du rata froid, poivré de terre), du vin, un peu de goutte, de l'eau, du fromage. Nous nous sommes jetés là-dessus comme des loups. En 5 minutes, tout bu et dévoré. Nous en avions besoin ! dans l'après-midi, j'ai payé un quart d'eau 40 sous. Nous crevions de soif, et impossible de se ravitailler avant la nuit. [...]

Au revoir bibi chéri, je t'embrasse 100 000 fois.

Roland

Roland Dorgelès, lettre du 28 mai 1915 à sa femme, dans *Je t'écris depuis les tranchées* © Albin Michel

1. Quelles sont les conditions de vie dans les tranchées (doc 1 et 3) ?
2. Comment la composition de la carte (doc 2) met-elle en scène les liens entre l'arrière et le front ?
3. Les poilus ont écrit et reçu beaucoup de lettres (doc 3). Donnez les raisons pour lesquelles cette correspondance était alors une nécessité. Pourquoi est-elle aujourd'hui une grande richesse pour nous ?

Récits autobiographiques et récits de fiction

- Des écrivains ont été mobilisés, ont combattu et ont raconté leur guerre dans des récits autobiographiques : **Henri Barbusse**, *Le Feu* (1916), **Erich Maria Remarque**, *À l'Ouest, rien de nouveau* (1929), **Roland Dorgelès**, *Les Croix de bois* (1919). Des poètes évoquent aussi les combats comme **Guillaume Apollinaire** ou **Louis Aragon** ▸ p. 202.
- D'autres écrivains ont évoqué leurs souvenirs de guerre dans des récits de fiction, par exemple **Jean Giono** dans *Le Grand Troupeau* (1931) ou **Louis-Ferdinand Céline** dans *Voyage au bout de la nuit* (1932).
- Aujourd'hui encore, de nombreuses œuvres évoquant cette Grande Guerre paraissent : des BD, des romans, des films...

Doc 4

Nous crions grâce de **Jacques Chambon**, mise en scène de **Jérôme Sauvion**, Théâtre de l'Iris (Villeurbanne, 2014)

Vidéo
Extrait du spectacle
hatier-clic.fr/22luf127

4. Observez les titres des ouvrages qui évoquent la Première Guerre mondiale : quelle image donnent-ils de ce conflit ?
5. Comment le metteur en scène a-t-il résolu la difficulté de représenter des combats sur scène (doc 4) ?

Vous êtes prêt(e)s ?

Découvrons ensemble comment le théâtre peut nous aider à mieux nous représenter ce que fut la vie des soldats pendant la Première Guerre mondiale.

Textes & images

XXe SIÈCLE
THÉÂTRE

Objectif
- Connaître les éléments qui composent le texte théâtral

Une journée à Verdun

Écoutez le texte lu.
hatier-clic.fr/22luf128

François Bovesse (1890-1944) est un homme politique et un écrivain wallon (belge). Sa pièce Meuse *est un hommage au fleuve du même nom. La scène suivante évoque la Première Guerre mondiale.*

C'est la nuit. Ce sera bientôt l'aube. Le bord de la rivière. Un arbre au pied d'une prairie qui baigne son pied dans le fleuve. Dans le fond à gauche, très au fond, dans le lointain, Verdun[1] ; sur la droite, un village, Vacherauville[1]. Quand le rideau s'ouvre, on ne voit que deux ombres courbées. Ce sont deux soldats, en bleu horizon, casque en tête, boueux. Le paysage sortira progressivement de la nuit.

Le premier poilu. Baisse-toi.

Le second poilu. Ça va ! ça va !

Le premier poilu. Je crois qu'on y est.

Le second poilu. Tu la vois ?

Le premier poilu. Non, mais je sens qu'elle est là… toute proche. Bouge pas. Tu entends… Écoute. […]

Le second poilu. C'est égal, si on m'avait dit, il y a deux ans, que je devrais venir la revoir, comme ça.

Le premier poilu. Par une nuit sans lune, en descendant du Poivre[1].

Le second poilu. La côte du Poivre[1] !

Le premier poilu. Écoute, un hanneton[2].

Le second poilu. Idiot, c'est un taube[3] : qu'est-ce qu'il va encore nous laisser tomber. Ah ! les crapules.

Le premier poilu. On dirait qu'il est au-dessus de Vacherauville. […]

Le second poilu. Non, mais vois-tu, mon vieux, si démoli qu'y soit, c'est c'pays-ci qu'il nous faut, c'est le nôtre – c'est ici qu'on reviendra – et c'est vers lui que nous tendions de tout notre corps. Tu te souviens… à Arras[1], à Ypres[1], au Vieil Armand, tu te souviens, on disait : si au moins, on pouvait crever chez soi.

Le premier poilu. Ah ! pour ce qui est de crever… on y crève. Regarde.

Le jour commence à se lever. On aperçoit dans le brouillard, la Meuse. Dans le lointain, à gauche, Verdun avec une tour de l'église écroulée ; à droite, un village en ruines : Vacherauville. (Atmosphère musicale.) Quelques cris d'oiseaux, un coup de vent dans les roseaux et les branchages. Une canonnade.

Le second poilu. Verdun !

Le premier poilu. Vacherauville ! La Meuse.

Le second poilu. Nous v'là ici comme deux vieilles bêtes.

Le premier poilu. Ou comme deux enfants.

Le second poilu. Vois-tu Jérôme, j'avais besoin de la revoir. Tout à l'heure on reprendra sa place là-haut, au Poivre, avec les autres, mais il me fallait la revoir. […]

Le jour s'est complètement levé ; il n'y a plus de brouillard sur la Meuse. Roulement de canon… On entend le tac-tac-tac d'une mitrailleuse.

Le second poilu. Gueule pas si fort… tais-toi.

Le premier poilu, *toujours s'exaltant.* Vois-tu ?

Le second poilu. Tais-toi…

1. **Verdun**, **Vacherauville** et la **côte du Poivre** sont des lieux aux abords de la Meuse et qui ont été le théâtre de combats. **Arras** et **Ypres** sont des villes du Nord de la France et des lieux de bataille.
2. **hanneton** : gros insecte volant.
3. **taube** : un des premiers avions de guerre (*Taube* signifie « colombe » en allemand).

On entend siffler des balles qui miaulent. Le canon tonne de plus en plus. Avions dans le ciel. En haut la fusillade crépite sèchement. Le soleil illumine la Meuse.

LE PREMIER POILU. Regarde... Regarde, des fleurs de chez nous... des fleurs de Meuse.

(Il se lève, s'avance.)

LE SECOND POILU, *se soulevant*. Où vas-tu ? N'y va pas... n'y va...

Une mitrailleuse crépite... Le premier poilu s'écroule, une touffe fleurie au poing. La fusillade crépite. Le canon tonne. (À l'orchestre symphonie douloureuse.)

LE SECOND POILU. Ah ! les vaches !

(Roulement de canon.)

François Bovesse, *Meuse* (1938), partie I, scène 6 (Verdun)

Partageons notre lecture

Quels sentiments traversent les personnages de la scène ? Que ressentez-vous en tant que lecteur ?

Comment le texte de théâtre contient-il les éléments pour le mettre en scène ?

1. Les paroles des deux soldats vous paraissent-elles naturelles ? Donnez des exemples et expliquez les procédés (vocabulaire, tournure des phrases, ponctuation...).

2. Observez les didascalies.

a. Quels éléments précisent la durée de la scène ?

b. Quelles notations montrent que l'atmosphère change ?

c. Quelles indications soulignent l'allure, l'état d'esprit et les actions des deux personnages ?

3. Par quel procédé le dramaturge souligne-t-il la fin tragique de la scène ?

Outils

Le texte de théâtre

- Comme une partition musicale du spectacle, il comprend **le texte à dire** par les acteurs et les didascalies.
- **Les didascalies** peuvent renseigner sur le décor, les effets de lumière et de son, le ton des personnages, leurs gestes et leurs déplacements sur l'espace scénique.

Bilan

Comment cette scène donne-t-elle à voir une tragédie au cœur de la Première Guerre mondiale ?

MISE EN SCÈNE

Imaginez la mise en scène que vous pourriez faire de ce texte, en vous basant sur les didascalies. Imaginez le décor, mais aussi les costumes et les accessoires ainsi que les effets de son et de lumière à mettre en place. Vous pouvez réaliser des croquis pour montrer votre travail.

André Ducuing, *Le Bombardement* (1916), musée de l'Armée (Paris)

XXIe SIÈCLE
THÉÂTRE

Objectif
Étudier un monologue et sa mise en voix

La vie des tranchées

Vidéo
Un extrait du spectacle
hatier-clic.fr/22luf130

La Fleur au fusil est un spectacle « seul en scène » écrit à partir de témoignages de poilus. Il évoque les combats mais aussi les traumatismes dus à l'expérience terrible des tranchées.

1915

À force de galoper au cul des Boches qui nous tiraient comme des lapins et puis qui prenaient la poudre d'escampette, il a bien fallu qu'on les rattrape. Mais les gugusses s'étaient enterrés. Alors l'ordre de l'état-major a suivi. À partir de 1915, voilà qu'on s'enterre, qu'on s'ensevelit, qu'on se cimetiérise de son vivant… Et croyez pas ce qu'on raconte… La tranchée a jamais existé que chez les Boches. Ma première tranchée, personne dans la compagnie savait que c'était une tranchée. C'était un gros trou d'eau blanche et crayeuse, sur huit cents mètres, en Champagne. Parfois le blanc tournait au jaune noir, et c'était là qu'on allait chier. Parfois le blanc tirait sur le rose et on savait que là, sous la craie bourbeuse qu'on piétinait, il y avait un copain qui finissait de se vider de son… Ma peur, à moi, c'était pas la balle boche… De Boches, j'en ai jamais vu la queue d'un, moi, en quatre ans de guerre… Ma frousse à moi, Parigot qu'a jamais vu la mer et qui sait pas nager, mézigue[1] qui bouffe du poisson en friture pour pas sentir l'odeur de marée, c'était de faire comme les copains, de m'endormir dans cette bouillasse, de glisser dedans, et de finir noyé. Un jour je me suis réveillé dans la flotte en train de boire la tasse… Et puis je me suis souvenu. Le vaguemestre qui arrive avec notre courrier. Nous autres, à courir récupérer nos lettres. Et d'un coup, le sifflement. L'obus. Le grand éclair. Le bruit, si fort qui reste entre les oreilles. Moi, au fond d'un trou, dans la flotte en train de boire la tasse…

Bruit d'obus qui tombe.

« Les jambes… Bon, elles sont là. Les bras… Toujours là. Bon. Mes tripes sont pas dehors. Rien dans le buffet[2]… Bon… Reste plus que la gueule… J'suis touché ! J'suis touché ! »

■ Alain Guyard, *La Fleur au fusil*, édité en livre-disque par Camino Verde © 2014

VOCABULAIRE

Cimetiérise : ce mot est un néologisme (un mot inventé).
→ Sur quel mot est-il formé ? Quel sens lui donnez-vous dans le contexte du texte ?

Vaguemestre
→ Quelles sont les tâches du vaguemestre, d'après le texte ? Déduisez-en la définition de cette fonction militaire.

1. **mézigue** : « moi-même » en argot.
2. **buffet** : terme argotique pour désigner le ventre.

Partageons notre lecture

● Choisissez la formule qui conviendrait à une critique du spectacle d'où est extrait le texte et justifiez votre choix :
a. « Une plongée dans l'univers apocalyptique des tranchées de la Première Guerre mondiale ! Vous ne sortirez pas intacts de cette représentation ! »
b. « Un seul en scène époustouflant : le récit rythmé entraîne le spectateur au cœur de l'Histoire. »

MISE EN SCÈNE

Pourquoi le metteur en scène choisit-il d'associer son personnage à des fleurs ? Pour répondre, faites des recherches sur l'expression qui sert de titre à l'œuvre *La Fleur au fusil*. Cherchez aussi ce que symbolisent les coquelicots (ou *poppies*, en anglais) et les bleuets durant la Première Guerre mondiale.

François Bourcier dans sa mise en scène de *La Fleur au fusil* (2013)

Comment raconter l'Histoire, seul sur une scène de théâtre ?

1. Le personnage est seul en scène. À qui s'adresse-t-il alors ?
2. Quel est le niveau de langue choisi ? avec quel effet sur le spectateur ? Donnez des exemples précis.
3. Quelle image est donnée des tranchées ? Recopiez deux phrases qui vous paraissent particulièrement bien transcrire l'atmosphère des tranchées et étudiez les procédés qu'elles emploient à cet effet.
4. **a.** Quelle partie du passage relate la guerre en général ? Quelle partie fait le récit précis d'une anecdote ?
b. À quel temps le récit est-il majoritairement mené dans chacune de ces deux parties ?
5. À partir de la didascalie (l. 20), le rythme des phrases change : pour quelles raisons ?

Outils

Les répliques

Au théâtre, l'histoire passe par la parole des personnages.

- Une longue réplique est une **tirade** et de courtes répliques enchaînées s'appellent des **stichomythies**.
- Quand le personnage parle seul, c'est un **monologue**.

Bilan

Reprenez une des formules choisies dans le « Partageons notre lecture » (p. 130) et rédigez un petit paragraphe pour la justifier en intégrant les analyses que vous avez faites.

LECTURE EXPRESSIVE

Texte à imprimer
hatier-clic.fr/22luf131

Préparez une lecture expressive du texte.

1. En utilisant des surligneurs et un code couleur, indiquez sur le texte les moments de silence, les effets de rythme, les mots sur lesquels vous souhaitez insister. Vous pouvez travailler aussi l'intensité de votre voix et le rythme de lecture pour mettre en valeur un passage.
2. Enregistrez votre lecture pour vous réécouter et vous corriger jusqu'à parvenir à l'effet souhaité.

Textes & images

BREVET GUIDÉ

XXE SIÈCLE
THÉÂTRE

Objectif
Étudier un dialogue de théâtre

Ceux qui reviennent de loin

Le décor représente une plaine enneigée sur laquelle vient de se dérouler une bataille. Au fond, un arbre noir dépouillé. Au centre, le cadavre d'un cheval derrière lequel se trouve un homme dont juste la tête apparaît. Tout respire la désolation.
Au lever du rideau, Bienaimé entre, harassé. Il a marché longtemps. Il traîne la jambe. Derrière le cheval, quelque chose a bougé ! C'est Émile qui a entendu du bruit.

War Horse (Cheval de guerre), mise en scène de **Marianne Elliott** et **Tom Morris**, Lincoln Center (New York, 2011)

ÉMILE. Au secours ! À l'aide !

BIENAIMÉ. Merde ! Un cheval qui parle ! *(Il s'approche)* Émile ! Émile !

ÉMILE. Sacré Bon Dieu ! Il était temps que tu arrives : je suis en train de crever !

BIENAIMÉ. Qu'est-ce que tu as ? Tu es blessé ?

ÉMILE. Un éclat… Un éclat d'obus dans le crâne !

BIENAIMÉ. *(L'examine)* Je ne vois rien pourtant.

ÉMILE. Regarde mieux, graine d'abruti !

BIENAIMÉ. *(Il regarde de plus près)* Eh bien…

ÉMILE. Eh bien quoi ? Parle… C'est grave ?

BIENAIMÉ. Tu… Tu as une bosse sur le front, Émile.

ÉMILE. Quoi ?

BIENAIMÉ. Une bosse.

ÉMILE. Et l'éclat ? Allez, Bon Dieu, montre-toi courageux, retire-moi cet éclat de la cervelle.

BIENAIMÉ. Mais tu n'as qu'une bosse, je te dis.

ÉMILE. Et le sang ? Essuie-moi ce sang qui me pisse sur les yeux.

BIENAIMÉ. Il n'y a pas de sang.

ÉMILE. *(Avec terreur, il se passe précautionneusement la main sur le visage et la regarde ensuite surpris de ne pas la voir souillée de sang)* Et le coma ? *(Triomphant)* Ah ! le coma ! J'y suis resté des heures !

BIENAIMÉ. Tu as été assommé, simplement. Une pierre ou une branche… En tout cas, tu as eu de la chance.

ÉMILE. De la chance ? J'ai failli crever ! Crever Bon Dieu !

BIENAIMÉ. Failli seulement. Regarde le canasson. Toi, tu es vivant. *(Il le secoue)*

ÉMILE. *(Lamentable)* Sacré Bon Dieu, je reviens de loin !

BIENAIMÉ. Ça oui ! Qu'est-ce qui s'est passé ?

ÉMILE. Ce qui s'est passé, est-ce que je sais ? On allait à l'attaque, sous les obus, tout à coup, j'ai entendu un bruit comme si la terre s'ouvrait. J'ai vu du rouge et puis plus rien. C'était la fin du monde. *(Il demeure allongé comme mort)*

BIENAIMÉ. Tu reviens de loin ! Émile…

ÉMILE. *(Soudain suspicieux)* Et toi, au fait, tu reviens d'où ?

BIENAIMÉ. D'encore plus loin que toi !

ÉMILE. Raconte !

■ Victor Haïm, *Mourir en chantant* (pièce créée en 1966), L'avant-scène théâtre, collection des Quatre-Vents (1989)

▶ Méthode Brevet p. 284 à 293

COMPRÉHENSION ET COMPÉTENCES D'INTERPRÉTATION

34 POINTS

1 À quel genre littéraire appartient ce texte ? Justifiez votre réponse. **(3 points)**

2 Comment l'auteur rend-il la parole des deux personnages naturelle et réaliste ? Citez au moins deux procédés à l'appui de votre réponse. **(6 points)**

3 Quels détails du texte et de l'image vous permettent de les situer dans un contexte historique ? **(6 points)**

4 Quels usages l'auteur fait-il des didascalies dans cet extrait ? Vous développerez votre réponse en expliquant deux usages différents. **(4 points)**

5 Émile est-il gravement blessé ? Justifiez votre réponse en citant le texte. **(3 points)**

6 « Tu reviens de loin ! » (l. 32) : expliquez cette exclamation de Bienaimé à Émile. **(4 points)**

7 Ce texte nous fait basculer du rire aux larmes : êtes-vous d'accord avec cette affirmation ? Expliquez votre réponse dans un paragraphe argumenté et en citant le texte. **(8 points)**

COUP DE POUCE

Pour structurer un paragraphe d'analyse :

- Annoncez l'idée que vous allez démontrer dans une phrase.
Ex : *L'affirmation selon laquelle le texte fait passer le spectateur du rire aux larmes me paraît juste.*
- Pour structurer le paragraphe, montrez que le texte fait rire d'abord, puis, dans un second temps, qu'il est aussi émouvant.
- Pour chacune des idées (rire / larmes), n'oubliez pas de citer le texte.

GRAMMAIRE ET COMPÉTENCES LINGUISTIQUES

16 POINTS

8 Quels types de phrases sont utilisés dans les dix premières répliques de la scène ? Donnez un exemple justifié pour chaque type. **(6 points)**

9 « précautionneusement » (l. 20) : expliquez la formation de ce mot et donnez sa classe grammaticale. **(2 points)**

10 « Il était temps que tu arrives : je suis en train de crever ! » (l. 4-5) Comment ces deux propositions sont-elles liées ? Réécrivez la phrase en faisant apparaître un lien de subordination. **(3 points)**

11 « Tu as été assommé, simplement. » (l. 23) : identifiez le temps et la voix du verbe de cette phrase. **(2 points)**

12 Réécrivez les répliques 3 à 8 (l. 4 à 12) en imaginant que les personnages se vouvoient. **(3 points)**

COUP DE POUCE

▶ Types et formes de phrases p. 296
▶ La dérivation et la composition p. 372
▶ Phrase simple, phrase complexe p. 294
▶ La forme passive p. 298

DICTÉE

10 POINTS

Votre professeur vous dictera le texte.

+PROF Dictée (Ernst Jünger)

COUP DE POUCE

Pour vous préparer à la dictée : révisez les accords du sujet et du verbe et ceux du participe passé.

RÉDACTION

40 POINTS

Vous traiterez au choix l'un des sujets suivants.

Sujet d'imagination

Écrivez la suite du dialogue : Bienaimé raconte ce qui lui est arrivé et Émile réagit à son histoire. Vous respecterez le ton du texte.

Sujet de réflexion

Aimeriez-vous voir, dans les œuvres littéraires, les spectacles ou les films, un sujet grave traité de manière comique ? Pourquoi ?

COUP DE POUCE

Le sujet vous demande de respecter le ton du texte. Vous pourrez donc utiliser par petites touches un langage familier.
Mais attention, n'allez pas jusqu'au langage grossier !

Objectif
Élaborer la mise en scène d'un texte littéraire

Le lance-flammes

Écoutez le texte lu.
hatier-clic.fr/22luf134

Un groupe de soldats combat dans les tranchées. Ils se méfient de l'un d'entre eux, Barboni, qui semble avoir perdu la raison.

VOCABULAIRE

Endiguée
→ Quel mot simple reconnaissez-vous ? Déduisez-en le sens du mot et expliquez la phrase *La première vague est endiguée.*

RIPOLL
La première vague est **endiguée**. Je ne sais pas comment nous avons fait mais je ne vois plus d'ennemis dans notre tranchée. Ils sont là, à quelques mètres, mais il n'y en a plus aucun dans le boyau[1]. C'est alors que nous l'avons vu. À deux cents mètres à gauche. Il a craché ses premières gerbes de feu. Énormes. Elles se sont engouffrées dans le boyau avec la rage vive de l'incendie, brûlant tout sur son passage. Et la chaleur a soufflé sur nos visages. [...]

DERMONCOURT
Ils ont amené les lance-flammes et ils vont nous brûler vifs, comme des rats. Et la peau de nos visages sera si cloquée qu'on ne pourra pas même nous identifier et nous rendre à nos mères.

MESSARD
Je m'étais fait à l'idée de crever d'une balle tirée à bout portant. Mais au lance-flammes, je n'avais pas pensé. Je n'ai pas eu le temps de m'habituer à cette idée. Et la peur qui s'était tue durant tout le combat, la peur devant cette nouvelle arme de démon me saisit à nouveau et fait trembler mon ventre.

RIPOLL
Il approche et nettoie les tranchées. [...] Il se rapproche et toutes les dix secondes nous entendons son rugissement sauvage éructer une grande gerbe qui lèche les parois. Les hommes se tordent sous son souffle et se recroquevillent comme des allumettes que la flamme finit de lécher à terre.

BARBONI
Le feu me léchera le corps... le feu... je vais boire les grandes flammes... ma chair à moi résiste au feu... ma chair à moi est déjà de cendres...

DERMONCOURT
J'ai vu Barboni, sous la mitraille ennemie, sauter hors de la tranchée et courir vers le lance-flammes. Il a poussé un long hurlement, et il a couru, poignard au poing. Les coups de feu ont crépité, mais aucune balle n'a pu l'arrêter dans sa course.

MESSARD
J'avais tort. Nous n'avions rien à redouter de Barboni. Toujours, il est resté de notre côté. Et à la fin, en se précipitant ainsi hors de la tranchée, il a payé pour son crime, il a payé bien plus qu'aucun d'entre nous n'aurait su le faire. J'avais tort, et je voudrais lui demander pardon mais il court comme un dératé. Il court contre cet ennemi qu'aucun d'entre nous n'aurait osé affronter.

RIPOLL
Comment cela a été possible, je ne le sais pas. Comment est-ce qu'il est passé au travers de toutes ces balles, quelle force il a eue pour oser cette charge, je ne le sais pas. Cela nous a paru durer des heures. Et nous avions tous les yeux rivés sur lui. Et puis nous l'avons perdu de vue. Il a disparu dans les aspérités[2] du sol et personne ne peut dire ce qui s'est passé là-bas, entre le lance-flammes et le couteau.

Laurent Gaudé, *Cris* (2001) © Actes Sud

1. **boyau** : au sens propre ce sont les intestins. Ici, au sens figuré, le mot désigne les fossés en zigzag qui relient les tranchées.
2. **aspérités** : parties irrégulières d'une surface (bosses, crêtes...).

Mise en scène de **Stanislas Nordey**, Théâtre Ouvert (Paris, 2005)

Partageons notre lecture

- À la lecture du texte, comment comprenez-vous le titre de l'œuvre *Cris* ?

Comment adapter un texte au théâtre ?

1. Peut-on lire tous les récits proposés d'une seule voix ? Quel est l'intérêt alors d'avoir proposé plusieurs « récitants » ?

2. Repérez tous les passages qui décrivent le lance-flammes et son action.
a. Comment cette arme est-elle présentée ? Nommez, entre autres, une figure de style qui rend cette apparition très impressionnante.
b. Comment l'avancée de la menace est-elle rendue dramatique ?

3. a. Comment le personnage de Barboni apparaît-il au travers des paroles qu'il prononce ?
b. Comment les sentiments des autres personnages évoluent-ils face à Barboni ?

4. Pourquoi ce texte est-il facilement adaptable au théâtre ?

Bilan différencié

À L'ORAL

Choisissez une des répliques et préparez une analyse à l'oral.

→ Analysez l'intérêt de la réplique dans l'extrait.

→ Montrez en quoi son écriture est d'une grande intensité dramatique.

À L'ÉCRIT

Rédigez l'adaptation théâtrale de cette scène.

→ Transformez dans chaque réplique les passages de récit en discours (le temps des verbes doit vous alerter !). La plupart des répliques n'ont pas besoin d'être réécrites.

→ Imaginez des didascalies. Une didascalie initiale plantera le décor. Vous pourrez ensuite indiquer le ton des personnages, ou leurs gestes.

Outils

La mise en scène

- **L'espace scénique** est l'espace où évoluent les acteurs. Il peut être organisé en plusieurs espaces distincts, sur plusieurs niveaux. Il peut être **réaliste** ou **symbolique** ou simplement **vide**. Les **décors** et les **accessoires** sont un aspect de l'espace scénique. Le fond de l'espace scénique est appelé le **lointain**.
- Pour décrire une mise en scène, on parle aussi de la **lumière** et du **son**, des **costumes** et du **jeu** des acteurs.

MISE EN SCÈNE

Observez la photographie ci-dessus.

1. Décrivez l'espace scénique, le décor et les costumes.

2. Cette mise en scène est-elle réaliste ?

Textes & images

XXe SIÈCLE
THÉÂTRE

Objectif
Pratiquer la lecture à voix haute pour comprendre le texte

Le monument aux morts

Patrick Kermann imagine en 1999 cette pièce originale où il fait parler tous les morts du petit cimetière du village de Moret-sur-Raguse. Cet extrait est consacré au monument aux morts qui recense les « morts pour la France » de la Première Guerre mondiale.

Écoutez le texte lu.
hatier-clic.fr/22luf136a

1914-1918

- nous tous enfants de Moret-sur-Raguse sommes tombés au champ d'honneur

- j'étais en Champagne j'étais dans la Somme j'étais en Picardie en Artois en Argonne j'étais en Flandre j'ai vu la mer j'ai vu Lille Amiens j'ai vu les Vosges j'ai vu la Marne j'en ai vu des pays moi Rivière Camille

- j'étais téléphoniste de la brigade deux cent dix-huit à Mazingharbe crassier numéro sept j'étais téléphoniste moi Vrille Joseph qui n'avais jamais vu un téléphone avant la der des der

- je Levrault Paul n'avais jamais tenu un Lebel jamais lancé une grenade jamais enfoncé une baïonnette dans un ventre faut savoir faire de tout

- moi Ronchon Étienne cabrier ai appris à lire et à écrire dans le 106e en trois mois oui trois mois dans le bois de Septsarges et après à Eparges j'envoyais des lettres au bourg qu'on lisait à ma mère

- moi Delput Maurice j'étais facteur au bourg et vaguemestre à la guerre comme quoi [...]

- je Armand François des Bluets trente-et-un ans tué à Berck jolie ville Berck

- moi Gardin Flavien fauché à la crête de Vimy en plein août belle saison pour partir

- Barret Paul deux citations tué à l'ennemi le vingt janvier à Saint-Jean-sur-Tombe pouvait pas mieux tomber ah ah [...]

- je ne sais plus en 17 ou 18 il y a si longtemps un mois de septembre oui mais l'année 17 ou 18 on m'a envoyé au fort de Brimont avec la brigade russe moi Saturnin Larguit ai aussi appris le russe dommage que ça m'a servi à peu

- moi Grillot Ernest ai appris l'américain en Argonne avec la première division américaine en octobre 1917 mais moi aussi ça m'a servi à peu

- moi Levrault Paul n'ai jamais compris le patois des gens de là-haut des gens très gentils avec ça

- j'ai appris l'allemand des mots de l'ennemi en camp là-bas dans les fermes et dans les usines j'ai appris kartoffeln brot j'ai appris schnaps kaputt wurst suppe plein de mots j'ai appris et des compliqués comme typhus [...]

- nous tairons la boue le froid nous tairons les nuits nous tairons les gaz les obus les mines nous tairons les tranchées éboulées les boyaux inondés nous tairons la soif la peur les cris l'ennui nous tairons

- positifs les gars positifs

- nous tairons tout cela nous les poilus de Moret morts pour la France

■ Patrick Kermann, *La Mastication des morts*

Monument aux morts d'Équeurdreville (Normandie)

Vidéo
L'histoire des monuments aux morts
hatier-clic.fr/22luf136b

Lecture d'image
hatier-clic.fr/22luf137

Conception d'**Eva Vallejo** (mise en scène) et Bruno Soulier (compositeur), compagnie L'Interlude T/O, avec une création lumière de Xavier Boyaud, Théâtre du Nord (Lille, 2006)

Travailler AUTREMENT

DIFFÉRENCIATION

A. Mettre en voix le texte pour le comprendre

Ce texte de théâtre n'est pas facile à lire. Il demande un travail préalable de compréhension du texte et des enjeux de la scène. Par groupes de cinq, vous allez travailler cette lecture.

→ Étape 1 : Lisez une première fois le texte

1. Faites la liste des dix personnages.
2. Déterminez pour chaque réplique qui parle : un personnage ou tout le groupe ?
3. Qui dira l'avant-dernière réplique ? Justifiez votre choix.

→ Étape 2 : Distribuez-vous les personnages

4. Chacun cherche dans ses répliques les mots qu'il ne comprend pas, les références historiques, les mots en langue étrangère.
5. Chaque élève à tour de rôle explique au groupe les répliques dont il est chargé.

→ Étape 3 : Travaillez la lecture en groupe

6. Entraînez-vous à lire le texte : chacun joue ses rôles et les phrases communes sont dites en chœur.

B. Réaliser une activité au choix

Choisissez une activité à réaliser par votre groupe parmi les activités proposées ci-dessous.

→ Activité 1 : Mise en scène

Imaginez votre mise en scène de l'extrait. Pour chacun des aspects de la mise en scène vous serez capable de décrire votre projet et vous en proposerez un croquis. Vous travaillerez sur :
– l'espace scénique et le décor ;
– les costumes ;
– la lumière.

→ Activité 2 : Mise en voix

Apprenez vos répliques par cœur et jouez l'extrait. Faites plusieurs répétitions, notamment pour caler les interventions à plusieurs voix et déterminer comment vous vous placerez dans l'espace scénique. Proposez votre travail à la classe.

→ Activité 3 : Écriture

Racontez un épisode de la vie dans les tranchées du poilu Étienne Ronchon. Appuyez-vous sur les éléments fournis par le texte et sur vos recherches.

Atelier LEXIQUE

Le vocabulaire du théâtre

Utiliser le vocabulaire du théâtre

1 * À la manière d'un jeu télévisé, inventez des devinettes pour faire trouver les mots suivants.

Ex : Je suis une œuvre littéraire destinée à être jouée sur scène par des comédiens. Je suis → **une pièce de théâtre.**

1. didascalie **3.** monologue **5.** comédie
2. tirade **4.** dramaturge **6.** tragédie

2 * Complétez les textes suivants avec les mots proposés.

1. lointain • comédiens • espace scénique • rideau • manipulateurs • costumes • adaptation • clou

Je suis allé voir *War Horse* une .... du roman *Cheval de guerre* de Michael Morpurgo. Au lever du .... l'.......... apparaît d'abord assez vide. Au .... un simple écran sur lequel sont projetés des fragments de décor. Rien d'époustouflant au premier abord. C'est alors que le spectacle commence ! Quel bonheur pour les yeux ! Les .... nombreux et excellents nous font revivre l'histoire dans des .... toujours réalistes. Mais le .... du spectacle, ce sont les marionnettes de chevaux grandeur nature, animées par plusieurs ....

2. jardin • scène • loges • trois coups • actes • cour • parterre • jeu • entracte • rideau

Les .... annoncèrent le début de la représentation. Le public fut absorbé dès les premières minutes par le .... des comédiens et les trois premiers .... furent terminés sans laisser les spectateurs reprendre leur souffle. Après l'.......... , la frénésie du spectacle reprit de plus bel. Les acteurs rentraient à .... et sortaient à .... dans un ballet incessant. La .... finale laissa les .... et le .... sous le coup d'une émotion violente qui ne cessa qu'après que le .... se fut fermé.

CARNET DE VOCABULAIRE
Complétez votre carnet avec les mots de l'exercice 2.

Reconnaître les niveaux de langue

3 ** Repérez les niveaux de langue dans ces répliques. Que nous apprennent-ils sur le personnage ?

1. UN AUTRE [ENFANT]. Je vois une campagne toute rapiécée, des forêts toutes noires, des rivières qui vont l'une vers l'autre, des villes toutes blanches comme une pincée de sucre, et de l'Est à l'Ouest, à perte de vue une grande ligne de villages qui brûlent ! Et cette triste petite lune, tout en bas, comme une pastille jaune !

■ Paul Claudel, *La Nuit de Noël de 1914* (1915)
© Librairie de l'art catholique (Paris 1915) © Gallimard

2. Le front m'avait rendu féroce. En six mois, le gamin plein de soleil était devenu un homme tout noir en dedans, taiseux, haineux, fielleux. De pas voir les Boches qui nous marmitaient la gueule toute la journée. De se ramasser aussi les obus par les artilleurs français ça me rendait maboule.

■ Alain Guyard, *La Fleur au fusil*, ibid (p. 130)

3. LE COLONEL. Mon cher Émile, sachez que si j'avais eu à profiter d'une occasion pour vous nuire, j'aurais pu le faire depuis longtemps, dès votre première garde, pendant laquelle vous vous êtes assoupi si inconsidérément.

■ Victor Haïm, *Mourir en chantant*, ibid (p. 132)

Repérer des champs lexicaux

4 * Opportune, jeune paysanne, s'oppose au soldat Bienaimé. Que reproche-t-elle aux soldats ? Relevez les deux champs lexicaux qui témoignent de cette opposition.**

Ta guerre, elle est pas bien maligne si elle tombe sur n'importe quels gens qui s'occupent de leurs terres, de leurs vaches et de leurs lapins, de leurs pommiers et de leur vin ! Et d'abord, ça donne quoi ta guerre ? des soldats comme toi qu'ont une grande bouche pour gueuler sur des filles comme moi qui sont travailleuses – y'en a qui le prétendent. Ça donne quoi ? Réponds ! Ça donne des morts un peu dans tous les villages ! Ça donne des gros trous profonds dans les murs des fermes et des trous dans les champs et des trous dans les familles ! Tout ça à cause de braves soldats comme toi qu'as l'air aussi frais qu'un poisson qu'est resté trois mois au soleil [...] ! Moi, je travaille ! Je ne m'amuse pas à tuer les bonnes gens que je ne connais pas !

■ Victor Haïm, *Mourir en chantant*, ibid

Atelier EXPRESSION

Écrire et mettre en scène un texte de théâtre

Créer et jouer un monologue à partir d'un extrait de roman

1 **Ce célèbre extrait de roman peut facilement être transformé en monologue théâtral.**

a. * **Que doit-on supprimer pour en faire un texte de théâtre ?**

b. ** **Apprenez la tirade et entraînez-vous à la dire de manière expressive. Appuyez-vous notamment sur la ponctuation expressive pour rendre votre lecture vivante.**

Serais-je donc le seul lâche sur la terre ? pensais-je. Et avec quel effroi !... Perdu parmi deux millions de fous héroïques et déchaînés et armés jusqu'aux cheveux ? Avec casques, sans casques, sans chevaux, sur motos, hurlants, en autos, sifflants, tirailleurs, comploteurs, volants, à genoux, creusant, se défilant, caracolant dans les sentiers, pétaradant, enfermés sur la terre comme dans un cabanon, pour y tout détruire, Allemagne, France et Continents, tout ce qui respire, détruire, plus enragés que les chiens, adorant leur rage (ce que les chiens ne font pas), cent, mille fois plus enragés que mille chiens et tellement plus vicieux. Nous étions jolis ! Décidément, je le concevais, je m'étais embarqué dans une croisade apocalyptique.

On est puceau de l'horreur comme on l'est de la volupté. Comment aurais-je pu me douter moi de cette horreur en quittant la place Clichy ? Qui aurait pu prévoir, avant d'entrer vraiment dans la guerre, tout ce que contenait la sale âme héroïque et fainéante des hommes ? À présent, j'étais pris dans cette fuite en masse, vers le meurtre en commun, vers le feu... Ça venait des profondeurs et c'était arrivé.

■ Louis-Ferdinand Céline, *Voyage au bout de la nuit* (1932) © Gallimard (1952)

Écrire une scène de théâtre

2 ** **Imaginez une courte scène où deux poilus évoquent leur dernier repas.**

Utilisez l'argot des tranchées présenté dans la carte ci-contre.

COUP DE POUCE

N'oubliez pas les didascalies pour planter le décor, indiquez le ton des répliques et les gestes qui les accompagnent.

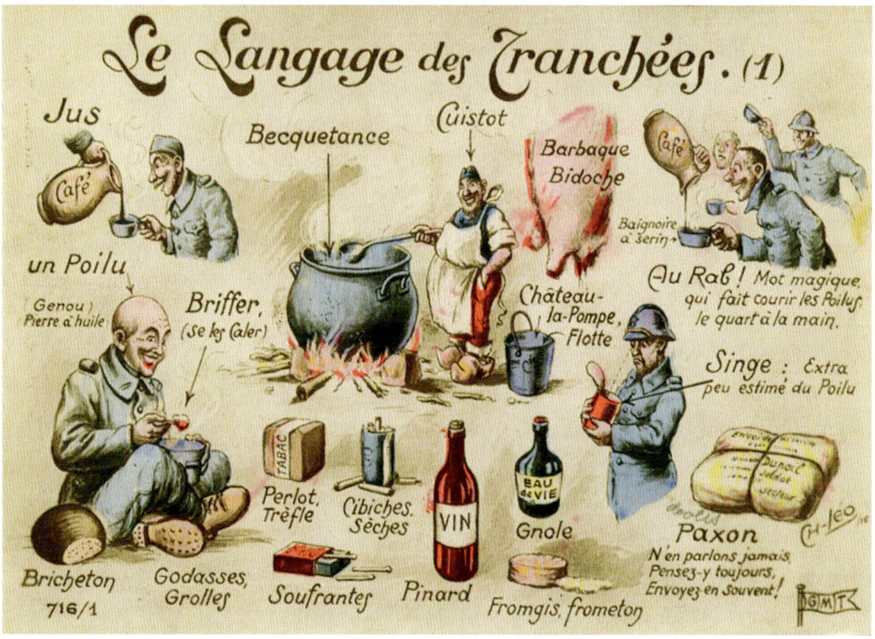

Carte postale de la Première Guerre mondiale, première d'une série intitulée « Le langage des tranchées »

Atelier **EXPRESSION**

Écrire et mettre en scène un texte de théâtre

Adapter et mettre en scène un extrait de roman

3 **Écrivez une adaptation théâtrale de cet extrait.**

Paul, soldat allemand, a blessé un soldat français tentant de se réfugier dans le même trou d'obus. Il tente vainement de le soigner, mais le soldat meurt.

Le silence se prolonge. Je parle, il faut que je parle. C'est pourquoi je m'adresse à lui, en lui disant : « Camarade, je ne voulais pas te tuer. Si, encore une fois, tu sautais dans ce trou, je ne le ferais plus, à condition que toi aussi tu sois raisonnable. [...] À présent je m'aperçois pour la première fois que tu es un homme comme moi. J'ai pensé à tes grenades, à ta baïonnette et à tes armes ; maintenant c'est ta femme que je vois, ainsi que ton visage et ce qu'il y a en nous de commun. Pardonne-moi, camarade. Nous voyons les choses toujours trop tard. Pourquoi ne nous dit-on pas sans cesse que vous êtes, vous aussi, de pauvres chiens comme nous, que vos mères se tourmentent comme les nôtres et que nous avons tous la même peur de la mort, la même façon de mourir et les mêmes souffrances ? Pardonne-moi, camarade ; comment as-tu pu être mon ennemi ? Si nous jetions ces armes et cet uniforme tu pourrais être mon frère, tout comme Kat et Albert. Prends vingt ans de ma vie, camarade, et lève-toi... Prends-en davantage, car je ne sais pas ce que, désormais, j'en ferai encore. »

Tout est calme. Le front est tranquille, à l'exception du crépitement des fusils. Les balles se suivent de près ; on ne tire pas n'importe comment ; au contraire, on vise soigneusement de tous les côtés. Je ne puis pas quitter mon abri.

« J'écrirai à ta femme, dis-je hâtivement au mort. Je veux lui écrire ; c'est moi qui lui apprendrai la nouvelle ; je veux tout lui dire, de ce que je te dis ; il ne faut pas qu'elle souffre ; je l'aiderai, et tes parents aussi, ainsi que ton enfant... »

Son uniforme est encore entrouvert. Il est facile de trouver le portefeuille. Mais j'hésite à l'ouvrir. Il y a là son livret militaire avec son nom. [...]

Sans savoir que faire, je tiens dans ma main le portefeuille. Il m'échappe et s'ouvre. Il en tombe des portraits et des lettres. [...]

Ce sont les portraits d'une femme et d'une petite fille, de menues photographies d'amateur prises devant un mur de lierre. À côté d'elles il y a des lettres. Je les sors et j'essaie de les lire. Je ne comprends pas la plupart des choses ; c'est difficile à déchiffrer et je ne connais qu'un peu de français. Mais chaque mot que je traduis me pénètre, comme un coup de feu dans la poitrine, comme un coup de poignard au cœur. [...]

J'ouvre le livret et je lis lentement : « Gérard Duval, typographe[1]. » [...]

J'inscris avec le crayon du mort l'adresse sur une enveloppe et puis, soudain, je m'empresse de remettre le tout dans sa veste.

J'ai tué le typographe Gérard Duval. Il faut que je devienne typographe, pensé-je tout bouleversé, que je devienne typographe, typographe...

■ Erich Maria Remarque, *À l'Ouest rien de nouveau* (1929), traduit de l'allemand par Alzir Hella et Olivier Bournac © Stock (1993)

1. **typographe** : terme d'imprimerie qui désigne l'employé qui choisit et assemble les caractères afin d'imprimer un texte.

→ **ÉTAPE 1 Lisez attentivement l'extrait.**

a. Combien de personnages sont sur scène ?

b. Repérez le texte qui sera dit et le récit qui sera transformé en didascalies.

→ **ÉTAPE 2 Écrivez la scène.**

→ **ÉTAPE 3 Faites plusieurs lectures à voix haute pour travailler le rythme et l'intonation.**

→ **ÉTAPE 4 Élaborez l'espace scénique.**

a. Comment figurer l'espace du trou d'obus ?

b. Avez-vous besoin d'accessoires ?

→ **ÉTAPE 5 Proposez votre adaptation théâtrale de l'extrait.**

Au choix, apprenez le texte pour le jouer à la classe, ou proposez votre texte accompagné d'un schéma expliquant la mise en scène.

JE FAIS LA SYNTHÈSE DES TEXTES LUS ET JOUÉS

1 Pour chacun des textes étudiés dans ce chapitre, proposez trois adjectifs et justifiez votre choix.

émouvant instructif EFFRAYANT tragique comique RÉALISTE horrible poétique

2 ORAL Quel personnage mis en scène dans ce chapitre vous a le plus touché(e) ? Pourquoi ?

3 Choisissez votre texte préféré dans le chapitre. Quel est son enjeu ? Que nous apprend-il aujourd'hui sur la Première Guerre mondiale ? Rédigez un court paragraphe pour répondre à ces questions.

4 ORAL À partir de ce que vous avez appris dans le chapitre, décrivez la mise en scène proposée page 125. Quels aspects de cette proposition vous paraissent intéressants ?

JE PROLONGE LA RÉFLEXION

5 Dans l'univers du théâtre, quel métier vous attire le plus ?

Le dramaturge / la dramaturge
- compose le texte

Le comédien / la comédienne
- incarne et fait vivre les personnages sur scène

Le metteur en scène / la metteuse en scène
- chef(fe) d'orchestre du spectacle
- sa vision du spectacle est mise en scène

Le régisseur / la régisseuse
- s'occupe de tous les aspects techniques (notamment lumière et son)

6 Laquelle de ces citations sur le théâtre vous paraît la plus juste ? Expliquez votre choix.

« Rien de plus futile, de plus faux, de plus vain, de plus nécessaire que le théâtre. »
Louis Jouvet (1887-1951)

« Tout est langage au théâtre, les mots, les gestes, les objets. Il n'y a pas que la parole. »
Eugène Ionesco (1909-1994)

« Une pièce de théâtre a le pouvoir de capter toutes les nombreuses sortes d'êtres humains qui composent un public et elle peut les rassembler dans une seule et unique expérience. »
Peter Brook (né en 1925)

7 Qu'ai-je appris dans ce chapitre ?

Quelles connaissances et compétences sur le théâtre avez-vous acquises ? Lesquelles sont encore à approfondir ? Appuyez-vous sur le tableau pour évaluer votre niveau et les aspects à améliorer.

J'indique mon niveau de compétence		*	**	***	****
Le vocabulaire	Je connais le vocabulaire du théâtre.				
La mise en voix	Je me suis initié(e) à dire et à jouer des textes de théâtre.				
L'analyse	Je sais repérer et analyser les différentes composantes du texte de théâtre.				
La mise en scène	Je sais décrire une mise en scène de théâtre.				
L'adaptation	Je sais adapter un texte littéraire à la scène.				

Écoutez le bilan en version audio.
hatier-clic.fr/22luf142a

METTRE EN SCÈNE LA GUERRE

Les caractéristiques du texte de théâtre

- Le texte de théâtre se présente comme une « partition » qu'il faut **mettre en scène**. Le texte à dire est associé à des **didascalies** qui donnent des précisions sur le spectacle (ton, gestes, déplacements que feront les acteurs). Ces didascalies aident le lecteur à se représenter le spectacle et le metteur en scène à le réaliser.
- Le texte à dire est constitué de **paroles**. Parmi les différentes **répliques**, on distingue la **tirade** par sa longueur, les **stichomythies** par leur brièveté et le **monologue** où le personnage s'adresse à lui-même et au public.
- C'est une difficulté pour le **dramaturge** que de construire une histoire en paroles. Mais c'est aussi une grande richesse du texte théâtral : passant par la parole, il reflète les sentiments et les émotions des **personnages**.

Mettre en scène un texte de théâtre

- La **mise en scène** d'une pièce de théâtre consiste à mettre en œuvre sa **vision** de la pièce.
- Le travail se fait sur la lecture, la compréhension de la pièce et le **jeu** des acteurs, mais aussi sur l'organisation de la **scénographie** : décors, costumes, accessoires, lumière, son, etc.

Raconter la guerre sur scène

- La **Première Guerre mondiale** semble difficile à traiter sur les planches. Pourtant, certains auteurs mettent en scène les aventures de poilus, comme François Bovesse dans *Meuse* ou Victor Haïm dans *Mourir en chantant*. D'autres ont puisé dans les **témoignages** de guerre pour livrer des récits bouleversants de la vie des **tranchées**, tel le spectacle de François Bourcier, *La Fleur au fusil*. Certains romans enfin ont donné lieu à des **adaptations théâtrales**, comme *Cris* de Laurent Gaudé.
- Les caractéristiques du théâtre permettent de se concentrer sur les **émotions** des personnages et de montrer ainsi l'expérience terrible de la guerre.
- Les œuvres théâtrales sur la Première Guerre mondiale transcrivent l'horreur des combats et de la vie des tranchées. C'est à la fois un **hommage** aux combattants et une dénonciation de l'**atrocité de la guerre**.

Adapter une œuvre littéraire pour le théâtre

- Pour adapter un texte littéraire au théâtre, il faut s'appuyer sur les **paroles** qu'il contient.
- Ensuite, on peut se demander comment l'on **transpose** les autres parties du texte : récit, description, commentaires du narrateur... Ils peuvent devenir des **didascalies** ou servir à imaginer le **décor**, l'atmosphère sonore.

Pour vous aider

Les mots du chapitre

Retrouvez les mots essentiels à retenir avec une partie à compléter.

Fiche vocabulaire
hatier-clic.fr/22luf142b

Carte mentale MÉMORISATION

Complétez la carte mentale pour vous aider à mémoriser le bilan.

Carte mentale
hatier-clic.fr/22luf142c

Vers le Brevet

Évaluation DIFFÉRENCIATION

Un sujet type Brevet pour vous évaluer.

+PROF
Évaluation BREVET (Jean Anouilh *Le Voyageur sans bagage*)

Lecture
CURSIVE

Jean Anouilh, *Le Voyageur sans bagage* (1937)

Découvrir l'œuvre

En 1937, alors que la guerre menace de nouveau l'Europe, Jean Anouilh crée une pièce en cinq tableaux qui évoque les conséquences de la Première Guerre mondiale. Il la classe dans ses « pièces noires ».

C'est un fait divers qui lui en donne l'argument : un poilu amnésique est à la recherche de sa famille, or plusieurs familles le reconnaissent...

LE MAÎTRE D'HÔTEL. Qui dois-je annoncer, Madame ?

LA DUCHESSE. La duchesse Dupont-Dufort, Me Huspar, avoué, et Monsieur... *Elle hésite.* Monsieur Gaston. *À Huspar.* Nous sommes bien obligés de lui donner ce nom jusqu'à nouvel ordre.

LE MAÎTRE D'HÔTEL, *qui a l'air au courant.* Ah ! Madame la duchesse voudra bien excuser Monsieur et Madame, mais Madame la duchesse n'était attendue par Monsieur et Madame qu'au train de 11 h 50. Je vais faire prévenir immédiatement Monsieur et Madame de la venue de Madame la duchesse.

LA DUCHESSE, *le regardant s'éloigner.* Parfait, ce maître d'hôtel !... Ah ! mon petit Gaston, je suis follement heureuse. J'étais sûre que vous étiez le fils d'une excellente famille.

HUSPAR. Ne vous laissez pas emporter par l'enthousiasme. N'oubliez pas qu'en plus de ces Renaud nous avons encore cinq familles possibles.

LA DUCHESSE. Ah ! non, maître... Quelque chose me dit que Gaston va reconnaître ces Renaud pour les siens ; qu'il va retrouver dans cette maison l'atmosphère de son passé. Quelque chose me dit que c'est ici qu'il va retrouver sa mémoire.

■ Jean Anouilh, *Le Voyageur sans bagage* (1937) © Éditions de la Table Ronde (1958)

CARNET DE LECTURE

→ Combien de décors différents sont nécessaires ?

→ Comment organiser l'espace scénique ?

→ Faites des croquis pour transcrire les décors que vous imaginez. Vous les accompagnerez d'un court texte qui justifiera vos choix.

ACTIVITÉ

Écoutez l'interview de Jean Anouilh qui dévoile l'origine de la pièce.

Vidéo
hatier-clic.fr/22luf143a

À lire et à voir

La Gueule à l'envers de **Stéphanie Mangez** (2013)

• Une pièce qui évoque les gueules cassées de la Première Guerre mondiale en s'appuyant sur l'humour comme remède au désespoir.

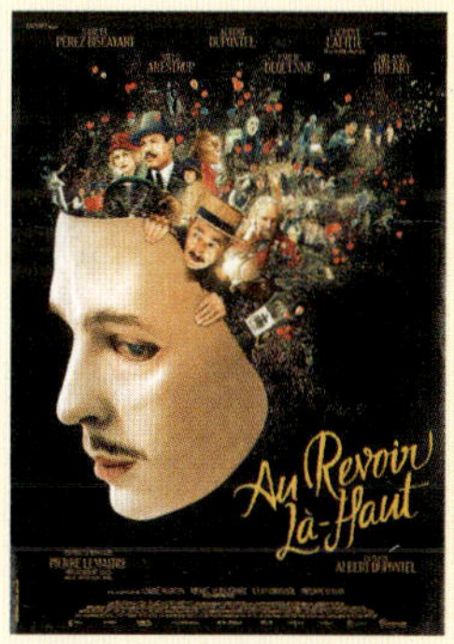

Au revoir là-haut d'**Albert Dupontel** (2017)

• Ce film est adapté du roman éponyme de Pierre Lemaitre où deux anciens combattants se lancent dans une escroquerie de grande envergure...

TESTEZ-VOUS !

Quiz sur votre lecture (Le Voyageur sans bagage)
hatier-clic.fr/22luf143b

PROJET

Réaliser une exposition sur les artistes dans la Grande Guerre

Vous allez concevoir une exposition consacrée aux artistes sur le front. Par groupe, vous effectuerez des recherches selon le thème choisi.

Chaque groupe réalisera une affiche, mêlant textes et images, qui présentera les résultats de sa recherche.

Doc 1

André Mare, *Le 280 : canon camouflé* (1914-1918), encre de Chine et aquarelle, bibliothèque de documentation internationale contemporaine (La Contemporaine, Nanterre)

LES THÈMES DE L'EXPOSITION

Choisissez un des sujets associés aux thèmes ci-dessous.

Thème 1 Les musiciens de la Grande Guerre

1 Maurice Maréchal et le violoncelle du poilu

2 Chansons de guerre

Thème 2 Des peintres au front

3 Félix Vallotton en service commandé

4 Les peintres camoufleurs : le cubisme au front

Thème 3 Le théâtre aux armées

5 Le théâtre aux armées : des troupes de poilus sur scène

6 Sarah Bernhardt : une star sur le front

Thème 4 Des poilus artistes amateurs

7 La sculpture sur obus

8 Les poilus photographes

Doc 2

« L'art des tranchées » : douilles gravées par des soldats pendant la Première Guerre mondiale, musée de la Résistance (Limoges)

LES RECHERCHES

Étape 1 La recherche de documents

- Faites une première recherche sur le **logiciel documentaire du CDI**. Collectez les documents dans le « panier » que vous pourrez imprimer.
- Sur **Internet**, évaluez le sérieux des sites consultés. Demandez de l'aide si vous avez un doute.
- Choisissez bien vos **mots-clés** (évitez les phrases).

COUP DE POUCE
Exemple de mots-clés : camouflage, peintres, Première Guerre mondiale

Étape 2 La sélection des informations

- Pour guider votre recherche, répondez aux questions : **qui ? quoi ? quand ? où ? comment ? pourquoi ?**
- **Lisez les documents**, cherchez les mots difficiles ou demandez des explications à votre professeur.
- Prenez en notes les **informations utiles** : vous éviterez le copié-collé qui est proscrit.

Étape 3 La sélection d'images

- Sélectionnez des **images lisibles** et de bonne qualité.
- Rédigez une **légende** : que représente l'image ? quelle est sa source (auteur, titre, date...) ?

COUP DE POUCE
Soyez précis dans votre légende : technique utilisée, lieu de conservation...

LA RÉALISATION DE L'AFFICHE

Une affiche doit être lisible et attrayante. L'important est de sélectionner les informations essentielles et de composer harmonieusement votre affiche en respectant un équilibre entre le texte et les images.

MON AFFICHE

Mon **titre** est court, clair, visible de loin.

J'indique la **source** (titre, auteur, date).

Source de l'image

Texte
Texte texte texte texte texte texte

Mon **texte** est court, clair. Il va à l'essentiel.

Si le texte est **manuscrit**, je trace des lignes au crayon à papier pour écrire droit et régulièrement. Je gomme mes lignes quand l'encre est bien sèche.

Texte
Texte texte texte texte texte texte

Source de l'image

J'étudie la **composition** de l'affiche au brouillon : je mets en valeur les éléments importants.

Source de l'image

Je **découpe** soigneusement les images en respectant le format quand il s'agit d'œuvres.

Texte
Texte texte texte texte texte texte

Je réfléchis au **sens de lecture** de mon affiche (matérialisé ici par la flèche bleue) pour composer mon affiche.

8 Un pion dans l'Histoire

Stefan Zweig, *Le Joueur d'échecs*

▶ ***Comment le récit de fiction fait-il réfléchir sur l'Histoire ?***

Dans ce chapitre, vous allez découvrir les caractéristiques du genre du récit à travers une nouvelle mêlant fiction et Histoire.

Doc 1

Sandro Del-Prete, *Échiquier*, peinture (1975)

Doc 2

Photogramme de la série *Le Jeu de la dame* (2020), créée par **Scott Frank** et **Allan Scott**

Doc 4

David Sala, *Le Joueur d'échecs* (2017), d'après Stefan Zweig © Casterman

Doc 3

« Vouloir jouer aux échecs contre soi-même est aussi paradoxal que vouloir marcher sur son ombre. »

Stefan Zweig

1. Quelle image vous faites-vous du jeu d'échecs ? Et du joueur d'échecs ? Laquelle de ces images correspond le mieux à votre idée ?
2. **a.** Qu'y a-t-il d'étrange dans la partie d'échecs évoquée dans les documents 2 et 3 ?
b. Pour quelles raisons le personnage représenté a-t-il pu décider de jouer ainsi (doc 2) ?
3. **a.** Ces images ne parlent-elles que d'échecs (doc 1 et 4) ?
b. Quelle impression donnent les personnages du document 4 ?

Travailler **AUTREMENT**

DIFFÉRENCIATION

Préparer la lecture en observant la couverture du livre

Vous allez lire Le Joueur d'échecs *de Stefan Zweig. Avant d'entrer dans l'étude du texte, collectez un maximum d'informations pour mieux le comprendre.*

VOCABULAIRE

- **La première de couverture** est le **recto** du livre. Elle présente le titre du livre, l'auteur, l'éditeur et parfois une illustration.
- **La quatrième de couverture** est le **verso** du livre. Elle peut contenir un texte de présentation.

Anecdote

Au Moyen Âge, le livre est manuscrit. C'est un objet précieux. La couverture de bois et de cuir est son écrin, souvent rehaussé de dorure et de pierres précieuses. Avec l'invention de l'imprimerie, le livre est vendu sous forme de cahiers et le client le fait relier, en cuir ou en tissu. La couverture illustrée, telle que nous la connaissons aujourd'hui, n'apparaît qu'au cours du XIXe siècle.

ÉTAPE 1 RECHERCHE D'INDICES

- **Formez des groupes**.
- **Observez** chacun une première de couverture et répondez aux questions.

1. Que vous apprend la première de couverture sur le thème central de l'œuvre ?
2. Avez-vous des indices sur le lieu de l'action ? l'époque ?
3. Pouvez-vous déterminer le genre du texte ? Le lirez-vous dans sa langue d'origine ?
4. Certains détails sont-ils surprenants ? Comment les interprétez-vous ?

ÉTAPE 2 RECHERCHE D'INFORMATIONS

- **Répondez par groupe** aux questions ci-dessous.

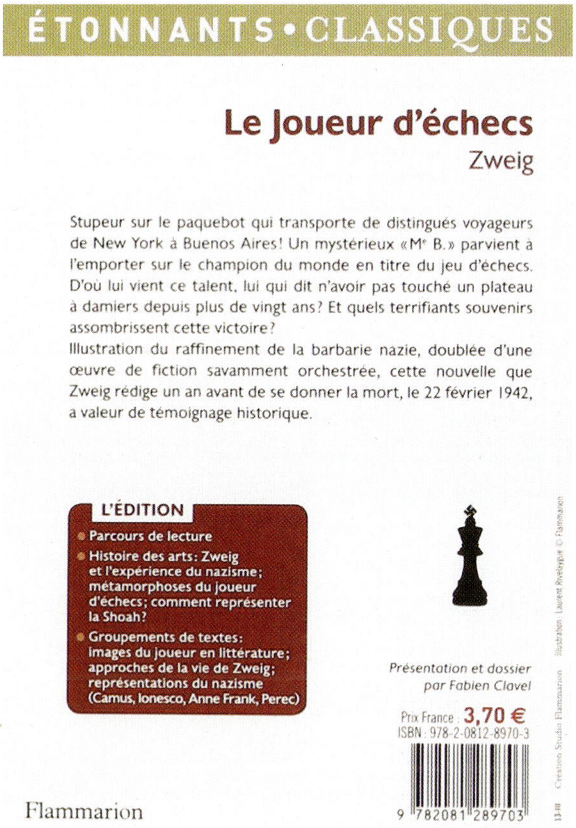
ÉTONNANTS • CLASSIQUES

Le Joueur d'échecs
Zweig

Stupeur sur le paquebot qui transporte de distingués voyageurs de New York à Buenos Aires! Un mystérieux «Mr B.» parvient à l'emporter sur le champion du monde en titre du jeu d'échecs. D'où lui vient ce talent, lui qui dit n'avoir pas touché un plateau à damiers depuis plus de vingt ans? Et quels terrifiants souvenirs assombrissent cette victoire?
Illustration du raffinement de la barbarie nazie, doublée d'une œuvre de fiction savamment orchestrée, cette nouvelle que Zweig rédige un an avant de se donner la mort, le 22 février 1942, a valeur de témoignage historique.

L'ÉDITION
- Parcours de lecture
- Histoire des arts: Zweig et l'expérience du nazisme; métamorphoses du joueur d'échecs; comment représenter la Shoah?
- Groupements de textes: images du joueur en littérature; approches de la vie de Zweig; représentations du nazisme (Camus, Ionesco, Anne Frank, Perec)

Présentation et dossier par Fabien Clavel

Prix France : 3,70 €
ISBN : 978-2-0812-8970-3

Flammarion

Le Joueur d'échecs, quatrième de couverture, collection « Étonnants classiques » © Flammarion

1. Les informations données par le texte de la quatrième de couverture confirment-elles vos précédentes observations ?
2. Qu'apprenez-vous sur l'auteur du texte, Stefan Zweig ?
3. À quel genre appartient le texte, d'après la quatrième de couverture ?
4. Quel intérêt le lecteur peut-il trouver à cette lecture d'après le texte ?

ÉTAPE 3 BILAN

- **Recopiez le tableau et complétez-le** grâce aux informations que vous avez collectées sur la couverture de votre livre.

Qui ?	Quand ?	Quoi ?	Comment ?	Pourquoi ?
Que savez-vous sur l'auteur ?	Dans quel contexte historique l'œuvre a-t-elle été écrite ?	Quel est le thème de l'œuvre ?	Quel est le genre littéraire de l'œuvre ?	Quel est l'enjeu de l'œuvre ?
...	...	...	...	...

- **Choisissez la manière dont votre groupe rendra compte de son travail.**

Vous pouvez :
– rédiger un **texte** ;
– présenter une **carte mentale** ;
– préparer une **présentation orale**.

Vous êtes prêt(e)s ?

Découvrons cette œuvre marquante qui nous fait partager le destin d'un homme face à l'oppression.

Œuvre intégrale par extraits
XXe SIÈCLE
NOUVELLE

Objectif
Étudier le début d'un récit

L'incipit : sur le pont

Écoutez le texte lu.
hatier-clic.fr/22luf150

Voici le début, ou incipit, de la nouvelle.

Sur le vaste paquebot qui à minuit devait quitter New York à destination de Buenos Aires[1], régnaient l'activité et l'agitation caractéristiques des derniers moments. Des gens qui ne partaient pas, montés à bord pour accompagner des amis, se bousculaient à qui mieux mieux ; de jeunes télégraphistes[2], la casquette sur l'oreille, parcouraient les salons en criant des noms à tue-tête ; on avançait en traînant des valises et des fleurs ; des enfants curieux montaient et descendaient les escaliers, et pendant ce temps l'orchestre imperturbable jouait pour accompagner le *deck-show*[3]. Un peu à l'écart de cette cohue, je causais sur le pont-promenade avec quelqu'un que je connaissais, quand soudain deux ou trois éclairs de magnésium[4] fusèrent à côté de nous : apparemment, une célébrité venait, juste avant le départ, de se faire encore vite interviewer et photographier par des reporters. Mon ami jeta un coup d'œil et sourit : « Vous avez Czentovic à votre bord, un oiseau rare. » Et comme je regardai d'un air plutôt interloqué en entendant ces mots, il ajouta, en guise d'explication : « Mirko Czentovic, le champion du monde des échecs. Il vient de sillonner l'Amérique d'est en ouest, en disputant des tournois partout, et il part à présent remporter de nouveaux triomphes en Argentine. »

Je me souvins alors de ce jeune champion, et même de certains détails de sa fulgurante carrière ; mon ami, qui lisait les journaux plus attentivement que moi, put compléter par toute une série d'anecdotes. Environ un an plus tôt, Czentovic s'était hissé d'un seul coup au niveau des maîtres jusqu'alors les plus reconnus des échecs, comme Alekhine, Capablanca, Tartakower, Lasker, Bogoljubov[5]. Depuis l'apparition de Rzecewski, l'enfant prodige[6] de sept ans, au tournoi d'échecs de New York en 1922, l'irruption d'un parfait inconnu n'avait encore jamais à ce point **défrayé la chronique** dans cette glorieuse confrérie. Car *a priori*, les facultés intellectuelles de Czentovic ne semblaient absolument pas lui promettre une carrière aussi éblouissante. D'abord tenue secrète, une information ne tarda pas à filtrer : dans sa vie privée, ce champion d'échecs était incapable d'écrire la moindre phrase sans faute d'orthographe, dans quelque langue que ce fût, et selon la raillerie furibonde d'un de ses collègues exaspérés, « son inculture atteignait la même universalité dans tous les domaines. » Fils d'un très pauvre batelier yougoslave du Danube, dont la barque minuscule avait été naufragée, une nuit, par une péniche chargée de blé, le garçon alors âgé de douze ans avait été charitablement recueilli, après la mort de son père, par le curé de son village reculé ; et le bon prêtre se donna beaucoup de mal, en l'instruisant à la maison, pour faire acquérir à cet enfant au large front, mais taciturne et apathique[7], ce qu'il n'arrivait pas à apprendre à l'école du village.

Tous ces efforts furent pourtant vains[8].

■ Stefan Zweig, *Le Joueur d'échecs* (1943), traduit de l'allemand par Brigitte Vergne-Cain et Gérard Rudent © Librairie Générale Française – Le Livre de Poche (2013)

VOCABULAIRE

Défrayer la chronique
→ Par quelle autre expression pourriez-vous remplacer cette expression ? Est-elle plutôt péjorative ou méliorative ▸ p. 340 ?

1. **Buenos Aires** : capitale de l'Argentine.
2. **télégraphistes** : opérateurs qui transmettent des messages à distance (par le télégraphe).
3. ***deck-show*** : littéralement « spectacle du pont », c'est-à-dire l'animation lors du départ.
4. **magnésium** : substance utilisée pour les flashs des premiers appareils photos.
5. Noms de joueurs d'échecs réels et célèbres.
6. **prodige** : précoce, très en avance sur son âge et extrêmement doué.
7. **taciturne et apathique** : parlant très peu et sans énergie.
8. **vains** : inutiles.

Marin-Marie, *Le transatlantique Le Normandie à New York* (1935)

Partageons notre lecture

- Qu'est-ce qui fait de Czentovic un *oiseau rare* ?

De quelle manière l'auteur nous fait-il entrer dans le récit ?

1. Quelles remarques pouvez-vous faire sur le narrateur et le point de vue dans cet incipit ?

2. a. Quelle atmosphère règne sur le paquebot (l. 1 à 17) ?

b. Quels éléments vous aident à situer l'époque à laquelle se déroule cette histoire ?

3. Quel est l'effet de l'énumération de joueurs célèbres (l. 22-23) ?

4. Qu'y a-t-il de surprenant chez Czentovic selon le narrateur et son ami ?

5. Quelles réactions Czentovic fait-il naître chez ses concurrents ?

Bilan

Quelles attentes cet incipit parvient-il à faire naître chez le lecteur ? Listez-les sous forme de questions.

Outils

Le narrateur

- **Le statut** : le narrateur peut être un personnage de l'histoire ou une voix extérieure.
- **Le point de vue**

– **externe** : simple témoin extérieur, le narrateur ne présente pas ses pensées ;
– **interne** : c'est un personnage qui nous donne ses pensées sur l'histoire ;
– **omniscient** : le narrateur connaît et présente toutes les pensées des personnages.

ÉCRITURE

Imaginez la suite des aventures de Czentovic dans son petit village. Comment le déclic peut-il avoir eu lieu ? Vous présenterez l'événement qui le fait alors entrer dans l'univers des échecs en une dizaine de lignes.

Textes & images

BREVET GUIDÉ

Œuvre intégrale par extraits
XXᴱ SIÈCLE
NOUVELLE

Objectif
Analyser un récit

Un jeune prodige

Le jeune Czentovic a observé le prêtre et un ami de celui-ci jouer aux échecs. Il finit un jour par y jouer et, à la surprise générale, bat ses adversaires les uns après les autres. Un tel prodige ne peut rester ignoré ! Il faut savoir jusqu'où vont ses capacités...

Antti Favén, *Les Joueurs d'échecs* (1912-1913), huile sur toile (220 × 340 cm), collection privée

Voilà des événements des plus rares et passionnants pour une petite ville de province yougoslave ; et les débuts de ce champion rustique[1] firent aussitôt grande sensation parmi les notabilités[2] réunies. On décida d'un commun accord qu'il fallait absolument que ce prodigieux garçon reste en ville jusqu'au lendemain pour que l'on puisse réunir les autres membres du club d'échecs, et surtout prévenir dans son château le vieux comte Simczic, un passionné d'échecs. Le curé, qui considérait son protégé avec une fierté toute neuve, mais ne voulait pas, malgré le plaisir de cette découverte, manquer à ses devoirs, en l'occurrence l'office dominical[3], accepta que Mirko reste là pour subir une autre épreuve. Le jeune Czentovic fut installé à l'hôtel aux frais du club, et vit pour la première fois de sa vie de véritables W.-C. Le dimanche après-midi suivant, la salle de jeu était bondée. Pendant quatre heures, Mirko, assis sans bouger devant l'échiquier, triompha de tous les joueurs l'un après l'autre, sans piper mot ni même lever les yeux ; pour finir, quelqu'un proposa une partie en simultané. Il fallut un petit moment pour faire comprendre à cet ignorant que dans une telle partie il aurait à jouer seul contre les différents joueurs. Mais dès que Mirko eut compris le procédé, il accepta volontiers de s'y prêter, et se déplaça lentement d'une table à l'autre dans ses grosses chaussures qui crissaient ; finalement, il gagna sept des huit parties.

Alors commencèrent de grands conciliabules[4]. Bien que le nouveau champion ne soit pas, à proprement parler, un enfant de la ville, la fierté réveilla très fort l'esprit de clocher[5]. Cette petite ville dont jusqu'alors quasiment personne n'avait repéré l'existence sur la carte allait peut-être accéder enfin pour la première fois à l'honneur de doter le monde d'une célébrité. Un imprésario nommé Koller, qui d'ordinaire procurait simplement des chanteuses et des vedettes au cabaret de la garnison, accepta, si on lui versait d'avance des subsides[6] pour un an, de confier la formation professionnelle du jeune homme à un remarquable petit maître qu'il connaissait à Vienne, expert dans l'art des échecs. Le comte Simczic qui, en soixante ans de pratique quotidienne, n'avait jamais rencontré un pareil partenaire, déboursa aussitôt les fonds. Alors commença la surprenante carrière de ce fils de batelier.

■ **Stefan Zweig**, *Le Joueur d'échecs* (1943), traduit de l'allemand par Brigitte Vergne-Cain et Gérard Rudent

1. **rustique** : de la campagne.
2. **notabilités** : notables, personnes importantes de la ville.
3. **office dominical** : messe du dimanche menée par le prêtre.
4. **conciliabules** : échanges, délibérations, discussions.
5. **esprit de clocher** : attachement à son village qui possède en général une église jamais complètement identique à celle du village voisin.
6. **subsides** : frais.

COMPRÉHENSION ET COMPÉTENCES D'INTERPRÉTATION

36 POINTS

1 À quel genre littéraire ce texte appartient-il ? Justifiez votre réponse. **(2 points)**

2 Relevez tous les éléments qui décrivent Mirko : son caractère, son attitude, etc. Quelle impression générale se dégage de ce portrait ? **(6 points)**

3 **a.** Pour quelles raisons Mirko suscite-t-il l'intérêt ? Est-ce vraiment par pure générosité qu'on s'occupe de lui ? Qu'espèrent les notables de la ville ?
b. Dans quelle mesure le narrateur présente-t-il les événements avec ironie ? **(8 points)**

4 Pourquoi l'expression « remarquable petit maître » (l. 33-34) est-elle surprenante ? **(2 points)**

5 Qui est le comte Simczic et quel rôle joue-t-il ? **(4 points)**

6 Quelles remarques pouvez-vous faire sur la dernière phrase du texte (l. 36-37) ? Quel sentiment le narrateur cherche-t-il à faire naître chez le lecteur ? **(4 points)**

7 Mirko semble-t-il se préoccuper des gens qui l'entourent ? Dans quelle mesure le tableau vous paraît-il bien illustrer le texte ? **(10 points)**

COUP DE POUCE
Vous devez citer le texte (sans le modifier) pour appuyer votre réponse. Utilisez une formule pour insérer la citation à votre rédaction et pensez à la signaler par des guillemets. Votre citation doit être lisible : limitez l'usage des points de suspension pour la raccourcir.

GRAMMAIRE ET COMPÉTENCES LINGUISTIQUES

14 POINTS

8 Expliquez la formation et le sens du mot « remarquable » (l. 33). **(3 points)**

9 Donnez la nature et la fonction de ce groupe de mots : « pour que l'on puisse réunir les autres membres du club d'échecs » (l. 7-8). **(2 points)**

10 Justifiez l'emploi des temps utilisés dans ce passage : « il accepta volontiers de s'y prêter, et se déplaça lentement d'une table à l'autre dans ses grosses chaussures qui crissaient ; finalement, il gagna sept des huit parties. » (l. 23 à 25) **(3 points)**

11 Réécrivez le passage surligné en bleu (l. 10 à 18) au présent de l'indicatif et en remplaçant « Le curé » par « Les curés ». **(6 points)**

COUP DE POUCE
Pour expliquer la formation d'un mot, repérez son radical (issu du mot simple d'origine). Ensuite repérez les affixes (préfixe et suffixe) et expliquez leur utilité.

COUP DE POUCE
▶ La valeur des temps du système du passé p. 347

DICTÉE

10 POINTS

Votre professeur vous dictera un autre extrait de la nouvelle de Zweig.

+PROF
Dictée (S. Zweig)

COUP DE POUCE
Pour cette dictée, révisez la conjugaison de l'imparfait et du passé simple et veillez aux accords en genre et en nombre (adjectifs, participes passés, etc.).

RÉDACTION

40 POINTS

Vous traiterez au choix l'un des sujets suivants.

Sujet d'imagination

Imaginez la suite de cet extrait : l'arrivée de Mirko à Vienne, capitale tourbillonnante de l'Autriche-Hongrie, ses premiers cours avec le « petit maître » et ses premières parties avec des joueurs de haut niveau.

Sujet de réflexion

Lorsqu'on devient célèbre, on perd le sens des réalités, on n'a plus les pieds sur terre.
En vous appuyant sur des exemples tirés de vos lectures et de vos connaissances personnelles, expliquez si vous êtes d'accord ou non avec cette affirmation.

COUP DE POUCE
Attention au narrateur, ce n'est pas Mirko qui doit raconter lui-même son histoire. Attention aussi à respecter l'époque !

Objectif
Étudier le récit d'un épisode éprouvant

Confinement et égarement

Écoutez le texte lu.
hatier-clic.fr/22luf154

Le narrateur a fait la connaissance d'un passager qui lui raconte son histoire. C'est ce passager, Monsieur B..., le nouveau narrateur dans l'extrait suivant. L'Autriche-Hongrie a été envahie par l'Allemagne et le nouveau pouvoir procède à des arrestations.

Comme vous vous en souvenez peut-être, ni notre chancelier[1], ni du reste le baron Rothschild, dont ils espéraient que la famille leur[2] verserait des millions, ne furent expédiés derrière des barbelés dans un camp de prisonniers ; traités apparemment en privilégiés, ils furent transférés dans un hôtel, qui était aussi le quartier général de la Gestapo[3], l'hôtel Métropole, et installés chacun dans sa chambre particulière. L'homme de peu que je suis bénéficia lui aussi de cet honneur insigne[4]. [...]

À première vue, la chambre qui m'était attribuée n'avait pas l'air désagréable du tout. Elle avait une porte, un lit, une chaise, une cuvette pour se laver, une fenêtre à barreaux. Mais la porte restait fermée jour et nuit, sur la table il était interdit de poser un livre, un journal, une feuille de papier ou un crayon, la fenêtre ne donnait que sur un mur coupe-feu ; on avait organisé tout autour de moi et même sur mon corps un total néant. On m'avait enlevé tout objet personnel : ma montre, pour que je ne sache pas l'heure ; mon crayon, pour que je ne puisse rien écrire ; mon couteau, pour que je ne puisse pas m'ouvrir les veines ; la moindre petite griserie comme celle d'une cigarette m'était refusée. Hormis le gardien, à qui il était interdit de prononcer un seul mot ou de répondre à aucune question, je ne voyais pas un seul visage humain, et jamais je n'entendais le son d'une voix ; du matin au soir et du soir au matin, les yeux, les oreilles, tous les **sens** ne trouvaient rien à saisir ; on était désespérément seul, réduit à soi, à son corps et à quatre ou cinq objets muets : la table, le lit, la fenêtre et la cuvette ; on vivait comme un plongeur sous une cloche de verre, dans l'océan noir de ce silence, mais comme un plongeur qui pressent déjà que le câble le reliant au monde extérieur s'est rompu et que jamais on ne le tirera de cet abîme atone[5]. Il n'y avait rien à faire, rien à écouter, rien à voir ; on était de tous côtés et sans cesse environné du néant, d'un vide privé d'espace et de temps. On faisait les cent pas, et dans la tête vos pensées vous accompagnaient, marchaient elles aussi sans arrêt. Or, même si elles semblent **immatérielles**, les pensées ont besoin d'un point d'appui, sinon elles se mettent à tourner, à tourbillonner sans but sur elles-mêmes ; elles non plus ne supportent pas le néant. Du matin jusqu'au soir on attendait quelque chose, et rien ne se passait. On recommençait à attendre. Il ne se passait rien. On attendait, on attendait, on attendait ; on réfléchissait, on réfléchissait, on réfléchissait jusqu'à en avoir mal aux tempes. Rien ne se passait. On restait seul. Seul. Seul.

■ Stefan Zweig, *Le Joueur d'échecs* (1943), traduit de l'allemand par Brigitte Vergne-Cain et Gérard Rudent

VOCABULAIRE

Sens
→ **Que désigne ici ce mot polysémique ?**

Immatérielles
Cet adjectif qualifie le nom *pensées*.
→ **En réfléchissant à sa formation, déterminez son sens dans ce contexte.**

1. **chancelier** : fonction quasiment équivalente à celle de président d'une république.
2. aux nouveaux dirigeants du pays.
3. **Gestapo** : police spéciale du régime nazi.
4. **insigne** : privilégié, rare.
5. **atone** : sans tonalité, sans vie.

David Sala, *Le Joueur d'échecs* (2017), d'après Stefan Zweig © Casterman

VERS LE BREVET

Quels sont les choix opérés par le dessinateur ? Est-il parvenu selon vous à rendre l'état dans lequel se trouve le narrateur du texte ?

Partageons notre lecture

- De quoi souffre Monsieur B... ?

Comment le narrateur parvient-il à nous faire partager la singularité de sa situation ?

1. *Une fenêtre à barreaux* (l. 10) : dans quelle mesure le complément du nom *fenêtre* est-il important ? Que pouvez-vous en déduire ?

2. Que désigne *on* dans les lignes 12-13 puis dans les lignes 20 à 34 ?

3. a. Pourquoi l'auteur a-t-il choisi de faire de M. B... le narrateur de son histoire plutôt que de conserver le même narrateur que dans les extraits précédents ?

b. Pourquoi ne pas donner le nom de M. B... ? Formulez des hypothèses.

4. Quelle remarque pouvez-vous faire sur les répétitions dans cet extrait ? Relevez-les et décrivez leur effet.

5. Expliquez la comparaison ▸ p. 381 avec le plongeur. Vous paraît-elle bien choisie ?

Outils

La chronologie du récit

- **Le récit enchâssé** : le narrateur peut déléguer une partie de la narration à un autre personnage. Un récit secondaire est alors contenu dans le récit principal.
- **L'analepse** : c'est un retour en arrière. Le récit raconte des faits antérieurs à l'histoire. On parle de flash-back pour le récit filmique.

Bilan

Écrivez un court bilan pour répondre à la question initiale : « Comment le narrateur parvient-il à nous faire partager la singularité de sa situation ? »

Vous détaillerez les points suivants : les figures de style utilisées, la narration à la première personne, les répétitions.

LECTURE À VOIX HAUTE

Lisez cet extrait en veillant au rythme de votre lecture et aux éléments à mettre en valeur : ponctuation et répétitions de mots et expressions.

Œuvre intégrale par extraits
XXᴱ SIÈCLE
NOUVELLE

Objectif
Interpréter la fin de la nouvelle

Excipit : échec ?

Écoutez le texte lu.
hatier-clic.fr/22luf156

Comme il l'a raconté au narrateur initial du roman, Monsieur B… avait réussi à dérober un livre durant sa captivité : une compilation de parties d'échecs détaillées. Il parvint ainsi à jouer aux échecs seul contre lui-même mais la folie finit par le gagner.
Il accepte, malgré tout, de rejouer aux échecs et d'affronter le champion Mirko Czentovic.
Au fil de la partie, il devient de plus en plus nerveux et finit par perdre pied. Il annonce «échec au roi» alors que le roi de Czentovic n'est nullement dans cette position dangereuse…

En effet, la case où se trouvait le roi de Czentovic – un enfant aurait pu le voir – était parfaitement à l'abri du fou, car couverte par un pion ; impossible donc de dire échec au roi. Cela nous inquiéta. Est-ce que notre ami, trop impétueux[1], avait mal déplacé une pièce en la mettant une case trop loin ou trop près ? Alerté par notre silence, M. B… se mit lui aussi à considérer attentivement l'échiquier, puis il se mit à **bredouiller**, avec force :

« Mais le roi, il doit être en f7… il n'est pas à sa place, pas du tout. Vous avez mal joué ! Rien n'est à sa place sur cet échiquier… et ce pion-là, il doit être en g5, pas en g4… mais… ce n'est pas du tout la même partie… c'est… »

Il s'arrêta soudain. Je l'avais vivement saisi par le bras, ou plutôt je l'avais pincé si fort au bras que, même égaré et fébrile, il s'était senti empoigné. Il se retourna et me dévisagea comme un somnambule.

« Qu'est-ce que… que voulez-vous ? »

Je lui dis seulement « *Remember !*[2] » et j'effleurai de mon doigt la cicatrice[3], sur sa main. Il observa d'un air absent ce que je faisais, et son regard vide s'arrêta sur le trait rouge vif. Alors un brusque tremblement le parcourut, et il frissonna des pieds à la tête.

« Au nom du ciel, murmura-t-il, les lèvres pâles. Ai-je commis ou dit une absurdité… est-ce qu'à nouveau je… ?

– Non, lui dis-je tout doucement. Mais il faut que vous abandonniez immédiatement cette partie, il est plus que temps. Souvenez-vous de ce que le médecin vous a dit ! »

M. B… se leva d'un bond. « Je vous prie de m'excuser de ma stupide erreur, dit-il avec son ancienne politesse et en s'inclinant devant Czentovic. Ce que je viens de dire est, bien sûr, une pure absurdité. Vous êtes évidemment le vainqueur de cette partie. » Puis il se tourna vers nous. « À vous aussi, messieurs, je dois des excuses. Mais je vous avais bien prévenus de ne pas fonder trop d'espoir sur moi. Pardonnez-moi pour cette déconvenue… c'était la dernière fois que je tentais ma chance aux échecs. »

Il s'inclina et partit, de la même façon modeste et mystérieuse qu'il avait surgi parmi nous. J'étais le seul à savoir pourquoi cet homme ne toucherait jamais plus à un échiquier, alors que les autres se sentirent un peu désarçonnés, avec la vague impression d'avoir échappé d'extrême justesse à quelque chose de désagréable ou même à un danger. « *Damned fool !*[4] » grommela McConnor, très déçu. Czentovic fut le dernier à se lever de sa chaise, et il jeta encore un coup d'œil à la partie presque terminée.

« Dommage, dit-il, magnanime[5]. L'attaque n'était pas si mal calculée, au fond. Pour un dilettante[6], ce monsieur à vrai dire est remarquablement doué. »

■ Stefan Zweig, *Le Joueur d'échecs* (1943), traduit de l'allemand par Brigitte Vergne-Cain et Gérard Rudent

1. **impétueux** : débordant d'énergie. 2. ***Remember !*** : souviens-toi ! 3. durant sa captivité, M. B… s'est mutilé en brisant une fenêtre. 4. ***Damned fool !*** : bougre d'idiot ! 5. **magnanime** : qui fait preuve de grandeur d'âme, de générosité. 6. **dilettante** : amateur.

VOCABULAIRE

Bredouiller
→ Que signifie ce mot et d'où vient-il ? Quel est le rapport avec l'expression *revenir bredouille* ? Effectuez quelques recherches.

Partageons notre lecture

Que s'est-il passé ? Faites un résumé commun pour vérifier que vous avez compris le texte.

Maria Elena Vieira da Silva, *La Partie d'échecs* (1943), huile sur toile (81 × 100 cm), centre Pompidou (Paris)

Comment le narrateur présente-t-il un moment de tension ?

1. Le fou, la pièce d'échecs avec laquelle M. B… croit faire échec au roi, est-elle choisie au hasard par l'auteur selon vous ?

2. Relevez la comparaison ligne 19. Pour quelles raisons peut-on la trouver adaptée à la situation ?

3. En vous aidant du paratexte, expliquez la phrase *ce n'est pas du tout la même partie* (l. 14-15).

4. Imaginez ce que le docteur qui avait soigné M. B… avait pu lui faire comme recommandation.

5. En quoi le narrateur n'est pas un simple témoin comme les autres passagers ? Quelle expression insiste sur sa particularité ?

Outils

La construction du récit

- Le récit commence par un **incipit** (début) ▸ p. 150. Il enchaîne ensuite les **péripéties** et se clôt par l'**excipit** (fin).

Bilan différencié

Choisissez un de ces exercices d'écriture pour rendre compte de votre lecture du texte.

→ **Exercice 1** Imaginez qu'un journaliste ait assisté à la partie sans connaître le passé de M. B… Rédigez sa dépêche (très bref article) qui présente cette partie.

→ **Exercice 2** Expliquez pourquoi on peut considérer que cette défaite est aussi une victoire pour M. B…

→ **Exercice 3** Comment peut-on qualifier la fin de cette nouvelle ? Quel sentiment ressentez-vous ?

ARGUMENTER

M. B… a bien fait de raconter son histoire au narrateur, car celui-ci a ainsi pu lui venir en aide et le faire sortir de l'espèce d'hypnose dangereuse dans laquelle il était plongé.

Expliquez en deux paragraphes, avec des exemples précis que vous pourrez prendre dans l'actualité, en quoi il est important pour une victime de témoigner, même si, par exemple, son bourreau est mort et ne pourra être condamné pour ses crimes ou encore si les faits sont prescrits.

Atelier LEXIQUE

Le vocabulaire du récit

Connaître le vocabulaire du récit

1 * Faites correspondre chaque mot à sa définition.

analepse •	• celui qui raconte
auteur •	• création de l'imagination
fiction •	• développement de faits réels ou imaginaires
narrateur •	• événement imprévu, changement de situation
nouvelle •	• œuvre d'imagination en prose
péripétie •	• personne qui crée une œuvre
récit •	• récit bref qui présente une intrigue simple
roman •	• retour en arrière par rapport au récit en cours

2 * Complétez les phrases suivantes avec des mots de l'exercice 1.

1. Stefan Zweig est l'........ de la .... *Le Joueur d'échecs*.

2. Il mêle dans ce récit réalité et .... en réunissant des personnages ayant existé et d'autres qu'il a inventés.

3. Il y a un .... principal puis un deuxième qui fait le .... de ce qui lui est arrivé. Ce passage constitue une .... à l'intérieur de l'œuvre.

4. Le lecteur peut donc suivre dans ce .... le point de vue de différents ....

Connaître le statut et le point de vue du narrateur

► Le narrateur p. 151

3 * Quels sont le statut et le point de vue du narrateur dans chacun des extraits suivants ?

1. Quand la caissière lui eut rendu la monnaie de sa pièce de cent sous, Georges Duroy sortit du restaurant. [...] Lorsqu'il fut sur le trottoir, il demeura un instant immobile, se demandant ce qu'il allait faire. On était au 28 juin, et il lui restait juste en poche trois francs quarante pour finir le mois.

■ Guy de Maupassant, *Bel-Ami* (1885)

2. Longtemps, je me suis couché de bonne heure. Parfois, à peine ma bougie éteinte, mes yeux se fermaient si vite que je n'avais pas le temps de me dire : « Je m'endors. »

■ Marcel Proust, *Du côté de chez Swann* (1913)

3. Deux hommes parurent. L'un venait de la Bastille, l'autre du Jardin des Plantes. Le plus grand, vêtu de toile, marchait le chapeau en arrière, le gilet déboutonné et sa cravate à la main. Le plus petit, dont le corps disparaissait dans une redingote marron, baissait la tête sous une casquette à visière pointue. Quand ils furent arrivés au milieu du boulevard, ils s'assirent à la même minute, sur le même banc.

■ Gustave Flaubert, *Bouvard et Pécuchet* (1881)

Reconnaître les genres romanesques

Outils

- Il existe différents **genres romanesques** : roman de science-fiction, épistolaire (par lettres), d'aventures, policier, autobiographique, historique, etc.

4 * Voici trois incipit de romans. À quel genre appartient selon vous chacun des extraits suivants ?

1. Quand Maigret arriva à Delfzijl, une après-midi de mai, il n'avait sur l'affaire qui l'appelait dans cette petite ville plantée à l'extrême nord de la Hollande que des notions élémentaires. Un certain Jean Duclos, professeur à l'Université de Nancy, faisait une tournée de conférences dans les pays du Nord. À Delfzijl, il était l'hôte d'un professeur à l'École navale, M. Popinga. Or, M. Popinga était assassiné [...].

■ Georges Simenon, *Un crime en Hollande* (1931)
© éditions Presses de la Cité

2. Gaal Dornick, car tel était son nom, n'était encore qu'un jeune homme fraîchement débarqué de sa planète natale. Un provincial qui n'avait même jamais vu Trantor. Du moins, pas de ses propres yeux. Bien des fois, par contre, il avait eu l'occasion de contempler la planète à l'hypervidéo.

■ Isaac Asimov, *Fondation*, I (1991)
traduit de l'américain par Jean Rosenthal © Denoël

3. C'est sur les instances de Monsieur le chevalier Trelawney, du docteur Livesey, et de tous ces messieurs en général, que je me suis décidé à mettre par écrit tout ce que je sais concernant l'île au trésor, depuis A jusqu'à Z, sans rien excepter que la position de l'île, et cela uniquement parce qu'il s'y trouve toujours une partie du trésor.

■ Robert Louis Stevenson, *L'Île au trésor* (1883),
traduit de l'anglais par Déodat Serval © Flammarion

Atelier **LANGUE**

Grammaire pour raconter des événements passés

Les temps du récit

▶ La valeur des temps du système du passé p. 347
▶ Tableaux de conjugaison p. 390 à 395

1 * Lisez ce texte, précisez le temps des verbes en gras (imparfait ou passé simple) et justifiez leur utilisation.

Un soir d'hiver, tandis que les deux partenaires étaient plongés dans leur partie habituelle, on **entendit** tinter de plus en plus fort dans la rue du village les clochettes d'un traîneau qui **approchait** à vive allure. Son bonnet poudré de neige, un paysan **entra** bientôt d'un pas lourd : sa vieille mère se **mourait**, le curé **pouvait**-il avoir l'obligeance de venir au plus vite pour lui administrer l'extrême-onction ? Sans hésiter, le prêtre le **suivit**. Le brigadier [...] **bourra** et **ralluma** sa pipe avant de s'en aller, et il **se préparait** à enfiler ses lourdes bottes à tige quand il fut frappé par le regard concentré que Mirko **braquait** sur l'échiquier et sur la partie commencée.

■ Stefan Zweig, *Le Joueur d'échecs* (1943), traduit de l'allemand par Brigitte Vergne-Cain et Gérard Rudent
© Librairie Générale Française – Le Livre de Poche (2013)

2 ** Conjuguez au temps approprié les verbes entre parenthèses : imparfait ou passé simple. Justifiez votre choix.

1. Mirko .... (*faire*) toujours ce qu'on lui .... (*dire*) : il .... (*aller*) puiser de l'eau, ... (*fendre*) du bois, ... (*aider*) aux travaux des champs...

2. Au bout de quatre grandes minutes, Czentovic .... (*ouvrir*) le jeu de la manière la plus simple et la plus ordinaire. M. B... .... (*riposter*) aussitôt avec le même pion.

3. Peu à peu, je .... (*comprendre*) que les lettres a, b, c, ... (*désigner*) les lignes verticales, les chiffres de 1 à 8 les horizontales et que ces coordonnées .... (*permettre*) d'établir la position de chaque pièce au cours de la partie.

3 ** Complétez les phrases suivantes selon les valeurs du temps utilisé et expliquez les différences de sens entre chaque couple de phrases.

1. Il aimait son pays ....
2. Il aima son pays ....
3. Nous regardions les étoiles ....
4. Nous regardâmes les étoiles ....
5. Ils visitaient le musée du Louvre ....
6. Ils visitèrent le musée du Louvre ....
7. Je comprenais ....
8. Je compris ....

4 ** À partir des informations suivantes, rédigez la biographie de Stefan Zweig en utilisant uniquement le passé simple et l'imparfait.

- **Date de naissance :** 28 novembre 1881 (Vienne, Autriche)
- **Date de décès** (suicide) : 22 février 1942 (Pétropolis, Brésil)
- Face à la montée du nazisme, départ d'Autriche en février 1934
- **Activité** : traduction de plusieurs poètes, succès dans les années 1920 avec ses nouvelles (« Amok », « La Confusion des sentiments », etc.)
- **Passions** : littérature, collection d'autographes et de portraits d'écrivains

5 *** À partir de l'image ci-dessous et du texte p. 156, rédigez un court récit pour présenter le personnage de Czentovic et ses actions en utilisant l'imparfait et le passé simple.

COUP DE POUCE

Comme les verbes du premier groupe finissent par le même son à la première personne du singulier à l'imparfait (je parlais) **et au passé simple** (je parlai), vous pouvez remplacer *je* par *nous* pour les distinguer.

Ex : *Je tir**ai** / tir**ais** en tremblant le livre de ma ceinture*
→ *nous tir**âmes** / tir**ions**.*

Philippe Halsman, photographie du joueur d'échecs Bobby Fischer (1967)

Atelier EXPRESSION Écrire à partir d'une lecture

Écrire une lettre

1 * **Imaginez la lettre que Monsieur B... écrit à son épouse qui doit le rejoindre en Argentine.**
Il lui raconte son expérience sur le paquebot qui a failli le faire replonger dans la folie. Votre lettre sera organisée en plusieurs paragraphes.

COUP DE POUCE

- Dans une lettre, vous devez prévoir une **formule d'ouverture**. **Ex** : Madame ; Chère amie...
- Vous devez aussi conclure par une **formule de fermeture** à adapter au destinataire.
Ex : Cordialement ; Salutations respectueuses...
- Il est d'usage également de noter les **coordonnées** de l'émetteur et du destinataire ainsi que le **lieu** et la **date** d'envoi de la lettre.

Arcachon, le 7 février 1973

Ma fille chérie,

Je t'écris ces quelques mots pour te donner des nouvelles...

Affectueusement,

Maman

Préparer des arguments

2 * **Choisissez l'un des thèmes proposés ci-dessous et notez sous forme de brouillon vos arguments et vos exemples. Vous échangerez ensuite en petits groupes avec d'autres élèves.**

COUP DE POUCE

Vos arguments et vos exemples n'ont pas à être entièrement rédigés. Vous devez **noter des idées** sur lesquelles vous vous appuierez au moment de l'échange.

Sujet 1 ▶ Quel aurait été selon vous le destin de M. B... s'il n'avait pas pris le livre sur les échecs ?

Sujet 2 ▶ Pensez-vous qu'un livre puisse protéger de la solitude totale et de la folie qui peut en découler ?

Sujet 3 ▶ Quel livre auriez-vous aimé trouver dans la poche du manteau pour pouvoir libérer votre esprit de l'emprisonnement ? Présentez le livre choisi et expliquez votre choix.

3 * **Rédigez un texte de quatrième de couverture pour la nouvelle de Stefan Zweig.**
Donnez envie au lecteur de le lire sans en révéler toute l'intrigue.

COUP DE POUCE

Pensez à évoquer le contexte (époque, situation des personnages, genre...).

Insérer un dialogue dans un récit

▶ Le discours direct p. 342

4 * **a. Relisez le deuxième paragraphe (l. 26 à 37) du texte page 152.**
b. Complétez ce paragraphe en insérant des paroles rapportées directement pour présenter les *conciliabules* des notables de la ville.

COUP DE POUCE

- Certains notables veulent envoyer Czentovic à Vienne, d'autres ont des doutes sur ses réelles capacités, le curé et le comte prennent également la parole. **Vous pouvez désigner les autres personnages par leur profession** (le notaire, le médecin, etc.).
- **Pour rapporter des paroles directement dans un récit**, il faut utiliser des verbes de parole (dire, répondre, interroger, s'exclamer...), placer des tirets avant les paroles et aller à la ligne à chaque changement d'interlocuteur.

RÉALISER UNE INTERVIEW EN BINÔME

5 * **Imaginez l'interview de Mirko Czentovic à sa sortie du bateau à Buenos Aires.**
Czentovic raconte à un journaliste les quelques parties qu'il a faites avec des passagers du navire : le narrateur principal du *Joueur d'échecs*, M. B..., etc.
Préparez l'interview avec un camarade.

COUP DE POUCE

- **Réfléchissez d'abord aux questions du journaliste.**
Ex : *Avez-vous fait bon voyage ? Quel est votre programme en Argentine ? Quels sont vos objectifs ? Avez-vous une anecdote sur votre croisière ?*
- **Préparez ensuite les réponses de Czentovic.**
Réfléchissez à son attitude (agréable / désagréable...). Même s'il est décrit comme peu à l'aise à l'oral dans la nouvelle, vous pouvez le rendre bavard.

JE FAIS LA SYNTHÈSE DES TEXTES LUS

1 ORAL **a.** Que pensez-vous de la fin de la nouvelle ?
b. Que Stefan Zweig cherche-t-il à dénoncer à travers son roman ?

2 *Le Joueur d'échecs* est tantôt classé dans les nouvelles tantôt dans les romans. Donnez la définition de ces deux genres narratifs et dites auquel il appartient, selon vous, en donnant plusieurs arguments.

3 Vérifiez que vous savez définir les mots suivants.

incipit — point de vue omniscient — péripétie — analepse — fiction — nouvelle

4 ORAL Lisez les premières lignes ou un passage du livre de votre choix sans le nommer ; la classe devra deviner à quel genre il appartient.

COUP DE POUCE
Le ou la documentaliste pourra vous aider en vous proposant des ouvrages et en vous rappelant les catégories de classement dans une bibliothèque.

JE PROLONGE LA RÉFLEXION

5 Pour la classe Quelle œuvre (livre, film, tableau, chanson, etc.) vous a marqué(e) en vous faisant découvrir un moment crucial de l'Histoire ?

- Chaque élève choisit une œuvre et réalise une fiche au format numérique.
- L'ensemble des fiches constituera un diaporama d'œuvres en résonance avec l'Histoire.

6 Effectuez quelques recherches afin de compléter le tableau suivant. Plusieurs réponses sont parfois possibles.

Auteur ou autrice	Titre / type d'œuvre	Date de publication	Épisode historique / thème
	Nedjma (roman)		
Primo Levi			
	Twelve Years a Slave (film)		
			Le massacre des Amérindiens
	Le Message (roman)		

7 Qu'ai-je appris dans ce chapitre ?

Dans quelle mesure entrez-vous avec facilité dans un récit ? Parvenez-vous à identifier et à expliquer les choix faits par l'auteur ? Appuyez-vous sur le tableau pour évaluer votre niveau et les aspects à améliorer.

J'indique mon niveau de compétence		*	**	***	****
Le narrateur	J'identifie le(s) narrateur(s).				
Le point de vue	Je repère les points de vue interne, externe et omniscient.				
La valeur des temps	Je connais les valeurs des temps du récit (imparfait / passé simple).				
L'expression écrite	Je sais insérer des paroles rapportées dans un récit.				

🎧 Écoutez le bilan en version audio.
hatier-clic.fr/22luf162a

Un court roman ou une longue nouvelle ?

- *Le Joueur d'échecs* est un **récit** relativement **court** et dont l'histoire se concentre en quelques jours : la traversée en paquebot entre New York et Buenos Aires. En cela, il se rapproche d'une **longue nouvelle**.
- Cependant **la structure du récit est complexe** : une **analepse** raconte la jeunesse du champion Czentovic, un **récit enchâssé** permet à Monsieur B... de raconter son histoire au narrateur. L'analyse du personnage de M. B... est aussi développée comme dans un roman.

Fiction et réalité

- *Le Joueur d'échecs* développe un **registre réaliste**. La traversée en paquebot, la liste des champions d'échecs, le contexte de la montée du nazisme sont empruntés au monde réel et contemporain de l'écrivain Stefan Zweig.
- Cependant, les personnages de Czentovic ou de M. B... et l'histoire même relèvent de la **fiction**, de l'invention de l'auteur.
- On peut même voir surgir le **registre fantastique** quand M. B... perd la raison.

L'ART DU RÉCIT

Un regard sur le monde

- Ce **mélange entre fiction et Histoire** permet au romancier de livrer son **point de vue sur son époque**. Il dénonce les persécutions et les tortures psychologiques de ce régime totalitaire.
- Écrit en 1941-1942, le récit du *Joueur d'échecs* n'évoque pas les horreurs des camps d'extermination, car Stefan Zweig, qui se suicide en 1942, n'en aura pas connaissance. Il livre cependant une **vision très pessimiste** de son époque.

Pour vous aider

Les mots du chapitre

Retrouvez les mots essentiels à retenir avec une partie à compléter.

Fiche vocabulaire
hatier-clic.fr/22luf162b

Carte mentale MÉMORISATION

Complétez la carte mentale pour vous aider à mémoriser le bilan.

Carte mentale
hatier-clic.fr/22luf162c

Vers le Brevet

Évaluation DIFFÉRENCIATION

Un sujet type Brevet pour vous évaluer.

+PROF
Évaluation BREVET (Stefan Zweig)

Lecture CURSIVE

Marie-Sabine Roger, *Le Quatrième Soupirail* (2005)

Découvrir l'œuvre

Marie-Sabine Roger (née en 1957) raconte l'histoire de Pablo qui vit dans un pays d'Amérique du Sud, soumis à une dictature. Alors qu'il est âgé de seize ans, il assiste à l'enlèvement de son père, un opposant au régime qui édite de la poésie révolutionnaire.

Des années plus tard, Pablo revient sur les lieux où son père a été séquestré et torturé.

J'habite un corps d'adulte libre où bat un cœur d'adolescent terrorisé. J'anticipe. Je me récite la panique. Je sais déjà ce qui attire mon œil, l'aimante. Ce vers quoi il craint de plonger...

Au ras du sol, les soupiraux. Les quatre bouches d'ombre. [...]

Il y avait le deuxième soupirail. Cette cave, ils l'avaient baptisée « l'atelier », avec une atroce ironie. Ils avaient tout le temps d'y *bricoler* tranquille. Tout le temps que duraient les interrogatoires. Les interrogatoires étaient toujours très longs.

On ne pouvait rien voir de la rue. L'ouverture était obturée de deux planches. On ne pouvait rien voir. Mais on pouvait entendre. Combien de soirs, combien, je suis resté là, dans le noir, le dos meurtri au mur indifférent, les poings scellés durement sur ma rage, à écouter les pleurs, les capitulations ?

■ Marie-Sabine Roger, *Le Quatrième Soupirail* © Thierry Magnier (2005)

CARNET DE LECTURE

Comme le font les libraires, créez un papillon (petit texte sur une feuille volante) que l'on pourrait joindre au livre de Marie-Sabine Roger afin de convaincre les lecteurs de le choisir.

→ Une phrase présente le contexte : époque, situation du personnage, genre...

→ Une phrase présente les sentiments et émotions ressentis et que le livre peut faire naître, ainsi que l'originalité de l'œuvre.

Si le livre est disponible au CDI, vous pouvez proposer à votre professeur(e)-documentaliste d'y joindre votre papillon !

À lire et à voir

Inconnu à cette adresse
de **Kathrine Kressmann Taylor** (1938)

• Deux amis très proches, Max, américain et juif, et Martin, allemand, sont marchands d'art aux États-Unis. Martin retourne vivre en Allemagne en 1932 alors qu'Hitler accède au pouvoir et instaure un régime dictatorial et violemment antisémite. Leur amitié résistera-t-elle à cette nouvelle situation ?

Fahim
de **Pierre-François Martin-Laval** (2019)

• L'histoire de Fahim Mohammad, qui a dû quitter le Bangladesh avec son père, opposant au régime, et qui devient champion de France d'échecs des moins de 12 ans.

TESTEZ-VOUS !

Quiz sur votre lecture (Le Quatrième Soupirail)
hatier-clic.fr/22luf163

9 Des nouvelles du monde

Andrée Chedid, *L'Artiste et autres nouvelles*

▶ **Comment les nouvelles rendent-elles compte du XXe siècle ?**

Dans ce chapitre, vous allez étudier les caractéristiques et les enjeux d'un recueil de nouvelles contemporaines.

Doc 1

Andrée Chedid
en septembre 1985

Fichier à imprimer
La biographie d'Andrée Chedid
hatier-clic.fr/22luf164

Doc 2

« Je veux garder les yeux ouverts sur les souffrances, le malheur, la cruauté du monde ; mais aussi sur la lumière, sur la beauté, sur tout ce qui nous aide à nous dépasser, à mieux vivre, à parier sur l'avenir. »

■ Andrée Chedid (1998)

Doc 3

Dessin de **Selçuk Demirel** (1997)

1. Faites de brèves recherches sur Andrée Chedid afin de pouvoir la présenter à l'oral (doc 1).
2. Quelle est la fonction de l'écriture pour Andrée Chedid d'après la citation (doc 2) ?
3. D'après le dessin, quel est l'enjeu de la lecture (doc 3) ?

Les clés du CHAPITRE

Qu'est-ce qu'une nouvelle ?

Aux origines de la nouvelle

- La nouvelle est un **récit court**. Elle apparaît au Moyen Âge et raconte des événements, des faits de société, souvent donnés à valeur d'exemple.
- Au XIXe siècle, avec l'essor de la presse, les nouvelles sont publiées dans les journaux et connaissent un grand succès.
- À partir du XIXe siècle, elles se diversifient : nouvelle **réaliste** (Maupassant, doc 2), **fantastique** (*La Métamorphose* de Kafka ▸ p. 76), policière, de science-fiction, **satirique** (« Œil pour œil » de Daeninckx ▸ p. 89)...

Étymologie

Le nom *nouvelle* vient de l'adjectif *novellus* (« nouveau » en latin). Il désigne à la fois des informations données sur une personne ou des faits, et de courts récits littéraires. À l'origine, la nouvelle était donc un récit de faits réels.

Doc 1

En 1906, Félix Fénéon publie un recueil de nouvelles originales car très courtes. En voici quelques exemples.

- « On te fera ton affaire ! » aurait-on dit à Guyot de Toul, aux élections. Est-ce donc la politique qui l'a noyé dans le canal ?
- M. Dickson, de Choisy-le-Roi, errait sur son toit. Un voleur ! Trois policiers grimpèrent et le somnambule tomba à la renverse.
- Boulevard Carnot, au Vésinet, une automobile a attaqué à toute vitesse un troupeau de moutons. Trois moururent.

■ Félix Fénéon, *Nouvelles en trois lignes* (1906)

GIL BLAS
ILLUSTRÉ. HEBDOMADAIRE
UNE PARTIE DE CAMPAGNE, par Guy de Maupassant

Doc 2

Parution de la nouvelle « Une partie de campagne » de **Guy de Maupassant** dans le journal illustré *Gil Blas* (août 1892)

Les caractéristiques de la nouvelle

- La nouvelle se caractérise par sa **brièveté** (*short stories* en anglais).
- Le récit de la nouvelle :

- se concentre sur une **crise** dans le destin des personnages ;
- fait l'économie des descriptions et n'en livre que le strict nécessaire, avec souvent des **dialogues** pour donner vie au récit ;
- est en général très dynamique et se termine par une **chute** surprenante.

1. À quoi voit-on que ces nouvelles sont tirées de faits réels (doc 1) ?

2. ORAL Choisissez une des trois nouvelles et proposez un récit plus long.

CARNET DE VOCABULAIRE

Recopiez les mots en vert accompagnés d'une courte définition.

Vous êtes prêt(e)s ?

Étudions les nouvelles d'Andrée Chedid et observons le miroir qu'elle tend à notre monde à travers ces brefs récits.

TEXTE INTÉGRAL
XXᵉ SIÈCLE
NOUVELLE

Objectif
Étudier une nouvelle réaliste et tragique

« Mort au ralenti »

Article
Une interview d'Andrée Chedid
hatier-clic.fr/22luf166

Anecdote

Andrée Chedid imagine ce récit tragique en 1988. Mais en 1993, durant la guerre en ex-Yougoslavie, une photo de presse lui révèle qu'une histoire similaire a eu lieu pendant le siège de Sarajevo. Bosko, serbe orthodoxe, et Admira, bosniaque musulmane, ont été tués sur un pont par un snipper, alors qu'ils se rejoignaient pour fuir la ville de Sarajevo. Andrée Chedid reprend alors son récit pour en tirer le roman *Le Message* (2000) ▶ p. 173.

Partie 1 : l'incipit

La jeune femme sentit, dans le dos, le point d'impact de la balle. Un mal cuisant, aigu ; bref.

Elle continua sa marche, comme si rien ne s'était passé. Mais l'illusion ne dura pas. Autour : les arbres déracinés, la chaussée défoncée, les rectangles béants et carbonisés des immeubles prouvaient clairement que les combats avaient été rudes ; et la trêve, une fois de plus, précaire.

M. venait d'être atteinte d'une subite rafale dont elle n'était pas la cible. Sa plaie était bien réelle.

Elle ne voulait pas en savoir plus. La douleur l'avait lâchée. Ce qui comptait à présent, au-delà de sa vie, c'était d'arriver à l'endroit où elle était attendue. À quinze minutes à pied d'ici, devant cette tête de pont, à l'angle du parapet[1].

La clarté de midi illuminait crûment autour d'elle le périmètre déserté, faisait flamber son visage, enserrait son corps de trente ans.

Il avancerait ce corps, elle l'y forcerait, elle lui tiendrait tête. Elle le pousserait à franchir le quart d'heure qui la séparait de sa rencontre. Elle emprunterait des raccourcis, plus périlleux que cette rue qui descend en ligne droite jusqu'au fleuve.

Plus loin, la rue tangua, grisailla. D'un seul coup, l'air semblait s'épaissir, le ciel se couvrir de plaques de plâtres.

Une lenteur infinie s'empara des gestes de M., ses sensations faiblissaient. Seul le désir pressant d'arriver en vue du pont la lancinait[2] encore. Elle résista à l'écroulement.

Étendant, droit devant elle, ses bras, ses mains, elle espérait qu'en retour ceux-ci tireraient en avant son buste qui s'alourdissait, ses jambes bourrées d'ouate[3].

L'angoisse de ne pas arriver à temps la creusait plus durement que le trou de la balle.

Comment définir les frontières de ce pays ? Pourquoi le nommer, ou nommer cette femme ? Tant de lieux, tant de victimes subissent le même sort.

Dans la boue des rizières, sur l'asphalte[4] des cités, dans la torpeur des sables, serrés dans la foule que l'on frappe et décime, ou expirant dans la solitude : les **massacrés**, **réfugiés**, **fusillés**, **suppliciés** *de tous les continents convergent vers cette rue, vers cette personne ; vers M., soudain unique. Cette vivante, blessée à mort.*

Violences se chevauchant, horreurs recouvrant l'horreur, visages en sang, visages exsangues[5], hémorragies d'hommes, de femmes, d'enfants…

Qu'importe l'emplacement ! Partout l'humanité est en cause, et ce cortège n'a pas de fin. Dans chaque corps atteint tous les corps gémissent. Tous les corps sombrent, rejetés par les forces aveugles, dans le même abîme.

VOCABULAIRE

→ Observez les participes passés en vert. Comment sont-ils construits ?

1. **parapet** : muret destiné à empêcher les chutes.
2. **lancinait** : provoquait des élancements de douleur.
3. **ouate** : coton.
4. **asphalte** : revêtement recouvrant les routes.
5. **exsangues** : privés de sang.

Photographie de **David Turnley** à Sarajevo (1995)

Partie 2 : le message

M. a trop présumé de ses forces. Cherchant du secours autour d'elle, ses yeux ne rencontrent rien. Elle se traîne jusqu'au mur ; ses mains tâtonnent, s'y frottent, s'accrochent aux aspérités[6]. Elle se bat encore, elle lutte, secouant sa tête, étirant sa poitrine vers le haut ; mais ses genoux amollis cèdent, fléchissent, l'entraînant vers le sol.

M. crie, mais sa voix s'enroule, s'empêtre dans sa gorge ; n'enfièvre que ses tempes ; s'amenuise en un murmure qui frôle à peine ses lèvres et puis s'éteint.

Pour la seconde fois, une douleur violente la transperce de part en part. Un flux tiède s'écoule entre ses omoplates, engluant son chemisier.

À présent, la jeune femme décide de ne plus s'opposer à son corps ; mais plutôt de l'accompagner. Évitant les soubresauts, elle escorte sa chair, ses remous, sa rotation. Elle ne contrarie plus ses ballottements de tête, ni ses balancements de bras ; ceux-ci s'élèvent, battent l'air, cherchant appui. Ménageant son souffle, dans l'espoir de survivre jusqu'à l'arrivée d'un passant à qui elle confierait le message, M. se laisse manœuvrer par son corps, sans se perdre de vue.

M. épouse ses mouvements se tourne se retourne se courbe pivote lentement très lentement comme au cinéma durant ces séquences au ralenti elle s'abandonne à l'attraction du sol à la pesante chute jusqu'à atteindre graduellement le trottoir où elle se retrouve couchée dans la posture du fœtus[7].

Joue contre la terre, œil aux aguets, la jeune femme se cramponne aux dernières lueurs de sa conscience, s'alarme du temps qui passe, s'angoisse de la soudaine disparition du soleil derrière un nuage. Mais l'astre joueur a déjà reparu ; elle en éprouve un réel soulagement.

Non loin, une fenêtre s'était mise à grincer. Une odeur de café se répandit autour d'elle.

M. chasse les souvenirs qui affluent par vagues. Elle ne veut plus être que ce présent, que cette parcelle de futur qu'elle cherche encore à sauver. Usant de précautions infinies, elle parvient à extirper de sa poche une photographie en couleurs de format carte postale, avec un bout de crayon. Au revers, à la suite d'une missive, elle griffonne péniblement deux mots.

Sa fin, elle le sait, est proche. Si proche, tandis que « vivre » s'offrait encore !

VOCABULAIRE

Enfiévrer, amenuiser
→ Quel mot simple retrouvez-vous dans ces verbes ? Déduisez-en leur sens dans le contexte.

6. **aspérités** : irrégularités d'une surface.
7. **fœtus** : désigne le bébé dans l'utérus.

TEXTE INTÉGRAL

Partie 3 : une lueur d'espoir

La mort surplombe ce minuscule territoire qu'elle occupe et qui, de minute en minute, se rétrécit. Elle repense au **milan** qui planait jadis, entre ses larges ailes brunâtres, au-dessus d'un quartier du Caire, sa chaude cité natale, avant de plonger vers sa proie. Subitement le rapace fonçait, souverainement, sur le morceau de viande qu'elle venait de poser au bord du balcon.

À présent, ici, sur sa gauche, à quelques mètres devant elle, une porte cochère vient de s'ouvrir. Avant de s'aventurer dans la rue, un couple âgé observe les toits où se nichent souvent des francs-tireurs[8].

Tous deux quittent définitivement ce quartier dangereux. L'homme porte une valise grossièrement ficelée. À peine dehors, sur le seuil, les vieux se tendent et se prennent la main.

M. les boit des yeux. M. se réfugie entre leurs deux paumes si tendrement jointes. Comme la vieille, elle pose sa tête sur l'épaule de son compagnon, et partage sur les cheveux le même baiser.

Du fond de son silence, M. crie désespérément vers eux. Elle cherche en vain à bouger, à attirer leur attention.

Pourquoi s'est-elle revêtue de cette robe grise qui se confond à la pierraille ? C'est la robe jaune qu'elle aurait dû mettre, pour courir, heureuse et confiante, vers son rendez-vous d'amour.

Les vieux se parlent à voix basse. Puis, sans la remarquer, ils se mettent en marche, s'éloignent dans la direction opposée.

Tout en avançant, la vieille se retourne une dernière fois vers son logis abandonné.

– Quand tout cela sera terminé, nous reviendrons, dit l'homme.

Elle n'y croit pas, elle n'y croit plus.

Subitement elle vient d'apercevoir, pelotonnée sur le trottoir, une forme qui remue :

– Regarde là-bas.

En hâte, ils rebroussent chemin.

Soutenus l'un par l'autre, ils reviennent sur leurs pas, traversent la chaussée aussi vite que leurs jambes le leur permettent.

Le vieil homme s'agenouille, examine la blessée. Il comprend que c'est grave, fatal. À bout de révolte, à bout de « pourquoi ? », ses yeux s'emplissent de colère et de larmes ; tandis que la femme, debout, hurle, frappe aux portes, cherche à ameuter les voisins.

Pas de réponse. La plupart des immeubles se sont vidés ; leurs habitants ont fui vers la montagne. Après les coups de feu sporadiques[9], craignant que les combats ne reprennent, le reste de la population se terre au fond des abris.

Dans un effort inouï, M. soulève sa main, leur tend, au bout de ses doigts qui tremblent, la carte-photo.

Le vieux la saisit, la regarde, la retourne ; essaie de déchiffrer le message à l'encre brune.

– Je vois mal, je n'y arrive pas. Toi, lis.

La vieille tire de l'étui pendu autour de son cou ses lunettes cerclées d'argent, les chausse et se met à lire à haute voix.

VOCABULAIRE

Milan
→ Relisez le paragraphe et cherchez à déduire précisément quel animal désigne ce terme.

8. **francs-tireurs** : tireurs isolés, snippers.
9. **sporadiques** : dispersés.

Peinture de
Leonid Baranov

Le visage de M. paraît se détendre. Elle entend :

– J'y cours !

– Seule ?

– Tu vois bien qu'on ne peut pas la laisser.

L'homme acquiesce. Il suit sa femme des yeux tandis que, serrant les coudes, trottant de toutes ses jambes, elle remonte la chaussée, exposée aux mauvais coups.

Son époux la protège du regard alors qu'elle rapetisse à vue d'œil. Il la retrouve fougueuse, vivace, comme avant ; il la revoit à l'âge de la jeune mourante. Ce jour lointain, pour le rejoindre de l'autre côté du boulevard, elle s'est élancée dans la cohue. Elle a couru vers lui, défiant tous les dangers, grandissant, toréant[10] entre les voitures, les joues en feu, les cheveux fous. Téméraire comme toujours !

À quelque cinq cents mètres de distance, appuyé contre le parapet du grand pont, le jeune homme s'est lassé d'attendre.

L'avant-veille il avait découvert l'adresse de M., il savait que son message et sa photo lui étaient parvenus. Depuis quelques jours la ville semblait s'apaiser, la trêve durait plus longtemps que de coutume.

M. était la ponctualité même ; si elle n'était pas venue, c'est qu'elle ne voulait pas. L'attente avait trop duré, l'espoir avait disparu.

À cause du chandail bleu roi, le même qu'il portait sur la photo, la vieille le reconnut de loin. Agitant la carte à bout de bras, elle tenta de lui faire signe et d'appeler dans sa direction. Mais un autocar bondé klaxonna derrière elle d'une façon si stridente qu'elle se rua sur le trottoir pour le laisser passer. Le mastodonte[11] l'effleura et continua sa route, en klaxonnant de plus belle et en cahotant.

Elle vit alors le jeune homme s'agripper à un bras tendu hors de l'énorme machine ; puis se hisser sur le marchepied avant de disparaître à l'intérieur.

Elle hurla en vain. Les vrombissements de l'autobus étouffaient ses appels.

En quelques secondes, l'autocar s'évanouit derrière des nuages de poussière soulevés par des pneus géants.

Anéantie, la vieille s'adossa au parapet. Elle laissa passer quelques minutes pour retrouver son souffle, puis elle relut la missive. À chaque mot un lambeau[12] de sa propre jeunesse lui était arraché. Frissonnant à l'idée que celui qui s'en allait, sans avoir rien su, aurait pu être son propre compagnon, elle n'eut plus qu'une idée : rejoindre ce dernier au plus tôt, avant qu'il ne leur arrivât malheur.

Au pas de course, elle reprit le chemin à rebours, marmonnant les paroles inscrites au revers de la photo, qu'elle avait sans le savoir apprises par cœur :

« La destruction, l'horreur, la haine ont pris dans notre contrée tous les masques. En qui, à quoi croire désormais ? Depuis que je côtoie la mort tout me semble vain, absurde, en dehors de l'amour véritable : plus rien n'existe désormais pour moi. Nous nous aimons, M., quoi qu'il ait pu se passer ; ne restons plus éloignés l'un de l'autre. Je t'attendrai après-demain, à midi quinze, à l'angle du grand pont, comme au premier rendez-vous (six ans déjà !). Un ami te portera ce mot, je m'assurerai qu'il te soit parvenu. Je mettrai le pull-over bleu que tu m'as offert, celui de cette photographie. Tu m'apercevras de loin. Si tu ne venais pas au bout d'une heure, je comprendrais que tout est définitivement rompu. »

Tout en bas, la jeune femme avait inscrit, en signes tremblés, sa réponse : « Je venais… »

10. toréant : faisant preuve de l'adresse d'un torero.
11. mastodonte : mammifère gigantesque.
12. lambeau : morceau déchiré, arraché.

TEXTE INTÉGRAL

Partie 4 : l'excipit

La vieille s'agenouilla auprès du vieil époux, passa son bras autour de ses épaules, relata l'entrevue manquée, ajouta :

– Un jour, nous le retrouverons. Il faut qu'il sache.

À son tour, en chuchotant, l'homme raconta qu'un passant était parti à la recherche d'une ambulance. Mais il savait, depuis le début, qu'il n'y avait aucun espoir de sauver la jeune femme.

Celle-ci ne bougeait plus et respirait à peine. La vieille se pencha, balaya de son haleine tiède la joue blafarde, frôla la tempe de ses lèvres. Ensuite, avec précaution, elle écarta les cheveux, dégagea l'oreille ; prenant soin de chaque syllabe, elle y déversa lentement un mot après l'autre :

– Il t'attendait, à l'angle du grand pont. Je l'ai vu, petite ! Il portait le chandail bleu de ta photo. Je l'ai tout de suite reconnu. Nous nous sommes parlé.

Le soupir, le sourire de M. l'aidèrent à poursuivre :

– Il est en route. Il arrive.

Tournée vers son époux, elle croisa son regard complice. Celui-ci prit le relais :

– Il est au bout de la rue, il descend vers nous.

La vieille reprit en écho :

– Il est là, il arrive !

– Il approche, il vient.

– Le voilà !

Leurs voix se soutiennent, s'entrelacent.

Des ondes de paix parcourent les veines de la jeune femme. Une vague de bonheur déferle sur ses traits. De sa poitrine monte un souffle plus profond que celui des mers.

Joie et douleur s'emparent du vieux couple. L'absurdité et le sens des choses s'entrechoquent dans leurs têtes, dans leurs cœurs.

Leurs mains se cherchent, se réunissent, pour n'en former qu'une seule.

Une seule main qui vient se poser, comme une chape de tendresse, autour de la jeune main immobile.

Celle-ci ne s'était pas encore tout à fait refroidie.

Andrée Chedid, « Mort au ralenti », *L'Artiste et autres nouvelles*, Librio © Flammarion

Fresque *Silence* à Visoko près de Sarajevo commémorant le massacre de Srebrenica (1995), réalisée par le **collectif H.A.D.** (Bosnie-Herzégovine, 2015)

Comment évoquer la cruauté de la guerre dans un court récit de fiction ?

Partie 1 : l'incipit ▸ p. 166

1. Qu'apprend-on de M. ? Listez tous les indices.

2. Peut-on situer précisément le cadre, l'époque du récit ?

3. a. Pourquoi, à votre avis, le passage des lignes 26 à 37 est-il en italique ?
b. Comment Andrée Chedid parvient-elle à évoquer toutes les souffrances dues aux guerres dans ce paragraphe ?

4. Rédigez les questions que se pose le lecteur à cette étape du récit.

5. Bilan En quoi ce passage constitue-t-il un incipit réussi ?

Partie 2 : le message ▸ p. 167

6. a. Repérez les signes de l'affaiblissement de M. (l. 1 à 9)
b. À quel temps les verbes sont-ils conjugués ? Avec quel effet ?

7. a. Que décide alors M. ? Pour quoi faire ? (l. 10 à 19)
b. Combien de temps cette action peut-elle durer dans la fiction ? Comment jugez-vous alors le rythme du récit ? Quel effet ce procédé a-t-il ?

8. Bilan Comment ce passage justifie-t-il le titre de la nouvelle « Mort au ralenti » ?

Partie 3 : une lueur d'espoir ▸ p. 168

9. a. Rassemblez les éléments qui permettent de caractériser les nouveaux personnages. (l. 7 à 14)
b. Comment Andrée Chedid retarde-t-elle encore la narration ? Quel sentiment naît alors chez le lecteur ?
c. Quelle information capitale apprend-on sur M. ?

10. Où se trouve le jeune homme ? En quoi ce lieu peut-il être symbolique ?

11. Bilan Relisez le contenu de la carte-photo (l. 83 à 91). Que comprend-on maintenant de l'histoire ?

Partie 4 : l'excipit ▸ p. 170

12. Comment qualifieriez-vous cette dernière scène ? Choisissez un adjectif et justifiez-le en citant des passages du texte.

13. Quelle phrase dessine une suite possible à l'histoire ?

14. Bilan Reprenez les questions rédigées à la question 4 : pouvez-vous maintenant y répondre ?

Bilan

Pour vous cette nouvelle est-elle davantage un hymne à l'amour, une dénonciation des horreurs de la guerre ou les deux à la fois ? Écrivez un paragraphe pour répondre à cette question.

Outils

Les étapes du récit

- Le récit commence par un **incipit** qui présente le cadre, les personnages et l'intrigue. Il se poursuit en déroulant l'intrigue et ses **péripéties**. Il se clôt dans l'**excipit**. Parfois un **épilogue** vient le conclure.

Le rythme du récit

- Le narrateur peut accélérer le rythme du récit en faisant un résumé ou un **sommaire**. Il peut le freiner en multipliant les **pauses** (description, analyse). Quand le temps de l'histoire défile au même rythme que le temps du récit, on parle de **scène**.

VERS LE BREVET

Sujet d'imagination

Proposez un épilogue au texte. Vous écrirez, dans le style d'Andrée Chedid, une scène qui se passera après la dernière scène du texte. Vous vous appuierez sur les indices du texte pour la choisir.

Sujet de réflexion

Pensez-vous que lire des histoires tragiques peut rendre le lecteur plus sensible aux malheurs du monde ?

LECTURE EXPRESSIVE

En groupe, répartissez-vous les différentes parties de la nouvelle, puis proposez une lecture expressive. Vous pouvez enregistrer votre mise en voix du texte.

Lecture collaborative du recueil *L'Artiste* d'Andrée Chedid

Vous allez lire et commenter en groupe une des nouvelles du recueil selon des consignes précises : elles vous permettront d'améliorer vos stratégies de lecture afin de devenir un lecteur expert.

ÉTAPE 1 RÉPARTITION DES TEXTES

- **Formez des groupes.** Distribuez-vous une nouvelle par groupe.
- **Une fois votre nouvelle choisie, partagez-la** : une partie pour chaque membre du groupe. Vous pouvez vous baser sur la mise en page : un saut de ligne indique une articulation du récit. Chaque élève du groupe sera ainsi responsable d'une partie.

ÉTAPE 2 LECTURE COLLABORATIVE

Pour chacune des parties du texte, réalisez le travail de lecture collaborative en suivant les consignes du **plan de travail**.

▸ p. 173

ÉTAPE 3 MISE EN COMMUN

Scénario 1 : à l'écrit

Chaque groupe rend un document contenant :
- un **résumé** de la nouvelle ;
- une **illustration** (réalisée par vous ou recherchée sur Internet) ;
- un **paragraphe** analysant l'intérêt et l'enjeu du texte.

Scénario 2 : à l'oral

Chaque groupe se prépare à présenter la nouvelle avec :
- un **résumé** en relais de la nouvelle ;
- une **explication** de l'intérêt et de l'enjeu du texte.

ÉTAPE 4 DÉBAT INTERPRÉTATIF

Andrée Chedid a nommé un de ses recueils de nouvelles : *Mondes Magies Miroirs*. Expliquez votre interprétation de ce titre et dites s'il conviendrait à l'ensemble des nouvelles de Chedid que vous avez lues.

Plan de travail de chaque groupe

Plan de travail
hatier-clic.fr/22luf173

Étapes	Consignes
A PRÉDIRE → **De quoi ce texte va-t-il parler ?**	• Je prédis ce que je vais lire. • Je demande au reste du groupe de corriger ou préciser ma correction.
B LECTURE SILENCIEUSE	• Tous les membres du groupe lisent la nouvelle en silence.
C CLARIFIER → **Y a-t-il des mots ou des passages que je ne comprends pas ?**	• Je demande des explications sur les mots ou les passages difficiles. • Je demande si tout le monde a bien compris.
D QUESTIONNER → **Que m'apprend ce texte ?**	• Je pose au groupe des questions intéressantes sur le texte. • Nous débattons ensemble des réponses.
E RÉSUMER → **Qu'ai-je appris dans ce texte ?**	• Je résume ma partie et demande à mes coéquipiers et coéquipières de vérifier mon résumé.

COUP DE POUCE
Appuyez-vous sur le titre, la couverture, la mise en page pour le premier du groupe ; **puis sur les passages lus précédemment** pour les autres.

COUP DE POUCE
Vous pouvez demander l'aide du groupe, consulter un dictionnaire, questionner votre professeur.

COUP DE POUCE
Cherchez à repérer les informations importantes et les enjeux du texte.

COUP DE POUCE
Sélectionnez les éléments importants.

À lire et à voir

Douze nouvelles contemporaines – Regards sur le monde
de **Dino Buzzati, Didier Daeninckx, Romain Gary, Jacques Sternberg, Sylvain Tesson**... (2019)
• Des nouvelles à chute qui dressent un portrait des hommes et des femmes d'aujourd'hui tout en interrogeant l'histoire du XXe siècle.

Le Message
d'**Andrée Chedid** (2000)
• Dans la rue déserte d'une ville ravagée par la guerre, Marie s'effondre, touchée par une balle, alors qu'elle s'apprêtait à rejoindre Steph... Andrée Chedid a repris son récit de la nouvelle « Mort au ralenti ».

BILAN

Écoutez le bilan en version audio.
hatier-clic.fr/22luf174a

JE CONSTRUIS

1 En quoi la nouvelle « Mort au ralenti » est-elle une illustration parfaite de l'art de la nouvelle ? Justifiez votre réponse en faisant des références précises au texte.

2 Bien que s'inspirant d'un fait réel, la nouvelle d'Andrée Chedid n'est pas précisément située dans le temps et l'espace. Quel est l'intérêt de cette imprécision de la fiction ?

3 Recopiez et complétez ce tableau pour comparer les nouvelles du recueil que vous avez lues.

Titre de la nouvelle	Cadre (lieu, époque)	Personnages	Tonalité (réaliste, comique, fantastique...)	Chute
...	...	...	...	...

4 ORAL Cette citation d'Andrée Chedid vous paraît-elle rendre compte des nouvelles que vous avez lues ?

« J'essaie de dire les choses vivantes qui tourbillonnent au fond de chacun d'entre nous. Les sujets que je choisis sont en général marqués par la tragédie et l'espérance. »

JE RETIENS

UN REGARD ORIGINAL SUR LE XXE SIÈCLE

Des histoires ancrées dans le réel

- Les nouvelles d'Andrée Chedid dans le recueil *L'Artiste* prennent souvent racine dans la **réalité**. L'actualité, les faits divers, mais aussi les souvenirs sont une source d'inspiration. Ainsi, « Mort au ralenti » est inspirée des nombreux **conflits de la fin du XXe siècle**.
- Pour autant, toutes les nouvelles ne sont pas **réalistes** et certaines relèvent du **fantastique** (« L'Artiste »).

L'art du récit court

- Andrée Chedid maîtrise l'art de la nouvelle resserrant le récit autour d'un **moment clé du destin** du personnage. C'est le cas de « Mort au ralenti » : le récit complet (**incipit, péripéties, excipit**) relate les dernières minutes de la vie d'une jeune femme.
- Certaines nouvelles sont des **nouvelles à chute** comme « L'Atelier de Batine ».

Un message d'amour et d'espoir

- Tantôt tragiques, tantôt drôles, tantôt émouvantes, les nouvelles d'Andrée Chedid lui permettent de porter un **regard plein de poésie et de compassion** sur le monde et ses malheurs. Les héros et les héroïnes sont tous différents mais font tous une rencontre pleine d'humanité.

Pour vous aider

Des fiches MÉMORISATION

Fiche vocabulaire
hatier-clic.fr/22luf174b

Carte mentale
hatier-clic.fr/22luf174c

Activité numérique pix

+PROF
Activité et tuto Twitter + ENT

Vers le Brevet

Évaluation DIFFÉRENCIATION

+PROF
Évaluation BREVET (Vercors)

Lecture
CURSIVE

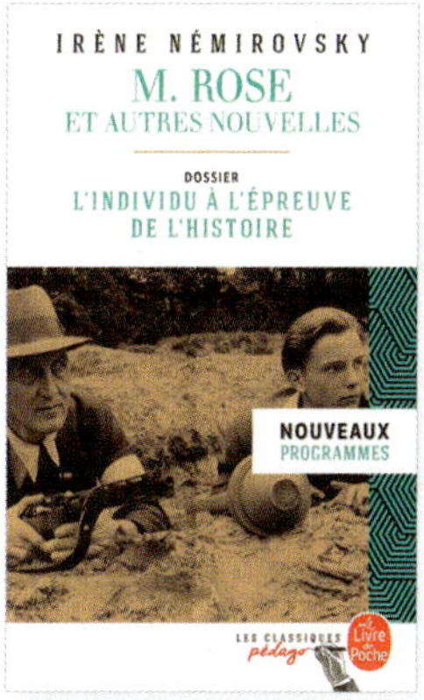

Irène Némirovsky, *M. Rose et autres nouvelles*

Découvrir l'œuvre

En trois nouvelles, Irène Némirovsky (1903-1942) peint trois tableaux d'existences bouleversées par la Seconde Guerre mondiale.

Extrait 1

Il était prudent et calme comme un chat. Sa vie était douce ; il ne s'était pas marié et il était riche. Il avait eu dès l'enfance un air goguenard et condescendant qui inspirait le respect. Il semblait croire que le monde est peuplé d'imbéciles ; il le croyait effectivement. À cela, rien ne résiste. Il avait cinquante ans passés, de belles joues grasses, une voix aiguë et autoritaire, des manières frileuses, discrètes, de l'esprit.

■ Irène Némirovsky, « M. Rose », *M. Rose et autres nouvelles*

Extrait 2

Dans le plus grand désordre, soldats et civils se pressaient à la gare de N. Les uns étaient rappelés de permission par l'entrée des Allemands en Belgique, les autres voyageaient pour leurs affaires ou fuyaient les lieux où avançait la guerre. C'était une nuit de mai 1940, par le temps le plus doux.

■ Irène Némirovsky, « L'inconnu », *M. Rose et autres nouvelles*

TESTEZ-VOUS !

Quiz sur votre lecture (Nouvelles d'Irène Némirovsky)
hatier-clic.fr/22luf175

CARNET DE LECTURE

→ Proposez un résumé de la nouvelle que vous préférez. Votre résumé ne devra pas dépasser 250 mots.

→ Recherchez une image pour illustrer votre nouvelle préférée. Vous noterez bien la source de l'image.

→ Vous la présenterez à la classe ▶ p. 286 et justifierez votre choix. Votre prise de parole orale devra durer trois minutes.

COUP DE POUCE

• **Pour résumer un texte, il faut déjà s'assurer, par une lecture attentive, de bien le comprendre.** Repérez ensuite les différentes étapes du texte et résumez chaque étape une par une. Cela vous évitera de devoir accélérer le résumé à la fin.

• **Pour un comptage des mots plus facile**, placez un repère au crayon tous les 50 mots.

10 Prenons la parole !

▶ Comment convaincre par le discours ?

Dans ce chapitre, vous allez découvrir l'art du discours et vous exercer à l'éloquence.

Travailler autrement DIFFÉRENCIATION

Les clés du chapitre

Textes & images

Ateliers

Bilan

Lectures cursives

Projet

Doc 1

Jean Veber, *Jean Jaurès à la tribune de la Chambre des députés* (1903), huile sur bois (61 x 73 cm), musée Carnavalet (Paris)

Jean Jaurès est un homme politique du début du XXe siècle, célèbre pour ses prises de parole et ses discours. Ici, il demande la réhabilitation de Dreyfus, un militaire accusé à tort de haute trahison.

1. Observez les images (doc 1, 3 et 4) : quelle impression se dégage de l'orateur ?
2. Observez maintenant le public (doc 1) : quelles réactions observez-vous ?
3. a. Lisez le discours de Nelson Mandela (doc 2) : donnez deux adjectifs pour définir l'impression qu'il vous fait. Justifiez votre réponse.
b. Choisissez ensuite la phrase du discours que vous préférez et expliquez pourquoi (pensez à parler à la fois des idées et de la manière dont elles sont exprimées).

Doc 2

Après une longue lutte et des années de prison qui aboutissent à la fin de l'apartheid, un régime de ségrégation raciale en Afrique du Sud séparant les blancs des noirs au profit des blancs, Nelson Mandela est élu président. Il prononce ce discours le 10 mai 1994 devant plus de 60 000 personnes.

Nous nous engageons à construire une société dans laquelle tous les Sud-Africains, qu'ils soient blancs ou noirs, pourront marcher la tête haute et sans crainte, assurés de leur droit inaliénable à la dignité humaine – une nation arc-en-ciel en paix avec elle-même et avec le monde. [...]

Que la paix soit pour tous.

Que le travail, le pain, l'eau et le sel soient pour tous.

Que chacun d'entre nous sache que son corps, son esprit et son âme ont été libérés afin de s'épanouir.

Que jamais, jamais, jamais plus ce pays magnifique ne revive l'expérience de l'oppression des uns par les autres ni ne subisse l'indignité d'être le paria du monde.

Que règne la liberté.

Jamais le soleil ne se couchera sur une réussite humaine aussi glorieuse !

■ **Nelson Mandela**, « Le Temps est venu », discours du 10 mai 1994, traduit de l'anglais par Pascale Haas © Points (2010)

Doc 3

Nelson Mandela en février 1990, à Soweto (Afrique du Sud), lors d'un meeting où 100 000 personnes participent

Vidéo
Analyse du discours
hatier-clic.fr/22luf177a

Doc 4

Emma González, lycéenne rescapée de la fusillade de Parkland, prononce un discours lors d'une manifestation contre les armes à feu, intitulée « Marche pour nos vies », en 2018, à Washington. Lors de son discours, elle impose six minutes de silence, le temps de la fusillade.

Vidéo
Le discours d'Emma González
hatier-clic.fr/22luf177b

DÉBAT

À votre avis, un discours peut-il changer le monde ?

Parcours autonome autour des textes du chapitre

Après avoir découvert les enjeux du chapitre tous ensemble (p. 176-177), vous pourrez travailler en autonomie selon la démarche suivante.

AUTONOMIE

Vous allez lire et étudier les textes du chapitre en **autonomie** : chacun va pouvoir travailler à son rythme mais aussi bénéficier de l'aide du groupe.

L'ORGANISATION DU TRAVAIL

Au début de chaque séance, chaque groupe se fixe un **objectif de travail** (une ou plusieurs tâches).
À chaque séance, un « maître du temps » est désigné pour veiller à la réalisation de cet objectif.
Le professeur valide le travail au fur et à mesure de sa réalisation.

LES GROUPES

Constituez des groupes de cinq élèves. Choisissez des camarades avec qui vous allez pouvoir travailler efficacement.
Au sein du groupe, **alternez travail collectif et travail individuel** (lors duquel vous pourrez recevoir l'aide du groupe). Si le groupe est bloqué par un problème, il fait appel au professeur.

LE PLAN DE TRAVAIL ▸ p. 179

Ce document vous permet d'**organiser et planifier** le travail du groupe et le travail individuel à la maison : il contient toutes les consignes.
Dans sa version téléchargeable, une nouvelle colonne permettra de valider les travaux effectués.
Les tâches 2, 3 et 4 peuvent être réalisées dans l'ordre souhaité par le groupe.

Plan de travail de chaque groupe

Plan de travail
hatier-clic.fr/22luf179

Tâches à accomplir	Consignes
1 Lecture et activités « Les clés du chapitre » *au début du parcours*	**Lecture et activités des pages 180-181.** → Remplissez le carnet de vocabulaire. → à la maison : apprenez le vocabulaire.
2 Lecture et analyse d'un texte du chapitre *(textes p. 182, 184, 188 et 190 à se répartir entre les groupes)*	**Lecture et activités sur le texte choisi par le groupe :** → Lisez le texte ensemble et vérifiez que vous avez compris grâce au groupe. → Faites les différentes questions et activités (en groupe). → Rédigez individuellement la question « bilan » et faites-la valider par votre professeur à la séance suivante.
3 Lecture cursive en groupe de chacun des trois autres textes du chapitre	**Lecture cursive des trois autres textes du chapitre :** → Lisez chaque texte ensemble et vérifiez que vous avez compris grâce au groupe. → Répondez à l'oral aux activités de vocabulaire et à la question « Partageons notre lecture ». → Répondez à l'écrit à une question obligatoire sur chacun des textes (en groupe) : • Texte de Jean Giono : question 1 p. 183 • Texte de Jean Rostand : question 4 p. 185 • Texte de Joséphine Baker : question 2 p. 189 • Texte d'Emma Watson : question 4 p. 191 (Si vous n'avez pas réussi à lire les trois textes dans le temps imparti, finissez individuellement à la maison , ou en groupe lors d'une heure de permanence.)
4 Sujet type Brevet (*Le Clézio*) ▶ p. 192	→ À rendre : les questions du sujet rédigées par le groupe. → La rédaction est faite à la maison .
5 Activités de bilan *à la fin du parcours*	→ Réalisez ces activités (p. 197) en commun. → En groupe classe : mise en commun du travail de tous les groupes.

Qu'est-ce que l'éloquence ?

L'ART DU DISCOURS : UNE ORIGINE ANTIQUE

- L'Antiquité connaît de grands **orateurs**, tels Périclès, Démosthène ou Cicéron. Ils maîtrisent l'art de parler pour persuader, convaincre : l'**éloquence**. Ces discours concernent la république (l'organisation des lois de la cité) et la justice.
- Cet art est enseigné dès l'Antiquité par des maîtres de l'éloquence (Aristote, Cicéron ou Quintilien) : cette discipline s'appelle la **rhétorique**.

1. Faites une recherche sur les maîtres de l'éloquence évoqués. Prenez quelques notes afin d'être capable de les présenter brièvement à l'oral.

Doc 1 **Statue de Cicéron** (Ier s. apr. J.-C.)

Anecdote

Pendant de longues années, il n'y a pas eu de cours de français à l'école. On y étudiait la **rhétorique**, comme dans l'Antiquité. Les devoirs et les évaluations étaient constitués de débats à l'oral entre les élèves : les **disputes**.

CONVAINCRE ET PERSUADER

- Le discours vise à **persuader** (par les sentiments) et **convaincre** (par la raison) : son but est d'agir sur l'opinion de celui qui écoute.
- Le discours peut avoir différents enjeux : **louer** (faire l'éloge) ou **blâmer** (critiquer), **défendre** ou **accuser,** rendre **hommage**.

Doc 2 **Jean-Jules-Antoine Lecomte du Nouÿ**, *Démosthène s'exerçant à la parole* (1870)

Démosthène est considéré comme l'un des plus grands orateurs de l'Antiquité. Selon la légende, pour arriver à ce degré de perfection dans son art, il a étudié sans relâche, recopiant des dizaines de fois des discours célèbres afin de s'en imprégner. Ensuite, il s'est entraîné durement pour réussir à parler avec force et aisance en public : il récitait des discours avec des cailloux dans la bouche ou sur le bord de mer pour forcer sa voix à couvrir le bruit du vent et des vagues. Il luttait aussi contre des tics qui le faisaient agiter son épaule.

CARNET DE VOCABULAIRE

Recopiez les mots en vert accompagnés d'une courte définition.

Doc 3

Quintilien a écrit un traité sur l'art de bien parler. Il s'adresse aux maîtres de l'éloquence et leur indique la manière de bien former leurs élèves.

Il aura soin aussi que les syllabes finales ne soient point tronquées ; que le débit se soutienne toujours également ; que, dans les exclamations, l'effort parte des poumons et non de la tête ; que le geste soit en harmonie avec la voix, et le visage avec le geste. Il recommandera à son élève de regarder en face en parlant, de ne point tordre ses lèvres, de ne point trop ouvrir la bouche, de ne point se tenir le visage en l'air ou les yeux fixés vers la terre, ni de laisser aller sa tête de côté et d'autre.

■ Quintilien, *L'Institution oratoire* (92 apr. J.-C.), traduit du latin par M. Nisard

2. Selon les documents 2 et 3, quelles sont les qualités d'un bon orateur ?

3. Quels sont les moyens de les travailler ?

LES DISCOURS AU XXE SIÈCLE

- Il existe encore de nombreuses occasions de prononcer des discours et certains ont bien fait changer le monde. Un des plus célèbres est celui de Martin Luther King, lors de la marche pour les droits civiques en 1963 : il commençait par *I have a dream*...
- La rhétorique est aussi à l'œuvre dans les textes écrits pour convaincre ou persuader : **essai**, **lettre ouverte**, **tribune**...

Doc 4

En 1954, l'**Abbé Pierre** lance un appel radio en faveur des sans-abri, victimes du terrible froid de cet hiver-là. Des dons affluent aussitôt.

Vidéo
hatier-clic.fr/22luf181a

Doc 5

En 1974, **Simone Veil** propose à l'Assemblée nationale la loi sur l'avortement. L'Assemblée, majoritairement opposée à cette loi, finit par la voter.

Vidéo
hatier-clic.fr/22luf181b

4. Visionnez ou écoutez ces extraits de discours (doc 4 et 5). Choisissez l'extrait qui vous a marqué : pourquoi diriez-vous qu'il présente un bon orateur, éloquent ?

Vous êtes prêt(e)s ?

Découvrons de grands discours qui ont changé le monde et comprenons comment ils sont construits, d'où ils tirent leur puissance !

XXᴱ SIÈCLE
LETTRE OUVERTE

Objectif
Comprendre la stratégie argumentative d'un texte

Lettre aux paysans sur la pauvreté et la paix (1938)

Écoutez le texte lu.
hatier-clic.fr/22luf182

Jean Giono est un écrivain qui a été traumatisé par la Première Guerre mondiale où il a combattu alors qu'il était un tout jeune homme.

Je n'aime pas la guerre. Je n'aime aucune sorte de guerre. Ce n'est pas par sentimentalité. Je suis resté quarante-deux jours devant le fort de Vaux[1] et il est difficile de m'intéresser à un cadavre désormais. Je ne sais pas si c'est une qualité ou un défaut : c'est un fait. Je déteste la guerre. Je refuse de faire la guerre pour la seule raison que la guerre est inutile. Oui, ce simple petit mot. Je n'ai pas d'imagination. Pas horrible ; non, inutile simplement. Ce qui me frappe dans la guerre ce n'est pas son horreur : c'est son inutilité.

Vous me direz que cette inutilité précisément est horrible. Oui, mais par surcroît. Il est impossible d'expliquer l'horreur de quarante-deux jours d'attaque devant Verdun[2] à des hommes qui, nés après la bataille, sont maintenant dans la faiblesse et dans la force de la jeunesse. Y réussirait-on qu'il y a pour ces hommes neufs une sorte d'attrait dans l'horreur en raison même de leur force physique et de leur faiblesse. Je parle de la majorité. Il y a toujours, évidemment, une minorité qui fait son compte et qu'il est inutile d'instruire. La majorité est attirée par l'horreur ; elle se sent capable d'y vivre et d'y mourir comme les autres ; elle n'est pas fâchée qu'on la force à en donner la preuve. Il n'y a pas d'autre vraie raison à la continuelle acceptation de ce qu'après on appelle le martyre et le sacrifice. Vous ne pouvez pas leur prouver l'horreur. Vous n'avez plus rien à votre disposition que votre parole : vos amis qui ont été tués à côté de vous n'étaient pas les amis de ceux à qui vous parlez ; la monstrueuse magie qui transformait ces affections vivantes en pourriture, ils ne peuvent pas la connaître ; le massacre des corps et la laideur des mutilations se sont dispersés depuis vingt ans et se sont perdus silencieusement au fond de vingt années d'accouchements journaliers d'enfants frais, neufs, entiers, et parfaitement beaux. À la fin des guerres, il y a un aveugle, un mutilé de la face, un manchot, un boiteux, un gazé par dix hommes ; vingt ans après, il n'y en a plus qu'un par deux cents hommes ; on ne les voit plus ; ils ne sont plus des preuves. L'horreur s'efface.

Et j'ajoute que, malgré toute son horreur, si la guerre était utile, il serait juste de l'accepter. Mais la guerre est inutile et son inutilité est évidente. L'inutilité de toutes les guerres est évidente. Qu'elles soient défensives, offensives, civiles, pour la paix, le droit pour la liberté, toutes les guerres sont inutiles. La succession des guerres dans l'histoire prouve bien qu'elles n'ont jamais conclu puisqu'il a toujours fallu recommencer les guerres. [...] Je consens à faire n'importe quel travail utile, même au péril de ma vie. Je refuse tout ce qui est inutile et en premier lieu toutes les guerres car c'est un travail dont l'inutilité pour l'homme est aussi claire que le soleil.

■ **Jean Giono**, extrait de la *Lettre aux paysans sur la pauvreté et la paix* (6 juillet 1938) © Héros-Limite, Paris (2013)

1. **fort de Vaux** : fort militaire enjeu de combats pendant la Première Guerre mondiale.
2. **Verdun** : ville française donnant son nom à une bataille de la Première Guerre mondiale.

François Flameng, *Verdun* (1916), aquarelle (31 × 57 cm), musée de l'Armée (Paris)

VERS LE BREVET

Giono dit dans son texte que l'horreur des guerres s'efface. Comment une œuvre d'art, comme ce tableau, permet-elle de garder la mémoire de l'atrocité des guerres ?

Partageons notre lecture

● Observez les indices donnés par le paratexte (p. 182) : qui Giono veut-il convaincre ? de quoi ? pourquoi ?

Comment Giono rend-il son argumentation percutante et efficace ?

1. Reformulez la thèse de chaque paragraphe et repérez un argument et un exemple.

2. D'après vous quels sont les deux mots associés à la guerre les plus importants du texte ? Repérez chacune des apparitions d'un de ces mots ou d'un mot de sa famille. Que remarquez-vous ?

3. Relevez tous les éléments qui démontrent l'horreur de la guerre : comment Giono la rend-il impressionnante pour le lecteur ? À quoi la guerre est-elle comparée ?

Outils

Les mots de l'argumentation

- **La thèse** est l'idée défendue par l'auteur.
- Pour défendre cette idée, il propose des preuves qui sont des **arguments** (des raisons, des explications) et des **exemples** (des faits concrets qui les illustrent).

Bilan

Recopiez le schéma et remplissez-le pour caractériser le texte.

Texte
- Auteur : …
- Genre : …
- Contexte : …
- Thèses : …
- Destinataire : …
- Procédés marquants : …

ATELIER PHILO

« Une guerre peut-elle être utile ? »

Cherchez en groupe au moins deux arguments et deux exemples pour répondre affirmativement ou négativement à cette question.
Réfléchissez à tous les aspects pour proposer des réponses nuancées.

Objectif
Étudier les procédés du discours

Discours sur la conquête spatiale (1968)

Jean Rostand est le fils d'Edmond Rostand (l'auteur de Cyrano de Bergerac*). C'est un écrivain et un scientifique. Il pronconce ce discours à l'Unesco alors que la mission américaine Apollo 8 vient de réaliser le premier vol habité autour de la Lune.*

Écoutez le texte lu.
hatier-clic.fr/22luf184

Trois hommes, depuis trois jours, tournent autour de la Lune. Je ne veux pas savoir si ce sont des Américains ou des Russes : ce sont des hommes.

Qui n'éprouverait, de prime abord, un sentiment d'enthousiasme en songeant à la féerique prouesse qui est en train de s'accomplir et qui agrandit encore l'idée qu'on se faisait du « singe nu » qu'est l'« homo sapiens » ? Qui n'admirerait le courage, la résolution, la hardiesse de ces violateurs d'un azur vierge, de ces voyageurs sans devanciers ? Et comment, à travers eux, ne voudrait-on pas rendre hommage aux savants, aux ingénieurs, aux techniciens qui par la rigueur de leurs calculs, par le soin et l'ingéniosité de leurs préparatifs, par la qualité de l'outillage qu'ils ont créé, ont rendu possible l'incroyable aventure ?

Mais au risque de scandaliser quelques-uns, je ne cacherai pas que, pour ma part, je me sens obligé de mettre une sourdine à mon applaudissement, car on doit quand même se demander si vraiment c'est à bon escient que les plus précieuses qualités morales et intellectuelles de l'homme ont été mobilisées pour la réussite d'un tel exploit… Je tiens que le fabuleux, que le merveilleux effort prodigué pour aboutir au voyage **circumlunaire** est hors de proportion avec les conséquences qu'on peut attendre, soit sur le plan spéculatif[1], soit sur le plan de l'application pratique. Je tiens qu'il y a, sur notre Terre, une foule de choses à faire qui eussent mérité d'avoir la priorité sur ce qu'on appelle **orgueilleusement** l'exploration du cosmos.

Tant que nous restons désarmés contre le cancer, tant que les maladies sont à vaincre qui pourraient être vaincues, tant qu'une majorité de terriens souffrent de la faim, de la misère et restent plongés dans l'ignorance, tant que nous n'aurons pas résolu les problèmes de la surpopulation et du sous-développement, tant que des vieillards et des infirmes, partout manqueront du nécessaire, tant que régneront l'injustice sociale, la violence, le racisme et le fanatisme, dans un monde **mesquinement** divisé en patries, tant qu'un gouvernement mondial n'aura pas été institué qui prévienne les risques de guerre et nous garantisse contre le génocide atomique, je penserai que tourner autour de la Lune est un luxe qui pouvait attendre, et que c'est là pour parler comme Chamfort[2], avoir des dentelles avant d'avoir des chemises.

■ Jean Rostand, extrait du discours du 24 décembre 1968, publié dans *Quelques discours* (1964-1968) © Club humaniste (1970), D.R.

VOCABULAIRE

Circumlunaire
→ Repérez les deux éléments qui composent ce mot et faites des hypothèses sur son sens.

Orgueilleusement, mesquinement
→ Retrouvez l'adjectif sur lequel est construit chacun de ces adverbes et donnez-en une définition.

1. **spéculatif** : qui porte sur des recherches théoriques.
2. **Chamfort** : écrivain et journaliste du XVIIIe siècle.

Partageons notre lecture

1 En tenant compte de votre lecture du texte et du paratexte, décrivez précisément la photographie de la Nasa (p. 185).

2 Reformulez avec vos mots la thèse de Jean Rostand.

Lever de Terre, photographie de **William Anders** (Nasa) durant la mission Apollo 8 (24 décembre 1968)

Comment l'auteur nous interpelle-t-il sur la conquête spatiale ?

1. À quoi sert le premier paragraphe du texte (l. 1-2) ?

2. Dans le deuxième paragraphe (l. 3 à 10), par quels moyens Rostand valorise-t-il l'exploit que constitue ce voyage dans l'espace ?

3. Quelle réaction personnelle à cet exploit l'auteur exprime-t-il dans le troisième paragraphe (l. 11 à 20) ? Montrez-le en relevant les modalisateurs ▸ p. 340.

4. Comment oppose-t-il cet exploit aux autres défis que doit affronter l'humanité dans le quatrième paragraphe (l. 21 à 31) ? Pour répondre, analysez les propositions ▸ p. 339.

5. Donnez votre explication de l'expression *avoir des dentelles avant d'avoir des chemises* (l. 30-31).

Outils

Les procédés de l'éloquence

- **La question oratoire** est une question pour laquelle on n'attend pas de réponse, celle-ci étant souvent évidente. Elle sert à interpeller l'auditeur.
- **L'anaphore** consiste à répéter un même début de phrase ou de proposition : elle crée un rythme et permet de marteler les arguments, qui prennent ainsi de la force.
- **La présentation méliorative** (qui accentue les éléments positifs) ou **péjorative** (qui accentue les éléments négatifs) d'un fait ou d'une idée contribue à l'argumentation. Elle s'appuie sur le vocabulaire, des images.

Bilan

Écrivez un court bilan pour répondre à la question initiale « Comment l'auteur nous interpelle-t-il sur la conquête spatiale ? » : pour cela, reprenez les trois grandes étapes de son argumentation (paragraphes 2, 3 et 4) et écrivez pour chacune d'elles une phrase qui explique son intérêt.

DÉBAT

Organisez un débat.
« La conquête spatiale est-elle aujourd'hui une priorité ou est-il nécessaire de privilégier d'autres domaines ? »

1. Préparez le débat :

a. Préparez vos arguments associés à des exemples.

b. Réalisez en commun une charte du débat : quelles règles peut-on établir pour que la parole de tous soit écoutée et respectée ?

2. Débattez en respectant les règles que vous avez fixées.

LECTURE À VOIX HAUTE

Entraînez-vous à la lecture « décalée » du texte : il s'agit de lire une phrase, ou une partie importante d'une phrase silencieusement, puis de lever les yeux et de dire cette phrase en regardant son auditoire. C'est un bon exercice pour apprendre à parler en public, en utilisant des notes.

Objectif
- Étudier comment la BD peut rendre hommage

Joséphine Baker en images

Cette planche est consacrée aux années 1950 et 1960. Installée en France, Joséphine Baker fonde sa tribu arc-en-ciel en adoptant des enfants du monde entier et se bat contre les discriminations raciales.

Pénélope Bagieu, *Culottées* (2016), Joséphine Baker © Éditions Gallimard Jeunesse

Découvrir

1. Quel est le sens de l'adjectif « culottées », titre de l'ouvrage de Pénélope Bagieu ? Qu'en déduisez-vous sur l'objectif de son album ?

2. Quel est l'intérêt de présenter cette biographie sous forme de BD ?

3. Comment Pénélope Bagieu anime-t-elle ce récit de vie ? Observez les vignettes page 186 : l'utilisation de la couleur, la mise en valeur des vignettes à l'intérieur des bandes et de la planche.

4. Choisissez une vignette et analysez-la précisément. Vous observerez notamment la correspondance du texte et du dessin.

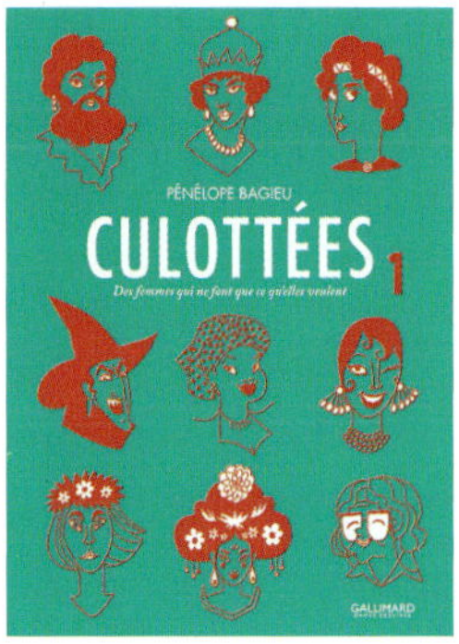

Écrire

Joséphine Baker entre au Panthéon, lieu où la France conserve la sépulture de ses grands hommes et de ses grandes femmes, en novembre 2021. À cette occasion, un discours d'hommage lui est rendu. Imaginez ce discours. Vous direz notamment en quoi son engagement a été exemplaire au XXe siècle.

Vidéo
Discours au Panthéon
hatier-clic.fr/22luf187

CARNET DE VOCABULAIRE

Complétez votre carnet en recherchant ces termes du vocabulaire de la bande dessinée :
planche • bande • bulle (ou phylactère) • cartouche.

INTERDISCIPLINARITÉ

ACTIVITÉ

À votre tour, rendez hommage à une personne engagée, à la manière de Pénélope Bagieu.
Vous travaillerez par groupe en vous partageant les rôles : recherches, scénario, dessin.
Vous proposerez une bande de quatre vignettes, retraçant un événement majeur de la vie de la personne choisie.

Travailler AUTREMENT

DIFFÉRENCIATION

Faites des recherches sur une période de la vie de Joséphine Baker.

→ **Groupe 1** : son enfance, sa jeunesse à Saint-Louis et la ségrégation raciale.

→ **Groupe 2** : son succès en France dans l'entre-deux-guerres.

→ **Groupe 3** : Joséphine Baker, résistante pendant la Seconde Guerre mondiale.

→ **Groupe 4** : la fin de sa vie et son combat contre le racisme dans le monde et particulièrement pour les droits civiques aux États-Unis.

Dans chaque groupe :

• un ou deux biographes feront des recherches sur la vie de Joséphine ;

• un ou deux historiens rappelleront des éléments du contexte historique ;

• un ou deux documentalistes chercheront des images et des vidéos.

À l'issue du travail de recherche, chaque groupe composera en commun un document (papier ou numérique) pour exposer l'essentiel de ses découvertes aux autres groupes.

XXE SIÈCLE
DISCOURS

Objectif
Étudier les marques de l'oralité dans un discours

Discours de la marche pour les droits civiques (1963)

Joséphine Baker est une artiste franco-américaine. En 1963, elle soutient la marche pour les droits civiques et prend la parole aux côtés de Martin Luther King, auteur du célèbre discours « I have a dream... ».

Écoutez le texte lu.
hatier-clic.fr/22luf188

Chers amis, chère famille, vous savez que ma vie a été longue et que je reviens de loin. Il faut maintenant que je vous dise que tout ce que j'ai fait, je l'ai d'abord fait pour moi. Plus tard, quand j'ai été confrontée à certains événements, je me suis demandé si cela vous arrivait à vous aussi, et j'ai su que c'était forcément le cas. J'ai su que, contrairement à moi, vous n'aviez aucun moyen de vous défendre. [...]

Quand j'étais enfant et qu'ils m'ont chassée de ma maison en y mettant le feu, j'ai eu peur et je me suis enfuie. J'ai fini par m'enfuir très loin. Jusqu'à un endroit qu'on appelle la France. Beaucoup d'entre vous y sont déjà allés, beaucoup d'autres, non. Mais je peux vous dire, mesdames et messieurs, que dans ce pays qui semblait sorti tout droit d'un conte de fées, je n'ai jamais eu peur.

Je n'ai pas besoin de vous raconter que des choses merveilleuses me sont arrivées là-bas. Je sais bien que vous, les enfants, vous ne savez pas qui est Joséphine Baker, mais demandez donc à votre grand-mère ou à votre grand-père, et ils vous le diront. Vous savez ce qu'ils diront ? « Bon sang, c'était un démon. » Et vous savez quoi ? Eh bien, ils auront raison. C'est exactement ce que j'étais. J'étais un démon dans d'autres pays, et j'étais un petit démon en Amérique aussi.

Je peux vous dire que durant ma jeunesse à Paris, il m'est arrivé des choses étranges... Des choses qui ne m'étaient jamais arrivées auparavant. Quand j'ai quitté Saint-Louis[1], il y a très longtemps, le conducteur du train m'a directement orientée vers le dernier wagon. Vous savez très bien ce que cela signifie...

Mais quand j'ai fui, oui, fui vers un autre pays, je n'ai plus eu à subir ça. Je pouvais aller dans n'importe quel restaurant, je pouvais boire de l'eau partout où j'en avais envie, et je n'avais pas non plus besoin d'aller dans des toilettes réservées aux personnes de couleur. Et je peux vous dire que c'était agréable, et que je m'y suis habituée, et que j'aimais ça, et que je n'avais plus peur que quelqu'un m'interpelle en hurlant : « Toi, la Négresse, va au bout de la file ! » Vous savez, je n'ai quasiment jamais utilisé ce mot, mais on me l'a crié de très nombreuses fois. Donc là-bas, très loin d'ici, j'étais heureuse, et c'est parce que j'étais heureuse que j'ai eu du succès, mais ça vous le savez aussi. [...]

Vous savez, j'ai toujours pris le chemin semé d'embûches. Je n'ai jamais suivi la voie de la facilité. Mais en vieillissant, et en sachant que j'avais le pouvoir et la force nécessaires, j'ai pris ce chemin ardu et j'ai essayé d'en ôter les obstacles. J'ai voulu le rendre plus facile pour vous. Je veux que vous ayez la chance d'avoir ce que j'ai eu. Mais je ne veux pas que vous ayez à fuir pour l'obtenir. Chères mères, chers pères, s'il est trop tard pour vous, pensez à vos enfants. Améliorez la vie ici, pour qu'ils n'aient pas à fuir, car je veux pour vous et vos enfants ce que j'ai pu avoir, moi.

■ **Joséphine Baker**, discours du 28 août 1963, in *La Voix des femmes. Ces grands discours qui ont marqué l'histoire*, Louisa Alberti, traduction de Céline Delavaux © Seuil Jeunesse (2019)

VOCABULAIRE

Négresse : féminin de « nègre », mot issu du latin *niger* (noir). Il a longtemps été utilisé pour désigner les personnes noires dans le contexte de l'esclavage ou de la ségrégation. Sa connotation raciste est aujourd'hui très marquée.

→ **Relevez la phrase qui montre que Joséphine Baker rejette ce terme.**

1. **Saint-Louis** : ville du sud des États-Unis (Louisiane) où la ségrégation raciale fut particulièrement rigoureuse.

Joséphine Baker à Washington lors de la marche pour les droits civiques (28 août 1963)

Partageons notre lecture

- Choisissez un adjectif pour définir Joséphine Baker à l'issu de cette lecture et expliquez votre choix :

AUDACIEUSE
COURAGEUSE
optimiste
généreuse
inspirante
RÉSOLUE
émouvante
ENGAGÉE

Comment persuader son auditoire de combattre les discriminations raciales ?

1. **a.** À qui Joséphine Baker s'adresse-t-elle ? Relevez tous les éléments qui lui permettent d'établir et de maintenir un lien avec son auditoire.
b. Quelles marques de l'oral pouvez-vous observer ?

2. Paragraphes 2 à 5 (l. 7 à 30)
a. Quels sont les deux mondes que Joséphine Baker a connus et qu'elle oppose dans cette partie de son discours ? Relevez en deux colonnes les expressions qui les caractérisent.
b. Quels sentiments associe-t-elle à ces deux mondes ?

3. Paragraphe 6 (l. 31 à 37)
a. Quelle image utilise-t-elle pour évoquer les expériences qu'elle vient de citer ? Comment la développe-t-elle ?
b. Quelle demande exprime-t-elle enfin ?

Outils

Les marques du jeu avec l'auditoire dans le discours

- **L'apostrophe** est une figure par laquelle l'orateur interpelle une personne ou un groupe.
- **Les marques de l'énonciation** : la première personne du singulier met en scène l'orateur dans son discours. L'auditoire y est présent grâce aux marques de la deuxième personne (du pluriel généralement).
- **La question oratoire** ▸ p. 185
- **L'injonction** : l'orateur peut exprimer une demande en utilisant notamment l'impératif.

Bilan

Écrivez un post à votre communauté pour partager votre découverte de ce discours. Vous présenterez d'abord brièvement Joséphine Baker et les circonstances de son discours. Puis vous exposerez l'enjeu de ce discours et ce qui le rend émouvant et efficace. Vous associerez votre texte à une image.

LECTURE PAR GROUPE

Proposez une lecture expressive du texte : distribuez les six paragraphes et entraînez-vous à lire le discours à haute voix. Parlez haut, fort et faites des pauses pour regarder votre auditoire.

Objectif
Étudier la construction d'un discours

Discours sur l'égalité hommes-femmes (2014)

Écoutez le texte lu.
hatier-clic.fr/22luf190

Emma Watson, actrice britannique, s'engage aux côtés de l'ONU pour la campagne « HeForShe » en faveur de l'égalité des sexes, qu'elle lance par ce discours.

Il s'agit de la première campagne de ce genre menée par l'ONU : nous souhaitons mobiliser autant d'hommes et de garçons que possible pour qu'ils militent pour l'égalité des sexes. Mais au-delà des discours, nous voulons obtenir des résultats tangibles[1].

J'ai été nommée il y a six mois et depuis, plus je parle de féminisme, plus je réalise que la lutte pour les droits des femmes est trop souvent associée à la haine des hommes. S'il y a bien une chose dont je suis certaine, c'est que cela doit cesser.

Pour mémoire, le féminisme se définit comme « la conviction que les hommes et les femmes doivent jouir des mêmes droits et des mêmes chances. C'est cela la théorie politique, économique et sociale de l'égalité des sexes ».

J'ai commencé à m'interroger sur les préjugés liés au genre à l'âge de huit ans, lorsque j'ai eu du mal à comprendre pourquoi on me qualifiait d'« autoritaire » pour le simple fait de vouloir mettre en scène les pièces que nous allions jouer devant nos parents, ce que l'on ne reprochait pas aux garçons.

Lorsqu'à 14 ans, certains journaux ont commencé à me sexualiser[2].

Lorsqu'à 15 ans, mes amies ont abandonné leurs équipes de sport parce qu'elles ne voulaient pas paraître « trop musclées ».

Et lorsqu'à 18 ans, j'ai réalisé que mes copains étaient incapables d'exprimer leurs sentiments.

Je me suis dit que j'étais féministe et cela m'a paru tout naturel. Mais mes récentes recherches m'ont montré à quel point le féminisme est devenu impopulaire.

Apparemment, je fais partie de ces femmes aux propos jugés trop forts, trop agressifs, trop **ségrégateurs**, anti-hommes et peu séduisants.

Pourquoi ce mot suscite-t-il un tel malaise ?

Je suis originaire de Grande-Bretagne et je pense qu'il est normal qu'en tant que femme, je sois payée autant que mes homologues[3] masculins. Je pense qu'il est normal que je puisse disposer de mon propre corps comme bon me semble. Je trouve normal que des femmes participent à la politique et aux prises de décision de mon pays pour me représenter. Je trouve normal que la société m'accorde le même respect que les hommes.

Mais je constate avec regret qu'il n'y a pas un pays au monde où toutes les femmes sont assurées de bénéficier de ces droits.

VOCABULAIRE

Ségrégateurs
La ségrégation est la séparation de groupes sociaux en raison de la couleur, du sexe...

→ Déduisez le sens de l'adjectif *ségrégateur*.

Stéréotypes :
caractérisation toute faite, souvent simpliste et réductrice d'un individu ou d'un groupe.

→ Citez des stéréotypes liés à la féminité et à la masculinité.

Affiche pour la campagne HeForShe

Aucun pays dans le monde ne peut aujourd'hui se prévaloir d'être parvenu à instaurer l'égalité entre les hommes et les femmes. [...]

J'ai vu des jeunes hommes qui souffraient de troubles psychiatriques, mais qui ne demandaient pas d'aide, par crainte d'avoir l'air moins « viril ». Au Royaume-Uni, le suicide est la principale cause de mortalité chez les hommes de 20 à 49 ans, devant les accidents de la route, le cancer et les maladies cardiovasculaires. J'ai vu des hommes fragilisés et peu sûrs d'eux essayer de se conformer à ce qu'ils pensaient être le succès au masculin. Les hommes souffrent également de l'inégalité des sexes.

Nous parlons peu des hommes qui sont prisonniers de stéréotypes liés au genre, mais je sais qu'il y en a, et que le jour où ils parviendront à s'en libérer, la situation des femmes s'en verra spontanément améliorée.

Si les hommes n'ont plus besoin d'être agressifs pour se faire accepter, les femmes ne se sentiront plus obligées d'être soumises. Si les hommes n'ont plus besoin de dominer, les femmes n'auront alors pas à être dominées.

Les hommes, au même titre que les femmes, ont le droit d'être sensibles. Les hommes, tout comme les femmes, devraient se sentir libres d'être forts... Il est grand temps que nous appréhendions l'égalité comme un spectre, au lieu d'y voir deux idéaux distincts et opposés.

1. **tangibles** : concrets.
2. **sexualiser** : associer à la sexualité une personne, une chose. Ici, une jeune fille est présentée comme une personne suscitant le désir, alors que ce n'est pas sa volonté.
3. **homologue** : qui a la même fonction.

■ Emma Watson, extraits du discours du 20 septembre 2014 à l'ONU

Partageons notre lecture

● **Chaque élève choisit la phrase du discours qui lui a paru la plus juste. Il la lit à la classe et justifie son choix. Les autres élèves ayant choisi la même phrase pourront compléter cette justification.**

Comment Emma Watson rend-elle son discours efficace ?

1. Quel est l'objectif de la campagne « HeForShe » présentée par Emma Watson ?

2. D'après elle, quelles difficultés s'opposent à cet objectif ?

3. Quelles sont les conditions pour que cet objectif se réalise ?

4. Faites correspondre les étapes du discours d'Emma Watson aux étapes d'un devoir d'argumentation en Histoire ou en Français : l'introduction, les arguments, les exemples, la conclusion. Qu'en concluez-vous ?

5. a. Dans ce discours, identifiez l'exorde. Repérez la définition du féminisme. Pour quelle raison Emma Watson tient-elle à la rappeler ?

b. Repérez les passages de narration. À quel type d'événements fait-elle référence ? Justifiez votre réponse en citant le texte.

c. Identifiez les passages de confirmation et relevez des modalisateurs ▸ p. 340 qui montrent qu'Emma Watson y exprime ses convictions.

d. Enfin, repérez la péroraison. Analysez la construction des phrases (l. 44 à 50) et nommez la fonction précise de la subordonnée ▸ p. 328. Montrez que cette construction permet d'exprimer la vision du féminisme défendue par Emma Watson.

Outils

Les étapes du discours

- **L'exorde** : l'introduction pour capter l'attention et exposer le sujet.
- **La narration** : le récit des faits.
- **La confirmation** : les arguments tirés de ces faits.
- **La péroraison** : la conclusion.

Bilan

Écrivez un court paragraphe pour rendre compte de votre lecture : exposez la thèse d'Emma Watson et la manière dont elle a construit son discours pour être convaincante.

PRÉPARER UN DISCOURS

En observant l'affiche (p. 190), préparez un discours sur le partage des tâches ménagères. Proposez un exorde pour interpeller votre auditoire, une phase de narration relatant des exemples précis, une phase de confirmation exprimant votre conviction et, enfin, une péroraison appelant l'auditoire à modifier son comportement. Prononcez ensuite ce discours devant la classe.

Objectif
• Étudier une tribune engagée

Tribune sur le dérèglement climatique (2021)

Des Indiens Kunas, sur l'île de Tumatar, au large de la côte atlantique du Panama, le 4 septembre 2012

Du 1er au 12 novembre, lors la 26e conférence mondiale sur le climat (COP26[1]), à Glasgow, en Écosse, on parlera du réchauffement climatique. On parlera de la menace de la montée des eaux dans les océans, et de la conséquence dramatique que cela causera aux populations pélagiques[2] à travers le monde. On en parlera avec conviction, avec élan, on dira l'urgence des mesures à prendre pour réduire les gaz à effet de serre, pour freiner cette hausse des températures qui semble inévitable. On en parlera pour l'avenir. Pour la décennie à venir, peut-être pour la fin de ce siècle.

Il existe un peuple pour qui cette catastrophe a déjà commencé. Les Indiens Kunas de l'archipel des San Blas, sur la côte atlantique du Panama. À l'heure où nous parlons, les Kunas sont contraints de fuir leurs îles où ils sont établis depuis toujours, à cause de l'envahissement par la mer. Ce n'est pas un cyclone, ni même une tempête tropicale comme les riverains de la côte de Louisiane ou de Floride l'ont vécu, c'est une montée lente, progressive, une crue tranquille et d'autant plus effrayante, jour après jour la mer entre dans les villages, envahit les rues, noie les cours et l'intérieur des maisons. Les habitants doivent partir, échapper à la mer. Il faut monter dans les pirogues, embarquer tout ce qu'on peut, les vivres, les biens personnels, les animaux d'élevage, les chiens, et partir. [...]

Pourquoi cela m'importe ?

On pourrait parler de paradis sur terre. Ce serait dévaluer la culture de Tulé. La réduire aux images touristiques, plages blanches, palmes pliées dans le vent, mer d'un bleu d'émeraude, et ces femmes très libres, d'une étonnante beauté, cheveux coupés court, visages tatoués sur l'arête du nez, bijou en or dans la narine, vêtues de chemises en tissus de couleurs découpés connus dans le monde entier sous le nom de « molas ».

Cette beauté est vraie, mais la vie sur l'archipel est aussi une vie difficile, au jour le jour, dans laquelle il faut se prémunir contre la disette et les maladies, récolter le coprah, et depuis quelque temps lutter contre l'invasion des narcotrafiquants[3] venus de la Colombie voisine.

C'est tout cela que la montée des océans est en train de détruire. Non pas dans dix ans, dans vingt ans, mais maintenant. Est-il trop tard ? [...] [Les] pays les plus riches décident de se réunir, encore une fois, en novembre, à Glasgow, pour établir un plan de contrôle des émissions de gaz à effet de serre, pour interdire l'usage des centrales à charbon, pour tenter de diminuer la consommation de pétrole, réduire les vols dans la stratosphère[4], bannir le rejet des eaux chaudes contaminées par les centrales nucléaires, bref pour tenter de mettre un frein à l'extraordinaire gâchis causé par notre civilisation moderne de la consommation.

Ces pays riches et pollueurs auront-ils cette fois une pensée pour le peuple de Tulé, cette poignée de gens merveilleux et sans importance accrochés à leurs îlots oubliés, ce petit peuple courageux qui a su faire de ses terres un lieu de civilisation et de paix ? Ces pays riches auront-ils devant les yeux, au moment de décider des lois qui vont régir l'avenir de la planète, l'image de ces hommes et de ces femmes qui sont montés dans leurs pirogues pour fuir sans espoir de retour l'arrivée du très lent déluge ?

■ **Jean-Marie Gustave Le Clézio**, tribune dans *Le Monde*, (15 mai 2021)

1. **COP 26** : 26e conférence des États contre le réchauffement climatique en novembre 2021.
2. **pélagique** : ce qui est relatif à la mer.
3. **narcotrafiquants** : trafiquants de drogues.
4. **stratosphère** : zone de l'atmosphère terrestre comprise entre 12 et 50 km d'altitude.

COMPRÉHENSION ET COMPÉTENCES D'INTERPRÉTATION

36 POINTS

1 D'où provient ce texte ? À quel genre appartient-il ? **(2 points)**

2 À quelle occasion Le Clézio prend-il la parole ? À qui s'adresse-t-il ? **(4 points)**

3 Où vivent les Indiens Kunas ? Recopiez les indices qui vous permettent de les situer. **(4 points)**

4 Quelle catastrophe les menace ? Répondez en un paragraphe qui citera le texte et fera référence à la photographie. **(10 points)**

5 Qui cause cette catastrophe ? Comment ? Vous citerez le texte et analyserez un procédé pour répondre. **(8 points)**

6 Que demande l'auteur aux pays riches ? Vous citerez le texte et analyserez un procédé pour répondre. **(8 points)**

COUP DE POUCE

L'image du sujet du Brevet est utile. Elle illustre, enrichit le texte proposé. Il faut donc réfléchir aux liens texte / image pour bien répondre à la question la concernant. Pour parler de cette image, utilisez les outils d'analyse propre à l'image : cadrage, composition, couleur, lumière, connotations…

▶ p. 286

COUP DE POUCE

▶ Les procédés de l'éloquence p. 185

GRAMMAIRE ET COMPÉTENCES LINGUISTIQUES

14 POINTS

7 Quel temps domine dans le premier paragraphe (l. 1 à 11) ? Pourquoi ? **(3 points)**

8 « Les pays les plus riches décident… de la consommation » (l. 45 à 55) : identifiez les compléments circonstanciels de la phrase et indiquez leur valeur. **(6 points)**

9 Réécrivez le passage surligné en bleu (l. 28 à 36) en mettant « plages », « palmes » et « femmes » au singulier. Effectuez toutes les modifications nécessaires. **(5 points)**

COUP DE POUCE

Les compléments circonstanciels sont supprimables. Ils expriment le temps, le lieu, la manière, le moyen, la cause, la conséquence, le but, l'opposition, l'hypothèse ou la comparaison.

DICTÉE

10 POINTS

Votre professeur vous dictera le texte.

+PROF
Dictée (Greta Thunberg)

COUP DE POUCE

Pour vous préparer à la dictée, révisez les accords sujet-verbe et le conditionnel (conjugaison et emploi).

RÉDACTION

40 POINTS

Vous traiterez au choix l'un des sujets suivants.

Sujet d'imagination

Imaginez la lettre ouverte que le peuple Kuna aurait pu écrire aux dirigeants des pays présents à la COP 26 pour les sensibiliser et leur demander d'agir afin de protéger leurs îles.

Sujet de réflexion

Pensez-vous qu'un discours, ou qu'un article de presse puisse faire changer le monde ?

Vous répondrez à cette question par un développement argumenté en vous appuyant sur les œuvres étudiées en classe, vos lectures personnelles et les œuvres cinématographiques et artistiques que vous connaissez.

COUP DE POUCE

Vous pouvez nuancer votre réponse, c'est-à-dire envisager les situations où les discours ont pu se montrer efficaces, mais montrer aussi les limites de cette efficacité.

Atelier LEXIQUE — Le vocabulaire du discours

Utiliser le vocabulaire du discours et de l'argumentation ▶ p. 376

1 * Faites correspondre le mot à sa définition.

	• Refuser, critiquer une thèse
argument •	• Gagner quelqu'un à ses idées par les sentiments
exemple •	• Idée, opinion défendue
convaincre •	• Preuve donnée dans une argumentation
persuader •	• Qui présente des qualités d'expression favorisant l'argumentation
thèse •	• Accepter certains éléments de l'argumentation
réfuter •	• Fait concret illustrant un argument
concéder •	• Gagner quelqu'un à ses idées par la raison
éloquent •	

2 ** Classez les synonymes des mots suivants.

admettre, blâmer, soutenir, contester, admirer, certifier, désapprouver, défendre, faire l'éloge, refuser, reconnaître, nier, avancer, souscrire, combattre, assurer, reprocher, justifier, apprécier

concéder : …… • critiquer : ……
affirmer : …… • louer : …… • réfuter : ……

3 ** Utilisez les verbes de l'exercice 2 dans les phrases suivantes.

1. Jean Rostand …… que le voyage autour de la Lune est une aventure extraordinaire, mais il …… que la science doit avoir d'autres priorités.

2. Jean Giono …… que la guerre est horrible, mais il …… surtout qu'elle est inefficace.

3. Joséphine Baker …… de la France qui garantit les mêmes droits à chacun, quelle que soit sa couleur de peau.

4. Certains discours …… les injustices, tandis que d'autres …… des idées nouvelles.

5. Les dirigeants de grands pays …… qu'ils combattront le réchauffement climatique.

CARNET DE VOCABULAIRE
Complétez votre carnet avec les mots des exercices 1 et 2.

Analyser les connotations mélioratives et péjoratives

Outils

• La **connotation** est le sens ajouté à un mot. Elle peut être **méliorative** quand elle est **positive** (*une charmante demeure*) ou **péjorative** quand elle est **négative** (*un misérable taudis*). Elle permet de présenter un fait ou une idée sous un jour favorable ou, au contraire, défavorable.

4 ** a. Associez les événements proposés à une expression qui pourrait les qualifier et précisez si cette expression est méliorative ou péjorative.

ÉVÉNEMENTS
1. L'invention d'un vaccin.
2. La signature d'une charte mondiale pour l'éducation des filles.
3. La destruction d'un village par une inondation.
4. L'implantation d'une usine zéro déchet.
5. La disparition d'un récif corallien.

EXPRESSIONS
un désastre environnemental • une avancée scientifique majeure • une prouesse technologique • une catastrophe sans précédent • un acte fort • une innovation prometteuse • une calamité • un exploit • la promesse d'une nouvelle société.

b. Utilisez ces expressions dans un paragraphe qui décrira de manière méliorative ou péjorative un des événements de la liste.

c. Choisissez un événement dans l'actualité et présentez-le dans un court paragraphe, de manière méliorative ou péjorative.

5 * a. Relevez, dans l'extrait suivant, les termes à connotation méliorative et ceux à connotation péjorative.**

b. Qui est désigné par les termes péjoratifs ? À qui Émile Zola les oppose-t-il ?

Des manifestations d'étudiants ont lieu à Paris contre l'engagement d'Émile Zola dans l'affaire Dreyfus, un officier juif accusé à tort de trahison.

Je sais bien que les quelques jeunes gens qui manifestent ne sont pas toute la jeunesse, et qu'une centaine de tapageurs, dans la rue, font plus de bruit que dix mille travailleurs, studieusement enfermés chez eux. Mais les cent tapageurs ne sont-ils pas déjà de trop, et quel symptôme affligeant qu'un pareil mouvement, si restreint qu'il soit, puisse à cette heure se produire au Quartier latin !

■ Émile Zola, *Lettre à la jeunesse* (1897)

Grammaire pour lire et écrire un discours

Les liens logiques

Outils

- Dans un discours argumentatif, les **liens logiques** permettent d'articuler les idées.
Ils peuvent être exprimés par :
- des **compléments circonstanciels** de cause, de conséquence, de condition, d'opposition, de but ;
- des **connecteurs** qui lient les phrases l'une à l'autre.

1 * Exprimez le lien logique dans les phrases suivantes et précisez s'il s'agit de la cause ou de la conséquence. ► p. 322-324

1. Giono est pacifiste ...., pour lui, la guerre est inutile.

2. Le Clézio est inquiet pour l'avenir des Indiens Kunas, ... il demande aux dirigeants des pays riches de réagir.

3. Joséphine Baker participe à la marche pour les droits civiques en 1963 .... elle a subi la ségrégation durant son enfance à Saint-Louis.

4. Le féminisme, d'après Emma Watson, est l'affaire de tous, ... elle propose aux hommes de prendre part à ce combat.

2 * Réécrivez les phrases en inversant le rapport cause-conséquence. ► p. 322-324

Ex : Les discours convainquent car ils sont éloquents. → Les discours sont éloquents donc ils convainquent.

1. De nombreuses voix se sont élevées contre les discriminations raciales, elles ont donc diminué.

2. Les femmes ont demandé le droit de vote parce qu'elles voulaient être des citoyennes à part entière.

3 * **a.** Analysez les phrases du texte suivant en propositions. Quelle est la classe et la fonction précise des subordonnées ?

b. RÉÉCRITURE Réécrivez l'extrait en commençant par « Si les femmes ne subissaient aucune violence... »

Si les femmes ne subissent aucune violence, leurs familles prospéreront. Si les femmes ont la possibilité de travailler et de gagner leur vie autant que leurs partenaires dans une société équitable, leurs familles prospéreront. Et si les familles prospèrent, les communautés et les nations prospéreront.

■ Hillary Clinton, in *La Voix des femmes*, ibid (p. 188)

L'énoncé et sa modalisation ► p. 340

Outils

- Les **marques de l'énonciation** permettent de déterminer qui parle (l'énonciateur), à qui (le destinataire) : marques des première et deuxième personnes, apostrophes.
- La **modalisation** se définit par l'ensemble des procédés qui permettent à l'énonciateur d'exprimer son opinion (choix du vocabulaire, temps et mode des verbes...).

4 ** **a.** Dans l'extrait suivant, déterminez la situation d'énonciation : qui parle, à qui, où, quand.

b. Relevez les éléments qui permettent à Simone Veil d'exprimer son point de vue.

Je voudrais tout d'abord vous faire partager une conviction de femme – je m'excuse de le faire devant cette Assemblée presque exclusivement composée d'hommes : aucune femme ne recourt de gaieté de cœur à l'avortement. Il suffit d'écouter les femmes. C'est toujours un drame et cela restera toujours un drame... C'est pourquoi, si le projet qui vous est présenté tient compte de la situation de fait existante, s'il admet la possibilité d'une interruption de grossesse, c'est pour la contrôler et, autant que possible, en dissuader la femme. Nous pensons ainsi répondre au désir conscient ou inconscient de toutes les femmes qui se trouvent dans cette situation d'angoisse, si bien décrite et analysée par certaines des personnalités que votre commission spéciale a entendues au cours de l'automne 1973.

■ Simone Veil, « Aucune femme ne recourt de gaîté de cœur à l'avortement », discours à l'Assemblée nationale (1974)

c. Faites le même travail sur l'extrait du discours de Victor Hugo page 196.

5 * Rédigez une courte description de l'image : vous utiliserez les procédés de la modalisation pour exprimer votre indignation devant ce spectacle.

Atelier EXPRESSION

Écrire et dire un discours

Trouver les bons arguments

1 **Voici des sujets de concours d'éloquence. Choisissez-en un. Formulez une réponse simple à la question, puis trouvez un argument et un exemple à l'appui de votre thèse.**

1. L'avenir se fera-t-il sans les livres ?
2. Doit-on accorder des droits aux animaux ?
3. L'argent fait-il le bonheur ?

2 **a. Pour les sujets proposés, la moitié de la classe cherche trois arguments et exemples « pour » et l'autre, trois arguments et exemples « contre ».**

b. Proposez un débat pour chaque sujet en désignant un débattant « pour » et un débattant « contre ».

1. A-t-on le droit d'être égoïste ?
2. En faut-il peu pour être heureux ?
3. Voyager implique-t-il de se déplacer ?

S'entraîner à dire un discours

3 **a. Lisez ce discours et relevez les procédés qui le rythment, les mots importants.**

b. Lisez-le en relais : chaque élève lit une phrase. Veillez à ce que la lecture ne soit pas interrompue.

c. Exercez-vous à lire le discours intégralement avec expressivité.

Discours intégral
hatier-clic.fr/22luf196

d. Exercez-vous à le lire en lecture décalée : vous lisez une phrase ou une partie de phrase silencieusement, puis, en regardant votre auditoire, vous la répétez de mémoire.

Homme, es-tu capable d'être juste ?
C'est une femme qui t'en fait la question ; tu ne lui ôteras pas du moins ce droit.
Dis-moi ? qui t'a donné le souverain empire d'opprimer mon sexe ? ta force ? tes talents ?
Observe le créateur dans sa sagesse ; parcours la nature dans toute sa grandeur, dont tu sembles vouloir te rapprocher, et donne-moi, si tu l'oses, l'exemple de cet empire tyrannique.

■ Olympe de Gouges, *Déclaration des droits de la femme et de la citoyenne* (1791)

4 **a. Lisez ce discours en repérant les mots importants, les procédés marquants et les moments où Victor Hugo interpelle son auditoire.**

b. Préparez votre lecture en indiquant les éléments à mettre en valeur, les pauses et les silences.

c. Exercez-vous à le lire intégralement avec expressivité.

Je ne suis pas, Messieurs, de ceux qui croient qu'on peut supprimer la souffrance en ce monde ; la souffrance est une loi divine ; mais je suis de ceux qui pensent et qui affirment qu'on peut détruire la misère. (*Mouvements divers.*)
Remarquez-le bien, Messieurs, je ne dis pas diminuer, amoindrir, limiter, circonscrire, je dis détruire. (*Nouveaux murmures à droite.*) La misère est une maladie du corps social comme la lèpre était une maladie du corps humain ; la misère peut disparaître comme la lèpre a disparu (*Oui ! oui ! à gauche.*). Détruire la misère ! Oui, cela est possible.

■ Victor Hugo, discours à l'Assemblée nationale (1849)

ÉLABORER ET DIRE UN DISCOURS

5 **a. Choisissez un de ces sujets de discours fantaisistes correspondant aux trois types de discours.**

b. Préparez à l'écrit votre discours en utilisant tous les procédés observés dans le chapitre.

c. Proposez-le à la classe en vous mettant dans la peau d'un orateur confirmé.

COUP DE POUCE
- **Veillez à impliquer votre auditoire** par des apostrophes et des questions oratoires.
- **Exprimez votre jugement ou votre opinion** en choisissant avec soin le vocabulaire.
- **Soulignez les éléments forts de votre argumentation** par des répétitions, des formules ou des images frappantes.
- **Tâchez d'émouvoir votre auditoire** en le faisant rire, ou compatir.

Sujet 1 > Pour un procès imaginaire, écrivez un plaidoyer (une défense) ou un acte d'accusation fantaisiste :
- la pâte à tartiner
- la pantoufle
- le cactus
- l'ornithorynque
- le croque-mitaine.

Sujet 2 > Faites l'éloge ou le blâme :
- des carottes
- des jeux vidéo
- des contrôles surprise.

Sujet 3 > Soutenez une proposition de loi pour :
- instaurer un jour férié personnel pour son anniversaire
- interdire les épinards à la cantine.

JE FAIS LA SYNTHÈSE DES TEXTES LUS

1 **Dressez un bilan de vos lectures. Pour chaque texte étudié dans ce chapitre, indiquez son titre, son auteur, la date, le genre du texte, la thèse défendue par l'auteur et les procédés marquants qu'il a utilisés pour convaincre et persuader.**

2 ORAL **a. Lequel de ces textes et de ces discours avez-vous préféré ? Pourquoi ?**
b. Lequel avez-vous trouvé le plus éloquent ?

3 **Vérifiez que vous savez définir les mots suivants.**

AUDITOIRE ORATEUR / ORATRICE anaphore THÈSE ÉLOQUENCE rhétorique question oratoire

4 Pour la classe **Réalisez un « Petit dictionnaire de l'éloquence ».**

- Reprenez tous les mots appris dans ce chapitre concernant l'éloquence, ses procédés, son organisation et classez-les par ordre alphabétique.
- Répartissez ces mots et donnez-en une rapide définition.
- Réécrivez chaque définition sur une affiche ou dans un document numérique partagé, en respectant l'ordre alphabétique.

JE PROLONGE LA RÉFLEXION

5 **Choisissez deux citations qui vous paraissent particulièrement justes. Justifiez votre réponse.**

« La parole est l'ombre de l'action. » DÉMOCRITE (IVe s. av. J.-C.)

« Les mots justes, trouvés au bon moment, sont de l'action. » HANNA ARENDT (1906-1975)

« L'homme puissant qui joint l'audace à l'éloquence devient un citoyen dangereux quand il manque de bon sens. » EURIPIDE (Ve s. av. J.-C.)

« Qui parle, sème ; qui écoute, récolte. » PROVERBE ANONYME

« L'éloquence est la lumière qui fait briller l'intelligence. » CICÉRON (Ier s. av. J.-C.)

« La vraie et grande éloquence est celle dans laquelle, même aux moments calmes, on sent le grondement d'une foudre. » VICTOR HUGO (1802-1885)

6 **Qu'ai-je appris dans ce chapitre ?**

Quelles étapes de la création du discours maîtrisez-vous ? Lesquelles devrez-vous encore travailler ? Appuyez-vous sur le tableau pour évaluer votre niveau et les aspects à améliorer.

J'indique mon niveau de compétence		*	**	***	****
L'invention	Je sais trouver des arguments et des exemples.				
La disposition	Je sais organiser mon discours.				
L'élocution	Je sais utiliser les procédés pour mettre mon discours en valeur.				
La mémorisation	Je sais apprendre mon discours pour le dire sans le lire.				
L'action	Je sais prendre la parole en public et transmettre mon discours à l'oral.				

BILAN

JE RETIENS

Écoutez le bilan en version audio.
hatier-clic.fr/22luf198a

L'ART DU DISCOURS

Aux origines de l'éloquence

- Savoir **parler** et **convaincre** s'apprend dès l'Antiquité grâce aux orateurs qui enseignent leurs techniques. Cette discipline est appelée la rhétorique.
- Certains de ces **orateurs** sont encore célèbres : Cicéron, Quintilien, Démosthène...
- La **rhétorique** sert à construire des discours, mais aussi à écrire des textes convaincants (essais, tribunes, lettres ouvertes...).

La puissance de la parole

- Certains discours poussent à **agir** comme la tribune de J. M. G. Le Clézio en faveur des Indiens Kunas. Certains ont même contribué à **voter une loi**, comme celui de Simone Veil qui permet de légaliser l'interruption volontaire de grossesse en 1974.
- D'autres participent à faire **changer les mentalités**, comme celui de Jean Giono qui se pose la question de l'utilité des guerres, ou celui d'Emma Watson sur les inégalités entre hommes et femmes.
- D'autres enfin rendent **hommage** : c'est ainsi que Joséphine Baker célèbre sa patrie d'adoption, la France, en 1963.

Une parole organisée

- La rhétorique nous indique les **étapes** à respecter pour construire un bon discours.
- Il faut d'abord préparer ses **arguments** et ses **exemples** : c'est l'invention. Il faut ensuite les **organiser** : c'est la disposition. Enfin, il faut les rendre **efficaces** grâce au style : c'est l'élocution.
- Pour présenter sa thèse, l'auteur du discours commence par capter son auditoire dans une introduction appelée **exorde**. Ensuite, il alterne les arguments et les exemples autrefois appelés confirmation et narration. Enfin, il conclut son discours par une **péroraison**.

Des procédés qui permettent la persuasion

- Même si le discours est bien organisé, il faut **émouvoir** pour **persuader**.
- Tout d'abord, le discours vient chercher son **auditoire** en l'interpellant, par exemple, par des questions oratoires.
- On peut aussi utiliser des **procédés** de répétition comme l'anaphore qui donne du rythme au discours et permet d'insister sur les idées importantes.
- Le discours influe aussi sur l'opinion de l'auditoire en utilisant les **connotations** mélioratives ou péjoratives.

Pour vous aider

Des fiches MÉMORISATION

Fiche vocabulaire
hatier-clic.fr/22luf198b

Carte mentale
hatier-clic.fr/22luf198c

Activité numérique pix

Une activité à mener en classe pour créer et animer un espace numérique de débat via **Digipad** et **l'ENT**.

+PROF
Activité et tuto

Vers le Brevet

Évaluation DIFFÉRENCIATION

Un sujet type Brevet pour vous évaluer.

+PROF
Évaluation BREVET (Amadou Hampâté Bâ)

Lecture
CURSIVE

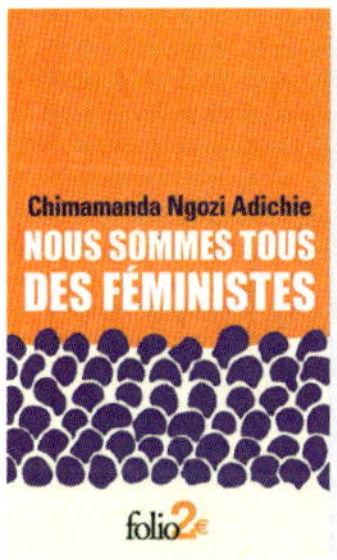

Chimamanda Ngozi Adichie, *Nous sommes tous des féministes* (2012)

Découvrir l'œuvre

Chimamanda Ngozi Adichie est une romancière nigériane. Son court ouvrage comprend deux textes. Le premier est la transcription d'un discours de 2012 sur le féminisme.

Okoloma était l'un de mes meilleurs amis d'enfance. Il habitait ma rue et veillait sur moi à la manière d'un grand frère : si un garçon me plaisait, je demandais à Okoloma son avis. Okoloma était drôle et intelligent, il portait des santiags aux bouts pointus. Il est mort en 2005 : son avion s'est écrasé au sud du Nigeria. J'ai encore du mal à trouver les mots pour exprimer ce que j'ai ressenti. Avec Okoloma, je pouvais débattre, rire et dire le fond de ma pensée. C'est aussi la première personne à m'avoir qualifiée de féministe. J'avais environ quatorze ans. Nous étions chez lui, nous polémiquions, rivalisant de connaissances plus ou moins assimilées glanées dans nos lectures. Le sujet de la polémique m'échappe aujourd'hui, mais je me souviens du regard d'Okoloma tandis que j'affûtais mes arguments et de sa remarque : « Tu es une féministe, tu sais. » À en juger par son ton – celui qu'on emploierait pour accuser une personne de soutenir le terrorisme –, ce n'était pas un compliment.

■ Chimamanda Ngozi Adichie, *Nous sommes tous des féministes* (2012), traduction de Sylvie Schneiter © Gallimard

INTERDISCIPLINARITÉ

ACTIVITÉ

Écoutez Chimamanda Ngozi Adichie présenter son ouvrage (en anglais).

Vidéo hatier-clic.fr/22luf199a

CARNET DE LECTURE

→ Composez un **florilège**, c'est-à-dire un recueil de morceaux choisis dans une œuvre, ou un ensemble d'œuvres.

→ Choisissez deux très courts extraits (une dizaine de lignes maximum) qui vous ont intéressé(e), frappé(e), choqué(e), enthousiasmé(e). Recopiez-les, puis expliquez votre choix en quelques lignes.

→ Préparez-vous à présenter un extrait à l'oral : travaillez d'une part la lecture expressive de l'extrait et de l'autre, préparez-vous à développer à l'oral votre justification.

À lire et à voir

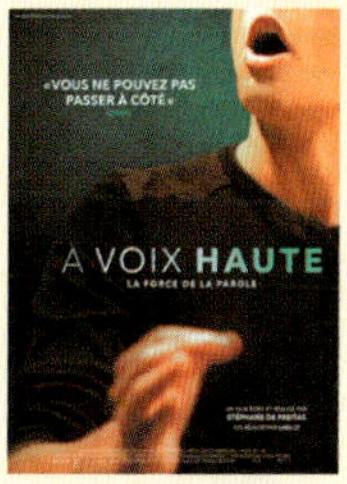

À voix haute, la force de la parole, de **Stéphane de Freitas** et **Ladj Ly** (2016)

• Un documentaire qui suit des candidats à un concours d'éloquence.

▶ extrait p. 19

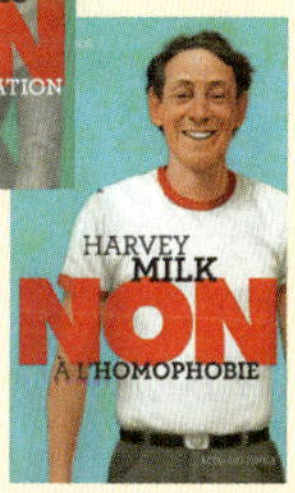

« Ceux qui ont dit non »
Actes Sud Junior

• Une collection qui présente les combats de personnalités de toute la planète.

TESTEZ-VOUS !

Quiz sur votre lecture (Nous sommes tous des féministes)
hatier-clic.fr/22luf199b

PROJET

Préparer un concours d'éloquence

Le concours d'éloquence consiste à s'affronter individuellement lors de courts discours au sujet imposé.

Une collégienne à la finale d'un concours d'éloquence

Vidéo hatier-clic.fr/22luf200

Regardez la vidéo, puis répondez aux questions.

1. Que pensez-vous de l'argumentation et des exemples ?
2. Observez la diction, l'intensité de la voix, la posture.
3. Comment la candidate se sert-elle des émotions pour nous convaincre ?

LES SUJETS DU CONCOURS

Choisissez un de ces sujets ou proposez un autre sujet que vous ferez valider par votre professeur.

Notre identité, nos racines : les transmettre et les partager

1 Que m'a-t-on légué et que dois-je transmettre en retour ?

2 « Un peuple sans culture est un zèbre sans zébrure et un zèbre sans rayures, c'est un âne. » (Christiane Taubira)

La modernité en question

3 Le foot n'est-il que pour les garçons ?

4 Faut-il arrêter le progrès ?

5 Dois-je renoncer à mon monde pour le sauver ?

6 « Être une femme libérée, c'est pas si facile » ?

Les grandes questions humaines

7 Le mensonge est-il un mal nécessaire ?

8 Peut-on plaire à tout le monde ?

9 Puis-je aimer qui je veux ?

LA PRÉPARATION DU DISCOURS

Sur le sujet que vous avez choisi, préparez un discours de trois minutes selon les étapes suivantes.

Étape 1 L'invention

- **Élaborez votre thèse** (= l'idée ou l'opinion que vous allez démontrer). Elle est soit votre réponse à la question, soit votre confirmation de la citation du sujet.
- Pour prouver cette thèse, **cherchez des arguments**. Vous pourrez, à vos arguments personnels, ajouter un argument d'autorité (= une citation célèbre).
- Pour illustrer ces arguments, **choisissez des exemples concrets**.

COUP DE POUCE

Prévoyez une amorce originale, une anecdote, une citation afin de capter l'attention de votre auditoire.

Étape 2 La disposition

- **Organisez les éléments** préparés de manière à ce qu'ils s'enchaînent logiquement.
Notez alors votre plan.

COUP DE POUCE

Rappelez-vous les grandes étapes du discours : exorde, narration, confirmation, péroraison (p. 191).

Étape 3 L'élocution

Écrivez maintenant votre discours en travaillant le style.

- **Interpellez votre auditoire** grâce, notamment aux questions oratoires. Faites aussi appel à l'émotion : la compassion ou le rire sont de très bons moyens de persuasion.
- **Marquez les articulations logiques** de votre discours grâce à des connecteurs ▶ p. 350.
- **Créez un rythme** qui renforcera votre discours (répétitions, anaphores).
- **Utilisez les connotations mélioratives ou péjoratives** et des expressions pour exprimer votre jugement personnel ▶ p. 340.
- **Créez des images frappantes** (comparaisons...).

COUP DE POUCE

- **Lisez vos phrases** régulièrement pour évaluer si elles sonnent bien.
- **Vérifiez l'efficacité** de votre discours sur un(e) camarade.

LA PRÉPARATION DU CONCOURS

Étape 4 La mémorisation

- Pour apprendre votre discours, commencez par le lire plusieurs fois en **lecture décalée**. ▶ p. 185.

Étape 5 L'action

- **Entraînez-vous plusieurs fois à dire votre discours**. Ne récitez pas. Mettez le ton, ménagez des pauses silencieuses et des moments où votre voix se fera plus forte pour insister sur une idée.
- **Vous devez parler fort et articuler**. N'allez pas trop vite !
- **Votre posture est importante** : ne gigotez pas, posez vos mains sur le bureau / pupitre et soulignez votre discours par des gestes.

COUP DE POUCE

Regardez votre auditoire en le balayant du regard en silence pendant quelques secondes avant de commencer : vous capterez plus facilement son attention. Si vous êtes impressionné(e), fixez un point au fond de la salle, à peu près à la même hauteur que la tête des spectateurs.

Grille à imprimer

Les critères pour évaluer les discours lors du concours

hatier-clic.fr/22luf201

11 Louis Aragon, poète engagé et amoureux

▸ *En quoi la poésie d'Aragon est-elle à la fois lyrique et engagée ?*

Dans ce chapitre, vous allez découvrir comment la poésie peut servir à exprimer des sentiments, mais aussi se mettre au service d'une idée.

Doc 1

« La parole n'a pas été donnée à l'homme, il l'a prise. »

■ Louis Aragon, *Le Libertinage* (1924)

Doc 2

Louis Aragon, discours en hommage aux femmes de la Résistance (Paris, 1945)

Doc 3

Louis Aragon et **Elsa Triolet** en 1965

1. Observez les photographies (doc 2 et 3). En quoi montrent-elles deux facettes différentes de Louis Aragon ? Quelles sont, d'après vous, ses deux principales sources d'inspiration ?
2. Comment comprenez-vous la citation d'Aragon (doc 1) ? En quoi illustre-t-elle bien le document 2 ?

RECHERCHE

En groupe, faites une recherche biographique sur Louis Aragon. Vous vous répartirez le travail en vous aidant des rubriques suivantes :
- Sa jeunesse et ses études
- Son expérience de la Première Guerre mondiale
- Son ralliement au groupe surréaliste
- Son engagement politique

Les clés du CHAPITRE

Quel est le parcours poétique de Louis Aragon ?

Le surréalisme dans l'art

- Avec les poètes André Breton et Philippe Soupault, Louis Aragon crée en 1924 le groupe surréaliste qui rejette la poésie traditionnelle et revendique un nouveau regard sur les choses.
- Cette libération de l'esprit passe notamment par la pratique de l'écriture automatique et de jeux d'écriture, comme le « cadavre exquis ».

Anecdote

Le jeu du « cadavre exquis » consiste à écrire à tour de rôle la partie d'une phrase sans savoir ce que le précédent a écrit pour réaliser des vers fantaisistes. La première phrase ainsi créée fut : le cadavre – exquis – boira – le vin – nouveau.

Max Ernst, *Au Rendez-vous des amis* (1922),
huile sur toile (130 × 195 cm), musée Ludwig (Cologne, Allemagne)

De gauche à droite : Philippe Soupault (1) Max Ernst (2) Paul Éluard (3) Louis Aragon (4) André Breton (5) Giorgo de Chirico (6) Gala Éluard (7) Robert Desnos (8)

L'art engagé

- Dans les années 1930, face à la montée des totalitarismes en Europe, de plus en plus d'intellectuels et d'artistes font entendre leur voix. La Seconde Guerre mondiale et l'Occupation poussent des poètes comme Paul Éluard ou Robert Desnos à mettre leurs écrits au service de la Résistance.
- Dans ses poèmes, Aragon unit son amour pour sa femme Elsa et celui de la patrie dans un même message d'espoir. Après la Libération, il poursuit son action politique en s'engageant aux côtés des communistes.

1. Faites des recherches sur les personnages identifiés dans la légende du tableau. Qu'ont-ils en commun ?

2. Qu'est-ce qu'un artiste engagé ?

Vous êtes prêt(e)s ?

Découvrons à présent les vers d'un poète à la fois épris de la paix et de sa femme.

Objectif
- Étudier un poème qui évoque la guerre

« Les ombres se mêlaient et battaient la semelle »

Écoutez le texte lu.
hatier-clic.fr/22luf204

Louis Aragon est mobilisé en 1917 comme médecin auxiliaire. Dans ce poème, il se remémore son voyage en train vers le front.

Les ombres se mêlaient et battaient la semelle[1]
Un convoi se formait en gare à Verberie[2]
Les plates-formes se chargeaient d'artillerie[3]
On hissait les chevaux les sacs et les gamelles

Il y avait un lieutenant roux et frisé
Qui criait sans arrêt dans la nuit des ordures[4]
On s'énerve toujours quand la manœuvre dure
Et qu'au-dessus de vous éclatent les fusées

On part Dieu sait pour où Ça tient du mauvais rêve
On glissera le long de la ligne de feu
Quelque part ça commence à n'être plus du jeu
Les bonshommes là-bas attendent la relève

Le train va s'en aller noir en direction
Du sud en traversant les campagnes désertes
Avec ses wagons de dormeurs la bouche ouverte
Et les songes épais des respirations

Il tournera pour éviter la capitale
Au matin pâle On le mettra sur une voie
De garage Un convoi qui donne de la voix
Passe avec ses toits peints et ses croix d'hôpital

Et nous vers l'est à nouveau qui roulons Voyez
La cargaison de chair que notre marche entraîne
Vers le fade parfum qu'**exhalent** les gangrènes[5]
Au long pourrissement des entonnoirs noyés

Tu n'en reviendras pas toi qui courais les filles
Jeune homme dont j'ai vu battre le cœur à nu
Quand j'ai déchiré ta chemise et toi non plus
Tu n'en reviendras pas vieux joueur de manille[6]

Qu'un obus a coupé par le travers en deux
Pour une fois qu'il avait un jeu du tonnerre
Et toi le tatoué l'ancien Légionnaire[7]
Tu survivras longtemps sans visage sans yeux

Roule au loin roule train des dernières lueurs
Les soldats assoupis que ta danse secoue
Laissent pencher leur front et fléchissent le cou
Cela sent le tabac la laine et la sueur

Comment vous regarder sans voir vos destinées
Fiancés de la terre et promis des douleurs
La veilleuse vous fait de la couleur des pleurs
Vous bougez vaguement vos jambes condamnées

Vous étirez vos bras vous retrouvez le jour
Arrêt brusque et quelqu'un crie Au jus là-dedans
Vous bâillez Vous avez une bouche et des dents
Et le caporal chante *Au pont de Minaucourt*[8]

Déjà la pierre pense où votre nom s'inscrit
Déjà vous n'êtes plus qu'un mot d'or sur nos places
Déjà le souvenir de vos amours s'efface
Déjà vous n'êtes plus que pour avoir péri

Louis Aragon, « La guerre et ce qui s'ensuivit », *Le Roman inachevé* (1956) © Gallimard

1. **battaient la semelle** : frappaient le sol de leurs pieds. 2. **Verberie** : petite ville de l'Oise. 3. **artillerie** : armes lourdes. 4. **ordures** : grossièretés. 5. **gangrènes** : putréfaction de tissus vivants. 6. **manille** : jeu de cartes. 7. **Légionnaire** : soldat de la Légion étrangère. 8. **Minaucourt** : ville de la Marne qui fut détruite en 1915.

VOCABULAIRE

Exhaler
→ Donnez un synonyme de ce verbe d'après le contexte.
→ Relevez dans le poème d'autres mots appartenant au champ lexical des odeurs. Que remarquez-vous ?

Albert Herter, *Le Départ des poilus, août 1914* (1926), fresque (5 × 12 m), gare de l'Est (Paris)

LECTURE D'IMAGE

Quelle scène est représentée sur cette image ? Quels sentiments s'en dégagent ?

Partageons notre lecture

- Proposez un titre pour ce poème et justifiez votre proposition.

En quoi le poète nous fait-il partager un témoignage original de son expérience du front ?

1. Décrivez la forme du poème. Vous semble-t-elle habituelle ? Pourquoi ? Analyser un poème ▸ p. 280

2. a. Relevez les différents indices qui renvoient au contexte de la Première Guerre mondiale.

b. Quel événement précis le poète raconte-t-il ?

3. Par quelles anecdotes nous fait-il partager ce qu'il a vécu ? Quelles impressions, quelles sensations exprime-t-il ? Appuyez-vous sur le vocabulaire des cinq sens pour répondre.

4. a. À partir du vers 29, à quelle personne le poète s'exprime-t-il ? À qui s'adresse-t-il successivement ?

b. Observez les temps des verbes : quelles époques de la vie de Louis Aragon se mélangent ?

5. a. Quels vers rendent hommage aux combattants de la guerre ?

b. Quelle idée l'anaphore met-elle en valeur dans les derniers vers ?

Outils

L'anaphore

- C'est une figure de style qui consiste en la **répétition** d'un même mot **au début** de plusieurs vers ou phrases pour créer un effet d'insistance.

Bilan

Écrivez un court paragraphe dans lequel vous montrerez comment Louis Aragon dénonce l'horreur de la guerre dans ce poème.

LECTURE À VOIX HAUTE

Par groupe, proposez une lecture à plusieurs voix qui mettra en valeur la tonalité de chaque strophe.

« La Rose et le Réséda[1] »

Écoutez le texte lu.
hatier-clic.fr/22luf206

Dans ce poème d'abord publié clandestinement, le poète en appelle à la résistance, au nom d'un combat commun : la liberté.

À Gabriel Péri et d'Estienne d'Orves comme à Guy Môquet et Gilbert Dru[2]

Celui qui croyait au ciel
Celui qui n'y croyait pas
Tous deux adoraient la belle
Prisonnière des soldats[3]
Lequel montait à l'échelle
Et lequel guettait en bas
Celui qui croyait au ciel
Celui qui n'y croyait pas
Qu'importe comment s'appelle
Cette clarté sur leur pas
Que l'un fût de la chapelle[4]
Et l'autre s'y dérobât[5]
Celui qui croyait au ciel
Celui qui n'y croyait pas
Tous les deux étaient fidèles
Des lèvres du cœur des bras
Et tous les deux disaient qu'elle
Vive[6] et qui vivra verra
Celui qui croyait au ciel
Celui qui n'y croyait pas
Quand les blés sont sous la grêle
Fou qui fait le délicat
Fou qui songe à ses querelles
Au cœur du commun combat
Celui qui croyait au ciel
Celui qui n'y croyait pas
Du haut de la citadelle
La sentinelle tira
Par deux fois et l'un chancelle
L'autre tombe qui mourra
Celui qui croyait au ciel
Celui qui n'y croyait pas
Ils sont en prison Lequel
A le plus triste grabat[7]
Lequel plus que l'autre gèle
Lequel préfère les rats
Celui qui croyait au ciel
Celui qui n'y croyait pas
Un rebelle est un rebelle
Nos sanglots font un seul glas[8]
Et quand vient l'aube cruelle
Passent de vie à trépas
Celui qui croyait au ciel
Celui qui n'y croyait pas
Répétant le nom de celle
Qu'aucun des deux ne trompa
Et leur sang rouge ruisselle
Même couleur même éclat
Celui qui croyait au ciel
Celui qui n'y croyait pas
Il coule il coule et se mêle
À la terre qu'il aima
Pour qu'à la saison nouvelle
Mûrisse un raisin muscat
Celui qui croyait au ciel
Celui qui n'y croyait pas
L'un court et l'autre a des ailes
De Bretagne ou du Jura
Et framboise ou mirabelle
Le grillon rechantera
Dites flûte ou violoncelle
Le double amour qui brûla
L'alouette et l'hirondelle
La rose[9] et le réséda.

■ Louis Aragon, « La Rose et le Réséda »,
La Diane française (1944) © Gallimard

1. **réséda** : fleur blanche qui symbolise les catholiques.
2. Aragon dédie son poème à des résistants qui ont été fusillés pendant la guerre.
3. allusion à la France occupée.
4. **de la chapelle** : croyant.
5. **l'autre s'y dérobât** : l'autre évite la religion, est athée.
6. allusion à la France libre.
7. **grabat** : lit misérable.
8. **glas** : sonnerie qui annonce un décès.
9. **rose** : allusion aux partisans du socialisme, généralement athées.

Histoire littéraire

La poésie engagée

- La poésie est engagée quand elle exprime une position et se met au service d'une cause. Un poète qui s'engage défend des valeurs, dénonce des injustices, exprime ses convictions. Ainsi, Victor Hugo a critiqué sévèrement Napoléon III dans les *Châtiments* (1853) et s'est élevé contre le travail des enfants et la grande pauvreté dans les *Contemplations* (1857).

C215, *Portrait du résistant Guy Môquet, fusillé à dix-sept ans*, paru dans *L'Humanité* (2020)

Partageons notre lecture

- Le titre vous semble-t-il convenir au poème ? Pourquoi ?

Comment Aragon fait-il de son poème un instrument de combat ?

1. a. Dégagez trois mouvements dans le poème. Donnez-leur un titre.
b. À la lecture de ce poème, qu'est-ce qui peut sembler musical ?

2. Quelles sont les deux expressions répétées tout au long du poème ? Qui désignent-elles ?

3. Par quelle métaphore, dans les premiers vers, le poète évoque-t-il la France ? Expliquez cette image.

4. Relevez les expressions qui montrent un combat commun entre *celui qui croyait au ciel* et *celui qui n'y croyait pas*. Pour quelle même cause luttent-ils, d'après vous ?

5. a. À qui ce poème s'adresse-t-il selon vous ?
b. Relevez les différents couples de mots présents dans le poème (ex : Bretagne / Jura). En quoi contribuent-ils au message du poète ?

Outils

La métaphore

- C'est une figure de style qui consiste à **rapprocher deux éléments sans outil** de comparaison.

Bilan différencié

À L'ORAL

En quoi le poète exprime-t-il son engagement dans ce poème ?

À L'ÉCRIT

Recopiez le schéma ci-contre et remplissez-le pour rendre compte de votre lecture.

Texte
- Auteur : …
- Contexte : …
- Destinataires : …
- Visée du poème : …
- Procédés marquants : …

ACTIVITÉ

Écoutez le poème en musique. hatier-clic.fr/22luf207

1. Qu'apporte de différent cette version musicale du poème ?

2. Cherchez d'autres poèmes d'Aragon mis en musique.

3. Quel intérêt peut représenter, selon vous, le fait de mettre un poème en musique ?

Objectif
- Analyser un poème lyrique

« Que serais-je sans toi »

Écoutez le texte lu.
hatier-clic.fr/22luf208

En 1928, Louis Aragon rencontre Elsa Triolet, une jeune écrivaine soviétique, avec qui il forme un couple mythique, et qui devient sa muse. Il lui a dédié de nombreux poèmes d'amour.

J'étais celui qui sait seulement être contre
Celui qui sur le noir parie à tout moment
Que serais-je sans toi qui vins à ma rencontre
Que cette heure arrêtée au cadran de la montre
Que serais-je sans toi qu'un cœur au bois dormant
Que serais-je sans toi que ce balbutiement

Un bonhomme hagard[1] qui ferme sa fenêtre
Le vieux cabot[2] parlant des anciennes tournées
L'escamoteur[3] qu'on fait à son tour disparaître
Je vois parfois celui que je n'eus manqué d'être
Si tu n'étais venue changer ma destinée
Et n'avais relevé le cheval couronné[4]

Je te dois tout je ne suis rien que ta poussière
Chaque mot de mon chant c'est de toi qu'il venait
Quand ton pied s'y posa je n'étais qu'une pierre
Ma gloire et ma grandeur seront d'être ton lierre
Le fidèle miroir où tu te reconnais
Je ne suis que ton ombre et ta menue monnaie

J'ai tout appris de toi sur les choses humaines
Et j'ai vu désormais le monde à ta façon
J'ai tout appris de toi comme on boit aux fontaines
Comme on lit dans le ciel les étoiles lointaines
Comme au passant qui chante on reprend sa chanson
J'ai tout appris de toi jusqu'au sens du frisson

J'ai tout appris de toi pour ce qui me concerne
Qu'il fait jour à midi qu'un ciel peut être bleu
Que le bonheur n'est pas un quinquet[5] de taverne
Tu m'as pris par la main dans cet enfer moderne
Où l'homme ne sait plus ce que c'est qu'être deux
Tu m'as pris par la main comme un amant heureux

Louis Aragon, « Prose du bonheur et d'Elsa », *Le Roman inachevé* (1956) © Gallimard

VOCABULAIRE

Lierre
→ Qu'est-ce que le lierre ? Comment pousse-t-il ?
→ Expliquez l'image proposée par le poète de sa relation avec Elsa.

1. **hagard** : qui a une expression égarée et farouche.
2. **cabot** : mauvais comédien.
3. **escamoteur** : prestidigitateur.
4. **cheval couronné** : cheval blessé au genou.
5. **quinquet** : lampe à huile.

Partageons notre lecture

- Quel(s) vers vous touche(nt) le plus ? Expliquez pourquoi.

René Magritte, *Les Amants III* (1928), huile sur toile (54 × 74 cm), collection privée

VERS LE BREVET

Comment le couple est-il représenté sur cette image ? Qu'est-ce qui suggère le lien entre les deux personnages représentés ?

En quoi Aragon compose-t-il ici un chant d'amour pour sa femme ?

1. Qui parle à qui dans ce poème ? Répondez en vous appuyant sur les pronoms personnels du texte.

2. Quelle répétition observez-vous dans la première strophe ? Quel est le mode verbal ▸ p. 348 employé ? Quels sentiments le poète exprime-t-il ainsi ?

3. Par quelles métaphores ▸ p. 207 le poète montre-t-il celui qu'il était avant de rencontrer Elsa ? Relevez au moins trois images et commentez-les.

4. Quel vers évoque cette rencontre ?

5. Quel pouvoir le poète prête-t-il à celle qu'il aime ? Répondez en vous appuyant sur des vers précis.

Outils

Le lyrisme

- C'est l'expression poétique ou musicale des sentiments personnels.
- Les procédés du lyrisme sont :
  - l'emploi de « **je** » ;
  - le lexique des **sensations** et des **émotions** personnelles ;
  - les **figures de style** comme la métaphore ou la comparaison.

Bilan

Dans un développement argumenté, dites en quoi ce poème est lyrique.

Histoire littéraire

La poésie lyrique

- Depuis l'Antiquité jusqu'à la fin du Moyen Âge, la poésie était accompagnée de musique. L'instrument utilisé à l'origine était une lyre. Ainsi, le terme lyrisme associe étroitement la poésie et la musicalité. En outre, la poésie lyrique privilégie l'expression des sentiments personnels du poète (amour, mélancolie...).

ÉCRIRE UNE STROPHE LYRIQUE

Composez à votre tour une strophe poétique en pensant à quelqu'un que vous aimez (une personne de votre famille, un ami, un animal...). Vous réutiliserez, comme dans le poème d'Aragon, l'anaphore de « Que serais-je sans toi que... »

Objectif
Étudier un blason poétique

« Les mains d'Elsa »

Écoutez le texte lu.
hatier-clic.fr/22luf210

Donne-moi tes mains pour l'inquiétude
Donne-moi tes mains dont j'ai tant rêvé
Dont j'ai tant rêvé dans ma solitude
Donne-moi tes mains que je sois sauvé

Lorsque je les prends à mon pauvre piège
De paume et de peur de hâte et d'émoi
Lorsque je les prends comme une eau de neige
Qui fuit de partout dans mes mains à moi

Sauras-tu jamais ce qui me traverse
Qui me bouleverse et qui m'envahit
Sauras-tu jamais ce qui me transperce
Ce que j'ai trahi quand j'ai tressailli

Ce que dit ainsi le profond langage
Ce parler muet des sens animaux
Sans bouche et sans yeux miroir sans image
Ce frémir d'aimer qui n'a pas de mots

Sauras-tu jamais ce que les doigts pensent
D'une proie entre eux un instant tenue
Sauras-tu jamais ce que leur silence
Un éclair aura connu d'inconnu

Donne-moi tes mains que mon cœur s'y forme
S'y taise le monde au moins un moment
Donne-moi tes mains que mon âme y dorme
Que mon âme y dorme éternellement

■ Louis Aragon, *Le Fou d'Elsa* (1963) © Gallimard

Partageons notre lecture

● Pourquoi le poète choisit-il de parler des mains ?

Dora Maar, *Main-coquillage* (1934), photographie (37,5 × 27 cm), centre Pompidou (Paris)

De quelle forme poétique Aragon s'inspire-t-il pour exprimer son amour ?

1. Quelle répétition observez-vous dans la première et la dernière strophe ? Quel mode verbal est employé ? Quelle est sa valeur ?

2. Quels vers expriment l'inquiétude du poète ?

3. Quel pouvoir revêtent les mains ? Justifiez en vous appuyant sur des citations précises.

4. Quelle est la nature du mot « que » au vers 4 et dans la dernière strophe ? Qu'exprime le poète par ces tournures de phrase ?

Bilan

Par quels procédés le poète chante-t-il l'amour qu'il éprouve pour sa femme ?

Outils

Le blason

● Il s'agit d'un poème en vers qui célèbre, le plus souvent, une partie du corps féminin pour en chanter la beauté.

ÉCRITURE

Comme Aragon, composez un poème qui fasse l'éloge d'une partie du corps (les yeux, les cheveux...). Vous veillerez à réutiliser les procédés poétiques que vous connaissez (répétition, métaphore, comparaison).

BILAN — JE CONSTRUIS

Écoutez le bilan en version audio.
hatier-clic.fr/22luf211a

1 ORAL **a. Quel est votre poème préféré dans le chapitre ?**
b. De quoi parle-t-il ?
c. Sur quoi vous a-t-il permis de réfléchir ?

2 Pour la classe **Proposez une illustration du poème qui vous a le plus touché(e).**

- Vous pouvez dessiner, peindre, ou choisir une image.
- Présentez le texte choisi assorti de son illustration et expliquez votre choix.
- Affichez votre travail dans la classe !

3 **Laquelle de ces citations vous paraît la plus juste ? Justifiez votre réponse.**

« La poésie est une éternelle jeunesse qui ranime le goût de vivre jusque dans le désespoir. »
André Suarès (1868-1948)

« La poésie est une lettre d'amour adressée au monde. »
Charlie Chaplin (1889-1977)

« La poésie est un engagement à aller vers l'autre. »
Jean-Pierre Siméon (né en 1950)

4 **Qu'ai-je appris dans ce chapitre ?**

Quelles étapes de l'étude d'un poème maîtrisez-vous ? Appuyez-vous sur le tableau pour évaluer votre niveau et les aspects à améliorer.

J'indique mon niveau de compétence		*	**	***	****
La forme	Je sais décrire la forme d'un poème (strophes, mètre, rimes, etc.).				
Les procédés	Je sais analyser quelques procédés poétiques.				
La visée	Je sais définir la visée d'un poème (dénoncer, chanter, etc.).				
Le ressenti	Je sais exprimer mon sentiment concernant un poème.				

JE RETIENS

LOUIS ARAGON (1897-1982)

Une poésie engagée

- La poésie engagée vise à **exprimer des idées**, **mener des combats**, par le biais de l'écriture.
- Aragon s'est, entre autres combats, dressé contre la violence de la guerre, comme dans son poème « Les ombres... ». Dans beaucoup de poèmes, il en appelle à la **résistance** et à la lutte.

Une poésie lyrique

- La poésie **lyrique** vise à exprimer les **sentiments**, les **émotions** personnelles.
- Aragon a choisi pour muse **Elsa Triolet**, sa compagne, dont il chante la beauté et l'amour avec des poèmes comme « Les mains d'Elsa » ou « Que serais-je sans toi ». Mais certains de ses poèmes sont aussi des déclarations d'amour à sa **patrie**, comme « La Rose et le Réséda ».

Pour vous aider

Des fiches MÉMORISATION
- Fiche vocabulaire — hatier-clic.fr/22luf211b
- Carte mentale — hatier-clic.fr/22luf211c

Activité numérique sur le genre poétique — pix
+ PROF — Activité et tuto Genially

Vers le Brevet

Évaluation DIFFÉRENCIATION
+ PROF — Évaluation BREVET (Louis Aragon)

12 Identité et métissage en poésie

▶ En quoi les voix de la négritude enrichissent-elles notre regard sur le monde ?

Doc 1

« Ma bouche sera la bouche des malheurs qui n'ont point de bouche, ma voix, la liberté de celles qui s'affaissent au cachot du désespoir. »

■ Aimé Césaire, *Cahier d'un retour au pays natal* (1939) © Présence Africaine

Dans ce chapitre, vous allez découvrir les raisons qui poussent des poètes à évoquer leurs racines et leur identité, et vous étudierez des formes poétiques et des œuvres picturales de la négritude.

Doc 2

Alain Arnouil, *Négritude* (2008), acrylique et collage sur toile (50 × 61 cm)

Alain Arnouil est un artiste-peintre français. Il peint ce tableau en 2008, après la mort d'Aimé Césaire.

1. Comment comprenez-vous la citation de Césaire (doc 1) ?
2. Observez les deux tableaux (doc 2 et 4), puis décrivez-les rapidement. Qu'évoquent-ils ? Que ressentez-vous à la vue de ces œuvres ?
3. Lisez l'extrait du discours d'Aimé Césaire (doc 5) : repérez les mots-clés, puis résumez la négritude en deux phrases.
4. Quel(s) lien(s) pouvez-vous établir entre les documents ? Imaginez un nuage de mots constitué de noms évoquant ces documents.

Doc 4

Wifredo Lam, *Figure* (1939),
gouache sur papier (63 × 48 cm), collection privée

Cette œuvre est reproduite en 1947 comme frontispice (illustration face à la page de titre d'un livre) de la première édition en volume du *Cahier d'un retour au pays natal* d'Aimé Césaire par les éditions Bordas (Paris). Comme dans d'autres œuvres de Wifredo Lam, artiste cubain (1902-1982), *Figure* présente des mains disproportionnées qui expriment l'angoisse, la douleur, le désespoir.

Doc 3

Au sujet de ce tableau, Aimé Césaire écrit :

mains implorantes [...]
le visage de l'horrible ne peut être mieux indiqué
que par ses mains offusquantes

■ Aimé Césaire, « Wifredo Lam... »,
Moi, laminaire (1982) © Seuil

DÉBAT

Selon vous, en quoi les poètes ont-ils un rôle à jouer dans les luttes contre le racisme et contre toutes les formes d'oppression ?

Doc 5

En 1987, Aimé Césaire définit ainsi la négritude.

[...] la Négritude au premier degré peut se définir d'abord comme prise de conscience de la différence, comme mémoire, comme fidélité et comme solidarité. [...]
La Négritude résulte d'une attitude active et offensive de l'esprit.
Elle est sursaut, et sursaut de dignité.
Elle est refus, je veux dire refus de l'oppression.
Elle est combat, c'est-à-dire combat contre l'inégalité.
Elle est aussi révolte.

■ Aimé Césaire, « Discours sur la négritude » (1987) © Présence Africaine

Les clés du
CHAPITRE

Qu'est-ce que la négritude ?

UN PASSÉ DOULOUREUX

- Pendant plus de trois siècles, de la fin du XVe siècle au milieu du XIXe siècle, des millions d'Africains sont victimes du **commerce triangulaire**. Ils sont achetés en Afrique par des négociants européens qui les revendent dans les colonies où ils servent de main-d'œuvre bon marché dans de grandes plantations.
- En France, au XVIIIe siècle, naît un mouvement en faveur de l'abolition de l'esclavage. En 1804, une révolte d'esclaves aboutit à l'indépendance de l'île antillaise d'Haïti, et **l'esclavage est aboli en 1848**.
- Entre 1945 et 1962, en Afrique, **les colonies françaises gagnent leur indépendance**, et, en 1946, **les départements d'outre-mer** sont créés.

VOCABULAIRE

- Au XVIIIe siècle, le nom *nègre* est utilisé pour désigner les personnes de couleur noire. À notre époque, c'est un terme péjoratif et raciste.
- Recopiez les mots en vert accompagnés d'une courte définition.

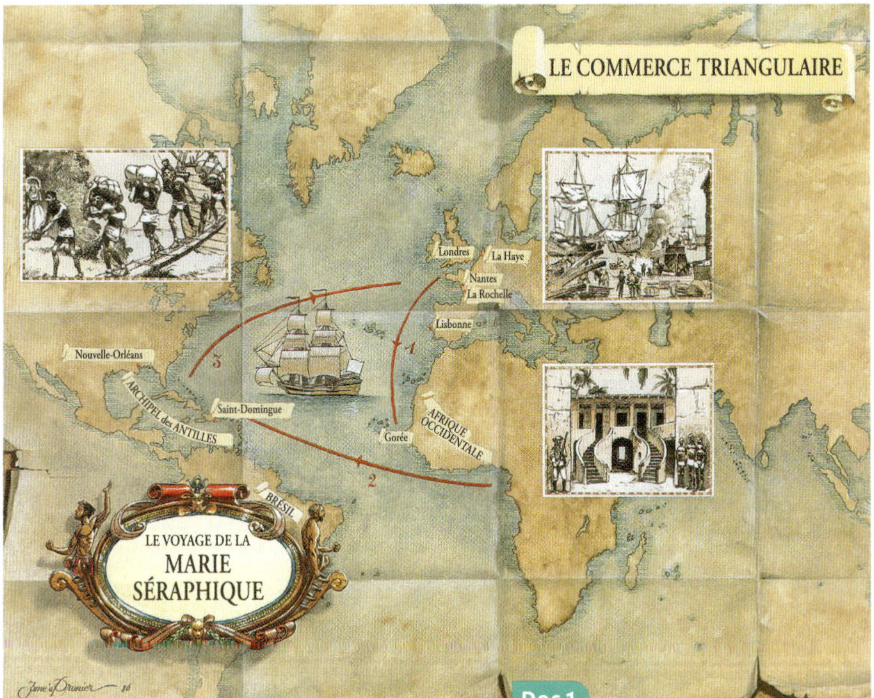

Doc 1

Illustration de **Jame's Prunier** (1986) extraite du livre *Esclaves et négriers* de Jean Meyer © Gallimard

Doc 2

Cent cinquante ans après l'abolition de l'esclavage, Christiane Taubira, alors députée, prononce un discours devant l'Assemblée nationale.

La traite et l'esclavage furent extrêmement violents. [...] [La France] a donc pratiqué la traite, ce commerce, ce négoce, ce trafic dont les seuls mobiles sont l'or, l'argent, les épices. Elle a été impliquée après d'autres, avec d'autres, dans l'esclavage qui transforme l'homme en captif, qui en fait une bête de somme et la propriété d'un autre.

Le Code noir, qui a séjourné dans le droit français pendant près de deux siècles, stipule que l'esclave est un meuble.

■ **Christiane Taubira-Delannon**, « La traite et l'esclavage sont un crime contre l'humanité » (18 février 1999) © Points

1. D'où partaient les esclaves noirs et où étaient-ils conduits (doc 1) ?
2. Qu'est-ce que le Code noir (doc 2) ? En quoi les esclaves étaient-ils des *captifs*, des *bêtes de somme* ?

LA NAISSANCE DU MOUVEMENT

• Dans les années 1930, à Paris, l'intellectuel martiniquais **Aimé Césaire** s'empare du mot *nègre*, connoté péjorativement, pour lui donner une dimension positive. Il forme ainsi le nom ***négritude*** pour désigner le **mouvement littéraire** et politique qu'il fonde avec **Léopold Sédar Senghor**, Sénégalais, et **Léon-Gontran Damas**, Guyanais.

• **Paulette Nardal**, première étudiante noire de la Sorbonne, et sa sœur Jane reçoivent intellectuels et artistes dans leur maison de Clamart. Ces deux sœurs et **Suzanne Césaire** valorisent l'identité antillaise, à la fois africaine et métissée.

• Le terme **négritude** désigne l'ensemble des caractéristiques et des valeurs culturelles des peuples noirs, revendiquées comme leur étant propres. La négritude dénonce le colonialisme et la domination occidentale, et cherche aussi à **revaloriser** la culture africaine.

Doc 3

Une de la revue *L'Étudiant noir* fondée à Paris par Aimé Césaire, Léopold Sédar Senghor et Léon-Gontran Damas (représentés de gauche à droite)

Vidéo
Césaire, chantre de la négritude
hatier-clic.fr/22luf215a

3. En quoi le document 3 illustre-t-il ce que vous venez de lire ?

Doc 4

Affiche du film *Orfeu Negro* de **Marcel Camus** (1959)

Le réalisateur présente une réinterprétation du mythe d'Orphée en plein carnaval de Rio. Cet hymne à l'amour et au rythme est joué uniquement par des comédiens noirs.

UN MOUVEMENT INFLUENT

• Des penseurs français blancs soutiennent ce mouvement, comme le philosophe **Jean-Paul Sartre** qui écrit en 1948, à la demande de Senghor et d'Alioune Diop, la préface de l'*Anthologie de la nouvelle poésie nègre et malgache de langue française*, intitulée « Orphée noir », en référence au célèbre poète et musicien de la mythologie grecque.

• **Pablo Picasso**, grand artiste du XXe siècle a dessiné plusieurs affiches pour soutenir des congrès et des festivals de culture noire.

Vidéo
Bande-annonce du film
hatier-clic.fr/22luf215b

4. En quoi l'affiche du film (doc 4) valorise-t-elle le métissage des cultures ?

Vous êtes prêt(e)s ?

Découvrons des poèmes et des œuvres picturales qui nous offrent une autre vision du monde, et écoutons ces voix dont les échos résonnent encore de nos jours !

XXᴱ SIÈCLE
POÈME

Objectif
• Étudier un poème de dénonciation

« Minerai noir »

Vidéo
Gaël Faye récite « Minerai noir » dans l'émission La Grande Librairie.
hatier-clic.fr/22luf216

René Depestre est un poète de la négritude né à Haïti en 1926. Militant politique menacé dans son pays, il s'exile en France où il soutient les mouvements de décolonisation.

Quand la sueur de l'Indien se trouva brusquement tarie par le soleil
Quand la frénésie de l'or[1] draina au marché la dernière goutte de sang indien
De sorte qu'il ne resta plus un seul Indien aux alentours des mines d'or
On se tourna vers le fleuve musculaire de l'Afrique
Pour assurer la relève du désespoir
Alors commença la ruée vers l'**inépuisable**
Trésorerie de la chair **noire**
Alors commença la bousculade échevelée
Vers le rayonnant midi du corps noir
Et toute la terre retentit du vacarme des pioches
Dans l'épaisseur du minerai noir
Et tout juste si des chimistes ne pensèrent
Au moyen d'obtenir quelque alliage[2] précieux
Avec le métal noir tout juste si des dames ne
Rêvèrent d'une batterie de cuisine[3]
En nègre du Sénégal d'un service à thé
En massif négrillon[4] des Antilles
Tout juste si quelque curé
Ne promit à sa paroisse
Une cloche coulée dans la sonorité du sang noir
Ou encore si un brave Père Noël ne songea
Pour sa visite annuelle
À des petits soldats de plomb noir
Ou si quelque vaillant capitaine
Ne tailla son épée dans l'ébène minéral
Toute la terre retentit de la secousse des foreuses[5]
Dans les entrailles de ma race
Dans le gisement musculaire de l'homme noir
Voilà de nombreux siècles que dure l'extraction
Des merveilles de cette race
Ô couches métalliques de mon peuple
Minerai inépuisable de rosée humaine
Combien de pirates ont exploré de leurs armes
Les profondeurs obscures de ta chair
Combien de flibustiers[6] se sont frayés leur chemin
À travers la riche végétation de clartés de ton corps
Jonchant tes années de tiges mortes
Et de flaques de larmes
Peuple dévalisé peuple de fond en comble retourné
Comme une terre en labours

VOCABULAIRE

Inépuisable
→ Expliquez la formation de ce mot et déduisez-en son sens.

Noir
→ Relevez tous les mots et expressions qui renvoient à ce qui est noir ou obscur. Que remarquez-vous ?

1. **frénésie de l'or** : attirance violente pour l'or, menant aux pires excès.
2. **alliage** : métal résultant du mélange entre un métal pur et d'autres éléments.
3. **batterie de cuisine** : ensemble des ustensiles métalliques servant à cuisiner.
4. **négrillon** : garçon noir, dans le vocabulaire des esclavagistes, terme péjoratif aujourd'hui.
5. **foreuse** : machine utilisée pour percer, creuser.
6. **flibustier** : pirate des Antilles.
7. **grisou** : gaz inflammable présent dans les mines de charbon, puis, explosif.

Peuple défriché pour l'enrichissement
Des grandes foires du monde
Mûris ton grisou[7] dans le secret de
ta nuit corporelle
Nul n'osera plus couler des canons et
des pièces d'or
Dans le noir métal de ta colère en crues

■ René Depestre, « Minerai noir » (1956),
Rage de vivre © Seghers, Paris (2006)

Aaron Douglas, *Servitude* (1936), huile sur toile (153,4 x 153,7 cm), National Gallery of Art (Washington, États-Unis)

Partageons notre lecture

● Choisissez les vers qui vous touchent le plus et précisez pourquoi ils vous émeuvent.

Comment se servir de la poésie pour dénoncer ?

1. Qui s'exprime ? Que pouvez-vous dire de la forme poétique choisie ?

2. Relevez toutes les expressions qui réifient l'homme noir.

3. a. Sur quelle métaphore filée le poème est-il construit ? Comment comprenez-vous le titre du poème « Minerai noir » ?
b. Quelles violences le peuple noir a-t-il subies ?

4. À partir du vers 31, relevez le champ lexical de la souffrance. En quoi ce poème est-il pathétique ?

5. Comment comprenez-vous les trois derniers vers ?

Bilan

Que dénonce le poète ? Comment s'y prend-il pour en donner une vision poétique ? Dans quel but ?

Outils

Les procédés stylistiques

- **Un poème en vers libres** est constitué de vers irréguliers, le plus souvent non rimés, mais jouant sur les sonorités et le rythme.
- **La réification** est l'inverse de la personnification. C'est une métaphore par laquelle un être animé est traité comme un objet.
- **Une métaphore filée** est développée tout au long d'une strophe, d'un poème, d'un extrait de texte. La même image est ainsi reprise.

LECTURE CHORALE

Organisez une lecture « chorale » du poème.

1. Formez des groupes de quatre élèves et partagez-vous le poème : vers 1 à 11 • vers 12 à 25 • vers 26 à 34 • vers 35 à 45.

2. Recopiez votre extrait : indiquez les pauses à l'aide d'un trait et soulignez les mots sur lesquels insister. Rétablissez la ponctuation. Pensez à l'intonation, à l'articulation et aux liaisons.

3. Entraînez-vous à lire à plusieurs voix.

XXe SIÈCLE
POÈME

Objectif
Étudier un poème célébrant le métissage

Avant de lire le poème, écoutez un solo de trompette de Cat Anderson.
hatier-clic.fr/22luf218a

« À New York »

Né au Sénégal, Léopold Sédar Senghor (1906-2001) est un poète de la négritude. Il a été aussi le premier président de la République du Sénégal et le premier Africain à siéger à l'Académie française.

Écoutez le texte lu.
hatier-clic.fr/22luf218b

(pour un orchestre de ***jazz*** *: solo de trompette)*

New York ! je dis New York, laisse affluer le sang noir dans ton sang
Qu'il dérouille tes articulations d'acier, comme une huile de vie
Qu'il donne à tes ponts la courbe des croupes[1] et la souplesse des lianes.
Voici revenir les temps très anciens, l'unité retrouvée la réconciliation
du Lion du Taureau et de l'Arbre
L'idée liée à l'acte l'oreille au cœur le signe au sens.
Voilà tes fleuves bruissants de caïmans musqués[2] et de lamantins[2]
aux yeux de mirages. Et nul besoin d'inventer les Sirènes.
Mais il suffit d'ouvrir les yeux à l'arc-en-ciel d'Avril
Et les oreilles, surtout les oreilles à Dieu qui d'un rire de saxophone
créa le ciel et la terre en six jours.
Et le septième jour, il dormit du grand sommeil nègre.

Léopold Sédar Senghor, « À New York »,
strophe III, *Éthiopiques* (1956), dans *Œuvre poétique* © Seuil

1. **croupe** : partie supérieure et arrondie d'un relief.
2. **caïmans musqués et lamantins** : animaux aquatiques tropicaux.

VOCABULAIRE

Métissage culturel : résultat de l'influence mutuelle de plusieurs civilisations.

Jazz : musique afro-américaine créée au début du XXe siècle. Elle s'appuie sur l'improvisation, des rythmes multiples. Elle est le fruit du métissage de la culture du peuple noir américain issu de l'esclavage et de la culture européenne importée par les colons.

1. Recherchez les musiques qui ont influencé le jazz.
2. Quels sont les instruments de musique les plus utilisés ?

Partageons notre lecture

Après avoir écouté le solo de trompette de Cat Anderson et lu ce poème, en quoi peut-on dire que le poème est musical ?

Photographie de New York, avec le pont de Brooklyn (années 1950)

Louis Delsarte, *L'Âme de Harlem* (2005),
fresque monumentale en mosaïque à Harlem (New York, États-Unis)

Lecture d'image
hatier-clic.fr/22luf219

VERS LE BREVET

Observez la fresque, son titre et son lieu de création, puis cherchez des points communs avec le poème.

Comment le poète invite-t-il au métissage des cultures ?

1. Comment ce poème est-il construit ? Relevez les mots et les expressions qui montrent que le poète s'adresse directement à la ville de New York. Quelle est la figure de style utilisée ? ▸ p. 381

2. *Articulations d'acier* (v. 2), *ponts* (v. 3) : quels aspects de la ville de New York sont mis en avant ? Que semble-t-il lui manquer ? Qu'est-ce qui pourrait combler ce manque ?

3. Tout au long du poème, relevez le champ lexical de la vie harmonieuse : à quelle culture est-il associé ? Quels sens sont sollicités ? Pensez à citer le poème.

4. Identifiez les références à la culture occidentale présentes dans ce poème. Qu'en fait le poète ?

Bilan

Écrivez un court bilan pour répondre à la question posée : « Comment le poète invite-t-il au métissage des cultures ? » Commencez par noter au brouillon ce qui correspond à une invitation dans le poème, mais aussi tout ce que la culture « noire » apporte de positif à New York selon le poète. Rédigez ensuite votre réponse.

ÉCRITURE POÉTIQUE

1. **En vous inspirant de la fresque et du poème, rédigez un paragraphe poétique en vers libres** dans lequel vous personnifierez le jazz. Vous pourrez commencer par *Jazz ! je dis Jazz, emmène-moi...* Vous tâcherez de mettre en évidence la double influence culturelle, notamment par le choix des champs lexicaux.

2. **Rédigez un paragraphe poétique** dans lequel vous personnifierez le style musical de votre choix.

Objectif
Étudier un poème hymne aux racines

« Afrique »

À ma mère

Afrique mon Afrique
Afrique des fiers guerriers dans les savanes ancestrales
Afrique que chante ma grand-mère
Au bord de son fleuve lointain
Je ne t'ai jamais connue
Mais mon regard est plein de ton sang
Ton beau sang noir à travers les champs répandu
Le sang de ta sueur
La sueur de ton travail
Le travail de l'esclavage
L'esclavage de tes enfants
Afrique dis-moi Afrique
Est-ce donc toi ce dos qui se courbe
Et se couche sous le poids de l'humilité
Ce dos tremblant à zébrures rouges
Qui dit oui au fouet sur les routes de midi
Alors gravement une voix me répondit
Fils impétueux cet arbre robuste et jeune
Cet arbre là-bas
Splendidement seul au milieu de fleurs blanches et fanées
C'est l'Afrique ton Afrique qui repousse
Qui repousse patiemment obstinément
Et dont les fruits ont peu à peu
L'amère saveur de la liberté.

■ David Diop, « Afrique », *Coups de Pilon*

Lobie Cognac, *Les Marrons de la liberté* (2008), statue en bronze (hauteur 5 m), Rémire-Montjoly (Guyane)

« Marrons » était le nom donné aux esclaves qui s'étaient enfuis.

▶ Méthode Brevet p. 284 à 293

COMPRÉHENSION ET COMPÉTENCES D'INTERPRÉTATION

31 POINTS

1 De quel type de texte s'agit-il ? Justifiez votre réponse. **(3 points)**

2 « Mais mon regard est plein de ton sang » (v. 6)
a. À qui s'adresse le poète ? Justifiez votre réponse. **(2 points)**
b. Identifiez les deux figures de style utilisées. Que signifie ce vers ? **(5 points)**

3 Vers 6 à 16 : à quelle période de l'histoire de l'Afrique ces vers font-ils référence ? Justifiez votre réponse en citant le poème. Quel est l'effet produit ? **(5 points)**

4 En quoi la fin du poème porte-t-elle un message d'espoir ? Appuyez-vous sur le relevé d'adjectifs et d'adverbes pour justifier votre réponse. **(6 points)**

5 Pourquoi la liberté a-t-elle une « amère saveur » (v. 24) ? **(2 points)**

6 Qu'ont en commun le poème et la sculpture photographiée ? Développez votre réponse en citant le poème et en faisant référence à l'image. **(8 points)**

COUP DE POUCE
Pour identifier et analyser une figure de style, il faut d'abord se demander s'il s'agit d'une image ou d'une construction particulière. Quand il s'agit d'une image, permet-elle de comparer, d'associer ou d'attribuer des caractéristiques humaines ? ▶ p. 381

GRAMMAIRE ET COMPÉTENCES LINGUISTIQUES

19 POINTS

7 Recopiez trois vers du poème correspondant chacun à l'un des types de phrases suivants, en rétablissant la ponctuation : une phrase déclarative, une phrase interrogative, une phrase injonctive. **(6 points)**

8 « Je ne t'ai jamais connue » (v. 5)
a. Quel est le temps verbal utilisé ? **(2 points)**
b. Expliquez l'accord du participe passé. **(2 points)**

9 Réécrivez les vers 17 à 24 au discours indirect en supprimant « fils impétueux » et en remplaçant « cet arbre » par « ces arbres ». **(9 points)**

COUP DE POUCE
L'accord du participe passé
▶ p. 358

DICTÉE

10 POINTS

Votre professeur vous dictera le texte.

+PROF
Dictée (poème de J.-B. Tati Loutard)

COUP DE POUCE
Pour vous préparer à la dictée, révisez les déterminants possessifs et démonstratifs, et l'impératif présent.

RÉDACTION

40 POINTS

Vous traiterez au choix l'un des sujets suivants.

Sujet d'imagination

À votre tour, évoquez un lieu où vous n'êtes jamais allé(e) mais qui vous fait rêver. Décrivez ce lieu et ce que vous en savez d'après ce qu'on vous en a dit, et ce que vous avez recherché et appris.
Pensez à exprimer votre point de vue, puis, racontez ce que vous y feriez.

Sujet de réflexion

Selon vous, la poésie et l'art en général permettent-ils d'exprimer efficacement une révolte ?
Vous répondrez à cette question par un développement argumenté en vous appuyant sur les poèmes étudiés en classe, mais aussi sur vos lectures personnelles et sur les œuvres artistiques que vous connaissez.

COUP DE POUCE
Quand on ne parvient pas bien à construire son argumentation, on peut commencer par chercher des exemples. Faites une liste des poèmes, lectures personnelles, chansons, films ou encore tableaux et sculptures dans lesquels une révolte s'exprime.

XXE SIÈCLE
POÈME

Objectif
Identifier et analyser un hommage

« Dorsale bossale »

Aimé Césaire (1913-2008) est né en Martinique, île de la montagne Pelée, un volcan aux éruptions terribles. Il s'engage en littérature et en politique contre le colonialisme. Un hommage lui a été rendu au Panthéon en 2011.

Écoutez le texte lu.
hatier-clic.fr/22luf222

il y a des volcans qui se meurent
il y a des volcans qui demeurent
il y a des volcans qui ne sont là que pour le vent
il y a des volcans fous
il y a des volcans ivres à la dérive
il y a des volcans qui vivent en meutes et patrouillent
il y a des volcans dont la gueule émerge de temps en temps
véritables chiens de la mer
il y a des volcans qui se voilent la face
toujours dans les nuages
il y a des volcans vautrés comme des rhinocéros fatigués dont on peut palper
la poche galactique
il y a des volcans pieux[1] qui élèvent des monuments
à la gloire des peuples disparus
il y a des volcans vigilants [...]
il ne faut pas oublier ceux qui ne sont pas les moindres
les volcans qu'aucune dorsale[2] n'a jamais repérés
et dont de nuit les rancunes se construisent
il y a des volcans dont l'embouchure est à la mesure exacte de l'antique déchirure.

■ Aimé Césaire, « Dorsale bossale[3] », *Moi, laminaire...* (1982) © Seuil (2006)

1. **pieux** : mystique, inspiré.
2. **dorsale** : chaîne sous-marine de volcans.
3. **bossale** : esclave africain venant d'arriver aux Antilles.

VOCABULAIRE

Émerger
→ Expliquez la formation de ce mot, puis faites des hypothèses sur son sens.

Galactique
Ce mot signifie ici *remplie de lait*.
→ Retrouvez le radical signifiant *lait* et proposez d'autres mots construits sur le même radical.

Partageons notre lecture

1. Qu'est-ce qui vous frappe à la première lecture de ce poème ?
2. Quel vers pourrait servir de titre à l'illustration de la page 223 ? Pourquoi ?

L'éruption volcanique de la montagne Pelée en Martinique (mai 1902), lithographie couleur

Comment rendre hommage à ses racines de façon imagée ?

1. a. En vous appuyant sur le titre du poème, essayez de comprendre ce que les *volcans* peuvent représenter.
b. Qu'est-ce qu'Aimé Césaire cherche à mettre en évidence ?

2. a. Sur quelle figure ▸ p. 381 le poème est-il construit ? Quel est l'effet produit ?
b. Vers 7 et 8 : repérez toutes les expansions du nom et analysez-les ▸ p. 330.
c. Dans le reste du poème, relevez deux adjectifs et une autre proposition relative introduite par un autre pronom relatif, qui complètent le groupe nominal *des volcans*.

3. Choisissez dans le poème une comparaison et deux métaphores et analysez-les. Qu'expriment-elles ?

4. Repérez l'assonance qui parcourt tout le poème. Quel est l'effet produit ?

5. À quoi renvoie l'*antique déchirure* évoquée au dernier vers ?

Outils

Les figures de style

- **L'allitération** est la répétition d'une consonne dans une suite de mots.
- **L'assonance** est la répétition d'une voyelle ou d'un son vocalique dans une suite de mots.

Bilan

Cherchez la définition du nom « hommage ». En vous aidant de cette définition et de votre lecture du poème, précisez comment Aimé Césaire rend hommage à ses racines de façon imagée.

Travailler AUTREMENT

DIFFÉRENCIATION

En classe entière, écrivez pas à pas et construisez ensemble un poème.

Afin de rendre hommage à tous les écrivains, à la manière de Césaire, vous allez utiliser la métaphore du cours d'eau pour parler d'eux.

Chaque élève écrit au moins un vers commençant par « Il y a des cours d'eau… », complété au choix par :

➜ un adjectif ;

➜ une proposition subordonnée relative ▸ p. 332 (introduite par « qui » ou « dont ») ;

➜ une comparaison ;

➜ plusieurs de ces compléments.

Une lecture de chaque vers est faite à la classe.

Puis, les vers peuvent être mis en commun pour construire un long poème.

XXIe SIÈCLE
CHANSON

Objectif
Étudier une chanson hommage

« Césaire »

Écoutez la chanson.
hatier-clic.fr/22luf224

Vous allez écouter une chanson d'Abd Al Malik qui rend hommage au poète Aimé Césaire. Abd Al Malik, né en 1975 à Paris, a vécu ses premières années à Brazzaville au Congo, puis à Strasbourg dans la cité du Neuhof. C'est un artiste qui prône la tolérance et le respect.

Jef Aérosol, fresque hommage à Aimé Césaire (novembre 2016), médiathèque de Sarcelles (Val-d'Oise)

Pourquoi écrire une chanson pour rendre hommage ?

Première écoute (en entier)

1. Quel événement a incité Abd Al Malik à écrire cette chanson ?

2. Définissez la situation d'énonciation : qui s'exprime ? À qui s'adresse cette personne ? Où et quand cela se passe-t-il ?

3. Pourquoi Abd Al Malik ressent-il le besoin d'écrire une chanson ? Quel message cherche-t-il à transmettre ?

Deuxième écoute (à partir d'1 min 28)

4. a. Faites une recherche sur Aimé Césaire (sa vie, ses œuvres). Quel rôle ce poète a-t-il joué selon Abd Al Malik ?
b. Pouvez-vous relever une référence à Aimé Césaire dans la chanson ?

5. À la fin de sa chanson, Abd Al Malik dit un poème de Césaire. Selon vous, pourquoi a-t-il choisi ce poème ?

Bilan

Précisez ce qu'Abd Al Malik exprime comme sentiments et émotions. En quoi peut-on dire que sa chanson est un hommage ?

XXe SIÈCLE
POÈME

Objectif
Étudier un poème cri de révolte

« Solde »

Écoutez le texte lu.
hatier-clic.fr/22luf225

Léon-Gontran Damas, né en Guyane en 1912, est le premier des poètes de la négritude à publier des poèmes en 1937.

Pour Aimé Césaire

J'ai l'impression d'être ridicule
dans leurs souliers
dans leur smoking
dans leur plastron[1]
dans leur faux-col[2]
dans leur monocle[3]
dans leur melon[4]

J'ai l'impression d'être ridicule
avec mes orteils qui ne sont pas faits
pour transpirer du matin jusqu'au soir qui déshabille
avec l'emmaillotage[5] qui m'affaiblit les membres
et enlève à mon corps sa beauté de cache-sexe

J'ai l'impression d'être ridicule
avec mon cou en cheminée d'usine
avec ces maux de tête qui cessent
chaque fois que je salue quelqu'un

J'ai l'impression d'être ridicule
dans leurs salons
dans leurs manières
dans leurs courbettes
dans leur multiple besoin de singeries

J'ai l'impression d'être ridicule
avec tout ce qu'ils racontent
jusqu'à ce qu'ils vous servent l'après-midi
un peu d'eau chaude
et des gâteaux enrhumés

J'ai l'impression d'être ridicule
avec les théories qu'ils assaisonnent
au goût de leurs besoins
de leurs passions
de leurs instincts ouverts la nuit
en forme de paillasson

J'ai l'impression d'être ridicule
parmi eux complice
parmi eux souteneur[6]
parmi eux égorgeur
les mains effroyablement rouges
du sang de leur ci-vi-li-sa-tion

Léon-Gontran Damas, « Solde »,
poème extrait de *Pigments* (1937),
dans *Pigments-Névralgies* © Présence Africaine

1. **plastron** : partie de tissu placée sur le devant d'une chemise.
2. **faux-col** : col qui se fixe à une chemise.
3. **monocle** : verre correcteur circulaire.
4. **melon** : chapeau-melon.
5. **emmaillotage** : ici, fait d'envelopper avec des vêtements.
6. **souteneur** : individu qui vit de la prostitution de femmes.

Partageons notre lecture

- Reformulez avec vos mots ce que refuse le poète et expliquez pourquoi il le refuse.

Comment le poète exprime-t-il sa révolte ?

1. Repérez tous les éléments qui font de ce texte un poème et dégagez-en la structure.

2. Sur quelle figure de style est construit le poème ▸ p. 381 ? Quel est l'effet produit ?

3. Identifiez à qui renvoient la première personne du singulier et la troisième personne du pluriel. Expliquez ce qui les oppose, puis proposez une explication au titre du poème.

4. À quel champ lexical appartiennent la plupart des mots de la dernière strophe ? Que cherche à faire comprendre le poète ?

Bilan

Montrez en quoi la forme et le fond de ce poème expriment le désir de sortir d'un cadre imposé.

Objectif
Analyser une œuvre picturale et la lier à un texte

Analyser une gravure illustrant une œuvre poétique

Frans Masereel, belge (1889-1972), est l'un des meilleurs graveurs sur bois du XXᵉ siècle. Il a illustré des œuvres littéraires et a exprimé ses positions pacifistes puis antifascistes dans ses dessins.

Frans Masereel, frontispice en bois gravé pour la première édition de *Pigments* (1937) ▶ p. 225

Présenter

1. De quel type d'image s'agit-il ? D'où vient-elle ?
Pensez à préciser le nom de l'auteur et la date de création.

Décrire

2. Que voit-on au premier plan (devant) ? Et au second plan (derrière le premier plan), à gauche et à droite ?

3. Décrivez le personnage principal et les personnages secondaires, sans oublier de décrire les postures et les expressions.

COUP DE POUCE
Pensez à évoquer la composition de l'image : cadrage, lignes verticales, horizontales, diagonales...

Analyser

4. Qu'est-ce qui est mis en évidence (par la composition, les couleurs, les plans...) ? La lumière nous guide-t-elle vers un élément particulier ?

5. Que symbolisent les différents éléments présents dans l'image ?

6. Formulez un avis personnel en vous aidant des questions suivantes.
Quelle impression se dégage de cette image ? Quelles émotions provoque-t-elle sur vous ? Quelles réflexions suscite-t-elle ?

COUP DE POUCE
Tout ce que vous avez décrit permet de donner du sens à l'image.

CARNET DE VOCABULAIRE

Complétez votre carnet en recherchant les mots qui aident à comprendre les œuvres étudiées :
assimilation • symbole • symboliser.

Travailler AUTREMENT

DIFFÉRENCIATION

Faire le bilan à l'oral

Après avoir analysé le poème « Solde » (p. 225) et la gravure de Frans Masereel (p. 226), exposez en quoi ces œuvres illustrent la naissance du mouvement de la négritude.

→ Préparez quelques notes avec des mots-clés à utiliser.

→ Regardez bien votre auditoire quand vous parlez, et articulez.

→ Faites une courte pause après chaque idée exprimée.

Faire le bilan à l'écrit

En vous appuyant sur le poème « Solde » (p. 225) et sur votre étude du bois gravé de Frans Masereel (p. 226), vous expliquerez en quoi les deux œuvres illustrent le refus de se fondre dans la culture occidentale. En quoi peut-on dire que ces œuvres sont engagées ?

→ Faites une liste de ce qui illustre ce refus dans chaque œuvre.

→ Établissez des points communs entre le poème et le bois gravé.

→ Rédigez votre réponse.

Atelier LEXIQUE

Le vocabulaire de la poésie

Identifier et analyser les principales figures de style

▶ p. 381

1 * Faites correspondre le nom de la figure de style à sa définition.

métaphore •	• Attribution de caractéristiques humaines à ce qui n'est pas humain
personnification •	• Métaphore par laquelle un être animé est traité comme un objet
comparaison •	• Rapprochement d'un comparé et d'un comparant à l'aide d'un outil de comparaison
antithèse •	• Répétition d'une consonne dans une suite de mots
anaphore •	• Rapprochement de deux mots ou expressions contraires
allitération •	• Association d'un comparé à un comparant pour créer une image
assonance •	• Répétition d'une expression au début de plusieurs vers ou phrases
réification •	• Répétition d'un son vocalique dans une suite de mots

2 ** Identifiez et analysez les figures de style.

1. Les révoltes de ces êtres aux corps sombres allumaient la flamme d'un espoir nouveau.

2. Des fleuves dont les bras s'étirent et nourrissent les terres qu'ils embrassent.

3. Ces esclaves ensanglantés souffrent sous les fouets qui sifflent.

4. Antilles ! Écoutez le son des tam-tams de l'Afrique : il traverse l'Océan, semblable à un souffle ancestral.

5. Un corps en bois d'ébène.

6. Honte aux hommes qui se sont adonnés à des actions féroces !

7. Ma tête est pleine des souffrances de mes ancêtres.

8. Un peuple usé comme une terre trop cultivée.

9. Esclaves, levez-vous, / Esclaves, rebellez-vous.

3 * Après avoir analysé les figures de style présentes dans l'extrait suivant, écrivez avec vos mots ce qu'est la négritude selon Césaire.**

ma négritude n'est ni une tour ni une cathédrale
elle plonge dans la chair rouge du sol

■ Aimé Césaire, *Cahier d'un retour au pays natal* (1939) © Présence Africaine

Maîtriser les caractéristiques de la poésie en vers libres

4 * Repérez les mots qui correspondent à la poésie en vers libres. Puis, recopiez ces mots et définissez-les.

strophes VERS rimes sonnet SONORITÉS répétitions IMAGES mètre

5 * Lisez l'extrait suivant et expliquez en quoi il s'agit d'un poème en vers libres.

[...] Aux lisières lointaines
Les cerfs ont bramé
Et que j'aime ô saison que j'aime tes rumeurs
Les fruits tombant sans qu'on les cueille
Le vent et la forêt qui pleurent
Toutes leurs larmes en automne feuille à feuille
Les feuilles
Qu'on foule
Un train
Qui roule
La vie
S'écoule

■ Guillaume Apollinaire, fin du poème « Automne malade », *Alcools* (1913)

6 ** Dans l'extrait de poème de l'exercice 5, identifiez l'allitération. Quel est l'effet produit ?

7 ** Dans les vers ci-dessous, identifiez l'assonance. Quel est l'effet produit ?

1. Automne malade et adoré
Tu mourras quand l'ouragan soufflera dans les roseraies

■ Guillaume Apollinaire, premiers vers de « Automne malade », *Alcools* (1913)

2. Les sanglots longs
Des violons
De l'automne
Blessent mon cœur
D'une langueur
Monotone.

■ Paul Verlaine, premiers vers de « Chanson d'automne », *Poèmes saturniens* (1866)

8 * a. À votre tour, imaginez une phrase avec des sonorités douces (assonance et / ou allitération) afin d'inciter vos camarades au respect les uns des autres.**

b. À l'inverse, inventez une phrase avec des sonorités qui frappent et résonnent afin de dénoncer l'esclavage.

Grammaire pour écrire et interpréter un poème

La ponctuation

Outils

- Dans les poèmes en vers libres, **la ponctuation** est souvent absente, ou partiellement absente.
- Si l'on veut comprendre ces poèmes afin de les dire, il faut être capable de rétablir la ponctuation pour repérer les pauses et les limites de la phrase, en tenant compte des groupes de mots qui font sens, mais aussi des types de phrases ▶ p. 296 utilisés.

1 * **Recopiez les extraits de poèmes suivants en proposant une ponctuation.**

1. À la fin tu es las de ce monde ancien
Bergère ô tour Eiffel le troupeau des ponts bêle
ce matin
Tu en as assez de vivre dans l'antiquité grecque
et romaine
Ici même les automobiles ont l'air d'être anciennes

■ Guillaume Apollinaire, premiers vers de « Zone », *Alcools* (1913)

2. Alors gravement une voix me répondit
Fils impétueux cet arbre robuste et jeune
Cet arbre là-bas
Splendidement seul au milieu de fleurs blanches
et fanées
C'est l'Afrique ton Afrique qui repousse

■ David Diop, « Afrique », *Coups de Pilon*

2 ** **L'extrait suivant a été mal ponctué : recopiez-le en corrigeant la ponctuation.**

Vous n'êtes pas armés, qu'importe
Prends ta fourche. prends ton marteau ?
Arrache le gond de ta porte,
Emplis de pierres, ton manteau
Et poussez. le cri d'espérance,
Redevenez la grande France ?

■ D'après Victor Hugo, « À ceux qui dorment », *Les Châtiments* (1853)

Les expansions du nom

▶ p. 330 et 332

Outils

- En poésie, les groupes nominaux sont souvent complétés par des **expansions du nom** imagées qui jouent sur des sonorités.

3 * **Remplacez chaque adjectif épithète par un groupe nominal de même sens, en fonction de complément du nom.**

1. des couches métalliques **2.** une rosée humaine
3. les savanes ancestrales **4.** un sommeil profond

4 * **Remplacez les groupes de mots compléments du nom par des propositions subordonnées relatives pour mieux comprendre le sens des expressions.**

1. « Ta colère en crues » (p. 217)
2. « mon cou en cheminée d'usine » (p. 225)
3. « Le sang de ta sueur » (p. 220)

5 ** **Relisez le poème p. 225, puis complétez les noms en gras par les expansions du nom demandées.**

J'ai l'impression d'être ridicule
dans leurs **salons** + adjectif épithète + groupe nominal en apposition
dans leurs **manières** + groupe de mots complément du nom
dans leurs **courbettes** + proposition subordonnée relative

6 * **En vous inspirant de la gravure ci-dessous, imaginez au moins quatre vers libres, ou un paragraphe, pour évoquer la difficile vie des esclaves. Vous penserez à utiliser des expansions du nom nombreuses et variées.**

Esclaves travaillant dans un champ de canne, gravure à l'encre de Chine (vers 1800), musée d'Aquitaine (Bordeaux)

Atelier **EXPRESSION**

Écrire et dire un poème

Écrire un poème

1 * **Écrivez un poème acrostiche à partir du nom *négritude*, seul ou en binôme.**

COUP DE POUCE

Dans un poème acrostiche, les initiales des débuts de vers constituent un mot que l'on cherche à illustrer.

Ex : **V**ite !
Il faut en profiter
Et savourer chaque instant.

a. Constituez un nuage de mots avec des mots-clés et des noms de poètes.

b. Commencez par le vers « **N**'oublions pas les voix de la négritude ! » et placez les initiales à utiliser au début des vers suivants (E / G / R / I / T / U / D / E).

c. Faites une liste de verbes dont vous pourriez vous servir au début de certains vers.

d. Rédigez votre poème.

2 ** **Rédigez un poème construit sur une anaphore.**
▸ p. 381

a. Lisez avec attention le poème suivant, puis identifiez les groupes nominaux. Qu'évoquent-ils ?

j'habite une blessure sacrée
j'habite des ancêtres imaginaires
j'habite un vouloir obscur
j'habite un long silence
j'habite une soif irrémédiable
j'habite un voyage de mille ans
j'habite une guerre de trois cents ans [...]

■ Aimé Césaire, « Calendrier lagunaire », *Moi, laminaire...* © Seuil

b. Faites une liste de groupes nominaux variés représentant votre passé, celui de votre famille et de vos ancêtres.

COUP DE POUCE

Dans les groupes nominaux imaginés, pensez à utiliser des métaphores et jouez sur les sonorités en remplaçant certains mots par des synonymes plus évocateurs.

c. Choisissez un verbe qui pourra introduire ces différents groupes nominaux, conjuguez-le au présent de l'indicatif à la première personne du singulier, puis utilisez-le comme anaphore.

d. Rédigez votre poème.

3 ** **À la manière de David Diop (page 220), rédigez un poème en vers libres en personnifiant une ville ou un pays de votre choix, auquel vous vous adresserez.**

a. Choisissez un lieu que vous aimez (ville ou pays).

b. Faites une liste des émotions, des sentiments et des images que ce lieu vous inspire.

c. Rédigez un poème d'une dizaine de vers, en pensant à attribuer des caractéristiques humaines au lieu choisi.

d. Enrichissez votre poème en jouant sur les sonorités.

S'entraîner à dire un poème de façon expressive

4 ** **Choisissez le poème que vous avez préféré dans le chapitre ou recherchez un autre poème associé au mouvement de la négritude.**

a. Recopiez-le ou imprimez-le, puis, au crayon, indiquez les pauses à l'aide d'un trait oblique et soulignez les mots sur lesquels insister.

b. Utilisez des flèches selon l'intonation à marquer (↗ ou ↘).

c. Repérez les assonances et les allitérations afin de les mettre en évidence lors de votre lecture.

d. Commencez à vous entraîner à lire, à voix haute, en articulant bien et en faisant les liaisons.

e. Lisez votre poème devant la classe, texte à la main.

COUP DE POUCE

- **Pensez à moduler** le rythme en fonction du sens.
- **S'il y a plusieurs voix** dans le poème, votre lecture doit permettre de les distinguer.
- **Levez régulièrement les yeux** vers votre auditoire.
- **Faites partager vos émotions.**

DIRE SON POÈME — ORAL

5 *** **a.** En suivant les conseils donnés dans l'exercice 4, préparez la lecture expressive du poème que vous avez écrit selon l'un des modèles donnés dans les exercices 1, 2 et 3.

b. Lisez votre poème à la classe, en l'interprétant.

JE FAIS LA SYNTHÈSE DES POÈMES ET DES ŒUVRES ÉTUDIÉS

1 Recopiez et remplissez le tableau en reprenant le travail fait dans le chapitre.

Texte ou œuvre : auteur, titre, date, genre (poème, chanson, tableau, sculpture...)	**Thème** du texte ou de l'œuvre, source d'inspiration	**Quelle vision du monde est donnée ?**	**Message transmis**
...	...	...	...

2 ORAL **a.** Quel poème du chapitre avez-vous préféré ? Pourquoi ?
b. Quel poème a modifié votre vision du monde ? En quoi ?
c. Quelle œuvre étudiée représente le mieux le mouvement de la négritude ? Pourquoi ?

3 Vérifiez que vous savez définir les mots suivants :

négritude revaloriser
hommage MÉTISSAGE symboliser

4 Réalisez, seul ou en binôme, une affiche sur la négritude sur laquelle devront figurer :
- un titre, et les noms des poètes étudiés ;
- des illustrations ;
- des mots-clés qui définissent ce mouvement ;
- quelques citations extraites des textes étudiés.

JE PROLONGE LA RÉFLEXION

5 Choisissez la citation qui vous paraît la plus juste et expliquez-la. Quel poème ou quelle œuvre pourrait l'illustrer ?

« Les poètes sont les voix de ceux qui n'ont pas de voix. » ALPHONSE DE LAMARTINE (1790-1869)

« Un artiste n'est pas en périphérie de la société, il est en plein milieu. » ABD AL MALIK (NÉ EN 1975)

« Ma Négritude point n'est sommeil de la race mais soleil de l'âme. » LÉOPOLD SÉDAR SENGHOR (1906-2001)

« La poésie est mémoire baignée de larmes. » MIGUEL ÁNGEL ASTURIAS (1899-1975)

6 Qu'ai-je appris dans ce chapitre ?

Quels aspects de la poésie de la négritude maîtrisez-vous ? Qu'avez-vous encore à travailler ?

Appuyez-vous sur le tableau pour évaluer votre niveau et les aspects à améliorer.

J'indique mon niveau de compétence		*	**	***	****
La négritude	Je sais définir un mouvement littéraire.				
La poésie	Je sais identifier un poème en vers libres.				
Les figures de style	Je sais analyser une comparaison, une métaphore, une métaphore filée, une personnification.				
La lecture expressive	Je sais lire un poème en vers libres de façon expressive.				

Écoutez le bilan en version audio.
hatier-clic.fr/22luf232a

La création d'un mouvement

- Dans les années 1930, à Paris, l'intellectuel martiniquais **Aimé Césaire** s'empare du mot *nègre*, connoté péjorativement, pour lui redonner une dimension positive. Il forme ainsi le nom ***négritude*** pour désigner le mouvement littéraire et politique qu'il fonde avec **Léopold Sédar Senghor**, Sénégalais, et **Léon-Gontran Damas**, Guyanais.

- **René Depestre**, Haïtien, et **David Diop**, d'origine africaine, rejoignent le mouvement quelques années plus tard. Tous sont anticolonialistes.

Les poètes de la négritude

- C'est par la **poésie** que s'expriment principalement les auteurs de la négritude. Leur poésie permet d'**exprimer une révolte** : contre l'esclavage et la colonisation chez Depestre, contre l'assimilation chez Damas. Elle **rend hommage** aux racines africaines chez Diop et aux esclaves antillais chez Césaire. Elle invite au **métissage culturel**, comme chez Senghor.

- Les poètes de la négritude **dénoncent** les discriminations et incitent à la **tolérance**, au **respect** des différences. Ils aiguisent la **curiosité** de ceux qui prennent le temps de les écouter et enrichissent le regard que l'on porte sur le monde.

LA NÉGRITUDE

La poésie en vers libre

- Les poètes de la négritude se sont principalement exprimés dans une **forme poétique moderne** : la **poésie en vers libres**. Elle se caractérise par une **structure irrégulière** : les vers n'ont pas le même nombre de syllabes et ne riment pas entre eux. Les poèmes ne sont pas constitués de strophes régulières ou ne forment qu'un seul bloc, **le plus souvent sans ponctuation**. Le travail sur les **sonorités** donne du **rythme** à cette poésie, tout comme l'utilisation fréquente de l'**anaphore**.

- La **richesse des images** utilisées lui confère un grand **pouvoir évocateur**, comme la **réification de l'esclave** dans « Minerai noir » de Depestre, la **personnification de l'Afrique** dans « Afrique » de David Diop et les nombreuses **métaphores** présentes dans les différents poèmes.

- La **variété du lexique** lui donne parfois une **dimension mystérieuse**, comme dans le titre du poème « Dorsale bossale » de Césaire ou dans le poème « À New York » de Senghor.

Pour vous aider

Les mots du chapitre
Retrouvez les mots essentiels à retenir avec une partie à compléter.
Fiche vocabulaire
hatier-clic.fr/22luf232b

Carte mentale MÉMORISATION
Complétez la carte mentale pour vous aider à mémoriser le bilan.
Carte mentale
hatier-clic.fr/22luf232c

Vers le Brevet

Évaluation DIFFÉRENCIATION
Un sujet type Brevet pour vous évaluer.
+PROF
Évaluation BREVET (Bernard Dadié)

Lecture
CURSIVE

Léonora Miano, *Afropean soul et autres nouvelles* (2008)

Découvrir l'œuvre

Léonora Miano est une autrice née au Cameroun mais vivant en France depuis ses dix-huit ans. Son recueil compte cinq nouvelles qui révèlent la difficulté d'exister dans le mélange de deux cultures.

La musique diffusée n'était qu'un brouhaha continu, dépourvu d'harmonie. Il ne se sentait pas particulièrement proche de ceux qui s'exprimaient, ne vivait pas comme un Africain exilé en France. Il était un *Afropéen*, un Européen d'ascendance africaine. Rien de tout cela n'avait changé. Cependant, le climat social du pays le heurtait, le poussant à s'interroger. On parlait d'identité nationale. [...] Le jeune homme se demandait si l'identité des Afropéens était nationale. Il avait toujours cru les identités multiples. Même au sein d'une nation, elles ne pouvaient être figées.

L'identité était un processus, un mouvement constant, pas une stèle[1] à trimballer sur le dos. Il était déjà assez difficile d'être un humain.

Léonora Miano, « Afropean Soul » (2008) © Flammarion, avec l'aimable autorisation de Flammarion

1. **stèle** : pierre (souvent tombale) portant une inscription gravée. Ici, au sens figuré, la stèle désigne le poids d'une identité figée qu'on porte comme un fardeau.

Travailler AUTREMENT

DIFFÉRENCIATION

Préparez un « rendez-vous de lecture » ludique.

→ **Parcours 1 :** « Depuis la première heure », « Filles du bord de ligne » et « Afropean soul » (28 p.)

→ **Parcours 2 :** « Depuis la première heure », « Afropean soul » et « 166, Rue de C. » (39 p.)

→ **Parcours 3 :** le recueil intégral (55 p.)

a. Lisez chaque nouvelle du parcours choisi et préparez six à dix questions à poser à vos camarades.

b. Le jour du rendez-vous de lecture, formez des groupes de trois ou quatre élèves en fonction du parcours choisi.

c. À tour de rôle, chaque élève pose une question au reste du groupe puis dit TOP.

d. Au TOP, il faut attraper un totem au centre (un tube de colle) pour répondre.

À lire et à voir

Petit pays
de **Gaël Faye** (2016)

• En 1992, Gabriel, dix ans, vit au Burundi avec son père français, sa mère rwandaise et Ana, sa petite sœur. Il passe son temps avec ses copains. Mais ce bonheur est fragile : ses parents se séparent, la guerre civile menace et le génocide des Tutsis se profile.

« Chez Moi »
de **Casey**, album « Tragédie d'une trajectoire » (2006)

• Dans cette chanson, Casey évoque ses origines martiniquaises et explique ce qu'est sa culture. Elle s'adresse à tous ceux qui ont des préjugés et fait référence aux intellectuels de son île.

Vidéo
hatier-clic.fr/22luf233a

TESTEZ-VOUS !

Quiz sur votre lecture (Nouvelles de Léonora Miano)
hatier-clic.fr/22luf233b

13

Fictions spatiales

▸ *Comment la conquête spatiale en littérature joue-t-elle avec la réalité ?*

Dans ce chapitre, vous allez découvrir le genre de la science-fiction et en déterminer les enjeux.

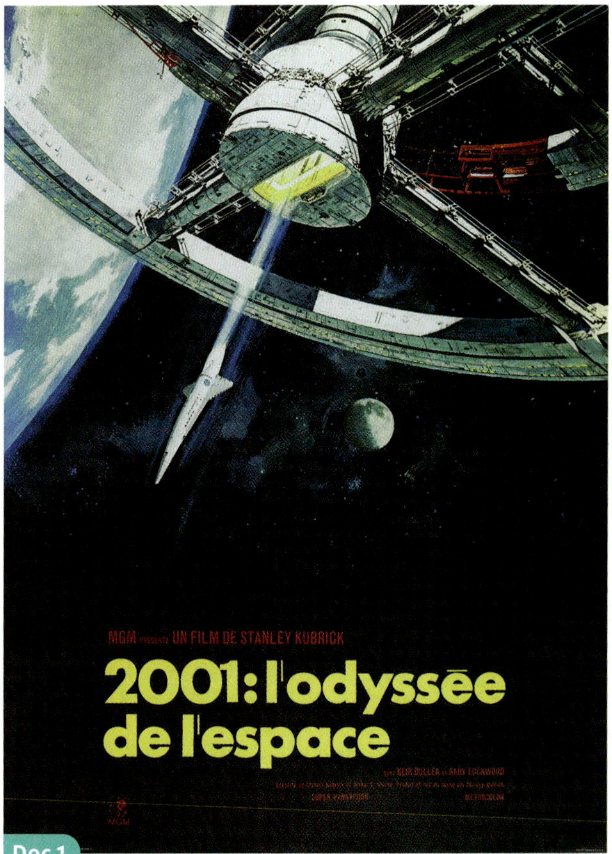

Doc 1

Affiche du film *2001 : l'odyssée de l'espace* de **Stanley Kubrick** (1968)

1. Quels points communs voyez-vous entre ces images et ces affiches de film ?
2. Connaissez-vous d'autres œuvres de science-fiction ? Lesquelles ? Ont-elles des points communs avec les documents 1 à 4 ?
3. Quels sont les principaux thèmes de la science-fiction présentés dans ces images ?
4. À votre avis, pourquoi les réalisateurs et les écrivains produisent-ils des œuvres de ce genre ?

Doc 2

Photogramme du film *Interstellar* de **Christopher Nolan** (2014)

Doc 3

Affiche du film *Premier contact* de **Denis Villeneuve** (2016)

Doc 4

Photogramme du film *Seul sur Mars* de **Ridley Scott** (2015)

Doc 5

« Il est bon de renouveler les sources d'émerveillement, dit le philosophe. Le voyage spatial nous a rendu nos âmes d'enfants. »

Ray Bradbury, *Chroniques martiennes* (1950) © Denoël

Les clés du CHAPITRE

Qu'est-ce que la science-fiction ?

La naissance du genre

• Des voyages dans l'espace ont été imaginés dès l'Antiquité. **Lucien de Samosate** (120-180 après J.-C.), raconte ainsi un improbable voyage spatial dans ses *Histoires vraies*.

• Cependant, le genre naît véritablement au XIXe siècle avec la révolution industrielle et l'avènement de la science moderne. C'est **Mary Shelley** qui invente le roman scientifique avec *Frankenstein*. Deux écrivains vont ensuite fonder le genre : **Jules Verne** et **H. G. Wells**. Leur œuvre aborde de nombreux thèmes de la **science-fiction** moderne, du voyage spatial au voyage dans le temps.

• Des années 1920 à 1960, la science-fiction est surtout américaine. Elle est à la fois populaire et divertissante avec les **super-héros** et les monstres extraterrestres des **comics**, du cinéma et de la télévision, et littéraire avec des auteurs comme **Isaac Asimov** (*Les Robots*) ou **Ray Bradbury** (*Chroniques martiennes*).

• La science-fiction des années 1960-1970 est davantage contestataire. **Philip K. Dick**, **Frank Herbert**, **René Barjavel** ou **Pierre Boulle** n'hésitent pas à utiliser le genre pour critiquer la société.

Doc 1

Photogramme du film *Le Voyage dans la Lune* de **Georges Méliès** (1902)

Doc 2

Couverture du magazine de BD de science-fiction *Meteor* (n°32, janvier 1956)

Vocabulaire

Recopiez les mots en vert accompagnés d'une courte définition.

1. Connaissez-vous des super-héroïnes et des super-héros ? Lesquels ?
2. En quoi le personnage représenté (doc 2) est-il un héros de science-fiction d'après vous ?

Sous-genres et thèmes

- Les romans d'**anticipation** évoquent un futur proche et représentent avec réalisme les conséquences des progrès technologiques, comme Jules Verne dans *Vingt Mille Lieues sous les mers* (1869).
- Les **dystopies**, contrairement aux **utopies** (descriptions de sociétés idéales), décrivent des sociétés futuristes totalitaires. Dans *Fahrenheit 451* (1953), Ray Bradbury décrit un monde où les livres sont interdits.
- Les romans **post-apocalyptiques** imaginent un monde dévasté par une guerre atomique ou une catastrophe planétaire, comme dans *Ravage* (1943) de René Barjavel où l'électricité cesse de fonctionner.

3. Connaissez-vous des œuvres dont l'histoire se déroule dans le futur ? Lesquelles ?

4. Quelles visions de l'avenir proposent-elles ?

Doc 3

Affiche du film *Fahrenheit 451* de **François Truffaut** (1966), adapté du roman de Ray Bradbury

Doc 4

Affiche du film *Dune* de **Denis Villeneuve** (2021), adapté du roman de Frank Herbert

De nouveaux horizons

- À la fin des années 1970, le **space-opera** (vaisseaux spatiaux, extraterrestres, enjeux galactiques) revient en force avec le film *Star Wars*. La science-fiction règne alors sur les écrans de cinéma et de télévision.
- La révolution numérique des années 1980 invente de nouveaux sous-genres : le **cyberpunk** (centré sur les nouvelles technologies), le **steampunk** (où la technologie s'est arrêtée à l'époque de la machine à vapeur).
- Aujourd'hui, des auteurs comme **Dan Simmons** ou **Alain Damasio** continuent d'explorer l'avenir de l'humanité dans leurs œuvres de science-fiction.

5. Choisissez un des auteurs de science-fiction évoqués ci-dessus. Faites de brèves recherches afin de pouvoir présenter cet auteur ainsi qu'une de ses œuvres les plus célèbres.

Vous êtes prêt(e)s ?

Découvrons des textes de science-fiction sur le thème du voyage spatial et la rencontre avec les habitants d'autres planètes et comprenons comment ils s'appuient sur des connaissances scientifiques pour nous projeter vers l'infini et au-delà !

Objectif
Étudier la description d'un objet imaginaire

Les livres lunaires

Écoutez le texte lu.
hatier-clic.fr/22luf238

Précurseur de la science-fiction, l'écrivain Cyrano de Bergerac imagine un voyage sur la Lune et une rencontre avec ses habitants. Les Sélénites offrent au narrateur des livres issus de leur monde.

Je me mis à considérer attentivement mes livres. Les boîtes, c'est-à-dire leurs couvertures, me semblèrent admirables pour leur richesse ; l'une était taillée d'un seul diamant, plus brillant sans comparaison que les nôtres ; la seconde ne paraissait qu'une monstrueuse perle fendue en deux. [...] Mais parce que je n'ai point encore parlé de leur imprimerie, je m'en vais expliquer la façon de ces deux volumes.

À l'ouverture de la boîte, je trouvai dedans un je ne sais quoi de métal quasi tout semblable à nos horloges, plein d'un nombre infini de petits ressorts et de machines imperceptibles. C'est un livre à la vérité, mais c'est un livre miraculeux qui n'a ni feuillets ni caractères ; enfin c'est un livre où, pour apprendre, les yeux sont inutiles ; on n'a besoin que d'oreilles. Quand quelqu'un donc souhaite lire, il bande[1], avec une grande quantité de toutes sortes de clefs, cette machine, puis il tourne l'aiguille sur le chapitre qu'il désire écouter, et au même temps il sort de cette noix comme de la bouche d'un homme, ou d'un instrument de musique, tous les sons distincts et différents qui servent, entre les grands lunaires[2], à l'expression du langage.

Lorsque j'eus réfléchi sur cette miraculeuse invention de faire des livres, je ne m'étonnai plus de voir que les jeunes hommes de ce pays-là possédaient davantage de connaissance à seize et à dix-huit ans que les barbes grises du nôtre ; car, sachant lire aussitôt que parler, ils ne sont jamais sans lecture ; dans la chambre, à la promenade, en ville, en voyage, à pied, à cheval, ils peuvent avoir dans la poche, ou pendus à l'arçon[3] de leurs selles, une trentaine de ces livres dont ils n'ont qu'à bander un ressort pour en ouïr un chapitre seulement, ou bien plusieurs, s'ils sont en humeur d'écouter tout un livre : ainsi vous avez éternellement autour de vous tous les grands hommes et morts et vivants qui vous entretiennent de vive voix.

Ce présent m'occupa plus d'une heure ; et enfin, me les étant attachés en forme de pendants d'oreille[4], je sortis en ville pour me promener.

■ Savinien Cyrano de Bergerac, *L'Autre Monde, Les États et Empires de la Lune* (1657)

VOCABULAIRE

Ouïr
L'ouïe désigne le sens par lequel on perçoit les sons.
→ Que peut bien signifier alors le verbe *ouïr* ?

1. **bande** : tend avec effort.
2. **grands lunaires** : habitants de la Lune les plus hauts placés dans la société lunaire.
3. **arçon** : partie rigide qui donne sa forme à une selle.
4. **pendants d'oreille** : boucles d'oreille.

Partageons notre lecture

1 Dessinez un livre lunaire d'après la description du texte. À quoi ressemble-t-il ?

2 Listez les raisons pour lesquelles vous aimez ou non lire. Le livre lunaire changerait-il les choses pour vous ?

Roger Leloup, *Yoko Tsuno, Le Trio de l'étrange* (1972), bande dessinée © Dupuis

En quoi les livres des habitants de la Lune sont-ils extraordinaires ?

1. Quelle est la caractéristique principale des couvertures des livres lunaires ? Justifiez votre réponse.

2. Comment fonctionnent ces livres ? En quoi sont-ils différents des nôtres ? Quelle invention moderne préfigurent-ils ?

3. Cette description des livres lunaires est l'occasion pour le narrateur de comparer les Terriens et les habitants de la Lune. Quel peuple a l'avantage ? Pour quelles raisons ? Expliquez.

4. Le narrateur mentionne-t-il une limite dans son admiration pour les livres lunaires ? Laquelle ? Justifiez.

Bilan

Écrivez un court paragraphe pour rendre compte de votre lecture. Pour quelles raisons l'auteur a-t-il choisi de décrire les livres des habitants de la Lune ?

ÉCRITURE

Imaginez et écrivez la description d'un objet qui n'existe pas encore sur Terre. Inventez-lui d'abord un nom et expliquez l'origine de ce nom. À quoi ressemble-t-il ? Quels sont ses avantages ? ses inconvénients ?

ATELIER PHILO

L'accès aux nouvelles technologies contribue-t-il au progrès des connaissances humaines ?

Répondez en groupe à cette question en réfléchissant à tous les aspects pour proposer une réponse nuancée.

Textes & images

BREVET GUIDÉ

XIXe SIÈCLE
ROMAN

Objectif
Analyser un temps fort du roman d'aventures spatiales

En route vers la Lune !

Plus d'un siècle avant le succès de la mission Apollo 11, Jules Verne envisage la possibilité d'envoyer trois hommes vers la Lune dans un obus de canon. L'extrait suivant raconte le moment critique précédant la mise à feu et le décollage de la fusée.

Décollage de la fusée transportant l'équipage de la mission **Apollo 11** vers la Lune (Cap Canaveral, Floride, 16 juillet 1969)

Dix heures sonnèrent. Le moment était venu de prendre place dans le projectile ; la manœuvre nécessaire pour y descendre, la plaque de fermeture à visser, le dégagement des grues et des échafaudages penchés sur la gueule de la Columbiad[1] exigeaient un certain temps.

Barbicane[2] avait réglé son chronomètre à un dixième de seconde près sur celui de l'ingénieur Murchison, chargé de mettre le feu aux poudres au moyen de l'étincelle électrique ; les voyageurs enfermés dans le projectile pourraient ainsi suivre de l'œil l'impassible aiguille qui marquerait l'instant précis de leur départ. [...]

Quelques instants plus tard, les trois compagnons de route étaient installés dans le projectile, dont ils avaient vissé intérieurement la plaque d'ouverture, et la bouche de la Columbiad, entièrement dégagée, s'ouvrait librement vers le ciel.

Nicholl, Barbicane et Michel Ardan étaient définitivement murés dans leur wagon de métal.

Qui pourrait peindre l'émotion universelle, arrivée alors à son paroxysme ?

La lune s'avançait sur un firmament d'une pureté limpide, éteignant sur son passage les feux scintillants des étoiles ; elle parcourait alors la constellation des Gémeaux et se trouvait presque à mi-chemin de l'horizon et du zénith. Chacun devait donc facilement comprendre que l'on visait en avant du but, comme le chasseur vise en avant du lièvre qu'il veut atteindre.

Un silence effrayant planait sur toute cette scène. Pas un souffle de vent sur la terre ! Pas un souffle dans les poitrines ! Les cœurs n'osaient plus battre. Tous les regards effarés fixaient la gueule béante de la Columbiad.

Murchison suivait de l'œil l'aiguille de son chronomètre. Il s'en fallait à peine de quarante secondes que l'instant du départ ne sonnât, et chacune d'elles durait un siècle.

À la vingtième, il y eut un frémissement universel, et il vint à la pensée de cette foule que les audacieux voyageurs enfermés dans le projectile comptaient aussi ces terribles secondes ! Des cris isolés s'échappèrent :

« Trente-cinq ! – trente-six ! – trente-sept ! – trente-huit ! – trente-neuf ! – quarante ! Feu ! ! ! »

Aussitôt Murchison, pressant du doigt l'interrupteur de l'appareil, rétablit le courant et lança l'étincelle électrique au fond de la Columbiad.

Une détonation épouvantable, inouïe, surhumaine, dont rien ne saurait donner une idée, ni les éclats de la foudre, ni le fracas des éruptions, se produisit instantanément. Une immense gerbe de feu jaillit des entrailles du sol comme d'un cratère. La terre se souleva, et c'est à peine si quelques personnes purent un instant entrevoir le projectile fendant victorieusement l'air au milieu des vapeurs flamboyantes.

■ Jules Verne, *De la Terre à la Lune* (1865), chapitre XXVI, « Feu ! »

1. **Columbiad** : nom du canon tirant le projectile habité.
2. **Barbicane** : président du *Gun Club* de Baltimore, association à l'origine du projet lunaire.

▶ Méthode Brevet p. 284 à 293

COMPRÉHENSION ET COMPÉTENCES D'INTERPRÉTATION

32 POINTS

1 À quel moment de la journée le lancement de la fusée a-t-il lieu ? Justifiez votre réponse en vous appuyant sur deux exemples. **(4 points)**

2 Comment se nomment les trois passagers de la fusée ? **(6 points)**

3 À quoi est comparé à plusieurs reprises le canon Columbiad ? Justifiez votre réponse. **(4 points)**

4 Montrez les différentes émotions et réactions du public avant la mise à feu en vous appuyant sur des exemples. **(6 points)**

5 Quels procédés et quelles images le narrateur utilise-t-il pour décrire le décollage de l'obus à la fin de ce passage ? Trois éléments précis de réponse sont attendus. **(6 points)**

6 Quels liens pouvez-vous établir entre l'image proposée et le texte ? **(6 points)**

COUP DE POUCE

Un procédé d'écriture est une manière de s'exprimer originale et significative. **Une image** est une figure de style qui produit une image mentale chez le lecteur. **Ex :** une métaphore. **La réponse nécessite trois exemples commentés et analysés.**

GRAMMAIRE ET COMPÉTENCES LINGUISTIQUES

18 POINTS

7 Expliquez en vous aidant du contexte le sens du mot « paroxysme » (l. 16). **(2 points)**

8 « Une détonation épouvantable, inouïe, surhumaine, dont rien ne saurait donner une idée, ni les éclats de la foudre, ni le fracas des éruptions, se produisit instantanément. » (l. 34-35)
Relevez les quatre expansions du nom « détonation » et précisez leur classe grammaticale. **(8 points)**

9 Réécrivez le passage surligné en bleu (l. 10 à 15) en remplaçant « les trois compagnons de route » par « elle ». Effectuez toutes les modifications nécessaires. **(8 points)**

COUP DE POUCE

Les expansions du nom sont des mots ou des groupes de mots qui complètent un nom et font partie du groupe nominal.

DICTÉE

10 POINTS

Votre professeur vous dictera le texte.

+PROF
Dictée (Jules Verne)

COUP DE POUCE

Pour vous préparer à la dictée, révisez les temps du passé et en particulier le subjonctif.

RÉDACTION

40 POINTS

Vous traiterez au choix l'un des sujets suivants.

Sujet d'imagination

Racontez les événements du texte du point de vue d'un des passagers de la fusée.
Vous rédigerez ce texte à la première personne, vous prendrez en compte la présence des deux autres personnages dans la fusée et vous insisterez sur les différents sentiments éprouvés par le passager choisi.

Sujet de réflexion

Pensez-vous que les œuvres littéraires et artistiques doivent reposer sur le suspense et les émotions fortes ? Vous répondrez à cette question par un développement argumenté en vous appuyant sur les œuvres étudiées en classe, vos lectures personnelles et les œuvres cinématographiques et artistiques que vous connaissez.

COUP DE POUCE

On attend ici un développement personnel cohérent en plusieurs paragraphes avec des arguments et des exemples précis et variés. N'oubliez pas une petite introduction et une courte conclusion. C'est l'occasion de montrer l'étendue de votre culture scolaire et personnelle !

XXᴱ SIÈCLE
ROMAN

Objectif
Distinguer les enjeux de la rencontre avec l'Autre

Merci Pythagore !

Écoutez le texte lu.
hatier-clic.fr/22luf242

Un journaliste explore une planète semblable à la Terre, mais où les grands singes constituent l'espèce dominante et civilisée tandis que les humains vivent à l'état sauvage. Capturé par les singes pour être étudié dans un laboratoire, le héros décide d'agir.

Caressant le bras de Zira en guise de remerciement, je m'emparai de son carnet et de son stylo. Je bravai ses douces remontrances et, m'asseyant sur la paille, j'entrepris de tracer la silhouette de Nova[1]. Je suis assez bon dessinateur et, le modèle m'inspirait, je réussis à faire une esquisse convenable, que je tendis à la guenon.

Ceci réveilla aussitôt son émoi et son incertitude à mon sujet. Son museau rougit et elle se mit à me dévisager en tremblant un peu. Comme elle restait interdite, je repris avec autorité le carnet, qu'elle m'abandonna cette fois sans protester. Comment n'avais-je pas utilisé plus tôt ce moyen simple ? Rassemblant mes souvenirs scolaires, je traçai la figure géométrique qui illustre le théorème de Pythagore[2]. Ce n'est pas au hasard que je choisis cette proposition. Je me rappelais avoir lu dans ma jeunesse un livre d'anticipation, où un tel procédé était employé par un vieux savant pour entrer en contact avec les intelligences d'un autre monde. J'en avais même discuté, au cours du voyage, avec le professeur Antelle[3], qui approuvait cette méthode. Il avait même ajouté, je m'en souvenais fort bien, que les règles d'Euclide[2], étant complètement fausses, devaient, à cause de cela, être universelles.

En tout cas, l'effet sur Zira fut extraordinaire. Son mufle devint pourpre et elle poussa une violente exclamation. [...] Ensuite, elle se retourna vers moi et me saisit la main, la pression de ses doigts ayant une tout autre signification que lorsqu'elle me flattait comme un jeune animal, après un tour réussi. Elle me présenta enfin le carnet et le stylo d'un air suppliant. [...]

Je réfléchis quelques secondes et résolus de porter un coup décisif. Dans un coin de la feuille, je figurai le système de Bételgeuse, tel que nous l'avions découvert à notre arrivée, avec l'astre central géant et ses quatre planètes. Je marquai Soror dans sa position exacte, avec son petit satellite ; je la désignai du doigt à Zira, puis pointai mon index vers elle, avec insistance. Elle me fit signe qu'elle avait parfaitement compris.

Alors, dans un autre angle de la feuille, je dessinai mon vieux système solaire, avec ses planètes principales. J'indiquai la Terre et je retournai le doigt contre ma propre poitrine.

Cette fois, Zira hésitait à comprendre. Elle montra elle aussi la Terre, puis dirigea son doigt vers le ciel. Je fis un signe affirmatif. Elle était **médusée** et un travail laborieux se faisait en elle. Je l'aidai de mon mieux en traçant encore une ligne pointillée depuis la Terre jusqu'à Soror et en représentant notre vaisseau, à une échelle différente, sur la trajectoire. Cela fut pour elle un trait de lumière. J'étais maintenant certain que ma véritable nature et mon origine lui étaient connues.

■ Pierre Boulle, *La Planète des singes* (1963) © René Julliard

VOCABULAIRE

Méduser
Dans la mythologie grecque, Méduse est une divinité avec des serpents à la place des cheveux qui a le pouvoir de pétrifier les hommes du regard.
→ Déduisez-en le sens du verbe *méduser*.

1. **Nova** : humaine sauvage prisonnière des singes.
2. **Pythagore et Euclide** : mathématiciens grecs de l'Antiquité.
3. **professeur Antelle** : scientifique à l'origine du voyage vers la planète des singes.

Partageons notre lecture

La parole est-elle le seul moyen de se faire comprendre ? Par exemple, comment expliqueriez-vous ce que vous avez compris de ce texte sans parler ?

Photogramme du film *La Planète des singes* de **Franklin Schaffner** (1968)

Comment le héros s'y prend-il pour prouver son intelligence ? DIFFÉRENCIATION

Choisissez une question facile *, une moyenne ** et une difficile * parmi les questions suivantes et rédigez une réponse pour chacune.**

1. * Comment se nomme l'auteur de ce texte ? Quand ce texte a-t-il été publié ?
2. * Quel est le titre du roman dont ce texte est extrait ? Que peut bien raconter ce roman ?
3. ** À quel temps et à quelle personne ce texte est-il écrit ? Justifiez votre réponse.
4. ** Qui est Zira ? Justifiez votre réponse.
5. *** Montrez en vous appuyant sur des exemples en quoi Zira se comporte plus comme une humaine civilisée que comme un singe sauvage.
6. *** Montrez en vous appuyant sur des exemples en quoi le narrateur est traité comme un animal.
7. *** Quels sont les trois moyens utilisés par le héros pour démontrer son intelligence aux singes ? Justifiez votre réponse avec des exemples précis.

Outils

La fable et l'anthropomorphisme

• Dans les fables antiques et dans celles de Jean de La Fontaine, les humains sont volontiers représentés sous la forme d'animaux ▸ chapitre 4. On appelle **anthropomorphisme** le fait d'attribuer des caractéristiques humaines à des êtres ou à des objets non humains.

Bilan

Écrivez un court paragraphe pour rendre compte de votre lecture : à votre avis, quelles critiques de notre monde l'auteur fait-il dans ce passage ?

Tableau à imprimer pour s'autoévaluer
hatier-clic.fr/21luf243

INTERDISCIPLINARITÉ

S'EXPRIMER AUTREMENT

Vous êtes prisonnier des singes de la planète Soror. Présentez une notion (comme le théorème de Pythagore mais dans la matière que vous souhaitez) du programme de 3e sous la forme d'un schéma au tableau afin de convaincre votre public de l'étendue de votre intelligence.

Objectif
Comprendre l'implicite dans un texte humoristique

Essor et déclin de l'empire galactique

Dans le futur, tout voyageur de l'espace en détresse peut se référer au Guide du voyageur galactique, *l'encyclopédie humoristique qui fournit toutes les informations nécessaires à la survie dans la Voie lactée. Voici un article sur Magrathéa.*

Écoutez le texte lu.
hatier-clic.fr/22luf244

VOCABULAIRE

Astronef
Une nef est un grand navire à voile.
→ Que désigne alors un astronef ?

Très loin dans les brumes de l'Antiquité, aux grands et glorieux jours de l'ancien empire galactique, la vie était sauvage, riche et largement exempte d'impôts.

De puissants **astronefs** se frayaient leur route entre des soleils exotiques, en quête d'aventure et de butins aux plus extrêmes confins de l'espace galactique car en ces jours, les esprits étaient braves, les enjeux élevés, les hommes de vrais hommes, les femmes de vraies femmes, et les petites bestioles fourrées d'Alpha du Centaure[1] de vraies petites bestioles fourrées d'Alpha du Centaure. Et toutes et tous étaient prêts à braver des terreurs inconnues, accomplir d'héroïques exploits et construire hardiment des phrases interminables comme nul homme jamais n'avait osé en construire auparavant : et ce fut ainsi que se forgea l'empire.

Bien des hommes bien entendu devinrent immensément riches mais c'était une chose parfaitement naturelle et dont il n'y avait pas à avoir honte, d'autant que personne n'était vraiment pauvre – du moins personne qui fût digne d'être mentionné. Et pour les plus riches et les plus heureux parmi les marchands, l'existence fatalement devint ennuyeuse et tatillonne, et ils en vinrent à imaginer que c'était par conséquent la faute des mondes sur lesquels ils s'étaient installés – car aucun d'entre eux n'était vraiment satisfaisant : soit que le climat n'allât pas tout à fait sur la fin de l'après-midi, soit que le jour fût d'une demi-heure trop long, soit que la mer fût exactement d'un rose qui n'allait pas.

Et c'est ainsi que furent créées les conditions d'une fantastique et nouvelle forme d'industrie spécialisée : la construction sur mesure de planètes de luxe. Le siège d'une telle industrie était la planète Magrathéa où des ingénieurs hyperspatiaux[2] aspiraient la matière par des trous blancs dans l'espace pour ensuite la modeler en planètes de rêve – des planètes d'or, des planètes de platine, des planètes de caoutchouc mousse avec tout plein de tremblements de terre –, toutes confectionnées avec amour pour se conformer aux critères draconiens auxquels étaient en droit de s'attendre les hommes les plus riches de la Galaxie.

Mais tel fut le succès de ce projet que Magrathéa devint bientôt la planète la plus riche de tous les temps tandis que le restant de la Galaxie se voyait réduit à la plus abjecte pauvreté.

Et c'est ainsi que prit fin le système, que s'effondra l'empire et que retomba sur des milliards de mondes affamés un long silence maussade, à peine troublé par les grattements de plume des érudits qui peinaient des nuits durant sur de mornes petits mémoires traitant des mérites de tel ou tel type de politique d'économie planifiée.

Magrathéa elle-même disparut et son souvenir ne tarda pas à passer dans les ténèbres de la légende.

En ce siècle de lumières qui est le nôtre, plus personne bien sûr n'en croit un traître mot.

■ Douglas Adams, *Le Guide du voyageur galactique* (1979), chapitre 15, traduit de l'anglais par Jean Bonnefoy © Denoël (1982)

1. **Alpha du Centaure** : étoile la plus proche du système solaire (4,37 années-lumière).
2. **hyperspatiaux** : relatifs à l'hyperespace, espace imaginaire à plus de trois dimensions rendant possibles les voyages interstellaires.

Partageons notre lecture

● Une phrase du texte vous a-t-elle fait sourire ? Laquelle ? Expliquez votre choix à la classe.

Illustration en 3D d'une ville futuriste

Quelles raisons expliquent la croissance et la chute de l'empire galactique ?

1. a. Pourquoi le narrateur regrette-t-il l'époque de l'empire galactique antique ? Appuyez-vous sur trois exemples pour répondre.
b. Ces regrets vous semblent-ils valables ? Expliquez.
c. Quel seul et unique critère permet au narrateur d'affirmer la réussite de l'empire ?

2. Quelle nouvelle industrie voit le jour avec le succès de l'empire ? Quelles raisons expliquent la naissance de cette industrie ?

3. Quelles sont les conséquences de l'enrichissement de la planète Magrathéa ?

4. Pourquoi l'auteur a-t-il ici recours aux procédés de la parodie et de l'ironie ?

5. À votre avis, quel défaut humain est ici critiqué ? Ce texte vous fait-il penser à des œuvres que vous avez déjà lues, vues ou entendues ?

Outils

La parodie et l'ironie

- **La parodie** est l'imitation satirique d'un ouvrage sérieux dans un but comique.
- **L'ironie** est une manière de se moquer en ne donnant pas aux mots leur valeur réelle ou complète.

Bilan

Écrivez un court paragraphe pour rendre compte de votre lecture.

Quelles leçons le lecteur peut-il tirer de l'histoire de Magrathéa ? En quoi l'humour rend-il la critique plus efficace ?

DÉCRIRE UNE PLANÈTE

Imaginez et décrivez à l'oral la planète de vos rêves aux ingénieurs de Magrathéa pour qu'ils la fabriquent.

Quelles lois allez-vous mettre en place sur votre planète ?

À votre avis, quels problèmes vont inévitablement rencontrer les habitants de votre planète (climat, inégalités, lois) ?

Organisez un vote en classe pour retenir les meilleures lois.

Objectif
Déterminer les enjeux scientifiques d'un texte de science-fiction

Survivre sur Mars

Écoutez le texte lu.
hatier-clic.fr/22luf246

Un astronaute américain laissé pour mort sur la planète Mars après l'échec de sa mission tente de survivre avec l'équipement abandonné sur place par la Nasa.

Journal de bord : Sol 14 [...]

Je conserve la plus petite particule de biomasse[1]. Chaque fois que je termine un repas, les restes vont dans un seau à compost. Quant aux déchets biologiques...

L'Habitat est pourvu de toilettes sophistiquées. Normalement, les excréments sont séchés dans le vide, puis accumulés dans des sachets scellés pour être abandonnés dans le paysage.

Plus maintenant !

J'ai même fait une AEV[2] pour récupérer les sachets jetés par mes camarades avant leur départ. Complètement desséchés, ces excréments étaient dépourvus de bactéries, mais ils contenaient toujours des protéines complexes. Ils serviraient de fumier. Avec un peu d'eau et des bactéries actives, il serait facile de remplacer les organismes tués par les « Toilettes de la mort ».

J'ai trouvé une grosse boîte dans laquelle j'ai versé un peu d'eau et jeté la merde séchée. Depuis, j'y ajoute également mes propres excréments. Plus ça pue, plus je suis heureux. C'est signe que les bactéries sont à l'œuvre !

Après cela, je n'aurai plus qu'à ajouter un peu de sol martien, à mélanger le tout et à le répandre. Restera à saupoudrer un peu de sol terrestre par-dessus. Attention, ce sera une étape essentielle ! Des dizaines d'espèces de bactéries vivent dans le sol terrestre, et elles sont indispensables à la croissance des plantes. Elles vont se multiplier, pulluler comme... comme une infection bactérienne.

L'homme utilise ses excréments comme engrais depuis des siècles. En anglais, on a même un euphémisme[3] pour désigner ce fumier à base d'excréments humains ; on parle de « night soil », le sol de nuit. C'est joli. Normalement, ce n'est pas une façon idéale de cultiver des plantes destinées à la consommation, car ça provoque des maladies. Nos excréments contiennent des agents pathogènes qui nous rendent malades. Toutefois, ce n'est pas un souci pour moi ; j'ai déjà attrapé tous les éléments pathogènes présents dans cette merde.

Dans une semaine, le sol martien sera prêt pour accueillir mes graines, mais je ne compte rien semer pour l'instant. J'irai chercher encore un peu de sol sans vie, que je saupoudrerai de ma terre chargée en bactéries. Celle-ci « infectera » le sol martien, et j'aurai bientôt doublé ma réserve de terre cultivable. Une semaine plus tard, j'aurai encore multiplié cette quantité par deux, et ainsi de suite. Ce faisant, bien sûr, je continuerai d'ajouter du fumier au mélange. [...]

Je n'ai rien inventé. Cela fait des décennies que les chercheurs spéculent[4] sur la possibilité de rendre le sol de Mars cultivable. Je vais simplement mettre la théorie en pratique pour la première fois.

Andy Weir, *Seul sur Mars* (2011),
traduit de l'américain par Nenad Savic © Bragelonne (2014)

VOCABULAIRE

Pathogène
En grec ancien, le *pathos* désigne la souffrance, la douleur, la passion, ce qui affecte le corps.

→ Que signifie alors l'adjectif *pathogène* selon vous ?

1. **biomasse** : ensemble des matières organiques pouvant devenir des sources d'énergie.
2. **AEV** : Activité extra-véhiculaire.
3. **euphémisme** : figure de style où l'on atténue une idée dont l'expression directe aurait quelque chose de brutal ou de déplaisant.
4. **spéculer** : étudier des questions abstraites ou théoriques.

Partageons notre lecture

Ce texte qui raconte les aventures d'un homme survivant seul dans un monde hostile vous fait-il penser à des textes antérieurs lus en classe ou ailleurs ?

VERS LE BREVET

Quels points communs trouvez-vous entre cette image et le texte d'Andy Weir ? À votre avis, quels sentiments peut éprouver le personnage dans cette image ?

Illustration de **N.C. Wyeth** (1920) pour une édition du roman *Robinson Crusoé* de Daniel Defoe

Comment le héros arrive-t-il à survivre seul sur Mars ?

1. Quels indices indiquent que ce texte est un journal de bord ?

2. Pourquoi les excréments sont-ils essentiels à la survie du héros sur la planète rouge ? Expliquez.

3. À votre avis, quel est le rôle de l'humour dans le journal de cet astronaute ?

4. Quels passages dans ce texte semblent s'inspirer des connaissances scientifiques actuelles en matière de biologie ? Quel effet produit ce genre de phrases chez le lecteur ?

Outils

La robinsonnade et le journal de bord

- **La robinsonnade** est un récit d'aventures dans lequel un héros se retrouve isolé et doit survivre dans un monde hostile, à la manière de Robinson Crusoé.
- **Le journal de bord** est le registre des événements se déroulant à bord d'un navire, d'un vaisseau.

Bilan

Écrivez un court paragraphe pour rendre compte de votre lecture : expliquez comment et pourquoi ce journal de bord fictif d'un astronaute abandonné sur Mars mêle humour et science.

RÉDIGER UNE PAGE D'UN JOURNAL DE BORD

Imaginez et écrivez un passage du journal de bord de cet astronaute abandonné seul sur Mars. Qu'est-ce que le narrateur pourrait bien recycler d'autre et qui lui servirait dans son projet de survie ? Essayez de conserver l'humour comme la rigueur scientifique caractéristiques du roman.

DÉBAT

En quoi le texte d'Andy Weir a-t-il une dimension écologique ?
À quelle autre pratique écologique pouvez-vous comparer la démarche de cet astronaute ?

Atelier **LEXIQUE**

Le vocabulaire de la science-fiction

Utiliser le vocabulaire de la science-fiction

1 * Faites correspondre chaque mot à son étymologie.

- astronaute •
- extraterrestre •
- intelligence artificielle •
- nanomachine •
- robot •
- spatioport •
- téléportation •
- terraformation •

- • du grec ancien *tele*, « loin » et du verbe *porter*
- • du latin *Terra*, la « Terre » et du verbe *former*
- • mot dérivé de *port* précédé du préfixe *spatio-*, « relatif à l'espace »
- • du latin *astrum*, « étoile » et *nauta*, le « marin »
- • du tchèque *robota*, la « corvée », lui-même issu d'un mot ancien signifiant « esclave »
- • du grec ancien *nanos*, le « nain » et *mekhane*, « engin, invention »
- • du latin *Terra*, la « Terre » précédé du préfixe *extra-*, « extérieur à »
- • du latin *intelligere*, « comprendre » et *artificialis*, « fabriqué avec art »

2 ** Utilisez les mots de l'exercice 1 dans les définitions suivantes.

1. Le mot .... désigne tout appareil effectuant automatiquement une tâche précise.

2. On appelle .... tout voyageur de l'espace, pilote ou passager d'un vaisseau spatial.

3. Un .... est un lieu de stationnement, de décollage et d'atterrissage d'engins spatiaux.

4. Les .... sont des êtres ne venant pas de la Terre.

5. Une .... est un programme informatique ayant des capacités intellectuelles comparables à celles des êtres humains.

6. Certains rêvent d'une .... de Mars : il s'agit de l'aménagement d'une planète afin de la rendre habitable par l'humanité.

7. On nomme .... les minuscules robots capables de manipuler les molécules à l'échelle de l'atome.

8. La .... est le fait de se déplacer instantanément d'un point à un autre.

CARNET DE VOCABULAIRE

Complétez votre carnet avec les mots de l'exercice 1.

3 ** Les planètes du système solaire portent chacune le nom d'une divinité antique latine. Reliez chaque divinité à sa description.

- Mercure •
- Vénus •
- Mars •
- Jupiter •
- Saturne •
- Uranus •
- Neptune •

- • déesse de l'amour et de la beauté
- • chef des dieux ; dieu de la foudre et du tonnerre
- • dieu de la mer
- • dieu du ciel
- • messager des dieux ; dieu des voyageurs et des commerçants
- • dieu du temps et de l'agriculture
- • dieu de la guerre

Réviser les familles de mots

Outils

- Les mots d'une même **famille** sont construits autour du même **radical** (élément du mot porteur du sens principal).

Ex : *galaxie, galactique, intergalactique* font partie de la même famille de mots. Ils partagent le même radical : galax / galac (du grec ancien *galaxias*, la « Voie lactée », c'est-à-dire notre galaxie).

4 * Cherchez des mots de la famille de « Terre » (du latin *Terra*).

COUP DE POUCE

N'oubliez pas d'utiliser des **préfixes** et des **suffixes**.

5 ** Cherchez des mots de la famille de « Soleil » (du latin *Sol*).

6 * Complétez les mots et expressions suivants autour de la lune.**

1. .... la lune signifie faire une promesse intenable.

2. Si on .... la lune, c'est qu'on veut l'impossible.

3. Les plus chanceux arrivent à .... la lune, c'est-à-dire à obtenir l'impensable.

4. .... ou .... à la lune est inutile : il est vain de crier sans arrêt contre quelqu'un.

5. On est .... luné quand on est de mauvaise humeur.

6. Un .... est une personne d'humeur changeante.

7. Attention à ne pas trop .... dans la lune, c'est-à-dire rester distrait et rêveur.

Grammaire pour dire et écrire le futur

Le futur de l'indicatif

1 a. * **À quel temps sont conjugués les verbes dans les phrases suivantes ? À quel groupe chaque verbe appartient-il ?**

1. Je vous mènerai à sa conquête.
2. L'attraction de la Lune finira par l'emporter.
3. L'argent ne fera pas défaut à notre entreprise.

b. ** **Conjuguez les verbes à toutes les personnes du futur de l'indicatif. Les terminaisons sont-elles identiques d'un groupe à l'autre ?**

c. ** **Que remarquez-vous à propos du radical du futur de l'indicatif pour les verbes des 1er et 2e groupes ? Que constatez-vous concernant le radical du futur des verbes du 3e groupe ?**

d. ** **Conjuguez les verbes *mourir*, *courir*, *voir*, *envoyer* au futur. Que remarquez-vous ?**

2 ** **Comparez les valeurs du futur de l'indicatif dans les phrases suivantes. Qu'est-ce que le futur permet d'exprimer dans chaque cas ?**

1. Ce voyage vous mènera jusqu'à la planète Mars.
2. Vous mènerez cette recherche pendant les prochaines vacances.
3. Je vous mènerai à sa conquête.

3 ** **Réécrivez le texte suivant en commençant par « Nous vivrons... ». Faites toutes les modifications nécessaires.**

Nous vécûmes donc sans soleil, mais nous n'en souffrîmes pas, le vaisseau étant pourvu de sources lumineuses équivalentes. Nous ne connûmes pas l'ennui non plus. La conversation du professeur était passionnante ; je m'instruisis davantage pendant ces deux années que pendant ma précédente existence. J'appris aussi tout ce qu'il était utile de connaître pour la conduite du vaisseau. C'était assez facile : il suffisait de donner des instructions aux appareils électroniques, qui effectuaient tous les calculs et commandaient directement les manœuvres.

■ Pierre Boulle, *La Planète des singes* (1963) © René Julliard

4 ** **Imaginez et racontez votre vie dans dix ans. Rédigez votre texte principalement au futur.**

Dans dix ans, je serai ....

COUP DE POUCE
Vous pourrez évoquer votre lieu de **résidence**, votre **métier**, vos **loisirs**...

5 *** **En vous inspirant de cette image, racontez et décrivez l'installation des premiers hommes sur Mars.**

Une future base martienne, imaginée par l'entreprise américaine SpaceX spécialisée dans l'aérospatial (2018)

La phrase interrogative directe

6 * **a. À quel type appartient la phrase 1 ? Quels indices vous ont permis de répondre ? Que permet-elle d'exprimer ?**

b. Par quoi peut-on répondre à la question 2 ? Remarquez-vous une différence avec la réponse attendue à la phrase 1 ? Laquelle ?

1. Est-il possible d'envoyer un projectile dans la Lune ?
2. Quelle est la distance exacte qui sépare la Terre de son satellite ?

7 ** **Relevez les mots interrogatifs dans le texte suivant et classez-les selon qu'ils sont déterminants ou pronoms.**

COUP DE POUCE
Un **déterminant** précède un nom ;
un **pronom** remplace un GN.

3° Quelle sera la durée du trajet du projectile auquel aura été imprimée une vitesse initiale suffisante, et, par conséquent, à quel moment devra-t-on le lancer pour qu'il rencontre la Lune en un point déterminé ?

4° À quel moment précis la Lune se présentera-t-elle dans la position la plus favorable pour être atteinte par le projectile ?

5° Quel point du ciel devra-t-on viser avec le canon destiné à lancer le projectile ?

6° Quelle place la Lune occupera-t-elle dans le ciel au moment où partira le projectile ?

■ Jules Verne, *De la Terre à la Lune* (1865)

Atelier **EXPRESSION**

Imaginer l'espace entre rêve et réalité

Écrire et prononcer un discours

1 * En classe, lisez à haute voix le texte de Pierre Boulle ▶ p. 242.
Si vous vous trompez, laissez un autre élève recommencer l'exercice. Le travail est terminé lorsqu'un ou une camarade a réussi à aller jusqu'au bout du texte sans faire d'erreur.

2 ** Vous allez préparer un débat autour de la question suivante : « Pour ou contre la conquête spatiale ? » et pour cela prononcer un discours.

a. Choisissez votre camp : pour ou contre.

COUP DE POUCE

Relevez les arguments et les exemples qui serviront votre cause dans les textes et les documents suivants :

- article « Faut-il retourner sur la Lune ? »
  hatier-clic.fr/22luf250a
- article « La conquête spatiale a-t-elle encore un sens ? »
  hatier-clic.fr/22luf250b
- discours de Jean Rostand ▶ p. 184
- Thomas Pesquet, « Pourquoi faut-il croire en l'exploration spatiale ? » (2012)
  hatier-clic.fr/22luf250c

b. Rédigez votre discours et prononcez-le devant la classe.

c. Débattez ensuite dans le respect de l'écoute et du temps de parole de chacun.

Imaginer la vie sur Mars

3 * Décrivez en quelques lignes cette maison et ses habitants. Appuyez-vous sur vos connaissances en science-fiction pour rédiger cette description.

> Ils habitaient une maison toute en colonnes de cristal sur la planète Mars [...].
>
> ■ Ray Bradbury, *Chroniques martiennes* (1950), traduit de l'américain par Henri Robillot © Denoël

4 ** Imaginez et écrivez la suite de ce dialogue. Qu'est-il arrivé à la première expédition humaine sur Mars ?

> La personne qui frappait à la porte faisait preuve d'une belle insistance. [...]
>
> « Qu'est-ce que vous voulez ? demanda impérativement Mrs. Ttt.
>
> – Vous êtes une *Martienne* ! L'homme souriait. « Le mot ne vous est certainement pas familier. C'est une expression terrienne. » Il désigna ses compagnons de la tête. « Nous sommes originaires de la Terre. Je suis le capitaine Williams. Nous venons de nous poser sur Mars, et nous voici, la *Deuxième* Expédition. Il y a eu une Première Expédition mais nous ne savons pas ce qui lui est arrivé. Enfin, bref, nous voilà. Et vous êtes la première Martienne que nous rencontrons ! »
>
> ■ Ray Bradbury, *Chroniques martiennes*, ibid

5 ** Quels objets emporteriez-vous sur Mars en sachant que le voyage en fusée depuis la Terre durera environ 260 jours ? Faites la liste de ces objets et expliquez vos choix.

EXPRIMER UN POINT DE VUE PERSONNEL

6 *** Pour quelles raisons peut-on désirer partir de chez soi et tout quitter ?

> Les hommes de la Terre vinrent sur Mars. Ils venaient parce qu'ils avaient peur, [...] parce qu'ils étaient heureux ou malheureux, parce qu'ils se sentaient ou ne se sentaient pas des âmes de Pèlerins. Chacun avait ses raisons.
>
> ■ Ray Bradbury, *Chroniques martiennes*, ibid

Pour répondre à cette question, vous rédigerez un texte argumentatif qui énonce les raisons pour lesquelles les hommes pourraient avoir envie de quitter la Terre et leurs semblables.

Vous pouvez choisir de rédiger un texte humoristique, ironique ou critique.

COUP DE POUCE

- Organisez votre texte autour de **deux ou trois raisons**.
- **Ajoutez des exemples précis** tirés de votre expérience personnelle ou de vos connaissances.

JE FAIS LA SYNTHÈSE DES TEXTES ÉTUDIÉS

1 **Placez les textes du chapitre sur la frise chronologique suivante afin de retrouver les étapes d'un récit d'aventures.**

Le décollage et le départ depuis la Terre	La survie dans un monde hostile	La rencontre avec les extraterrestres	La création (et la fin) d'un empire galactique
....	....	....	....

2 **Expliquez le sens des deux mots qui composent le nom *science-fiction*. À partir de cette double définition, expliquez ce qu'est ce genre.**

3 ORAL **Donnez la définition des mots suivants.**

dystopie robot
TERRAFORMATION anticipation

JE PROLONGE LA RÉFLEXION

4 **a. Résumez dans ce tableau les principaux arguments pour et contre la conquête spatiale.**

Pour l'exploration spatiale	Contre l'exploration spatiale
....	....

b. ORAL **Expliquez votre point de vue personnel sur la question.**

5 **Qu'ai-je appris dans ce chapitre ?**

Quels genres de texte de science-fiction êtes-vous capable de lire et d'écrire ?
Évaluez votre niveau dans le tableau suivant.

J'indique mon niveau de compétence		*	**	***	****
La description	Je sais décrire précisément un objet, un lieu ou une personne.				
	Je sais en dégager les caractéristiques principales.				
La narration	Je sais raconter une aventure dans un récit au passé.				
	Je sais comparer un texte à des lectures antérieures ou à des faits que j'ai vécus.				
L'argumentation	Je sais organiser ma pensée dans un paragraphe argumenté et cohérent.				
	Je sais déterminer la perspective ou les intentions d'un auteur.				

Écoutez le bilan en version audio.
hatier-clic.fr/22luf252a

LA SCIENCE-FICTION, UN VOYAGE DANS L'ESPACE-TEMPS

Entre science et imaginaire

- La science-fiction naît de **la rencontre entre une hypothèse scientifique (science) et une histoire imaginaire (fiction)**. C'est un genre littéraire qui explore des **mondes inventés** en lien avec les avancées de la **pensée scientifique**.
- Le genre vise à provoquer une **sensation d'émerveillement** face à l'infini des univers possibles, mais aussi à **critiquer** le monde d'aujourd'hui en nous laissant voir celui de demain.

La naissance du genre

- Son histoire est étroitement liée à celle des **évolutions technologiques** comme la révolution industrielle par exemple.
- La mère du genre est **Mary Shelley** au XIXe siècle. Pour la première fois, un récit s'appuie sur un argument scientifique crédible. Les pères du genre sont **Jules Verne** et **H. G. Wells**.
- D'autres grands noms vont s'illustrer dans ce domaine aux XXe et XXIe siècles, comme **Isaac Asimov**, **Ray Bradbury**, **Philip K. Dick**, **Frank Herbert**, **Alain Damasio**.

L'espace et le temps

- Ces histoires situent souvent leur **action dans un futur ou un espace plus ou moins lointains** en s'appuyant sur le **domaine des sciences et des technologies** afin d'obtenir un effet de vraisemblance.
- Voyages dans le passé ou dans l'avenir, boucles temporelles, explorations des confins de l'univers, de l'infiniment grand comme de l'infiniment petit : le genre se propose d'**explorer tous les mondes possibles**.

La recherche d'une nouvelle langue

- Si le genre s'appuie largement sur d'autres genres parallèles, comme le roman d'aventures, la fantasy ou le roman policier, il cherche également à **inventer sa propre langue**.
- Néologismes, jeux avec les codes des autres littératures, jeux avec ses propres codes : la science-fiction est un **lieu de créativité** et **d'humour**, comme le montre par exemple *Le Guide du voyageur galactique* de Douglas Adams.

Pour vous aider

Des fiches MÉMORISATION

Fiche vocabulaire
hatier-clic.fr/22luf252b

Carte mentale
hatier-clic.fr/22luf252c

Activité numérique pix

Une activité à mener en classe pour créer et animer un espace d'écriture collaboratif sur **Framapad**.

+PROF
Activité et tuto Framapad

Vers le Brevet

Évaluation DIFFÉRENCIATION

Un sujet type Brevet pour vous évaluer.

+PROF
Évaluation BREVET (Fredric Brown)

Lecture
CURSIVE

Philip K. Dick, *Ubik* (1969)

Découvrir l'œuvre

Philip K. Dick (1928-1982) est une des grandes figures américaines de la science-fiction. Dans *Ubik*, il imagine une société futuriste dans laquelle certains humains « psis » possèdent des pouvoirs psychiques étendus et leur technologie avancée leur permet de communiquer avec les morts.

Joe Chip travaille pour une entreprise chargée de protéger ses clients d'intrusions psychiques illégales. Depuis l'explosion d'une bombe, les objets subissent une régression temporelle. Heureusement, le spray Ubik permet de contenir ces métamorphoses vers le passé…

Ahuri, Joe s'installa sur un siège, le regard toujours fixé sur l'écran […].

– J'ai choisi Ubik après avoir essayé d'autres supports de réalité inefficaces et démodés. Mes casseroles et mes poêles se transformaient en tas de rouille. […] Mais maintenant je me sers d'Ubik nouvelle formule, ultra-puissant, et j'obtiens des résultats merveilleux. Regardez ce réfrigérateur. (L'écran montra un antique réfrigérateur General Electric surmonté d'une tourelle de ventilation.) Eh bien, il a régressé de quatre vingts ans.

– De soixante-deux ans, rectifia Joe machinalement.

– Mais regardez-le maintenant, continua la ménagère en braquant vers le vieux réfrigérateur sa bombe Ubik.

Des étincelles jaillirent et formèrent une auréole lumineuse autour du vieil engin, lequel fut remplacé en un clin d'œil par un réfrigérateur moderne payant à six portes, dans toute sa splendeur.

■ Philip K. Dick, *Ubik* (1969) © traduit de l'américain par Alain Dorémieux © Robert Laffont

CARNET DE LECTURE

→ Quel passage du livre vous a le plus marqué(e) ? Pour quelles raisons ? Expliquez.

→ Qu'est-ce que la semi-vie ? Comment fonctionne-t-elle ? Imaginez et écrivez un dialogue entre un mort en état de semi-vie et vous-même. Qu'aimeriez-vous lui dire ? Que pourrait-il vous répondre ?

À lire et à voir

Les Robots
d'**Isaac Asimov** (1950)

• Isaac Asimov (1920-1992) est un scientifique et auteur américano-russe de science-fiction. *Les Robots* est un recueil de neuf nouvelles et le premier volume d'un cycle consacré à ce thème.

Gravity
d'**Alfonso Cuarón** (2013)

• Un film spectaculaire racontant l'accident de deux astronautes lors d'une sortie spatiale et leur tentative pour rentrer sur Terre.

TESTEZ-VOUS !

Quiz sur votre lecture (Ubik)
hatier-clic.fr/22luf253

PROJET

Présenter une invention futuriste

Vous revenez d'un voyage dans le futur qui vous a permis d'entrevoir les avancées technologiques de l'an 3000.
Vous allez présenter les découvertes incroyables que vous venez de faire.

PRÉPARER ET RÉDIGER

Étape 1 L'objet

Vous devez d'abord imaginer l'invention que vous allez présenter.

- **Faites un travail préparatoire au brouillon** pour imaginer un objet du futur qui réponde à un besoin ou à un problème actuel. Répondez aux questions suivantes : à quoi ressemble-t-il ? comment fonctionne-t-il ? en quoi répond-il à un besoin contemporain ?
- **Inventez un néologisme pour désigner votre objet.** Vous pouvez partir d'éléments scientifiques existants (*un thermocyclobus*) ou composer un mot valise (*un bicyclotrain*).

COUP DE POUCE
Faites une liste des problèmes rencontrés par les êtres humains aujourd'hui, au quotidien comme à l'échelle du monde et choisissez à quel problème répond votre projet.

Étape 2 Le slogan

- **Imaginez un slogan** pour votre objet.
Ex : *Le Destructor 3000, la solution radicale pour vos déchets !*
- **Vous pouvez aussi poser une question simple en sous-titre** pour attirer l'attention des lecteurs sur votre invention.
Ex : *Avez-vous déjà rêvé de vous débarrasser de vos déchets sans polluer ? Essayez le Destructor 3000.*

Étape 3 La description

Rédigez la description de votre objet du futur, en suivant ce plan.

- **Paragraphe 1 : description physique**
Décrivez minutieusement l'objet, son apparence, les matières qui le composent. Utilisez des **connecteurs spatiaux** pour organiser votre description : *devant, au dos, sur les côtés...*
- **Paragraphe 2 : fonctionnement et usage**
Expliquez le fonctionnement de l'objet, comme dans un mode d'emploi. Utilisez des **connecteurs temporels** pour organiser votre explication : *d'abord, en même temps, ensuite, enfin...*
- **Paragraphe 3 : avantages et inconvénients**
Argumentez pour donner envie aux personnes qui liront l'affiche. Utilisez des **connecteurs logiques** pour organiser votre argumentaire : *car, si bien que, ainsi, en effet, de plus, de surcroît...*

COUP DE POUCE
Appuyez-vous sur le texte de Cyrano de Bergerac ▶ p. 238.

RÉALISER UNE AFFICHE

Étape 4 L'illustration

- Faites un **dessin**, un **collage**, toute œuvre capable de représenter ou évoquer votre objet du futur. Vous la collerez ensuite sur votre affiche.

Étape 5 La réalisation

Votre affiche doit être claire, lisible et aérée.

- Prenez une grande feuille (format A3), pour assembler les éléments qui la composent.
- **Écrivez en grand le titre de votre invention.** Il doit être visible de loin.

COUP DE POUCE

Soignez la présentation ! Vérifiez votre orthographe, écrivez en grands caractères et mettez de la couleur dans votre affiche.

Alex Alice, affiche des Utopiales de Nantes (2021)

ORGANISER UNE EXPOSITION

Étape 6 Le choix du lieu et de la date

- À l'aide de votre professeur, choisissez une date et un lieu pour exposer vos affiches réalisées en classe. **Concernant la date, prévoyez un créneau large** qui permette à vos camarades comme à vos familles de pouvoir venir admirer votre travail.
- **Préparez-vous à présenter votre objet à l'oral** aux visiteurs de l'exposition.

COUP DE POUCE

Couloir, salle de classe, CDI : de nombreux lieux se prêtent aux expositions dans un collège !

Étape 7 La communication

- **Envoyez des messages électroniques** à vos proches et aux adultes du collège afin de les inviter à votre exposition.
- **Parlez de votre projet** dans votre entourage.

14 Une société du bonheur ?

Jean Molla, *Felicidad*

▶ *Pourquoi et comment imaginer le futur dans un roman ?*

Dans ce chapitre, vous allez étudier les caractéristiques et les enjeux d'un récit entre dystopie et roman policier.

Textes & images

Ateliers

Bilan

Lectures cursives

Projet

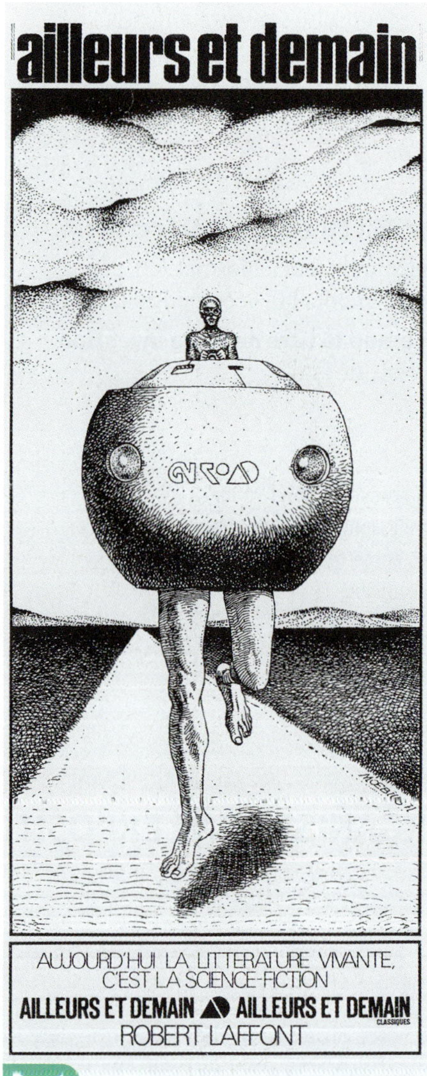

Doc 1

Affiche de **Mœbius** pour la collection *Ailleurs et Demain* publiée aux éditions Robert Laffont depuis 1969

Doc 2

« Je crois que l'avenir de l'humanité est dans le progrès de la raison par la science. »

■ Émile Zola

« Le progrès technique est comme une hache qu'on aurait mise dans les mains d'un psychopathe. »

■ Albert Einstein

Doc 3

Les « Trois Lois de la robotique » ont été inventées par l'écrivain de science-fiction Isaac Asimov (1920-1992) pour une série de récits sur le thème des robots.

Première Loi : Un robot ne peut porter atteinte à un être humain ni, restant passif, laisser cet être humain exposé au danger.

Deuxième Loi : Un robot doit obéir aux ordres donnés par les êtres humains, sauf si de tels ordres entrent en contradiction avec la Première Loi.

Troisième Loi : Un robot doit protéger son existence dans la mesure où cette protection n'entre pas en contradiction avec la Première ou la Deuxième Loi.

Isaac Asimov, *Le Cycle des robots* (1950-1985), traduit de l'américain par Pierre Billon © J'ai lu

Doc 4

Star Wars VII, Le Réveil de la Force (2015), film de **J. J. Abrams**

C3PO, R2D2 et BB8, les robots inséparables de l'épopée galactique *Star Wars*.

Doc 5

Justine Emard, *Soul Shift* (2018), vidéo

Alter et Alter 2, deux robots humanoïdes développés par des scientifiques au Japon.

DÉBAT

À votre avis, avons-nous intérêt à nous entourer de robots ?

1. Lisez le titre et le sous-titre (doc 1). À quel genre littéraire appartiennent les livres de cette collection ? Décrivez l'image. D'après vous, de quoi parlent ces livres ?

2. En quoi ces citations (doc 2) sont-elles contradictoires ? Avec laquelle des deux vous sentez-vous plus en accord ?

3. À quel type de texte pourraient appartenir ces phrases (doc 3) ? Quelle est leur utilité ?

4. Décrivez ces robots (doc 1, 4, 5). Quels éléments les rapprochent d'une machine ou au contraire d'un être vivant ? Lequel préférez-vous ?

Vous êtes prêt(e)s ?

Plongeons dans un roman captivant, où l'auteur nous fait réfléchir à notre futur en imaginant des robots surprenants.

Œuvre intégrale par extraits
XXIE SIÈCLE
ROMAN

Objectif
Découvrir un univers de science-fiction

« Deux gamins ? »

Écoutez le texte lu.
hatier-clic.fr/22luf258

Claude Buisson, ministre du Bonheur obligatoire, assiste à la projection d'une scène captée par vidéosurveillance. On y découvre deux adolescents qui marchent dans une rue de Felicidad, avant d'être soudainement cernés par des soldats d'élite, sans raison apparente.

Pourquoi une telle débauche[1] *de moyens pour deux gamins ?* s'interroge le ministre.

Une seconde encore et les six **parumains** se disposent en cercle, leurs fusils d'assaut pointés sur les garçons. C'est à peine si l'œil des spectateurs a perçu leurs déplacements, tant ils sont fluides, rapides et précis.

– Bougez pas, les **tarés** ! ordonne le chef du groupe.

Le ton est calme, la voix mesurée. La caméra zoome sur le visage de l'un des adolescents. Il a quinze ans tout au plus. Ses cheveux longs encadrent un visage d'angelot : des yeux bleus rieurs, un nez fin et droit, des lèvres roses délicatement ourlées. Sur le menton, un duvet blond nimbe la peau d'un halo qui en souligne le velouté.

Nouveau cadrage, plan général. Le viseur du **parumain** qui fait face au garçon dessine un cercle écarlate à l'emplacement de son cœur. Son compagnon est également tenu en respect par deux **Sections Spéciales**. Nul doute que dans leur dos, d'autres disques menaçants cernent leurs organes vitaux.

– Et si justement je bouge ? demande le plus petit sans trahir une ombre d'inquiétude.

– On a ordre de vous ramener morts ou vifs. Alors, tu choisis en vitesse, mon gars : la camionnette ou la **réforme** ?

La voix est indifférente, quasi mécanique. Le **parumain** désigne le véhicule du menton.

– Maintenant, vous montez tous les deux gentiment !

Ses jeunes interlocuteurs restent immobiles. Ils semblent réfléchir. Le blond secoue enfin la tête.

– Je n'aime pas qu'on m'appelle « **taré** », dit-il. C'est très désobligeant.

– Et inexact ! complète le châtain.

Il a prononcé ces mots avec agacement.

– Et ce ne sera ni la camionnette ni la **réforme** ! ajoute-t-il.

– Alors tant pis ! lâche le **parumain** en pressant la détente de son arme.

Buisson sursaute quand le faisceau laser fuse et traverse de part en part… l'équipier qui se trouve sur sa trajectoire car l'adolescent s'est jeté sur le côté à une vitesse phénoménale, largement supérieure à celle dont un **Section Spéciale** pourrait faire preuve.

Le ministre ne peut en croire ses yeux quand le gamin attrape les pieds d'un des commandos, l'arrache du sol et s'en sert comme d'un fléau[2], fauchant deux de ses adversaires comme des fétus de paille. Simultanément, le second garçon fracasse le crâne de celui qui le tient en joue, le soulève et en frappe son adversaire le plus proche, le transformant en bouillie sanglante.

■ Jean Molla, *Felicidad* (2005), extraits du chapitre 2 et du glossaire placé en fin d'ouvrage © Gallimard Jeunesse

VOCABULAIRE

Taré(s)
→ Que signifie ce mot ? À quel niveau de langue appartient-il ? Donnez le sens de ce mot dans un autre niveau de langue. Utilisez un dictionnaire si nécessaire.

Parumain
→ Que désigne ce **néologisme** ? Expliquez comment il est formé.
▸ p. 259, 268

1. **débauche** : abondance.
2. **fléau** : outil agricole composé de deux bâtons attachés l'un à l'autre.
3. **humanoïde** : d'apparence humaine.

Partageons notre lecture

● Parmi les personnages du texte, lesquels sont des humains ? Lesquels sont des créatures artificielles ?

GLOSSAIRE

À la fin du roman, un glossaire est proposé par l'auteur.

Bonheur obligatoire : inscrit dans la Constitution, le Bonheur n'est ni un événement heureux, ni un hasard favorable, ni une chance, mais un droit et un devoir pour tous les Citoyens de Grande Europe. Il est le garant d'une société harmonieuse et policée.
Parumain : organisme humanoïde[3] issu du génie génétique. Les parumains ont libéré les humains des servitudes liées aux tâches physiques dégradantes et abrutissantes.
Sections Spéciales : troupes d'élite, constituées de parumains de combat. Elles sont encadrées par des officiers supérieurs humains.
Réforme : élimination des parumains défectueux ou périmés.

Claire Courdavault, illustration (2021)

Comment le récit nous plonge-t-il dans un univers futuriste ?

1. ORAL Consultez le glossaire. De quoi s'agit-il ? Qu'est-ce qui justifie la présence de ce type de texte ici ?

2. Explicitez la situation : de quel personnage la narration adopte-telle le point de vue (l. 1-2 et 30 à 38) ? À quoi assiste-t-il ? Quels liens faites-vous avec l'illustration ?

3. Quel temps de l'indicatif domine dans cet extrait ? Quel est l'effet produit ?

4. Relevez les éléments qui placent le récit dans une société différente de la nôtre. Quels indices permettent de comprendre qu'il s'agit d'une société du futur ?

5. Relisez le portrait des adolescents (l. 8 à 11). Pourquoi la violence dont ils font preuve (l. 34 à 38) est-elle surprenante ? Que comprend-on alors au sujet de ces *gamins* ?

Outils

Le récit d'anticipation

● Les récits de **science-fiction** imaginent un **monde futuriste** dans lequel les progrès de la science et de la technologie permettent à l'humanité d'innover. Un des enjeux de ces œuvres d'anticipation est d'alerter sur les **risques** créés par ces évolutions, d'envisager leurs **aspects négatifs**.

Les néologismes

● Des **mots nouveaux** apparaissent régulièrement dans les langues : tant qu'ils sont perçus comme nouveaux, on les nomme « **néologismes** ». Les auteur(e)s de science-fiction sont amené(e)s à créer des néologismes pour nommer les inventions qu'ils imaginent. ▸ p. 268

Bilan

À partir de votre lecture, rédigez un paragraphe en réponse à la question initiale : « Comment le récit nous plonge-t-il dans un univers futuriste ? » **Justifiez vos arguments en citant le texte.**

ACTIVITÉ

Résumé des films
hatier-clic.fr/22luf259

Pour la classe **De nombreux artistes ont imaginé ce qui arriverait si les humains perdaient le contrôle de leurs créatures artificielles.**

1. Répartissez-vous les films suivants par groupes :
- *Metropolis* (F. Lang, 1927) • *2001 L'Odyssée de l'espace* (S. Kubrick, 1968)
- *Terminator* (J. Cameron, 1984) • *RoboCop* (P. Verhoeven, 1987)
- *I, Robot* (A. Proyoas, 2004) • *Her* (S. Jonze, 2014)
- *Ex_Machina* (A. Garland, 2014) • *Blood Machines* (S. Ickerman, 2020)

2. Faites une recherche sur la place des robots dans leur synopsis.

3. Comparez vos découvertes.

Œuvre intégrale par extraits
XXIe SIÈCLE
ROMAN

Objectif
Reconnaître les codes du roman policier

« Enquête »

Écoutez le texte lu.
hatier-clic.fr/22luf260

*Claude Buisson, le ministre du Bonheur obligatoire, a été assassiné. Le lieutenant de police Alexis Dekcked est convoqué par Maxime Bérard, ministre de la **Sûreté intérieure**.*

– Mon ami et confrère Buisson a donc été assassiné la nuit dernière. À la suite d'un appel anonyme, on a retrouvé son corps, ainsi que celui de son chauffeur, dans le coffre d'un véhicule volé puis abandonné dans une **enclave**. Le malheureux a été enlevé juste après une réunion du Conseil exécutif, hier soir. Quant à sa voiture de fonction, on n'a aucune idée de ce qu'elle est devenue.

Dekcked allait de surprise en surprise. Qui avait les moyens matériels d'enlever un ministre en exercice et de l'exécuter ?

– Les **sécuricams** n'ont rien enregistré ? interrogea-t-il.

– Non, répondit Bérard. Nos services ont lancé une recherche, ce matin. On perd leur trace à proximité d'un quartier populaire situé près de la Zone 4.

– Vous avez une idée de l'identité des coupables ?

Le regard du ministre se figea.

– Oui. Nous soupçonnons trois parumains extrêmement dangereux qui ont échappé à notre contrôle.

Dekcked fixa son supérieur avec incrédulité.

– C'est absurde ! Leurs biocontrôles[1] les rendent inaptes à la révolte. Et puis, il y a leurs mouchards[2]...

Bérard pinça les lèvres.

– Disons que ceux-là sont assez... particuliers !

Il claqua des doigts. Arouet plongea la main dans la poche de sa veste et en retira un boîtier qu'il remit au policier. Dekcked reconnut l'étui d'un **cube-mémoire**.

– Vous trouverez là un dossier contenant les réponses à vos questions ainsi que les éléments nécessaires à la conduite de votre enquête. Vous devinez, lieutenant, qu'il s'agit d'une affaire d'État. Votre mission doit rester totalement confidentielle. Laissez tomber le meurtre de Buisson, d'autres s'en occupent déjà ! En revanche, je veux savoir où se cachent ces parumains. Il me les faut vivants, entendez-vous ? **Vous avez carte blanche**. Utilisez tous les moyens pour les retrouver, y compris les plus tordus. Servez-vous de vos relations. Je veux des résultats rapides !

– Et quand je les aurai trouvés ?

Les traits de Bérard se durcirent.

– Vous m'en rendrez compte. À moi et à moi seul !

■ Jean Molla, *Felicidad* (2005), extraits du chapitre 7 et du glossaire placé en fin d'ouvrage © Gallimard Jeunesse

VOCABULAIRE

Vous avez carte blanche.
→ Que signifie cette expression ? Reformulez-la de manière développée, en donnant des exemples.

Cube-mémoire, sécuricam
→ Que désignent ces **néologismes** ? Expliquez comment ils sont formés.
▶ p. 268

1. **biocontrôle** : dispositif implanté dans le cerveau d'un parumain pour réguler son humeur et limiter sa volonté.
2. **mouchard** : appareil qui permet d'exercer une surveillance.

GLOSSAIRE

Sûreté intérieure : premier ministère en effectifs et en moyens. Il a pour charge la surveillance et la répression pour le Bonheur commun.
Enclaves : [...] aires géographiques où sont canalisés les individus dont les idées et les comportements ne sont pas conformes à l'idéal d'une société parfaite [...].
Sécuricam : caméra de sécurité contrôlée par le ministère de la Sûreté intérieure. Les sécuricams ont permis de faire baisser dans des proportions vertigineuses les chiffres de la petite et de la moyenne délinquance.
Cube-mémoire : unité de stockage numérique de très grande capacité.

Partageons notre lecture

Résumez la situation : chaque élève choisit un mot et donne les informations apprises grâce à la lecture du texte et du paratexte.

disparition ASSASSINAT attentat victime(s)
lieu du crime enquêteur(s) suspect(s) INDICE(S)
hypothèse confidentiel témoignage

Photogramme du film *Blade Runner* de **Ridley Scott** (1982)

Rick Deckard est un policier spécial chargé de la traque de robots rebelles.

Comment utiliser les codes du genre policier pour capter l'attention ?

1. Quel est le point de vue adopté par la narration dans les lignes 6-7 ? Le narrateur ▸ p. 77
2. Relisez les répliques du lieutenant Dekcked (l. 8, 11, 16-17). Comment peut-on qualifier son attitude ? Qu'est-ce que cela indique sur sa personnalité ?
3. D'après vos réponses précédentes, comment imaginez-vous Dekcked ? À quels personnages célèbres de la littérature, du cinéma ou de la bande dessinée peut-il faire penser ? Aidez-vous de l'image.
4. Relevez les éléments du texte qui contribuent à brosser le portrait du ministre Maxime Bérard. Ce personnage vous paraît-il sympathique ? Pourquoi ?

Bilan

ORAL Quelle est la mission du détective ? Quelles sont les étapes habituelles d'une enquête policière ? D'après vous, que va faire le policier après cet entretien ? Dans quelle mesure ce texte donne-t-il envie de connaître la suite de l'histoire ?

Histoire littéraire

Le roman policier

- Genre très codifié, le **roman policier** est centré sur la **thématique criminelle**. En général, la structure narrative commence par la découverte du crime, puis procède à une remontée jusqu'à ses causes, qui amène à la **résolution de l'énigme**. Les écrivains jouent à varier les points de vue entre l'enquêteur, les victimes et les criminels.
- Il existe plusieurs sous-genres, comme le **récit d'énigme** classique, le **roman noir**, ou encore le **thriller à suspense**.

ÉCRITURE

- Imaginez trois ministères qui devraient exister selon vous dans une société idéale.
- Expliquez leur rôle en rédigeant des notes explicatives, à la manière du glossaire.

Œuvre intégrale par extraits
XXIe SIÈCLE
ROMAN

Objectif
Déceler les indices d'une société dystopique

« L'œil de l'État »

Écoutez le texte lu.
hatier-clic.fr/22luf262h

Le lieutenant de police Alexis Dekcked vient de quitter le bureau du ministre de la Sûreté intérieure.

Il emprunta la première avenue sur sa droite. Elle était bordée d'immeubles si hauts que le ciel se réduisait à un rectangle grisâtre, veiné de filaments pâles. La lumière crue qui tombait des lampadaires dessinait des cercles étincelants sur la neige des trottoirs. Tous les quinze mètres environ, un témoin rouge et clignotant rappelait aux passants la présence des sécuricams.

À l'instar des[1] autres capitales de la Grande Europe, régulièrement ensanglantées par des vagues d'attentats imputés[2] aux « ennemis de notre modèle économique et social », tous les lieux publics de Felicidad – rues, avenues, boulevards, places, magasins, bars, restaurants, couloirs, rames de métro – étaient quadrillés par un réseau serré d'appareils de prise de vues qui filmaient les habitants de la capitale en continu. Faisaient exception certains quartiers défavorisés et les égouts. Les vidéos étaient stockées dans une banque de données à laquelle seuls avaient accès les enquêteurs du ministère de la Sûreté intérieure. On ne pouvait se cacher dans Felicidad. Où que l'on soit, l'œil de l'État vous épiait. *Notre devoir : veiller sur vous !* scandait la propagande officielle. Dekcked traversa l'un des innombrables centres commerciaux disséminés à travers la capitale. Ils appartenaient à la même enseigne, les Grands Magasins Réunis, qui contrôlait les ventes sur l'ensemble de la Grande Europe et entretenait des alliances privilégiées avec les chaînes de l'Australamérique et de la Chinasie. On pouvait tout y acheter, des produits de première nécessité au yacht de luxe. Le flic franchit une arche majestueuse sur laquelle scintillait le slogan des GMR – *Tout, tout de suite !* – et retrouva avec délices l'air froid de l'avenue.

Jean Molla, *Felicidad* (2005), extraits du chapitre 8 et du glossaire placé en fin d'ouvrage © Gallimard Jeunesse

VOCABULAIRE

L'œil de l'État
→ Que signifie cette expression ? Quelle est la figure de style ▶ p. 381 employée ? Justifiez.

Australamérique, Chinasie, Grande Europe
→ Que désignent ces **néologismes** ? Expliquez comment ils sont formés. ▶ p. 268

1. **À l'instar des...** : comme dans les...
2. **imputés** : attribués.

GLOSSAIRE

État-continent : il existe trois États-continents regroupant la plupart des anciennes nations selon leur aire géographique : les États-Unis d'Australamérique, la Chinasie et la Grande Europe.
Grands Magasins Réunis, ou GMR : premier groupe commercial mondial, présent dans les trois États continents.

Lecture d'image
hatier-clic.fr/22luf262b

Photogramme du film *Metropolis* de **Fritz Lang** (1927), la ville du futur

Partageons notre lecture

● Ce passage est une description. Il constitue une pause dans l'action. Est-ce plutôt intéressant ou ennuyeux ?

Photos et vidéos d'expositions de la *Nemesis Machine*
hatier-clic.fr/22luf263

Stanza, *The Nemesis Machine – From Metropolis to Megalopolis to Ecumenopolis* (2015-2021), installation électronique en constante évolution et expansion

Qu'est-ce qu'une dystopie ?

1. Quelle atmosphère se dégage de la description des rues de la ville dans le premier paragraphe ? Justifiez.

2. Par quels moyens les citoyens de Felicidad sont-ils surveillés ? Dans quel but ? Quels liens pouvez-vous faire avec l'œuvre *The Nemesis Machine* ?

3. Recopiez les deux passages écrits en italique dans le texte. Identifiez la forme de phrase ▶ p. 296 utilisée et les figures de style ▶ p. 381 pour montrer que le discours de propagande politique utilise les mêmes armes que les slogans publicitaires.

4. Expliquez l'emploi des guillemets aux lignes 7-8. Qu'indiquent-ils ? Quel est l'effet produit ?

5. ORAL Cherchez la signification du nom *Felicidad*. D'après vos réponses précédentes, peut-on dire que ce nom est ironique ?

Bilan

Recopiez et complétez le bilan à l'aide des mots : ***surveillance, espace urbain, consommation, dystopie, propagande, totalitarisme.***

La **description** de l'.......... est un passage obligé du genre de la .... C'est l'occasion de faire apparaître les indices du .... en montrant une société où la .... frénétique abrutit les êtres, où la .... s'affiche partout et où les progrès techniques rendent possible une .... de tous les instants.

Outils

La description

- Dans un récit, les descriptions servent :
  - à apporter des informations sur le cadre de l'action, l'atmosphère, les personnages... (fonction **narrative**) ;
  - à refléter le caractère ou les états d'âme d'un personnage (fonction **symbolique**) ;
  - à transmettre des connaissances (fonction **informative** ou **explicative**) ;
  - à défendre un point de vue (fonction **argumentative**) ;
  - à exprimer une vision du monde (fonction **poétique** ou **esthétique**).
- Le plus souvent, un passage descriptif combine **plusieurs fonctions**.

Histoire littéraire

Utopie et dystopie

- Contrairement à l'**utopie**, qui présente une société idéale, la **dystopie** présente une société autoritaire, régie par des règles strictes, où les individus sont privés de liberté.

INTERDISCIPLINARITÉ

CRÉER UNE AFFICHE DE PROPAGANDE

- Choisissez l'un des deux slogans du texte et reproduisez-le en gros caractères.
- Agrémentez votre visuel d'éléments graphiques en utilisant la technique de votre choix (dessin, peinture, collage...).
- Exposez votre affiche dans la classe et présentez-la.

Œuvre intégrale par extraits
XXIᵉ SIÈCLE
ROMAN

Objectif
Réfléchir aux enjeux de la dystopie

« Le bonheur est l'idéal des porcs »

Pour les besoins de son enquête, Alexis Dekcked s'interroge sur les parumains. Il fait part de ses questions à une parumaine dont il est proche, son amie Majhina.

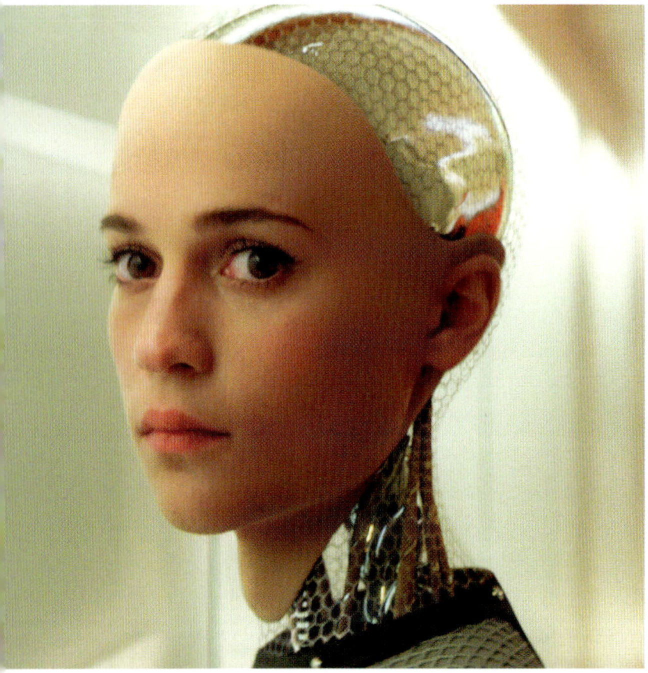

Photogramme du film *Ex_Machina* d'**Alex Garland** (2014)

– Dis-moi, comment se fait-il qu'indépendante d'esprit comme tu l'es, tu acceptes les conditions de vie qui te sont imposées ?

Les pupilles de Majhina se contractèrent. Au centre des grands iris dorés ne subsistait qu'un point noir de la taille d'une tête d'épingle.

– Je n'ai pas le choix, Alexis. Derrière chaque « oui » que je profère, un « non » se dissimule. C'est comme s'il y avait deux personnes en moi. La première, celle qui s'est construite peu à peu – parfaitement libre –, pense, juge et critique. La seconde, celle qui prime, celle qu'on m'a imposée, est soumise. Socialisée, si tu préfères. [...] Vous voulez que les parumains soient des objets et, dans le même temps, vous exigez qu'ils se reconnaissent *eux-mêmes* comme des objets. En d'autres termes, vous voulez que nous désirions ce que vous, humains, vous désirez : notre esclavage. La seule position tenable est la révolte – ou la folie. Et puisque nous n'avons pas le droit à la révolte, que nous reste-t-il, selon toi ?

Dekcked n'osait plus prononcer un mot, surpris par tant de véhémence, par l'acuité de ces propos. [...]

– Bien des nôtres basculent dans la démence, écartelés entre ces deux personnalités que nous sommes contraints de faire coexister. N'as-tu pas remarqué le taux de remplacement du personnel parumain dans tous les organismes qui les emploient ?

– Si, bien sûr. Ils sont recyclés afin de travailler dans les usines et...

– Ils ne sont pas recyclés, comme tu dis si bien, ils sont systématiquement réformés ! Bel euphémisme pour taire la réalité : on les abat comme des chiens puis on les incinère !

Alexis blêmit. [...]

– Il t'arrive d'espérer que tout ça va changer un jour ?

Elle secoua la tête.

– L'espoir est une forme de tromperie ! Il conduit à l'attente, à la résignation. Les choses changeront, que je l'espère ou non ! Sais-tu ce qu'un de vos plus brillants esprits, un physicien qui vivait au siècle dernier, a dit du bonheur, ce bonheur qui vous obsède tant et auquel vous ne comprenez plus rien ?

– Non.

– « *Le bonheur est l'idéal des porcs.* » Conclus toi-même sur ce que vous êtes devenus.

■ **Jean Molla**, *Felicidad* (2005), extraits du chapitre 15

▶ Méthode Brevet p. 284 à 293

COMPRÉHENSION ET COMPÉTENCES D'INTERPRÉTATION

30 POINTS

1 Quel est le sujet central de la conversation entre Alexis et Majhina ? **(2 points)**

2 Comparez le volume de paroles des deux personnages. Qui parle le plus ? Pourquoi ? **(4 points)**

3 **a.** Que pense Majhina des conditions de vie des parumains ? **(2 points)**
b. Observez la ponctuation dans les lignes 27 à 29. Quelle est la forme de phrase employée ? Qu'est-ce que cela indique sur l'attitude du personnage ? **(4 points)**

4 **a.** Quel aspect de la vie des parumains, tenu secret, cause particulièrement l'indignation de Majhina ? **(2 points)**
b. Dans les lignes 18-19, quelle figure de style utilise-t-elle pour convaincre Alexis de cette réalité ? **(2 points)**

5 Quelles sont les réactions successives d'Alexis aux propos de son amie ? Montrez l'évolution de son état d'esprit et justifiez grâce à deux citations. **(4 points)**

6 Que pensez-vous du traitement réservé aux parumains dans cette société fictive ? Développez votre réponse de manière argumentée. **(4 points)**

7 **a.** Observez l'image. Expliquez en quoi l'apparence du personnage peut laisser penser qu'il s'agit à la fois d'un robot et d'un être humain. **(2 points)**
b. Quels liens pouvez-vous faire entre ce personnage et celui de Majhina dans le texte ? **(4 points)**

COUP DE POUCE
Le jour du Brevet, utilisez des surligneurs de couleurs différentes sur le texte pour distinguer les paroles des locuteurs.

COUP DE POUCE
▶ Les formes de phrase p. 296

COUP DE POUCE
La dernière phrase est interrogative : essayez d'y répondre. Combien de réponses sont possibles ?

GRAMMAIRE ET COMPÉTENCES LINGUISTIQUES

20 POINTS

8 Observez les terminaisons : « imposées » (l. 3), « imposée » (l. 12). Justifiez l'accord des deux participes passés, en expliquant pour chacun la règle qui s'applique. **(4 points)**

9 « parumain » (l. 24)
a. Comment ce mot est-il formé ? **(4 points)**
b. Comment appelle-t-on un mot nouveau ? **(2 points)**

10 Réécrivez le passage surligné (l. 33 à 36) en commençant par : « Majhina explique à Alexis que... ». **(10 points)**

COUP DE POUCE
Le participe passé est-il employé seul ou avec un auxiliaire ? S'il y a un auxiliaire, lequel est-ce ?
▶ p. 358

COUP DE POUCE
▶ p. 268

COUP DE POUCE
▶ Le discours indirect p. 343

DICTÉE

10 POINTS

Votre professeur vous dictera le texte.

+PROF
Dictée (Jean Molla)

COUP DE POUCE
Pour vous préparer à la dictée, révisez l'accord du participe passé.

RÉDACTION

40 POINTS

Vous traiterez au choix l'un des sujets suivants.

Sujet d'imagination

Alexis est convaincu par les propos de Majhina. Quelques jours plus tard, il lui adresse une lettre pour lui expliquer qu'il a décidé de s'engager à ses côtés dans la révolte pour obtenir l'égalité entre humains et parumains. Écrivez sa lettre.

Sujet de réflexion

D'après vous, les innovations technologiques sont-elles souhaitables ou dangereuses ?
Vous développerez votre point de vue en prenant appui sur des exemples variés issus de votre expérience personnelle, de votre culture et des œuvres que vous avez étudiées.

COUP DE POUCE
- **Inspirez-vous du texte** pour trouver les arguments qui ont convaincu Alexis.
- **Respectez** la présentation et le contenu d'une lettre.

« Humain, parumain »

Écoutez le texte lu.
hatier-clic.fr/22luf266

Au cours de son enquête, Alexis Dekcked fait la connaissance d'un généticien nommé Julien Chœlcher, qui milite pour l'égalité entre humains et parumains. Ce scientifique lui fait une révélation bouleversante.

– … Aussi, veuillez recevoir, chers Citoyens de Grande Europe, tous mes vœux pour cette année, qui s'annonce sous les meilleurs auspices[1].

Le Président à vie conclut son allocution par un sourire chaleureux tandis que s'élevait le jingle annonçant le début d'un tunnel publicitaire. Dekcked commanda la fermeture de l'écran et retourna s'asseoir dans son fauteuil, face aux baies vitrées qui s'ouvraient sur la ville. Autour de lui, tout était calme, silence. Il se sentait l'envie de veiller, jusqu'au bout de la nuit, dans l'espoir d'une neige improbable.

Dans sa chambre, au bout du couloir, Majhina dormait. Son état ne nécessitant pas une hospitalisation, Dekcked avait jugé plus simple de l'accueillir chez lui en attendant qu'elle ait recouvré ses forces. Aucun de ses voisins ne les avait remarqués quand, assisté de deux parumains, il l'avait transportée, inconsciente, jusqu'à son appartement.

Alexis sourit. Il ne parvenait pas à ôter de sa tête ces catégories qui y étaient inscrites depuis sa plus tendre enfance : humain, parumain. Une part de lui n'avait pas encore tout à fait admis qu'il était un parumain lui-même. Non que cette idée lui fût insupportable. Simplement, elle ne s'était pas encore frayé un chemin assuré jusqu'à sa claire conscience, ne s'était pas imposée comme une évidence.

Quand Chœlcher avait mis sous ses yeux les dossiers **piratés** dans les archives de **Génégène**, il avait commencé par croire à un stratagème, une grossière tentative de le retourner contre les siens. Le généticien lui avait dit :

– Si vous le souhaitez, je peux procéder à un test afin d'établir ou non la filiation avec vos parents. S'ils ne le sont pas, ce sera la preuve définitive que je ne mens pas.

Chœlcher paraissait si assuré que Dekcked avait senti ses dernières réticences s'évanouir. Pourquoi continuer à douter ? Il était un parumain qu'on avait élevé comme un humain. Mais quoi que prétendent les Citoyens, la frontière qui les séparait des parumains était floue. Peut-être n'était-elle même qu'un état d'esprit. Une convention de plus pour décider qui était dans l'humanité ou hors d'elle, un argument fallacieux[2] pour justifier l'exploitation indigne d'êtres doués de raison et de sentiments.

Pourquoi ne s'était-il jamais révolté ? Pourquoi s'était-il contenté du destin qu'on lui avait assigné ? Sans doute par esprit grégaire[3], par paresse intellectuelle ou ignorance satisfaite. Toute sa vie, il avait été du bon côté, c'était tellement simple, tellement rassurant d'y demeurer. On acceptait tout quand on était Citoyen, on supportait tout, et l'indifférence était la règle. Sa jeunesse, une partie de sa vie d'adulte n'avaient été qu'un tissu d'acquiescements et de certitudes, un frileux consentement à l'ordre des choses.

Jean Molla, *Felicidad* (2005), extraits de l'épilogue et du glossaire placé en fin d'ouvrage © Gallimard Jeunesse

VOCABULAIRE

Piratés
→ Que signifie ce mot ? Comment est-il formé ?
→ Expliquez ce qui, dans sa signification, permet de le rattacher à la fois à des réalités historiques du passé et à des progrès techniques tournés vers l'avenir.

Génégène
→ Que désigne ce **néologisme** ? Expliquez comment il est formé.
▶ p. 268

GLOSSAIRE

Génégène : premier groupe mondial de production et de commercialisation d'organismes génétiquement modifiés et de parumains.

1. **sous les meilleurs auspices** : favorablement.
2. **fallacieux** : mensonger.
3. **esprit grégaire** : imitation des autres membres du groupe.

Mathieu Bablet, *Carbone & Silicium* (2020), « An 247 » © Ankama Editions

VERS LE BREVET

Que pensez-vous des robots de cette bande dessinée ? Observez leur apparence, leur attitude, leurs propos. Quels liens pouvez-vous faire avec les parumains du roman, et en particulier avec le personnage de Dekcked ?

Partageons notre lecture

● Mettez-vous à la place du personnage : si vous appreniez que vous étiez des créatures artificielles, et non des êtres humains, quelles pourraient être vos réactions ?

Comment s'impose le thème de la quête d'identité ?

1. ORAL Où se déroule la scène ? Qui sont les personnages présents ? Que font-ils ?

2. Dans les lignes 19 à 21, relevez les verbes conjugués. Quel est le temps employé ? Quelle est sa valeur ? Justifiez son emploi dans ce passage en vous référant à l'ordre du récit. Les temps composés de l'indicatif ▸ p. 384

3. Qu'a appris Alexis Dekcked sur lui-même ? Quel effet cette découverte a-t-elle sur l'attitude du personnage ? Appuyez-vous sur l'utilisation du discours indirect libre ▸ p. 344 et les formes de phrase ▸ p. 296.

4. Observez les lettres du nom de famille du personnage. Que remarquez-vous ? Cette figure de style s'appelle un palindrome. Quel sens lui donnez-vous dans ce texte, en tenant compte de votre lecture ?

Outils

L'ordre du récit

● Dans un récit, la narration ne suit pas toujours l'**ordre chronologique** des événements. Il peut y avoir un **retour en arrière**, ou une **anticipation**.

Bilan

Complétez chaque phrase pour faire le bilan de votre lecture de l'ensemble des textes du chapitre.

- Alexis Dekcked est convoqué pour .... (p. 260)
- Il mène son enquête dans une société .... (p. 262)
- Il découvre .... (p. 266)
- Les parumains .... (p. 258 et 264)

ACTIVITÉ

Imaginez le début du discours du Président à vie : il annonce l'égalité entre humains et parumains.

Atelier
LEXIQUE Le vocabulaire de la dystopie

Comprendre et imaginer des néologismes

Outils

Les procédés de création des néologismes

- Les néologismes sont :

- des **emprunts** à une autre langue (*replay*) ;
- formés par **dérivation** (ajout d'un préfixe ou d'un suffixe : *invisible* → *invisibiliser*) ou encore par **composition** (réunion de deux mots, soudés ou reliés par un trait d'union ou une préposition : *pollueur-payeur*) ;
- des **troncations** (*ciné*), des **mots-valises** (*flexitarien*), des **acronymes** (*radar*), des **sigles** (*PDG*), du **verlan** (*chelou*)...

1 * **Associez chaque néologisme (inventé) en gras à une définition. Dites comment il est formé.**

Sofia soupira en consultant son **téléimplant** : un message la conviait à une **holo** dans quinze minutes. Elle allait devoir programmer à distance le **cookbot** pour le dîner.

Définitions :

a. Robot cuisinier.

b. Réunion virtuelle où chaque participant est représenté par un hologramme.

c. Objet greffé au corps humain et muni d'un écran, utilisé pour communiquer à distance.

2 ** **Pour chaque néologisme en gras, inventez une définition sur le modèle de l'exercice 1.**

Sofia éteignit son **arvuti** et se dirigea vers le **planobile** pour rejoindre le **bioterminal** le plus proche, situé de l'autre côté de la rue.

3 ** **Remplacez les groupes de mots en gras par des néologismes de votre invention.**

Avant le début de la réunion, Sofia ajusta son **dispositif permettant de capter l'image et le son pour le retransmettre sous la forme d'un hologramme**. Elle était rassurée : elle avait eu le temps de commander à son robot une **préparation culinaire à base de légumes enrichie en vitamines**, et d'envoyer un **message vocal, visuel et sensoriel** à ses enfants pour les prévenir de son retard.

CARNET DE VOCABULAIRE

Complétez votre carnet avec les mots des exercices 5 et 7.

4 ** ORAL **Relevez les néologismes présents dans ce texte. D'après vous, que signifie chacun d'entre eux ?**

Presque invariablement, ces mots – bienpensant, minipax, prolealim, crimesex, joiecamp, Angsoc, ventresent, penséepol... – étaient des mots de deux ou trois syllabes dont l'accentuation était également répartie de la première à la dernière syllabe.

■ George Orwell, *1984* (1949), « Les principes du novlangue », traduit de l'anglais par A. Audiberti

Connaître le lexique de la dystopie

5 * **Dans cette grille, retrouvez dix mots du champ lexical de la dystopie.**

dystopie	totalitaire	pouvoir	surveillance
avenir	autoritaire	cauchemar	
futur	société	oppression	

A	E	T	O	T	A	L	I	T	A	I	R	E
I	A	A	C	A	U	C	H	E	M	A	R	R
S	O	C	I	E	T	E	P	P	E	V	E	O
P	D	Y	S	T	O	P	I	E	R	E	R	E
O	F	U	T	U	R	E	O	A	T	N	A	P
U	E	R	O	E	I	A	P	E	A	I	E	E
V	O	E	A	P	T	E	O	T	R	R	O	A
O	E	R	P	O	A	T	A	E	T	L	E	T
I	R	A	P	E	I	R	T	R	L	T	A	O
R	E	O	P	P	R	E	S	S	I	O	N	E
E	S	U	R	V	E	I	L	L	A	N	C	E

6 ** **Lisez le texte et relevez les mots du champ lexical de la surveillance. Lequel est un néologisme ?**

Le télécran recevait et transmettait simultanément. Il captait tous les sons émis par Winston au-dessus d'un chuchotement très bas. De plus, tant que Winston demeurait dans le champ de vision de la plaque de métal, il pouvait être vu aussi bien qu'entendu. Naturellement, il n'y avait pas moyen de savoir si, à un moment donné, on était surveillé. Combien de fois, et suivant quel plan, la Police de la Pensée se branchait-elle sur une ligne individuelle quelconque, personne ne pouvait le savoir. On pouvait même imaginer qu'elle surveillait tout le monde, constamment.

■ George Orwell, *1984* (1949), traduit de l'anglais par A. Audiberti

7 a. ** **Triez ces mots, selon qu'ils appartiennent au champ lexical de la répression ou à celui de la révolte.**

répression CENSURER réprimer surveillance tyrannie révolte rébellion INSOUMISSION s'indigner protester

b. ** **Écrivez des phrases pour employer ces mots.**

Grammaire pour écrire une dystopie

L'ordre du récit

▶ p. 267

1 * ORAL **Dans ces paragraphes, pouvez-vous identifier un retour en arrière ou au contraire une anticipation ? Justifiez.**

1. Assis dans sa voiture de fonction, le ministre Buisson s'interrogeait sur les raisons de cette convocation. Il se remémorait les événements. La fête battait son plein lorsqu'on lui avait apporté la convocation. Il l'avait lue sous le regard de ses invités. Une secousse du véhicule le ramena au moment présent.

2. Buisson éprouvait toujours un grand plaisir à se rendre au palais présidentiel. Il ignorait que cette fois-ci serait la dernière, et que, bientôt, on retrouverait son corps inerte, abandonné dans une voiture.

2 ** **Reproduisez cette frise temporelle. Placez-y les verbes en gras pour retrouver l'ordre chronologique des événements.**

PASSÉ → PRÉSENT → FUTUR

1. Dekcked **éteignit** le cube-mémoire après **avoir visionné** tout son contenu.

2. Il **pensa** que Majhina **serait arrêtée** bientôt car elle **s'était révoltée** publiquement la veille.

3. Le policier **se leva**, **prit** son arme, et **partit** à la recherche des suspects qu'il **avait identifiés**.

4. Quand il les **aurait interpelés**, il **pourrait** innocenter son amie.

Les temps du récit

Outils

La concordance des temps

- Dans le **système du passé**, les verbes sont conjugués au passé simple, à l'imparfait, au plus-que-parfait, au passé antérieur et au conditionnel.
  Ex : *Il pensa qu'il avait déjà vu ce parumain, et qu'il le reverrait.*
- Dans le **système du présent**, les verbes sont conjugués au présent, au passé composé, au futur et au futur antérieur. On peut aussi trouver des verbes à l'imparfait.
  Ex : *Il pense qu'il a déjà vu ce parumain, et qu'il le reverra.*

3 ** ORAL **Indiquez le temps utilisé pour chaque verbe en gras de l'exercice 2. Quel est le système des temps utilisé ?**

4 ** **Conjuguez les verbes aux temps indiqués. Quel est le système des temps utilisé ?**

1. Le ministre Buisson (**être**, *présent*) .... en train de dîner lorsqu'il (**recevoir**, *présent*) .... la convocation que le Président lui (**envoyer**, *passé composé*) ....

2. La porte (**se refermer**, *présent*) .... dès qu'ils (**franchir**, *passé composé*) .... le porche.

3. Il (**penser**, *présent*) .... que la réunion ne (**être**, *futur*) .... pas longue et qu'il (**rejoindre**, *futur*) .... sa famille dès qu'il (**terminer**, *futur antérieur*) ....

5 ** **a. Réécrivez les phrases de l'exercice 2 en utilisant les temps du système du présent.**

b. Réécrivez les phrases de l'exercice 4 en utilisant les temps du système du passé.

Les paroles et les pensées rapportées

▶ p. 342-344

6 * **Dans ces phrases, les paroles et les pensées sont rapportées au discours direct. Réécrivez-les au discours indirect. Attention, le système des temps utilisé est celui du passé. Faites toutes les modifications nécessaires.**

1. Un coursier vient de déposer ce message à votre intention, indiqua le maître d'hôtel.

2. Mes chers amis, avait annoncé Buisson à ses invités, me voilà contraint de vous abandonner.

3. Qu'y a-t-il de si urgent ? se demandait le ministre.

7 ** ORAL **a. Dans ce texte, quel point de vue adopte la narration ?**

b. Insérez les pensées du personnage à la fin de chaque paragraphe. Utilisez le discours indirect libre.

Buisson sursaute quand le faisceau laser fuse et traverse de part en part... l'équipier qui se trouve sur sa trajectoire car l'adolescent s'est jeté sur le côté à une vitesse phénoménale, largement supérieure à celle dont un Section Spéciale pourrait faire preuve.

Le ministre ne peut en croire ses yeux quand le gamin attrape les pieds d'un des commandos, l'arrache du sol et s'en sert comme d'un fléau[1], fauchant deux de ses adversaires comme des fétus de paille.

■ Jean Molla, *Felicidad* (2005), chapitre 2

1. **fléau** : voir note 2 p. 258.

Atelier EXPRESSION

Donner son avis sur la société du futur

S'exprimer au sujet du progrès

1 * ORAL Choisissez une innovation technologique, réelle ou imaginaire, d'hier ou d'aujourd'hui.

Ex : Pour ou contre l'escalier mécanique ? le robot qui prédit l'avenir ?

a. Notez la liste des arguments favorables et défavorables à son invention. Vous devez être capable de défendre les deux partis, pour et contre, de manière équilibrée, même si certains arguments peuvent être fantaisistes.

b. Durant un oral de deux à trois minutes, présentez votre argumentation à la classe, sans laisser paraître votre opinion. Développez d'abord un aspect, puis le suivant, dans l'ordre de votre choix.

2 * Décrivez la ville du futur.

COUP DE POUCE
- Faites des hypothèses sur les **éléments d'aujourd'hui** voués à **disparaître**, puis sur les **nouveautés à venir**.
- Envisagez plusieurs options, plus ou moins **optimistes** ou **pessimistes**.

3 * Le film *I'm more than a machine* (2015), de Johanna Vaude explore l'expérience existentielle du robot au cinéma.

Vidéo
I'm more than a machine
hatier-clic.fr/22luf270h

a. Quels aspects de l'existence d'un robot vous semblent enviables ?

b Lesquels, au contraire, vous paraissent effrayants ?

c. Rédigez un court paragraphe pour expliquer les aspects positifs et négatifs de l'existence d'un robot.

Photogramme du film d'animation *WALL·E* d'**Andrew Stanton** (2008)

Partager ses impressions sur une œuvre de science-fiction

Vous pouvez donner votre avis sur *Felicidad* (▶ p. 258) ou sur une autre œuvre de science-fiction de votre choix (▶ p. 273).

4 ** Rédigez une critique, c'est-à-dire un texte qui présentera votre opinion personnelle, positive ou négative, de manière développée (au moins dix lignes).

COUP DE POUCE
- Choisissez un **titre** : résumez votre avis par un groupe de mots qui annonce d'emblée votre parti pris positif ou négatif. Essayez de trouver une formule percutante, un trait d'esprit ou un jeu de mots pour attirer l'attention. (1 ou 2 lignes)
- Informez vos lecteurs sur l'**œuvre choisie** : titre, auteur (et éventuellement une courte biographie), date de publication, éditeur. (3 à 5 lignes)
- Présentez le sujet et résumez l'**histoire**, sans en dire trop. Ne divulguez pas la fin ! (3 à 5 lignes)
- Exprimez **votre jugement** personnel en le justifiant par des références précises à l'œuvre. Utilisez des termes appréciatifs ou dépréciatifs. (3 à 5 lignes)
- Terminez par une phrase de **conclusion** pour inviter, ou non, à découvrir cette œuvre. (1 ou 2 lignes)

PUBLIER UN BOOKTUBE — ORAL

5 ** Avant de vous lancer, regardez quelques exemples pour vous familiariser avec ce format.

Exemples de booktubes
hatier-clic.fr/22luf270b

COUP DE POUCE
- Préparez sur une **fiche** les éléments de **contenu** de votre booktube : nom des personnages, un court résumé de l'histoire, et surtout votre avis personnel. Inutile de rédiger, prenez des notes, écrivez gros et gardez la fiche en vue pour vous guider.
- Mettez en place votre **décor** et votre **matériel de captation vidéo**. Le plus souvent, les booktubes sont tournés devant une bibliothèque, pour rappeler le thème de la lecture, mais vous pouvez faire preuve d'imagination et décorer l'arrière-plan à votre goût. Vérifiez que votre **visage** figure entièrement dans le cadre, ainsi que le **livre** dont vous parlez : vous devez montrer sa couverture pendant votre enregistrement.
- **Enregistrez** votre booktube. Soyez souriant, dynamique et enthousiaste. Vérifiez qu'on vous entend bien avant de partager votre vidéo avec votre professeur grâce à l'ENT de votre établissement.

JE FAIS LA SYNTHÈSE DES TEXTES LUS

1 ORAL **Expliquez en quelques phrases pourquoi *Felicidad* appartient à chacun des genres suivants.**

science-fiction dystopie **récit initiatique** roman policier

2 **Recopiez et complétez ce schéma pour synthétiser ce que vous avez appris sur la dystopie. Vos réponses ne se limiteront pas au roman *Felicidad* mais évoqueront la dystopie en général.**

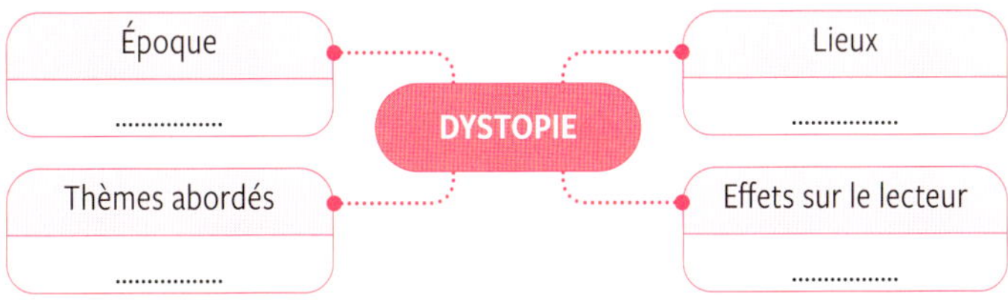

3 INTERDISCIPLINARITÉ ARTS PLASTIQUES **Imaginez la première et la quatrième de couverture du roman *Felicidad*.**

Partagez-vous les rôles :

- pour la **première de couverture** : réalisation (ou choix) de l'illustration, sélection des informations à insérer, choix de la typographie et mise en page ;
- pour la **quatrième de couverture** : rédaction de la présentation de l'auteur, rédaction d'un très court résumé pour donner envie de lire, choix d'une citation.

JE PROLONGE LA RÉFLEXION

4 Pour la classe **Réalisez un mur collaboratif ou un diaporama sur les avancées technologiques.**

- Par groupes, choisissez un des **thèmes** proposés et effectuez une recherche sur les innovations imaginées pour le futur dans ce domaine.

Thème 1 : **la médecine** Thème 2 : **les transports** Thème 3 : **l'alimentation**
Thème 4 : **le logement** Thème 5 : **l'éducation** Thème 6 : **les objets du quotidien**

- Rassemblez les **références** de trois documents au minimum, en variant leurs types (article, émission de radio, livre, bande dessinée, film...). Notez rigoureusement les sources. Si besoin, demandez de l'aide au professeur(e) documentaliste.
- Créez collectivement un mur collaboratif ou un diaporama pour réunir le **résultat de vos recherches**. Vous pouvez utiliser les outils de votre ENT si votre établissement en dispose.

5 **Qu'ai-je appris dans ce chapitre ?**

Quels enjeux du récit d'anticipation savez-vous analyser ? Lesquels vous semblent moins évidents ? Appuyez-vous sur le tableau pour évaluer votre niveau et les aspects à améliorer.

J'indique mon niveau de compétence		*	**	***	****
La dystopie	Je sais identifier les caractéristiques d'une société imaginaire autoritaire.				
L'enquête	Je sais reconnaître les codes du genre policier.				
La narration	Je sais analyser différents aspects d'un texte narratif (chronologie, point de vue, discours rapportés...).				
La description	Je suis capable d'expliquer les fonctions d'un passage descriptif.				

Écoutez le bilan en version audio.
hatier-clic.fr/22luf272a

FELICIDAD, ENTRE ROMAN POLICIER ET DYSTOPIE

Un roman policier

- Le plaisir de lecture de ce roman tient d'abord à la **résolution de l'énigme** initiale : qui sont les parumains révoltés ? Que veulent-ils ? ▶ p. 258
- Le lecteur suit les avancées de Dekcked et a l'illusion de procéder lui-même à une partie de la réflexion, au gré des **indices** disséminés dans le texte au cours de l'**enquête**. ▶ p. 260
- La surprise finale de l'**identité** du détective vient remettre en question la lecture entière du roman en lui donnant un **sens nouveau**. ▶ p. 266

Un récit d'anticipation

- La **science-fiction** naît au XIXe siècle, puis connaît son âge d'or au XXe siècle. C'est un genre dans lequel s'inscrivent de nombreuses œuvres artistiques, qui peuvent même inspirer la science à leur tour. ▶ p. 256
- Le lecteur curieux apprécie de se projeter dans le **futur**, ce monde à la fois proche et lointain, dont l'attrait est attisé par l'aspect inaccessible. ▶ p. 258
- L'adhésion à la vision proposée par le roman est d'autant plus grande que l'avenir y apparaît pensé de manière **rationnelle**. ▶ p. 264

Une dystopie sociale

- Sous le masque de la société parfaite, où le bonheur est le maître mot, se cache une **réalité cauchemardesque**. La vie des individus est soumise à une **surveillance** constante. ▶ p. 262
- Poussés à une consommation effrénée, les citoyens se laissent manipuler par un régime **autoritaire**. La société imaginée se révèle profondément **inégalitaire** et **violente**. ▶ p. 264

Une réflexion sur notre identité et notre rapport au monde

Cette lecture conduit à se poser des questions d'ordre **éthique** :

- Qui sommes-nous ? ▶ p. 266
- Que souhaitons-nous, pour le **présent** et pour l'**avenir** ?
- Quelles sont nos **capacités** et nos **limites** ?
- Les **progrès de la science** nous donnent-ils le droit de faire tout ce qui est technologiquement possible, notamment dans le domaine de la génétique ? ▶ p. 264 Quelles en seraient les conséquences ?

Pour vous aider

Les mots du chapitre

Retrouvez les mots essentiels à retenir avec une partie à compléter.

Fiche vocabulaire
hatier-clic.fr/22luf272b

Carte mentale MÉMORISATION

Complétez la carte mentale pour vous aider à mémoriser le bilan.

Carte mentale
hatier-clic.fr/22luf272c

Vers le Brevet

Évaluation DIFFÉRENCIATION

Un sujet type Brevet pour vous évaluer.

+PROF
Évaluation BREVET (Jean Molla)

Lecture
CURSIVE

René Barjavel
« Béni soit l'atome » et autres nouvelles du futur

TESTEZ-VOUS !

Quiz sur votre lecture (René Barjavel)
hatier-clic.fr/22luf273h

Une anthologie de quatre nouvelles de science-fiction qui nous interrogent sur le monde contemporain et ses excès.

L'éclair de lumière avait été si intense que lorsque le pilote et les voyageurs, après avoir fermé les yeux par réflexe de défense, les rouvrirent, ils ne virent plus qu'un essaim de papillons noirs voletant devant leurs rétines violentées.

Tous avaient compris, tous. C'était une explosion atomique.

■ René Barjavel, « Béni soit l'atome », *Le Prince blessé* (1974)

CARNET DE LECTURE

→ Qui sont les personnages principaux dans ces nouvelles ? Dressez leur portrait.

→ Pour chaque nouvelle de l'anthologie, quelle vision est donnée de l'humanité : une vision optimiste ou pessimiste ? Justifiez en résumant les éléments principaux du récit.

À lire et à voir

Blade Runner
de **Ridley Scott** (1982)

• Dans un univers sombre et futuriste, à Los Angeles, le policier Rick Deckard est chargé de la traque de six *réplicants*, des androïdes fabriqués par manipulations génétiques qui sont révoltés contre leur sort.

Vidéo
Bande-annonce du film *Blade Runner*
hatier-clic.fr/22luf273b

1984
de **George Orwell** (1949) / **Fido Nesti** (2020)

• Une adaptation en bande dessinée de la référence incontournable du roman d'anticipation : une tentative de rébellion liée à une histoire d'amour tragique, dans un régime policier et totalitaire dominé par la surveillance où toute liberté d'expression a disparu.

ACTIVITÉ

- Avez-vous aimé ce film ? Exprimez ce que vous avez ressenti et justifiez.
- Situez et racontez un moment du film qui vous semble faire écho à l'un des textes étudiés dans le chapitre. Dressez une liste de similitudes et de divergences entre les deux œuvres.
- Faites une recherche sur la bande originale du film : qui a composé la musique ? Pourquoi le son est-il important dans un film ? En général, y êtes-vous sensible ?

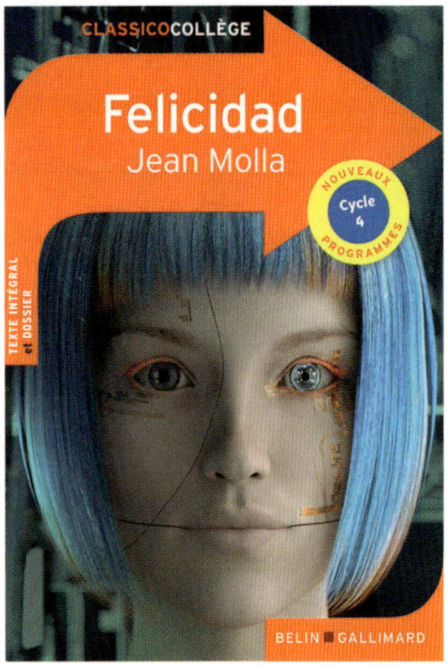

Organiser un défi lecture numérique sur *Felicidad*

Par équipes, vous allez créer un exercice en ligne sur Felicidad *à partir du site Learning Apps. Ces exercices permettront de défier vos camarades et d'approfondir votre connaissance du roman.*

Tutoriel LeaningApps
hatier-clic.fr/22luf274

Étape 1 Choisir l'exercice et comprendre son fonctionnement

- Rendez-vous sur le **site** learningapps.org et choisissez la langue française en haut à droite.
- Allez dans l'onglet « Créer une appli » : tous les **modèles à créer** s'affichent. Choisissez celui qui vous convient : quiz, mots croisés, jeu du millionnaire... L'exercice doit être adapté à l'objectif : défier vos camarades sur leur connaissance du roman.

- Un exemple-modèle s'affiche. Consultez-le attentivement pour bien comprendre le **fonctionnement du jeu**. Si vous le souhaitez, vous pouvez consulter d'autres modèles grâce aux onglets en haut de la page.

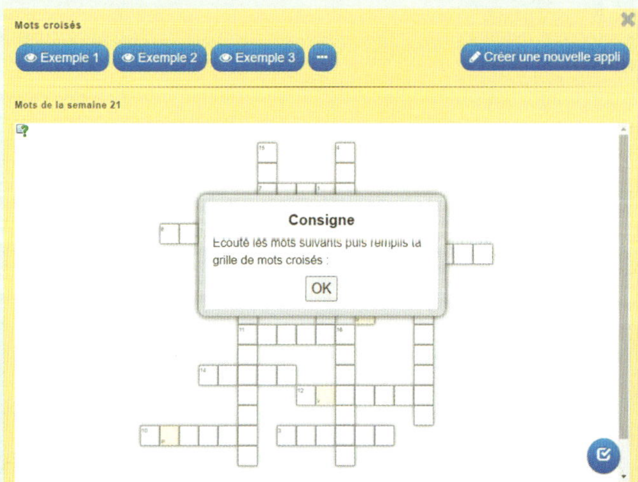

Étape 2 Créer votre exercice

- Cliquez maintenant sur « Créer une nouvelle appli ». La page qui s'ouvre maintenant permet de **créer votre propre exercice**. Suivez bien les consignes affichées à l'écran et demandez de l'aide si besoin.

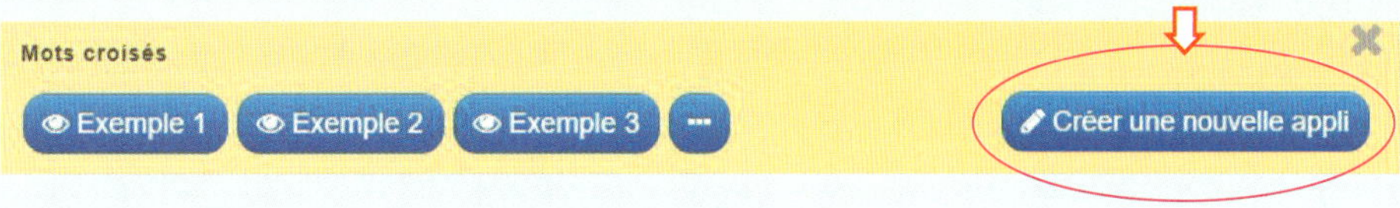

- Défiez vos camarades sur différents **thèmes** :
– la connaissance des **personnages** ;
– la connaissance du **monde dystopique** de *Felicidad* : son langage, ses institutions, sa géographie ;
– la connaissance de l'**intrigue**.

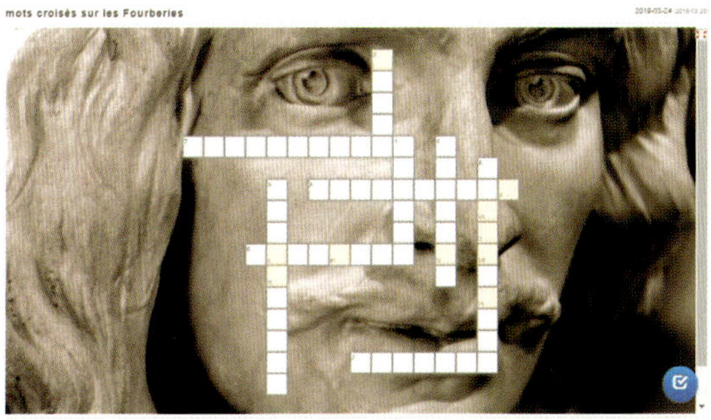

Exemples d'applis : mots croisés sur une pièce de Molière, texte à trous sur le récit policier

- L'onglet « Afficher un aperçu » vous permet de voir le **résultat** tel qu'il apparaîtra à l'écran.

Étape 3 Partager votre jeu

- Quand vous aurez terminé votre jeu, votre professeur l'inclura dans une « collection » qui regroupera toutes les applications créées dans la classe pour le défi lecture.
- Vous pourrez alors **défier une équipe de la classe** : ils feront votre exercice tandis que vous ferez le leur.
- Recopiez le tableau ci-dessous et servez-vous de la « grille des défis » proposée.

TOURNOI DE LECTURE

Six équipes de cinq lecteurs

Equipe	Noms	Classement
A		
B		
C		
D		
E		
F		

GRILLE DES DÉFIS

Cette grille vous permet d'organiser les défis entre les équipes et de noter leurs scores. Que les meilleurs gagnent !

Grille des défis
hatier-clic.fr/22luf275

Méthode

Étude de la langue

160 exercices pour se tester et s'évaluer

LA PHRASE

LES CLASSES GRAMMATICALES

LES FONCTIONS

Compétences du programme de français (CYCLE 4)	
COMPRENDRE LE FONCTIONNEMENT DE LA LANGUE	
C4.1	Connaître les différences entre l'oral et l'écrit.
C4.2	Analyser le fonctionnement de la phrase simple et de la phrase complexe.
C4.3	Consolider l'orthographe lexicale et grammaticale.
C4.4	Enrichir et structurer le lexique.
C4.5	Construire les notions permettant l'analyse et l'élaboration des textes et des discours.

1 Analyser un texte de théâtre

ÉTAPE 1 Je connais les outils d'analyse du théâtre

Vidéo
Le vocabulaire du théâtre
hatier-clic.fr/22luf278

Les caractéristiques du texte de théâtre	• Un texte théâtral est écrit pour être joué. Il comporte donc le **texte à dire** par les acteurs et des indications scéniques qui donnent des précisions pour la mise en scène : les **didascalies**.
La structure de la pièce	• La pièce débute par l'**exposition**, qui présente personnages, cadre et intrigue. Ensuite l'intrigue se noue puis se dénoue à la fin de la pièce dans le **dénouement**.
L'énonciation et les types de répliques	• Au théâtre, chaque personnage parle à la fois à un autre personnage et au public. C'est la **double énonciation**. • Le **dialogue** théâtral fait alterner les répliques entre plusieurs personnages ; elles peuvent être longues (**tirades**) ou courtes (**stichomythies**). Observer leur répartition permet de savoir quel personnage domine l'échange. • Le **monologue** est un discours qu'un personnage se tient à lui-même pour évoquer des faits passés, exprimer ses sentiments ou sa réflexion. • L'**aparté** est une réplique dite par un personnage au public uniquement.
La tonalité et les enjeux	• Les pièces **comiques** cherchent à faire rire ou sourire en représentant un type de personnage ou les mœurs d'une société. Elles utilisent les **quatre types de comique** (de mots, de geste, de situation, de caractère). • Les pièces **tragiques** cherchent à susciter la terreur ou la pitié. Elles mettent en scène les passions humaines ou les grandes tragédies de l'Histoire.

ÉTAPE 2 J'analyse le texte

TEXTE DE THÉÂTRE

Qui ?
Quel(le) est l'**auteur** ou l'autrice ?

→ **Quand ?**
À quelle **époque** a-t-il été écrit ?

→ **Quoi ?**
• Quelle est la **fonction** de la scène dans la pièce ?
• Quels **types de répliques** y trouve-t-on ?
• Qu'apprend-on sur les **personnages**, leur relation ?

→ **Pour quoi ?**
• Quel est l'**enjeu** de la scène ? (exprimer les sentiments des personnages, nouer l'intrigue, dénoncer la société…)

→ **Comment ?**
• Quelle est la **tonalité** du texte ? (comique ou tragique)
• Quels sont les **procédés** principaux ? (champs lexicaux, niveaux de langue…)
• Que nous apprennent les **didascalies** sur la mise en scène possible du texte ?

2 Analyser un récit

ÉTAPE 1 Je connais les outils d'analyse du récit

Le genre du récit	• Le récit peut appartenir à un **roman**, un **conte**, une **nouvelle**... • Il peut être un récit **policier**, de **science-fiction**, une **autobiographie**, un **journal intime**, un **roman** ou une **nouvelle réaliste**...
Les étapes et le rythme du récit	• Le récit débute par l'**incipit**, puis enchaîne les **actions** ou **péripéties** et se termine par l'**excipit**. • Il peut raconter une **action** (avec ou sans **dialogue**) ou faire une pause pour **décrire** ou **analyser**.
La narration	• Le **narrateur** peut s'exprimer à la **1re personne** ou raconter à la **3e personne**. • Le **point de vue** adopté par le narrateur est **omniscient** (il connaît les pensées des personnages), **interne** (focalisé sur un personnage) ou plus rarement **externe** (simple témoin). • La narration suit généralement l'ordre **chronologique** des actions. Le retour en arrière est appelé **analepse**. • Le narrateur peut citer les paroles des personnages dans des **dialogues** au **discours direct** ou les rapporter au **discours indirect** et **indirect libre**.
La tonalité et les enjeux	• Le récit peut adopter une tonalité **réaliste**, **épique**, **fantastique** ou **merveilleuse**. • Il raconte pour **distraire**, **témoigner**, **analyser**, **rendre hommage**, **dénoncer**...

ÉTAPE 2 J'analyse le texte

RÉCIT

Qui ?
Quel(le) est l'**auteur** ou l'autrice ?

Quand ?
À quelle **époque** a-t-il été écrit ?

Quoi ?
- Quel est le **genre** du récit ?
- Quelles sont sa **fonction** et sa place dans l'œuvre ?
- Quels sont les **thèmes** dominants ?
- Qu'apprend-on sur les **personnages**, l'**action**, le **cadre** ?

Pour quoi ?
- Quel est l'**enjeu** du récit ? (raconter, analyser, témoigner, dénoncer, rendre hommage...)

Comment ?
- Comment la **narration** est-elle menée ?
- Comment les **paroles** des personnages sont-elles transcrites ?
- Quels sont les **procédés** principaux ? (champs lexicaux, niveaux de langue, images, temps des verbes, rythme des phrases...)

3 Analyser un poème

ÉTAPE 1 Je connais les outils d'analyse du poème

La forme poétique	• Le poème peut être **versifié** (avec des vers, des strophes, parfois des rimes) ou en **prose**.
La versification	• La **strophe** → deux vers (distique), trois vers (tercet), quatre vers (quatrain), cinq vers (quintil)… • Le **vers** → douze syllabes (alexandrin), dix syllabes (décasyllabe), huit syllabes (octosyllabe)… • Le schéma des **rimes** → rimes **plates** (AABB…), **croisées** (ABAB) ou **embrassées** (ABBA)
Les figures de style fréquentes en poésie ▶ p. 381	• La poésie joue sur les rythmes et les sons : l'**assonance** est la répétition d'un son correspondant à une voyelle. L'**allitération** est la répétition d'un son correspondant à une consonne. • Les figures de répétition (l'**anaphore**, l'**accumulation**…) et de construction (l'**antithèse**, le **parallélisme**…) créent un rythme particulier. • La poésie a recours aux images : **comparaison**, **métaphore** (filée ou non), **personnification**…
La tonalité et les enjeux	• Le poème peut être **lyrique** (favorise l'expression des sentiments personnels) ou **engagé** (se fait l'écho d'une thèse, d'un message).

COUP DE POUCE

Pour compter les syllabes, pensez que le « e » se prononce seulement quand il est suivi d'une consonne.

Ex : Quand / le / ciel / bas / **et** / **l**ourd / pè/**se** / **c**omm(e) / un / cou/vercl(e).
1 2 3 4 5 6 7 8 9 10 11 12

ÉTAPE 2 J'analyse le poème

POÈME

Qui ?
Quel(le) est l'**auteur** ou l'autrice ?

Quand ?
À quelle **époque** a-t-il été écrit ?

Quoi ?
• Quelle est la **forme** du poème ? sa versification ?
• Quels sont les **thèmes** majeurs ?
• Qu'**évoque**-t-il ? (lieu, être, sentiment, souvenir, objet, événement…)

Pour quoi ?
• Quel est l'**enjeu** du poème ? (dire la beauté du monde, chanter sa peine, rendre hommage, dénoncer…)

Comment ?
• Quelle est la **tonalité** du texte ?
• Quelle est l'**énonciation** ? (qui parle à qui ?)
• Quels sont les **procédés** principaux ? (champs lexicaux, jeux sur les sons, images…)

4 Analyser un texte argumentatif

ÉTAPE 1 Je connais les outils d'analyse du texte argumentatif

Le genre du texte argumentatif	• Le texte argumentatif peut être l'extrait d'un **essai**, un **article** de presse, un **discours**, une **lettre ouverte**, une **fable**…
Thème, thèse, argument et exemple	• Le **thème** est le **sujet** du texte, la thématique abordée. • La **thèse** désigne l'**idée** défendue par l'auteur ou l'autrice à ce sujet. • Pour soutenir sa thèse, l'auteur développe des **arguments** et les illustre par des **exemples**.
Les procédés du texte argumentatif ▶ p. 185	• Pour gagner l'adhésion, l'auteur peut aussi avoir recours à la **rhétorique**. • De nombreux procédés d'écriture peuvent être utilisés pour rendre le texte convaincant : **anaphore**, **connotations** méliorative ou péjorative, **gradation**, **question oratoire**, **forme emphatique**…
La tonalité et les enjeux	• Le texte argumentatif peut adopter une tonalité **polémique**, **didactique**, **ironique**, **satirique**… • Il vise à **convaincre** (par la raison) ou à **persuader** (par les sentiments).

COUP DE POUCE
Les étapes de l'argumentation sont souvent marquées par un **connecteur logique** : *mais, or, cependant, en effet, finalement, pour conclure…*

ÉTAPE 2 J'analyse le texte argumentatif

TEXTE ARGUMENTATIF

Qui ?
Quel(le) est l'**auteur** ou l'autrice ?

→ **Quand ?**
À quelle **époque** a-t-il été écrit ?

→ **Quoi ?**
- Quel est le **genre** du texte ?
- Quel est le **thème** du texte ?
- Quelle **thèse** est défendue par l'auteur ? par quels **arguments** ? Quels **exemples** illustrent ces arguments ?

→ **Pour quoi ?**
- Quel est l'**enjeu** du texte ? (convaincre ou persuader)

→ **Comment ?**
- Quelle est la situation d'**énonciation** ?
- Quelle est la **tonalité** du texte ? (polémique, didactique, ironique, satirique)
- Quels sont les **procédés** principaux ? (champs lexicaux, questions rhétoriques, connotations, modalisation, temps et mode des verbes…)

5 Travailler son brouillon

À SAVOIR

Avoir une **feuille de brouillon** à portée de main est toujours utile. Vous en aurez besoin pendant les **évaluations**, mais aussi **en cours**.

PENDANT LES COURS

→ Utilisez votre brouillon pour **noter la question que vous avez en tête** avant d'obtenir et de prendre la parole, ou pour **tester l'orthographe d'un mot** avant de l'écrire au propre.

PENDANT UNE ÉVALUATION

→ Avant de rédiger au propre, sur la copie, utilisez un brouillon.

- Le brouillon permet de **relever les mots-clés** que vous aurez soulignés dans la consigne ou dans le texte à étudier. C'est l'étape de la **compréhension**.
- Ensuite, le brouillon permet de **formaliser le contenu et l'organisation** de vos réponses sous forme de **notes**, de **liste**, de **tableau**. C'est le moment de la **réflexion**.

> **COUP DE POUCE**
> Vous pouvez utiliser des **abréviations**, des **numéros**, des **flèches**. Le plus souvent, il est inutile de rédiger entièrement au brouillon. L'objectif est d'améliorer votre réponse au maximum avant de la rédiger au propre. Au brouillon, vous avez le droit de raturer !

- Pour mobiliser des **connaissances**, vous pouvez reproduire de mémoire un **schéma** du cours. Cela vous aide pour la **remémoration**.

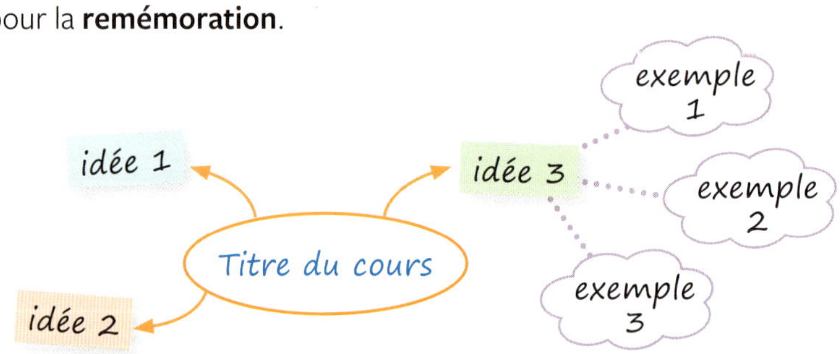

APRÈS L'ÉVALUATION

→ Conservez votre brouillon **jusqu'à la correction** de l'évaluation. Cela vous permet de conserver une **trace** de votre processus de réflexion pour progresser.

Des brouillons d'écrivains parfois surprenants sur le site de la BNF.
hatier-clic.fr/22luf282

6 Rédiger une lettre de motivation pour le stage de 3e

À SAVOIR

- La lettre de motivation est un texte **personnel**. Vous devez en rédiger une pour votre stage puis tout au long de votre vie étudiante et professionnelle. Elle vous **représente** face à ceux qui vont vous choisir.

ÉTAPE 1 Je prépare le brouillon de ma lettre

→ Cherchez les principales **informations sur l'entreprise** que vous sollicitez.

Ex : son nom précis, le nom de son directeur ou de sa directrice, son activité, sa date de création, l'importance de sa place dans son secteur économique…

→ Dressez la liste des **raisons qui vous font demander ce stage** en particulier.

Ex : cette entreprise est innovante, son activité correspond à vos centres d'intérêt…

→ Cherchez les **raisons qui peuvent convaincre l'entreprise** de vous accepter : vos qualités (pas seulement à l'école), vos projets d'avenir.

ÉTAPE 2 Je rédige ma lettre au brouillon

→ Faites une courte **présentation valorisante de l'entreprise**.

→ Présentez-vous en mettant en avant **vos qualités** pour ce stage.

→ Concluez en montrant que ce stage s'inscrit dans un **parcours d'orientation réfléchi**.

ÉTAPE 3 Je mets en forme ma lettre finale

Un exemple de lettre
hatier-clic.fr/22luf283

Mes coordonnées

Coordonnées
de l'entreprise

Lieu et date

Objet : demande de stage

Formule d'ouverture Madame, Monsieur,

Corps de la lettre en plusieurs paragraphes

Formule de fermeture Veuillez agréer Madame / Monsieur ; Cordialement…

Nom et signature

→ Respectez la **mise en page** et les **formulations d'un courrier officiel**.

COUP DE POUCE
Vous trouverez sur Internet de nombreux **modèles** de lettres de motivation.

→ **Recopiez** votre brouillon en vérifiant bien qu'il n'y a aucune faute d'orthographe ou de langue. La lettre peut être écrite à la main ou tapée à l'ordinateur, avec un **traitement de texte**.

7 Répondre à une question de compréhension

À SAVOIR

- Les questions sur le texte du Brevet sont divisées en deux parties : **compréhension** et **grammaire**.
- Vous devez **rédiger des phrases** complètes pour répondre à ces questions.

ÉTAPE 1 Je lis et je comprends la question

→ Repérez les **mots-clés** dans la question et demandez-vous quelle tâche est à effectuer. Il peut s'agir de **trouver une information** dans le texte, de **relever un ensemble de procédés** (champ lexical, figure de style, etc.), de **dégager les idées principales** d'un passage, d'**élaborer des interprétations** à partir du texte, de **décrire la structure** d'un texte...

Je cherche dans le texte des indices de lieu.

Je dois citer un ou plusieurs exemples précis du texte.

Question : Où se déroule la scène ? Justifiez votre réponse. (4 points) [DNB 2018]

COUP DE POUCE
- Repérez le **barème** pour évaluer le temps à consacrer à chaque question : quelques minutes pour une question sur 2 ou 3 points ; une dizaine de minutes pour une question sur 5 points ou plus.
- Cherchez les **mots interrogatifs** et les **verbes à l'impératif** dans la question.
- Attention ! Certaines questions sont composées de **plusieurs consignes** : n'en oubliez pas.

ÉTAPE 2 Je rédige la réponse

→ Rédigez d'abord une phrase avec vos propres mots pour expliquer ce que vous avez compris puis introduisez des **exemples**.

→ Présentez les **citations** du texte **entre guillemets** et en indiquant le numéro de la ligne.

Exemple de réponse :
La scène se déroule dans un café de la ville de Blémont. On le voit dans le vocabulaire utilisé pour décrire l'endroit : « comptoir » (l. 2), « zinc » (l. 4), « une réclame d'apéritif accrochée au mur » (l. 5).

COUP DE POUCE
- Dans un paragraphe argumenté, utilisez des **mots de liaison** et des **connecteurs logiques** pour structurer votre réponse.
- En général, le **barème** prévoit la moitié des points pour vos idées, vos phrases personnelles et la moitié des points pour les exemples.

8 Réussir les questions de réécriture et la dictée

À SAVOIR

La dictée et la réécriture sont des **exercices d'orthographe**.
Il faut faire très attention à toutes les **règles** à appliquer.

La réécriture

ÉTAPE 1 Je lis bien la consigne

→ Définissez ce qui doit être modifié : les **temps verbaux**, les **pronoms** et les **déterminants possessifs**, les **accords**, la **ponctuation**...

Ex : Réécrivez la phrase suivante au singulier. Faites toutes les modifications nécessaires.

→ Il faudra modifier les accords autour du nom, les accords sujet-verbe, les déterminants possessifs.

ÉTAPE 2 Je réécris le passage demandé

→ Écrivez une **première version** de la réécriture **au brouillon** en tenant compte de la consigne.

COUP DE POUCE
Avant de recopier, vérifiez les **accords autour du nom et du verbe** p. 356, la cohérence des **temps verbaux** p. 346-347, les **homophones** grammaticaux p. 368-369, la copie exacte des mots qui ne changent pas.

La dictée

ÉTAPE 1 J'écoute attentivement la première lecture

→ Repérez à l'oral les **principales difficultés** qui se poseront (mots difficiles, temps verbaux, accords...).

ÉTAPE 2 J'écris tous les mots

→ Au moment de la dictée, concentrez-vous pour bien **écrire tous les mots et la ponctuation**, sans perdre le rythme.

COUP DE POUCE
Écoutez très attentivement la dernière lecture pour vérifier que vous n'avez oublié aucun mot ni aucun signe de ponctuation.

ÉTAPE 3 Je me relis très attentivement

→ **Corrigez les éventuelles fautes** en vérifiant : les accords autour du nom et du verbe, les homophones grammaticaux.

COUP DE POUCE
Vérifiez les **références du texte** et si certains mots sont donnés au tableau, recopiez-les précisément. Tout est important, même les soulignements.

9 Lire une image

ÉTAPE 1 Je connais les outils d'analyse de l'image

→ Le type d'image

• Il existe différentes **techniques** : peinture, illustration, bande dessinée, gravure, photographie, collage, image publicitaire, affiche, photogramme de film...

> **COUP DE POUCE**
> Lorsqu'on étudie une image, il faut préciser son **format** (petit ou grand format) et ses **dimensions**.

→ Les éléments représentés

• La nature des éléments représentés peut être très diverse : un **portrait**, un **paysage**, une **nature morte**, une **scène** (historique, mythologique, religieuse ou une scène de genre : un repas, les labours...), un **symbole**...

• Les éléments de l'image sont présentés pour ce qu'ils représentent (la **dénotation**) ou pour leur valeur symbolique (la **connotation**).

→ La construction de l'image

• Le choix du **cadre** est important, en particulier au cinéma.

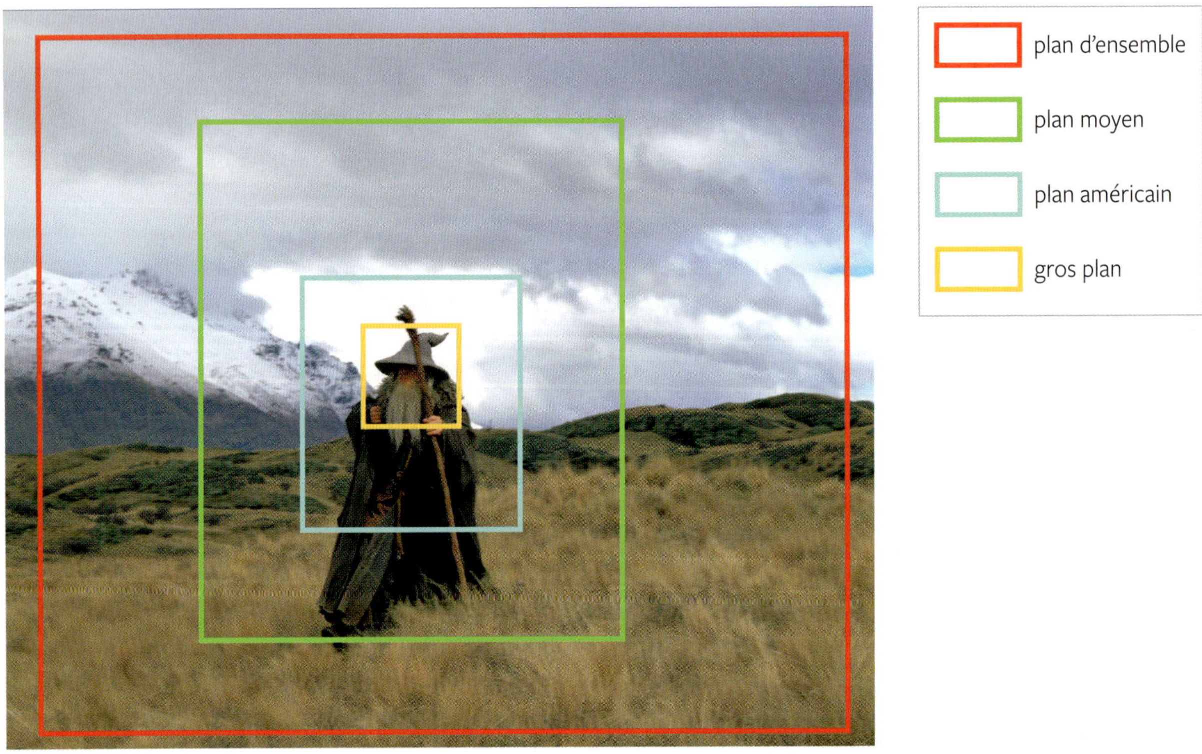

■ Photogramme du film *Le Seigneur des anneaux* de Peter Jackson (2001)

• L'**angle de vue** dépend de l'endroit d'où est vue la scène : en **plongée** (vue de haut) ou en **contre-plongée** (vue d'en dessous).

■ Photographies du pont du Golden Gate (Californie) en plongée (à gauche) et en contre-plongée (à droite)

• Pour étudier la **composition** de l'image, on s'intéresse aux **plans** (premier plan, arrière-plan...), à la place des éléments importants et aux **lignes de force** qui organisent l'image.

• La **profondeur** de champ détermine les zones nettes et les zones floues de l'image. Les effets de **perspective** mettent en valeur la profondeur de l'image.

→ La lumière et les couleurs

• L'artiste peut choisir des couleurs :

froides **chaudes** **ternes** **éclatantes**

• Les jeux d'**ombre** et de **lumière** mettent en valeur des éléments de l'image.

• L'image peut jouer ou non sur les **contrastes** de lumière ou de couleurs.

ÉTAPE 2 J'analyse l'image

IMAGE

Qui ?
Quel est l'**artiste** ?

→ **Quand ?**
À quelle **époque** a-t-elle été réalisée ?

→ **Quoi ?**
• Quelle est la **technique** utilisée ?
• Quelles sont ses **dimensions** ?
• Quels sont les éléments représentés ? avec quelles **connotations** ?

→ **Pour quoi ?**
• Quel est l'**enjeu** de l'image ? (documenter, témoigner, dénoncer, mettre en valeur la beauté, susciter une émotion...)

→ **Comment ?**
• Comment l'image est-elle **cadrée** ? avec quel **angle** ?
• Comment est-elle composée ? Comment les différents **plans** s'étagent-ils ? Quelles sont les **lignes de force** ?
• Quelles sont les couleurs utilisées ? Sont-elles chaudes, froides, ternes, éclatantes ?
• Quels sont les **effets** d'ombre, de lumière, de contraste ?

10 Préparer l'oral du Brevet

À SAVOIR

- Il s'agit de **présenter un projet ou un sujet** sur lequel vous avez travaillé durant l'année.
- L'épreuve orale se déroule en deux temps : un **exposé** d'une durée de 5 minutes et un **entretien** avec le jury de 10 minutes.
- Vous serez évalué(e) dans deux domaines : la **maîtrise de l'expression orale** (50 points) et la **maîtrise du sujet présenté** (50 points).

ÉTAPE 1 Je choisis mon sujet

→ Vous pourrez choisir votre sujet parmi les œuvres et les thèmes étudiés en **histoire des arts**, une action menée lors d'un **parcours éducatif** (parcours avenir, parcours citoyen, parcours éducatif de santé, parcours d'éducation artistique et culturelle) ou lors de votre **stage** en entreprise. Il peut aussi s'agir d'un projet réalisé en **EPI**.

> **COUP DE POUCE**
> Choisissez **un sujet qui vous plaît** : votre enthousiasme vous aidera à réussir !

→ Vous pouvez présenter l'épreuve **seul(e) ou en groupe** (trois élèves au maximum). Mais l'**évaluation** demeure **individuelle**. Il faudra donc bien répartir les prises de parole entre vous.

ÉTAPE 2 Je prépare les supports de l'épreuve

→ Préparez le contenu de votre présentation orale :

- une brève **introduction** qui présentera votre sujet ;
- un **développement** en deux ou trois parties pour exposer votre sujet (analyse d'œuvre, projet d'orientation, explication du stage...) ;

> **COUP DE POUCE**
> Sans rédiger, vous pouvez **noter les idées principales** et une liste de **connecteurs** à employer pour que votre discours s'enchaîne de manière fluide le jour J.

- une **conclusion** pour faire le bilan de votre présentation.

→ Préparez éventuellement un **support visuel** (diaporama) que vous enregistrerez sur une clé USB et sur l'ENT.

> **COUP DE POUCE**
> Un support visuel ne doit pas contenir toute votre présentation, mais simplement des **titres**, des **images** ou des **graphiques**, et des **mots-clés**. Sa présentation doit être en harmonie avec le sujet et le mettre en valeur. Attention à ne pas multiplier les polices, les couleurs, les fonds compliqués ou les transitions et les animations !

ÉTAPE 3 Je m'entraîne

→ Entraînez-vous à dérouler votre prestation orale sans lire votre texte.

Les clés de la réussite à l'oral

La voix
- Parler bien fort
- Poser sa voix et articuler
- Maîtriser le rythme de la parole (ne pas aller trop vite et faire des pauses)

L'attitude
- Regarder son auditoire
- Être souriant(e)
- Avoir l'air sûr de soi

La posture
- Se tenir droit sans rester figé(e)
- Ne pas gesticuler
- Souligner les points importants en les accompagnant par des gestes

COUP DE POUCE
N'hésitez pas à vous **filmer** pour pouvoir vous revoir et vous corriger. Vous pouvez, quand vous êtes prêt(e), réaliser votre prestation devant vos proches et vous entraîner à répondre à leurs questions.

ÉTAPE 4 Je me présente à l'épreuve

→ **Le jour de l'épreuve**, arrivez à l'heure, avec votre pièce d'identité, votre convocation et une tenue correcte.
Munissez-vous de vos notes et de votre présentation sur une clé USB.

COUP DE POUCE
Prenez un bon petit déjeuner et apportez une bouteille d'eau.

→ **Saluez le jury**, présentez-vous (nom, prénom, classe) et annoncez le sujet choisi avant de démarrer votre présentation.

→ **Pendant l'entretien** : écoutez bien les questions. Le jury est bienveillant, il vous écoute avec attention et vous pose des questions non pour vous piéger, mais pour vous aider à approfondir votre réflexion.

COUP DE POUCE
Tenez bien compte des remarques du jury.

11 Réussir le sujet d'imagination

À SAVOIR

- Le sujet d'imagination consiste à **produire un texte** de votre **invention**.
- Le thème du sujet est en rapport avec le **texte** donné lors de l'épreuve du Brevet.

ÉTAPE 1 Je lis et je comprends le sujet

→ Repérez les **mots-clés** qui vous indiquent les éléments importants du sujet.

→ Identifiez les **caractéristiques** du texte à produire (récit à la 1re ou à la 3e personne, lettre, scène théâtrale, discours…) et le **contenu attendu** (description d'un lieu ou d'une personne, récit d'un souvenir, expression de sentiments…).

On peut vous demander de rédiger la **suite du texte** du sujet ; de raconter la même histoire que le texte en **changeant le point de vue** ; de produire un écrit de votre invention qui peut être une **description** ou un **portrait**, une **scène de théâtre** (**dialogue** ou **monologue**), une **lettre**, un **article**, un **texte argumentatif** (discours, dialogue…), un **texte autobiographique**…

Genre du texte à produire

Caractéristiques du texte

SUJET 1 Rédigez votre autoportrait. Votre texte, écrit au présent et à la 1re personne du singulier, comportera des notations physiques et des considérations psychologiques.

Contenu attendu

COUP DE POUCE
Conservez le texte proposé dans la première partie de l'épreuve, et relisez-le avant de commencer votre rédaction. Vous devrez vous en inspirer et en reprendre certaines caractéristiques.

ÉTAPE 2 Je prépare mon brouillon

→ Notez vos idées au brouillon mais **ne rédigez pas**.

→ Relevez dans le texte des **indices** à réutiliser.

SUJET 2 Imaginez la première page de votre journal intime, que vous commencerez en racontant à la 1re personne vos premiers souvenirs d'enfance, ainsi que le fait Anne Frank au début de son journal. (texte p. 50)

- De quels **indices** du texte puis-je m'inspirer ?
date (*20 juin 1942*), commentaires au présent (*Je n'ai pas d'amie*), présentation des parents (*Mon père, le plus chou des petits papas…*), détails autobiographiques (*J'ai habité Francfort jusqu'à l'âge de quatre ans*).

- Quelles **contraintes** dois-je respecter ?
caractéristiques du journal intime (date en en-tête, adresse au destinataire), récit à la 1re personne, aux temps du passé, mention de lieux, de dates, de personnes proches…

- Quel **contenu** dois-je produire ?
récit des premiers souvenirs d'enfance, commentaires personnels, expression des émotions.

ÉTAPE 3 Je construis le plan du devoir

→ Organisez vos idées de façon à **structurer** votre développement.

SUJET 3 Vous avez eu un jour un défi à relever. Vous raconterez votre expérience, votre réussite ou votre échec et les sentiments que vous avez éprouvés.

→

DÉVELOPPEMENT

- **Première partie**
→ annonce de l'événement à raconter, cadre spatio-temporel, personnes présentes...
- **Deuxième partie**
→ déroulement de l'événement, difficultés...
- **Troisième partie**
→ dénouement de l'épisode, échec ou réussite.

COUP DE POUCE
Pour mettre en valeur l'organisation de votre développement, utilisez des **connecteurs** : *tout d'abord, en premier lieu, ensuite, en second lieu, enfin, en conclusion...*

ÉTAPE 4 Je rédige mon texte

→ Rédigez votre introduction **au brouillon**.

- Dans un **récit** : posez le cadre spatio-temporel, introduisez les personnages...
- Dans une **lettre** : faites apparaître un en-tête avec la date, l'adresse au destinataire...
- Dans une **scène théâtrale** : proposez une didascalie situant la scène et les personnages présents.
- Dans un **article** : mettez un titre.

COUP DE POUCE
Si vous devez écrire la suite d'un texte, il ne faut pas faire une introduction.

→ Rédigez votre **conclusion au brouillon**. Elle peut, selon les sujets, dresser un bilan, annoncer une suite, exprimer un avis...

INTRODUCTION
Quand j'avais huit ans, j'ai dû passer ma première audition de piano au conservatoire de Bordeaux. Ma professeure de piano s'appelait Corinne, et c'était la première fois qu'elle présentait des élèves...

CONCLUSION
Cet échec ne m'a pas empêchée de continuer à jouer du piano, avec d'autres professeurs. Pourtant, j'en ai toujours gardé une appréhension particulière à jouer devant les autres, et préfère aujourd'hui encore jouer seulement pour moi.

→ Recopiez votre introduction puis rédigez votre **développement** en suivant le plan que vous avez préparé au brouillon.

COUP DE POUCE
Relisez attentivement votre copie. N'attendez pas d'avoir achevé votre devoir pour vous relire : **relisez-vous paragraphe par paragraphe**, en essayant de corriger les fautes (orthographe, ponctuation...).

12 Réussir le sujet de réflexion

À SAVOIR

- Au Brevet, le sujet de réflexion est presque toujours posé sous la forme d'une **question**.
- Le thème du sujet est en rapport avec le **texte** proposé dans la première partie de l'épreuve. Votre travail est de construire une réponse argumentée.

ÉTAPE 1 Je lis et je comprends le sujet

→ Repérez les **mots-clés** et cherchez à les définir ou à les préciser.

SUJET 1 Aimeriez-vous découvrir des œuvres littéraires ou artistiques dans lesquelles interviennent le surnaturel ou l'étrange ?

- « Aimeriez-vous » = un avis personnel
- « œuvres littéraires ou artistiques » = romans, contes, nouvelles, BD, films...
- « le surnaturel ou l'étrange » = merveilleux ou fantastique

COUP DE POUCE
Vous avez le droit d'utiliser un **dictionnaire** pendant l'épreuve. Pensez à vérifier le sens exact des mots, même si vous pensez les connaître.

ÉTAPE 2 Je construis ma réponse

→ Analysez le **type de question** posée par le sujet pour définir votre **plan**.

Cas 1 : le sujet est une **question totale** (on peut y répondre par « oui » ou « non »).

SUJET 2 Pensez-vous comme Jean Giono que la ville soit un lieu hostile ?

↓

- Je peux répondre **affirmativement** (= THÈSE) : La ville est un lieu hostile ; ou **négativement** (= ANTITHÈSE) : La ville n'est pas un lieu hostile. Je donne plusieurs arguments : chacun sera développé dans un paragraphe de mon développement.
- Je peux **nuancer** ma réponse (= THÈSE + ANTITHÈSE) : La ville est un lieu hostile par certains aspects mais est agréable par d'autres. Je développe une partie sur les aspects hostiles et une partie sur les aspects agréables de la ville en donnant pour chacune plusieurs arguments.

Cas 2 : le sujet est une **question partielle** (on ne peut pas y répondre par « oui » ou « non »).

SUJET 3 Quelles sont les qualités qui vous semblent importantes chez vos amis et pourquoi ? Vous donnerez votre réponse dans un développement argumenté et organisé.

↓

- Je réponds en expliquant les différentes **qualités** d'un véritable ami. Chacune d'elles constitue une partie de votre devoir et est accompagnée d'arguments.

ÉTAPE 3 Je cherche des arguments et des exemples

→ Notez vos idées au **brouillon** sans rédiger.

• Dressez une liste des premiers **arguments** et **exemples** qui vous viennent à l'esprit.

• Veillez à avoir à chaque fois un **couple argument-exemple**.

THÈSE J'aime découvrir des œuvres où interviennent le surnaturel ou le fantastique.	
Argument 1	**Exemple 1**
Elles procurent des émotions intenses, comme la peur.	La lecture des nouvelles fantastiques de Maupassant m'a fait souvent frissonner.

VOCABULAIRE

Argument : raison, preuve à l'appui d'une idée.
Exemple : fait concret, œuvre précise...

ÉTAPE 4 Je rédige la réponse

→ Rédigez d'abord l'**introduction** et la **conclusion** au **brouillon**.

INTRODUCTION

→ Je présente le **thème** du sujet.

→ Je recopie la question du sujet et je la **reformule**.

→ J'annonce mon **plan**.

COUP DE POUCE

Relisez attentivement la copie afin de **corriger les fautes** (orthographe, ponctuation...).

DÉVELOPPEMENT

Pour chaque partie

→ J'écris une phrase pour annoncer l'**idée générale** de ma partie.

→ J'énonce et explique l'**argument 1** ; je l'illustre par un ou deux **exemples**.

→ J'énonce et explique l'**argument 2** ; je l'illustre par un ou deux **exemples**.

COUP DE POUCE

Pensez aux **connecteurs** : *premièrement, tout d'abord, deuxièmement, de plus, ensuite, troisièmement, enfin...*

CONCLUSION

→ Je fais un bref **bilan** de ma réflexion.

→ Je donne ma **réponse** à la question posée par le sujet.

Travailler AUTREMENT

DIFFÉRENCIATION

La méthode du brouillon « Post-it »

→ Chez vous, utilisez de vrais Post-it. Le jour du Brevet, divisez une feuille de brouillon en six cases et **notez une idée par case.** Il vaut mieux avoir trop d'idées afin de ne garder que les plus pertinentes.

→ Dans chaque case, rédigez **un argument** et illustrez cet argument avec **un ou deux exemples précis** tirés de vos lectures, de votre culture ou de votre vie personnelle.

→ Découpez les cases afin de pouvoir les déplacer. Construisez ainsi votre devoir comme un **puzzle.**

Sujet pour appliquer la méthode « Post-it »
hatier-clic.fr/22luf293

1 Phrase simple et phrase complexe

▸ Distinguer et analyser les phrases simples et complexes (C4.2)

J'observe la phrase du jour

Je sens que le printemps arrive : les arbres fleurissent et le temps est doux.

a. Je manipule Repérez les verbes conjugués. Combien en comptez-vous ? Déduisez-en le nombre de propositions et encadrez-les.

b. J'entre dans la leçon Observez quel lien permet de lier les propositions les unes aux autres et donnez sa classe.

c. VERS LE BREVET Réécrivez cette phrase au passé : quel temps avez-vous choisi ? Pourquoi ?

Je retiens

PHRASE

COMPLEXE
= plusieurs verbes conjugués
= plusieurs propositions

SIMPLE
= un verbe conjugué
= une proposition

Lien entre les propositions

- Un **signe de ponctuation** : **, ; :**
  → La proposition est **indépendante** et **juxtaposée**.
  J'ai pris le train ; il était à l'heure.
- Une **conjonction de coordination** ou un **adverbe** : *mais, ou, et, or, ni, car, donc, puis, alors...*
  → La proposition est **indépendante** et **coordonnée**.
  J'ai pris le train et il était à l'heure.
- Un **mot subordonnant** : *que, si, comme, quand, qui, lorsque...*
  → La proposition est **subordonnée** à une proposition **principale** et occupe une **fonction** par rapport à cette principale.
  [J'ai pu prendre mon train] (prop. princ.) [qui était à l'heure] (prop. sub.).
  [Quand je vais à Paris] (prop. sub.), [je prends le train] (prop. princ.).

Je construis

1* Repérez les verbes conjugués, puis les propositions des phrases suivantes.

a. Il est parti à la mer cet été et il n'a pas aimé.

b. Tu devrais emprunter ce chemin : il est plus court.

c. Les enfants sont sortis ce soir : Yanis est à l'entraînement, Anna est au cinéma avec ses amis et le petit dernier participe à une soirée pyjama.

d. L'acrobate bondit, court, pirouette, se rétablit et salue.

e. Les chatons qui sont nés ce printemps commencent à ouvrir les yeux.

2 *Défi !* a. Comptez le nombre de propositions dans la phrase suivante.**
b. Sur le même modèle, composez une phrase qui multiplie les propositions.

Je crois qu'hier, alors que je sortais de la crêperie qui fait l'angle de cette rue dont les arbres viennent d'être coupés, j'ai aperçu, mais je n'en suis pas certain, l'acteur qui a joué dans la série dont je te parlais hier et qui a fait grand bruit car un des scénaristes a annoncé que le personnage principal mourait dans la prochaine saison.

3 * **Dans les phrases complexes suivantes, repérez la principale et la subordonnée.**

> **COUP DE POUCE**
> La proposition subordonnée peut être placée **avant**, **après**, et même **dans** la **principale**. Pour la repérer, trouvez le **mot subordonnant** qui l'introduit.

a. Tu ne devrais pas t'inquiéter qu'ils ne soient pas encore rentrés.

b. Il faudrait que nous puissions partir avant que la nuit ne tombe.

c. Ce matin, la boulangerie que tu m'as recommandée pour la qualité de son pain et de ses viennoiseries était fermée.

d. Quoi que tu fasses, il trouvera toujours une réponse.

e. L'auteur qui a reçu le prix Goncourt cette année sera certainement présent au Salon du Livre, à Paris.

Je consolide

4 * **Dans l'extrait suivant, précisez la nature des propositions soulignées : juxtaposée, coordonnée, subordonnée.**

Ainsi que je l'avais prévu, l'eau fit tout à fait défaut à la fin du premier jour de marche. Notre provision liquide se réduisit alors à du genièvre ; mais cette infernale liqueur brûlait le gosier, et je ne pouvais même en supporter la vue. Je trouvais la température étouffante. La fatigue me paralysait. Plus d'une fois, je faillis tomber sans mouvement. On faisait halte alors ; mon oncle ou l'Islandais me réconfortaient de leur mieux. Mais je voyais déjà que le premier réagissait péniblement contre l'extrême fatigue et les tortures nées de la privation d'eau.

■ Jules Verne, *Voyage au centre de la Terre* (1867)

5 * **VERS LE BREVET** **Transformez les phrases suivantes en phrases complexes construites par subordination.**

a. Antoine fait des travaux de recherche remarquables. Il devrait trouver la solution rapidement.

b. J'ai oublié mon porte-monnaie chez moi et je n'ai pas pu payer mes achats. J'ai dû laisser mes achats dans la boutique.

c. Cela ne se fait pas. Tu dois le comprendre.

d. Ce triangle est construit avec un angle droit. Ce triangle est un triangle rectangle.

e. Sache-le. Je n'approuve pas ta décision. Tu dois réfléchir avant tout.

6 ** **a. Repérez chaque proposition, encadrez son verbe, soulignez éventuellement le mot qui l'introduit.**
b. Quelle est la seule phrase simple de l'extrait ?
c. Dites pour chaque proposition des phrases complexes si elle est indépendante juxtaposée ou indépendante coordonnée ou principale ou subordonnée.

Jeanne était prête à monter en voiture lorsque la baronne descendit l'escalier, soutenue d'un côté par son mari, et de l'autre par une grande fille de chambre forte et bien découplée comme un gars. C'était une Normande du pays de Caux, qui paraissait au moins vingt ans, bien qu'elle en eût au plus dix-huit. On la traitait dans la famille un peu comme une seconde fille, car elle avait été la sœur de lait de Jeanne. Elle s'appelait Rosalie.

■ Guy de Maupassant, *Une vie* (1883)

7 *** (Défi !) **L'écrivain Marcel Proust est connu pour ses phrases très complexes. Repérez les propositions des phrases suivantes et encadrez le mot ou le signe de ponctuation qui relie une proposition à l'autre.**

Ma seule consolation, quand je montais me coucher, était que maman viendrait m'embrasser quand je serais dans mon lit. Mais ce bonsoir durait si peu de temps, elle redescendait si vite, que le moment où je l'entendais monter, puis où passait dans le couloir à double porte le bruit léger de sa robe de jardin en mousseline bleue, à laquelle pendaient de petits cordons de paille tressée, était pour moi un moment douloureux. Il annonçait celui qui allait le suivre, où elle m'aurait quitté, où elle serait redescendue. De sorte que ce bonsoir que j'aimais tant, j'en arrivais à souhaiter qu'il vînt le plus tard possible, à ce que se prolongeât le temps de répit où maman n'était pas encore venue.

■ Marcel Proust, *À la recherche du temps perdu* (1913)

8 *** **La GRAMMAIRE dans les textes**

a. **Repérez les propositions qui composent les phrases des lignes 30 à 38 du texte de Jean Molla** ▶ p. 258**. Quelle remarque pouvez-vous faire sur le rythme de l'action ?**

b. **Comment sont construites les phrases du Sphinx dans les lignes 19 à 22 du texte de Jean Cocteau** ▶ p. 114 **? Quel est l'effet recherché ?**

J'APPLIQUE POUR ÉCRIRE

9 * **Continuez le texte de l'exercice 4 : comment vont-ils trouver de l'eau pour se désaltérer ? Vous écrirez un paragraphe de récit en utilisant des phrases complexes par juxtaposition, coordination et subordination.**

2 Les types et formes de phrase

▶ Repérez les différents types et formes de phrase (C4.2)

J'observe la phrase du jour

Les élèves réalisent une fresque dans le préau.

a. Je manipule À partir de la phrase proposée, exprimez une question, puis un ordre.

b. J'entre dans la leçon Mettez maintenant les trois phrases obtenues à la forme négative et exclamative.

c. VERS LE BREVET « Cette fresque, elle a été réalisée par des élèves ?! » Décrivez cette phrase et dites quel sentiment peut animer celui ou celle qui la prononce.

Je retiens

Les types de phrase

À l'oral, les types de phrase modifient l'intonation de la phrase.

TYPE DÉCLARATIF Affirmer	• Structure de la **phrase de base**. • Ponctuation : **.** ou **...**	Julien arrive à huit heures.
TYPE INTERROGATIF Poser une question	• Structure de la phrase : **inversion du sujet** ou emploi de la **locution** *est-ce que*. • Ponctuation : **?**	Viendras-tu ? Est-ce que tu viendras ? Tu viens ?
TYPE IMPÉRATIF Donner un ordre, un conseil	Emploi de l'**impératif**, du **subjonctif** ou de l'**infinitif**.	Ne courez pas ! Qu'il ne coure pas ! Ne pas courir.

Les formes de phrase

Les formes de phrase peuvent se combiner entre elles et avec les types de phrase. N'est-il pas distrait par vos bavardages ?
→ phrase de type interrogatif, de formes négative et passive

FORME NÉGATIVE Elle exprime l'inverse de la forme affirmative.	Emploi de l'**adverbe de négation** *ne* + un autre **adverbe** (*pas, point, plus, jamais*...) ou un **déterminant** (*aucun, nul*...) ou un **pronom** (*aucun, nul, personne*...).	Je ne viendrai pas / plus / jamais... Aucun élève ne viendra. Personne ne viendra.
FORME PASSIVE Le verbe est à la voix passive. ▶ p. 298	• Structure de la phrase : **sujet passif**, **complément d'agent**.	Les chatons sont éduqués par leur mère (complément d'agent).
FORME EXCLAMATIVE La phrase exprime une émotion, un sentiment.	• Ponctuation : **!** • Emploi parfois d'un **adverbe** ou d'un **déterminant exclamatif**.	Ce chaton est très mignon ! Comme ce chaton est mignon ! Quel mignon chaton !
FORME EMPHATIQUE Un élément de la phrase est mis en valeur. ▶ p. 300	• Structure de la phrase : **détachement** ou emploi d'un **présentatif** (*c'est... que..., voilà... que...*).	Ce livre, je l'ai lu hier. C'est ce livre que j'ai lu hier.
FORME IMPERSONNELLE Le verbe est à la forme impersonnelle.	Emploi d'un **verbe** qui ne se conjugue qu'à la **3e personne du singulier** : le sujet « il » ne représente rien ni personne.	Il pleut ce matin. Il faudra le leur expliquer.

Je construis

1 * À partir des phrases suivantes, proposez une nouvelle phrase qui combinera un type et une forme de phrase. Nommez-les.

a. Les sangliers pullulent dans les forêts.
b. La fête du collège aura lieu en juin.
c. Les abeilles butinent les fleurs des tilleuls de la cour.
d. Nous proposerons de nouvelles activités au club jeux.

2 * Formulez dix ordres ou conseils pour réussir son Brevet. Utilisez l'impératif, l'infinitif et le subjonctif.

3 * Reformulez en langue soutenue ces questions familières.

a. C'est possible de voyager sur Mars ?
b. T'as cru qu'il allait sauter ?
c. Comment le gars il peut dire ça ?
d. Pourquoi tu fais pas tes exercices ?

4 * Proposez une correction pour ces phrases négatives incorrectes.

a. Tu leur as pas dit de venir.
b. Mon frère, il sait pas ses tables de multiplication.
c. Je crois pas que notre équipe gagnera.
d. C'est pas vrai !

5 * Pour chaque phrase, proposez trois réécritures différentes à la forme exclamative.

a. Ce cheval est magnifique.
b. Tu es charmant.
c. C'est une horreur.
d. Ce gâteau est délicieux.

Je consolide

6 ** Repérez les phrases de forme impersonnelle.

a. Il doit faire ses exercices pour demain.
b. Il vaut mieux que tu me préviennes avant de partir.
c. Il neige sur les Alpes à partir de 1200 mètres.
d. Il est évident qu'il faut arrêter le réacteur.
e. Il est évident, ce problème de géométrie.

7 ** a. À quel type de phrase appartiennent les phrases suivantes ?
b. Quelle remarque pouvez-vous faire ?

a. Qu'on m'apporte mes pantoufles !
b. Tu ne me ferais pas un chocolat chaud ?
c. Vous viendrez en retenue mardi après-midi.
d. Pouvez-vous me donner votre copie, maintenant ?
e. Il est impératif que vous arriviez à l'heure.

8 ** Écrivez ces phrases à la forme négative.

a. Tu arrives toujours en retard.
b. Je mange encore de la viande tous les jours.
c. Nous possédons une voiture et un vélo.
d. Tu le leur diras.
e. Elle souhaite ne pas s'engager.
f. Pourquoi as-tu accepté cette proposition ?

9 ** VERS LE BREVET a. Quels types et quelles formes de phrase sont employés majoritairement dans cet extrait ? Donnez un exemple pour chaque type et chaque forme.
b. Expliquez en quoi types et formes de phrase participent au comique de l'extrait.

FOLLAVOINE. – Les Hébrides ?... Vous ne savez pas où c'est ?
ROSE, *ahurie*. – Les Hébrides ?
FOLLAVOINE. – Oui ?
ROSE. – Ah ! non !... non !... *(Comme pour se justifier.)* C'est pas moi qui range ici !... c'est Madame.
FOLLAVOINE, *se redressant en refermant son dictionnaire sur son index de façon à ne pas perdre la page*. – Quoi ! quoi, « qui range » ! les Hébrides !... des îles ! bougre d'ignare !... de la terre entourée d'eau... vous ne savez pas ce que c'est ?
ROSE, *ouvrant de grands yeux*. – De la terre entourée d'eau ?
FOLLAVOINE. – Oui ! de la terre entourée d'eau, comment ça s'appelle ?
ROSE. – De la boue ?

Georges Feydeau, *On purge bébé !* (1910)

10 * La GRAMMAIRE dans les textes**

a. Quel type de phrase domine dans les lignes 9 à 15 du texte de George Sand ▶ p. 20 ? Parmi ces phrases, relevez toutes les formes de la négation. Quel est l'effet de cette accumulation sur le lecteur ?
b. Analysez le type des phrases utilisées dans les lignes 6 à 19 du texte de François Bovesse ▶ p. 128. Puis, montrez qu'elles rendent le dialogue vif et rythmé.

J'APPLIQUE POUR ÉCRIRE

11 ** Écrivez un petit discours humoristique exprimant l'indignation à partir d'une des amorces proposées. Utilisez des types et des formes de phrase variés.

a. Qu'entends-je ? On parle d'interdire les pâtes à tartiner ?
b. J'ai cru lire que certains réclamaient un impôt sur les animaux de compagnie ?

3 La forme passive

J'observe la phrase du jour

La finale est suivie par des millions de téléspectateurs.

a. Je manipule Réécrivez la phrase en plaçant le groupe nominal *des millions de téléspectateurs* en fonction sujet.

b. J'entre dans la leçon Dans quelle phrase le sujet accomplit-il l'action de suivre ? Qu'ont en commun les formes verbales des deux phrases ?

c. VERS LE BREVET Dans la phrase réécrite, quelle est la fonction précise du complément ?

Je retiens

PHRASE ACTIVE	**L'enfant** SUJET (fait l'action)	**mangera** VERBE (voix active)	**le fruit.** COD (subit l'action)
PHRASE PASSIVE	**Le fruit** SUJET PASSIF (subit l'action)	**sera mangé** VERBE (voix passive)	**par l'enfant.** COMPLÉMENT D'AGENT (fait l'action)

Remarques

- Le complément d'agent est introduit par ***par*** ou ***de***.
Il est aidé par son père. / La rue est couverte de neige.
- Quand le complément d'agent est absent, on utilise ***on*** comme sujet à la forme active.
Un hymne sera chanté. → **On** chantera **un hymne**.
- Seuls les verbes acceptant un **COD** peuvent être mis à la **voix passive**.

ORTHOGRAPHE

Dans une phrase passive, le verbe étant conjugué avec l'auxiliaire *être*, il faut penser à **accorder** le **participe passé** avec le sujet.
Nos amis sont aidé**s**.
Nos amies sont aidé**es** par mon frère.

Je construis ORAL

1 * **Dites si les sujets des formes verbales soulignées accomplissent ou non l'action. Identifiez ainsi les phrases à la forme passive.**

a. Barnabé a compris cette leçon.
b. Cette leçon a été comprise par Barnabé.
c. Les récoltes sont ravagées par la grêle.
d. La grêle ravage les récoltes.
e. Des photographies seront prises lors de la cérémonie.
f. Lors de la cérémonie, on prendra des photographies.
g. Les étoiles brillaient par milliers.
h. Le ciel était constellé d'étoiles.

2 ** **Dans les phrases suivantes, repérez les formes verbales, et dites si leur sujet accomplit ou non l'action.**

a. Le président a déposé une gerbe sur le monument aux morts.
b. Les réserves naturelles sont peuplées d'animaux sauvages.
c. Le spationaute donnera une téléconférence depuis la station orbitale.
d. Les randonneurs sont descendus par un chemin escarpé.
e. Les randonneurs ont été aidés par un guide.

3 * **Dans les phrases passives suivantes, dites à quel temps est conjugué le verbe à la voix passive.**

> COUP DE POUCE
> À la **voix** passive, le **temps** est celui de l'auxiliaire ***être***.

a. Des habitations sont menacées par les inondations.
b. Plus de deux cents personnes ont été évacuées.
c. Certaines routes seront inondées par les torrents en crue.
d. La situation aura été aggravée par la fonte des neiges.
e. Le département avait été placé en vigilance rouge.

Je consolide

4 * **Recopiez les phrases à la forme passive. Soulignez les compléments d'agent.**
a. Des pèlerins sont passés par Paris.
b. Les élèves ont constitué un recueil de poésie.
c. La salle de réception est ornée de fleurs.
d. Un tableau avait été volé au Louvre, par une nuit sombre.

5 * **À l'aide des groupes verbaux proposés, construisez des phrases à la forme passive avec un complément d'agent. Pensez à varier les temps verbaux.**
savourer un délicieux dessert – observer une minute de silence – battre un record – prononcer un discours

6 * **Transposez ces phrases à la forme passive.**
a. De plus en plus de personnes trient les déchets.
b. Des philosophes des Lumières dénoncèrent l'esclavage.
c. Certains progrès scientifiques aideront la médecine.
d. Les lycées ont organisé des journées portes ouvertes.
e. On avait applaudi l'artiste.

7 * Travailler AUTREMENT

Créer un « cadavre exquis »
a. **Formez un groupe de quatre élèves. Prenez une feuille sur laquelle un premier élève écrira un groupe nominal sujet. La feuille doit alors être repliée afin de cacher ce sujet.**
b. **Le deuxième élève inscrit un verbe acceptant un COD, puis replie de nouveau la feuille.**
c. **Le troisième élève note à son tour un groupe nominal qui sera le COD du verbe, puis il replie la feuille.**
d. **Le dernier élève déplie la feuille, conjugue le verbe au temps qu'il souhaite et lit la phrase au groupe.**
Défi ! **Qui sera capable de transposer la phrase à la forme passive ?**

8 * **Transposez ces phrases à la forme active.**
a. Des lettres d'amour furent rédigées par Cyrano.
b. Un vol de cigognes aurait été aperçu par des promeneurs.
c. Au lever de rideau, la scène sera recouverte de roses.
d. En 1969, le sol de la Lune est foulé par un homme.

9 * VERS LE BREVET **Réécrivez l'extrait suivant au présent, en remplaçant *Jean Valjean* par *Les suspects*.**

> COUP DE POUCE
> Relisez le point d'orthographe du **Je retiens** (p. 298).

Ceci se passait en 1795. Jean Valjean fut traduit devant les tribunaux [...]. Il avait un fusil dont il se servait mieux que n'importe quel tireur au monde, il était quelque peu braconnier ; ce qui lui nuisit. [...] Jean Valjean fut déclaré coupable. [...] Il fut condamné à cinq ans de galères. [...] Il paraissait ne rien comprendre à sa position.

■ Victor Hugo, *Les Misérables* (1862), première partie, livre II

10 * **a. Dans l'extrait suivant, repérez puis recopiez les phrases ou les propositions à la forme passive.**

> COUP DE POUCE
> Une proposition est une partie de phrase construite autour d'un **verbe conjugué**.

b. Transposez les extraits relevés à la forme active. Quel point commun la transposition met-elle en évidence ?

Rien ne serait négligé pour assurer le succès de cette grande expérience.

Une note très précise, contenant des questions spéciales, fut donc rédigée et adressée à l'Observatoire de Cambridge, dans le Massachusetts. Cette ville, où fut fondée la première Université des États-Unis, est justement célèbre par son bureau astronomique. Là se trouvent réunis des savants du plus haut mérite.

■ Jules Verne, *De la Terre à la Lune* (1868)

J'APPLIQUE POUR ÉCRIRE

11 * **Vous êtes journaliste. Vous devez rédiger quelques lignes pour raconter un événement auquel vous avez assisté : une manifestation pour défendre la liberté d'expression. Utilisez au moins trois phrases à la forme passive.**

4 La forme emphatique

J'observe la phrase du jour

Nous avons lu le dernier roman de Laurent Gaudé.

a. VERS LE BREVET Quelle est la fonction des deux groupes soulignés ?

b. J'entre dans la leçon Quel est l'effet de ces transformations de la phrase ?
– *Nous avons lu le dernier roman de Laurent Gaudé, nous.*
– *C'est le dernier roman de Laurent Gaudé que nous avons lu.*

c. Je manipule Réécrivez la phrase en trouvant une autre manière de mettre en valeur le sujet.

Je retiens

LA FORME EMPHATIQUE
met en valeur un élément de la phrase...

- Par **détachement** et **reprise** par un pronom.
  J'adore ce film. (= forme neutre) → Ce film, je l'adore.
  → Je l'adore, ce film.
- Par l'utilisation d'un **présentatif** (*c'est... que, voilà... que, voici... que*).
  J'adore ce film. (= forme neutre) → C'est ce film que j'adore.
  → Voilà le film que j'adore.

ORTHOGRAPHE

- Le présentatif s'accorde avec le groupe qu'il encadre.
  C'**est** cette amie que... / Ce **sont** ces amies que...
- Attention à l'accord sujet-verbe avec le présentatif.
  C'est moi qui commencer**ai**. / C'est toi qui commencer**as**.

Je construis ORAL

1* **a. Pour chacune de ces phrases neutres, mettez l'élément souligné en valeur par détachement.**
b. Utilisez le présentatif pour mettre en valeur l'élément en bleu.

Ex : Il a adoré ce concert, cet été. → Cet été, il a adoré ce concert. → C'est ce concert qu'il a adoré cet été.

a. Evan s'est inscrit au club théâtre cette année.
b. J'ai lu ce livre trois fois.
c. Tu devras trouver la solution de la quatrième énigme.
d. Joséphine ne sait pas que choisir.
e. Aïna part faire ses études à Nancy.

Je consolide

2* **a. Repérez la forme emphatique et nommez le procédé (détachement ou présentatif).**
b. Puis écrivez la forme neutre de la phrase.

a. Les noirs matins d'hiver, à sept heures, je me rendormais assise, devant le feu de bois, sous la lumière de la lampe, pendant que ma mère brossait et peignait ma tête ballante. C'est par ces matins-là que m'est venue, tenace, l'aversion des longs cheveux.

■ Colette, *La Maison de Claudine*, 1922 © Arthème Fayard et Hachette Littératures

b. Roger, quand je le connus, était plus âgé que moi de trois ans ; il était lieutenant ; moi, j'étais enseigne. Je vous assure que c'était un des meilleurs officiers de notre corps.

■ Prosper Mérimée, « La Partie de trictrac », 1830

c. – Ce qu'elle va être contente, la Marie, mon vieux, quand j'y dirai, reprit Tintin, qui songeait avec émotion que sa sœur partageait toujours avec lui régulièrement ses desserts. Il ajouta même, se trahissant dans un élan de générosité :
– On tâchera de le bouffer tous les trois ensemble.
– Mais, c'est pas pour toi que je l'achèterai, ni pour moi, c'est pour elle !

■ Louis Pergaud, *La Guerre des boutons*, 1912

▸ Identifier les différentes subordonnées (C4.2)

Les subordonnées

À SAVOIR

- « Subordonnée » = « sous les ordres » : la proposition **subordonnée** dépend donc d'une **autre proposition**, qui est le plus souvent la proposition principale.
- Elle occupe alors une **fonction** par rapport à la principale (complément ou expansion du nom le plus souvent).

QUE COMPLÈTE UNE SUBORDONNÉE ?

UN NOM

- La subordonnée est une **expansion** de ce nom.
- On l'appelle **relative**.

Je lis **le manga** que j'adore.

UNE PHRASE

- La subordonnée est **complément circonstanciel**, déplaçable et le plus souvent supprimable.
- On l'appelle **circonstancielle**.

Tu viens quand tu veux.

UN VERBE

- La subordonnée est **complément essentiel**. Elle n'est ni déplaçable, ni supprimable.
- On l'appelle **conjonctive COD par *que*** ou **interrogative indirecte**.

J'**aimerais** que tu viennes.

QUELLES SONT LES PRINCIPALES SUBORDONNÉES ?

LES RELATIVES

Introduites par un pronom relatif qui a pour antécédent le **nom** complété.

Les **élèves** qui courent sont au stade.
expansion du nom *élèves*

LES CIRCONSTANCIELLES

Introduites par une conjonction de subordination qui indique la **relation** entre la subordonnée et la principale : temps, cause, conséquence, but…

Il a retenu le schéma parce qu'il l'a compris.
CC de cause

LES SUBORDONNÉES COD

La **subordonnée infinitive**, construite sans mot subordonnant et autour d'un verbe à l'infinitif, en fait partie. ▸ Fiche 12 p. 316

LES CONJONCTIVES COD PAR *QUE*

Introduites par la conjonction de subordination *que*.

Léo **a compris** qu'il avait gagné.
COD de *a compris*

LES INTERROGATIVES INDIRECTES

- Introduites par un mot interrogatif (et appelées interrogatives indirectes **partielles**) : c'est le plus souvent un pronom (*qui, que*) ou un adverbe (*quand, comment, pourquoi*…).

Théo **se demande** pourquoi Léa ne vient pas.
COD de *se demande*

- Introduites par *si* (et appelées interrogatives indirectes **totales**).

Léa **se demande** si Samuel a compris.
COD de *se demande*

5 Les classes des mots variables

J'observe la phrase du jour

Demain, le nouveau directeur présentera son projet à l'équipe.

a. Je manipule Réécrivez la phrase en remplaçant *Demain* par *Hier*, et *directeur* par *directrice*. Réécrivez ensuite la phrase obtenue en mettant tous les noms au pluriel.

b. J'entre dans la leçon Déduisez pour chaque mot s'il varie en genre, en nombre, en personne, en temps.

c. VERS LE BREVET Analysez les constituants de cette phrase, puis donnez la classe de chaque mot.

Je retiens

LES MOTS VARIABLES
Selon la classe à laquelle ils appartiennent, ils peuvent varier en **genre**, en **nombre**, en **personne**, en **temps**.

VERBE
Il sert à exprimer une action ou un état. Il se conjugue.
aller → (je) vais, (nous) irons, allé, allant

NOM
- Il désigne un être, une chose, un lieu, une idée.
- On distingue les **noms communs** : (un) chat, (des) vérités… et les **noms propres** (+ majuscule) : **A**ssia, **P**icasso, **A**ngoulême, (la) **F**rance…

DÉTERMINANT
- Le déterminant détermine le nom (en genre, nombre, possesseur…).
- On distingue l'**article défini** (le, la, les, des), **indéfini** (un, une, des), **partitif** (du, de la, des).
- On distingue le **déterminant possessif** (mon, ma, mes, notre…), **démonstratif** (ce, cet, ce ...-là…), **indéfini** (certains, plusieurs…), **numéral** (un, deux, trois…), **interrogatif** ou **exclamatif** (quel, quelle…).

ADJECTIF
L'adjectif est une expansion du groupe nominal. Il précise le nom et s'accorde en genre et en nombre avec lui.
un petit poisson / une écharpe rouge

PRONOM
- Le pronom remplace ou désigne un antécédent.
- On distingue le **pronom personnel** (je, tu, elle…), **indéfini** (personne, rien…), **possessif** (le mien, le vôtre…), **démonstratif** (ce, cela, celle-là…), **numéral** (trois, le premier…), **relatif** (qui, que, dont, où…).

Je construis ORAL

1 * Précisez la classe des mots soulignés.

a. Le réveil a sonné ce matin.
b. Ses enfants se réveillent tôt.
c. La marche en haute altitude s'avérait dangereuse.
d. S'il marche davantage, il risque de faire un malaise.
e. Tu te soucies de savoir si la réservation est effective.

2 * Défi ! Inventez des phrases où les mots proposés auront des classes différentes.

a. porte
b. lit
c. mets
d. tendre
e. voiles
f. courant
g. plan
h. plane
i. rue
j. part

3 * (Défi !) **a. Choisissez un des noms suivants.**

autruche – sandwich – valise – astrolabe – comète – théière

b. Associez-le à cinq déterminants issus de différentes classes.

c. Complétez les cinq groupes nominaux obtenus avec un adjectif de votre choix.

d. Composez cinq phrases à partir de chacun de ces groupes nominaux.

e. Réécrivez la phrase en remplaçant le groupe nominal de départ par un pronom.

Je consolide

4 * **Dans les phrases suivantes, précisez à quelle classe grammaticale appartiennent les mots soulignés.**

a. Plusieurs pensèrent réussir mais peu y parvinrent.

b. Chaque fois est un recommencement.

c. Cette maison est belle mais la leur l'est bien plus.

d. La première impression est toujours la bonne.

e. Il est premier ex æquo avec l'autre coureur.

f. Quelle solution apportes-tu à ce problème ?

g. Quelle idée lumineuse !

h. L'extrait sur lequel nous travaillons est à relire pour le prochain cours.

i. Ces résultats sont discutables, ce sera l'objet de notre réunion.

5 * **Quelle est la classe grammaticale des mots soulignés ? Donnez leur genre, leur nombre ou leur personne et justifiez votre réponse.**

La nuit était venue, on dansait dans le grand salon. Ils s'étaient retirés tous les deux dans un petit boudoir japonais, tendu de soies éclatantes, à peine éclairé, ce soir-là, par les rayons alanguis d'une grosse lanterne de couleur, pendue au plafond comme un œuf énorme. La fenêtre entr'ouverte laissait entrer parfois des souffles frais du dehors, des caresses d'air qui passaient sur les visages, car la soirée était tiède et calme, pleine d'odeurs de printemps.

■ Guy de Maupassant, « L'Enfant », *Clair de lune* (1905)

6 * **Recopiez cet extrait et soulignez en rouge les verbes, en bleu les noms, en vert les adjectifs, en noir les pronoms et encadrez les déterminants.**

Ainsi, toujours poussés vers de nouveaux rivages,
Dans la nuit éternelle emportés sans retour,
Ne pourrons-nous jamais sur l'océan des âges
Jeter l'ancre un seul jour ?

Ô lac ! L'année à peine a fini sa carrière,
Et près des flots chéris qu'elle devait revoir,
Regarde ! Je viens seul m'asseoir sur cette pierre
Où tu la vis s'asseoir ! […]

■ Alphonse de Lamartine, « Le Lac » (extrait), *Méditations poétiques* (1820)

7 * **a. Repérez et identifiez la classe précise des déterminants du texte et dites quel nom ils déterminent.**

b. Repérez les adjectifs du texte. Attention, beaucoup de participes passés sont employés comme des adjectifs. Ne les oubliez pas !

Cependant les gueux ne se décourageaient pas. Déjà plus de vingt fois l'épaisse porte sur laquelle ils s'acharnaient avait tremblé sous la pesanteur de leur bélier de chêne multipliée par la force de cent hommes. […] Tous les yeux s'étaient levés vers le haut de l'église. Ce qu'ils voyaient était extraordinaire. Sur le sommet de la galerie la plus élevée, plus haut que la rosace centrale, il y avait une grande flamme qui montait entre les deux clochers avec des tourbillons d'étincelles, une grande flamme désordonnée et furieuse dont le vent emportait par moments un lambeau dans la fumée.

■ Victor Hugo, *Notre-Dame de Paris* (1831)

J'APPLIQUE POUR ÉCRIRE

8 * **Faites la description de ce tableau en multipliant l'emploi d'adjectifs. Pour éviter les répétitions, vous aurez recours à différents pronoms.**

■ Salvador Dalí, *Trompe l'œil* (1950), aquarelle sur papier avec découpage et collage (33 x 24,5 cm), collection privée

6 Les formes du verbe

J'observe la phrase du jour

Cherchant des yeux son amoureux dans la salle et en entendant les applaudissements autour d'elle, la jeune violoniste comprit qu'elle avait réussi l'exploit de jouer ce morceau difficile avec brio.

a. J'entre dans la leçon Relevez dans cette phrase les différentes formes verbales.

b. Je manipule Donnez leur infinitif et dites si ces formes verbales sont conjuguées ou non en faisant varier le temps et la personne.

c. VERS LE BREVET Réécrivez la phrase en mettant *la jeune violoniste* au pluriel.

Je retiens

LE VERBE

- est le **noyau** de la **phrase** ou de la **proposition** : c'est autour de lui que viennent s'organiser les autres éléments de la phrase.
- peut apparaître sous **différentes formes**...

- Verbe à l'**infinitif**. Elle veut toujours gagner.
- Verbe **conjugué**. Nous gagnons souvent.
- Verbe au **participe passé** (conjugué avec les auxiliaires *être* ou *avoir*). Cette fois-ci vous avez gagné.
- Verbe au **participe présent**. Gagnant souvent, il fut suspecté de fraude.
- Verbe au **gérondif** (= *en* + participe présent). En gagnant cette course, il devint champion.

ATTENTION !

- Le **participe passé** du verbe est souvent employé comme **adjectif**.
Gagnée par la joie, elle éclata de rire.
- L'**adjectif verbal** se construit à partir du **participe présent** : il devient alors variable.
J'ai parié sur l'équipe gagnante.
- Parfois, le **verbe** peut, dans l'usage, devenir un **nom**.
Le gagnant est le numéro 3 !

Je construis ORAL

1 * Repérez le verbe conjugué, noyau de la phrase ou de la proposition.

a. J'ai réussi à élucider cette énigme.
b. Souffler n'est pas jouer.
c. Tout va pour le mieux dans le meilleur des mondes.
d. Croire, ce n'est pas savoir.
e. J'ai été agréablement surprise que vous arriviez à l'heure.
f. Tu aurais cherché en vain la solution à ce problème sans l'aide de tes amis.
g. Je serai coupable de dire le contraire : elle est tout à fait charmante.

2 ** Relevez les formes verbales dans les phrases suivantes et donnez l'infinitif du verbe conjugué.

a. Les comédiens ont été ovationnés à la fin du spectacle.
b. Il aura été difficile d'avoir le fin mot de cette histoire.
c. Nous avons été convaincus de l'innocence de l'accusé.
d. Nous serons présents ce jour-là.
e. Ils auront pris le chemin le plus court.
f. Auriez-vous perdu la tête ?
g. Soyez rentrés pour 22 heures.
h. Qu'ils aient compris me rassure.
i. Cet homme a été pris à partie sans raison.

3 Travailler AUTREMENT

a. Repérez les verbes du poème. Essayez de donner leur infinitif : que remarquez-vous ?

b. Inventez à votre tour dix verbes appartenant aux 2e et 3e groupes.

c. Choisissez un de ces verbes inventés et désignez un camarade qui doit donner : une forme conjuguée, le participe passé, le participe présent et le gérondif. Ensuite, il choisit à son tour un verbe et interroge un autre élève, ainsi de suite. Tout le monde passe !

Il l'emparouille et l'endosque contre terre ;
Il le rague et le roupète jusqu'à son drâle ;
Il le pratèle et le libucque et lui barufle les ouillais ;
Il le tocarde et le marmine,
Le manage rape à ri et ripe à ra.
Enfin il l'écorcobalisse. [...]

Henri Michaux, « Le Grand combat » (extrait), *Qui je fus* (1927) © Gallimard

4 **Repérez toutes les formes verbales présentes dans cet extrait et précisez leur nature.**

– En vous voyant, quand je suis entré, je me suis senti porté vers vous comme par un courant. J'avais déjà tant pensé à vous ! Mais je ne vous avais pas rêvée aussi belle que vous l'êtes en réalité. Madame de Beauséant m'a ordonné de ne pas vous tant regarder. Elle ne sait pas ce qu'il y a d'attrayant à voir vos jolies lèvres rouges, votre teint blanc, vos yeux si doux... [...]

Après avoir ainsi commencé, Rastignac défila son chapelet d'une voix coquettement sourde ; et madame de Nucingen encourageait Eugène par des sourires en regardant de temps en temps de Marsay.

Honoré de Balzac, *Le Père Goriot* (1842)

Je consolide

5 **Réécrivez les phrases en utilisant un participe présent pour remplacer le verbe conjugué souligné.**

a. Elle parlait ainsi et elle savait qu'elle parviendrait à convaincre son auditoire.

b. On voyait que les enfants étaient heureux, nous en arrivions à la conclusion que c'était une belle journée.

c. La soirée s'annonçait douce, les promeneurs discutaient et se promenaient dans le parc, avec plaisir.

d. Notre héros allait tenter une action qui pouvait se retourner contre lui, il avait peur.

6 **Réécrivez les phrases en utilisant le gérondif.**

Ex : *Je m'exerçais tous les jours et j'ai progressé.*
→ *En m'exerçant tous les jours, j'ai progressé.*

a. Je cherchais mon chemin lorsque j'ai trouvé ce beau magasin.

b. Il a persévéré et il a trouvé la solution à ce problème complexe.

c. Vous avez lu de nombreux livres, vous voilà avec une bonne culture générale.

d. J'ai réfléchi et je pense que tu as raison.

e. Il est tombé et il s'est fait mal.

7 **Élaborez un tableau pour classer l'ensemble des formes verbales présentes dans cet extrait.**

Monsieur Poiret était une espèce de mécanique. En l'apercevant s'étendre comme une ombre grise le long d'une allée au Jardin des Plantes, la tête couverte d'une vieille casquette flasque, tenant à peine sa canne à pomme d'ivoire jauni dans sa main, laissant flotter les pans flétris de sa redingote qui cachait mal une culotte presque vide, et des jambes en bas bleus qui flageolaient comme celles d'un homme ivre, montrant son gilet blanc sale et son jabot de grosse mousseline recroquevillée qui s'unissait imparfaitement à sa cravate cordée autour de son cou de dindon, bien des gens se demandaient si cette ombre chinoise appartenait à la race audacieuse des fils de Japhet qui papillonnent sur le boulevard Italien.

Honoré de Balzac, *Le Père Goriot* (1842)

8 La GRAMMAIRE dans les textes

Identifiez toutes les formes verbales des lignes 8 à 18 du texte de Camille Brunel ▶ p. 80**. Repérez les accumulations de verbes : quel phénomène traduisent-elles ?**

J'APPLIQUE POUR ÉCRIRE

9 **À partir de la suite d'emojis suivante, racontez une courte histoire en utilisant les diverses formes du verbe.**

7 Les pronoms

J'observe la phrase du jour

Anna est l'amie de Shéhérazade et Shéhérazade est l'amie de Charles.

a. Je manipule Réécrivez la phrase en supprimant la répétition en vous assurant qu'aucune confusion ne soit possible.

b. J'entre dans la leçon Quelle classe de mot avez-vous dû utiliser ?

Je retiens

- en et y sont des pronoms personnels adverbiaux : On y mange bien. Tu en parles.
- me, te, se... sont des pronoms personnels réfléchis : Je me promène.
- on est un pronom personnel indéfini : On raconte qu'ils ont disparu.

LES PRONOMS

PRONOM PERSONNEL
je, me, tu, elle, se, leur...
Désigne celui ou ceux qui parle(nt), à qui l'on parle ou dont on parle.

PRONOM DÉMONSTRATIF
ce, cela, ceci, celui, celle-là...
Remplace le nom déjà cité en le désignant.

PRONOM POSSESSIF
le mien, les siens, le vôtre...
Indique le possesseur.

PRONOM RELATIF
qui, que, quoi, dont, où...
Permet de construire une subordonnée relative.

PRONOM INDÉFINI
personne, rien, chacun...
Indique une quantité imprécise, la ressemblance, l'absence, la totalité...

PRONOM INTERROGATIF
qui, que, laquelle...
Sert à construire une interrogation.

PRONOM NUMÉRAL
deux, trois, le premier...
Indique le nombre ou le rang.

Je construis

1 * À quelles classes grammaticales précises appartiennent les mots en couleur ?

a. Il a beaucoup plu mais ils ont réussi à rentrer rapidement. Et à mon avis, leurs vêtements sont secs maintenant. Je vais le leur dire, j'imagine leur bonheur de pouvoir ressortir.

b. Votre solution n'est pas la bonne. La leur si.

c. Je préfère la vôtre.

2 * Parmi les pronoms personnels en couleur, dites lesquels sont sujets et lesquels sont compléments.

a. Vous vous racontez des histoires !

b. Après nous avoir servi l'entrée, le serveur nous présenta le plat principal.

c. Je me rends compte de tes efforts et je t'en félicite !

d. Ses pièces, ils les ont trouvées dans le métro.

Je consolide

3 * Relevez dans ces phrases les pronoms personnels et précisez quels groupes nominaux ils remplacent.

a. J'aime ce pays, et j'aime y vivre parce que j'y ai mes racines, ces profondes et délicates racines, qui attachent un homme à la terre où sont nés et morts ses aïeux... (G. de Maupassant)

b. Qui longe cette côte passe par une série de mirages. À chaque instant le rocher essaie de vous faire sa dupe. Où les illusions vont-elles se nicher ? Dans le granit. Rien de plus étrange. (V. Hugo)

c. Lorsqu'on eut pris le café : « Si nous allions nous promener, » dit Jeanne. Le vicomte se leva ; mais le baron préférait faire son lézard au soleil sur le galet : « Allez-vous-en, mes enfants, vous me retrouverez ici dans une heure. ». (G. de Maupassant)

8 Les déterminants

J'observe la phrase du jour

Parmi tous les livres formidables que j'ai lus, ma préférence va à ces deux romans fantastiques.

a. Je manipule Réécrivez la phrase en remplaçant *je* par *tu* et en mettant *romans* au singulier. Repérez et nommez tous les mots que vous avez modifiés.

b. J'entre dans la leçon Soulignez les groupes nominaux de la phrase initiale et analysez-les : repérez le nom noyau, son déterminant, son éventuelle expansion.

Je retiens

LES DÉTERMINANTS

ARTICLE DÉFINI
le, la, les, l'
Désigne un être ou une chose identifiés.

ARTICLE INDÉFINI
un, une, des
Désigne un être ou une chose non identifiés.

ARTICLE PARTITIF
du, de la, des
Désigne une partie d'un tout.

DÉTERMINANT INDÉFINI
plusieurs, nul, tous (les)...
Indique une quantité imprécise, la totalité, l'absence...

DÉTERMINANT INTERROGATIF OU EXCLAMATIF
quel(s), quelle(s)...
Permet de construire une interrogation ou une exclamation.

DÉTERMINANT DÉMONSTRATIF
ce, cette, ces, ce...-ci, ce...-là...
Montre ou rappelle une chose déjà désignée.

DÉTERMINANT POSSESSIF
mon, mes, sa, notre, leur...
Indique un possesseur.

DÉTERMINANT NUMÉRAL
deux, trois, premier...
Indique le nombre ou le rang.

Je construis

1 * Imaginez une situation où cette phrase aurait pu être prononcée. Expliquez alors ce qu'apporte à la phrase le déterminant employé.

Je veux ce pull ! • Je veux le pull ! • Je veux ton pull ! • Je ne veux aucun pull ! • Je veux 1500 pulls ! • Je veux tous les pulls ! • Je veux des pulls !

Je consolide

2 * Relevez dans ces phrases les déterminants.

a. Vous avez votre opinion sur la question, nous avons la nôtre.

b. De la farine, du beurre et des œufs, voilà ce qu'il nous faut.

c. Cette voiture a cinq portes et la mienne, trois.

d. Quelle surprise a été la nôtre de le voir entrer ainsi !

e. Aucune personne ne doit entrer ici.

3 ** Placez ces déterminants pour reconstruire un texte cohérent.

au – la (3 fois) – des – quelque – un (2 fois) – les – ces – le (3 fois) – leurs

Elle aurait voulu vivre dans .... vieux manoir, comme .... châtelaines .... long corsage, qui, sous .... trèfle .... ogives, passaient .... jours, ... coude sur .... pierre et .... menton dans .... main, à regarder venir du fond de .... campagne .... cavalier à plume blanche qui galope sur .... cheval noir. [...] Elle se laissa glisser dans .... méandres lamartiniens.

■ D'après **Gustave Flaubert**, *Madame Bovary* (1857)

9 Les classes des mots invariables

▸ Identifier les mots invariables et leur classe (C4.2)

J'observe la phrase du jour

Souvent, je prends deux cents bonnes résolutions que je ne tiens pas !

a. Je manipule Réécrivez la phrase au passé en remplaçant *je* par *nous* et *deux cents* par *une*.

b. J'entre dans la leçon Déduisez pour chaque mot s'il varie en genre, en nombre, en personne, en temps.

c. VERS LE BREVET Proposez une analyse des principaux constituants de la phrase (sujet, verbe, complément).

Je retiens

LES MOTS INVARIABLES

PRÉPOSITION (mot outil)
Elle sert à **introduire** un mot ou un groupe de mots.
à, dans, par, pour, en, vers, avec, de, sans, sous...

CONJONCTION DE COORDINATION (mot outil)
Elle sert à **relier** deux mots ou groupes de mots de même classe.
mais, ou, et, or, ni, car

CONJONCTION DE SUBORDINATION (mot outil)
Elle sert à **introduire** une **proposition subordonnée** conjonctive.
que, comme, si, quand, lorsque...

ADVERBE
Il sert à **modifier le sens** d'un verbe, d'un adjectif ou d'un autre adverbe.
vite, bien, heureusement, jamais, ne, pas...

INTERJECTION
- Elle sert à exprimer un **sentiment**, une **sensation** avec vivacité.
oh, eh, ah, ouille...
- On ajoute à cette classe les **onomatopées** qui imitent un bruit.
pif, boum, vlan...

ORTHOGRAPHE

Mots invariables à retenir

- **Adverbes :** toujours, longtemps, auparavant, aujourd'hui, jadis, dorénavant, ailleurs, quelquefois, soudain, certes, davantage, beaucoup, tôt, bientôt, plutôt, néanmoins, volontiers, toutefois, d'abord...
- **Prépositions :** parmi, hormis, au-dessous, malgré...

Je construis ORAL

1 * **Dites si les mots des phrases sont variables ou invariables et justifiez votre réponse.**

a. Ah ! cette nouvelle leçon de grammaire me paraît très facile !

b. Jadis, dans un village d'Auvergne, naissait Albert, mon grand-père maternel auquel je dois mon amour des livres.

c. Quelle joie de la voir partir pour ce si merveilleux voyage, mais quelle tristesse de la savoir loin si longtemps !

d. « Et bim ! Je n'ai ni le valet de pique ni la reine de cœur ! » s'écria-t-il.

2 * **a. Dites pour chaque mot invariable à quelle classe il appartient.**

a. à, ah, ni, lorsque, oh, boum, mais, quand, vite, par, là, donc, pas, malgré.

b. pour, et, sous, vers, jamais, ne, parce que, paf, avec, oh.

Défi ! b. Inventez une phrase comprenant quatre mots de la liste a. Puis une autre comprenant cinq mots de la liste b.

3 * **Travailler AUTREMENT**

Défis en binôme

a. Faites une liste de dix mots invariables appartenant à la leçon.

b. Notez leur classe précise.

c. Proposez-les un par un à un camarade et demandez-lui d'en indiquer la classe grammaticale.

d. Comptez un point par réponse juste et expliquez-lui ses erreurs. Échangez ensuite les rôles.

Je consolide

4 * **Repérez les mots invariables. Donnez leur classe.**

Le soir, Marie est venue me chercher et m'a demandé si je voulais me marier avec elle. J'ai dit que cela m'était égal et que nous pourrions le faire si elle le voulait. Elle a voulu savoir alors si je l'aimais. J'ai répondu comme je l'avais déjà fait une fois, que cela ne signifiait rien mais que sans doute je ne l'aimais pas. « Pourquoi m'épouser alors ? » a-t-elle dit.

■ Albert Camus, *L'Étranger* (1942) © Gallimard

5 * VERS LE BREVET **Réécrivez ces phrases : identifiez la conjonction de coordination, puis remplacez-la par une conjonction de subordination ou une locution conjonctive.**

a. Nous nous dépêchons car notre train entre en gare.

b. Bastien est souffrant, et il ne viendra pas à la sortie.

c. Noam excelle en dessin or il n'a jamais pris de cours.

d. Cette chemise n'est pas blanche, mais elle conviendra.

6 * **Donnez la classe précise des mots soulignés.**

> COUP DE POUCE
> Lorsque les mots *que*, *comme* ou *si* n'introduisent pas une proposition, ils sont **adverbes**.

Toute la population s'est transformée en rhinocéros sauf Béranger qui prononce le monologue final.

BÉRANGER. Je ne suis pas beau, je ne suis pas beau. *(Il décroche les tableaux, les jette par terre avec fureur, il va vers la glace.)* Ce sont eux qui sont beaux. J'ai eu tort ! Oh ! Comme je voudrais être comme eux. Je n'ai pas de corne, hélas ! Que c'est laid, un front plat. Il m'en faudrait une ou deux, pour rehausser mes traits tombants. Ça viendra peut-être, et je n'aurai plus honte, je pourrai aller tous les retrouver. Mais ça ne pousse pas !

■ Eugène Ionesco, *Rhinocéros* (1959) © Gallimard

7 * ORTHOGRAPHE **Choisissez la bonne proposition et justifiez vos réponses.**

a. Théo (*part*/*par*) (*part*/*par*) la porte de derrière.

b. Tu (*mets*/*mais*) tes baskets, (*mets*/*mais*) tu ne vas pas courir !

c. Jeanne (*a*/*à*) appris (*a*/*à*) lire l'alphabet grec.

d. (*Où*/*Ou*) allons-nous ? au skatepark (*où*/*ou*) au stade ?

e. Il (*est*/*et*/*ait*) vraiment dommage qu'on (*est*/*et*/*ait*) abandonné ce projet novateur (*est*/*et*/*ait*) audacieux.

f. (*Sans* / *S'en* / *Sent*) mentir, il trouve que ton brownie (*sans* / *s'en* / *sent*) si bon qu'il est pressé de (*sans* / *s'en* / *sent*) délecter !

8 * **Certains homonymes appartiennent à deux classes grammaticales différentes. Distinguez-les dans les phrases suivantes. Justifiez votre analyse.**

a. Ella préfère prendre le **car** pour aller au collège **car** elle habite à plus de deux kilomètres de l'établissement. (*nom ou conjonction de coordination ?*)

b. Bien qu'il soit très **fort** cette saison, il aura **fort** à faire avec cet adversaire ! (*adjectif ou adverbe ?*)

c. Ces **vers** de Charles Baudelaire me mènent loin de mon quotidien **vers** des rivages exotiques. (*préposition ou nom ?*)

Défi ! d. Je pense **que** tu ne feras jamais **que** les choses **que** tu as décidé de faire ! (*adverbe, conjonction de subordination ou pronom relatif ?*)

J'APPLIQUE POUR ÉCRIRE

9 * **Enrichissez ce paragraphe par des adverbes de votre choix aux emplacements indiqués.**

> COUP DE POUCE
> Les adverbes permettent de **préciser une idée** (*Elle est vraiment réussie*), mais aussi d'**articuler le discours** avec des termes comme *ainsi, aussi, d'abord, ensuite, certes, cependant*...

.... l'imagination permet d'échapper à un quotidien .... morne et routinier. .... certains romans ou films nous entraînent dans des mondes .... merveilleux ou fantastiques. Nous pouvons .... citer le film *Avatar* qui emporte le spectateur sur une planète peuplée d'êtres .... extraordinaires et attachants. .... l'imagination permet .... d'anticiper l'avenir en faisant des projets dans notre esprit. .... c'est en s'imaginant, par exemple, une carrière professionnelle que nous pouvons décider de notre orientation et rester .... motivés.

Mémo Brevet 2

▸ Identifier les différentes classes grammaticales (C4.2)

Les classes grammaticales

À SAVOIR

- La **classe grammaticale** (ou nature) d'un mot ou d'un groupe de mots est la catégorie de mot ou de groupe de mots à laquelle il appartient.
- On distingue les **mots variables** (en genre, nombre, personne, temps et mode) et les **mots invariables**.

LES CLASSES DES MOTS VARIABLES

VERBE

- Il exprime une **action** ou un **état**.
partir, manger, concevoir, avoir, être, paraître
- Remarque : les verbes *être* et *avoir* sont des **auxiliaires** quand ils servent à conjuguer un temps composé.

NOM

Il désigne un **être**, une **chose**, un **lieu**, une **idée**.
sapin, sœur, vérité, directeur / directrice

ADJECTIF

Il attribue une **qualité** à un nom.
une veste verte, de petites crevettes

PRONOM

- Il désigne **qui** parle, **à qui** l'on parle ; ou il **remplace** un nom, un groupe.
- Pronom **personnel**.
je, me, moi, il, le, lui, leur...(+ en, y)
- Pronom **démonstratif**.
ce, celle-là, ceci...
- Pronom **possessif**.
le mien, le vôtre, les leurs...
- Pronom **indéfini**.
personne, tout, chacun...
- Pronom **interrogatif**.
qui, que, lequel...
- Pronom **numéral**.
trois, le premier, le second...
- Pronom **relatif**.
qui, que, quoi, dont, où, lequel, duquel

DÉTERMINANT

- Il **détermine** le nom.
- Article **défini**.
le, la ,les, l'
- Article **indéfini**.
un, une, des
- Article **partitif**.
du, de la, des
- Déterminant **démonstratif**.
ce, cette, ces...
- Déterminant **possessif**.
mon, ma, mes...
- Déterminant **indéfini**.
chaque, certains, tous les..
- Déterminant **numéral**.
deux, cent, vingt, le premier...
- Déterminant **interrogatif**.
quel...

ADVERBE

Il **modifie le sens** d'un verbe, d'un adjectif ou d'un autre adverbe, d'une phrase ou d'une proposition.
très, aussi, plus, moins, ne, pas, toujours, puis, alors, donc, heureusement…

PRÉPOSITION mot outil

Elle **introduit** un mot ou un groupe de mots.
à, dans, par, pour, en, vers, de, sans, sous…

INTERJECTION

Elle sert à **exprimer un sentiment**.
Ah, oh, eh, hélas…

LES CLASSES DES MOTS INVARIABLES

CONJONCTION DE COORDINATION mot outil

Elle **relie** deux mots ou groupes de mots de même classe.
mais, ou, et, or, ni, car

CONJONCTION DE SUBORDINATION mot outil

Elle **introduit** une proposition subordonnée.
que, si, comme, quand, lorsque…

PROPOSITION

Groupe formé autour d'un **verbe conjugué**.
Je **pense** que tu **seras** content.

GROUPE NOMINAL

Groupe formé autour d'un **nom**.
Le petit **chien** court après les **oiseaux**.

GROUPE PRONOMINAL

Groupe formé autour d'un **pronom**.
Celles de Chloé sont les meilleures.

LES CLASSES DES GROUPES DE MOTS

GROUPE ADJECTIVAL

Groupe formé autour d'un **adjectif**.
Rouge de colère, il trépignait.

GROUPE INFINITIF

Groupe formé autour d'un **verbe à l'infinitif**.
Nous essayons de nous **distraire** un peu.

10 Les fonctions essentielles

▶ Identifier les fonctions essentielles dans la phrase (C4.2)

J'observe la phrase du jour

Leïla lit un manga au CDI.

a. Je manipule Quel(s)mots(s) ou groupes de mots peut-on supprimer de la phrase en conservant une phrase correcte ? Quel(s)mots(s) ou groupes de mots peut-on déplacer dans la phrase en conservant une phrase correcte ?

b. J'entre dans la leçon Donnez la fonction des groupes qui doivent être conservés et non déplacés dans la phrase.

c. VERS LE BREVET Réécrivez cette phrase à la forme passive ▶ p. 298.

Je retiens

LES FONCTIONS ESSENTIELLES

Ces éléments de la phrase ne peuvent être supprimés et/ou déplacés.

ORTHOGRAPHE

L'attribut s'accorde toujours avec le nom ou le pronom auquel il se rapporte (sujet ou COD).
Léa et Léo sont intelligents.
Ils ont élu **Léa** déléguée.

SUJET

Il commande l'accord du verbe.
Yanis et Cléa sont les nouveaux délégués.
(Yanis et Cléa : sujet)

COMPLÉMENT D'OBJET

Il complète le verbe directement (COD) ou indirectement grâce à une préposition (COI).
Rose prête son livre à Yanis.
(son livre : COD ; à Yanis : COI)

CERTAINS COMPLÉMENTS DE LIEU, TEMPS, MESURE...

Robin mesure 1,70 m et pèse 65 kilos. Il habite à Nantes.

ATTRIBUT

- du **sujet** : il attribue une qualité au sujet d'un verbe attributif (*être, paraître, devenir*...). **Robin** est gentil.
- du **COD** : il attribue une qualité au COD du verbe conjugué. Les élèves ont élu **Yanis** délégué.

COMPLÉMENT D'AGENT

Dans une phrase à la forme passive, il exprime qui fait l'action exprimée par le verbe conjugué.
Yanis a été élu par les élèves.

Je construis ORAL

1 * **a. Dites si les groupes soulignés sont essentiels ou non. Pour cela, essayez de les supprimer ou de les déplacer.**
b. Donnez la fonction des groupes essentiels.

a. Nous organisons une randonnée à la campagne tous les samedis.
b. D'après les médecins, la marche est un excellent exercice.
c. Des chaussures adaptées sont le seul équipement nécessaire pour pratiquer ce sport.
d. J'ai promis à mes amies de les emmener marcher avec moi.

2 ** **Construisez une phrase avec tous les éléments demandés.**

a. sujet – verbe *déguster* – COD
b. sujet – verbe *réaliser* – complément d'agent
c. sujet – verbe *sembler* – attribut du sujet
d. sujet – verbe *élire* – COD – attribut du COD
e. sujet – verbe *aller* – complément essentiel de lieu
f. sujet – verbe *dire* – COD – COI

Je consolide

3 * Précisez si les groupes soulignés sont des COD ou des attributs du sujet.

Gabriel Bernard, frère de ma mère, devint amoureux d'une des sœurs de mon père ; mais elle ne consentit à épouser le frère qu'à condition que son frère épouserait la sœur. L'amour arrangea tout, et les deux mariages se firent le même jour. Ainsi mon oncle était le mari de ma tante, et leurs enfants furent doublement mes cousins germains.

■ Jean-Jacques Rousseau, *Confessions* (1782), Livre I.

4 * Précisez si les groupes soulignés sont COD ou COI.

COUP DE POUCE
Réfléchissez à la **construction du verbe** :
- on dit *manger quelque chose* (COD),
- mais *parler de quelque chose* (COI).
Ex : *Il mange de la compote.*
(= *Il mange quelque chose* → COD)
Elle parle de ses projets.
(= *Elle parle de quelque chose* → COI)

a. Jules raconte de jolies histoires.
b. Ces histoires mettent en scène de nombreux personnages.
c. Elles parlent de son enfance.
d. Le héros rêve de quitter sa famille.
e. Ses parents lui donnent du travail tous les soirs.
f. C'est pourquoi il évite de rester trop longtemps à table le soir.

5 * Indiquez si chaque groupe souligné est un complément essentiel (de lieu, temps ou mesure).

a. Chaque matin, Pierre va au village.
b. Il marche tranquillement à travers champs.
c. Le trajet dure trente minutes, rarement davantage.
d. L'effort est pourtant difficile, surtout en hiver.
e. Pierre mesure un mètre, il n'a que trois ans.
f. Il pèse quinze kilos.

6 * Remplacez le pronom souligné par une expression qui aura la même fonction dans la phrase.

a. Ce matin, nous l'avons rencontrée devant le collège.
b. Elle nous avait annoncé une grande surprise.
c. Elle nous l'a dite dès notre arrivée.
d. Il ne l'a pas crue immédiatement.
e. Elle a dû la lui répéter plusieurs fois.
f. Nous lui avons recommandé de garder le secret.

7 * Travailler AUTREMENT

Jeu de cartes à 3 ou 4 joueurs

a. Faites en commun une liste de neuf verbes attributifs : écrivez un verbe par carte.
b. Faites une liste de neuf autres verbes acceptant un COD : écrivez un verbe par carte.
c. Mélangez les cartes.
d. Posez les cartes empilées au centre de la table de jeu, avec l'infinitif du verbe visible.
Manche 1 :
e. S'il s'agit d'un verbe attributif, il faut être le premier à prendre la carte et faire une phrase contenant un attribut du sujet pour justifier. Le groupe valide la réponse.
f. Celui qui a le plus de cartes « verbes attributifs » a gagné la partie.

J'APPLIQUE POUR ÉCRIRE

8 * Écrivez une courte biographie à partir de la chronologie proposée. Utilisez au moins un attribut du sujet, un attribut du COD, un complément essentiel, un COD et un COI. Variez les sujets des verbes conjugués.

2007 : naissance à la clinique des Romarins, très beau bébé.
2008 : surnom officiel : « Alex ».
2010 : entrée à l'école maternelle.
2011 : rencontre avec Juju.
2014 : entrée au CP, découverte de la lecture.

9 * Construisez une phrase avec un attribut du sujet de la classe indiquée. Variez les verbes attributifs et les sujets.

a. nom propre
b. adjectif
c. groupe nominal
d. pronom personnel
e. infinitif ou groupe infinitif
f. proposition subordonnée

10 * Donnez la fonction grammaticale précise des compléments introduits par *à* et *par*.

a. *La Confession d'un enfant du siècle* a été écrit par Musset.
b. Lorsqu'il raconte son histoire, Musset pense à ses proches.
c. Musset habite à Paris, où il fréquente beaucoup de monde.
d. Son récit est celui d'un homme trompé par son amante.
e. Pour se consoler, il va par la forêt et par la campagne.
f. Il dit à chaque lecteur la souffrance qu'il a ressentie.

▸ Identifier et construire les subordonnées COD (C4.2)

11 Les subordonnées COD (1)

J'observe la phrase du jour

Noémie souhaite la venue de son frère à ce concert.

a. Je manipule Remplacez le groupe qui complète *souhaite* par une proposition de même fonction.

b. J'entre dans la leçon Quelle est la fonction grammaticale de la proposition que vous avez créée ?

c. VERS LE BREVET À quel temps et à quel mode est conjugué le verbe dans la proposition subordonnée ?

Je retiens

LES SUBORDONNÉES COD

CONJONCTIVES PAR *QUE*

- Introduites par la **conjonction de subordination** que.
- Le verbe est au **subjonctif** (après les verbes exprimant le doute, un sentiment ou la volonté) ou à l'**indicatif**.

Je veux qu'elle vienne.
COD de *veux*

Elle pense qu'elle va réussir.
COD de *pense*

INTERROGATIVES INDIRECTES

- Introduites par un **mot interrogatif** (qui, quand, où...) ou par la **conjonction de subordination** si.
- Elles complètent le verbe principal, qui exprime un manque d'information.

Elle ne sait pas si elle va réussir.
COD de *sait*

Il s'agit d'une interrogation au discours indirect.
Quand vient-il ? (discours direct) → Je lui demande quand il vient. (discours indirect)

Je construis ORAL

1 * Délimitez les propositions subordonnées COD dans chacune des phrases.

a. Sur ce panneau, il est écrit que les spectateurs doivent être silencieux.

b. Le directeur du théâtre précise que c'est valable pour tout le monde.

c. Les élèves voient que cette règle est bien respectée.

d. Les acteurs ont appris que le public peut être distrait par moments.

e. Tout le monde espère que le spectacle se déroulera bien.

2 ** Remplacez le COD souligné par une proposition subordonnée COD.

a. Marie demande l'autorisation d'emprunter un livre.

b. Elle doute de pouvoir rendre son travail dans le délai imposé par le professeur.

c. Elle entend la plainte de ses camarades également en difficulté.

d. Yacine promet son aide aux autres élèves du groupe.

e. Il apprécie la solidarité dans la classe.

3 ** VERS LE BREVET Réécrivez ces interrogations directes au discours indirect pour faire apparaître une subordonnée interrogative indirecte.

a. Léna se demande : « Qui viendra au cinéma ce soir ? »

b. Samuel a demandé : « À quelle heure la séance a-t-elle lieu ? »

c. « Où se trouve exactement la salle ? » demande Ilan.

d. « Qui sont les acteurs principaux ? » se demande Imrinn.

e. Les autres élèves demandent : « Pourquoi devons-nous aller voir ce film ? »

Je consolide

4 **Précisez si les propositions introduites par *si* sont COD.**

a. Le répondeur me demande si je veux joindre Noah.

b. Si je veux le joindre, je dois taper 1.

c. Je dois rappeler plus tard si mon correspondant est occupé.

d. Je ne sais pas si je vais finalement arriver à le joindre.

e. Je suis si contente de l'avoir au téléphone que je crie de joie.

5 **Indiquez si les propositions soulignées sont COD.**

a. Nolan ignore où il a mis son manuel et son cahier.

b. Il se demande quand il les a utilisés pour la dernière fois.

c. Quand il était en classe, ils étaient dans son cartable.

d. Il ne sait pas qui peut les avoir pris.

e. Dans la classe, il ne voit personne qui aurait pu lui jouer ce tour.

6 **Dites si les propositions introduites par *que* ou *qu'* sont COD.**

a. Eugénie promet qu'elle obéira à son père.

b. Elle épousera l'homme qu'il lui imposera.

c. Au XIXe siècle, on préfère qu'une fille soit sage et bien mariée.

d. Mais Eugénie n'aime pas l'homme qu'on lui présente.

e. Qu'elle soit obligée de passer sa vie avec lui la désespère.

7 **Complétez les phrases suivantes en conjuguant le verbe à l'indicatif ou au subjonctif. Justifiez votre choix.**

a. Eiffel pense que sa tour (*devenir*) l'emblème de Paris.

b. Il affirme qu'elle (*représenter*) un exploit technique.

c. Mais de nombreux artistes doutent qu'elle (*rester*) en place bien longtemps.

d. Ils souhaitent qu'elle (*disparaître*) très rapidement.

e. Ils estiment qu'elle (*défigurer*) le paysage parisien.

8 **Relevez dans le texte suivant cinq propositions subordonnées COD. Donnez leur classe grammaticale et le verbe qu'elles complètent.**

Saint-Preux déclare son amour à Julie.

Vous savez que je ne suis entré dans votre maison que sur l'invitation de madame votre mère. Sachant que j'avais cultivé quelques talents agréables, elle a cru qu'ils ne seraient pas inutiles, dans un lieu dépourvu de maîtres, à l'éducation d'une fille qu'elle adore. Fier, à mon tour, d'orner de quelques fleurs un si beau naturel, j'osai me charger de ce dangereux soin, sans en prévoir le péril, ou du moins sans le redouter. Je ne vous dirai point que je commence à payer le prix de ma témérité : j'espère que je ne m'oublierai jamais[1] jusqu'à vous tenir des discours qu'il ne vous convient pas d'entendre, et manquer au respect que je dois à vos mœurs encore plus qu'à votre naissance et à vos charmes.

■ Jean-Jacques Rousseau, *Julie ou la Nouvelle Héloïse* (1761), lettre I à Julie

1. **je ne m'oublierai jamais :** je ne me laisserai jamais aller.

9 **Dites si les propositions soulignées sont des subordonnées COD. Justifiez votre réponse.**

Je ne sais pourquoi, Ninon, je me souvins hier soir de ces folies, de notre longue course et de nos danses libres et rieuses. Puis, ce vague souvenir fut suivi de cent autres vagues rêveries. Me pardonneras-tu de te les conter ? Cheminant au hasard, m'arrêtant et courant sans raison, je m'inquiète peu de la foule ; mes récits ne sont que de bien pâles ébauches ; mais tu m'as dit que tu les aimais.

■ Émile Zola, « Le Carnet de danse », *Contes à Ninon* (1864)

10 **La GRAMMAIRE dans les textes**

a. **Trouvez deux subordonnées COD dans les lignes 4 à 6 du texte d'Andrée Chedid** ▸ p. 170**.**

b. **Réécrivez la réplique des lignes 11 et 12 au discours indirect. Soulignez les subordonnées COD que vous avez créées.**

J'APPLIQUE POUR ÉCRIRE

11 **Transposez cette scène de théâtre en texte narratif. Vous utiliserez des verbes de parole variés pour introduire les subordonnées COD.**

Clitandre aime Angélique. Il demande de l'aide à la servante Claudine pour la rencontrer en cachette.

CLITANDRE. – Dis-moi, as-tu rendu mon billet à ta belle maîtresse ?

CLAUDINE. – Oui, elle est allée y répondre.

CLITANDRE. – Mais, Claudine, n'y a-t-il pas moyen que je la puisse entretenir ?

CLAUDINE. – Oui : venez avec moi, je vous ferai parler à elle.

CLITANDRE. – Mais le trouvera-t-elle bon ? et n'y a-t-il rien à risquer ?

CLAUDINE. – Non, non : son mari n'est pas au logis ; et puis, ce n'est pas lui qu'elle a le plus à ménager, c'est son père et sa mère ; et pourvu qu'ils soient prévenus, tout le reste n'est point à craindre.

■ Molière, *George Dandin* (1668), II, 4

12 Les subordonnées COD (2)

▸ Identifier et construire les subordonnées COD (C4.2)

J'observe la phrase du jour

De ma fenêtre ouverte, j'entends siffler le train en gare de Perpignan.

a. J'entre dans la leçon Proposez une analyse logique (sujet, verbe, compléments) de la phrase du jour.

b. VERS LE BREVET Réécrivez la phrase :
- en faisant apparaître une subordonnée introduite par la conjonction de subordination *que* ;
- en faisant apparaître une subordonnée relative.

Je retiens

LA SUBORDONNÉE INFINITIVE
Une subordonnée COD particulière

- Proposition construite **sans mot subordonnant** et autour d'un **verbe à l'infinitif** (non conjugué).
- Elle a pour fonction **COD** du verbe de la proposition principale.

Tu sens le sol trembler. (le sol trembler : COD de *sens*)

- Proposition dont le **noyau** est un **verbe à l'infinitif**.
- Ce **verbe** possède un **sujet** propre, **différent du sujet de la principale** et qui peut se trouver avant ou après lui.

J'entends siffler le train. (*le train* est le sujet de *siffler*)

Proposition qui apparaît généralement après des **verbes de perception** (*voir, entendre, sentir*...).

Tu écoutes tes amis jouer du piano.

Je construis ORAL

1 * **Dans les phrases suivantes, repérez les subordonnées infinitives et donnez le sujet du verbe à l'infinitif.**

a. De mes fenêtres, je vois la Seine couler.
b. Parfois, tu écoutes le vent mugir.
c. Tu vois les dernières étoiles briller dans le ciel.
d. Elles sentent venir l'hiver.
e. J'entends les chiens aboyer.
f. Vous imaginez les enfants marcher sur la plage.

Je consolide

2 ** **Complétez les principales suivantes par une subordonnée infinitive de votre choix.**

a. Tu écoutes attentivement...
b. Le matin, au lever du jour, il voyait ...
c. Nous sentions, alors que nous nous enfoncions dans la forêt, ...
d. Épuisée par sa journée, elle sentait...

3 ** **Parmi les phrases suivantes, soulignez celles qui contiennent une proposition subordonnée infinitive.**

a. Je regarde la fusée atterrir.
b. Je regarde l'atterrissage de la fusée.
c. J'observe le soleil qui se lève.
d. J'observe le soleil se lever.
e. Tu entends les marches grincer.
f. Tu aimes entendre les grincements des marches.

4 *** **a. Soulignez les subordonnées infinitives dans les phrases suivantes.**
b. Transformez chaque subordonnée infinitive en groupe nominal suivi d'une subordonnée relative.

Ex : *Je vois le bateau couler.* → *Je vois le bateau qui coule.*

a. J'entends les enfants chanter dans la cour.
b. Il sent sa main caresser ses cheveux.
c. Elles imaginent des voitures voler dans le ciel.
d. Nous voyons les gens marcher dans la rue.

▸ Identifier et utiliser l'attribut du COD (C4.2)

13 L'attribut du COD

J'observe la phrase du jour

Le conseiller principal d'éducation croit Titouan honnête.

a. **Je manipule** Identifiez le COD et remplacez-le par un pronom personnel. Que constatez-vous ?

b. **J'entre dans la leçon** À quoi se rapporte l'adjectif *honnête* ? Est-il supprimable ?

c. **VERS LE BREVET** Remplacez *Titouan honnête* par une proposition subordonnée conjonctive complétive de même sens, et précisez la fonction de *honnête* dans cette subordonnée.

Je retiens

L'ATTRIBUT DU COD...

Est un **complément essentiel** : c'est le troisième constituant d'un groupe verbal déjà composé d'un verbe et d'un COD.
Louna trouve (verbe) son chat (COD) mignon (attribut du COD).

- Est souvent **adjectif** ou **groupe nominal**.
- Caractérise le COD et s'accorde avec lui.
Louna trouve **ses** chat**s** mignon**s**.

Est surtout placé après des **verbes de jugement** (*croire, estimer, juger, imaginer, trouver, penser, considérer comme...*) ou de **choix** (*nommer, élire, choisir comme, appeler...*).

- Est **non supprimable**.
- Ne peut pas être remplacé par un pronom.
On l'(COD) a élu meilleur orateur de la 3^{e}C (attribut du COD).

Je construis ORAL

1 * **Construisez des phrases respectant les structures suivantes. Remplacez *quelqu'un* par un groupe nominal.**

a. sujet + *rendre quelqu'un* + attribut du COD
b. sujet + *juger quelqu'un* + attribut du COD
c. sujet + *appeler quelqu'un* + attribut du COD

2 * **Repérez l'attribut du COD, s'il y en a un.**

a. Les scientifiques considèrent Mars accessible.
b. Les trouvez-vous trop optimistes ?
c. La NASA a présenté un beau projet.
d. Ils ont surnommé Mars la Planète rouge.

3 * **Remplacez le COD par un pronom : identifiez ainsi l'attribut du COD, ou l'épithète.**

a. J'ai trouvé le livre passionnant.
b. Tu trouveras ce livre passionnant au CDI.
c. Lucie a coupé ses cheveux longs et bouclés.
d. Roxane a les cheveux longs et bouclés.

Je consolide

4 * ORTHOGRAPHE **Accordez les attributs du COD.**

a. Ils ont trouvé les épreuves du Brevet (*intéressant*).
b. Les professeurs croient les élèves bien (*préparé*).
c. La principale les considère (*prêt*).
d. Elle les voit comme (*un exemple à suivre*).

5 * **Trouvez les attributs du COD et précisez leur classe grammaticale.**

a. Ils ont élu une femme présidente de l'Assemblée.
b. Les députés ont jugé son projet passionnant.
c. J'ai appelé mon fils aîné Esteban.
d. Il a cru son ordinateur cassé.

6 ** **Dans le texte de La Rochefoucauld ▸ p. 16, l'autoportrait est rédigé à l'aide de la tournure « *avoir* + COD + attribut du COD ». Relevez les attributs du COD dans les lignes 1 à 11.**

COUP DE POUCE
Le verbe *avoir* n'est pas toujours répété.

14 Les compléments circonstanciels

▸ Identifier les fonctions essentielles dans la phrase (C4.2)

J'observe la phrase du jour

Si tu remportes la course, tu pourras facilement obtenir une médaille.

a. Je manipule Quels mots ou groupes de mots peut-on supprimer en conservant une phrase grammaticalement correcte ?

b. J'entre dans la leçon Combien cette phrase contient-elle de propositions ? Peut-on inverser l'ordre de ces propositions ?

c. VERS LE BREVET Remplacez la première proposition par un groupe nominal de même fonction grammaticale.

Je retiens

LES COMPLÉMENTS CIRCONSTANCIELS

- Ils sont **déplaçables** sans modifier le sens de la phrase.
  Ce soir, je viens. / Je viens ce soir.
- Ils sont **supprimables** : la phrase reste correcte.
  Je lis beaucoup. / Je lis.

Mais certains compléments sont **essentiels** (non déplaçables et/ou non supprimables), comme ceux construits avec les **verbes de déplacement** ou de **mesure** (*aller, habiter, peser, durer...*)
Je vais à Paris.
Son chat pèse trois kilos.

Ils expriment différentes **circonstances de l'action** : temps, lieu, manière, but, moyen, cause, conséquence, hypothèse, opposition, comparaison.

Le soir (temps), je mange légèrement (manière) pour être en forme (but).

Ils sont de différentes **classes grammaticales** : groupe nominal, groupe infinitif, proposition subordonnée, adverbe, pronom...

Dès que le temps le permet (prop. subordonnée), je marche longuement (adverbe) dans la forêt (GN) pour me détendre (groupe infinitif).

Je construis ORAL

1 * **a. Repérez dans chaque phrase le complément circonstanciel : essayez de le supprimer et de le déplacer pour vérifier votre analyse.**
b. Trouvez la circonstance exprimée (temps, lieu, manière...).

a. Le poète part dès que le soleil se lève.
b. Il marche à travers la forêt et la campagne.
c. Il se déplace sans y penser.
d. Ce poète marche pour trouver l'inspiration.
e. La nature l'inspire parce qu'elle change tout le temps d'aspect.

2 * **Dites s'il y a des compléments circonstanciels dans chacune des phrases suivantes.**

a. Dans cette ville, les rues sont très étroites.
b. Elles traversent le fleuve.
c. Les pavés qui les recouvrent font entendre un bruit sec.
d. Tous les matins, les rues sont envahies par les habitants qui vont travailler dans d'autres quartiers.
e. Ils sont très nombreux de sorte qu'un brouhaha s'élève et signale le début de la journée.
f. Le soir, le calme revient rapidement.

3* **Précisez la circonstance exprimée par chaque complément circonstanciel souligné.**

L'homme était parti de Marchiennes vers deux heures. Il marchait d'un pas allongé, grelottant sous le coton aminci de sa veste et de son pantalon de velours. Un petit paquet, noué dans un mouchoir à carreaux, le gênait beaucoup ; et il le serrait contre ses flancs, tantôt d'un coude, tantôt de l'autre, pour glisser au fond de ses poches les deux mains à la fois, des mains gourdes[1] que les lanières du vent d'est faisaient saigner.

■ Émile Zola, *Germinal* (1885)

1. **gourdes** : engourdies par le froid.

Je consolide

4* **Donnez la classe grammaticale de chaque complément circonstanciel souligné.**

a. Samuel demande qui veut aller au concert ce soir.

b. Louna répond qu'elle va sûrement y aller.

c. Ses autres amis la rejoindront sur place pour ne pas perdre de temps.

d. Quand ils arrivent, ils s'installent dans la salle.

5* VERS LE BREVET **a. Donnez la circonstance exprimée par les compléments soulignés.**
b. Remplacez chaque complément circonstanciel souligné par une proposition subordonnée de même fonction grammaticale.

a. Dès la sonnerie, tous les élèves sortent.

b. Certains n'ont pas entendu à cause de leur grande concentration.

c. Le professeur doit les avertir pour les faire sortir.

d. En cas d'alerte, la réaction de chacun doit être immédiate.

e. Les élèves courent dans les couloirs, malgré les recommandations des professeurs.

6* **Remplacez chaque complément circonstanciel souligné par un groupe de la classe grammaticale demandée.**

a. Quand le soleil se lève (*à transformer en GN*), les randonneurs quittent le refuge.

b. Ils partent tôt pour que chacun profite de la vue (*à transformer en groupe infinitif*).

c. Les participants doivent souvent boire parce qu'il fait chaud (*à transformer en GN*).

d. Ils marchent en silence (*à transformer en adverbe*) et avec énergie (*à transformer en adverbe*).

Défi ! e. Ils sont passés par ce sommet-là (*à transformer en pronom*) pour accéder au sommet suivant.

7* **Indiquez si le complément circonstanciel souligné exprime la cause ou la conséquence.**

a. Léna est arrivée à l'heure parce qu'elle s'est dépêchée.

b. Comme elle est prévoyante, elle a pris son parapluie.

c. Elle s'est habillée chaudement de sorte qu'elle n'a pas eu froid.

d. Grâce à ses gants, elle est bien équipée pour l'hiver.

e. Elle a mis son manteau épais, au point d'avoir trop chaud.

8** **Précisez quelle est la valeur du complément circonstanciel introduit par *comme*.**

> COUP DE POUCE
> ***Comme*** peut exprimer le **temps**, la **cause** ou la **comparaison**. Pour le savoir, remplacez *comme* par une **autre conjonction** (*quand*, *parce que*, *ainsi que*...).

a. Aurélie et Paul s'entendent comme s'entendent le chien et le chat.

b. Comme ils n'arrivaient pas à se mettre d'accord, leurs amis ont dû prendre les décisions à leur place.

c. Comme ils arrivent enfin au cinéma, Aurélie découvre qu'elle a oublié ses lunettes.

d. Comme elle voit mal, elle doit se mettre au premier rang.

9* **La GRAMMAIRE dans les textes**

a. **Relevez les compléments circonstanciels dans les lignes 1 à 10 de la tribune de Le Clézio** ▶ p. 192**. Montrez qu'ils participent à définir l'événement qu'est la COP 26.**

a. **Relevez les compléments circonstanciels dans les lignes 1 à 10 du texte d'Albert Camus** ▶ p. 34**: comment permettent-ils de peindre ce tableau d'une scène de bonheur simple ?**

J'APPLIQUE POUR ÉCRIRE

10* **Enrichissez ces textes avec des phrases contenant des compléments circonstanciels de classes grammaticales variées. Vous utiliserez au moins un complément circonstanciel de temps, de lieu, de manière et de but.**

a. Elle perd sa bague dans un magasin de bricolage. Dix-huit ans plus tard, elle la retrouve.

b. Lors d'une partie de loto, une participante se met à frapper les tables avec sa canne. Un homme est blessé.

c. La ligne 1 du métro parisien a été interrompue à cause d'une chèvre présente dans un wagon.

15 Les subordonnées circonstancielles de temps

▶ Reconnaître et construire les subordonnées circonstancielles de temps (C4.2)

J'observe la phrase du jour

À l'arrivée des beaux jours, je me sens d'humeur légère.

a. Je manipule Remplacez le groupe complément circonstanciel souligné par une proposition subordonnée introduite par *quand*.

b. J'entre dans la leçon Quelle est la fonction de la proposition ainsi obtenue ?

Je retiens

LA SUBORDONNÉE CIRCONSTANCIELLE DE TEMPS

- Elle situe une **action** dans le **temps**.
  Vous devez terminer de copier avant que la cloche sonne.
- Elle exprime :
  - l'**antériorité** (avant que la cloche sonne),
  - la **simultanéité** (pendant que la cloche sonne),
  - ou la **postériorité** (après que la cloche aura sonné)

  de la subordonnée par rapport à la principale.

Elle est introduite par une **conjonction de subordination** (*quand, lorsque*...) ou une **locution conjonctive** (*dès que, avant que, après que*...).

- Elle est le plus souvent à l'**indicatif**.
  Nous partirons dès que tu **seras** prêt.
- Elle est au **subjonctif** quand elle est introduite par *avant que, en attendant que, jusqu'à ce que*.
  Réagis avant qu'il ne **soit** trop tard.

Elle est **complément circonstanciel de temps**.
Quand tu auras lu la leçon, fais les exercices.
CC de temps

Je construis ORAL

1 * À voix haute, repérez les propositions subordonnées circonstancielles de temps.

a. Elle vient toujours embrasser son fils pendant qu'il dort.

b. Après que tu auras écrit ton brouillon, tu rédigeras ta rédaction.

c. Quand j'étais enfant, mon grand-père nous emmenait souvent en forêt.

d. Le chien a traversé la route au moment où une voiture débouchait.

e. Avant qu'elle ne sache marcher, elle parlait déjà comme dans un livre !

f. Les oiseaux chantent dès que le soleil se lève.

g. Lorsque Noël arrive, les rues s'illuminent.

2 * Remplacez les compléments circonstanciels de temps soulignés par des subordonnées circonstancielles de temps.

a. Après le départ des élèves, le professeur rangea la classe.

b. Dès son arrivée, il défit sa valise.

c. Les jours commencent à rallonger dès l'arrivée du mois de janvier.

d. Depuis l'âge de cinq ans, elle étudie le piano.

e. Le spectacle était déjà complet avant l'ouverture des réservations.

f. Ils doivent déménager au moment de la naissance de leur enfant.

3 **a. Relevez la conjonction de subordination dans les subordonnées circonstancielles soulignées.**
b. Justifiez le mode employé dans la subordonnée.

a. Quand le ciel est dégagé, on peut contempler les étoiles.

b. Dès qu'elle a trouvé son premier emploi, elle a pu chercher un logement.

c. Un passant resta près de la victime tandis qu'un autre appelait les pompiers.

d. Sitôt qu'il sortit de la maison, la pluie se mit à tomber.

e. Depuis que nos nouveaux voisins ont emménagé, on entend du bruit à l'étage.

f. Il est resté près de sa sœur jusqu'à ce qu'elle s'endorme.

Je consolide

4 **Faites une seule phrase comportant une proposition subordonnée circonstancielle de temps à partir des deux phrases proposées.**

a. Ils se dépêchent d'achever leurs achats. Le magasin ferme.

b. Ses parents l'ont félicité. Pierre a obtenu son baccalauréat avec mention.

c. Théo s'est effondré. Il a appris cette terrible nouvelle.

d. Ses souvenirs refirent surface. Elle ouvrit l'album de photos.

e. Les supporters se déchaînèrent. Les joueurs entrèrent sur le terrain.

5 VERS LE BREVET **Soulignez les propositions subordonnées circonstancielles de temps. Justifiez à chaque fois l'emploi du mode verbal.**

a. Et quand j'arriverai, je mettrai sur ta tombe /
Un bouquet de houx vert et de bruyère en fleur.
(Victor Hugo, *Les Contemplations*, 1856)

b. Un seul désir lui restait, une seule joie ; pourquoi ne pas lui donner entièrement cette joie dernière, la lui donner jusqu'à ce qu'il en mourût ?
(Guy de Maupassant, « Une famille », 1881)

c. La première fois qu'Aurélien vit Bérénice, il la trouva franchement laide. (Louis Aragon, *Aurélien*, 1944 © Gallimard)

6 **Conjuguez le verbe des propositions subordonnées circonstancielles de temps.**

a. Alors que je (*s'endormir*), mon téléphone a retenti.

b. Les déménageurs viendront récupérer les cartons après que nous les (*emballer*).

c. Avant qu'il ne (*parvenir*) au premier étage, elle était déjà en haut de l'escalier.

d. Lorsque la gymnaste (*comprendre*) le mouvement, elle le répéta jusqu'à ce qu'elle le (*réussir*).

7 **Complétez les phrases suivantes par une proposition subordonnée circonstancielle de temps, en respectant le lien d'antériorité, postériorité ou simultanéité demandé pour la principale.**

a. Rémi a réparé le vieux banc du jardin. → **antériorité**

b. Les étudiants chercheront l'école qui leur convient. → **postériorité**

c. Elle a ouvert en grand les fenêtre de la maison. → **simultanéité**

d. Nous partirons tous en Bretagne. → **postériorité**

e. Les spectateurs applaudissaient avec fracas. → **simultanéité**

8 VERS LE BREVET **Dans le texte suivant, soulignez les propositions subordonnées circonstancielles de temps.**

Lorsqu'elle allait au marché, [ma mère] me laissait au passage dans la classe de mon père, qui apprenait à lire à des gamins de six ou sept ans. [...] Un beau matin, ma mère me déposa à ma place, et sortit sans dire un mot, pendant qu'il écrivait magnifiquement sur le tableau : « La maman a puni son petit garçon qui n'était pas sage. » Tandis qu'il arrondissait un admirable point final, je criai : « Non ! Ce n'est pas vrai ! » [...] Lorsque ma mère survint, elle me trouva au milieu des quatre instituteurs [...] qui m'entendaient déchiffrer lentement l'histoire du Petit Poucet...

■ Marcel Pagnol, *La Gloire de mon père* (1957)
© Marcel Pagnol, D.R.

9 Travailler AUTREMENT

Relisez le texte de l'exercice 8 a. Que s'est-il passé entre le moment où la mère du narrateur l'a déposé dans la classe et celui où elle est revenue ?
b. Racontez cet intervalle dans un texte de quelques lignes, rédigé à la première personne. Vous commencerez ainsi : « Lorsque mon père... ».

J'APPLIQUE POUR ÉCRIRE

10 **Dans un texte rédigé au passé, racontez plusieurs étapes marquantes de votre enfance en employant des subordonnées circonstancielles de temps introduites par les conjonctions et locutions conjonctives suivantes : *quand, lorsque, alors que, avant que, après que, pendant que...***

16 Les subordonnées circonstancielles de cause

▸ Reconnaître et construire les subordonnées circonstancielles de cause (C4.2)

J'observe la phrase du jour

À cause de la neige, nous n'avons pas pu prendre la route.

a. Je manipule Remplacez le groupe souligné par une proposition subordonnée introduite par *parce que*.

b. J'entre dans la leçon Quelle est la fonction de la proposition ainsi obtenue ?

Je retiens

LA SUBORDONNÉE CIRCONSTANCIELLE DE CAUSE

- Elle exprime la **raison** ou le **motif** d'un fait ou d'une action.
  Elle ouvre la fenêtre parce qu'il fait beau.
- Elle est introduite par une **conjonction de subordination** (*comme...*) ou une **locution conjonctive** (*parce que, puisque, étant donné que...*).
  Comme la neige est tombée, la route est bloquée.
  Tu as bien réussi la course, puisque tu étais bien entraînée.
- • Elle est le plus souvent à l'**indicatif**.
  • Elle est au **subjonctif** quand elle est introduite par *non que..., de crainte que... et soit que...*
  Je ne sors pas, non que je ne veuille pas, mais parce qu'il fait froid !
- Elle est **complément circonstanciel de cause**.
  Puisque tu es fatigué, tu devrais te coucher tôt.
  (Puisque tu es fatigué : CC de cause)

Je construis ORAL

1* Dites quelle subordonnée soulignée exprime la cause.

a. J'ai déblayé la neige afin que personne ne glisse / parce que l'on risque de glisser.

b. Elle a fait des études de droit vu que cela rendait ses parents très fiers / afin que ses parents soient fiers.

c. Pierre ne quitte pas sa cabine pour éviter d'avoir le mal de mer / tant il a le mal de mer.

d. Nous attachons le chien de peur qu'il ne morde quelqu'un / pour qu'il ne morde personne.

e. Elle a mis un gros pull de laine, afin de ne pas avoir froid / parce qu'elle avait froid.

f. Léa a pris des cours de natation étant donné qu'elle ne sait pas nager / pour apprendre à nager.

2* Dans ces phrases, repérez la subordonnée circonstancielle de cause.

a. Zoé a protégé ses rosiers parce que la météo annonçait du gel.

b. Etant donné qu'il a manqué une semaine de cours, il a pris du retard en mathématiques.

c. Nous avons garé la voiture au parking puisqu'il n'y avait de place nulle part.

d. Comme vous êtes en vacances, vous pouvez vous coucher plus tard.

e. Vu que tu as faim, mange quelque chose !

f. De crainte que son enfant ne tombe, le père lui a pris la main.

3 * **Faites une seule phrase comportant une proposition subordonnée circonstancielle de cause à partir des deux phrases proposées.**

a. Le lave-linge fuit. Il faut appeler le plombier. (étant donné que)

b. Je te prête mon écharpe. Tu as oublié la tienne. (vu que)

c. Ma petite sœur pleure. Elle a fait une chute. (parce que)

d. Je n'en cuisine jamais. Tu détestes les brocolis. (puisque)

e. Léo est très serviable. Il nous aide à déménager. (comme)

f. Il y avait des embouteillages. Elle est arrivée en retard à la réunion. (du fait que)

Je consolide

4 * **Réécrivez chaque phrase en la complétant d'une proposition subordonnée circonstancielle de cause. Aidez-vous pour cela du nom entre parenthèses.**

a. Mettez vos bottes... (pluie)

b. Marie est très joyeuse... (anniversaire)

c. Nous devons prendre la route tôt demain matin... (circulation)

d. Rémi ne prend jamais l'avion... (peur)

e. Ce magasin a fermé...(faillite)

5 * **Complétez ces phrases avec une proposition subordonnée circonstancielle de cause, en utilisant successivement *parce que, vu que, puisque, comme, étant donné que*.**

a. J'ai pleuré en regardant ce film...

b. Ils ont avancé leur départ en vacances...

c. Léa a finalement réussi ses examens...

d. Pierre fait ses courses près de chez lui...

e. Il faudra que tu repasses à la maison...

6 ** **a. Relevez dans le texte trois subordonnées circonstancielles de cause.**
b. Laquelle est construite de manière inhabituelle ?

Je haïssais l'oignon, j'aimais les poireaux. On me les arrachait de la bouche, comme on arrache un pistolet des mains d'un criminel [...].

« Pourquoi ne pourrais-je pas en manger ? demandai-je en pleurant.

– Parce que tu les aimes », répondait cette femme pleine de bon sens, et qui ne voulait pas que son fils eût de passions.

Tu mangeras de l'oignon, parce qu'il te fait mal, tu ne mangeras pas de poireaux, parce que tu les adores.

■ Jules Vallès, *L'Enfant* (1881)

7 ** VERS LE BREVET **Dans ces extraits, soulignez la proposition subordonnée circonstancielle de cause.**

a. Comme elles possédaient, devant l'habitation, un étroit jardin, elles cultivaient quelques légumes.
(G. de Maupassant)

b. Voyons, puisque tu n'as pas sommeil ni ta maman non plus, ne restons pas à nous énerver, faisons quelque chose, prenons un de tes livres. (M. Proust)

c. N'aimiez-vous pas ce conte ? Moi je l'aimais toujours. Je le relisais sans cesse. Il me faisait pleurer. J'aimais surtout la Bête, parce que je comprenais sa peine.
(Vercors, *Le silence de la mer* (1942) © Albin Michel)

J'APPLIQUE POUR ÉCRIRE

8 * **Rédigez un court paragraphe dans lequel vous écrirez les raisons pour lesquelles il ne faut pas fumer. Vous emploierez pour cela au moins trois compléments circonstanciels de cause, introduits par une conjonction ou une locution conjonctive différente.**

9 ** **Écrivez les raisons pour lesquelles les deux jeunes femmes rient. Utilisez au moins trois propositions subordonnées circonstancielles de cause que vous soulignerez.**

■ Bartolomé Esteban Murillo, *Deux femmes à la fenêtre* (1655-60), huile sur toile (125 x 104,5 cm), National Gallery of Art (Washington, États-Unis)

17 Les subordonnées circonstancielles de conséquence

▸ Reconnaître et construire les subordonnées circonstancielles de conséquence (C4.2)

J'observe la phrase du jour

1. Il a beaucoup mangé, si bien qu'il n'a plus faim.
2. Il n'a plus faim parce qu'il a beaucoup mangé.

a. Je manipule Dans les deux phrases, encadrez la raison ou la cause et soulignez le résultat ou la conséquence.

b. J'entre dans la leçon Parmi les deux propositions de chaque phrase, laquelle est une proposition subordonnée circonstancielle de cause et laquelle est une proposition subordonnée circonstancielle de conséquence ?

Je retiens

LA SUBORDONNÉE CIRCONSTANCIELLE DE CONSÉQUENCE

- Elle exprime l'**effet** ou le **résultat** d'une action ou d'un fait.
  Il fait doux au point qu'on se croirait en juin.
- Elle est introduite par :
  – une **locution conjonctive** (*si bien que, de sorte que, au point que...*) ;
  – la **conjonction** *que* précédée par un **mot d'intensité** (*si, tel, tant, tellement*) ;
  – la **locution conjonctive** *pour que* précédée par *assez, trop, trop peu, suffisamment*.
- • Elle est le plus souvent à l'**indicatif**.
  • Elle est au **subjonctif** quand elle est introduite par *trop... pour que, assez... pour que...*
  Il n'a pas assez insisté pour que je vienne.
- Elle est **complément circonstanciel de conséquence**.
  J'ai si bien rangé mes clés que je ne les retrouve plus !
  (que je ne les retrouve plus : CC de conséquence)

ATTENTION !
Il ne faut pas confondre la cause et la conséquence.
Une phrase qui exprime une cause peut être modifiée de façon à exprimer une conséquence.
Elle a réussi parce qu'elle a travaillé (cause).
→ Elle a tant travaillé qu'elle a réussi (conséquence).

Je construis ORAL

1 * Dites si les propositions soulignées sont des subordonnées de conséquence.

a. Léa est arrivée en retard parce qu'elle a raté son bus.
b. Les semelles de ses chaussures sont tellement usées qu'elles prennent l'eau.
c. Ils ont économisé afin de s'offrir les vacances dont ils rêvaient.
d. L'enfant était si fatigué qu'il s'est endormi tout de suite.
e. Je ne t'ai rien dit pour ne pas t'inquiéter.

2 * Dans les phrases suivantes, soulignez la proposition subordonnée circonstancielle de conséquence. Entourez le(s) mot(s) par le(s)quel(s) elle est introduite.

a. Enzo a tellement insisté que ses parents l'ont laissé sortir.
b. Sa sœur l'a taquiné au point de le faire pleurer.
c. Le réchauffement climatique est tel que l'avenir de la planète est compromis.
d. Il y a tant de bruit que c'est assourdissant.
e. Il avait trop peu dormi pour qu'il soit en forme.
f. Les enfants ont couru au point qu'ils ont les joues toutes rouges.

3* Faites une seule phrase comportant une proposition subordonnée circonstancielle de conséquence à partir des deux phrases proposées.

a. Il fait très froid. Les voitures sont couvertes de givre.

b. Nous nous sommes sentis très bien. Nous avons oublié l'heure.

c. Il a astiqué le parquet. On peut se voir dedans.

d. Le vent fut très violent. Une partie du toit s'envola.

e. Elle se débrouille bien. Elle obtiendra une promotion.

Je consolide

4* Mettez le verbe de la subordonnée au temps et au mode corrects.

a. La gymnaste força tellement qu'elle (*se fouler*) la cheville.

b. Il a trop peu travaillé pour que ses notes (*être*) suffisantes.

c. Léo nettoiera le sol de sorte qu'il (*resplendir*).

d. Ce couteau est si tranchant que je (*se couper*) le doigt.

e. Les parents de Tom ont suffisamment économisé pour qu'il (*pouvoir*) faire ses études.

5* VERS LE BREVET Dans les phrases suivantes, repérez la proposition circonstancielle de conséquence.

a. Le teint de ce petit paysan était si blanc, ses yeux si doux, que l'esprit un peu romanesque de Mme de Rénal eut d'abord l'idée que ce pouvait être une jeune fille déguisée. (Stendhal, *Le Rouge et le Noir*)

b. J'ai tant rêvé de toi que tu perds ta réalité
(R. Desnos © Gallimard)

c. Tes yeux sont si profonds que j'y perds la mémoire
(L. Aragon, « Les yeux d'Elsa » © Seghers)

6 a. Repérez la subordonnée circonstancielle de cause.**
b. Puis réécrivez la phrase pour faire apparaître une subordonnée circonstancielle de conséquence.

a. Solène a été punie parce qu'elle bavardait pendant le cours.

b. Étant donné que tu as triché, on ne peut pas dire que tu as gagné.

c. Comme il veut devenir pâtissier, Juan fait son stage dans une pâtisserie artisanale.

d. Je viens en vélo puisque ma voiture est en panne.

7* VERS LE BREVET Soulignez dans le texte une proposition subordonnée circonstancielle de conséquence. Quelle est sa signification ? De quelle action est-elle le résultat ?

Une Grenouille vit un Bœuf
Qui lui sembla de belle taille.
Elle qui n'était pas grosse en tout comme un œuf
Envieuse s'étend, et s'enfle, et se travaille
Pour égaler l'animal en grosseur,
Disant : Regardez bien, ma sœur ;
Est-ce assez ? dites-moi ; n'y suis-je point encore ?
– Nenni. – M'y voici donc ? – Point du tout. – M'y voilà ?
– Vous n'en approchez point. La chétive pécore
S'enfla si bien qu'elle creva.

■ Jean de La Fontaine, « La Grenouille qui veut se faire aussi grosse que le Bœuf », *Fables* (1668)

J'APPLIQUE POUR ÉCRIRE

8* Complétez les phrases suivantes avec :
a. une proposition subordonnée circonstancielle de cause.
b. puis, une proposition subordonnée circonstancielle de conséquence.

a. Nous avons organisé une fête...

b. Tu prépareras ta valise...

c. J'étudie la leçon...

d. Paul téléphone à sa grand-mère...

9* Écrivez un paragraphe dans lequel vous expliquerez les conséquences d'une marée noire. Vous utiliserez au moins trois propositions subordonnées circonstancielles de conséquence différentes.

■ Un manchot du Cap recouvert de pétrole après une marée noire en Afrique du Sud

18 Les subordonnées circonstancielles de but et d'opposition

▸ Reconnaître et construire les subordonnées circonstancielles de but et d'opposition (C4.2)

J'observe la phrase du jour

Tom a inscrit son fils au solfège afin qu'il apprenne la musique alors que celui-ci rêve de faire du judo.

a. Je manipule Observez les deux propositions soulignées : laquelle exprime l'intention du sujet ? Laquelle exprime une action qui s'oppose à celle du sujet ?

b. J'entre dans la leçon Quelle est la fonction de chacune ?

Je retiens

LA SUBORDONNÉE CIRCONSTANCIELLE DE BUT

- Elle indique une **intention**, l'**objectif visé** par l'action.
- Elle est introduite par une **locution conjonctive** (*pour que, afin que, de peur que…*).
- Elle est toujours au **subjonctif**.
- Elle est **complément circonstanciel de but**.

Léa envoie un message à son ami afin qu'il la rejoigne. (CC de but)

LA SUBORDONNÉE CIRCONSTANCIELLE D'OPPOSITION

- Elle **met en relation** deux **faits** ou deux **actions contradictoires**.
- Elle est introduite par une **locution conjonctive** (*alors que, tandis que, quoique…*).
- Elle est à l'**indicatif** (après *alors que, tandis que, quand…*), au **subjonctif** (après *bien que, quoi que…*) ou au **conditionnel** (après *quand bien même, alors même que…*).
- Elle est **complément circonstanciel d'opposition**.

Léa est sortie alors que ses parents le lui avaient interdit. (CC d'opposition)

ORTHOGRAPHE Ne pas confondre :

- quoique (un seul mot), **conjonction de subordination** qui introduit une subordonnée circonstancielle d'opposition. Quoiqu'il soit blessé, il a fini le match.
- et quoi que (deux mots), **locution pronominale** qui introduit une subordonnée relative. Quoi qu'elle fasse, elle réussit.

Je construis ORAL

1* Dites si les propositions subordonnées soulignées expriment le but ou l'opposition.

a. Alors que la météo annonçait de la pluie, il a fait très beau aujourd'hui.

b. Il a écrit ses mémoires afin que l'on puisse lire son témoignage.

c. De crainte que quelqu'un ne chute, j'ai déblayé la neige devant la porte.

d. Dans l'espoir qu'on retrouve son chat, il a lancé un avis de recherche.

e. Mon grand-père est très sportif, quoiqu'il ait soixante-dix ans.

f. Le candidat a donné de nombreuses interviews pour que l'on entende son programme.

g. Il a bien réussi la première épreuve, tandis que la seconde lui a causé des difficultés.

2 **Associez chaque principale à une subordonnée.**

Principales

a. J'ai laissé la clé sous le paillasson...

b. Ce ne serait pas un drame...

c. Elle travaille dur...

d. Tom est resté enfermé à la maison...

e. Nous viendrons te chercher en voiture...

Subordonnées

f. Afin d'atteindre ses objectifs.

g. Pour que tu n'aies pas à prendre le métro.

h. Quand bien même il raterait son examen.

i. De peur que tu ne restes dehors.

j. Alors qu'il fait si beau !

Je consolide

3 **Complétez chaque phrase avec l'expression de la liste qui convient :** tandis que – afin que – quand bien même – bien que – de peur que

a. ……… tu m'aies dit vouloir rester seul, je suis venu te voir.

b. Il a étendu une couverture sur elle ……… elle n'ait froid.

c. Paul habite à Paris, ……… son frère a choisi de vivre à la campagne.

d. ……… le roi viendrait à mourir, son fils lui succéderait.

e. L'entraîneur motive ses joueuses ……… elles remportent la coupe.

4 **Conjuguez le verbe de la subordonnée circonstancielle d'opposition au mode et au temps qui conviennent.**

a. Bien que l'entreprise (*prévoir*) deux mois de travaux, le chantier a duré le double !

b. Tu es rentrée avec des chaussures sales, alors même que ton père (*venir*) de passer l'aspirateur !

c. Quand bien même nous ne (*partir*) pas à l'étranger, nous passerons de belles vacances.

d. Elle a fait de longues études de droit, tandis que son frère (*choisir*) de faire un CAP de menuiserie.

5 **Formez une seule phrase contenant une subordonnée d'opposition. Vous devrez parfois modifier le mode et le temps des verbes.**

a. Le couple n'a pas réservé. On leur trouve une table près de la fenêtre.

b. Il ne prend jamais de fruits de mer. Il a commandé des huîtres.

c. Le serveur était très occupé par les nombreux clients. Il s'est montré aimable et disponible.

d. La note n'était pas très élevée. Ils ont très bien mangé.

6 **Soulignez en bleu les circonstancielles de but, en rouge les circonstancielles d'opposition.**

a. C'est une histoire singulière et terrible, et, quoique j'aie soixante-six ans, j'ose à peine remuer la cendre de ce souvenir. (T. Gautier, *La Morte amoureuse*)

b. Appelez-moi Nicole, que je lui donne quelques ordres. (Molière, *Le Bourgeois gentilhomme*)

c. Je me demande, dit-il, si toutes les étoiles sont éclairées afin que chacun puisse un jour retrouver la sienne. (A. de Saint-Exupéry, *Le Petit Prince* © Gallimard)

7 VERS LE BREVET **a. Relevez deux subordonnées circonstancielles d'opposition : par quel mot sont-elles introduites ?**

b. Relevez une subordonnée circonstancielle de but. À quel mode verbal est-elle conjuguée ?

Enfin, comme le dernier coup de dix heures retentissait encore, il étendit la main, et prit celle de madame de Rênal, qui la retira aussitôt. Julien, sans trop savoir ce qu'il faisait, la saisit de nouveau. Quoique bien ému lui-même, il fut frappé de la froideur glaciale de la main qu'il prenait ; il la serrait avec une force convulsive ; on fit un dernier effort pour la lui ôter, mais enfin cette main lui resta. Son âme fut inondée de bonheur, non qu'il aimât madame de Rênal, mais un affreux supplice venait de cesser. Pour que madame Derville ne s'aperçût de rien, il se crut obligé de parler ; sa voix alors était éclatante et forte.

■ Stendhal, *Le Rouge et le Noir* (1830), livre I, chapitre 9

J'APPLIQUE POUR ÉCRIRE

8 **Décrivez la photographie en employant trois subordonnées circonstancielles de but et trois subordonnées circonstancielles d'opposition.**

■ Robert Doisneau, *Deauville* (juin 1963), photographie

19 Les subordonnées circonstancielles d'hypothèse

▸ Reconnaître et construire les subordonnées circonstancielles d'hypothèse (C4.2)

J'observe la phrase du jour

1. Si Tom apprenait la leçon, il pourrait faire les exercices.
2. Si Tom avait appris la leçon, il aurait pu faire les exercices.

a. Je manipule Dans la phrase 1, Tom peut-il faire les exercices ? Dans la phrase 2, a-t-il pu faire les exercices ? À quel mode et quel temps les verbes de ces propositions sont-ils conjugués ?

b. J'entre dans la leçon Qu'exprime à chaque fois la proposition soulignée ?

Je retiens

LA SUBORDONNÉE CIRCONSTANCIELLE D'HYPOTHÈSE

- Elle exprime le **fait** ou l'**action nécessaire** à la **réalisation d'un autre fait** ou d'une **autre action**.
- Elle est, le plus souvent, introduite par la **conjonction de subordination** *si*. Dans ce cas, elle est toujours à l'**indicatif**.
  Si tu viens dimanche, nous irons à la piscine.
- Elle peut aussi être introduite par :
  – une **locution conjonctive** composée avec *que* (*à condition que, pourvu que, pour peu que*... + **subjonctif**),
  Nous viendrons skier, à condition que la neige **soit** bonne.
  – les **locutions conjonctives** *au cas où, dans l'hypothèse où* + **conditionnel**.
  Au cas où il **neigerait**, prends tes skis.

Je construis (ORAL)

1 * À l'oral, repérez la proposition subordonnée d'hypothèse dans ces phrases.

a. À condition que j'arrive à avoir des places, nous irons entendre cet opéra.
b. Si le chef d'orchestre est talentueux, la représentation sera réussie.
c. Pour peu que nous ayons de bonnes places, nous apprécierons le spectacle.
d. Au cas où nous serions un peu éloignés, prends une paire de jumelles.
e. Si nous étions arrivés plus tôt, nous n'aurions pas manqué le premier acte !

2 * Dans les phrases suivantes, dites si la proposition soulignée est une circonstancielle d'hypothèse.

a. Si tu en as la volonté, tu atteindras tes objectifs.
b. Cet enfant est si joli qu'on a envie de le croquer !
c. J'aurais mis un bonnet si j'avais su qu'il ferait si froid.
d. Si tu es fatigué, va te coucher !
e. C'est si bon d'être en vacances !

Je consolide

3 ** Conjuguez correctement le verbe des subordonnées d'hypothèse suivantes.

a. Je ne peux pas ouvrir cette porte, à moins que vous n'(*avoir*) un double.
b. Prenez un parapluie, au cas où il (*pleuvoir*) !
c. Si tu n'(*exister*) pas, il faudrait t'inventer !
d. Si tu m'(*accompagner*) au cinéma, tu aurais apprécié le film.
e. Pour peu qu'il (*partir*) trop tard, il ratera son train.

4 * Relevez deux propositions subordonnées circonstancielles d'hypothèse. À quel mode et quel temps sont conjuguées les principales ? Les propositions subordonnées ?**

Si quelqu'un aime une fleur qui n'existe qu'à un exemplaire dans les millions et les millions d'étoiles, ça suffit pour qu'il soit heureux quand il les regarde. Il se dit : « Ma fleur est là, quelque part. » Mais, si le mouton mange la fleur, c'est pour lui comme si, brusquement, toutes les étoiles s'éteignaient ! Et ce n'est pas important ça ! »

■ A. de Saint-Exupéry, *Le Petit Prince* (1943) © Gallimard

▸ Reconnaître et construire les subordonnées circonstancielles de comparaison (C4.2)

20 Les subordonnées circonstancielles de comparaison

J'observe la phrase du jour

J'ai plus de souvenirs que si j'avais mille ans. (Charles Baudelaire)

a. Je manipule Quels mots permettent d'établir une comparaison ? Entre quels éléments de la phrase ?

b. J'entre dans la leçon Quelle est la fonction de la proposition soulignée ?

Je retiens

LA SUBORDONNÉE CIRCONSTANCIELLE DE COMPARAISON

- Elle établit un rapport d'**analogie**, de **ressemblance** entre deux propositions.
- Elle est introduite par :
  - une **conjonction de subordination** (*comme*),
  - ou une **locution conjonctive** (*ainsi que, aussi bien que, de même que, tel que, comme si…*).

  Il danse aussi bien qu'il chante.
- Elle est à l'**indicatif**, parfois au **conditionnel**.

Je construis ORAL

1 * **Complétez les subordonnées circonstancielles de comparaison.**

a. On peut lire dans son cœur comme…
b. Il se jeta sur le dîner comme si…
c. Elle chantait sans cesse ainsi que…
d. Pierre écrit des chansons de même que…
e. Il prend soin de son frère aussi bien que…

2 ** **Parmi les propositions soulignées, dites quelles sont celles qui expriment une comparaison.**

a. Je l'aime plus que je ne saurais le dire.
b. Elle est apparue ainsi qu'apparaissent les spectres.
c. Comme elle sortait de chez elle, le téléphone retentit.
d. Son chien veille sur lui comme le ferait un ange gardien.
e. Travaille autant que tu pourras, de sorte que tu réussiras ton examen.

Je consolide

3 ** **Dans les phrases suivantes, soulignez la subordonnée circonstancielle de comparaison.**

a. Nous avons procédé tel que l'indiquait la notice.
b. De même qu'elle chante à la perfection, elle joue très bien aussi du ukulélé.
c. Comme on fait son lit, on se couche !
d. Les hommes se mirent à marcher au pas ainsi que le font les militaires en parade.

4 *** **a. Dans les extraits suivants, soulignez les subordonnées circonstancielles de comparaison.**
b. Expliquez ce qu'elles apportent au sens du texte.

a. J'ai tout appris de toi comme on boit aux fontaines
Comme on lit dans le ciel les étoiles lointaines.
Comme au passant qui chante, on reprend sa chanson.
(L. Aragon, « Prose du bonheur et d'Elsa », *Le Roman inachevé* © Gallimard)

b. Jean, aussi blond que son frère était noir, aussi calme que son frère était emporté, aussi doux que son frère était rancunier, avait fait tranquillement son droit et venait d'obtenir son diplôme de licencié en même temps que Pierre obtenait celui de docteur. (Maupassant, *Pierre et Jean*)

c. [Il y a] bien plus de baisers, pour ma mère, en mon cœur, qu'on n'en pourrait donner. (M. Carême, « Il y a plus de fleurs », *Ma mère* (1935) © Fondation Maurice Carême)

d. Qu'on s'éloigne de la grand'salle où l'ombre flotte,
Et que nul ne m'entende, alors que je sanglote
Ainsi que fait le vent, dans les coins endormis.

Et le chêne s'écroule au loin, la vitre tremble…
Nous nous aimons et nous sommes de vieux amis
Car nous pleurons ensemble. (R. Vivien)

21 Les fonctions autour du nom

J'observe la phrase du jour

La première classe qui rendra ses exposés pourra aller au théâtre.

a. Je manipule Quelle classe pourra aller au théâtre ? Plusieurs classes pourront-elles y aller ? Quels éléments associés au nom *classe* l'indiquent ?

b. J'entre dans la leçon Quels mots peut-on supprimer en conservant une phrase correcte ?

c. VERS LE BREVET Réécrivez la phrase au pluriel en faisant les modifications nécessaires.

Je retiens

LE GROUPE NOMINAL (GN)

= Déterminant + **nom** + expansions

Les **élèves** sérieux / de la classe / qui révisent

ORTHOGRAPHE Le groupe nominal impose des **accords** entre le déterminant, le nom et les expansions.

Trois petites fleurs des champs qui poussent dans le pré, taches rouges dans le vert sombre.

L'EXPANSION DU NOM

Accolée au nom, elle le précise et est facultative. On distingue :

→ l'**épithète**,

Les **élèves** sérieux (adjectif) / motivés (participe passé) / qui révisent (subordonnée relative)

→ le **complément du nom**.

Les **élèves** de la classe (GN) / à encourager (groupe infinitif) / d'ici (groupe adverbial)

L'APPOSITION AU NOM

Séparée du nom par une **virgule**, elle est supprimable et déplaçable.

Silencieux, les **élèves**… (adjectif ou participe passé)

Les **élèves**, qui ont bien révisé,… (subordonnée relative)

Les **élèves**, adolescents curieux,… (groupe nominal)

Je construis ORAL

1 * ORTHOGRAPHE **Accordez si nécessaire les adjectifs entre parenthèses. Justifiez.**

> **COUP DE POUCE**
> Les **adjectifs de couleur** s'accordent en genre et en nombre avec le nom, sauf s'ils sont accompagnés d'une nuance (*une écharpe vert clair*) ou s'ils sont dérivés d'un nom (*des gants marron*). *Rose, mauve, fauve, pourpre, écarlate* s'accordent, bien qu'ils soient dérivés d'un nom.

a. La neige (*frais*) était tombée toute la nuit.

b. L'(*épais*) tapis (*blanc*) recouvrait toute la campagne (*environnant*).

c. Quand Loan sortit, son (*petit*) pied s'enfonça profondément dans la neige.

d. Sa tenue (*bleu foncé*) contrastait avec la blancheur du paysage.

e. Pour ne pas avoir froid, il avait pris ses gants et son écharpe (*assorti*).

2 * **Précisez à quel nom renvoie chaque élément souligné.**

a. Léa entra dans la pièce richement meublée.

b. Elle contourna un imposant canapé qui se trouvait entre la porte et la cheminée.

c. De part et d'autre du foyer étaient accrochés des portraits de chaque membre de la famille.

d. Le maître de maison y trônait comme un seigneur.

e. Ses filles, ses fils et ses neveux, âgés de trois à dix ans, l'entouraient.

Je consolide

3 ✱ **VERS LE BREVET** **Réécrivez les phrases suivantes en mettant les noms au pluriel. Faites les modifications nécessaires.**

a. Le journal du soir est paru depuis une heure.

b. On peut y lire un article très intéressant.

c. Le journaliste explique l'unique raison du dérèglement climatique.

d. Un reporter y développe le problème qui en découle.

e. Le lecteur qui souhaite en savoir davantage est invité à lire le prochain numéro.

4 ✱ **Donnez la classe grammaticale des compléments du nom soulignés.**

a. Voici un repas qui nécessite la participation de chacun.

b. Hugo apporte sa fameuse tarte aux pommes.

c. Éléonore fournit des légumes à farcir.

d. Les autres apportent les ingrédients qu'on leur demande.

e. Les gens d'ici sont toujours partants pour de beaux projets.

5 ✱ **Complétez les phrases suivantes avec des compléments du nom de classes grammaticales variées.**

a. Le piano est un instrument.

b. Les enfants apprennent à jouer des morceaux.

c. Leur groupe s'appelle « les enfants ».

d. Le public est composé d'amis.

e. Le concert aura lieu dans la salle.

6 ✱ **Remplacez chaque pronom souligné par un groupe nominal.**

a. Elle est arrivée avec du retard.

b. Ils l'ont accueillie joyeusement.

c. Elle la leur a donnée volontiers.

d. Ils la lui ont rendue la semaine suivante.

e. Désormais elles sont à eux.

7 ✱ **Remplacez les noms ou groupes nominaux soulignés par le pronom qui convient.**

a. Jade et moi allons souvent au concert ensemble.

b. Jade aime se rendre dans cette salle de spectacle restaurée.

c. Elle achète les places pour tout le monde.

d. Elle distribue les places à ses amis avant le début du concert.

e. Tout le groupe remercie Jade pour son organisation.

8 ✱ **Identifiez les appositions dans les phrases suivantes. Précisez à quels noms elles sont apposées.**

a. Très content de ses résultats, Nathan en informe ses parents.

b. Son professeur, M. Martin, le félicite également.

c. Liam, lui, est un peu jaloux.

d. Les deux garçons, éternels concurrents, restent de bons amis.

e. Cette année, ils sont dans la même classe, la 3ᵉ B.

9 ✱✱ **VERS LE BREVET** **Recopiez les expansions et les appositions précisant les noms soulignés. Expliquez comment ils permettent à Émile Zola d'exprimer des oppositions dans la description.**

La nuit vint lentement, une nuit de brouillard qui me glaça. La pluie tomba bientôt, mince, pénétrante, fouettée par des souffles brusques de vent. Nous descendîmes par la baie vitrée d'un escalier. Que la rue me parut laide ! Ce n'était plus cette bonne chaleur, ce large soleil, ces toits blancs de lumière où l'on se vautrait si délicieusement. Mes pattes glissaient sur le pavé gras.

■ Émile Zola, « Le Paradis des chats » (1893)

10 ✱✱ **La GRAMMAIRE dans les textes**

a. **Relevez les expansions et les appositions qui précisent les noms dans les lignes 1 à 10 du texte de Stefan Zweig** ▶ p. 150**. En quoi rendent-elles cet incipit réaliste ?**

b. **Relevez les expansions du nom dans la deuxième strophe (v. 5 à 8) du poème de Louis Aragon** ▶ p. 150**. Dites ce qu'elles précisent à propos des mains de la femme aimée.**

J'APPLIQUE POUR ÉCRIRE

11 ✱ **Enrichissez le texte suivant avec des groupes nominaux variés afin de décrire plus précisément le personnage, le cadre et les actions.**

Simon s'approcha de la rivière. Lors de cet après-midi, les pensées se bousculaient dans son esprit. Il attrapa une grenouille qui se débattit entre ses doigts. Il la laissa filer, ne sachant s'il devait rentrer immédiatement chez lui ou rester sur la rive, pensif.

▶ Identifier la subordonnée relative (C4.2)

22 Les subordonnées relatives

J'observe la phrase du jour

Je connais un garçon qui aime les mangas.

a. Je manipule Quelle partie de la phrase peut-on supprimer ? Qu'apporte-t-elle à la phrase complète ?

b. J'entre dans la leçon Autour de quel noyau s'organise le groupe de mots *qui aime les mangas* ? Déduisez-en sa classe grammaticale.

c. VERS LE BREVET Réécrivez cette phrase en remplaçant *un garçon* par *un garçon et une fille* et en faisant les modifications qui s'imposent.

Je retiens

LA SUBORDONNÉE RELATIVE

- Est une [proposition] : elle s'organise autour d'un verbe conjugué.
- Est une expansion du **nom**.
  Tu lis un **roman** [que tu apprécies].

Est introduite par un pronom relatif, qui reprend le **nom** complété.
Tu lis un **roman** [que tu apprécies].

Les pronoms relatifs : qui, que, quoi, dont, où, lequel, auquel, duquel.

Je construis ORAL

1 * **Relevez les propositions subordonnées relatives dans chaque phrase.**

a. Chloé, qui habite près de chez Léo, va au collège à pied.
b. Elle traverse le bois où elle s'entraîne avec son club de sport.
c. Léo la rejoint au croisement que fait la route avec un petit chemin.
d. C'est une route importante dont le nom m'échappe.
e. Cette route, par laquelle les enfants vont au collège, a été sécurisée.

2 * **Précisez quel nom est complété par la proposition subordonnée relative soulignée.**

a. Cet après-midi, Jules et Louna vont à la piscine qui se trouve près de la mairie.
b. Ils aiment cette piscine où les bassins s'ouvrent sur l'extérieur.
c. Jules y retrouve les amis dont Louna lui a parlé.
d. Il rencontre ainsi Yanis, que son frère connaît déjà.
e. Tous ensemble, ils rejoignent le bord des bassins à partir duquel ils se jettent à l'eau.

Je consolide

3 * **Précisez pour chaque proposition soulignée s'il s'agit d'une proposition subordonnée relative.**

> COUP DE POUCE
> - ***Qui* pronom relatif** reprend un nom, ***qui* mot interrogatif** permet de poser une question.
> - La subordonnée relative complète un **nom**, les autres subordonnées complètent un **verbe**.

a. Sarah entend du bruit dans l'escalier : « Qui est là ? »
b. C'est son frère Simon qui revient du lycée.
c. Son professeur lui demande qui il a choisi pour son exposé.
d. Il a choisi Baudelaire qui est un des plus grands poètes français.

4 * Enrichissez chaque phrase avec une proposition subordonnée relative qui complète le nom souligné. Pensez à varier les pronoms relatifs.

a. Lilou a découvert une musique.

b. Idriss aime faire des dessins.

c. Les sites Internet permettent de découvrir des artistes amateurs.

d. Loris utilise des feutres spéciaux.

5 * Indiquez si la proposition soulignée est une proposition subordonnée relative.

a. Kylian pense que le résultat de son exercice est faux.

b. L'opération qu'il a faite donne un résultat étrange.

c. Il demande à Clara : « Que penses-tu de ce résultat ? »

d. Clara, que le professeur de mathématiques félicite toujours, hésite.

e. Elle propose qu'ils reprennent tout depuis le début.

6 * Dites si la proposition soulignée est une proposition subordonnée relative.

a. La course d'orientation commence au point où nous nous trouvons.

b. « Où faut-il aller ensuite ? » demandent les élèves enthousiastes.

c. Avant de partir, il faut choisir : on part seul ou on part en équipe.

d. À la minute où les équipes sont faites, vous pouvez partir.

e. On se retrouve au passage où se trouvent les balises rouges.

7 * Complétez chaque phrase avec le pronom relatif qui convient.

a. Mina raconte un souvenir (*qu'* / *dont*) elle se rappelle bien.

b. Elle allait à la boulangerie (*qui* / *que*) sa mère lui avait recommandée.

c. La vendeuse (*à qui* / *qu'*) elle a parlé était une amie de sa sœur.

d. Ensemble elles avaient fait un stage (*qui* / *que*) l'université leur imposait.

e. Mina a acheté le pain (*qu'* / *dont*) elle avait envie.

8 ** Complétez ces phrases avec un pronom relatif dérivé de *lequel*.

a. Stéphane anime l'atelier .... Nolan s'est inscrit.

b. Nolan aime beaucoup les activités artistiques, c'est la raison pour .... il s'est inscrit.

c. Les artistes avec .... il s'est formé sont très connus.

d. Ils ont chacun un projet à partir .... les collégiens vont créer une grande œuvre.

e. Les enfants ont tous des qualités grâce .... ils progresseront.

9 ** VERS LE BREVET Relevez dans le texte au moins quatre propositions subordonnées relatives.

Quant au jardin lui-même, il retournait doucement à l'état de hallier[1] ou de forêt vierge. À l'exception d'un carré où se pommelaient quelques choux aux feuilles veinées et vert-de-grisées, et qu'étoilaient des soleils d'or au cœur noir, dont la présence témoignait d'une sorte de culture, la nature reprenait ses droits sur cet espace abandonné et en effaçait les traces du travail de l'homme qu'elle semble aimer à faire disparaître. [...] Dans l'écurie, où vingt chevaux eussent pu tenir à l'aise, un maigre bidet[2], dont la croupe saillait en protubérances[3] osseuses, tirait d'un râtelier vide quelques brins de paille du bout de ses dents jaunes et déchaussées, et de temps en temps tournait vers la porte un œil enchâssé[4] dans une orbite au fond de laquelle les rats de Montfaucon n'eussent pas trouvé le plus léger atome de graisse.

■ Théophile Gautier, *Le Capitaine Fracasse* (1863)

1. **hallier :** buissons emmêlés.
2. **bidet :** petit cheval de travail.
3. **protubérances :** bosses.
4. **enchâssé :** enfoncé.

10 * La GRAMMAIRE dans les textes

a. **Relevez les subordonnées relatives dans les lignes 21 à 29 du texte d'Albert Camus ▸ p. 28. Donnez le nom qu'elles complètent. Réécrivez le passage en remplaçant *Lucie* par *Lucie et sa mère*. Faites toutes les modifications nécessaires.**

b. **Dans le poème d'Aimé Césaire ▸ p. 222, relevez toutes les expansions du nom *volcan*. Puis, expliquez comment est construit le poème.**

J'APPLIQUE POUR ÉCRIRE

11 * Enrichissez la description suivante à l'aide d'au moins trois propositions subordonnées relatives. Utilisez pour les introduire des pronoms relatifs différents.

Afin de trouver l'inspiration, le poète se met à la fenêtre. Il regarde la ville et ses parcs. L'automne est arrivé. Désormais, la lumière décline. Il observe les arbres. De petits animaux courent le long du chemin.

23 L'emploi du pronom relatif

J'observe la phrase du jour

Camille possède un vélo qui est bleu.

a. **Je manipule** Créez deux phrases simples qui donnent les mêmes informations. Qu'est-ce qui est *bleu* ?

b. **J'entre dans la leçon** Quel nom est repris par le pronom *qui* ? Quelle est la fonction grammaticale de *qui* ?

c. **VERS LE BREVET** Ajoutez une autre proposition introduite par *qui*, apportant des informations sur Camille.

Je retiens

LE PRONOM RELATIF

qui, que, quoi, dont, où et les composés de lequel : auquel, laquelle...

- Reprend un **nom** de la phrase.
  L'**oiseau** qui s'envole est une hirondelle.
  - Le nom repris s'appelle l'**antécédent**.
- Introduit la **[proposition subordonnée relative]** : il est placé en tête de proposition et peut être accompagné d'une préposition.
  Le garçon [à qui je parle] s'appelle Enzo.
- Peut avoir **différentes fonctions grammaticales** : sujet, COD, COI, complément circonstanciel, complément du nom...
  C'est le **chat** [dont tu m'as parlé].
  [= *Tu m'as parlé* ***du chat***.] → *dont* : COI de *parler*
- Chaque pronom relatif est « **spécialisé** » :
  - qui est généralement sujet,
  - que est généralement complément direct (COD et rarement attribut),
  - dont est complément introduit par *de* (COI, complément du nom),
  - où est complément circonstanciel de lieu ou de temps.

Je construis ORAL

1 * **Identifiez les pronoms relatifs dans les phrases suivantes.**

a. Les arbres qui ont été plantés cette année ne donneront pas de fruits.
b. C'est à cause du gel auquel personne ne s'attendait.
c. La récolte que nous espérions viendra l'an prochain.
d. La parcelle où sont plantés ces arbres est très protégée.
e. Les arbres dont nous parlons sont encore jeunes.
f. Les branches sur lesquelles les fruits ont poussé sont encore fragiles.
g. Les fruits que vous mangez sont ceux que nous avons cueillis l'an dernier.

2 ** **Précisez si les mots soulignés sont des pronoms relatifs.**

> COUP DE POUCE
> Le **pronom relatif** reprend un **nom**.

a. Gabin et Maelys partent en randonnée dans un massif qu'ils connaissent bien.
b. Ils pensent que leur marche durera trois heures.
c. Ils ont contacté des amis qui pourraient les accompagner.
d. Ils ne savent pas qui viendra.
e. Ils ont rendez-vous au parking d'où partent les chemins de randonnée.

Je consolide

3 * Afin d'éviter la répétition, créez une seule phrase contenant une proposition subordonnée relative.

Ex : *Je vois le chat. Le chat est gris.*

→ *Je vois le chat qui est gris.*

a. Arthur est un garçon sympathique. Arthur est dans ma classe.

b. Arthur est très bavard. Je parle souvent avec Arthur.

c. Nous formons un groupe. Dans ce groupe, l'entente est très bonne.

d. Chacun apporte des connaissances. Nous tenons compte de ces connaissances.

e. Nous fournissons un travail. Les professeurs apprécient ce travail.

4 * Choisissez le pronom relatif qui convient pour que la phrase soit correcte.

a. Océane a révisé sa leçon pour le contrôle (*que* / *qui*) le professeur d'histoire a annoncé.

b. Les dates (*que* / *dont*) elle se souvient sont les plus importantes.

c. Elle a également revu la carte (*qui* / *où*) sont représentées les frontières de l'Europe.

d. Elle a revu les questions (*qu'* / *auxquelles*) elle s'attend.

e. Ses amies, (*que* / *qui*) sont dans la même classe, l'ont aidée à réviser.

5 * Complétez chaque phrase avec le pronom relatif qui convient.

a. Le poète rêve souvent d'une femme pour .... il éprouve de l'amour.

b. Elle porte un nom .... il ne se rappelle pas.

c. Il entend encore sa voix, ... ressemble à celle de ses proches.

d. Mais il ignore le lieu .... il l'a vue.

e. Il rêve une femme .... le souvenir lui échappe.

6 * Complétez chaque phrase avec une proposition subordonnée relative où le pronom relatif sera le sujet du verbe.

a. Nour regarde un film.

b. L'acteur est très célèbre.

c. Léa est accompagnée par une amie.

d. Le film est très réussi.

e. Léa et son amie ont discuté avec d'autres spectateurs.

7 ** a. Complétez chaque phrase avec une proposition subordonnée relative où le pronom relatif sera un complément du verbe.

b. Précisez de quel complément il s'agit.

a. La course a commencé.

b. La récompense est très motivante.

c. L'arrivée se fait sur la place.

d. Il y aura un photographe.

e. Lucas est le favori.

8 ** Donnez la fonction de chaque pronom relatif souligné.

> **COUP DE POUCE**
> Transformez la **subordonnée relative** en une **phrase simple**. Analysez la fonction de l'antécédent du pronom dans cette phrase : sa **fonction** vous indique celle du **pronom** dans la phrase d'origine.
> **Ex :** *Le chat [que j'ai adopté] s'appelle Plume.*
> → *J'ai adopté le chat.*
> → *Le chat* est COD du verbe *ai adopté* dans la phrase simple.
> → *Que* est COD du verbe *ai adopté* dans la phrase complexe.

a. Jeanne, qui a été élevée au couvent, revient chez ses parents.

b. Elle va habiter en Normandie, où la famille possède un château.

c. Ce château est la propriété dont elle héritera plus tard.

d. Elle rencontre Julien, qu'elle choisira comme mari.

e. C'est un jeune homme auquel elle donnera tout son amour.

J'APPLIQUE POUR ÉCRIRE

9 * Décrivez l'image en utilisant au moins cinq propositions subordonnées relatives introduites par des pronoms relatifs variés.

■ Louis Dodd, *Le Yacht Astra en course au large de Harwich* (1934), huile sur bois (61 x 91 cm), collection privée

24 L'apposition

▸ Savoir repérer et analyser un groupe apposé (C4.2)

J'observe la phrase du jour

Perdu dans ses pensées, le jeune homme, assis sur la digue, regardait l'horizon.

a. Je manipule Réécrivez la phrase en remplaçant *le jeune homme* par *la jeune femme*. Que remarquez-vous ?

b. J'entre dans la leçon À quel mot renvoient les deux groupes soulignés ? Sont-ils supprimables ? déplaçables ?

c. VERS LE BREVET Faites l'analyse de cette phrase : repérez sujet, verbe et compléments que vous identifierez.

Je retiens

L'APPOSITION

FONCTION

- L'apposition est **détachée du nom** par une **virgule**. Elle n'appartient pas au groupe nominal, mais se rapporte à lui et le précise.
  Soulagé, le **jeune garçon** respira fort.
- Elle est **supprimable** et **déplaçable**.
  Le **jeune garçon**, soulagé, respira fort.

CLASSES GRAMMATICALES

- **Adjectif** ou **participe passé** employé comme adjectif. Il s'accorde avec le nom.
  Sensible, **Chloé** est facilement émue.
  Dotée d'une grande sensibilité, **Chloé** est facilement émue.
- **Groupe nominal**.
  Solide bâtisse, le **château** protégeait ses habitants.
- **Subordonnée relative**.
  Idriss, qui est en retard, court prendre son bus.

Je construis

1* a. Repérez les appositions dans les phrases suivantes et dites à quel nom elles se rapportent.
b. À votre tour, évoquez un animal de votre choix en utilisant une apposition.

a. Fatigué par sa course, le guépard se repose sur une branche basse.

b. La grenouille, petit amphibien peuplant nos mares, est le mets préféré du héron.

c. Majestueux et étonnement agiles, les éléphants offrent un spectacle impressionnant.

d. Les lionnes, qui ont chassé une bonne partie de l'après-midi, dévorent maintenant avidement leurs proies.

2 Évoquez votre projet d'orientation en utilisant une apposition et en suivant l'exemple.**

Ex : Passionné par l'équitation, je souhaite devenir palefrenier.

3 a. Repérez l'apposition et le nom auquel elle se rapporte. Reformulez la phrase en supprimant l'apposition.**

a. Les nuages, épais et bas, menacent de gâcher notre pique-nique.

b. La plage ensoleillée, qui est bondée de monde en ce début du mois d'août, s'étend à perte de vue.

c. L'eau turquoise, limpide, offre des baignades rafraîchissantes.

d. Étendus sur le sable fin, les vacanciers profitent de cette belle journée.

e. Les serviettes de plage, rectangles de toutes les couleurs, dessinent un tableau abstrait sur le sable blanc.

f. Au loin, à l'horizon, un voilier, blanc et effilé, glisse sur l'eau.

b. Mettez les phrases b, c et f au pluriel et faites les accords nécessaires.

c. Mettez les phrases a, d et e au singulier et faites les accords nécessaires.

d. Mettez la phrase d au féminin et faites les accords nécessaires.

Je consolide

4 * Repérez les appositions dans les phrases suivantes et donnez leur classe grammaticale.

a. Né en 1802 à Besançon, Victor Hugo marqua le XIXe siècle jusqu'à sa mort en 1885.

b. Chef de file du courant romantique, il composa certains des plus grands chefs-d'œuvre de la littérature française.

c. *Les Misérables*, qui est son roman le plus connu, est un véritable plaidoyer contre la misère, témoignage de son engagement auprès des plus pauvres.

d. Exilé par Napoléon III, il continua cependant, depuis son île de Guernesey, à publier des œuvres.

e. La mort accidentelle de sa fille Léopoldine, drame évoqué dans le célèbre poème « Demain dès l'aube », le marqua profondément.

f. Parallèlement à une carrière littéraire, déjà bien remplie, il se consacra aussi à la politique.

5 * a. Dites si les groupes soulignés sont des appositions.
b. Donnez leur classe grammaticale.

Et soudain, l'animal et le cavalier sortirent de la forêt et se ruèrent dans un vallon, comme la lune apparaissait au-dessus des monts. Ce vallon était pierreux, fermé par des roches énormes, sans issue possible ; et le loup acculé se retourna.

François alors poussa un hurlement de joie que les échos répétèrent comme un roulement de tonnerre, et il sauta de cheval, son coutelas à la main.

La bête hérissée, le dos rond, l'attendait ; ses yeux luisaient comme deux étoiles.

■ Guy de Maupassant, « Le loup », *Clair de Lune* (1905)

6 * ORTHOGRAPHE Accordez si nécessaire les appositions suivantes.

a. Fragile.... et coloré...., les ailes du papillon semblent des pétales de fleurs.

b. Les colibris, qui butine.... les fleurs exotiques, sont les plus petits oiseaux.

c. Les grands singes, caché.... dans les frondaisons, hurlent le soir venu.

d. Dissimulé.... dans son anémone, le poisson-clown se protège des prédateurs.

e. Saviez-vous que l'on peut apprivoiser la pieuvre, cet animal doté.... de huit tentacules ?

7 * **La GRAMMAIRE dans les textes**

Repérez les appositions dans les lignes 57 à 61 de la tribune de Le Clézio ▶ p. 192. Comment caractérisent-elles le peuple de Tulé ? Quel sentiment provoquent-elles sur le lecteur ?

8 * **VERS LE BREVET Dans le passage suivant, relevez les appositions. Quel rôle jouent-elles dans la description ?**

La nuit était venue, on dansait dans le grand salon. Ils s'étaient retirés tous les deux dans un petit boudoir japonais, tendu de soies éclatantes, à peine éclairé, ce soir-là, par les rayons alanguis d'une grosse lanterne de couleur, pendue au plafond comme un œuf énorme. La fenêtre entr'ouverte, laissait entrer parfois des souffles frais du dehors, des caresses d'air qui passaient sur les visages, car la soirée était tiède et calme, pleine d'odeurs de printemps.

■ Guy de Maupassant, « L'enfant », *Clair de Lune* (1905)

J'APPLIQUE POUR ÉCRIRE

9 * Effectuez des recherches sur un écrivain que vous étudiez cette année et écrivez sa biographie en prenant modèle sur l'exercice 4. Vous utiliserez des appositions de différentes classes.

10 * Décrivez ce paysage enneigé en utilisant des appositions de différentes classes.

■ Alfred Sisley, *La Place du Chenil à Marly, effet de neige* (1876), huile sur toile (50 x 61,5 cm), musée des Beaux-Arts (Rouen)

Mémo Brevet 3

▸ Identifier les différentes fonctions grammaticales (C4.2)

Les fonctions grammaticales

À SAVOIR

- La fonction d'un mot ou d'un groupe de mots désigne le **rôle** qu'il joue dans la phrase.

LES FONCTIONS AUTOUR DU VERBE

Essentielles : non supprimables et / ou non déplaçables

SUJET	• Il gouverne l'accord du **verbe**.	Paul **arrive. Viendras**-tu ?
COD	• Il complète directement le **verbe**.	Paul **prend** le train.
COI	• Il complète indirectement le **verbe**.	Paul **parle** de ses vacances.
COMPLÉMENT ESSENTIEL DE LIEU, DE MESURE	• Il est non supprimable car lié au sens du **verbe**.	Paul **se rend** au collège. Paul **mesure** 1,70 m.
ATTRIBUT DU SUJET	• Il caractérise le **sujet** par l'intermédiaire d'un verbe d'état.	**Paul** est collégien.
ATTRIBUT DU COD	• Il caractérise le **COD**.	La 3e B a élu **Paul** délégué.
COMPLÉMENT D'AGENT	• Il exprime l'agent de l'action dans une **phrase passive**.	L'affiche **a été réalisée** par Leïla.

LES FONCTIONS AUTOUR DE LA PHRASE

Non essentielles : supprimables et / ou déplaçables

COMPLÉMENT CIRCONSTANCIEL	• Il exprime une circonstance. Il peut être : de **temps**, de **lieu**, de **manière**, de **moyen**, de **cause**, de **conséquence**, de **but**, d'**opposition**, d'**hypothèse**, de **comparaison**.	Ce matin (CC de temps), Leïla a pris le car pour se rendre au collège (CC de but).

LES FONCTIONS AUTOUR DU NOM

EXPANSION DU NOM	ÉPITHÈTE	• Il qualifie le **nom**.	le **cahier** bleu le **cahier** qui est resté sur le bureau
	COMPLÉMENT DU NOM	• Il précise le **nom**.	le **cahier** de brouillon
APPOSITION		• Détachée par une virgule, elle se rapporte au **nom**.	Resté sur le bureau, le **cahier** de Paul a été récupéré par Leïla.

Mémo Brevet 4

▸ Identifier les différentes subordonnées circonstancielles (C4.2)

Les subordonnées circonstancielles

À SAVOIR

- Subordonnées circonstancielles = subordonnées conjonctives ayant la fonction de **complément circonstanciel**, le plus souvent **déplaçables** ou **supprimables**.
- Introduites par une **conjonction de subordination** (ou une locution conjonctive) indiquant la circonstance exprimée.

QUELLES CIRCONSTANCES SONT EXPRIMÉES ?

LE TEMPS

- Subordonnée de **temps** introduite par *quand, lorsque, dès que, après que, depuis que, tandis que, pendant que, alors que...* (+ **indicatif**).

Quand Paco **rentre**, il fait ses devoirs.

- Subordonnée de **temps** introduite par *avant que, jusqu'à ce que, en attendant que...* (+ **subjonctif**).

Plante des fleurs avant qu'il **fasse** chaud.

LA CAUSE, LA CONSÉQUENCE

- Subordonnée de **cause** introduite par *parce que, puisque, comme, étant donné que...*

Le sol est glissant parce qu'il a gelé.

- Subordonnée de **conséquence** introduite par *si bien que, de telle sorte que, tant... que, tellement... que, si... que...*

Il a tant plu que la rivière déborde.

LE BUT

Subordonnée de **but** introduite par *afin que, pour que, de peur que...* (+ **subjonctif**).

Liam a chanté pour qu'on l'**applaudisse**.

L'OPPOSITION

- Subordonnée d'**opposition** introduite par *alors que, tandis que, même si...* (+ **indicatif**).

Amina est intrépide tandis que Basile **est** prudent.

- Subordonnée d'**opposition** introduite par *bien que, quoi que, quoique, encore que...* (+ **subjonctif**).

Bien qu'il **ait** du mal, il s'accroche.

L'HYPOTHÈSE

Subordonnée d'**hypothèse** introduite par *à condition que, pour peu que...* (+ **subjonctif**) et par *au cas où* (+ **conditionnel**).

Je pars en montagne à condition que tu **viennes**.

Au cas où il **pleuvrait**, prends ton parapluie.

Les subordonnées d'hypothèse expriment :

- Ce qui est **possible**, **réalisable** : Si tu peux, passe me voir.
- Ce qui **n'est pas réalisé**, mais **pourrait se réaliser** : Si j'écoutais, je progresserais.
- Ce qui **n'est plus réalisable**, car déjà passé : Si on avait écouté, on aurait progressé.

LA COMPARAISON

Subordonnée de **comparaison** introduite par *comme (si), ainsi que, tel que, aussi... que...*

Il est sur scène comme je l'imaginais.

▸ Repérer et utiliser les procédés de modalisation (C4.5)

25 La modalisation

J'observe la phrase du jour

Pour moi, toute cette charcutaille devrait être accompagnée de légumes.

a. Je manipule Cette phrase exprime-t-elle un avis personnel ? La charcutaille doit-elle obligatoirement être accompagnée de légumes ?

b. J'entre dans la leçon À quel mode le verbe est-il conjugué ? Comment est formé le mot *charcutaille* ?

c. VERS LE BREVET Réécrivez la phrase en faisant disparaître les marques de jugement.

Je retiens

LA MODALISATION s'appuie sur...

La modalisation permet d'exprimer un **point de vue personnel** sur l'information donnée dans une phrase ou un texte : un **doute**, un **jugement** mélioratif ou péjoratif, un **sentiment**.

LE VOCABULAIRE

- Le **vocabulaire mélioratif** ou **péjoratif**.
Il habite dans une masure. Tu as réalisé un exploit. Il porte un pull verdâtre.
- Les **verbes** exprimant une **opinion,** un **sentiment**.
penser, estimer, apprécier...
- Des **expressions** ou des **adverbes** qui **nuancent** l'information.
peut-être, certainement, à mon avis...

LE CONDITIONNEL

- Le conditionnel permet d'exprimer un **doute**.
Il serait venu hier.

CERTAINS PRONOMS ET DÉTERMINANTS

- Les pronoms personnels et déterminants possessifs à la 1re personne permettent de **s'impliquer** personnellement.
Je vois les qualités de notre exposé.

LA PONCTUATION EXPRESSIVE

- Elle sous-entend le **jugement** de celui qui s'exprime.
Je n'en reviens pas !

Je construis ORAL

1 * Identifiez les phrases qui contiennent un ou plusieurs procédés de modalisation.

a. Cette actrice a formidablement bien joué son rôle.
b. Elle joue une mère de famille.
c. À mon avis, elle fera une brillante carrière !
d. L'an prochain, on la verra dans une nouvelle comédie.
e. Je suis certain qu'elle recevra des prix amplement mérités.

2 * Reformulez les phrases suivantes en supprimant les modalisateurs pour obtenir une formulation neutre.

a. Ce roman est modernissime.
b. Il est reconnaissable à sa couverture bleuâtre.
c. Il semble que beaucoup de lecteurs l'aient apprécié.
d. Il serait meilleur que le précédent roman du même auteur.
e. Je trouve que ce roman est assez intéressant.

3 **Précisez quel procédé de modalisation est utilisé dans les phrases suivantes.**

a. Le français serait une langue très difficile à apprendre.
b. Je trouve que c'est beaucoup plus facile que le japonais.
c. Il paraît que les élèves ont des difficultés insurmontables.
d. Ce n'est pas la plus grosse épreuve de leur vie !
e. D'après moi, des cours de soutien bien pensés résoudraient tous les problèmes.

Je consolide

4 **Ajoutez une expression afin d'exprimer un jugement personnel.**

a. Les séries étrangères sont les meilleures.
b. Le scénario est très travaillé.
c. Les acteurs sont choisis avec soin.
d. Il faudrait s'en inspirer.
e. Le succès des séries françaises est moindre.

5 **Modifiez les adjectifs soulignés afin d'exprimer un jugement.**

> COUP DE POUCE
> Les suffixes *-âtre*, *-asse* permettent d'ajouter une **connotation péjorative**.

a. Une lumière jaune éclaire la pièce.
b. À l'automne, le bois prend des teintes marron.
c. La nouvelle peinture présente des nuances rouges.
d. Inès porte toujours son imperméable beige.

6 **En utilisant les procédés de modalisation associés aux adjectifs, modifiez les phrases pour exprimer un jugement mélioratif.**

> COUP DE POUCE
> Des adverbes (*extrêmement*, *très*...), des éléments de composition (*extra-*, *hyper-*...) ou des suffixes (*-issime*) permettent d'ajouter une **connotation méliorative**.

a. Ce gratin est excellent.
b. C'est un bon gratin.
c. Théo cuisine bien.
d. Il utilise des petits pois fins.

7 **La GRAMMAIRE dans les textes**

Dans les lignes 1-2 et 11 à 13 du texte d'Albert Camus ▶ p. 32, repérez les procédés de modalisation qui expriment le jugement du narrateur sur son instituteur. Quelle image donnent-ils du maître d'école ?

8 **Modifiez les temps verbaux afin d'exprimer un doute.**

a. L'homme de Néandertal a vécu en Europe.
b. Il constitue une espèce à part entière.
c. Il pratique un langage élaboré.
d. Il s'est éteint après 400 000 ans d'existence.
e. Les gènes de Néandertal se sont adaptés pour constituer une part de l'être humain actuel.

9 **Ajoutez des modalisateurs afin de donner une vision péjorative de l'information. Vous pourrez également modifier le vocabulaire utilisé.**

a. Le chien de Lilian est disgracieux.
b. Son pelage est noir.
c. Il dégage une odeur dérangeante.
d. C'est un étrange animal.
e. Ce chien de chasse n'est pas gentil.

10 VERS LE BREVET **a. Relevez les modalisateurs.**
b. Précisez quel jugement ils permettent d'exprimer.

Par les beaux jours d'été, quand un lourd soleil brûle les rues, une clarté blanchâtre tombe des vitres sales et traîne misérablement dans le passage. Par les vilains jours d'hiver, par les matinées de brouillard, les vitres ne jettent que de la nuit sur les dalles gluantes, de la nuit salie et ignoble.

À gauche, se creusent des boutiques obscures, basses, écrasées, laissant échapper des souffles froids de caveau. Il y a là des bouquinistes, des marchands de jouets d'enfant, des cartonniers, dont les étalages gris de poussière dorment vaguement dans l'ombre ; les vitrines, faites de petits carreaux, moirent[1] étrangement les marchandises de reflets verdâtres ; au-delà, derrière les étalages, les boutiques pleines de ténèbres sont autant de trous lugubres dans lesquels s'agitent des formes bizarres.

■ Émile Zola, *Thérèse Raquin* (1867)

1. **moirent :** donnent des reflets.

J'APPLIQUE POUR ÉCRIRE

11 **a. Réécrivez ce passage en ajoutant des modalisateurs exprimant le doute.**
b. Réécrivez ce passage en ajoutant des modalisateurs exprimant un jugement personnel.

Le détective mène l'enquête efficacement. Il interroge les suspects. Il les fait venir dans une pièce où il les confronte les uns aux autres. Chacun donne sa version de l'affaire. Mais le coupable n'est pas parmi eux.

26 Les paroles rapportées (discours direct)

▸ Identifier et savoir construire le discours direct (C4.5)

J'observe

Le journaliste demanda au maire :
« Quand proposerez-vous des trottinettes aux usagers ?
– Bientôt ! s'exclama l'élu ravi. Nous devons agir pour la planète ! »

a. Je manipule Réécrivez ce dialogue en ne gardant que les paroles des deux personnages. À quoi servent les passages retirés ?

b. J'entre dans la leçon Remplissez le tableau suivant.

Ce qui permet de repérer les paroles rapportées directement	Ce qui permet d'identifier les passages de narration

Je retiens

AU DISCOURS DIRECT...

Les propos sont rapportés **tels qu'ils ont été prononcés**. On peut trouver tous les **types de phrase**.
« Chouette ! » / « Que fais-tu ? » / « Dépêche-toi. »...

Une **ponctuation** particulière permet de repérer le discours direct : **guillemets** pour l'encadrer (« ... »), **tirets** à chaque nouvelle prise de parole.

Les propos sont introduits par des **verbes de parole** :
- dans une phrase précédant les paroles.
Il lui dit : « Prépare-toi. »
- dans une proposition incise. « Prépare-toi », lui dit-il.

Les **temps** et les **pronoms personnels** utilisés sont ceux du dialogue (1re et 2e personnes).

ORTHOGRAPHE Comme son nom l'indique, la **proposition incise** coupe le dialogue. Elle ne commence pas par une majuscule. On y trouve un sujet inversé : pensez à l'accorder !
« Génial ! s'écrièrent **les enfants**, des bonbons ! »

Je construis ORAL

1 * **Lisez le texte, puis répondez aux questions.**

Les deux tisserands l'invitèrent à s'approcher pour observer leurs métiers à tisser. Le vieux ministre y fixa ses regards mais il ne vit rien car il n'y avait rien.

« Bon Dieu ! pensa-t-il, serais-je vraiment borné ? Il faut que personne ne s'en doute. Serais-je vraiment incapable ? Je n'ose avouer que l'étoffe est invisible pour moi.

– Eh bien ! qu'en dites-vous ? dit l'un des tisserands.

– C'est charmant, c'est tout à fait charmant ! répondit le ministre en mettant ses lunettes. »

■ H. C. Andersen, « Les habits neufs du Grand-Duc » *(1876)*, traduit du danois par David Soldi.

a. En binôme, préparez la lecture de cet extrait : l'un lit les paroles rapportées directement, l'autre lit les propos du narrateur.
b. Relevez les propositions incises. À quel temps sont conjugués les verbes de parole ? Dans quelle autre partie du texte retrouvez-vous ce temps ?
c. Quel temps domine dans les paroles rapportées au discours direct ? Citez des verbes du texte.
d. Quels pronoms personnels ne trouvez-vous qu'au discours direct ? Citez des exemples du texte.

▸ Exercices 3, 4, 5, 6 et 8 p. 345

▸ Identifier et savoir construire le discours indirect (C4.5)

27 Les paroles rapportées (discours indirect)

J'observe

« Il faut faire des erreurs pour progresser ! » affirma le professeur. Un élève lui demanda si c'était vrai pour tout le monde.

a. Je manipule Réécrivez la première phrase à la manière de la deuxième, en commençant par *Le professeur affirma*. À quoi sert cette façon de rapporter des paroles ?

b. J'entre dans la leçon Remplissez le tableau suivant en indiquant les transformations effectuées.

Discours direct	Discours indirect

Je retiens

AU DISCOURS INDIRECT...

Les propos sont intégrés au récit, dans des **phrases déclaratives**, sans guillemets ni tirets.
Il dit qu'il était heureux.

Les propos sont rapportés dans des **propositions subordonnées** introduites par des **mots subordonnants** :
- **conjonction de subordination**.
Il crie qu'il a gagné.
- ou **mot interrogatif**.
Il lui demande qui a gagné.

Les **temps** et les **pronoms personnels** utilisés sont ceux du récit.
Il avoua qu'**il** avait raté son bus.

ORTHOGRAPHE
Quand on transpose des propos au **discours indirect**, les temps des verbes et les pronoms personnels deviennent ceux du récit : attention aux conjugaisons et aux accords !
Elle dit : « **Je** n'entends rien ! »
→ Elle dit qu'**elle** n'entendait rien.

Je construis ORAL

1* Repérez les phrases rédigées au discours indirect. Justifiez votre choix.

COUP DE POUCE
Un **ordre** au discours direct devient le plus souvent un groupe à l'infinitif au discours indirect.
Ex : Pars ! → Il lui ordonna de partir.

a. Les voisins ont affirmé que le quartier était calme.
b. « Quelle merveille, ce jardin ! » s'exclama une touriste.
c. Les enfants ont demandé : « Quand part-on ? »
d. Les enfants ont demandé si les vacances approchaient.
e. L'animateur ordonne de faire le silence.
f. L'enfant pensa qu'il ferait mieux de ne rien dire.
g. « Silence ! » cria l'animateur.
h. Le professeur a demandé qui participerait au voyage.

2 a. Dans les phrases suivantes, repérez le verbe de parole et indiquez son temps.**
b. Identifiez le mot subordonnant et précisez s'il s'agit d'une conjonction de subordination ou d'un mot interrogatif.

a. Les touristes demandèrent qui avait découvert le sarcophage.
b. Des experts avaient précisé que le trésor trouvé était inestimable.
c. Des ignorants affirment que la Terre est plate.
d. Les enfants ont voulu savoir combien de temps durait le voyage jusqu'à la Lune.
e. Elle se demandait parfois si son chat la comprenait.

▸ Exercices 4, 5, 8 et 9 p. 345

28 Les paroles rapportées (discours indirect libre)

▸ Identifier et savoir construire le discours indirect libre (C4.5)

J'observe

L'artiste ne parvenait pas à trouver le sommeil. Son album allait-il plaire à ses fans ? Rien n'était moins sûr ! Pourquoi avait-il changé de style ?

a. Je manipule Réécrivez ce passage en rétablissant des verbes de parole quand c'est possible. Quelles transformations devez-vous faire ?

b. J'entre dans la leçon Remplissez le tableau suivant après avoir observé les trois dernières phrases.

Points communs avec le discours direct	Points communs avec le discours indirect

Je retiens

AU DISCOURS INDIRECT LIBRE...

Les propos sont intégrés au récit mais **sans verbe de parole** et **sans lien de subordination**.
Elle ne comprenait pas. Son amie était vraiment bizarre !

On a accès aux **pensées** du personnage, sans que cela soit indiqué par des **guillemets** ou des **tirets**.
Elle songeait. Comment ? Il faudrait qu'elle s'excuse ?

Comme au discours direct, on peut trouver **tous les types de phrase** et les **marques de l'oral**.
Il se pressait. Arriverait-il à temps ? Hélas ! Quel monde !

Les **temps**, les **pronoms personnels** et les **indications de temps** sont ceux du récit.
Il était soulagé. Il partirait le lendemain !

Je construis ORAL

1 * Parmi les phrases suivantes, trouvez celles qui sont au discours indirect libre et expliquez votre choix.

a. L'adolescente soupirait : « Comment vais-je réussir demain ? » / Comment allait-elle réussir le lendemain ? / Elle se demandait comment elle allait réussir le lendemain.

b. « Comme c'est étrange ! » s'exclama-t-il. / Il s'exclama que c'était étrange. / Comme c'était étrange !

c. L'homme pensa qu'il ferait mieux de ne rien dire. / « Je ferai mieux de ne rien dire ! » pensa l'homme. / Il ferait mieux de ne rien dire !

d. Le commissaire se demandait pourquoi le témoin était aussi nerveux. / Pourquoi le témoin était-il aussi nerveux ? / Le commissaire s'interrogeait : « Pourquoi le témoin est-il aussi nerveux ? »

2 * Transformez le discours indirect libre en discours direct.

> COUP DE POUCE
> Le **conditionnel** du discours indirect libre devient du **futur** au discours direct.

a. L'enfant s'interrogeait. Comment le père Noël ferait-il pour livrer autant de cadeaux ?

b. Les élèves ne comprenaient pas. Qui avait pu décorer leur collège la nuit précédente ?

c. Chloé n'en revenait pas. Elle allait enfin voir son groupe préféré en concert deux mois plus tard !

d. Ma mère me le répétait. Il ne fallait pas que je sois inquiet... Tout se passerait bien !

► Exercices 4, 6, 7 et 8 p. 345

Je consolide

3 * **Réécrivez ce texte en rétablissant la ponctuation du dialogue, et la ponctuation forte qui manque.**

Étienne, songeur, regardait la nuit. Il demanda Alors, c'est à monsieur Hennebeau, la mine

Non, expliqua le vieux, monsieur Hennebeau n'est que le directeur général. Il est payé comme nous.

D'un geste, le jeune homme montra l'immensité des ténèbres. À qui est-ce donc, tout ça

Mais Bonnemort resta un instant suffoqué par une nouvelle crise, d'une telle violence, qu'il ne pouvait reprendre haleine. Enfin, quand il eut craché et essuyé l'écume noire de ses lèvres, il dit, dans le vent qui redoublait Hein à qui tout ça On n'en sait rien. À des gens.

■ D'après Émile Zola, *Germinal* (1885)

4 ** **a. Complétez les phrases suivantes par une phrase de discours direct.**
b. Puis transposez chaque extrait au discours indirect.

a. Admirative devant le tableau qu'on lui offrait, elle s'écria : « .... »

b. « .... » demanda la maîtresse à la mère venue chercher son enfant.

c. En pensant à sa vie, l'adolescent se dit : « .... »

d. Depuis qu'il avait voyagé en Asie, une question le hantait : « .... »

Défi ! **Quel extrait saurez-vous transposer au discours indirect libre ?**

5 * **Dans l'extrait suivant, repérez le discours direct et transposez-le au discours indirect. Il faut parfois ajouter ou changer les verbes de parole.**

– Il faudra, dit Lebrac, ramasser dès ce soir tous les morceaux de planches que l'on trouvera [...].

Il chargea l'un des guerriers de trouver un marteau, un autre des tenailles, un troisième un marteau de maçon [...]. C'était à peu près tout ce qu'on pouvait faire ce soir-là. [...]

– N'oubliez pas les clous surtout ! recommanda-t-il.

– On laisse le sac ici ? interrogea Tintin.

– Mais oui, fit La Crique : on va bâtir tout de suite, là au fond, avec des pierres, un petit coffre et on va l'y mettre bien au sec, bien à l'abri.

■ Louis Pergaud, *La Guerre des boutons* (1912)

6 *** **La GRAMMAIRE dans les textes**

Dans les lignes 1 à 65 du texte d'Andrée Chedid ▶ p. 168, repérez des paroles rapportées au style indirect libre. Pour chacune, dites pourquoi l'autrice a-t-elle choisi ce procédé.

7 ** **a. Dans l'extrait suivant, repérez le discours indirect libre.**
b. Puis transposez-le au discours direct.

Tout à coup, le souvenir de la lettre lui revint. L'avait-elle donc perdue ? Où la retrouver ? Mais elle éprouvait une telle lassitude dans l'esprit, que jamais elle ne put inventer un prétexte à sortir de table. Puis elle était devenue lâche ; elle avait peur de Charles ; il savait tout, c'était sûr !

■ Gustave Flaubert, *Madame Bovary* (1857)

8 *** VERS LE BREVET **Repérez les propos rapportés. Précisez s'il s'agit de discours indirect ou de discours indirect libre, puis transposez-les au discours direct.**

J'étais fatigué, et je ne pouvais parvenir à cacher les fréquents bâillements qui m'échappaient. Madame de Peyrehorade s'en aperçut la première, et remarqua qu'il était temps d'aller dormir. Alors commencèrent de nouvelles excuses sur le mauvais gîte que j'allais avoir. Je ne serais pas comme à Paris. En province on est si mal ! Il fallait de l'indulgence pour les Roussillonnais. J'avais beau protester qu'après une course dans les montagnes une botte de paille me serait un coucher délicieux, on me priait toujours de pardonner à de pauvres campagnards s'ils ne me traitaient pas aussi bien qu'ils l'eussent désiré. Je montai enfin à la chambre qui m'était destinée, accompagné de M. de Peyrehorade.

■ Prosper Mérimée, La *Vénus d'Ille* (1837)

J'APPLIQUE POUR ÉCRIRE

9 ** **Inspirez-vous de l'extrait suivant pour rédiger un texte d'une dizaine de lignes au discours indirect, qui commencera ainsi : *Et Forestier expliqua à son ancien camarade...* Utilisez différents verbes de parole.**

Et Forestier, prenant le bras de son ancien camarade, lui parla de sa maladie, lui raconta les consultations, les opinions et les conseils des médecins, la difficulté de suivre leurs avis dans sa position. On lui ordonnait de passer l'hiver dans le Midi ; mais le pouvait-il ? Il était marié et journaliste, dans une belle situation.

■ Guy de Maupassant, *Bel-Ami* (1885)

► Utiliser les temps du système du présent (C4.5)

29 La valeur des temps du système du présent

J'observe la phrase du jour

Hier, je suis allé au cinéma, le film était émouvant ; aujourd'hui, j'étudie mon français, demain, je ferai des maths.

a. Je manipule Situez les verbes soulignés sur un axe des temps (passé, présent, futur) et indiquez le temps employé.

b. J'entre dans la leçon À quoi servent l'imparfait et le présent dans cette phrase ? Quelles autres valeurs peuvent avoir ces temps dans un énoncé au présent ?

Je retiens

Dans le système du présent, je peux évoquer…

LE PASSÉ

- **Passé composé**
Il a pris son train. → action achevée, antérieure au présent
- **Imparfait**
Hier, il faisait beau. → description
Avant, il se levait à 7 h…
→ habitude passée
Il dormait ce matin.
→ action non délimitée du passé
- **Présent**
J'arrive à l'instant. → passé proche

LE PRÉSENT

- **Présent**
Il fait beau. → description
Il se lève à 7 heures…
→ habitude présente
Là, il dort.
→ présent d'énonciation
Un triangle a trois côtés.
→ vérité générale

LE FUTUR

- **Futur simple**
Il fera (action à venir) beau demain : tu mettras (ordre) une casquette.
- **Futur antérieur**
Quand tu auras fini, tu joueras.
→ action antérieure à une autre action future
- **Présent**
Je reviens tout de suite.
→ futur proche

Je construis ORAL

1 * **Dans les phrases suivantes, identifiez le temps des verbes et indiquez si l'action a lieu dans le passé, le présent ou le futur.**

a. Les élèves lisent un roman de science-fiction.
b. Ils ont choisi leur livre dans une liste.
c. Ils ne connaissaient pas ce genre de littérature.
d. Quand ils auront fini leur lecture, certains présenteront un exposé.
e. D'autres préparent déjà des maquettes.
f. Une exposition sur la science-fiction est affichée au CDI ; elle y restera un mois.

2 ** **Dans les phrases suivantes, écrites par Victor Hugo dans ses correspondances, identifiez les temps verbaux et leur valeur.**

a. La Fraternité n'est ni blanche ni noire, elle est la Fraternité.
b. Le printemps aidant, la santé reviendra.
c. Je suis un solitaire pour de vrai.
d. Quelle lettre excellente vous m'avez écrite !
e. Voici ma réponse aux Lyonnais. Vous l'attendiez ainsi, et vous aviez raison.
f. J'attends la suite.

► Exercice 3 p. 349

30 La valeur des temps du système du passé

J'observe la phrase du jour

Tom était content, il avait fini de réviser, il ferait son exercice plus tard ; alors, il sortit.

a. Je manipule Repérez les verbes conjugués et identifiez leur temps. Situez-les sur un axe des temps : quelle forme verbale n'est pas facile à placer ? Pourquoi ?

b. J'entre dans la leçon Précisez la valeur de chaque temps utilisé. En quoi la formation de *ferait* permet de comprendre sa valeur ?

Je retiens

Dans le système du passé, je peux évoquer...

UNE ACTION ANTÉRIEURE

Plus-que-parfait et **passé antérieur**
Il avait neigé : elle prenait des photos.
Quand il eut regardé des deux côtés, il traversa.

L'ACTION PRINCPALE

- **Passé simple**
Son réveil sonna (action bornée passée), elle se leva, but un café et partit (succession d'actions passées).
- **Présent de narration**
Il était pris au piège. Soudain, il se relève (= *se releva*).

UNE ACTION POSTÉRIEURE

Conditionnel présent (futur dans le passé)
À sept ans, elle décida qu'elle deviendrait journaliste.

UNE ACTION SECONDAIRE

Imparfait
Chaque fois que le ciel était (description) bleu, elle sortait (habitude passée). Elle se promenait (action non délimitée du passé) longtemps.

Je construis ORAL

1* Dans les phrases suivantes, identifiez le temps des verbes et, pour chaque phrase, classez les actions dans l'ordre chronologique.

a. Les chevaliers recevaient leurs armes lorsqu'ils avaient prêté serment.
b. Les enfants se disaient qu'ils feraient des cabanes.
c. La guerre cessa quand les chefs eurent signé l'armistice.
d. Quand le dernier invité fut parti, on éteignit la musique, puis on rangea la salle.
e. Lily sortirait plus tard, il faisait encore trop sombre.

2* Dans le texte suivant, identifiez les temps verbaux et leur valeur.

Après qu'il eut pris le pouvoir, Napoléon Bonaparte voulut abattre Toussaint Louverture, qui était devenu le chef de Saint-Domingue, colonie française revendiquant son autonomie. En février 1802, une armée de vingt mille hommes débarque sur l'île. Mais l'expédition française se heurte à un peuple qui combattait pour sa liberté. La France finirait par capituler le 19 novembre 1803.

▸ Exercices 4, 5 et 9 p. 349

31 La valeur des modes

J'observe la phrase du jour

Lisa veut qu'une amie aille avec elle chez le conseiller principal d'éducation. « Viens ! » lui dit-elle. Elle serait soulagée si son amie acceptait.

a. Je manipule Repérez les verbes conjugués et identifiez leur temps et leur mode. Quelles formes verbales pouvez-vous placer sur un axe des temps (passé, présent, futur) ?

b. J'entre dans la leçon Pour les autres formes verbales, précisez s'il s'agit d'un ordre, d'une action souhaitée, ou d'une action soumise à une condition.

Je retiens

LES MODES
Le choix du mode verbal dépend de ce que l'on cherche à exprimer.

INDICATIF

• L'indicatif est le mode qui permet de **situer dans le temps** une action dont la réalisation paraît **certaine** à celui qui parle ou raconte.
On a compris. (passé) On comprend. (présent) On comprendra. (futur)

• Le conditionnel est utilisé comme un mode pour évoquer une **action possible**, **probable** ou **irréelle**, **soumise à une condition**.
Elle avouerait son amour si elle était moins timide.

IMPÉRATIF

L'impératif est utilisé pour donner des **ordres** et des **conseils**.
Apprends plus régulièrement. Crois en toi !

SUBJONCTIF

• Le subjonctif est le mode qui permet d'exprimer une action dont la **réalisation est incertaine**. C'est pourquoi on le trouve dans certaines subordonnées circonstancielles (de but, de concession...).
Il rentre **avant qu'il ne pleuve**. J'ai fait cela **pour qu'elle s'épanouisse**.

• Le subjonctif permet d'exprimer le **sentiment**, le **jugement** sur l'action de celui qui parle (**souhait**, **regret**, **doute**, **volonté**...).
J'exige qu'il sorte ! Je ne pense pas qu'il vienne.

• Il exprime aussi l'**ordre** : Qu'il vienne !

Je construis ORAL

1 * Dans les phrases suivantes, les verbes au conditionnel expriment-ils un futur dans le passé ou une action possible, probable ou irréelle ? Dans ce cas, la condition est-elle exprimée ?

a. Vous pourriez obtenir de meilleurs résultats.
b. Quand il était petit, Sam avait décidé qu'il ferait un jour le tour du monde.
c. Si elle était moins pressée, elle ferait moins d'erreurs.
d. Il aurait aimé devenir artiste, mais ses parents avaient refusé.

2 ** Indiquez si les verbes soulignés sont conjugués à l'indicatif, au subjonctif ou à l'impératif.

> **COUP DE POUCE**
> Quand l'**indicatif** et le **subjonctif** se ressemblent, remplacez le verbe par ***faire***.

a. Qu'il vienne au plus vite ! / Viens vite !
b. Je pense qu'on rentrera tôt. / J'aimerais qu'on rentre tôt.
c. Passe quand tu veux. / Je crois qu'elle passe chaque jour.
d. Je regrette que vous ne veniez pas nous voir. / Je sais que vous venez souvent.

▸ Exercices 6, 7, 8 et 10 p. 349

Je consolide

3* Situez chaque action ou état dans le passé, le présent ou le futur. Puis, conjuguez le verbe au temps qui convient (parfois deux possibilités). Justifiez vos choix.

a. En juin, les élèves de 3e (*partir*) à Londres.

b. Ils (*préparer*) ce voyage depuis septembre.

c. Ils (*apprendre*) l'histoire de la monarchie anglaise en 4e.

d. Quand le professeur (*corriger*) les affiches, il les (*exposer*) au CDI.

e. Comme le sujet (*être*) motivant, tous (*s'investir*) et (*rendre*) le travail à temps.

4* a. Réécrivez le texte en commençant par *Hier*.
b. Réécrivez le texte en commençant par *Demain*.

Aujourd'hui, je n'ai pas envie de faire les boutiques avec mes parents.

Mon père est déçu mais il n'insiste pas. Ma mère essaie de me convaincre, disant que nous rentrerons tôt. Rien n'y fait. Je souhaite voir ma meilleure amie.

5* VERS LE BREVET Réécrivez l'extrait suivant au passé, en tenant compte de la valeur des temps.

Bientôt le champ de luzerne déploie sous leurs yeux sa verdure appétissante. Dès l'entrée, ils se réjouissent de traîner les souliers, d'écraser les tiges molles, de marquer d'étroits chemins qui inquiéteront longtemps et feront dire qu'une bête est passée par là.

À travers leurs culottes, une fraîcheur pénètre jusqu'aux mollets peu à peu engourdis.

Ils s'arrêtent au milieu du champ et se laissent tomber à plat ventre.

Le visage chatouillé, ils rient comme autrefois.

■ Jules Renard, *Poil de Carotte* (1894)

6* Identifiez les verbes au subjonctif, puis indiquez leur valeur.

a. Bien qu'il ait revu son cours, il ne le comprend pas.

b. Éléa souhaite qu'il fasse beau pour sa fête.

c. Qu'il se taise !

d. Le fautif est reçu afin qu'il s'explique.

e. Je doute qu'il parvienne à finir.

7 Dans les phrases suivantes, identifiez les modes verbaux et précisez leur valeur.**

a. Raconter est un devoir, c'est peut-être le seul que je puisse remplir. (H. Berr © Tallandier)

b. Je ne pense pas qu'il y ait de l'impertinence à écrire l'histoire de sa propre vie. (G. Sand)

c. Rassemble autour de moi l'innombrable foule de mes semblables ; qu'ils écoutent mes confessions. (J.-J. Rousseau)

d. Le valet de chambre accuse la cuisinière, qui accuse la lingère, qui accuse les deux autres. Quel est le coupable ? Bien fin qui le dirait ! (G. de Maupassant, *Le Horla*)

e. Je suis assis à la fenêtre, mon regard franchit la rivière et se repose sur les champs. Ô nature, nature ! je t'aime, quoique je sois sorti de ton sein incapable de vivre. (I. Tourgueniev, *Journal d'un homme de trop*)

f. Le matin du 2 août 1914.
Oui, jusqu'à hier, jusqu'à la dernière minute, on continuait de se le dire : ce n'est pas possible, aucun homme au monde [...] n'oserait plus déchaîner l'horreur sans nom d'une guerre moderne ; ce n'est pas possible, donc cela ne sera pas... Et il a osé, lui, et cela est ! (P. Loti, *Journal*)

8 a. Imaginez la suite de chaque phrase.**
b. Identifiez le mode du verbe que vous avez utilisé et justifiez son emploi.

a. Abel souhaite que .... / Abel ne pense pas que ....

b. Si Maya est attentive, elle .... / Si Maya avait été attentive, elle ....

c. Passe après que .... / Passe avant que ....

d. Léandre ne veut pas que .... / Léandre croit que ....

e. J'ai peur que .... / Je réalise que ....

9 a. Identifiez les temps des verbes soulignés, puis indiquez leur valeur.**

J'étudiais un jour seul ma leçon dans la chambre contiguë à la cuisine. La servante avait mis sécher à la plaque les peignes de mademoiselle Lambercier. Quand elle revint les prendre, il s'en trouva un dont tout un côté de dents était brisé.[...] On m'interroge : je nie d'avoir touché le peigne. M. et mademoiselle Lambercier se réunissent, m'exhortent, me pressent, me menacent : je persiste avec opiniâtreté ; mais la conviction était trop forte, elle l'emporta sur toutes mes protestations, quoique ce **fût** la première fois qu'on m'eût trouvé tant d'audace à mentir.[...] On écrivit à mon oncle Bernard : il vint.

■ Jean-Jacques Rousseau, *Les Confessions* (1782)

Défi ! b. Saurez-vous analyser le mode et la valeur du verbe en bleu ?

J'APPLIQUE POUR ÉCRIRE

10* Rédigez un mode d'emploi pour sauver la planète : au moins cinq injonctions à la première personne du pluriel de l'impératif et une phrase de conclusion commençant par *Il est temps que...*

32 L'organisation du texte

▸ Utiliser les connecteurs pour organiser le texte (C4.5)

J'observe la phrase du jour

Nour ferma les yeux, prit une profonde inspiration, plongea : on vit son corps frêle piquer dans l'eau turquoise de la calanque.

a. Je manipule Réécrivez la phrase en insérant des mots pour souligner la chronologie des actions.

b. J'entre dans la leçon Lequel de ces groupes de mots pourrait se trouver en début de phrase ? Donnez sa classe grammaticale. *Sur la plage – Au bord du gouffre – Là-haut – En bas.*

c. VERS LE BREVET Analysez cette phrase en propositions.

Je retiens

LES CONNECTEURS SPATIAUX structurent l'**espace** du récit, de la description.

- ici, là-bas…
- en haut, en bas, à droite, à gauche, au sud, au milieu, au centre…
- à côté, non loin, plus loin, au-delà, tout près…

LES CONNECTEURS TEMPORELS structurent la **chronologie** du récit.

- Moment de l'action : Ce jour-là, aujourd'hui, en 1873…
- Simultanéité : à ce moment-là, en même temps, pendant ce temps…
- Antériorité : avant, la semaine précédente, la veille, jadis, autrefois…
- Postériorité : après, ensuite, et, demain, à l'avenir, deux ans plus tard…
- Fréquence : souvent, toujours, chaque fois, rarement…
- Soudaineté : soudain, tout à coup, brusquement…

LES CONNECTEURS LOGIQUES structurent la **progression logique** du texte.

- Addition et classement : d'abord, en premier lieu, ensuite, en outre, d'une part… d'autre part, enfin, en dernier lieu, pour conclure…
- Illustration et explication : en effet, ainsi, par exemple, c'est-à-dire…
- Cause : car, parce que, grâce à, en raison de, à cause de…
- Conséquence : donc, si bien que, par conséquent, c'est pourquoi…
- But : afin, pour, dans le but de, de peur que, avec pour objectif de…
- Opposition : mais, en revanche, or, toutefois, cependant, pourtant…

Je construis

1 * Choisissez un connecteur logique pour articuler les deux phrases.

a. Les nuages s'amoncellent à l'horizon. L'orage ne tardera pas.

b. Les archéologues n'ont rien trouvé. Ils ont fouillé le site en long et en travers.

c. Les pièces de Molière font la satire de la médecine. *Le Malade imaginaire* présente un médecin ridicule.

d. Nous étudierons d'abord le comique du passage. Nous étudierons la satire des médias.

2 ** Proposez des connecteurs temporels pour lier ces étapes de récit.

a. Le jeune homme disparut dans le fond du jardin, sauta par-dessus la haie, fila dans la rue.

b. Le skieur dévalait la pente. Il dérapa, perdit l'équilibre, chuta brutalement.

c. Elle apprit les rudiments du tissage. Elle observa comment couper les tuniques. On lui permit de coudre sa première pièce. Elle était devenue la meilleure ouvrière de l'atelier.

d. On commence par déterminer de quels côtés du triangle rectangle on connaît la longueur. On applique le théorème. On calcule la longueur du dernier côté.

3 Travailler AUTREMENT

Décrire un lieu à plusieurs

En groupe, proposez une description précise du lieu représenté sur la photographie. Chacun invente une phrase qui débute par un connecteur spatial.

■ Le musée Guggenheim (créé par **Frank Gehry**) de Bilbao (Espagne) avec la sculpture *Maman* (2005) de **Louise Bourgeois** au premier plan

Je consolide

4 Relevez les connecteurs du texte. Puis, classez-les : connecteurs logiques ou temporels ?

Il travaillait pourtant ; mais il ne savait pas le faire valoir : et puis il était trop fier, disait-il. Et puis sa fierté consistait à ne jamais saluer ses supérieurs d'une façon vile et obséquieuse, comme le faisaient, à son avis, certains de ses collègues qu'il ne voulait pas nommer. Il ajoutait encore que sa franchise gênait bien des gens, car il s'élevait, comme tous les autres d'ailleurs, contre les passe-droits, les injustices, les tours de faveur donnés à des inconnus, étrangers à la bureaucratie. Mais sa voix indignée ne passait jamais la porte de la case où il besognait...

■ **Guy de Maupassant**, « Les Dimanches d'un bourgeois de Paris » (1880)

5 a. Repérez les connecteurs spatiaux de cette didascalie initiale de l'adaptation théâtrale de *François le Champi* de George Sand.
b. D'après les indications, dessinez un projet de décor pour la pièce.

Un intérieur rustique. À la droite du spectateur, une grande cheminée avec banc pour s'asseoir dans l'intérieur de l'âtre. En avant de la cheminée, une petite table couverte de pelotes, de corbeilles et de chiffons, au-dessus de laquelle une glace, attachée à la muraille, est penchée en avant. La glace a un grand cadre de bois découpé à l'ancienne mode. – À gauche du spectateur, une porte conduisant à la chambre de Madeleine ; à côté, une vieille crédence servant de secrétaire. – Au fond, une porte à double battant donnant sur la campagne, qui est couverte de neige et qu'on voit à travers le battant supérieur, qui est vitré. Au fond, à gauche du spectateur, un escalier de bois conduisant à la chambre de Mariette.

■ **George Sand**, *François le Champi* (comédie, 1849)

6 Replacez les connecteurs logiques du texte : *malgré, parce qu', et, en dépit de, non seulement, mais.*

Je regarde la marche de la France.

La France est grande, ... par sa puissance, ... au-delà de sa puissance, par l'éclat des idées, des causes, de la générosité qui l'ont emporté aux moments privilégiés de son histoire.

La France est grande .... elle a été la première en Europe à abolir la torture .... les esprits précautionneux qui, dans le pays, s'exclamaient à l'époque que, sans la torture, la justice française serait désarmée, que sans la torture, les bons sujets seraient livrés aux scélérats.

La France a été parmi les premiers pays du monde à abolir l'esclavage, ce crime qui déshonore encore l'humanité.

Il se trouve que la France aura été, ... tant d'efforts courageux, l'un des derniers pays, presque le dernier –........ je baisse la voix pour le dire – en Europe occidentale dont elle a été si souvent le foyer et le pôle, à abolir la peine de mort.

■ D'après **Robert Badinter**, discours sur « L'abolition de la peine de mort » (17/09/1981) © Assemblée nationale

J'APPLIQUE POUR ÉCRIRE

7 Décrivez l'île de vos rêves. Utilisez des connecteurs spatiaux pour organiser votre description.

8 Choisissez un personnage issu d'une de vos lectures préférées. Inventez et racontez sa journée type en utilisant des connecteurs temporels.

33 Les procédés de reprise

▸ Savoir produire un énoncé cohérent (C4.5)

J'observe la phrase du jour

Quand Louis a voulu les remercier de leur aide, il a convié ses amis au restaurant.

Je manipule a. Dites qui est désigné par les pronoms soulignés.

b. Imaginez que vous continuez le récit : par quels mots ou expressions pourriez-vous remplacer *Louis* et *ses amis* pour ne pas faire de répétitions ? Proposez au moins trois choix pour chaque.

J'entre dans la leçon

Les amis de Louis remercièrent Louis chaudement de cette invitation au restaurant, mais les amis de Louis refusèrent catégoriquement que Louis paie la note du restaurant.

c. À quoi tient la maladresse de cette phrase pourtant correcte ?

d. Proposez une réécriture acceptable.

e. VERS LE BREVET Proposez l'analyse des propositions de la « phrase du jour ».

Je retiens

LES MOTS DE REPRISE pour **éviter les répétitions** et assurer la **cohérence** du texte.

LES REPRISES PRONOMINALES

Remplacent un mot ou un groupe de mots par un pronom.

▸ Liste des différents pronoms p. 306

Les jeunes gens rentrèrent satisfaits de leur partie de pêche. **Ils en** avaient ramené le dîner du soir.

LES REPRISES LEXICALES

Remplacent un mot ou un groupe de mots par un mot ou un groupe de mots équivalent.

- Un **synonyme**.
  Ils avaient pêché quantité de sardines. Ils préparèrent ~~les sardines~~ → **les poissons**.
- Une **périphrase**.
  Ils adoraient la mer. ~~La mer~~ **La grande bleue** leur fournissait la nourriture à foison.
- Le même nom repris dans un **groupe nominal enrichi**.
  Ils pêchaient sur un bateau. **Ce petit bateau bleu** affrontait courageusement les vagues.

Je construis

1 * Reformulez les couples de phrases suivants en évitant la répétition.

a. Julie rêvait de s'installer à Paris. Paris lui semblait l'endroit idéal pour réaliser ses rêves.

b. Nous avons observé des cerfs dans les sous-bois. Les cerfs étaient particulièrement craintifs car les cerfs étaient à découvert dans les sous-bois.

c. Le film *Edmond* raconte l'écriture de *Cyrano de Bergerac*. *Cyrano de Bergerac* fut un grand succès théâtral à la fin du XIXe siècle. Le film *Edmond* fut un grand succès aussi.

2 ** Pour chacun des noms suivants, proposez une périphrase et un synonyme qui pourraient les reprendre dans un texte.

a. New York
b. un lion
c. la Lune
d. le chocolat
e. le pianiste
f. la Corse
g. Louis XIV
h. un chat
i. une voiture
j. une rose

3 **Lisez le texte et dites qui est désigné par les pronoms, synonymes et périphrases soulignés.**

Jean, dès son enfance, avait été un modèle de douceur, de bonté et de caractère égal ; et Pierre s'était énervé, peu à peu, à entendre vanter sans cesse ce gros garçon dont la douceur lui semblait être de la mollesse, la bonté de la niaiserie et la bienveillance de l'aveuglement. Ses parents, gens placides, qui rêvaient pour leurs fils des situations honorables et médiocres, lui reprochaient ses indécisions, ses enthousiasmes, ses tentatives avortées, tous ses élans impuissants vers des idées généreuses et vers des professions décoratives.

■ Guy de Maupassant, *Pierre et Jean* (1888)

Je consolide

4 **Repérez les procédés de reprise utilisés dans les extraits suivants pour reprendre le groupe souligné et nommez-les précisément.**

a. Je m'étais penché sur la palissade : devant moi, un pavot rouge élevait sa tige droite dans l'herbe épaisse ; une grosse goutte de rosée nocturne brillait d'un sombre éclat au fond de la fleur épanouie.

(Ivan Tourgueniev)

b. Le jardinet, aussi large que la façade est longue, se trouve encaissé par le mur de la rue et par le mur mitoyen de la maison voisine, le long de laquelle pend un manteau de lierre qui la cache entièrement, et attire les yeux des passants par un effet pittoresque dans Paris.

(Honoré de Balzac)

c. Cependant, le Forgeron préparait la besogne du jour. Il remuait du fer dans les coins, retournait des charrues, examinait des roues. Quand il m'apercevait, il mettait les poings aux côtes, le digne homme, et il riait, la bouche fendue jusqu'aux oreilles.

(Émile Zola)

5 **Repérez et nommez les procédés de reprise pour les groupes soulignés.**

C'étaient des silhouettes dans de la nuit. Ils étaient huit, il y avait probablement parmi eux une ou deux femmes, malaisées à reconnaître sous les déchirures et les loques dont tout le groupe était affublé, accoutrements qui n'étaient plus ni des vêtements de femmes, ni des vêtements d'hommes. Les haillons n'ont pas de sexe.

Une ombre plus petite, allant et venant parmi les grandes, indiquait un nain ou un enfant.

C'était un enfant.

■ Victor Hugo, *L'Homme qui rit* (1869)

6 **La GRAMMAIRE dans les textes**

Choisissez un des personnages présent ou évoqué dans le texte de Jean Molla ▶ p. 260**. Relevez tous les pronoms ou périphrases qui le désignent dans le texte.**

7 **VERS LE BREVET** **Dans ces extraits du célèbre poème de Victor Hugo, repérez les reprises des noms *ortie* et *araignée*.**

J'aime l'araignée et j'aime l'ortie,
Parce qu'on les hait ; [...]

Passants, faites grâce à la plante obscure,
Au pauvre animal.
Plaignez la laideur, plaignez la piqûre,
Oh ! plaignez le mal ! [...]

Pour peu qu'on leur jette un œil moins superbe,
Tout bas, loin du jour,
La vilaine bête et la mauvaise herbe
Murmurent : Amour !

■ Victor Hugo, *Les Contemplations* (1856), livre III

J'APPLIQUE POUR ÉCRIRE

8 **Réécrivez la biographie suivante en faisant disparaître les répétitions.**

Albert Camus est né en Algérie en 1913. Albert Camus a fait ses études secondaires à Alger. Albert Camus devient ensuite journaliste, philosophe et écrivain. Albert Camus s'engage comme journaliste dans la Résistance pendant la Seconde Guerre mondiale. En 1957, le prix Nobel de littérature couronne la carrière d'Albert Camus. Les chefs d'œuvre d'Albert Camus sont *L'Étranger*, *La Peste*, *Caligula*, *Le Premier Homme*... En 1960, Albert Camus meurt dans un accident de voiture.

9 **À la manière de Victor Hugo (exercice 7) choisissez deux êtres (plantes et animaux uniquement) mal aimés. Écrivez pour eux un plaidoyer en utilisant, afin d'éviter les répétitions, des pronoms, des synonymes et des périphrases. Vous n'êtes pas obligés d'écrire un poème.**

Mémo Brevet 5

▸ Identifier les différents discours rapportés (C4.5)

Les discours rapportés

COMMENT RAPPORTER LES PAROLES ET LES PENSÉES D'UN PERSONNAGE DANS UN TEXTE ?

AU DISCOURS DIRECT

« Super ! Cet été, je ferai du surf ! » décida Roméo.

- Propos tels qu'ils ont été pensés ou prononcés, **marques de l'oral**.
- Tous les types de phrase.
- **Ponctuation** encadrant les propos : deux-points, guillemets, tirets.
- Verbe de parole (ou de pensée) dans une proposition incise ou une phrase précédant les propos rapportés.
- **Temps** et **pronoms personnels** du dialogue.
- **Indications de temps** et de **lieu** du dialogue.

AU DISCOURS INDIRECT

Roméo décida [qu'il ferait du surf l'été suivant].

- Propos intégrés au récit, **sans marque d'oralité**.
- Uniquement des phrases déclaratives.
- **Ni** deux-points, **ni** guillemets, **ni** tirets.
- Verbe de parole (ou de pensée) dans une proposition principale et propos rapportés dans une [proposition subordonnée].
- **Temps** et **pronoms personnels** du récit.
- **Indications de temps** et de **lieu** du récit.

AU DISCOURS INDIRECT LIBRE

Roméo prit une décision. Super ! Il ferait du surf l'été suivant !

- Tous les types de phrase.
- **Marques de l'oral**.
- Pas de subordination.
- Accès aux pensées du personnage.
- Propos intégrés au récit.
- **Ni** deux-points, **ni** guillemets, **ni** tirets.
- **Temps** et **pronoms personnels** du récit.
- **Indications de temps** et de **lieu** du récit.

Madame de Rênal resta interdite ; ils étaient fort près l'un de l'autre à se regarder. [...] Quoi, c'était là ce précepteur qu'elle s'était figuré comme un prêtre sale et mal vêtu, qui viendrait gronder et fouetter ses enfants ! [...] Madame de Rênal était si heureuse, qu'elle osa dire à Julien :

– Vous ne gronderez pas trop ces pauvres enfants ? [...] N'est-ce pas, monsieur, ajouta-t-elle après un petit silence [...], vous serez bon pour eux, vous me le promettez ?

S'entendre appeler de nouveau monsieur, bien sérieusement, et par une dame si bien vêtue était au-dessus de toutes les prévisions de Julien : dans tous les châteaux en Espagne de sa jeunesse, il s'était dit qu'aucune dame comme il faut ne daignerait lui parler que quand il aurait un bel uniforme.

■ Stendhal, *Le Rouge et le Noir* (1830)

Mémo
Brevet 6

Identifier les valeurs des temps et des modes (C4.5)

Les valeurs des temps et des modes

QUELLES SONT LES VALEURS DES TEMPS DE L'INDICATIF ?

LE PRÉSENT

- Présent d'**énonciation**. Je rêve de l'océan.
- Présent de **description**. Le ciel se couvre de nuages.
- Présent d'**habitude**. Tu skies chaque hiver.
- Présent de **vérité générale** : vérité toujours valable.
Les paroles s'envolent ; les écrits restent.
- **Passé** ou **futur proches**.
J'arrive à l'instant. Je repars dans une minute.
- Présent de **narration** : remplace le passé simple.
Il atteignit le sommet. Là, il crie victoire.

L'IMPARFAIT ET LE PASSÉ SIMPLE

- Imparfait de **description**, imparfait d'**habitude**.
La mer scintillait (description).
Le soir, Mateo brossait son cheval (habitude).
- Imparfait évoquant une **action non délimitée / qui dure**.
Elle se promenait autour de l'étang.
- Imparfait exprimant une **hypothèse**.
Si tu lisais, tu aurais plus d'imagination.
- Passé simple évoquant une **action bornée** ou une **succession d'actions**.
La sirène retentit. Le groupe se leva et sortit.

LE FUTUR ET LE CONDITIONNEL PRÉSENT

- Futur : **avenir** ou **ordre**.
Comme tu seras là demain, tu rangeras ta chambre.
- Conditionnel présent évoquant un **futur dans le passé**.
À six ans, il décida qu'il irait en Chine.

LES TEMPS COMPOSÉS

Ils évoquent une **antériorité** par rapport à ce qui est exprimé à un temps simple.

- **Plus-que-parfait** et **passé antérieur** : avant l'imparfait et le passé simple.
Faustine **avait vu** ses amies, elle était ravie.
Quand elle **fut rentrée**, elle prit un bain.
- **Passé composé** : avant le présent.
On **a rêvé** d'avoir un chaton, et on en a un.
- **Futur antérieur** et **conditionnel passé** : avant le futur et le conditionnel présent.
Quand il **aura fini** ses études, il fera un voyage.
Quand il **aurait fini** ses études, il ferait un voyage.

QUELLES SONT LES VALEURS DES MODES ?

Fiche 31 p. 348

L'INDICATIF

- Mode qui situe les actions et les états sur un **axe des temps** (passé / présent / futur).
- Le conditionnel évoque un **futur dans le passé** ou un **fait probable** ou une **action soumise à une condition**.

LE SUBJONCTIF

- Pour exprimer le **souhait**, le **regret**, le **doute**...
- Dans certaines **subordonnées circonstancielles** (but, opposition, hypothèse).

L'IMPÉRATIF

- Pour donner des **ordres** et des **conseils**.

34 Les principaux accords

J'observe la phrase du jour

La nouvelle sonnerie du collège est surprenante.

a. Je manipule Réécrivez la phrase en mettant *sonnerie* au pluriel. Qu'avez-vous modifié ?

b. J'entre dans la leçon Repérez tout ce qui s'accorde dans cette phrase, et précisez avec quoi chaque mot s'accorde.

c. VERS LE BREVET Proposez une analyse des principaux constituants de la phrase (sujet, verbe, complément).

Je retiens

LES PRINCIPAUX ACCORDS

- Le **verbe** s'accorde avec son sujet, parfois placé après le verbe.
En France, ne **règnent** plus de rois.
- Le sujet est parfois séparé du verbe par un ou plusieurs mots.
Les rois, durant une longue période, **ont régné.**

Avec le pronom *qui* sujet, on accorde le **verbe** avec ce que reprend *qui*.
L'élève [qui **comprend**] lève la main. C'est moi qui **réponds**.

- L'**attribut du sujet** s'accorde en genre et en nombre avec le sujet du verbe attributif.
- On peut remplacer ce verbe par le **signe =** (le sujet et l'attribut désignent la même chose ou la même personne)
Alice est **gentille** : elle devient **une belle personne**.

Dans le **groupe nominal**, on accorde déterminant(s) et adjectif(s) avec le nom noyau.
Une petite tigresse / Quelques petits tigres / Tous les petits tigres, sauvages

ORTHOGRAPHE

- Sujet constitué de *moi* + autre personne = ***nous***
Toi et moi **aimons** le cinéma.
- Sujet constitué de *toi* + autre personne = ***vous***
Anouk et toi **irez** au cinéma.

Je construis ORAL

1 * **a. Repérez les verbes conjugués et leur sujet. b. Quand le sujet est un GN, précisez son genre et son nombre.**

a. Les fables illustrent une morale.
b. Les personnages principaux sont souvent des animaux.
c. Représentent-ils toujours des êtres humains ?
d. Toi et moi en avons étudié en classe.
e. Les élèves les apprécient.
f. Tous les apprennent avec plaisir.
g. Les professeurs y font souvent référence.
h. Réciter n'est pas toujours facile.
i. Quelle fable de La Fontaine préfères-tu ?

2 * **a. Précisez avec quoi s'accordent les mots ou groupes de mots en gras.**

Les histoires de zombies sont **nombreuses**. Mais que **savez**-vous de **ces** êtres **terrifiants** ? Tout d'abord, un zombie est **fictif**. C'est un personnage au comportement **violent**. Celui-ci **est** souvent victime d'une **terrible** contamination et **son** mal est **contagieux**. En créole, le terme « zonbi » **signifie** « esprit » ou « revenant ». Dans **la** culture populaire **occidentale**, le mot « zombies » désigne **tous** les morts-vivants, qui ne **parlent** pas et ne **réfléchissent** pas.

Défi ! **b. Précisez la classe et la fonction des mots ou groupes de mots soulignés.**

3 * **Accordez si nécessaire. Justifiez vos choix.**

a. Par une nuit obscur…, ils erraient dans une long… rue.

b. La ville semblait désert…, les promeneurs solitaire… étaient plongé… dans des pensées profond….

c. Les amis, silencieu…, marchaient sans échanger une seul… parole.

d. Tout à coup, un chien errant… se précipita sur les deux hommes surpris….

e. D'abord affolé…, ils comprirent bien vite que l'animal était inoffensif… : la bête devint câlin… et réclama de dou… caresses.

Je consolide

4 ** **Identifiez les sujets des verbes entre parenthèses, puis accordez les verbes avec leur sujet.**

a. La poésie (*permettre*) d'exprimer des sentiments.

b. Les mots choisis par le poète (*plaire*) à tous ses lecteurs.

c. Mes camarades et moi (*se dire*) que les poètes (*exprimer*) en mieux ce que nous (*ressentir*).

d. Souvent, ceux-ci nous (*faire*) part de ce qui les (*révolter*).

e. Ces poètes, qui (*dénoncer*) les injustices et les discriminations, (*être*) des poètes engagés.

5 ** **Repérez les verbes conjugués et leur sujet.**

Clopin Trouillefou, qui avait concouru […], s'avoua vaincu. […] L'acclamation fut unanime. On se précipita vers la chapelle. On en fit sortir en triomphe le bienheureux pape des fous. Mais c'est alors que la surprise et l'admiration furent à leur comble. La grimace était son visage. Ou plutôt toute sa personne était une grimace.[…] Tel était le pape que les fous venaient de se donner. On eût dit un géant brisé et mal ressoudé. Quand cette espèce de cyclope parut sur le seuil de la chapelle, immobile, trapu, et presque aussi large que haut, […] la populace le reconnut sur-le-champ, et s'écria d'une voix :

– C'est Quasimodo, le sonneur de cloches ! c'est Quasimodo, le bossu de Notre-Dame !

■ Victor Hugo, *Notre-Dame de Paris* (1831)

6 ** **a. Repérez les attributs du sujet et les sujets.**
b. VERS LE BREVET Réécrivez les phrases en remplaçant le sujet par le sujet proposé entre parenthèses.

a. Le chant des Sirènes est envoûtant. (Les Sirènes)

b. Ulysse devient fou et essaie de se détacher. (Les hommes)

c. Ses compagnons, qui sont présents mais ont les oreilles bouchées, semblent sourds. (La fille)

d. Resteront-ils imperturbables ? (On)

e. Ulysse sort victorieux du combat. (Ulysse et son équipage)

7 ** **Accordez les adjectifs (ou les participes utilisés comme adjectifs) avec les noms qu'ils précisent. Justifiez les accords.**

> **COUP DE POUCE**
> Lorsque l'adjectif se rapporte à **deux noms**, il s'accorde au **pluriel**. Lorsque l'adjectif se rapporte à **deux noms de genres différents**, il s'accorde au **masculin pluriel**.

a. Depuis l'espace, on admire les nuages et la planète (*bleu*).

b. Les comètes, les étoiles et chaque astre (*resplendissant*) émerveillent les enfants.

c. Nous cuisinerons les poireaux et les courgettes (*ramassé*) dans le jardin.

d. Ce soir, nous mangerons des œufs et des carottes (*râpé*).

e. Son chat et son chien, très (*obéissant*), accourent à son appel.

J'APPLIQUE POUR ÉCRIRE

8 ** **Inspirez-vous du tableau pour décrire un jardin en utilisant de nombreux adjectifs, notamment de couleur. Commencez par *Ce jardin était…* et veillez à varier les verbes.**
Vous pouvez utiliser ces mots : *parterre, allée, massif, végétation, bordure, feuillage…*

> **COUP DE POUCE**
> Les **adjectifs de couleur** s'accordent en genre et en nombre avec le nom qu'ils caractérisent, sauf s'ils sont composés ou s'ils viennent d'un nom.
> **Ex :** *Les mers sont bleu foncé et les continents verts et marron.*

■ Claude Monet, *Une allée du jardin de Giverny* (1902), huile sur toile (89,5 x 92 cm), musée du Belvédère (Vienne, Autriche)

35 L'accord du participe passé

J'observe la phrase du jour

Le texte dicté est recopié par les élèves qui ont écouté la professeure.

a. Je manipule Réécrivez la phrase en remplaçant *Le texte* par *La phrase*, et en remplaçant *la professeure* par un pronom personnel.

b. J'entre dans la leçon Dans chaque phrase, demandez-vous ce qui est *dicté*, ce qui est *recopié*, et qui est *écouté*.
Que pouvez-vous en déduire sur l'accord du participe passé ?

Je retiens

L'ACCORD DU PARTICIPE PASSÉ

Employé seul
(comme un adjectif)
→ accord avec le nom ou le pronom qu'il complète.
Les enfants **fatigués** se couchent.
Fatigués, ils se couchent.

Employé avec *ÊTRE*
ou un **verbe attributif**
→ accord avec le sujet.
Ces vêtements sont bien **choisis**.

Employé avec *AVOIR* sans COD
ou **COD placé après *avoir***
→ jamais d'accord.
Ils ont choisi.
Ils ont choisi des vêtements.

Employé avec *AVOIR* avec COD placé avant *avoir*
→ accord avec le **COD**.
Ils les ont **choisis**.
Les vêtements qu'ils ont **choisis**.
(COD = *les vêtements*)

ORTHOGRAPHE
Astuces pour l'accord avec *avoir*
- Quelles pommes a-t-il **achetées** ?
Quand on écrit *achetées*, on sait ce qui est *acheté* (des *pommes*) → accord.
- Il a **acheté** des pommes.
Quand on écrit *acheté*, on ne sait pas ce qui est *acheté* → pas d'accord.

Je construis ORAL

1 * **Repérez les participes passés dans les phrases suivantes.**

a. Les élèves élus au Conseil de la vie collégienne ont décidé de créer un journal.
b. Ce mensuel sera lu par tous les collégiens intéressés.
c. Les volontaires seront amenés à proposer des articles variés.
d. Les articles choisis par les élus seront publiés.
e. Des photographies que certains auront prises illustreront les articles.
f. Imprimés à l'administration, les exemplaires seront ensuite déposés au CDI.

2 ** **Justifiez l'accord des participes passés en bleu.**

a. Des spationautes **recrutés** par des experts ont **décollé** ce matin.
b. Ils auront **rejoint** la station orbitale demain matin.
c. Après un décollage **réussi**, ils ont **entamé** leur voyage dans l'espace.
d. Ils s'étaient **préparés** depuis des mois.
e. Quand la fusée n'a plus été **soumise** à l'attraction terrestre, ils ont **vu** flotter la peluche **préparée** à cette occasion.
f. **Fascinés** par ce voyage, de nombreux internautes suivent l'expédition sur les réseaux sociaux.

3 * **Accordez les participes passés employés comme des adjectifs ou utilisés avec un verbe attributif. Reliez chaque participe au nom ou au sujet avec lequel il s'accorde.**

a. Des gueules cassé..... de la Guerre de 14-18 avaient été reçu..... à L'Élysée.

b. De nombreux romans de science-fiction ont été écrit..... au XXe siècle.

c. Des femmes connu..... ont rédigé leurs mémoires.

d. Fatigué.... après une journée passé.... dans la forêt, les enfants sont rentré.... chez eux.

Je consolide

4 * **Pour chaque participe passé utilisé avec *avoir*, demandez-vous si vous savez déjà ce qui est *pris* ou *tenu* quand vous écrivez le participe. En fonction de votre réponse, accordez-le ou non.**

a. As-tu (*pris*) de bonnes résolutions cette année ?

b. Quelles résolutions as-tu (*pris*) ?

c. Les enfants ont (*pris*) de bonnes résolutions.

d. Ses bonnes résolutions, il ne les a pas (*tenu*).

e. Les résolutions qu'il a (*pris*) seront suivies d'actes.

5 * **a. Mettez les verbes au participe passé et accordez-les si nécessaire.**
b. Puis reliez chaque participe accordé au mot ou au groupe de mots avec lequel il s'accorde.

Les surveillants ont (*organiser*) un sondage. La question (*poser*) aux élèves était (*formuler*) ainsi : « Quelle série avez-vous (*préférer*) durant l'année (*passer*) ? » Les résultats seront (*connaître*) prochainement. Quelques curieux ont (*essayer*) de les obtenir. Mais les votes n'ont pas encore été totalement (*dépouiller*). Les trois séries que les élèves auront (*élire*) feront l'objet d'un concours d'affiches.

6 * **Conjuguez les verbes au temps demandé. Attention à l'accord du participe passé.**

a. Elle (***faire**, passé composé*) la liste des pays qu'elle (***visiter**, passé composé*).

b. S'il (***entendre**, plus-que-parfait*) les blagues de son camarade, il (***mourir**, conditionnel passé*) de rire.

c. Des marcheurs (***s'égarer**, passé composé*) en montagne mais un berger les (***mener**, passé composé*) au chemin.

d. Quand (***finir**, futur antérieur*)-tu la bande dessinée que je t'(***prêter**, passé composé*) ?

Défi ! e. De plus en plus de jeunes (***concerner**, présent passif*) par l'écologie.

7 * VERS LE BREVET **Réécrivez au passé composé les lignes 34 à 38 du texte de Jean Molla** ▸ p. 258**, en remplaçant *un des commandos* par *une assaillante*.**

8 * **a. Repérez les participes passés. Précisez s'ils sont utilisés avec *être* ou *avoir*.**
b. Justifiez leur accord ou l'absence d'accord.

Une jeune fille rencontre un homme lors d'une traversée sur le Mékong, fleuve d'Asie.

Il sourit. Elle le regarde. Il dit :

– Je ne vous ai jamais vue à Sadec.

– Ma mère a été nommée à Sadec il y a deux ans et moi je suis en pension à Saigon. C'est pour ça.

Silence. Le Chinois dit :

– Vous avez regretté Vinh-Long...

– Oui. C'est ça qu'on a trouvé le plus beau.

Ils se sourient. Elle demande :

– Et vous ?...

– Moi, je reviens de Paris. J'ai fait mes études en France pendant trois ans. Il y a quelques mois que je suis revenu.

■ Marguerite Duras, *L'Amant de la Chine du Nord* (1991)

9 * **Conjuguez les verbes pronominaux au passé composé. Au moment où vous écrivez le participe passé, pour savoir si vous devez l'accorder, demandez-vous ce qui est *lavé*, *proposé*...**

> COUP DE POUCE
> – *Ils se sont vus.* Qui est *vu* ?
> → *Ils*, placé avant le verbe → **accord**.
> – *Elles se sont coupé les cheveux.* Qui est *coupé* ?
> → *les cheveux*, placé après le verbe → **pas d'accord**.
> – *Ils se sont téléphoné.* Qui est *téléphoné* ?
> → La question n'a pas de sens → **pas d'accord**.

a. Les collégiens (*se laver*) les mains avant d'entrer en classe.

b. Des volontaires (*se proposer*) pour faire leur exposé.

c. Lors d'un débat, ils (*se répondre*) avec respect.

d. Tous (*s'impliquer*).

J'APPLIQUE POUR ÉCRIRE

10 * **a. Rédigez les premières lignes de votre autobiographie. Renseignez-vous sur les circonstances de votre naissance, puis écrivez un paragraphe au passé composé, en vous aidant des verbes suivants : *naître, vivre, découvrir, sourire, se blottir, apprécier*...**
Défi ! **Pour deux verbes, placez le COD avant *avoir*.**
b. Recopiez votre texte en remplaçant *Je* par *Elles*.

36 Les confusions verbales

J'observe la phrase du jour

Immédiatement, je pense que je pourrai trouver une solution.

a. Je manipule Remplacez le verbe *trouver* par un verbe d'un autre groupe.

b. J'entre dans la leçon À quel temps et à quel mode les verbes soulignés sont-ils conjugués ? Pourrait-on les confondre avec d'autres formes verbales proches ou identiques ?

c. VERS LE BREVET Réécrivez la phrase en utilisant les temps du récit au passé. À quels temps les verbes sont-ils conjugués ?

Je retiens

-er ou -é(e)(s) à la fin du verbe ?	• On peut le remplacer par un verbe d'un autre groupe à l'**infinitif** (*finir, vendre…*) → **-er**.	J'ai tenté (= j'ai fini) de rédiger (= vendre) vite.
	• On peut le remplacer par le **participe passé** d'un verbe d'un autre groupe (*fini, vendu…*) → **-é(e)(s)**.	
-rai ou -rais à la fin du verbe ?	• On peut le remplacer par un verbe au **futur** à la 2e personne du singulier (*tu mangeras*) → **-rai**.	Je choisirai (= tu choisiras) demain.
	• On peut le remplacer par un verbe au **conditionnel** à la 2e personne du singulier (*tu mangerais*) → **-rais**.	J'aimerais (= tu aimerais) le voir.
-ai ou -ais à la fin du verbe ?	• On peut le remplacer par un verbe au **passé simple** à la 2e personne du singulier (*tu mangeas*) → **-ai**.	Je marchai (= tu marchas) jusqu'au bois.
	• On peut le remplacer par un verbe à l'**imparfait** à la 2e personne du singulier (*tu mangeais*) → **-ais**.	Je marchais (= tu marchais) tous les jours.
présent de l'INDICATIF ou du SUBJONCTIF ?	• On peut le remplacer par un verbe à l'**indicatif** à la 1re personne du pluriel (*nous chantons*) → **indicatif** présent.	Je rentre (= nous rentrons) tôt ce soir. → indicatif présent
	• On peut le remplacer par un verbe au **subjonctif** à la 1re personne du pluriel (*que nous chantions*) → **subjonctif** présent.	Il faut que je rentre (= que nous rentrions) tôt. → subjonctif présent

Je construis ORAL

1 * Pour chaque verbe souligné, donnez son infinitif et son participe passé.

a. Nous patientons depuis plusieurs heures.
b. Nous sommes arrivés vers midi.
c. Nous retournerons chez nous rapidement.
d. Nous savourerons ce moment.

2 * Classez les verbes suivants selon qu'ils sont conjugués au futur ou au conditionnel.

j'admirerai – je blanchirai – je changerai – j'entendrais – je jaunirais – je maintiendrais – je construirai – je remplirais – je réparerais – j'unirai – je viserais – je voudrai

3 * a. Réécrivez chaque phrase en commençant par *Il faut que*.
b. Comparez le mode du verbe avant et après la réécriture de la phrase.

a. Vous achetez les ingrédients nécessaires.
b. Vous installez les ustensiles.
c. Vous vous lavez les mains et pesez les ingrédients.
d. Vous suivez la recette et nous dégustons.

4 * **a. Pour chaque verbe conjugué, donnez son infinitif et son groupe verbal.**
b. Mettez chaque verbe au passé simple, sans changer la personne. Quelle remarque pouvez-vous faire ?

a. je développais
b. je rougissais
c. je disais
d. je payais
e. j'étais
f. j'avais

Je consolide

5 * **Réécrivez chaque phrase avec un verbe du 2e ou du 3e groupe. Déduisez-en la forme à choisir.**

a. Aujourd'hui, Noé va (*lutter* / *lutté*) contre son appréhension.
b. Il doit (*rédiger* / *rédigé*) une lettre de motivation.
c. Il a (*avouer* / *avoué*) que ce serait difficile.
d. Il est donc (*convier* / *convié*) à un atelier d'écriture.

6 * **a. Réécrivez les phrases suivantes en remplaçant *il* par *je*.**
b. Puis indiquez le temps du verbe souligné.

a. Émile plaça le point B.
b. Puis il traça une droite reliant B au point A.
c. Comme toujours, il s'appliquait pour faire une belle figure.
d. Alors qu'il prenait sa règle, son crayon tomba.
e. Il le ramassa et le tailla à nouveau.

7 * **a. Réécrivez les phrases suivantes en remplaçant *elles* par *je*.**
b. Puis indiquez le temps du verbe souligné.

a. Demain elles iront à la piscine.
b. Si elles le pouvaient, elles emporteraient leur pique-nique.
c. Mais elles devront se limiter aux affaires de baignade.
d. Elles voudraient que la journée soit idéale.
e. Elles en profiteront au mieux.

8 * **a. Réécrivez les phrases suivantes en remplaçant *je* par *nous*.**
b. Puis indiquez le temps du verbe souligné.

a. Je désire m'acheter un ordinateur.
b. Mes parents préfèrent que j'économise mon argent.
c. Il faut que je négocie avec eux pour obtenir leur accord.
d. Je convoite un modèle en particulier.
e. Mes parents attendent que je me décide pour me soutenir.

9 * **a. Pour chaque phrase, choisissez la forme verbale qui convient.**
b. Justifiez vos choix.

a. Plusieurs années auparavant, je (*quittai* / *quittais*) ma région natale.
b. J'y (*habitai* / *habitais*) depuis mon enfance.
c. Dès demain, je (*vivrai* / *vivrais*) une vie nouvelle.
d. Je (*pourrai* / *pourrais*) me lier avec de nouveaux amis.
e. Je (*voudrai* / *voudrais*) tant que ce soit le début d'une belle aventure.
f. Tant d'autres ont (*essayer* / *essayé*) et ont (*échouer* / *échoué*).
g. Je ne (*pourrai* / *pourrais*) jamais (*oublier* / *oublié*) mon passé heureux.

10 ** **Complétez les terminaisons verbales. Justifiez vos choix.**

Le narrateur raconte un voyage fait durant sa jeunesse avec sa mère qui l'impressionne beaucoup.

Je ne vous parler..... point du voyage que je fis de Paris à Tours avec ma mère. La froideur de ses façons réprima l'essor de mes tendresses. En partant de chaque nouveau relais, je me promett..... de parl..... ; mais un regard, un mot effarouchaient les phrases prudemment méditées pour mon exorde[1]. À Orléans, au moment de se couch....., ma mère me reprocha mon silence. Je me jet..... à ses pieds, j'embrass..... ses genoux en pleurant à chaudes larmes, je lui ouvris mon cœur, gros d'affection ; j'essay..... de la touch..... par l'éloquence d'une plaidoirie affamée d'amour, et dont les accents eussent remu..... les entrailles d'une marâtre. Ma mère me répondit que je jou..... la comédie.

■ D'après Honoré de Balzac, *Le Lys dans la vallée* (1835)

1. **exorde :** début d'un discours.

J'APPLIQUE POUR ÉCRIRE

11 * **Rédigez la suite de ce récit à la première personne en utilisant au moins cinq verbes du 1er groupe, au passé simple et à l'imparfait.**

Sont-ils étranges, ces anciens souvenirs qui vous hantent sans qu'on puisse se défaire d'eux !

Celui-là est si vieux, si vieux que je ne saurais comprendre comment il est resté si vif et si tenace dans mon esprit. J'ai vu depuis tant de choses sinistres, émouvantes ou terribles, que je m'étonne de ne pouvoir passer un jour, un seul jour, sans que la figure de la mère Clochette ne se retrace devant mes yeux, telle que je la connus, autrefois, voilà si longtemps, quand j'avais dix ou douze ans.

C'était une vieille couturière qui venait une fois par semaine, tous les mardis, raccommoder le linge chez mes parents.

■ Guy de Maupassant, « Clochette », *Le Horla* (1887)

▸ Distinguer les différentes classes de « tout » et les orthographier (C4.3)

37 Le mot *tout*

J'observe la phrase du jour

Tous les jours, je porte un pull tout doux, et tout va bien.

a. Je manipule Remplacez *jours* par *semaines* et *pull* par *veste*. Qu'observez-vous ?

J'entre dans la leçon. b. Pouvez-vous mettre *tous* (*tous les jours*) au féminin ? Au singulier ?

c. Pouvez-vous mettre *tout doux* au féminin ? au pluriel ?

d. Pouvez-vous mettre *tout va bien* au féminin ? Au pluriel ?

e. VERS LE BREVET Donnez la classe grammaticale des différents *tout* / *tous*.

Je retiens

TOUT peut être...

DÉTERMINANT INDÉFINI
Il **se rapporte** à un **nom** auquel il **s'accorde**.
tout le monde ; toute la pièce ; tous ces gens

PRONOM INDÉFINI
Il **remplace un nom** auquel il **s'accorde**. Au singulier, *tout* est seulement employé au masculin.
Tout est fini.
Tous / Toutes veulent venir.

ADVERBE
- Il est placé **devant un adjectif**. Il est le plus souvent **invariable**.
Il est tout mouillé, elle est tout étonnée. Les enfants sont tout tranquilles.
- Devant un **adjectif** au **féminin** commençant par une **consonne**, il **s'accorde**.
La jeune fille est toute surprise.

ORTHOGRAPHE
On utilise tout quand ce qui suit est au singulier.
Il fait tout le temps beau sur la Côte d'Azur.
On utilise tous quand ce qui suit est au pluriel.
Tous les enfants ont ri au spectacle.

Je construis ORAL

1 * Complétez les phrases avec *tout*, *tous*, *toute*, *toutes*.

a. A priori, ... semble normal dans .... les pièces.
b. Les collègues se retrouvent .... en salle de réunion .... les lundis.
c. .... cette histoire a bouleversé .... le monde.
d. .... les enfants doivent aller à l'école .... les jours.
e. Il est .... heureux de sa réussite à .... les épreuves.
f. .... finit par rentrer dans l'ordre, pour .... les adolescents.

Je consolide

2 * Écrivez les mots en bleu au pluriel et faites les accords nécessaires.

a. Dans la bijouterie, **le voleur** a tout pris.
b. Tout ému, **l'acteur** a oublié tout son texte.
c. Tout **ce bruit** est insupportable.
d. **Le film d'horreur** est tout simplement effrayant !
e. Devenu tout rouge, **l'amoureux** a déclaré sa flamme.
f. Après sa faillite, **l'entrepreneur** a tout perdu.

3 ** VERS LE BREVET a. Complétez le texte suivant avec *tout* ou *tous*. Indiquez leur classe.
b. Réécrivez les deux premiers vers en remplaçant *mots* par *paroles*.

ROXANE. – Quels mots me direz-vous ?
CYRANO. – .... ceux, ... ceux, ... ceux
Qui me viendront, je vais vous les jeter, en touffe,
Sans les mettre en bouquet ; je vous aime, j'étouffe,
Je t'aime, je suis fou, je n'en peux plus, c'est trop ;
Ton nom est dans mon cœur comme dans un grelot,
Et comme .... le temps, Roxane, je frissonne,
.... le temps, le grelot s'agite, et le nom sonne !
De toi, je me souviens de .... , j'ai .... aimé.

■ Edmond Rostand, *Cyrano de Bergerac* (1897), III, 7

38 Les formes en *-ant*

J'observe la phrase du jour

En triant des vieux livres au CDI, Youssef a trouvé un documentaire intéressant, traitant des animaux en voie de disparition.

a. Je manipule Réécrivez la phrase en remplaçant *Youssef* par *Youssef et Sarah* et en remplaçant *un documentaire* par *une brochure*.

J'entre dans la leçon b. Relevez toutes les formes verbales : sont-elles toutes conjuguées ?

c. Lesquelles sont restées invariables ? **d.** Sur quel verbe est construit l'adjectif *intéressant* ?

e. VERS LE BREVET Faites l'analyse logique de la phrase (sujet, verbe, compléments).

Je retiens

LES FORMES VERBALES EN *-ANT*

PARTICIPE PRÉSENT → INVARIABLE

- **Forme du verbe invariable**, on le trouve seul ou précédé de la préposition *en* (gérondif). Il peut être suivi de compléments.

Finissant à 15h30, Marie ira au CDI pour la dernière heure.
En rangeant des livres, j'ai retrouvé mon manuel de physique !

ADJECTIF VERBAL → VARIABLE EN GENRE ET EN NOMBRE

- Construit à partir du **verbe** + le **suffixe *-ant***, il est variable en genre et en nombre.

Tom a trouvé un documentaire intéress**ant** / des revues intéress**antes** / une BD intéress**ante** / des romans intéress**ants**.

- ASTUCE : remplacez le nom par un nom féminin afin « d'entendre » l'accord.

ORTHOGRAPHE Certains **adjectifs verbaux** ont modifié leur orthographe pour ne pas être confondus avec le **participe présent**.
convain**qu**ant (participe présent) / convain**c**ant (adjectif verbal).

Je construis

1 * **Mettez les verbes suivants à la forme demandée.**

a. Ne (**pouvoir**, *participe présent*) faire autrement, j'ai dû patienter.

b. Antoine réapparut dans l'allée, (**tenir**, *participe présent*) à la main un bouquet de fleurs.

c. (**Nager**, *gérondif*) avec tant de vigueur, Anna atteignit la rive sans difficulté.

d. (**Échanger**, *participe présent*) quelques mots, ils passèrent à table.

e. (**Appuyer**, *gérondif*) sur ce bouton, l'ingénieur fit décoller l'appareil.

2 * **Inventez des phrases contenant soit l'adjectif verbal, soit le participe présent proposés.**

communicant / communiquant – précédent / précédant – fatigant / fatiguant – excellent / excellant – différent / différant – convaincant / convainquant – négligent / négligeant

Je consolide

3 * **Accordez si nécessaire les formes en *-ant* des phrases suivantes.**

a. Cette robe étincelant.... l'a fait resplendir sur la scène.

b. Je suis partie prenant.... dans cette affaire !

c. Ces voix accablant.... s'entendaient de loin.

d. Les voiliers voguant.... sur les mers sont un magnifique spectacle.

e. À l'arrivée de l'hiver, les animaux frémissant.... tentent de se protéger du froid.

39 Les homophones de *quand, si, quel...*

J'observe la phrase du jour

Quant à Idriss, il s'aperçoit qu'en courant plus souvent, il sera plus performant quand les compétitions reprendront.

a. Je manipule Lisez cette phrase à haute voix : quels mots pouvons-nous confondre ?

b. J'entre dans la leçon Remplacez les homophones repérés à la question précédente par un équivalent. Pour *qu'en*, il faudra modifier la structure de la proposition.

c. VERS LE BREVET Faites l'analyse logique de la phrase en propositions.

Je retiens

quand ou quant (à) ou qu'en ?	• ***Quand*** exprime le temps et peut être remplacé par à *quel moment* ou *lorsque*.	Quand (= *À quel moment*) travailles-tu ? Elle dort quand (= *lorsqu'*) elle est fatiguée.
	• ***Qu'en*** est la contraction de *que* + *en*.	Zoé ne voyage qu'en (= *que en*) train.
	• ***Quant à*** est remplaçable par *en ce qui concerne...*	Quant à (= *En ce qui concerne*) Célia, elle joue du violon.
si ou s'y ?	• ***Si*** (= *tellement*) est un adverbe d'intensité. • ***Si*** est une conjonction de subordination introduisant une subordonnée interrogative indirecte ou une subordonnée circonstancielle d'hypothèse.	Il est si (= *tellement*) beau. Zoé demande si tu viens (prop. sub. interrogative indirecte). Si Léa gagne, je serai contente (prop. sub. circ. d'hypothèse).
	• ***S'y*** est la contraction de *se* + *y*. Elle peut se remplacer par *m'y* ou *t'y*.	Il s'y (= *Je m'y*) baigne tous les étés.
quel(le)(s) ou qu'elle(s) ?	• ***Quel(le)(s)*** est un déterminant qui s'accorde avec le nom qu'il détermine. Il s'emploie dans des phrases exclamatives ou interrogatives.	Quelles merveilles ! Quels fruits préfères-tu ?
	• ***Qu'elle(s)*** est la contraction de *que* + *elle(s)*. On peut la remplacer par *qu'il(s)*.	Nous attendons qu'elles (= *qu'ils*) arrivent.
quoique ou quoi que ?	• ***Quoique*** équivaut à *bien que*.	Il fait beau quoique (= *bien que*) le vent souffle.
	• ***Quoi que*** équivaut à *quelle que soit la chose que...*	Quoi que (= *quelle que soit la chose que*) tu entreprennes, tu le réussis.

Je construis ORAL

1* Expliquez l'orthographe des formes soulignées.

a. Les feuilles tombent quand vient l'automne.
b. Nous ne mangeons des fraises qu'en été.
c. Quant aux pommes, nous les achetons au marché.
d. Celle-ci est si rouge qu'on dirait que quelqu'un l'a peinte !
e. Si tu veux des framboises, viens en cueillir dans mon jardin.
f. On s'y retrouve cet après-midi pour la cueillette ?
g. Quelles délicieuses confitures nous allons faire !
h. Attends qu'elle refroidisse, pour goûter notre tarte.
i. Quoi que certains disent, je préfère les cassis aux mûres.
j. Je mange les fruits du jardin sans les laver, quoique ce soit fort déconseillé.

Je consolide

2 Complétez les phrases suivantes par *quand*, *quant* ou *qu'en*.

a. Tu t'es convaincu .... t'entraînant, tu obtiendrais de meilleurs résultats.

b. .... le coup de sifflet a lancé le début du match, Teddy est parti à l'attaque du but adverse.

c. .... à Nathan, il a fait de son mieux en défense.

d. Il faut entendre les cris du public .... un but est marqué !

e. Je vais m'inscrire dans ce club l'an prochain : .... penses-tu ?

f. Je ne sais quoi penser, ... à son idée de faire du ski sur herbe.

3 a. Choisissez la bonne forme pour compléter les phrases suivantes.

a. « Qui (*si*/*s'y*) frotte (*si*/*s'y*) pique », affirme le dicton.

b. (*Si*/*S'y*) tu passes dans la région, viens nous voir : nous serions (*si*/*s'y*) contents de ta visite !

c. Avant de réussir à jouer (*si*/*s'y*) bien du violon , il faut (*si*/*s'y*) exercer longuement.

d. Toujours bien vérifier que la peinture du banc soit sèche avant de (*si*/*s'y*) asseoir ; surtout (*si*/*s'y*) vous tenez à votre pantalon !

e. (*Si*/*S'y*) Sissi (*si*/*s'y*) est plu, c'est que Madère est une (*si*/*s'y*) jolie île qu'on ne peut que rêver de (*si*/*s'y*) installer.

b. Toutes les fois où vous avez choisi *s'y*, écrivez entre parenthèses le verbe pronominal à l'infinitif.

Ex : *Elle s'y repose.* → *se reposer.*

4 Choisissez entre *quel*(*le*)(*s*) et *qu'elle*(*s*) : faites bien attention aux accords.

a. Avec .... patience et .... délicatesse cet ouvrage a-t-il été réalisé !

b. Je cherche Julie et Samara : .... viennent immédiatement !

c. Ben va vous apporter des viennoiseries : je suis sûr .... vous réconforteront.

d. Dans .... régions avez-vous fait escale ?

e. .... est le livre que vous avez préféré ?

f. Maman propose .... dorme à la maison ce soir.

g. Papa refuse .... dorment à la maison demain ! .... dommage !

5 Choisissez la forme correcte.

> **COUP DE POUCE**
> Pensez à **remplacer** *quoique* par *bien que* et *quoi que* par *quelle que soit la chose que*.
> **Ex :** *Elle m'en veut, quoi que* (= *quelle que soit la chose que*) *je fasse.*
> **Ex :** *J'adore l'hiver, quoique* (= *bien que*) *je redoute le froid.*

a. Avec cette fièvre, il est déraisonnable qu'il fasse (*quoique*/ *quoi que*) ce soit aujourd'hui.

b. Ce tableau est splendide (*quoiqu'*/ *quoi qu'*) il ait besoin d'une bonne restauration.

c. (*Quoique*/*Quoi que*) je dise, tu me contredis !

d. (*Quoiqu'*/*Quoi qu'*) elle n'ait pas gagné le premier prix, sa prestation a été extraordinaire.

6 Dans ces deux extraits de lettres de l'écrivain Gustave Flaubert, choisissez la bonne orthographe.

Gustave Flaubert évoque les difficultés de la rédaction de son roman Madame Bovary.

a. J'ai fait, depuis que tu ne m'as vu, 25 pages net (25 pages en six semaines). Elles ont été dures à rouler. Je les lirai demain à Bouilhet. (*Quand / Quant / Qu'en*) à moi, je les ai tellement travaillées, recopiées, changées, maniées, que pour le moment je n'y vois que du feu. Je crois pourtant (*quelles / qu'elles*) se tiennent debout. Tu me parles de tes découragements : (*si / s'y*) tu pouvais voir les miens ! Je ne sais pas comment quelquefois les bras ne me tombent pas du corps, de fatigue, et comment ma tête ne s'en va pas en bouillie. [...] Quelquefois, (*quand / quant / qu'en*) je me trouve vide, (*quand / quant / qu'en*) l'expression se refuse, (*quand / quant / qu'en*), après [avoir] griffonné de longues pages, je découvre n'avoir pas fait une phrase, je tombe sur mon divan et j'y reste hébété dans un marais intérieur d'ennui.

■ D'après Gustave Flaubert, *Correspondance*
(lettre à Louise Collet, avril 1852)

b. (*Si / S'y*) j'étais riche, c'est-à-dire si j'avais le moyen de m'entourer de statues, de musique et de fleurs, (*si / s'y*) j'avais enfin la *réalisation*[1], et on l'a, (*quoiqu' / quoi qu'*) on en dise, avec de l'argent, (*quand / quant / qu'en*) on sait s'en servir, il est probable que j'en arriverais à ne plus manger que du pain sec et à ne plus dormir, car je n'aurais plus ni faim ni sommeil.

■ D'après Gustave Flaubert, *Correspondance*
(lettre à Louise Collet, décembre 1847)

1. **réalisation :** réalisation de ses rêves et ambitions.

Mémo
Brevet 7

40 règles d'orthographe

40 **règles** et **astuces** pour maîtriser l'orthographe lexicale, les principaux accords, pour éviter les confusions verbales et pour distinguer les homophones les plus courants.

L'ORTHOGRAPHE LEXICALE

1	Noms féminins en **-té, -tié**	La plupart des noms féminins se terminant par **-té** ou **-tié** s'écrivent sans **e** final. Sauf six noms : dic**tée**, mon**tée**, je**tée**, por**tée**, bu**tée**, pâ**tée** et les noms indiquant un contenu, une durée ou un ensemble.	beau**té**, liber**té**, ami**tié**, clar**té** nui**tée**, pelle**tée**
2	Adverbes en **-emment, -amment**	• Un adjectif en **-ant** donne un adverbe en **-amment**. • Un adjectif en **-ent** donne un adverbe en **-emment**.	brill**ant** → brill**amment** évid**ent** → évid**emment**
3	La cédille (ç) pour obtenir le son [s]	• Devant **a**, **o**, **u**. • Jamais devant **e**, **i**.	ma**ç**on, je pla**ç**ais, il con**ç**ut **c**eci, tu pla**c**es
4	Pluriel général des noms et adjectifs	On ajoute un **-s**, sauf si le mot se termine déjà par un **-s**.	le pré → les pré**s** la brebi**s** → les brebi**s**
5	Pluriel des noms en **-al**	Ils font **-aux** au pluriel. Exceptions : *bal, chacal, récital, festival, carnaval* prennent un **-s** au pluriel.	un journ**al** → des journ**aux** un récit**al** → des récit**als**
6	Pluriel des noms en **-ail**	Ils forment leur pluriel en **-s**. Exceptions : *bail, corail, émail, soupirail, travail, vitrail* ont un pluriel en **-aux**.	le portail → les portail**s** le vitrail → les vitr**aux**
7	Pluriel des noms en **-ou**	Ils prennent un **-s** au pluriel. Exceptions : *bijou, caillou, chou, genou, hibou, joujou, pou* prennent un **-x** au pluriel.	un clou → des clou**s** un bijou → des bijou**x**
8	Pluriel des noms et adjectifs en **-au, -eau, -eu**	Ils prennent un **-x** au pluriel. Exceptions : *bleu, émeu, landau, pneu* prennent un **-s** au pluriel.	un seau → des seau**x** un landau → des landau**s**
9	Mots en **ap-** ou **app-**	Les mots commençant par *ap-* prennent deux *p* : **app-**. Exceptions : *apaiser, apathique, apercevoir, apéritif, s'apitoyer, aplanir, aplatir, apostropher*.	**app**rendre, **app**étit
10	Le son [ã] : mots en **mb, mp, mm**	Pour former le son [ã], le **n** devient **m** devant **b**, **p** et **m**. Exceptions : *néanmoins*, et les composés de *bon*.	**am**bulance, **em**porter, **em**mener **bon**bon
11	La lettre **s**	La lettre **s** produit le son [s] quand elle est en début de mot ou à côté d'une autre consonne. Sinon, elle produit le son [z].	**s**on, a**s**pirer l'A**s**ie
12	La terminaison des **participes passés** et des **adjectifs**	Pour déterminer la **lettre muette** à la fin d'un participe passé ou d'un adjectif, il faut changer le genre ou le nombre.	pris → pri**se** parti → parti**e**

13	Quelques **mots invariables** à mémoriser	selon, certe**s**, **d'**ailleurs, **da**vantage, désormai**s**, malgr**é**, néa**nm**oins, parm**i**, **h**ormi**s**, toujour**s**, aujour**d'hui**
14	Quelques **difficultés particulières** à apprendre	tranquil**le**, se**c**ond, pui**ts**, temp**s**, **ryth**me, s**ch**éma

LES ACCORDS

15	**Sujet-verbe**	Le sujet commande l'accord du verbe. 💡 Trouvez-le en vous demandant « Qui est-ce qui [verbe] ? »	Les chatons jou**ent** avec une pelote.
16	**Nom-adjectif**	• L'adjectif s'accorde avec le nom qu'il précise. 💡 Trouvez-le en vous demandant : « Qu'est-ce qui est [adjectif] ? » • Certains adjectifs de couleur issus d'un nom (*kaki, orange*...) ou composés (*rose pâle, bleu foncé*...) sont invariables.	Dorian porte des lunettes ronde**s**. Ses lunettes sont ronde**s**. Des chaussettes kaki et rose pâle.
17	**Participe passé**	• Auxiliaire *être* → accord avec le sujet. • Auxiliaire *avoir* → accord avec le COD lorsqu'il est placé avant l'auxiliaire. 💡 Quand on écrit le participe passé, se demander « Sait-on qui est-ce qui est... ? ». Si l'on peut répondre, l'accord se fait avec ce mot.	Julie est arriv**ée**. Julie a apporté des biscuits. Les biscuits que Julie a apporté**s** sont délicieux.
18	**Nom-déterminant**	• *Chaque, nul, aucun* sont toujours suivis d'un singulier. • *Plusieurs, maint*(e)*s, diver*(*se*)*s, différent*(e)*s* sont toujours suivis du pluriel.	Chaque élève choisira un livre. Les exposés seront réalisés par différent**s** élève**s**.

LES CONFUSIONS VERBALES

19	Infinitif en **-er** ou participe passé en **-é(e)(s)** ?	💡 Remplacez par un verbe d'un autre groupe → *finir, vendre*...	J'ai essay**é** de rentr**er** tôt. (= *j'ai fini*) (= *de finir*)
20	Futur simple en **-rai** ou présent du conditionnel en **-rais** ?	💡 Mettez la phrase à « tu ».	Je rentre**rai** à 8 heures. (= *tu rentreras* → futur) Je voud**rais** le rencontrer. (= *tu voudrais* → conditionnel)
21	Passé simple en **-ai** ou imparfait en **-ais** ?	💡 Mettez la phrase à « tu ».	Ce jour-là, je me lev**ai** tôt. (*tu te levas* → passé simple) D'habitude, je me lev**ais** tôt. (*tu te levais* → imparfait)
22	Adjectif verbal ou participe présent ?	Seul l'adjectif verbal s'accorde avec le nom qu'il précise. 💡 Mettez le nom au féminin pour « entendre » l'accord.	Des couteaux coupant**s** (→ *une pince coupant***e**) Mais : J'ai vu Anne coupant le gâteau dans la cuisine.

LES HOMOPHONES COURANTS

23	**a, as** (verbe *avoir*) **à** (préposition)	💡 Mettez le *verbe avoir* à l'imparfait → *avais, avait.*	Colin **a** (= *avait*) deux vélos. Il les range **à** (≠ *avait*) la cave. Tu **as** (= *avais*) une patinette.
24	**m'a(s), t'a** **m'ont, t'ont** (pronom + *avoir*) **ma, ta** **mon, ton** (= déterminant possessif)	• 💡 Mettez le verbe *avoir* à l'imparfait → *m'avais, m'avait, m'avaient / t'avait, t'avaient.* • 💡 Remplacez *ma, ta, mon, ton* par *la mienne, la tienne, le mien, le tien.*	Julien **t'a** (= *t'avait*) apporté un livre. Elles **m'ont** (= *m'avaient*) parlé. Il te rend **ta** valise (= *la tienne*). Je prépare **mon** sac (= *le mien*).
25	**l'a(s)** (pronom + *avoir*) **la** (= article) **la** (= pronom) **là** (= adverbe)	• 💡 Mettez le verbe *avoir* à l'imparfait → *l'avais, l'avait.* • 💡 Remplacez *la* par *une* (devant un nom). • 💡 Remplacez *la* par *me* (devant un verbe). • 💡 Remplacez *là* par *ici*.	Julien **l'a** (= *l'avait*) vue. Julien a sorti **la** (= *une*) poubelle. Je **la** (= *me*) vois. Il est **là** (= *ici*).
26	**leur** (= pronom) **leur(s)** (= dét. possessif)	• Le pronom *leur* se trouve devant un verbe et ne prend jamais de « s ». • Le déterminant *leur* prend un « s » quand le nom est au pluriel.	Je **leur** parle (= verbe). **Leurs** livres (= nom) sont neufs.
27	**où** (pronom relatif ou mot interrogatif) **ou** (conjonction de coordination)	• *Où* exprime principalement le lieu. • 💡 Remplacez *ou* par *ou bien*.	**Où** vas-tu ? (= lieu) À la mer **ou** (= *ou bien*) à la montagne.
28	**ai** (verbe *avoir*) **est, es** (verbe *être*) **et** (conjonction de coordination)	• 💡 Mettez à l'imparfait le verbe *avoir* (*avais*) ou le verbe *être* (*était / étais*). • 💡 Remplacez *et* par *et puis*.	J'**ai** (= *avais*) un stylo-plume. Brian **est** (= *était*) grand. Tu **es** (= *étais*) grand. Brian **est** (= *était*) grand **et** (= *et puis*) mince.
29	**son** (déterminant possessif) **sont** (verbe *être*)	• *Son* indique la possession (= *le sien*). • 💡 Mettez à l'imparfait le verbe *être* (*étaient*).	Robin et **son** frère (= *le sien*) **sont** (= *étaient*) en retard.
30	**ce** (dét. démonstratif) **ce** (pronom) **se** (pronom réfléchi)	• Le déterminant *ce* est placé devant un nom. • Le pronom *ce* (= *cela*) se trouve devant un verbe ou une subordonnée relative (*ce qui..., ce que..., ce dont...*). • Le pronom *se* est placé devant un verbe pronominal (*se trouver, se laver...*)	**Ce** chapeau (= nom) est original. **Ce** (= *cela*) n'est pas mon genre. Il **se** voit de loin ! (= *se voir*)
31	**sais, sait** (verbe *savoir*) **c'est** (pronom démonstratif + verbe *être*) **s'est** (pronom réfléchi + verbe *être*) **ces** (dét. démonstratif) **ses** (dét. possessif)	• 💡 Mettez le verbe à l'imparfait → *savais / savait.* • 💡 *C'est = cela est.* • 💡 *S'est* → le verbe est pronominal. • 💡 *Ces = ceux-là.* • 💡 *Ses = les siens.*	Tu **sais** (= *savais*) ta leçon. **C'est** (= *cela est*) bien ! Il **s'est** lavé (= verbe *se laver*). **Ces** élèves (= *ceux-là*) sont sages. Il ouvre **ses** cadeaux (= *les siens*).

32	**quand** (mot exprimant le temps) **qu'en** (*que* + pronom *en*)	• *Quand* exprime le temps. • 💡 *Qu'en = que en.*	**Quand** viens-tu ? Je ne pars **qu'en** (= *que en*) juillet.
33	**sans** (préposition) **s'en** (pronom *se* + pronom *en*)	💡 *S'en* se trouve devant un verbe conjugué.	Il parle **sans** arrêt. Elle **s'en** doute.
34	**ni** (conjonction de coordination) **n'y** (négation + pronom *y*)	• *Ni* est la négation de *et*. On peut trouver deux fois *ni* (*ni... ni...*). • 💡 *N'y* se trouve devant un verbe conjugué.	Elle n'aime pas les carottes **ni** les navets. **Ni** fruit, **ni** légume ! Il **n'y** comprend rien.
35	**si** (mot subordonnant) **si** (adverbe d'intensité) **s'y** (pronom *se* + pronom *y*)	• 💡 *Si = tellement.* • 💡 *S'y* se trouve devant un verbe conjugué.	**Si** tu viens, je viendrai. Il est **si** (= *tellement*) drôle ! Elle **s'y** connaît.
36	**quel(le)s** (mot interrogatif ou exclamatif) **qu'elle(s)** : *que* + pronom *elle(s)*	💡 Mettez au masculin → *qu'il(s)*.	**Quelle** joie de te voir ! J'espère **qu'elles** (= *qu'ils*) viendront.
37	**tout(es), tous** (déterminant indéfini) **tout(es), tous** (pronom indéfini) **tout** (adverbe)	• S'accorde en genre et nombre avec le nom. • Prend le genre et le nombre du groupe qu'il représente. • L'adverbe *tout* est invariable. 💡 *tout = entièrement.* Exception : cet adverbe s'accorde seulement devant un adjectif au féminin commençant par une consonne.	**Tous** les cousins sont venus. Les fleurs, je les aime **toutes**. Ils sont **tout** (= *entièrement*) seuls. Elles sont **toutes** (= *entièrement*) seules.
38	**mets, met** (verbe *mettre*) **m'es, m'est** (pronom complément *m'* + *être*) **mes** (déterminant possessif) **mais** (conjonction de coordination)	• 💡 Mettez le verbe *mettre* au futur → *mettrai, mettra.* • 💡 Remplacez *m'es* ou *m'est* par *me seras* ou *me sera.* • 💡 Remplacez *mes* par *nos.* • 💡 Remplacez *mais* par *or.*	Je **mets** (= *mettrai*) un pull. Il **m'est** (= *me sera*) utile. **Mes** (= *nos*) amis sont arrivés, **mais** (= *or*) je suis en retard.
39	**on** (pronom) **ont** (verbe *avoir*) **on n'** (pronom + négation)	• 💡 Remplacez *on* par *nous.* • 💡 Remplacez *ont* par *avaient.* • *On n'* se trouve dans une phrase négative.	**On** étudie (= *Nous étudions*) des textes qui **ont** (= *avaient*) une portée littéraire. **On n'**étudie pas d'autres textes.
40	**peu** (adverbe) **peux, peut** (verbe *pouvoir*)	• 💡 Remplacez *peu* par *beaucoup.* • 💡 Mettez le verbe à l'imparfait → *pouvais, pouvait.*	**Peu** (= *beaucoup*) d'élèves savent qui **peut** (= *pouvait*) les aider au collège.

40 Histoire des mots

J'observe la phrase du jour

L'étymologie est la recherche de l'origine d'un mot, et elle permet d'en éclairer le sens.

a. Je manipule Le mot « étymologie » trouve son origine dans les mots grecs *etumes* (« vrai ») et *logos* (« discours »). Trouvez des mots en français qui se terminent en « -logie » et donnez leur définition.

b. J'entre dans la leçon Connaissez-vous des mots d'origine latine ou grecque ? Lesquels ? Indiquez leur signification.

c. VERS LE BREVET Comment le mot « géologie » est-il formé ? Que désigne-t-il ?

Je retiens

AUX ORIGINES DU FRANÇAIS

LES MOTS D'ORIGINE GRECQUE ET LATINE

- **Formation populaire :** est le résultat de l'usage d'un mot à travers les siècles.
tabula (« planche » en latin) donne « table » en français.
- **Formation savante :** emprunt issu du grec et du latin pour fabriquer un nouveau mot.
« biologie » est formé sur *bio* (= « vie ») et *logos* (= « discours »).
- **Doublet :** un même mot latin peut donner en français un mot de formation populaire et un mot de formation savante.
claviculus (en latin) donne « cheville » pour la forme populaire et « clavicule » pour la forme savante.

LES EMPRUNTS AUX LANGUES ÉTRANGÈRES

Les **emprunts** sont les mots issus de langues étrangères (anglais, allemand, italien, espagnol, arabe…).
Le nom « cluster » est un emprunt à l'anglais ; il désigne un foyer de contagion.

L'ÉVOLUTION DE LA LANGUE

- Les **archaïsmes** sont les mots sortis de l'usage courant, soit parce que la réalité qu'ils désignaient a disparu, soit parce qu'ils ont été remplacés par d'autres mots.
L'adverbe « moult » est un archaïsme ; il a été remplacé par « beaucoup ».
- Les **néologismes** sont les mots qui apparaissent dans une langue et qui sont perçus comme nouveaux.
Le nom « quatorzaine » a été inventé récemment pour désigner un isolement de quatorze jours.

Je construis ORAL

1* **Trouvez les doublets des mots suivants et donnez leur signification.**

a. Le mot latin *fragilis* a donné en français « frêle » et ……….

b. Le mot latin *masticare* a donné en français « mâcher » et ……….

c. Le mot latin *praedicatorem* a donné en français « prêcheur » et ……….

d. Le mot latin *auscultare* a donné en français « écouter » et ……….

e. Le mot latin *nativum* a donné en français « naïf » et ……….

f. Le mot latin *officinam* a donné en français « usine » et ……….

g. Le mot latin *rationem* a donné en français « raison » et ……….

2 * **Cherchez l'étymologie des mots suivants dans le dictionnaire.**

a. langue
b. lexique
c. vocabulaire
d. mot
e. concept
f. histoire
g. dictionnaire
h. manuscrit

3 * **Cherchez le sens des mots anciens suivants.**

a. troubadour
b. haubert
c. geste (fém.)
d. parentèle
e. damoiseau
f. bailler
g. poitrinaire
h. formidable

Je consolide

4 * **Trouvez les mots nouveaux correspondant aux définitions suivantes.**

a. Levée des mesures de confinement sanitaire.
b. Activité professionnelle exercée à distance.
c. Personne qui exerce un pouvoir d'influence sur l'opinion publique.
d. Meurtre d'une femme en raison de son appartenance au sexe féminin.
e. Remontée de score inattendue dans un match de football.
f. Révéler la fin d'une œuvre en vue de gâcher l'effet de surprise et le plaisir de la découverte.

5 * ORTHOGRAPHE **Écrivez au pluriel les noms empruntés suivants.**

a. un hobby
b. un sandwich
c. un barman
d. un graffiti
e. un conquistador
f. un minimum
g. un touareg
h. un jukebox
i. un kibboutz
j. un lied
k. un match
l. un boss

6 ** **a. Devinez de quelles langues étrangères proviennent les mots suivants.**
b. Utilisez ces mots dans des phrases qui permettent d'en comprendre le sens.

a. week-end
b. chiffre
c. leitmotiv
d. kimono
e. tsar
f. pastille
g. cacao
h. sabre
i. ombrelle
j. ananas
k. taekwondo
l. pistolet

7 ** **Corrigez le texte suivant en remplaçant les néologismes et les anglicismes soulignés par des mots et expressions français.**

En arrivant à 8h dans mon bureau, que j'ai trouvé cosy, j'ai reçu un welcome pack de mon N+1 pour un travail assez easy. Le staff devait se réunir à 9h tous les matins : c'était too much, un mauvais running gag. J'avais juste envie de chiller. On m'a dit qu'il y avait beaucoup de turnover dans l'entreprise. A 12h, j'ai fait une pause pour manger de la comfort food bien green et healthy sur le roof top. J'ai muté mon téléphone avant d'être focus sur mon travail. Il fallait upgrader l'environnement numérique pour faciliter le travail en distanciel et en présentiel. J'avais collé un reminder pour consulter ma messagerie personnelle à 16h. Dix likes et trois followers : le bilan était décevant. J'étais addict à plusieurs réseaux et je voulais être en pole et prendre le lead tout le temps. Est-ce que je manquais de swag ? LMK ASAP.

8 ** Travailler AUTREMENT

Dictionnaire des mots actuels

a. **Donnez trois exemples de mots que vous utilisez avec vos amis mais qui n'existent pas (encore) dans le dictionnaire.**
b. **Expliquez leur origine.**
c. **Donnez leur définition et leur signification.**
d. **Écrivez pour chaque mot un exemple de phrase où il est utilisé de manière compréhensible.**
e. **Éditez les pages obtenues, imprimez-les et reliez-les pour obtenir un dictionnaire des nouveaux mots de 2022.**

J'APPLIQUE POUR ÉCRIRE

9 * **Cherchez sur internet cinq mots empruntés à une langue étrangère et racontez une histoire se déroulant dans un pays correspondant en utilisant ces mots à bon escient.**

COUP DE POUCE
Vous pouvez raconter un **voyage réel** ou **imaginaire** dans ce pays à la langue étrangère.

▸ Comprendre comment se forment les mots (C4.4)

41 La dérivation et la composition

J'observe la phrase du jour

Le cuisinier découpe les pommes de terre.

a. **Je manipule** Trouvez d'autres mots de la famille de *cuisinier*. Trouvez d'autres mots que vous pourriez combiner au mot *pomme*.

b. **J'entre dans la leçon** Comment s'appelle un mot formé à partir de mots qui existent de façon autonome ? Comment s'appelle un mot formé en ajoutant un suffixe à un radical ?

c. **VERS LE BREVET** Expliquez la formation des deux noms soulignés.

Je retiens

FORMER UN MOT PAR DÉRIVATION

- En ajoutant un **préfixe** à gauche du radical : cela change le **sens** du mot.
  accourir, mécontent, malpropreté
- En ajoutant un suffixe à droite du radical : cela change souvent la **classe** du mot.
  jeunesse, coupure, amitié

FORMER UN MOT PAR COMPOSITION

- En combinant plusieurs **radicaux grecs** et **latins**.
  Biographie = bio (« la vie ») + graphie (« écriture »)
- En combinant **plusieurs mots** (verbe, adverbe, nom, adjectif, préposition…) existant dans la langue française.
  porte-clés, arrière-plan, grand-mère

ORTHOGRAPHE

Dans un **nom composé**, seul l'adjectif et le nom peuvent prendre la marque du pluriel, si leur sens le permet : des choux-fleurs, des châteaux-forts.
Mais : des couvre-lits, des savoir-faire, des timbres-poste.

Je construis ORAL

1 * **Dites si les mots suivants ont été formés par dérivation ou composition.**

presqu'île	gendarme
carnivore	pourboire
impossible	nouveau-né
vivre-ensemble	courageux
gentillesse	passepartout
mécontent	quadrupède
chantonner	monothéisme
après-midi	survenir
rappeler	épuisement
géologie	désordre

2 * **Indiquez si les mots suivants sont formés à l'aide d'un préfixe ou d'un suffixe ou des deux.**

apesanteur	isoloir
allonger	journalisme
coexister	légendaire
découper	maquillage
droiture	mécontent
enfantin	préretraite
éprouver	retrouver
folie	rêvasser
gentillesse	trottiner
impossible	attroupement

3 **Donnez la nature des mots formant les noms composés suivants.**

café-crème • canapé-lit • casse-noisette • bande dessinée • fer à friser • grain de beauté • laisser-passer • machine à laver • passe-droit • pourboire • qui-vive • sans-culotte • vivre-ensemble

Je consolide

4 **Formez les antonymes des mots suivants à l'aide d'un préfixe.**

a. content	d. entente	g. normal
b. accord	e. habile	h. légal
c. responsable	f. coudre	i. réel

5 **Formez des noms à partir des verbes et des adjectifs suivants.**

a. gentil	e. fier	i. élever
b. immense	f. précis	j. honnête
c. partager	g. inclure	k. venir
d. blesser	h. gros	l. lent

6 **Complétez les phrases suivantes avec des dérivés du mot *tard*.**

a. Les passants se sont .... devant la vitrine pour admirer les animations.

b. Il faut se dépêcher, le chauffeur n'attendra pas les .... !

c. Passionné par son métier, il a pris sa retraite ....

d. Pour prendre une photo de groupe, on peut utiliser le .... de l'appareil.

e. Le train de 9h05 est parti avec un .... de dix minutes.

7 **Formez des noms composés en associant à chaque fois un mot de la liste 1 à un mot de la liste 2, en ajoutant si nécessaire un trait d'union ou une préposition.**

Liste 1 : garde – moulin – chasse – couvre – hors – chou – camion – rouge

Liste 2 : benne – lit – poivre – malade – gorge – neige – fleur – œuvre

8 ORTHOGRAPHE **Accordez si nécessaire les noms composés suivants en les mettant au pluriel. Justifiez vos choix.**

a. un rond-point	f. un wagon-citerne
b. un marque-page	g. un clair-obscur
c. une grand-mère	h. un sourd-muet
d. un grand-duc	i. un aide-soignant
e. un gratte-ciel	j. un avant-bras

9 **a. Expliquez la formation des mots soulignés.**
b. À quelle classe grammaticale appartiennent les mots qui composent *cerf-volant* et *ivre-mort* ?

Le narrateur évoque les défaillances de son précepteur.

On m'avait fait venir de Moscou une carte de géographie, qui pendait contre le mur sans qu'on s'en servît, et qui me tentait depuis longtemps par la largeur et la solidité de son papier. J'avais décidé d'en faire un cerf-volant, et, profitant du sommeil de Beaupré[1], je m'étais mis à l'ouvrage. Mon père entra dans l'instant même où j'attachais une queue au cap de Bonne-Espérance [...] réveillant sans précaution Beaupré, qui était ivre-mort. Mon père le souleva par le collet de son habit, le jeta hors de la chambre et le chassa le même jour, à la joie inexprimable de Savéliitch[2].

■ Alexandre Pouchkine, *La Fille du capitaine* (1836), traduit du russe par Louis Viardot

1. **Beaupré :** le précepteur.
2. **Savéliitch :** serviteur de la maison.

10 VERS LE BREVET **Réécrivez ces phrases en mettant les noms composés au pluriel.**

a. Le collège nous enseigne le vivre-ensemble et le savoir-être.

b. L'aide-comptable fabrique son eau-de-vie.

c. L'aide-soignant habille le nouveau-né d'un confortable dort-bien.

d. Le conducteur du camion-citerne est sorti de son véhicule grâce au brise-vitre.

e. Penses-tu arriver à réparer la machine à laver avec ce fer à souder ?

f. Mon arrière-grand-père est un véritable trompe-la-mort.

J'APPLIQUE POUR ÉCRIRE

11 **Décrivez cette image en utilisant des noms composés de votre invention.**

42 Le sens des mots

J'observe la phrase du jour

Le vent se lève.

a. Je manipule Trouvez des mots appartenant à la famille du mot *vent*. Quel est leur point commun ?

b. J'entre dans la leçon Connaissez-vous des mots appartenant au champ lexical de la nature ? Lesquels ?

c. VERS LE BREVET Donnez une expression française qui contient le mot *vent*. Quand le mot *vent* désigne un « mouvement de l'air », comment appelle-t-on ce sens du mot ? Quand le mot *vent* est employé dans une expression imagée, comment appelle-t-on ce sens du mot ?

Je retiens

Pour comprendre le sens des mots, vous devez maîtriser les notions suivantes

FAMILLE DE MOTS

C'est un ensemble de mots ayant en commun une **même racine** ou un **même radical**.
Les mots *envol*, *survol*, *voler*, *volant*, *volière*, *cerf-volant* sont de la même famille parce qu'ils ont en commun le même radical « -vol- ».

DÉNOTATION ET CONNOTATION

- La **dénotation** d'un mot désigne le ou les sens qu'il possède de manière objective, neutre.
- La **connotation** renvoie à l'ensemble des significations secondes qui viennent s'ajouter à ce sens objectif, neutre.

Le cheval / canasson / destrier galope dans la forêt.
→ *cheval*, *canasson*, *destrier* ont la même dénotation car ils désignent le même animal, mais ils ont des connotations différentes : *canasson* est péjoratif et familier ; *destrier* est élogieux et soutenu.

TERMES GÉNÉRIQUES ET SPÉCIFIQUES

- Un **terme générique** est un mot de sens large qui inclut des **termes spécifiques** de sens précis.

fruit est un terme générique qui inclut les termes spécifiques *pomme*, *poire*, *kiwi*.

CHAMP LEXICAL

C'est un ensemble de mots qui se rapporte à un **même thème**, à une **même notion**.
Les mots *passion*, *tendresse*, *aimer*, *affectueux*, *liaison*, *mariage* appartiennent au champ lexical de l'amour.

SYNONYMES ET ANTONYMES

- Les **synonymes** sont des mots de **sens proches**.

jouer / s'amuser

- Les **antonymes** sont des mots de **sens opposés**.

vivant / mort ; chaud / froid

HOMONYMES

Ce sont des mots qui **s'écrivent** ou **se prononcent** de la **même façon** mais n'ont **pas le même sens**.
La <u>mousse</u> des arbres. Le <u>mousse</u> du bateau.
Le <u>ver</u> de terre. Le <u>verre</u> d'eau.

POLYSÉMIE

Un mot est polysémique quand il a **plusieurs sens** qui présentent une certaine similarité.
J'ai perdu la <u>clé</u> de mon casier. → sens propre ou premier, concret.
Voici la <u>clé</u> de l'énigme ! → sens figuré ou second, imagé.

Je construis

1 **Donnez la racine commune des mots suivants.**

amerrir – outremer – marin – marée – maritime

2 **Trouvez dix mots appartenant à la famille du mot *terre*.**

3 **À quel champ lexical appartiennent ces mots ?**

a. match – terrain – équipe – ballon – but

b. charrue – blé – champs – labour – bétail

c. voile – mât – houle – sextant – frégate

d. trigonométrie – équerre – angle – théorème

4 **Trouvez dix mots appartenant au champ lexical :**

a. de la peur

b. de la protection de la nature

c. de la technologie

d. de la beauté

Je consolide

5 **Donnez un synonyme et un antonyme de chaque mot suivant.**

> COUP DE POUCE
> Les mots **synonymes** ou **antonymes** appartiennent obligatoirement à la **même classe grammaticale**.

a. gentille

b. courage

c. beauté

d. force

e. chaud

f. grande

6 **Donnez un synonyme et un antonyme pour chaque mot souligné dans le texte suivant.**

Cosette était laide. Heureuse, elle eût peut-être été jolie. Nous avons déjà esquissé cette petite figure sombre. Cosette était maigre et blême ; elle avait près de huit ans, on lui en eût donné à peine six. Ses grands yeux enfoncés dans une sorte d'ombre étaient presque éteints à force d'avoir pleuré.

■ Victor Hugo, *Les Misérables* (1862)

7 **Classez les mots soulignés selon leurs connotations dans le tableau suivant.**

Mots sans connotation	Mots connotés négativement	Mots connotés positivement

a. Cet homme a une belle voiture. Eh mec ! Elle est où ma caisse ? Ce monsieur possède un bolide.

b. Le poilu avait paumé ses tatanes. Ce soldat avait perdu ses chaussures. Ce combattant avait égaré ses botillons.

c. Ce chérubin a volé mon trésor. Ce gosse a piqué mon fric. Cet enfant a pris mon argent.

8 **Trouvez le terme générique de chacun des groupes de mots suivants.**

a. tulipe – rose – œillet

b. caniche – dalmatien – husky

c. chaise – table – armoire

d. cœur – poumon – rein

9 **Trouvez au moins trois termes spécifiques correspondant à chacun de ces termes génériques.**

a. insecte b. sport c. véhicule d. métier

10 **Pour chaque mot proposé, rédigez deux phrases où il aura un sens différent.**

a. rayon b. diviser c. doux d. feu

11 Travailler AUTREMENT

Fiche sur les homonymes

a. **Choisissez un mot parmi les suivants : *et, où, à, censé, chant, moi, non, voix, conte, eau, coup, cours, mère, maître, mur, sain, fois, lait, saut, vers*.**

b. **Cherchez les homonymes qui s'écrivent ou se prononcent de la même façon que le mot choisi.**

c. **Rédigez une fiche sur le mot choisi et ses homonymes. Notez la classe grammaticale de chaque homonyme ainsi que sa signification.**

> COUP DE POUCE
> Aidez-vous des **dictionnaires** et d'**Internet** pour réaliser votre fiche.

J'APPLIQUE POUR ÉCRIRE

12 **Trouvez au moins trois expressions françaises qui contiennent le nom d'un animal (par exemple : *donner sa langue au chat*). Rédigez une courte histoire en utilisant ces expressions.**

> COUP DE POUCE
> Vous pouvez raconter une **anecdote** personnelle, une réaction à une **œuvre artistique**, un passage marquant dans un **livre**.

43 Le vocabulaire de l'argumentation

J'observe la phrase du jour

Qu'est-ce qui pousse les êtres humains à vouloir aujourd'hui retrouver la nature ? Vous donnerez votre avis dans un développement argumenté et organisé.

Je manipule a. Ce sujet de rédaction fait-il appel à la réflexion ou à l'imagination ? Quel mot vous l'indique ?

b. Donnez un synonyme de chaque mot souligné.

c. J'entre dans la leçon Formulez en une phrase votre avis sur la question. Donnez une explication de cet avis. Illustrez-la par une situation de la vie courante.

Je retiens

ARGUMENTATION

THÈME
Sujet abordé par une argumentation.

GENRE
Essai, discours, maxime, plaidoyer, tribune...

THÈSE
Idée, opinion défendue.

CONVAINCRE
Rallier quelqu'un à ses idées par le biais de la raison.

PERSUADER
Rallier quelqu'un à ses idées par le biais des émotions.

ARGUMENT
Preuve apportée par un raisonnement.

CONNECTEURS
Adverbes et mots de liaison permettant de structurer un raisonnement.

EXEMPLE
Fait concret illustrant un argument.

Je construis ORAL

1 * Faites correspondre ces mots à leur définition : *discours, essai, fable, lettre ouverte, maxime, plaidoyer, tribune.*

a. Récit fictif, souvent en vers, et qui délivre une morale ou un enseignement.

b. Article de presse dans lequel est défendu un point de vue argumenté sur un sujet d'actualité.

c. Défense passionnée d'une cause.

d. Prise de parole en public.

e. Texte adressé à une ou plusieurs personnes, mais exhibé publiquement afin d'être lu par un plus large groupe.

f. Formule brève énonçant une règle de conduite.

g. Ouvrage regroupant des réflexions sur un sujet littéraire, historique, philosophique...

2 * Dites quel est le thème abordé dans le texte suivant.

« Le smartphone agit comme un doudou virtuel, estime Laurent Karila, addictologue, porte-parole de l'association SOS Addiction. À tel point que quand on en est coupé, on peut éprouver de l'angoisse, un sentiment d'abandon. »

« Une sensation de manque comparable à celle éprouvée par les drogués », juge le médecin.

■ **Céline Mordant**, article paru dans *Le Monde* du 9 janvier 2017 © *Le Monde*

3 * **Parmi les phrases suivantes, quelle est celle qui exprime la thèse du texte de l'exercice 2 ?**

a. Le téléphone portable amoindrit nos capacités cognitives.

b. Le téléphone portable est devenu un outil de télécommunication indispensable.

c. Le téléphone portable génère une forme de dépendance.

Je consolide

4 ** **Complétez ces phrases avec les verbes suivants que vous conjuguerez si nécessaire (un emploi à l'infinitif) : *blâmer, concéder, défendre, étayer, louer, réfuter*.**

Dans son article, ce spécialiste .... l'idée selon laquelle il faut limiter l'usage des écrans auprès des enfants. Plusieurs arguments viennent .... sa thèse : en premier lieu, celui que les écrans les .... de la communication avec leur entourage. Il .... aux fabricants le fait que les écrans sont des outils ludiques. Toutefois, il les .... de les vendre comme des outils pédagogiques et il .... la thèse selon laquelle ils sont indispensables aux apprentissages. Pour cela, il .... le fait de donner aux plus petits des jeux de manipulation et des livres.

5 ** **Parmi les propositions pour traiter le sujet proposé, lesquelles sont des arguments et lesquelles sont des exemples ?**

Sujet : Pensez-vous qu'il soit important d'avoir une passion dans la vie ?

a. Avoir une passion est un moteur pour se dépasser.

b. À force de travailler et de s'exercer, Marius est devenu un excellent guitariste.

c. Leur passion commune des mangas ont rendu Guillaume et Samy inséparables.

d. Une passion se partage et peut être l'occasion de belles rencontres.

e. Avoir une passion permet d'occuper positivement son temps.

f. Lucien aurait du mal à se passer de ses trois cours de danse hebdomadaires.

6 ** **Trouvez trois arguments pour défendre chacune des thèses suivantes.**

a. Il faut développer le goût de la lecture.

b. La lutte contre le réchauffement climatique nous concerne tous.

c. Les hommes et les femmes doivent partager équitablement les tâches ménagères.

d. Nous devons nous efforcer de préserver la paix dans le monde.

7 *** **Dans les trois situations suivantes, imaginez :**
a. Deux arguments pour convaincre.
b. Deux arguments pour persuader.

a. Vous souhaitez que vos parents vous laissent sortir samedi soir.

b. L'un de vos amis veut renoncer à ses études.

c. Vous avez besoin que votre professeur vous accorde un délai pour rendre un devoir.

J'APPLIQUE POUR ÉCRIRE

8 ** VERS LE BREVET **Voici des sujets de réflexion type Brevet.**
a. Reformulez-les pour dégager la thèse à développer.
b. Trouvez un argument pour chacun.

a. Dans quelle mesure la lecture peut-elle influencer vos émotions ?

b. Pourquoi est-il important d'avoir des amis ?

c. Selon vous, le monde d'aujourd'hui accorde-t-il trop d'importance à l'apparence physique ?

d. Pensez-vous qu'avoir un métier soit synonyme de liberté et de pouvoir ?

e. Pourquoi, selon vous, la vie des stars fascine-t-elle toujours autant ?

9 ** **a. Résumez en quelques mots l'anecdote racontée par l'autrice.**
b. Relevez les connecteurs logiques du texte.
c. Que veut dénoncer l'autrice de ce texte ?
d. À votre tour, rédigez un court texte dans lequel vous vous appuierez sur un exemple personnel pour dénoncer une injustice.

Quand j'étais à l'école primaire [...] la maîtresse a annoncé au début du semestre qu'elle nous donnerait un devoir et que celui qui obtiendrait la meilleure note serait le chef de classe. [...] J'avais très envie d'être chef de classe. Et j'ai eu la meilleure note. Puis, à ma grande surprise, la maîtresse a déclaré que le chef de classe devait être un garçon. Persuadée que cela coulait de source, elle avait oublié de nous le préciser. C'était un garçon qui avait eu la meilleure note après la mienne. Il serait donc le chef de classe. Le plus intéressant, c'est qu'il était adorable et doux de nature si bien que parcourir la salle de classe, armé d'une baguette, ne lui disait rien. Moi, en revanche, j'avais cette ambition chevillée au corps. Mais j'étais une fille et lui, un garçon. Il est devenu chef de classe. L'incident est resté gravé dans ma mémoire.

■ Chimamanda Ngozi Adichie, *Nous sommes tous des féministes !* (2012) © Gallimard

44 Le vocabulaire de l'analyse littéraire

J'observe

Je manipule

a. À l'oral, présentez brièvement un texte étudié en classe qui vous a marqué(e).

b. Pour cela, appuyez-vous sur les réponses aux questions suivantes : que savez-vous sur ce texte ? À quel genre appartient-il ? De quoi parle-t-il ?

c. **J'entre dans la leçon** Comment l'auteur s'exprime-t-il ? Quel est l'intérêt de ce texte ? Pourquoi l'avez-vous choisi ?

Je retiens

ANALYSER UN TEXTE, C'EST...

SITUER L'AUTEUR, L'ŒUVRE ET SON CONTEXTE

- **Présenter l'écrivain**, le romancier, le novelliste, le dramaturge, le poète qui a écrit, rédigé, imaginé, mis en scène, composé ce texte.
- **Situer l'œuvre** dans son contexte culturel et historique, situer le passage dans l'œuvre dont il est extrait.
- **Distinguer le genre** auquel le texte appartient, du plus général au plus précis : roman, nouvelle, théâtre, poésie, autobiographie, comédie, tragédie, drame, argumentation, narration, description, dialogue...

DÉCRIRE ET INTERPRÉTER LE TEXTE

- Dire **de quoi** parle le texte : le thème, l'intrigue, l'action...
- Dire **comment** le texte se présente : qui parle ? À qui ? À quel temps et à quelle personne les verbes sont-ils principalement conjugués ?
- Trouver qui sont les **personnages** et quelles sont leurs **relations** dans un récit ; identifier **où** et **quand** se passe l'histoire.
- Décrire la **structure** du texte : composition, mouvements, étapes, parties, paragraphes, scènes, strophes...
- Repérer un **champ lexical** dominant : l'amour, la peur, la nature...
- Repérer des **procédés d'écriture** remarquables, les décrire et les commenter.
- Distinguer la **tonalité** du texte : comique, tragique, lyrique, ironique...
- Distinguer l'**atmosphère** : sombre, mystérieuse, fantastique, heureuse...

EXPLIQUER LES ENJEUX DU TEXTE

- Déterminer la perspective ou les **intentions de l'auteur** ; la portée, le but, la fonction, l'**intérêt de ce texte**.
- Deviner **ce qui suit** ou **précède** l'extrait.
- Expliquer mon **plaisir ou non** pour ce texte ; comparer ce texte à des **lectures antérieures** ou à des faits que j'ai vécus.

Je construis

1 * **Complétez ces phrases qui présentent un texte.**

a. Le .... Guillaume Apollinaire a .... ses calligrammes pendant la Première Guerre mondiale.

b. *Antigone* est une .... écrite par Jean Anouilh, ... français, et jouée en 1944.

c. *Enfance* est une .... de Nathalie Sarraute : l'autrice y raconte sa vie.

d. Marguerite Yourcenar a .... les *Nouvelles orientales* : il s'agit d'un .... de nouvelles.

2 * **Complétez ces phrases avec les termes appropriés.**

a. Une nouvelle est un court .... qui se termine par une ...., c'est-à-dire une fin surprenante.

b. Le .... se caractérise par la représentation, autrement dit la mise en scène, du texte.

c. Le but de la comédie est de faire ....; celui de la tragédie est de faire ....

d. Un portrait est la .... d'une personne ou d'un personnage.

e. Le sonnet est un .... qui se compose de quatre strophes : deux .... et deux ....

3 * **a. Repérez les indices de l'énonciation dans les phrases suivantes : qui parle ? À qui ?**
b. Dans quel genre de texte pourrait-on trouver ces extraits ?

a. *8 mai.* – Quelle journée admirable ! J'ai passé toute la matinée étendu sur l'herbe, devant ma maison, sous l'énorme platane qui la couvre, l'abrite et l'ombrage tout entière. (G. de Maupassant)

b. Bonsoir, mon cher enfant. Je suis inquiète et je t'aime. Je voudrais être à demain. (G. Sand)

c. Mon ange, dit-elle à sa chère amie, vous ne tirerez rien de cet homme-là ! Il est ridiculement défiant, c'est un grippe-sou, une bête, un sot, qui ne vous causera que du désagrément. (H. de Balzac)

4 * **Soulignez les indices de temps et de lieu dans les phrases suivantes.**

a. Au XVIIIe siècle vécut en France un homme qui compta parmi les personnages les plus géniaux et les plus abominables de cette époque qui pourtant ne manqua pas de génies abominables.

b. À neuf heures, la salle du théâtre des Variétés était encore vide.

c. Je m'appelle Claudine, j'habite Montigny ; j'y suis née en 1884 ; probablement, je n'y mourrai pas.

d. En 1815, M. Charles-François-Bienvenu Myriel était évêque de Digne.

Je consolide

5 * **a. Lisez l'extrait suivant ; qu'est-ce qui est décrit dans ce poème ?**
b. Relevez le champ lexical de la nature dans cet extrait.
c. Comment qualifieriez-vous le lieu décrit dans ce poème ? Quels procédés d'écriture permettent de donner cette impression au lecteur ? Relevez-les et commentez-les.

C'est un trou de verdure où chante une rivière
Accrochant follement aux herbes des haillons
D'argent ; où le soleil, de la montagne fière,
Luit : c'est un petit val qui mousse de rayons.

■ Arthur Rimbaud, « Le dormeur du val » (extrait), *Poésies* (1870)

J'APPLIQUE POUR DIRE

6 * **Présentez à l'oral un texte que vous avez étudié et aimé cette année en classe. Votre intervention doit suivre les étapes suivantes :**
– présentation de l'auteur et de l'œuvre ;
– présentation du thème abordé dans le texte et commentaire d'une phrase choisie ;
– avis personnel sur le texte et comparaison avec un autre texte.

J'APPLIQUE POUR ÉCRIRE

7 * **Montrez, en vous appuyant sur des exemples, quels sentiments Jean Valjean ressent dans le passage suivant.**

COUP DE POUCE
- Relisez d'abord le texte en **soulignant** les mots et expressions désignant des sentiments ; **classez** ensuite ces mots en reformulant leur signification ; **rédigez** enfin un paragraphe argumenté en n'oubliant pas de citer précisément le texte.
- Citer / justifier / s'appuyer sur des exemples consiste à **recopier** un court passage du texte qui prouve mon idée, entre guillemets et avec le numéro de la ligne si possible.

Quelque chose de nouveau lui entrait dans l'âme. Jean Valjean n'avait jamais rien aimé. [...]

Quand il vit Cosette, quand il l'eut prise, emportée et délivrée, il sentit se remuer ses entrailles. Tout ce qu'il y avait de passionné et d'affectueux en lui s'éveilla et se précipita vers cet enfant. Il allait près du lit où elle dormait, et il y tremblait de joie ; il éprouvait des épreintes[1] comme une mère et il ne savait ce que c'était ; car c'est une chose bien obscure et bien douce que ce grand et étrange mouvement d'un cœur qui se met à aimer. [...]

La vie lui paraissait désormais pleine d'intérêt, les hommes lui semblaient bons et justes, il ne reprochait dans sa pensée plus rien à personne, il n'apercevait aucune raison de ne pas vieillir très vieux maintenant que cette enfant l'aimait. Il se voyait tout un avenir éclairé par Cosette comme par une charmante lumière.

■ Victor Hugo, *Les Misérables* (1862)

1. **épreintes :** douleurs liées à l'accouchement.

Mémo Brevet 8

Les principaux préfixes et suffixes

LES PRÉFIXES

Les préfixes se placent **avant** le radical ou le mot simple et ils en modifient le sens.

PRÉFIXES	Sens	Exemples
a- • an-	négatif	anormal
ad- • ap- • ac-	vers	apporter, accourir
com- • con- • col- • co-	avec	concourir, colocataire
dé(s)-	négatif	désobéir
dis-	séparer	disjoindre
e- • ex-	à l'extérieur	exporter
en- • em- • in- • im-	dans	emplir, importer
in- • im- • ir- • il-	négatif	immortel, illisible
mal- • mé-	négatif	malhonnête, mécontent
pré-	avant	prévenir
re-	répétition	refaire, revenir, retour
trans-	au-delà	transporter

LES SUFFIXES

Les suffixes se placent **après** le radical ou le mot simple. Ils peuvent changer la classe grammaticale d'un mot, mais aussi changer son sens.

SUFFIXES de noms communs	Exemples	SUFFIXES d'adjectifs	Exemples
-ade • -age	glissade, lavage	-able • -ible • -uble expriment la possibilité	variable, nuisible, soluble
-eur • -ateur • -euse • -atrice • -teur • -trice	animateur, chercheur lectrice	-al • -el	matinal, intellectuel
-ien • -ienne • -en • -enne	collégien	-ien • -ienne • -en • -enne	aérien
-ement	enlèvement	-eux • -ueux • -euse	heureux, luxueux
-esse	tristesse, ânesse	-if • -ive	sportif
-er • -ier • -ie • -erie	boucher, épicier, lingerie	-er • -ier • -ière	gaucher, fruitier
-ise • -isme • -iste	sottise, héroïsme	-ique	héroïque
-oir • -oire • -atoire	mouchoir	-u	ventru
-té • -eté • -ité	fierté		
-ure	chevelure		
SUFFIXES de verbes	**Exemples**	**SUFFIXES d'adverbes**	**Exemple**
-er • -ir • -ifier • -iser	chanter, finir, finaliser	-ment (ajouté à un adjectif)	heureusement

SUFFIXES modifiant le sens	Sens	Exemples
-et • -ette • -ot • -otte • -eau • -on	diminutif	jardinet, fillette, lapereau
-asse • -âtre	péjoratif	paperasse, verdâtre

Mémo Brevet 9

Les figures de style

Les figures d'analogie		
Comparaison	Rapprochement de deux éléments à l'aide d'un outil de comparaison.	**Il** (comparé) est **rusé** (point commun) **comme** (outil de comparaison) un **renard** (comparant).
Métaphore	Rapprochement de deux éléments sans outil de comparaison.	Elle a un **teint** (comparé) de **pêche** (comparant).
Personnification	Attribution de sentiments ou de comportements humains à des animaux, des objets, des éléments naturels.	La lune **fuit** devant nos yeux. La nuit **a retiré ses voiles**. (De Viau)
Allégorie	Personnification d'une idée abstraite.	**La misère affublée de haillons** comiques. (Baudelaire)

Les figures d'atténuation et d'amplification		
Hyperbole	Utilisation de termes exagérés pour renforcer une idée.	**On m'a coupé la gorge** : on m'a dérobé mon argent. (Molière)
Gradation	Énumération de termes classés par ordre croissant.	**Va, cours, vole,** et nous venge (Corneille)
Litote	Utilisation d'un terme plus faible pour renforcer une idée.	Va, **je ne te hais point**. (Corneille) (= Je t'aime)
Euphémisme	Adoucir une réalité trop brutale.	Il nous **a quittés**. (= Il est mort)

Les figures de construction		
Anaphore	Répétition du même mot au début de plusieurs vers ou phrases pour créer un effet d'insistance.	**Sous** tes souliers de satin **Sous** tes charmants pieds de soie. (Baudelaire)
Énumération ou accumulation	Succession de termes équivalents pour créer un effet d'abondance, d'insistance.	Vous pouvez **m'égorger, me tuer, me lier, me pendre.** (Euripide)
Parallélisme	Similitudes de construction entre deux phrases ou deux éléments pour souligner des ressemblances ou des différences.	L'homme **n'a point de** port, le temps **n'a point de** rive. (Racine)
Chiasme	Parallélisme avec inversion des termes.	En cet affront **mon père** est l'offensé, Et l'offenseur **le père de Chimène**. (Corneille)

Les figures de substitution		
Métonymie	Remplacement d'un mot par un autre auquel il est lié par un rapport de sens.	Boire un verre. (= Boire le contenu du verre)
Périphrase	Remplacement d'un mot par un groupe de mots qui le caractérise.	L'auteur des *Misérables*. (= Victor Hugo)

Les figures d'opposition		
Antiphrase	Dire le contraire de ce que l'on pense par ironie.	Quel beau temps ! (Alors qu'il pleut)
Antithèse	Mise en parallèle de deux mots ou expressions contraires.	L'un **m'anime** le cœur, l'autre **retient** mon bras. (Corneille)
Oxymore	Rapprochement de deux termes de sens opposés.	Cette **obscure clarté** qui tombe des étoiles. (Corneille)

45 Les temps simples de l'indicatif

J'observe

J'<u>écrirai</u> mes souvenirs comme ils <u>viennent</u>, sans chercher à les ordonner. [...] Ma mère à qui, plus tard, j'en <u>reparlai</u>, me <u>persuada</u> que d'abord, en ce temps, j'<u>étais</u> beaucoup trop jeune pour en avoir gardé quelque souvenir que ce soit.

■ André Gide, *Si le grain ne meurt* (1918)

a. Je manipule Réécrivez le passage en remplaçant *je* par *nous*.

b. J'entre dans la leçon Situez chaque verbe souligné sur la ligne temporelle.

passé ⟶ présent ⟶ à venir

c. VERS LE BREVET Quel temps simple de l'indicatif n'est utilisé qu'à l'écrit ? Par quel temps composé peut-on le remplacer à l'oral ?

Je retiens

L'indicatif est le seul mode temporel : il permet de situer l'action désignée par le verbe dans le **passé** (imparfait et passé simple), dans le **présent** (présent) ou dans le **futur** (futur et conditionnel présent).

Le **conditionnel** a longtemps été considéré comme un mode distinct de l'indicatif, ce qui n'est plus le cas aujourd'hui.

PRÉSENT		IMPARFAIT	PASSÉ SIMPLE				FUTUR	CONDITIONNEL PRÉSENT
1er groupe + *ouvrir...*	Certains verbes des 2e et 3e groupes		1er groupe + *aller*	2e et 3e groupes				
-e	-s / -x / -s	-ais	-ai	-is /	-us /	-ins	-rai	-rais
-es	-s / -x / -s	-ais	-as	-is /	-us /	-ins	-ras	-rais
-e	-t / -t / -d	-ait	-a	-it /	-ut /	-int	-ra	-rait
-ons	-ons	-ions	-âmes	-îmes /	-ûmes /	-înmes	-rons	-rions
-ez	-ez	-iez	-âtes	-îtes /	-ûtes /	-întes	-rez	-riez
-ent	-ent	-aient	-èrent	-irent /	-urent /	-inrent	-ront	-raient

Je construis ORAL

1 * Choisissez la terminaison qui convient. Justifiez.

a. **Présent** → L'artiste (*tend* / *tent*) sa toile puis il (*peind* / *peint*) avec des gestes lents.

b. **Futur** → Je (*viendrai* / *viendrais*) demain.

c. **Imparfait** → Quand j'(*étais* / *était*) petit, j'(*allai* / *allais*) souvent à la campagne.

d. **Passé simple** → Il (*fit* / *fut*) un pas de côté.

e. **Conditionnel** → J'(*aimerai* / *aimerais*) savoir si ces chaussures (*serait* / *seraient*) disponibles en taille 39.

2 * Travailler AUTREMENT

Concours de verbes

a. Formez deux équipes avec le même nombre d'élèves.

b. L'équipe 1 annonce le verbe et le temps pour l'équipe 2, qui doit conjuguer aux six personnes. Puis les rôles sont inversés. On change de temps à chaque fois.

c. Une bonne réponse donne un point. L'élève qui a répondu doit laisser la parole à ses coéquipiers, jusqu'à ce que chacun ait donné une bonne réponse.

Je consolide

3 ORAL **Chacun votre tour, choisissez un verbe souligné. Indiquez l'infinitif, puis la personne et le temps employés.**

a. Le jour de la fête arriva. Mme Loisel eut un succès. Elle était plus jolie que toutes, élégante, gracieuse, souriante et folle de joie. Tous les hommes la regardaient, demandaient son nom, cherchaient à être présentés.

■ Guy de Maupassant, « La Parure », 1884

b. Tu diras qu'il est égaré, gâté, qu'il est perdu. Tu diras tout ce que tu voudras.

■ Beaumarchais, *Le Mariage de Figaro*, 1784

c. Si tous les gens savaient comme on souffre ici, comme c'est l'enfer ici, eh bien eux aussi ils tomberaient malades et ils pleureraient, sans plus pouvoir s'arrêter, jamais.

■ Sylvie Germain, *Le Livre des nuits*, 1984 © Gallimard

4 **Conjuguez les verbes. Choisissez l'imparfait ou le passé simple selon la valeur d'emploi.** ▸ p. 346

C'(*être*) .... enfin le soir. Éléna (*entrer*) .... dans l'immeuble et (*gravir*) .... lentement les marches jusqu'à son appartement. Comme il (*faire*) .... frais, elle (*porter*) .... une veste épaisse qu'elle (*retirer*) .... dans l'entrée. Elle (*se rendre*) .... directement dans sa chambre et (*s'étendre*) .... sur son lit. Elle (*fermer*) .... les yeux. La jeune fille (*aller*) .... s'endormir lorsqu'elle (*percevoir*) .... soudain un bruit strident qui (*venir*) .... de l'étage supérieur. Elle (*dresser*) .... l'oreille, mais plus rien ne lui (*parvenir*) ....

5 VERS LE BREVET **Réécrivez ce passage en remplaçant le passé composé par du passé simple.**

J'étais fatigué. Le concierge m'a conduit chez lui et j'ai pu faire un peu de toilette. J'ai encore pris du café au lait qui était très bon. Quand je suis sorti, le jour était complètement levé.

■ Albert Camus, *L'Étranger* (1942) © Gallimard

COUP DE POUCE
Attention, il ne faut pas modifier les verbes qui ne sont pas au passé composé.

6 ORAL **Par deux : un élève commence une phrase à l'imparfait, avec une proposition subordonnée circonstancielle d'hypothèse (*si*...). Un autre élève termine la phrase au conditionnel, avec la proposition principale. Puis les rôles s'inversent.**

Ex : Élève 1 → *Si je vivais au bord de la mer... /*
Élève 2 → *... j'irais me baigner après les cours.*

7 ORAL **Transformez les phrases comme dans l'exemple.**

Ex : *Je dis qu'elle viendra.* (présent + futur)
→ *Je disais qu'elle viendrait.* (imparfait + conditionnel présent)

a. Elle affirme qu'il sera en retard.
b. Ils prétendent qu'ils auront tout bon.
c. Tu crois que nous y arriverons.
d. Je pense qu'il fera beau.
e. Vous savez que je l'apprendrai.

8 **Conjuguez les verbes pour compléter la biographie d'Albert Camus :**
a. au présent. b. au passé simple. c. au futur.

Albert Camus (*naître*) .... en Algérie en 1913. Il (*suivre*) .... des études de philosophie à Alger, puis (*devenir*) .... journaliste. En 1942, il (*publier*) .... le roman *L'Étranger*, qu'il (*écrire*) .... à la première personne du singulier. En 1957, il (*recevoir*) .... le prix Nobel de littérature. En 1960, il (*mourir*) .... brutalement dans un accident de voiture.

J'APPLIQUE POUR ÉCRIRE

9 **Rédigez à l'imparfait la description d'un lieu que vous avez aimé.**

COUP DE POUCE
Expliquez **où se trouve** ce lieu puis **décrivez**-le : donnez des détails sur son aspect, sa fonction, ce qui vous plaisait...

J'APPLIQUE POUR DIRE

10 **Complétez en conjuguant au conditionnel.**

Victor Hugo. – Personne plus que moi, messieurs, n'est pénétré de la nécessité, de l'urgente nécessité d'alléger le budget ; seulement, à mon avis, le remède à l'embarras de nos finances [...] (*être*) .... dans une politique intelligente et rassurante, qui (*donner*) .... confiance à la France, qui (*faire*) .... renaître l'ordre, le travail et le crédit... (*Exclamations et rires.*)

Plusieurs membres. – C'est très facile, il (*suffire*) .... de la trouver !

Victor Hugo. – Et qui (*permettre*) .... de diminuer, de supprimer même les énormes dépenses spéciales qui [...] (*pouvoir*) ...., dans un temps donné, faire crouler l'édifice social.

■ D'après Victor Hugo, *Discours à l'Assemblée nationale*, 11 novembre 1848

46 Les temps composés de l'indicatif

J'observe

1. Il s'est assis. **2. Il s'était assis.** **3. Il se fut assis.**
4. Il se sera assis. **5. Il se serait assis.**

a. Je manipule Dans chaque phrase, repérez le verbe conjugué. Quel est son infinitif ?

b. J'entre dans la leçon Pour chaque verbe, à quel temps est conjugué l'auxiliaire *être* ?

c. VERS LE BREVET Si vous remplacez *il* par *elles*, que faudra-t-il modifier ?

Je retiens

LA FORMATION DES TEMPS COMPOSÉS

À l'indicatif, il existe un **temps composé** correspondant à chaque **temps simple**.

AUXILIAIRE à un temps simple		+	Participe passé du verbe	=	TEMPS COMPOSÉ correspondant	
Présent	je suis / nous avons	+	parti(e) / mangé	=	**Passé composé**	je suis parti(e) / nous avons mangé
Imparfait	j'étais / nous avions				**Plus-que-parfait**	j'étais parti(e) / nous avions mangé
Passé simple	je fus / nous eûmes				**Passé antérieur**	je fus parti(e) / nous eûmes mangé
Futur	je serai / nous aurons				**Futur antérieur**	je serai parti(e) / nous aurons mangé
Conditionnel présent	je serais / nous aurions				**Conditionnel passé**	je serais parti(e) / nous aurions mangé

Je construis (ORAL)

1* **Vrai ou faux ? Expliquez.**

a. On peut choisir l'auxiliaire qu'on veut.

b. Le participe passé indique à quelle personne le verbe est conjugué.

c. L'auxiliaire s'accorde en genre et en nombre.

d. Le participe passé est invariable.

e. L'auxiliaire est toujours placé avant le participe passé.

f. Le temps composé a la même valeur que le temps simple correspondant.

2* **Mémorisez bien à quel temps simple se conjugue l'auxiliaire pour chaque temps composé.**

COUP DE POUCE

• Pour vous entraîner, fabriquez des **fiches de mémorisation**. Sur le recto d'une fiche cartonnée, écrivez le nom du temps simple, et sur le verso, écrivez le nom du temps composé correspondant.

• Entraînez-vous à l'**oral** en **binôme** : l'élève 1 donne un verbe conjugué à un temps simple, l'élève 2 doit donner le verbe conjugué au temps composé correspondant.

3* **Travailler AUTREMENT**

Être ou avoir ?

a. **L'élève 1 choisit un verbe qui se conjugue avec *être*. Il indique son participe passé, au masculin et au féminin. Puis, il le conjugue dans une phrase.**

Ex : *partir*, participe passé *parti, partie*

→ *Je suis parti de bon matin.*

b. **L'élève 2 choisit un verbe qui se conjugue avec *avoir*. À son tour, il indique son participe passé, au masculin et au féminin. Puis, il le conjugue dans une phrase.**

Ex : *voir*, participe passé *vu, vue*

→ *Elle avait vu ce film la veille.*

c. **Et ainsi de suite… Tout le monde participe ! Variez les temps et les sujets, et faites attention aux accords.**

COUP DE POUCE

Les verbes qui se conjuguent avec ***être*** sont surtout les verbes de **déplacement** et les verbes **pronominaux**.

Je consolide

4 ORAL Conjuguez les verbes au temps indiqué à toutes les personnes.

a. *fermer* au plus-que-parfait
b. *finir* au passé antérieur
c. *se rencontrer* au conditionnel passé
d. *prendre* au passé composé
e. *recevoir* au futur antérieur

5 ORTHOGRAPHE Conjuguez au temps simple ou composé correspondant.

Temps simple	Temps composé
Tu manges	....
....	Elle était partie
Ils arrivèrent	....
....	J'aurai réussi
Nous aimerions	....

6 ORAL Nommez le temps simple utilisé, puis le temps composé correspondant, et conjuguez le verbe à ce temps.

Ex : *Il parle fort.* = **présent** → **passé composé** : *Il a parlé fort.*

a. Je verrai des paysages incroyables.
b. Nous partons à la montagne pour une semaine.
c. Elles voyageaient en voiture.
d. Vous descendrez par les escaliers.
e. Ils firent des découvertes inattendues.

7 ORAL Repérez les verbes conjugués à des temps composés. Indiquez leur infinitif, puis le temps utilisé.

a. Quand Julien fut arrivé au milieu de la salle, il se retourna vers l'évêque et le vit qui s'était remis à donner des bénédictions. (Stendhal, *Le Rouge et le Noir*, 1830)

b. C'était un homme qui avait dû voyager partout, – en esprit, tout au moins.
(Jules Verne, *Le Tour du monde en quatre-vingts jours*, 1872)

c. Oh ! quand donc aurez-vous fini, petits oiseaux, / De jaser au milieu des branches et des eaux ?
(Victor Hugo, *Les Contemplations*, 1856)

d. J'ai décidé d'être admirable, en tout, pour tout !
(Edmond Rostand, *Cyrano de Bergerac*, 1897)

e. C'est alors que j'ai eu une inspiration. « L'assassin se sera introduit par la fenêtre, m'écriai-je, je vais à la fenêtre ! » Et je suis sorti du pavillon, courant comme un insensé !
(Gaston Leroux, *Le Mystère de la chambre jaune*, 1907)

f. – Tu sais que je suis médecin.
– Tiens, vous ne me l'aviez pas dit. Si j'avais su, j'ai été souffrante la semaine dernière, je vous aurais consulté.
(Guy de Maupassant, *Pierre et Jean*, 1888)

8 Transformez ces phrases à la forme interrogative avec inversion du sujet.

> **COUP DE POUCE**
> Quand le sujet inversé est un pronom, il se place entre l'auxiliaire et le participe passé. Dans les autres cas, il faut ajouter un pronom en plus du sujet.
> **Ex :** *N'as-**tu** pas gagné la course ?*
> *Liam n'a-t-**il** pas acheté sa place ?*

a. Tu étais resté à la maison.
b. Il serait allé faire des courses.
c. Tes parents se sont inquiétés.

J'APPLIQUE POUR ÉCRIRE

9 Un inventeur est interviewé. Il explique ce qu'il a créé, et comment. Employez le passé composé et le plus-que-parfait.

Ex : *J'ai imaginé une table basse transformable en poste informatique ergonomique. J'avais remarqué que les gens avaient aménagé leur bureau dans leur salon...*

> **COUP DE POUCE**
> Pour trouver des **idées d'inventions**, consultez le palmarès du concours Lépine.
> Concours Lépine hatier-clic.fr/22luf385

10 Transformez les phrases suivantes en imitant le modèle. Conjuguez au passé antérieur le verbe indiqué entre parenthèses.

Ex : *Ils commencèrent à ranger après le départ de Jean.* (**partir**) → *Ils commencèrent à ranger quand Jean fut parti.*

a. Il empila le bois dès la fin de la découpe. (**terminer**)
b. Dès le retour du beau temps, nous sortîmes dans le jardin. (**revenir**)
c. Je commençai à écrire une fois ma lecture achevée. (**achever**)
d. À l'arrivée du bateau, les passagers débarquèrent. (**arriver**)

J'APPLIQUE POUR DIRE

11 VERS LE BREVET Dans une réplique célèbre du film *La Guerre des boutons* (1962), le personnage nommé Petit Gibus, un enfant, déclare : *Ben mon vieux, si j'aurais su, j'aurais pas v'nu !*

a. Corrigez les verbes soulignés.
b. Quel est le lien logique entre les deux propositions ?
c. Faites l'analyse de cette phrase complexe.

47 Le présent et le passé du subjonctif

▸ Conjuguer le présent et le passé du subjonctif (C4.3)

J'observe la phrase du jour

Tu dis que je ne fais rien, mais que veux-tu que je fasse ?

a. Je manipule Quel verbe est répété deux fois ? Le sujet est-il le même ? Pourquoi le verbe change-t-il ?

b. J'entre dans la leçon Faites varier le sujet du verbe *faire* : remplacez *je* par *il*, *nous*, puis *elles*.

c. VERS LE BREVET Combien cette phrase compte-t-elle de propositions ? Quels liens les unissent ? Faites l'analyse de la phrase en donnant la classe et la fonction de chaque proposition.

Je retiens

Au mode **subjonctif**, l'**action** exprimée par le verbe est envisagée comme **possible**, qu'elle ait eu lieu ou non.

PRÉSENT DU SUBJONCTIF (temps simple)			PASSÉ DU SUBJONCTIF (temps composé)		
Radical de la 3e personne du pluriel du présent de l'indicatif +			Auxiliaire au présent du subjonctif + participe passé du verbe		
-e	(que) je	parte	(que) je	sois	parti(e)
-es	(que) tu	chantes	(que) tu	aies	chanté
-e	(qu') il/elle	guérisse	(qu') il/elle	soit	guéri(e)
-ions	(que) nous	sortions	(que) nous	soyons	sorti(e)s
-iez	(que) vous	lisiez	(que) vous	ayez	lu
-ent	(qu') ils	rendent	(qu') ils	aient	rendu

Attention, de nombreux verbes sont **irréguliers** : avoir → (que) j'aie ; être → (que) je sois ; aller → (que) j'aille ; faire → (que) je fasse ; devoir → (que) je doive ; savoir → (que) je sache ; pouvoir → (que) je puisse ; valoir → (que) je vaille ; vouloir → (que) je veuille...

Je construis ORAL

1 * Travailler AUTREMENT

Conjugaison en relais

a. **L'élève 1 complète la première phrase au présent du subjonctif.**

b. **L'élève 2 reprend la phrase de l'élève 1, en la transposant au passé du subjonctif.**

c. **Et ainsi de suite pour chaque phrase... Tout le monde participe !**

a. Pourvu que je...
b. Je doute que tu...
c. Il est préférable qu'il...
d. Il est inutile que nous...
e. Il faut absolument que vous...
f. J'aurais beaucoup aimé qu'elles...

2 * ORTHOGRAPHE **Choisissez la forme correcte pour le subjonctif et justifiez.**

a. Il faut que vous (*saviez* / *sachiez*) nager.
b. Je ne crois pas qu'il (*fasse* / *fusse*) du dessin.
c. Je veux que tu (*ailles* / *aille*) t'excuser.
d. J'ai peur qu'on nous (*voit* / *voie*).
e. Pourvu qu'il y (*aie* / *ait*) des frites.
f. Le professeur veut que je (*rends* / *rende*) ma copie.

3 * **Conjuguez au subjonctif, au présent puis au passé.**

envoyer – prendre – choisir – revoir – pouvoir – lire

COUP DE POUCE
Pour les **verbes en -*er*** et **certains verbes en -*ir***, les trois premières personnes du présent du subjonctif sont identiques à celles du présent de l'indicatif.

Je consolide

4 * Complétez avec une proposition dans laquelle le verbe indiqué sera au subjonctif, présent ou passé.

a. Il n'a vu personne qui (*correspondre*) ....

b. Je n'ai rien fait qui (*être*) ....

c. Nous ne choisirions jamais un plat qui (*coûter*) ....

d. Elles ne diraient jamais rien qui (*pouvoir*) ....

e. Personne n'achèterait un aliment qui (*contenir*) ....

f. C'est la personne la plus aimable que (*connaître*) ....

5 ** ORTHOGRAPHE Transposez au passé du subjonctif.

a. J'aimerais tellement qu'il vienne.

→ J'aurais tellement aimé ....

b. Il voudrait que tu le fasses jusqu'au bout.

→ Il aurait voulu ....

c. Pierre préfèrerait que tu partes avant la nuit.

→ Pierre aurait préféré ....

d. Nous souhaiterions que vous le voyiez.

→ Nous aurions souhaité ....

e. Rangez tout avant qu'elle ne revienne.

→ Ayez tout rangé avant ....

f. J'ai peur qu'elle se perde. → J'avais peur ....

6 ** ORAL Relevez les verbes conjugués au subjonctif. Identifiez la personne et le temps.

a. Qu'il songe qui des deux il veut rendre ou garder ; / Enfin qu'il me renvoie, ou bien qu'il vous le livre.

■ Jean Racine, *Andromaque*, 1668

b. Voici les seuls détails – écrit le rédacteur anonyme du *Matin* – que nous ayons pu obtenir sur le crime du château du Glandier.

■ Gaston Leroux, *Le Mystère de la chambre jaune*, 1907

c. Il faut que par instants on frissonne, et qu'on voie / Tout à coup, sombre, grave et terrible au passant, / Un vers fauve sortir de l'ombre en rugissant !

■ Victor Hugo, *Les Contemplations*, 1856

d. Enfin, mademoiselle, j'ai de l'expérience, je connais le monde : donnez-vous un plaisir, engagez chaque passager à vous conter son histoire, et s'il s'en trouve un seul qui n'ait souvent maudit sa vie, qui ne se soit souvent dit à lui-même qu'il était le plus malheureux des hommes, jetez-moi dans la mer la tête la première.

■ Voltaire, *Candide*, 1759

7 ** Défi ! a. Relevez les verbes au subjonctif.
b. De combien de mots sont-ils composés ?
c. Comment s'appelle cette forme ?

Le monde entier fut penché pendant des mois sur ce problème obscur, – le plus obscur à ma connaissance qui ait jamais été proposé à la perspicacité de notre police, qui ait jamais été posé à la conscience de nos juges.

■ Gaston Leroux, *Le Mystère de la chambre jaune* (1907)

8 ** La GRAMMAIRE dans les textes

a. Dans les lignes 20 à 25 de l'extrait du *Journal* d'Anne Frank ▶ p. 50, il y a trois verbes au subjonctif. Relevez-les et précisez à quel temps chacun est conjugué.

b. Relisez les lignes 20 à 22 du texte de Patrick Kermann ▶ p. 136. Quel verbe pourrait être au subjonctif ? Justifiez. Recopiez la phrase en conjuguant ce verbe au passé du subjonctif.

J'APPLIQUE POUR DIRE

9 * Après un match, un sportif explique le but de ses actions. Imaginez son discours en utilisant un maximum de verbes au présent du subjonctif.

Ex : *J'ai fait une passe pour que mon coéquipier puisse marquer, puis j'ai couru afin que...*

10 ** Un parent montre sa tolérance à son enfant qui a désobéi. Imaginez ses propos en utilisant un maximum de verbes au passé du subjonctif.

Ex : *Quoi que tu aies fait, où que tu sois allé, je ne t'en veux pas...*

J'APPLIQUE POUR ÉCRIRE

11 * D'après vous, pourquoi est-il important de travailler son projet d'orientation ? Développez votre point de vue en utilisant le subjonctif.

Ex : *Je pense qu'il faut que les enfants soient... Il est préférable qu'ils réfléchissent...*

12 ** Un de vos proches ne sait pas comment préparer sa valise. Écrivez-lui un message pour l'aider. Utilisez le présent et le passé du subjonctif.

COUP DE POUCE
Pensez à varier les raisons d'employer du subjonctif :
– l'expression de la **nécessité** : *il faut que..., il est important que...*
– l'emploi de **superlatifs** : *les vêtements les plus chauds que...*
– l'expression du **temps** : *avant que..., jusqu'à ce que...*

48

L'imparfait et le plus-que-parfait du subjonctif

J'observe la phrase du jour

Il prit ses clés. Il aurait fallu qu'il prît aussi son portefeuille.

a. Je manipule Quel verbe est répété deux fois ? Le sujet est-il le même ?

b. J'entre dans la leçon Qu'est-ce qui différencie les deux formes du verbe ? Qu'est-ce que cela indique ?

c. VERS LE BREVET Dans la deuxième phrase, transposez le verbe au présent du subjonctif.

Je retiens

L'imparfait et le plus-que-parfait du subjonctif sont des temps rares. Ils ne sont pas employés à l'oral mais à l'**écrit** dans des **textes littéraires**.

IMPARFAIT DU SUBJONCTIF (temps simple)			PLUS-QUE-PARFAIT DU SUBJONCTIF (temps composé)		
Radical de la 3e personne du pluriel du passé simple de l'indicatif +			Auxiliaire à l'imparfait du subjonctif + participe passé du verbe		
-sse	(que) je	partisse	(que) je	fusse	parti(e)
-sses	(que) tu	chantasses	(que) tu	eusses	chanté
-^t	(qu') il/elle	guérît	(qu') il/elle	fût	guéri(e)
-ssions	(que) nous	sortissions	(que) nous	fussions	sorti(e)s
-ssiez	(que) vous	lussiez	(que) vous	eussiez	lu
-ssent	(qu') ils	rendissent	(qu') ils	eussent	rendu

Je construis ORAL

1 * À tour de rôle, conjuguez ces verbes au subjonctif imparfait, à toutes les personnes. Chaque élève commence par *Il fallait que...* et donne une forme, puis passe la parole. Tout le monde participe !

voir – marcher – finir – paraître – aller – croire – chanter – prendre – vouloir – rendre – geler – rougir – dire – regretter – courir – boire – rejoindre – passer – dormir – plaire

Je consolide

2 * Relevez les verbes conjugués au subjonctif. Identifiez le temps employé.

a. L'usage était alors qu'il offrît une frite à chacun des camarades, qui savourait religieusement l'unique friandise chaude et parfumée d'huile forte qu'il leur laissait. (Albert Camus, *Le Premier Homme*, posth. 1994 © Gallimard)

b. Si les cinq ou six complaisants qui témoignaient une amitié si paternelle à Julien eussent déserté l'hôtel de La Mole, la marquise eût été exposée à de grands moments de solitude. (Stendhal, *Le Rouge et le Noir*, 1830)

c. C'était au mois d'avril, et dans une journée /
Si douce, qu'on eût dit qu'amour l'eût faite exprès.
(Victor Hugo, *Les Contemplations*, 1856)

3 ** Complétez en conjuguant le verbe au temps indiqué.

a. Ce qu'elle éprouvait en ce moment-là était un peu pareil à ce qu'elle (***ressentir***, *plus-que-parfait du subj.*) .... si on lui (***dire***, *plus-que-parfait du subj.*) .... brusquement : Petite, vous êtes la reine de France.
(D'après Victor Hugo, *Les Misérables*, 1862)

b. J'étais toute tremblante d'une admiration, d'un enthousiasme que j'(***vouloir***, *plus-que-parfait du subj.*) .... lui exprimer, mais il ne me venait à l'esprit que des phrases que je craignais qu'elle ne (***trouver***, *imparfait du subj.*) .... ridicules. (D'après André Gide, *Geneviève ou La confidence inachevée*, 1936)

4 * La GRAMMAIRE dans les textes

Défi ! **Vous avez une minute pour trouver le verbe conjugué à l'imparfait du subjonctif dans le texte d'Eugène Ionesco** ▶ p. 78**. Top chrono !**

49 L'impératif

▸ Conjuguer le présent et le passé de l'impératif (C4.3)

J'observe la phrase du jour

HARPAGON. – Va-t'en l'attendre dans la rue, et ne sois point dans ma maison planté tout droit comme un piquet. ■ Molière, *L'Avare* (1668)

a. Je manipule Relevez les verbes conjugués. Quel est leur sujet ?

b. J'entre dans la leçon Faites varier les verbes en personne. Combien de formes différentes peut-on donner ?

Je retiens

- À l'impératif, le **sujet** n'est **jamais exprimé**.
- Le verbe ne se conjugue qu'à **trois personnes** : 2e du singulier, 1re et 2e du pluriel.

PRÉSENT DE L'IMPÉRATIF (temps simple)							PASSÉ DE L'IMPÉRATIF (temps composé)	
1er groupe + *ouvrir...*	2e et 3e groupes	**avoir**	**être**	**savoir**	**aller**	**vouloir**	Auxiliaire au présent de l'impératif + participe passé du verbe	
-e	-s	aie	sois	sache	va	–	sois parti(e)	aie réussi
-ons	-ons	ayons	soyons	sachons	allons	–	soyons parti(e)s	ayons réussi
-ez	-ez	ayez	soyez	sachez	allez	veuillez	soyez parti(e)s	ayez réussi

Je construis ORAL

1 * Travailler AUTREMENT

L'impératif en relais

- **L'élève 1 ordonne à l'élève 2 de faire un geste : après avoir réalisé l'action, c'est au tour de l'élève 2 d'indiquer un geste à l'élève 3 et ainsi de suite...**
- **Les verbes doivent toujours être conjugués au présent de l'impératif.**

Ex : *Lève le bras gauche !*

2 * **Conjuguez à l'impératif, à la 2e personne du singulier, puis du pluriel.**

Attacher sa ceinture et régler les rétroviseurs. • Démarrer le moteur. • Ne pas confondre les pédales. • Retirer le frein à main et commencer à rouler. • S'engager dans la circulation. • Ralentir avant le feu. • Prendre la rue Victor Hugo. • Continuer pendant 200 mètres. • Tourner à droite. • Conduire prudemment. • Ne pas enfreindre les limitations de vitesse. • Lire les panneaux. • Réduire sa vitesse. • Tenir fermement le volant. • Ne pas commettre d'écart. • Faire demi-tour et repartir dans l'autre sens. • Se garer. • Éteindre les phares et couper le moteur.

Je consolide

3 ** **Pour chaque verbe souligné, donnez sa forme négative à la deuxième personne du singulier.**

De deux partis l'un ; il faut enseigner à vos enfants la morale du vice ou la morale de la vertu, et leur dire : Faites le bien, soyez doux, justes, complaisants, humains, véridiques, soumettez-vous aux lois de la nature et de la société, respectez les usages reçus, soyez sûrs que vous obtiendrez l'estime et la considération des hommes, si vous la méritez par une conduite respectable.

■ Denis Diderot, « Lettre à Sophie Volland » (9 septembre 1762)

4 ** **Pour chaque verbe souligné, donnez son infinitif puis conjuguez-le aux six formes de l'impératif (trois formes du présent et trois formes du passé).**

Va, cours, vole et nous venge.

■ Pierre Corneille, *Le Cid* (1637)

5 ** **Utilisez le passé de l'impératif pour donner cinq conseils à des amis avant un examen.**

Ex : *Ayez bien dormi la veille et soyez arrivés suffisamment en avance.*

Mémo Brevet 10

Tableaux de conjugaison

Être

INDICATIF	
Temps simples	**Temps composés**
Présent	**Passé composé**
je suis	j' ai été
tu es	tu as été
il est	il a été
nous sommes	nous avons été
vous êtes	vous avez été
ils sont	ils ont été
Imparfait	**Plus-que-parfait**
j' étais	j' avais été
tu étais	tu avais été
il était	il avait été
nous étions	nous avions été
vous étiez	vous aviez été
ils étaient	ils avaient été
Passé simple	**Passé antérieur**
je fus	j' eus été
tu fus	tu eus été
il fut	il eut été
nous fûmes	nous eûmes été
vous fûtes	vous eûtes été
ils furent	ils eurent été
Futur simple	**Futur antérieur**
je serai	j' aurai été
tu seras	tu auras été
il sera	il aura été
nous serons	nous aurons été
vous serez	vous aurez été
ils seront	ils auront été
Conditionnel présent	**Conditionnel passé**
je serais	j' aurais été
tu serais	tu aurais été
il serait	il aurait été
nous serions	nous aurions été
vous seriez	vous auriez été
ils seraient	ils auraient été

SUBJONCTIF	
Temps simples	**Temps composés**
Présent	**Passé**
que je sois	que j' aie été
que tu sois	que tu aies été
qu'il soit	qu'il ait été
que nous soyons	que nous ayons été
que vous soyez	que vous ayez été
qu'ils soient	qu'ils aient été
Imparfait	**Plus-que-parfait**
que je fusse	que j' eusse été
que tu fusses	que tu eusses été
qu'il fût	qu'il eût été
que nous fussions	que nous eussions été
que vous fussiez	que vous eussiez été
qu'ils fussent	qu'ils eussent été

IMPÉRATIF	INFINITIF
Présent	**Présent**
sois	être
soyons	**Passé**
soyez	avoir été

PARTICIPE	
Présent	**Passé**
étant	été

Avoir

INDICATIF	
Temps simples	**Temps composés**
Présent	**Passé composé**
j' ai	j' ai eu
tu as	tu as eu
il a	il a eu
nous avons	nous avons eu
vous avez	vous avez eu
ils ont	ils ont eu
Imparfait	**Plus-que-parfait**
j' avais	j' avais eu
tu avais	tu avais eu
il avait	il avait eu
nous avions	nous avions eu
vous aviez	vous aviez eu
ils avaient	ils avaient eu
Passé simple	**Passé antérieur**
j' eus	j' eus eu
tu eus	tu eus eu
il eut	il eut eu
nous eûmes	nous eûmes eu
vous eûtes	vous eûtes eu
ils eurent	ils eurent eu
Futur simple	**Futur antérieur**
j' aurai	j' aurai eu
tu auras	tu auras eu
il aura	il aura eu
nous aurons	nous aurons eu
vous aurez	vous aurez eu
ils auront	ils auront eu
Conditionnel présent	**Conditionnel passé**
j' aurais	j' aurais eu
tu aurais	tu aurais eu
il aurait	il aurait eu
nous aurions	nous aurions eu
vous auriez	vous auriez eu
ils auraient	ils auraient eu

SUBJONCTIF	
Temps simples	**Temps composés**
Présent	**Passé**
que j' aie	que j' aie eu
que tu aies	que tu aies eu
qu'il ait	qu'il ait eu
que nous ayons	que nous ayons eu
que vous ayez	que vous ayez eu
qu'ils aient	qu'ils aient eu
Imparfait	**Plus-que-parfait**
que j' eusse	que j' eusse eu
que tu eusses	que tu eusses eu
qu'il eût	qu'il eût eu
que nous eussions	que nous eussions eu
que vous eussiez	que vous eussiez eu
qu'ils eussent	qu'ils eussent eu

IMPÉRATIF	INFINITIF
Présent	**Présent**
aie	avoir
ayons	**Passé**
ayez	avoir eu

PARTICIPE	
Présent	**Passé**
ayant	eu

Chanter 1er groupe

INDICATIF	
Temps simples	**Temps composés**
Présent	**Passé composé**
je chante	j' ai chanté
tu chantes	tu as chanté
il chante	il a chanté
nous chantons	nous avons chanté
vous chantez	vous avez chanté
ils chantent	ils ont chanté
Imparfait	**Plus-que-parfait**
je chantais	j' avais chanté
tu chantais	tu avais chanté
il chantait	il avait chanté
nous chantions	nous avions chanté
vous chantiez	vous aviez chanté
ils chantaient	ils avaient chanté
Passé simple	**Passé antérieur**
je chantai	j' eus chanté
tu chantas	tu eus chanté
il chanta	il eut chanté
nous chantâmes	nous eûmes chanté
vous chantâtes	vous eûtes chanté
ils chantèrent	ils eurent chanté
Futur simple	**Futur antérieur**
je chanterai	j' aurai chanté
tu chanteras	tu auras chanté
il chantera	il aura chanté
nous chanterons	nous aurons chanté
vous chanterez	vous aurez chanté
ils chanteront	ils auront chanté
Conditionnel présent	**Conditionnel passé**
je chanterais	j' aurais chanté
tu chanterais	tu aurais chanté
il chanterait	il aurait chanté
nous chanterions	nous aurions chanté
vous chanteriez	vous auriez chanté
ils chanteraient	ils auraient chanté

SUBJONCTIF	
Temps simples	**Temps composés**
Présent	**Passé**
que je chante	que j' aie chanté
que tu chantes	que tu aies chanté
qu'il chante	qu'il ait chanté
que nous chantions	que nous ayons chanté
que vous chantiez	que vous ayez chanté
qu'ils chantent	qu'ils aient chanté
Imparfait	**Plus-que-parfait**
que je chantasse	que j' eusse chanté
que tu chantasses	que tu eusses chanté
qu'il chantât	qu'il eût chanté
que nous chantassions	que nous eussions chanté
que vous chantassiez	que vous eussiez chanté
qu'ils chantassent	qu'ils eussent chanté

IMPÉRATIF	INFINITIF
Présent	**Présent**
chante	chanter
chantons	**Passé**
chantez	avoir chanté

PARTICIPE	
Présent	**Passé**
chantant	chanté

Finir 2e groupe

INDICATIF				
Temps simples		**Temps composés**		
Présent		**Passé composé**		
je	finis	j'	ai	fini
tu	finis	tu	as	fini
il	finit	il	a	fini
nous	finissons	nous	avons	fini
vous	finissez	vous	avez	fini
ils	finissent	ils	ont	fini
Imparfait		**Plus-que-parfait**		
je	finissais	j'	avais	fini
tu	finissais	tu	avais	fini
il	finissait	il	avait	fini
nous	finissions	nous	avions	fini
vous	finissiez	vous	aviez	fini
ils	finissaient	ils	avaient	fini
Passé simple		**Passé antérieur**		
je	finis	j'	eus	fini
tu	finis	tu	eus	fini
il	finit	il	eut	fini
nous	finîmes	nous	eûmes	fini
vous	finîtes	vous	eûtes	fini
ils	finirent	ils	eurent	fini
Futur simple		**Futur antérieur**		
je	finirai	j'	aurai	fini
tu	finiras	tu	auras	fini
il	finira	il	aura	fini
nous	finirons	nous	aurons	fini
vous	finirez	vous	aurez	fini
ils	finiront	ils	auront	fini
Conditionnel présent		**Conditionnel passé**		
je	finirais	j'	aurais	fini
tu	finirais	tu	aurais	fini
il	finirait	il	aurait	fini
nous	finirions	nous	aurions	fini
vous	finiriez	vous	auriez	fini
ils	finiraient	ils	auraient	fini

SUBJONCTIF				
Temps simples		**Temps composés**		
Présent		**Passé**		
que je	finisse	que j'	aie	fini
que tu	finisses	que tu	aies	fini
qu'il	finisse	qu'il	ait	fini
que nous	finissions	que nous	ayons	fini
que vous	finissiez	que vous	ayez	fini
qu'ils	finissent	qu'ils	aient	fini
Imparfait		**Plus-que-parfait**		
que je	finisse	que j'	eusse	fini
que tu	finisses	que tu	eusses	fini
qu'il	finît	qu'il	eût	fini
que nous	finissions	que nous	eussions	fini
que vous	finissiez	que vous	eussiez	fini
qu'ils	finissent	qu'ils	eussent	fini

IMPÉRATIF	INFINITIF
Présent	**Présent**
finis	finir
finissons	**Passé**
finissez	avoir fini

PARTICIPE	
Présent	**Passé**
finissant	fini

Aller 3e groupe

INDICATIF				
Temps simples		**Temps composés**		
Présent		**Passé composé**		
je	vais	je	suis	allé(e)
tu	vas	tu	es	allé(e)
il	va	il	est	allé
nous	allons	nous	sommes	allé(e)s
vous	allez	vous	êtes	allé(e)s
ils	vont	ils	sont	allés
Imparfait		**Plus-que-parfait**		
j'	allais	j'	étais	allé(e)
tu	allais	tu	étais	allé(e)
il	allait	il	était	allé
nous	allions	nous	étions	allé(e)s
vous	alliez	vous	étiez	allé(e)s
ils	allaient	ils	étaient	allés
Passé simple		**Passé antérieur**		
j'	allai	je	fus	allé(e)
tu	allas	tu	fus	allé(e)
il	alla	il	fut	allé
nous	allâmes	nous	fûmes	allé(e)s
vous	allâtes	vous	fûtes	allé(e)s
ils	allèrent	ils	furent	allés
Futur simple		**Futur antérieur**		
j'	irai	je	serai	allé(e)
tu	iras	tu	seras	allé(e)
il	ira	il	sera	allé
nous	irons	nous	serons	allé(e)s
vous	irez	vous	serez	allé(e)s
ils	iront	ils	seront	allés
Conditionnel présent		**Conditionnel passé**		
j'	irais	je	serais	allé(e)
tu	irais	tu	serais	allé(e)
il	irait	il	serait	allé
nous	irions	nous	serions	allé(e)s
vous	iriez	vous	seriez	allé(e)s
ils	iraient	ils	seraient	allés

SUBJONCTIF				
Temps simples		**Temps composés**		
Présent		**Passé**		
que j'	aille	que je	sois	allé(e)
que tu	ailles	que tu	sois	allé(e)
qu'il	aille	qu'il	soit	allé
que nous	allions	que nous	soyons	allé(e)s
que vous	alliez	que vous	soyez	allé(e)s
qu'ils	aillent	qu'ils	soient	allés
Imparfait		**Plus-que-parfait**		
que j'	allasse	que je	fusse	allé(e)
que tu	allasses	que tu	fusses	allé(e)
qu'il	allât	qu'il	fût	allé
que nous	allassions	que nous	fussions	allé(e)s
que vous	allassiez	que vous	fussiez	allé(e)s
qu'ils	allassent	qu'ils	fussent	allés

IMPÉRATIF	INFINITIF
Présent	**Présent**
va	aller
allons	**Passé**
allez	être allé

PARTICIPE	
Présent	**Passé**
allant	allé

Dire 3e groupe

INDICATIF				
Temps simples		**Temps composés**		
Présent		**Passé composé**		
je	dis	j'	ai	dit
tu	dis	tu	as	dit
il	dit	il	a	dit
nous	disons	nous	avons	dit
vous	dites	vous	avez	dit
ils	disent	ils	ont	dit
Imparfait		**Plus-que-parfait**		
je	disais	j'	avais	dit
tu	disais	tu	avais	dit
il	disait	il	avait	dit
nous	disions	nous	avions	dit
vous	disiez	vous	aviez	dit
ils	disaient	ils	avaient	dit
Passé simple		**Passé antérieur**		
je	dis	j'	eus	dit
tu	dis	tu	eus	dit
il	dit	il	eut	dit
nous	dîmes	nous	eûmes	dit
vous	dîtes	vous	eûtes	dit
ils	dirent	ils	eurent	dit
Futur simple		**Futur antérieur**		
je	dirai	j'	aurai	dit
tu	diras	tu	auras	dit
il	dira	il	aura	dit
nous	dirons	nous	aurons	dit
vous	direz	vous	aurez	dit
ils	diront	ils	auront	dit
Conditionnel présent		**Conditionnel passé**		
je	dirais	j'	aurais	dit
tu	dirais	tu	aurais	dit
il	dirait	il	aurait	dit
nous	dirions	nous	aurions	dit
vous	diriez	vous	auriez	dit
ils	diraient	ils	auraient	dit

SUBJONCTIF				
Temps simples		**Temps composés**		
Présent		**Passé**		
que je	dise	que j'	aie	dit
que tu	dises	que tu	aies	dit
qu'il	dise	qu'il	ait	dit
que nous	disions	que nous	ayons	dit
que vous	disiez	que vous	ayez	dit
qu'ils	disent	qu'ils	aient	dit
Imparfait		**Plus-que-parfait**		
que je	disse	que j'	eusse	dit
que tu	disses	que tu	eusses	dit
qu'il	dît	qu'il	eût	dit
que nous	dissions	que nous	eussions	dit
que vous	dissiez	que vous	eussiez	dit
qu'ils	dissent	qu'ils	eussent	dit

IMPÉRATIF	INFINITIF
Présent	**Présent**
dis	dire
disons	**Passé**
dites	avoir dit

PARTICIPE	
Présent	**Passé**
disant	dit

Tableaux de conjugaison

Vouloir 3e groupe

INDICATIF	
Temps simples	**Temps composés**
Présent	**Passé composé**
je veux	j' ai voulu
tu veux	tu as voulu
il veut	il a voulu
nous voulons	nous avons voulu
vous voulez	vous avez voulu
ils veulent	ils ont voulu
Imparfait	**Plus-que-parfait**
je voulais	j' avais voulu
tu voulais	tu avais voulu
il voulait	il avait voulu
nous voulions	nous avions voulu
vous vouliez	vous aviez voulu
ils voulaient	ils avaient voulu
Passé simple	**Passé antérieur**
je voulus	j' eus voulu
tu voulus	tu eus voulu
il voulut	il eut voulu
nous voulûmes	nous eûmes voulu
vous voulûtes	vous eûtes voulu
ils voulurent	ils eurent voulu
Futur simple	**Futur antérieur**
je voudrai	j' aurai voulu
tu voudras	tu auras voulu
il voudra	il aura voulu
nous voudrons	nous aurons voulu
vous voudrez	vous aurez voulu
ils voudront	ils auront voulu
Conditionnel présent	**Conditionnel passé**
je voudrais	j' aurais voulu
tu voudrais	tu aurais voulu
il voudrait	il aurait voulu
nous voudrions	nous aurions voulu
vous voudriez	vous auriez voulu
ils voudraient	ils auraient voulu
SUBJONCTIF	
Temps simples	**Temps composés**
Présent	**Passé**
que je veuille	que j' aie voulu
que tu veuilles	que tu aies voulu
qu'il veuille	qu'il ait voulu
que nous voulions	que nous ayons voulu
que vous vouliez	que vous ayez voulu
qu'ils veuillent	qu'ils aient voulu
Imparfait	**Plus-que-parfait**
que je voulusse	que j' eusse voulu
que tu voulusses	que tu eusses voulu
qu'il voulût	qu'il eût voulu
que nous voulussions	que nous eussions voulu
que vous voulussiez	que vous eussiez voulu
qu'ils voulussent	qu'ils eussent voulu
IMPÉRATIF	**INFINITIF**
Présent	**Présent**
veux (veuille)	vouloir
voulons (veuillons)	**Passé**
voulez (veuillez)	avoir voulu
PARTICIPE	
Présent	**Passé**
voulant	voulu

Pouvoir 3e groupe

INDICATIF	
Temps simples	**Temps composés**
Présent	**Passé composé**
je peux (puis)	j' ai pu
tu peux	tu as pu
il peut	il a pu
nous pouvons	nous avons pu
vous pouvez	vous avez pu
ils peuvent	ils ont pu
Imparfait	**Plus-que-parfait**
je pouvais	j' avais pu
tu pouvais	tu avais pu
il pouvait	il avait pu
nous pouvions	nous avions pu
vous pouviez	vous aviez pu
ils pouvaient	ils avaient pu
Passé simple	**Passé antérieur**
je pus	j' eus pu
tu pus	tu eus pu
il put	il eut pu
nous pûmes	nous eûmes pu
vous pûtes	vous eûtes pu
ils purent	ils eurent pu
Futur simple	**Futur antérieur**
je pourrai	j' aurai pu
tu pourras	tu auras pu
il pourra	il aura pu
nous pourrons	nous aurons pu
vous pourrez	vous aurez pu
ils pourront	ils auront pu
Conditionnel présent	**Conditionnel passé**
je pourrais	j' aurais pu
tu pourrais	tu aurais pu
il pourrait	il aurait pu
nous pourrions	nous aurions pu
vous pourriez	vous auriez pu
ils pourraient	ils auraient pu
SUBJONCTIF	
Temps simples	**Temps composés**
Présent	**Passé**
que je puisse	que j' aie pu
que tu puisses	que tu aies pu
qu'il puisse	qu'il ait pu
que nous puissions	que nous ayons pu
que vous puissiez	que vous ayez pu
qu'ils puissent	qu'ils aient pu
Imparfait	**Plus-que-parfait**
que je pusse	que j' eusse pu
que tu pusses	que tu eusses pu
qu'il pût	qu'il eût pu
que nous pussions	que nous eussions pu
que vous pussiez	que vous eussiez pu
qu'ils pussent	qu'ils eussent pu
IMPÉRATIF	**INFINITIF**
Présent	**Présent**
–	pouvoir
	Passé
	avoir pu
PARTICIPE	
Présent	**Passé**
pouvant	pu

Prendre 3e groupe

INDICATIF	
Temps simples	**Temps composés**
Présent	**Passé composé**
je prends	j' ai pris
tu prends	tu as pris
il prend	il a pris
nous prenons	nous avons pris
vous prenez	vous avez pris
ils prennent	ils ont pris
Imparfait	**Plus-que-parfait**
je prenais	j' avais pris
tu prenais	tu avais pris
il prenait	il avait pris
nous prenions	nous avions pris
vous preniez	vous aviez pris
ils prenaient	ils avaient pris
Passé simple	**Passé antérieur**
je pris	j' eus pris
tu pris	tu eus pris
il prit	il eut pris
nous prîmes	nous eûmes pris
vous prîtes	vous eûtes pris
ils prirent	ils eurent pris
Futur simple	**Futur antérieur**
je prendrai	j' aurai pris
tu prendras	tu auras pris
il prendra	il aura pris
nous prendrons	nous aurons pris
vous prendrez	vous aurez pris
ils prendront	ils auront pris
Conditionnel présent	**Conditionnel passé**
je prendrais	j' aurais pris
tu prendrais	tu aurais pris
il prendrait	il aurait pris
nous prendrions	nous aurions pris
vous prendriez	vous auriez pris
ils prendraient	ils auraient pris
SUBJONCTIF	
Temps simples	**Temps composés**
Présent	**Passé**
que je prenne	que j' aie pris
que tu prennes	que tu aies pris
qu'il prenne	qu'il ait pris
que nous prenions	que nous ayons pris
que vous preniez	que vous ayez pris
qu'ils prennent	qu'ils aient pris
Imparfait	**Plus-que-parfait**
que je prisse	que j' eusse pris
que tu prisses	que tu eusses pris
qu'il prît	qu'il eût pris
que nous prissions	que nous eussions pris
que vous prissiez	que vous eussiez pris
qu'ils prissent	qu'ils eussent pris
IMPÉRATIF	**INFINITIF**
Présent	**Présent**
prends	prendre
prenons	**Passé**
prenez	avoir pris
PARTICIPE	
Présent	**Passé**
prenant	pris

Voir 3e groupe

INDICATIF

Temps simples		Temps composés		
Présent		**Passé composé**		
je	vois	j'	ai	vu
tu	vois	tu	as	vu
il	voit	il	a	vu
nous	voyons	nous	avons	vu
vous	voyez	vous	avez	vu
ils	voient	ils	ont	vu
Imparfait		**Plus-que-parfait**		
je	voyais	j'	avais	vu
tu	voyais	tu	avais	vu
il	voyait	il	avait	vu
nous	voyions	nous	avions	vu
vous	voyiez	vous	aviez	vu
ils	voyaient	ils	avaient	vu
Passé simple		**Passé antérieur**		
je	vis	j'	eus	vu
tu	vis	tu	eus	vu
il	vit	il	eut	vu
nous	vîmes	nous	eûmes	vu
vous	vîtes	vous	eûtes	vu
ils	virent	ils	eurent	vu
Futur simple		**Futur antérieur**		
je	verrai	j'	aurai	vu
tu	verras	tu	auras	vu
il	verra	il	aura	vu
nous	verrons	nous	aurons	vu
vous	verrez	vous	aurez	vu
ils	verront	ils	auront	vu
Conditionnel présent		**Conditionnel passé**		
je	verrais	j'	aurais	vu
tu	verrais	tu	aurais	vu
il	verrait	il	aurait	vu
nous	verrions	nous	aurions	vu
vous	verriez	vous	auriez	vu
ils	verraient	ils	auraient	vu

SUBJONCTIF

Temps simples		Temps composés		
Présent		**Passé**		
que je	voie	que j'	aie	vu
que tu	voies	que tu	aies	vu
qu'il	voie	qu'il	ait	vu
que nous	voyions	que nous	ayons	vu
que vous	voyiez	que vous	ayez	vu
qu'ils	voient	qu'ils	aient	vu
Imparfait		**Plus-que-parfait**		
que je	visse	que j'	eusse	vu
que tu	visses	que tu	eusses	vu
qu'il	vît	qu'il	eût	vu
que nous	vissions	que nous	eussions	vu
que vous	vissiez	que vous	eussiez	vu
qu'ils	vissent	qu'ils	eussent	vu

IMPÉRATIF	INFINITIF
Présent	**Présent**
vois	voir
voyons	**Passé**
voyez	avoir vu

PARTICIPE	
Présent	**Passé**
voyant	vu

Venir 3e groupe

INDICATIF

Temps simples		Temps composés		
Présent		**Passé composé**		
je	viens	je	suis	venu(e)
tu	viens	tu	es	venu(e)
il	vient	il	est	venu
nous	venons	nous	sommes	venu(e)s
vous	venez	vous	êtes	venu(e)s
ils	viennent	ils	sont	venus
Imparfait		**Plus-que-parfait**		
je	venais	j'	étais	venu(e)
tu	venais	tu	étais	venu(e)
il	venait	il	était	venu
nous	venions	nous	étions	venu(e)s
vous	veniez	vous	étiez	venu(e)s
ils	venaient	ils	étaient	venus
Passé simple		**Passé antérieur**		
je	vins	je	fus	venu(e)
tu	vins	tu	fus	venu(e)
il	vint	il	fut	venu
nous	vînmes	nous	fûmes	venu(e)s
vous	vîntes	vous	fûtes	venu(e)s
ils	vinrent	ils	furent	venus
Futur simple		**Futur antérieur**		
je	viendrai	je	serai	venu(e)
tu	viendras	tu	seras	venu(e)
il	viendra	il	sera	venu
nous	viendrons	nous	serons	venu(e)s
vous	viendrez	vous	serez	venu(e)s
ils	viendront	ils	seront	venus
Conditionnel présent		**Conditionnel passé**		
je	viendrais	je	serais	venu(e)
tu	viendrais	tu	serais	venu(e)
il	viendrait	il	serait	venu
nous	viendrions	nous	serions	venu(e)s
vous	viendriez	vous	seriez	venu(e)s
ils	viendraient	ils	seraient	venus

SUBJONCTIF

Temps simples		Temps composés		
Présent		**Passé**		
que je	vienne	que je	sois	venu(e)
que tu	viennes	que tu	sois	venu(e)
qu'il	vienne	qu'il	soit	venu
que nous	venions	que nous	soyons	venu(e)s
que vous	veniez	que vous	soyez	venu(e)s
qu'ils	viennent	qu'ils	soient	venus
Imparfait		**Plus-que-parfait**		
que je	vinsse	que je	fusse	venu(e)
que tu	vinsses	que tu	fusses	venu(e)
qu'il	vînt	qu'il	fût	venu
que nous	vinssions	que nous	fussions	venu(e)s
que vous	vinssiez	que vous	fussiez	venu(e)s
qu'ils	vinssent	qu'ils	fussent	venus

IMPÉRATIF	INFINITIF
Présent	**Présent**
viens	venir
venons	**Passé**
venez	être venu

PARTICIPE	
Présent	**Passé**
venant	venu

Faire 3e groupe

INDICATIF

Temps simples		Temps composés		
Présent		**Passé composé**		
je	fais	j'	ai	fait
tu	fais	tu	as	fait
il	fait	il	a	fait
nous	faisons	nous	avons	fait
vous	faites	vous	avez	fait
ils	font	ils	ont	fait
Imparfait		**Plus-que-parfait**		
je	faisais	j'	avais	fait
tu	faisais	tu	avais	fait
il	faisait	il	avait	fait
nous	faisions	nous	avions	fait
vous	faisiez	vous	aviez	fait
ils	faisaient	ils	avaient	fait
Passé simple		**Passé antérieur**		
je	fis	j'	eus	fait
tu	fis	tu	eus	fait
il	fit	il	eut	fait
nous	fîmes	nous	eûmes	fait
vous	fîtes	vous	eûtes	fait
ils	firent	ils	eurent	fait
Futur simple		**Futur antérieur**		
je	ferai	j'	aurai	fait
tu	feras	tu	auras	fait
il	fera	il	aura	fait
nous	ferons	nous	aurons	fait
vous	ferez	vous	aurez	fait
ils	feront	ils	auront	fait
Conditionnel présent		**Conditionnel passé**		
je	ferais	j'	aurais	fait
tu	ferais	tu	aurais	fait
il	ferait	il	aurait	fait
nous	ferions	nous	aurions	fait
vous	feriez	vous	auriez	fait
ils	feraient	ils	auraient	fait

SUBJONCTIF

Temps simples		Temps composés		
Présent		**Passé**		
que je	fasse	que j'	aie	fait
que tu	fasses	que tu	aies	fait
qu'il	fasse	qu'il	ait	fait
que nous	fassions	que nous	ayons	fait
que vous	fassiez	que vous	ayez	fait
qu'ils	fassent	qu'ils	aient	fait
Imparfait		**Plus-que-parfait**		
que je	fisse	que j'	eusse	fait
que tu	fisses	que tu	eusses	fait
qu'il	fît	qu'il	eût	fait
que nous	fissions	que nous	eussions	fait
que vous	fissiez	que vous	eussiez	fait
qu'ils	fissent	qu'ils	eussent	fait

IMPÉRATIF	INFINITIF
Présent	**Présent**
fais	faire
faisons	**Passé**
faites	avoir fait

PARTICIPE	
Présent	**Passé**
faisant	fait

Tableaux de conjugaison

Mettre 3e groupe

INDICATIF				
Temps simples		**Temps composés**		
Présent		**Passé composé**		
je	mets	j'	ai	mis
tu	mets	tu	as	mis
il	met	il	a	mis
nous	mettons	nous	avons	mis
vous	mettez	vous	avez	mis
ils	mettent	ils	ont	mis
Imparfait		**Plus-que-parfait**		
je	mettais	j'	avais	mis
tu	mettais	tu	avais	mis
il	mettait	il	avait	mis
nous	mettions	nous	avions	mis
vous	mettiez	vous	aviez	mis
ils	mettaient	ils	avaient	mis
Passé simple		**Passé antérieur**		
je	mis	j'	eus	mis
tu	mis	tu	eus	mis
il	mit	il	eut	mis
nous	mîmes	nous	eûmes	mis
vous	mîtes	vous	eûtes	mis
ils	mirent	ils	eurent	mis
Futur simple		**Futur antérieur**		
je	mettrai	j'	aurai	mis
tu	mettras	tu	auras	mis
il	mettra	il	aura	mis
nous	mettrons	nous	aurons	mis
vous	mettrez	vous	aurez	mis
ils	mettront	ils	auront	mis
Conditionnel présent		**Conditionnel passé**		
je	mettrais	j'	aurais	mis
tu	mettrais	tu	aurais	mis
il	mettrait	il	aurait	mis
nous	mettrions	nous	aurions	mis
vous	mettriez	vous	auriez	mis
ils	mettraient	ils	auraient	mis

SUBJONCTIF				
Temps simples		**Temps composés**		
Présent		**Passé**		
que je	mette	que j'	aie	mis
que tu	mettes	que tu	aies	mis
qu'il	mette	qu'il	ait	mis
que nous	mettions	que nous	ayons	mis
que vous	mettiez	que vous	ayez	mis
qu'ils	mettent	qu'ils	aient	mis
Imparfait		**Plus-que-parfait**		
que je	misse	que j'	eusse	mis
que tu	misses	que tu	eusses	mis
qu'il	mît	qu'il	eût	mis
que nous	missions	que nous	eussions	mis
que vous	missiez	que vous	eussiez	mis
qu'ils	missent	qu'ils	eussent	mis

IMPÉRATIF	INFINITIF
Présent	**Présent**
mets	mettre
mettons	**Passé**
mettez	avoir mis

PARTICIPE	
Présent	**Passé**
mettant	mis

Partir 3e groupe

INDICATIF				
Temps simples		**Temps composés**		
Présent		**Passé composé**		
je	pars	je	suis	parti(e)
tu	pars	tu	es	parti(e)
il	part	il	est	parti
nous	partons	nous	sommes	parti(e)s
vous	partez	vous	êtes	parti(e)s
ils	partent	ils	sont	partis
Imparfait		**Plus-que-parfait**		
je	partais	j'	étais	parti(e)
tu	partais	tu	étais	parti(e)
il	partait	il	était	parti
nous	partions	nous	étions	parti(e)s
vous	partiez	vous	étiez	parti(e)s
ils	partaient	ils	étaient	partis
Passé simple		**Passé antérieur**		
je	partis	je	fus	parti(e)
tu	partis	tu	fus	parti(e)
il	partit	il	fut	parti
nous	partîmes	nous	fûmes	parti(e)s
vous	partîtes	vous	fûtes	parti(e)s
ils	partirent	ils	furent	partis
Futur simple		**Futur antérieur**		
je	partirai	je	serai	parti(e)
tu	partiras	tu	seras	parti(e)
il	partira	il	sera	parti
nous	partirons	nous	serons	parti(e)s
vous	partirez	vous	serez	parti(e)s
ils	partiront	ils	seront	partis
Conditionnel présent		**Conditionnel passé**		
je	partirais	je	serais	parti(e)
tu	partirais	tu	serais	parti(e)
il	partirait	il	serait	parti
nous	partirions	nous	serions	parti(e)s
vous	partiriez	vous	seriez	parti(e)s
ils	partiraient	ils	seraient	partis

SUBJONCTIF				
Temps simples		**Temps composés**		
Présent		**Passé**		
que je	parte	que je	sois	parti(e)
que tu	partes	que tu	sois	parti(e)
qu'il	parte	qu'il	soit	parti
que nous	partions	que nous	soyons	parti(e)s
que vous	partiez	que vous	soyez	parti(e)s
qu'ils	partent	qu'ils	soient	partis
Imparfait		**Plus-que-parfait**		
que je	partisse	que je	fusse	parti(e)
que tu	partisses	que tu	fusses	parti(e)
qu'il	partît	qu'il	fût	parti
que nous	partissions	que nous	fussions	parti(e)s
que vous	partissiez	que vous	fussiez	parti(e)s
qu'ils	partissent	qu'ils	fussent	partis

IMPÉRATIF	INFINITIF
Présent	**Présent**
pars	partir
partons	**Passé**
partez	être parti

PARTICIPE	
Présent	**Passé**
partant	parti

Savoir 3e groupe

INDICATIF				
Temps simples		**Temps composés**		
Présent		**Passé composé**		
je	sais	j'	ai	su
tu	sais	tu	as	su
il	sait	il	a	su
nous	savons	nous	avons	su
vous	savez	vous	avez	su
ils	savent	ils	ont	su
Imparfait		**Plus-que-parfait**		
je	savais	j'	avais	su
tu	savais	tu	avais	su
il	savait	il	avait	su
nous	savions	nous	avions	su
vous	saviez	vous	aviez	su
ils	savaient	ils	avaient	su
Passé simple		**Passé antérieur**		
je	sus	j'	eus	su
tu	sus	tu	eus	su
il	sut	il	eut	su
nous	sûmes	nous	eûmes	su
vous	sûtes	vous	eûtes	su
ils	surent	ils	eurent	su
Futur simple		**Futur antérieur**		
je	saurai	j'	aurai	su
tu	sauras	tu	auras	su
il	saura	il	aura	su
nous	saurons	nous	aurons	su
vous	saurez	vous	aurez	su
ils	sauront	ils	auront	su
Conditionnel présent		**Conditionnel passé**		
je	saurais	j'	aurais	su
tu	saurais	tu	aurais	su
il	saurait	il	aurait	su
nous	saurions	nous	aurions	su
vous	sauriez	vous	auriez	su
ils	sauraient	ils	auraient	su

SUBJONCTIF				
Temps simples		**Temps composés**		
Présent		**Passé**		
que je	sache	que j'	aie	su
que tu	saches	que tu	aies	su
qu'il	sache	qu'il	ait	su
que nous	sachions	que nous	ayons	su
que vous	sachiez	que vous	ayez	su
qu'ils	sachent	qu'ils	aient	su
Imparfait		**Plus-que-parfait**		
que je	susse	que j'	eusse	su
que tu	susses	que tu	eusses	su
qu'il	sût	qu'il	eût	su
que nous	sussions	que nous	eussions	su
que vous	sussiez	que vous	eussiez	su
qu'ils	sussent	qu'ils	eussent	su

IMPÉRATIF	INFINITIF
Présent	**Présent**
sache	savoir
sachons	**Passé**
sachez	avoir su

PARTICIPE	
Présent	**Passé**
sachant	su

Valoir 3e groupe

INDICATIF	
Temps simples	**Temps composés**
Présent	**Passé composé**
je vaux	j' ai valu
tu vaux	tu as valu
il vaut	il a valu
nous valons	nous avons valu
vous valez	vous avez valu
ils valent	ils ont valu
Imparfait	**Plus-que-parfait**
je valais	j' avais valu
tu valais	tu avais valu
il valait	il avait valu
nous valions	nous avions valu
vous valiez	vous aviez valu
ils valaient	ils avaient valu
Passé simple	**Passé antérieur**
je valus	j' eus valu
tu valus	tu eus valu
il valut	il eut valu
nous valûmes	nous eûmes valu
vous valûtes	vous eûtes valu
ils valurent	ils eurent valu
Futur simple	**Futur antérieur**
je vaudrai	j' aurai valu
tu vaudras	tu auras valu
il vaudra	il aura valu
nous vaudrons	nous aurons valu
vous vaudrez	vous aurez valu
ils vaudront	ils auront valu
Conditionnel présent	**Conditionnel passé**
je vaudrais	j' aurais valu
tu vaudrais	tu aurais valu
il vaudrait	il aurait valu
nous vaudrions	nous aurions valu
vous vaudriez	vous auriez valu
ils vaudraient	ils auraient valu
SUBJONCTIF	
Temps simples	**Temps composés**
Présent	**Passé**
que je vaille	que j' aie valu
que tu vailles	que tu aies valu
qu'il vaille	qu'il ait valu
que nous valions	que nous ayons valu
que vous valiez	que vous ayez valu
qu'ils vaillent	qu'ils aient valu
Imparfait	**Plus-que-parfait**
que je valusse	que j' eusse valu
que tu valusses	que tu eusses valu
qu'il valût	qu'il eût valu
que nous valussions	que nous eussions valu
que vous valussiez	que vous eussiez valu
qu'ils valussent	qu'ils eussent valu
IMPÉRATIF	**INFINITIF**
Présent	**Présent**
vaux	valoir
valons	**Passé**
valez	avoir valu
PARTICIPE	
Présent	**Passé**
valant	valu

Devoir 3e groupe

INDICATIF	
Temps simples	**Temps composés**
Présent	**Passé composé**
je dois	j' ai dû
tu dois	tu as dû
il doit	il a dû
nous devons	nous avons dû
vous devez	vous avez dû
ils doivent	ils ont dû
Imparfait	**Plus-que-parfait**
je devais	j' avais dû
tu devais	tu avais dû
il devait	il avait dû
nous devions	nous avions dû
vous deviez	vous aviez dû
ils devaient	ils avaient dû
Passé simple	**Passé antérieur**
je dus	j' eus dû
tu dus	tu eus dû
il dut	il eut dû
nous dûmes	nous eûmes dû
vous dûtes	vous eûtes dû
ils durent	ils eurent dû
Futur simple	**Futur antérieur**
je devrai	j' aurai dû
tu devras	tu auras dû
il devra	il aura dû
nous devrons	nous aurons dû
vous devrez	vous aurez dû
ils devront	ils auront dû
Conditionnel présent	**Conditionnel passé**
je devrais	j' aurais dû
tu devrais	tu aurais dû
il devrait	il aurait dû
nous devrions	nous aurions dû
vous devriez	vous auriez dû
ils devraient	ils auraient dû
SUBJONCTIF	
Temps simples	**Temps composés**
Présent	**Passé**
que je doive	que j' aie dû
que tu doives	que tu aies dû
qu'il doive	qu'il ait dû
que nous devions	que nous ayons dû
que vous deviez	que vous ayez dû
qu'ils doivent	qu'ils aient dû
Imparfait	**Plus-que-parfait**
que je dusse	que j' eusse dû
que tu dusses	que tu eusses dû
qu'il dût	qu'il eût dû
que nous dussions	que nous eussions dû
que vous dussiez	que vous eussiez dû
qu'ils dussent	qu'ils eussent dû
IMPÉRATIF	**INFINITIF**
Présent	**Présent**
dois	devoir
devons	**Passé**
devez	avoir dû
PARTICIPE	
Présent	**Passé**
devant	dû

Craindre 3e groupe

INDICATIF	
Temps simples	**Temps composés**
Présent	**Passé composé**
je crains	j' ai craint
tu crains	tu as craint
il craint	il a craint
nous craignons	nous avons craint
vous craignez	vous avez craint
ils craignent	ils ont craint
Imparfait	**Plus-que-parfait**
je craignais	j' avais craint
tu craignais	tu avais craint
il craignait	il avait craint
nous craignions	nous avions craint
vous craigniez	vous aviez craint
ils craignaient	ils avaient craint
Passé simple	**Passé antérieur**
je craignis	j' eus craint
tu craignis	tu eus craint
il craignit	il eut craint
nous craignîmes	nous eûmes craint
vous craignîtes	vous eûtes craint
ils craignirent	ils eurent craint
Futur simple	**Futur antérieur**
je craindrai	j' aurai craint
tu craindras	tu auras craint
il craindra	il aura craint
nous craindrons	nous aurons craint
vous craindrez	vous aurez craint
ils craindront	ils auront craint
Conditionnel présent	**Conditionnel passé**
je craindrais	j' aurais craint
tu craindrais	tu aurais craint
il craindrait	il aurait craint
nous craindrions	nous aurions craint
vous craindriez	vous auriez craint
ils craindraient	ils auraient craint
SUBJONCTIF	
Temps simples	**Temps composés**
Présent	**Passé**
que je craigne	que j' aie craint
que tu craignes	que tu aies craint
qu'il craigne	qu'il ait craint
que nous craignions	que nous ayons craint
que vous craigniez	que vous ayez craint
qu'ils craignent	qu'ils aient craint
Imparfait	**Plus-que-parfait**
que je craignisse	que j' eusse craint
que tu craignisses	que tu eusses craint
qu'il craignît	qu'il eût craint
que nous craignissions	que nous eussions craint
que vous craignissiez	que vous eussiez craint
qu'ils craignissent	qu'ils eussent craint
IMPÉRATIF	**INFINITIF**
Présent	**Présent**
crains	craindre
craignons	**Passé**
craignez	avoir craint
PARTICIPE	
Présent	**Passé**
craignant	craint

Index des auteurs et autrices

Index des artistes

Table des illustrations

3-h ph © Heritage Images/Aurimages
3-hm ph © André Sanchez/Neutral Grey/saif images
3-m ph © Photo Josse/Bridgeman Images
3-mb © Louis Delsarte (DR) – ph © Randy Duchaine/Alamy Stock Photo
3-b © Adagp, Paris, 2022 – Cliché : Adagp images
5 Coll. Archives Hatier
6 ph © bmf-foto.de/stock.adobe.com
7 Coll. Stockholms Schacksalonger
8 © Selçuk Demirel
9 ph © Giancarlo Botti/Gamma Rapho
10 ph © Dna Films/Film4/Everett/Aurimages
14 ph © akg-images/Rabatti & Domingie
15-h ph © Centre Pompidou, MNAM-CCI, Dist. RMN-Grand Palais/Philippe Migeat
15-b © Lucia Heffernan - www.luciaheffernan.com
17 ph © Bridgeman Images
19 © 2022 Banco de México Diego Rivera Frida Kahlo Museums Trust, Mexico, D.F./Adagp, Paris – ph © Archivart/Alamy Stock Photo
20 © L'Association
22 Coll. Fonds Albert Camus, Cité du Livre d'Aix-en-Provence
23-h © Andrew Macara/Bridgeman Images
23-b ph © Heritage Images/Aurimages
24 ph © Fine Art Images/Bridgeman Images
25-hg © Éditions Gallimard
25-hm © Lisez !
25-hd © Éditions Gallimard
25-b © Éditions Gallimard
26-1 ph © Kurt Hutton/Picture Post/Hulton Archive/Getty Images
26-2 ph © René Saint Paul/Bridgeman images
27-3 © Éditions Gallimard
27-4 ph © Keystone-France/Gamma-Keystone via Getty Images
27-5 Coll. Galdoc-Grob/Kharbine-Tapabor
29 © Succession Picasso 2022 – ph © Bequest of Robert H. Tannahill/Bridgeman Images
30 ph © Pierre Jamet
33 ph © Bridgeman Images
35 dépôt au MUCEM (Marseille) – ph © MHFA/Frédéric Jaulmes
36 © Éditions Gallimard Jeunesse
40 ph © prostooleh/stock.adobe.com
43-hg © Éditions Gallimard
43-mg ph © Ulf Andersen/Aurimages
43-hd © Le Livre de Poche
43-bd © Jerico Films, Pathé Films, Nexus Factory, Umedia, TF1 Studio Production
44-h Coll. Fonds Albert Camus, Cité du Livre d'Aix-en-Provence
44-b ph © Leonid Andronov/stock.adobe.com
46 Coll. United States Holocaust Memorial Museum, Washington
47-h © Wallstein Verlag, Göttingen 1998
47-b ph © Allard Bovenberg/Anne Frank Fonds - Basel via Getty Image
48 C. Mauriac © Archives familiales. Remerciements à Nathalie Mauriac Dyer et aux éditions Textuel
49-h ph © Pascal Pavani/AFP
49-b ph © Anne Frank Fonds - Basel via Getty Images
51 © Éditions Calmann-Lévy, 2017, 2019
52 ph © Films Christian Fechner/Renn Productions/BBQ_DFY/Aurimages
55 © Adagp, Paris, 2022 – ph © Célia Pernot
56 ph © Anastasia Petrova/Shutterstock
57 © Samuel Bak, Image Courtesy of Pucker Gallery
58,59 Coll. Musée historique juif d'Amsterdam © Charlotte Salomon Foundation
59-b © Éditions Gallimard
62 Jean-Claude Moscovici et sa petite sœur, *Voyage à Pitchipoï* (1995) © L'École des loisirs
65-h, m © Éditions Calmann-Lévy, 2017, 2019
65-bg © Éditions du Seuil
65-bd © NEF - Nouvelles Éditions de Films
66 ph © BnF, Paris
67-h ph © Cranach/stock.adobe.com
67-b ph © André Sanchez/Neutral Grey/saif images
68-h, b ph © BnF, Paris
69 © Rodho
71 Coll. Archives Hatier
73 ph © Halas & Batchelor/Bridgeman Images
74 © Casterman
77 © A. C. Farley 2022
78 ph © Robin Jackson (DR)
80 ph © nerthuz/stock.adobe.com
81 ph © NPL - DeA Picture Library/Bridgeman Images
83 ph © De Agostini Picture Library/G. Cigolini/Bridgeman Images
87-hg © Magnard
87-mg ph © Lebrecht Authors/Bridgeman Images
87-bg © Flammarion
87-bd ph © Le Livre de Poche
88-h © Philippe Geluck
88-b © Rodho
91 © Phil Umbdenstock
92 ph © Realdee/Shutterstock
95 © Rémi MalinGrëy/Iconovox
96 © Angel Boligán/www.caglecartoons.com
97 © Magnard
98 © PAN - www.pan.be
100 © Teatro della Concordia (DR)
101-h, 1 ph © Jean Bernard/Bridgeman Images
101-h, 2 ph © Ministère de la Culture - Médiathèque de l'architecture et du patrimoine, Dist. RMN-Grand Palais/Studio Harcourt
101-h, 3,4 ph © Photo Josse/Bridgeman Images
101-md ph © bmf-foto.de/stock.adobe.com
101-bg ph © Sersoll/stock.adobe.com
101-bd © Les Films Christian Fechner – Collection Christophel
102 © Adagp, Paris, 2022 – image : Cabinet Poulain
103-h ph © The Granger Collection/Aurimages
103-b ph © Pascal Gely
104-hd ph © akg-images/David Parker/Science Photo Library
104-mg ph © North Wind Pictures/Bridgeman Images
105-hd ph © Studio Lipnitzki/Roger-Viollet
105-mg ph © François Guillot/AFP
106 ph © Ken Welsh/Bridgeman Images
107 ph © Roger Pic/BnF, Paris
109 ph © DR
110-h, b Coll. The Metropolitan Museum of Art, New York
111-hd ph © Photo Josse/Bridgeman Images
111-mg © The Estate of Francis Bacon/All rights reserved/Adagp, Paris and DACS, London 2022 – Coll. Musée Berardo - photo : DMF
113 ph © akg-images
114 ph © Archives Charmet/Bridgeman Images
115 ph © Studio Lipnitzki/Roger-Viollet
116 ph © Ozgur Guvenc/123rf
117 ph © Jack Garofalo/PARISMATCH/SCOOP
119 ph © Jean Bernard/Bridgeman Images
121 © Arco Film/Somafis – Collection Christophel
123 © Éditions Hatier
124 © François Saint Remy
125-h © Adagp, Paris, 2022 – ph © Bridgeman Images
125-b ph © Filip Van Roe
126-h ph © Ministère de la Culture -Médiathèque de l'architecture et du patrimoine, Dist. RMN-Grand Palais/Paul Castelnau
126-b ph © Lux-in-Fine/Bridgeman Images
127 ph © Émile Zeizig
128 ph © Heritage Images/The Print Collector/akg-images
129 ph © Photo Josse/Bridgeman Images
131 ph © Dominique Camard
132 ph © Sara Krulwich/The New York Times-REDUX-REA
135 ph © Jean-Julien Kraemer
136 ph © Auditus, CC BY-SA 3.0
137 ph © Xavier Boyaud
139 Coll. AM ville d'Hyères (10Num518)
143-hg © Éditions Gallimard

143-mg	ph © Ministère de la Culture - Médiathèque de l›architecture et du patrimoine, Dist. RMN-Grand Palais/Studio Harcourt
143-hd	© Lansman
143-bd	© ADCB Films, Manchester Films, France 2 Cinéma
144-h	Coll. La Contemporaine
144-b	Coll. Musée de la Résistance, Limoges – ph © Vincent Schrive
145-mg	Coll. La Contemporaine
145-md	© Adagp, Paris, 2022 – ph © Bridgeman Images
145-bg	ph © Photo Josse/Bridgeman Images
146	© Sandro Del Prete
147-h	ph © Phil Bray/Netflix – Collection Christophel
147-b	© Casterman
148-mg	© Éditions Hatier
148-mm	© Flammarion
148-md	© Hachette
148-bg	© Flammarion
148-bd	© Éditions Gallimard
149	© Flammarion
151	© Adagp, Paris, 2022 – ph © CCI/Bridgeman Images
152	Coll. Stockholms Schacksalonger
155	© Casterman
157	© Adagp, Paris, 2022 – ph © Centre Pompidou, MNAM-CCI, Dist. RMN-Grand Palais/image Centre Pompidou, MNAM-CCI
159-h	ph © akg-images/Imagno/Franz Xave
159-b	ph © Philippe Halsman/Magnum Photos
163-hg	© Éditions Thierry Magnier
163-mg	ph © Céline Nieszawer/Leextra
163-hd	© Flammarion
163-bd	© Waiting for Cinéma
164-g	ph © Sophie Bassouls/Bridgeman Images
164-d	© Selçuk Demirel
165	ph © Collection Gregoire/Bridgeman Images
167	ph © David Turnley/Corbis/VCG via Getty Images
169	© Leonid Baranov (DR)
170	© Collectif H.A.D. (DR)
172-hd	© Flammarion
172-m	ph © Monkey Business/stock.adobe.com
173-bg	© Belin - Gallimard
173-bd	© Flammarion
175-hg	© Le Livre de Poche
175-mg	ph © Stefano Bianchetti/Bridgeman Images
176	CC0 Paris Musées/Musée Carnavalet
177-h	ph © Chris Steele-Perkins/Magnum Photos
177-b	ph © Nicholas Kamm/AFP
178	ph © Jose Luis Pelaez Inc/Getty Images
180-h	ph © Ashmolean Museum/Bridgeman Images
180-b	ph © akg/North Wind Picture Archives
181-md	ph © AGIP/Bridgeman Images
181-bg	ph © Gilbert Uzan/Gamma
183	ph © Paris - Musée de l'Armée, Dist. RMN-Grand Palais/image musée de l'Armée
185	ph © NASA/Bill Anders
186,187	© Éditions Gallimard Jeunesse
189	ph © Dalmas/Sipa
190	© UN WOMEN
192	ph © REUTERS/Carlos Jasso
195	ph © apomares/Getty Images
199-hg	© Éditions Gallimard
199-mg	ph © PA Images/Alamy Stock Photo
199-hd	© My Box Productions – Collection Christophel
199-bd	© Actes Sud Junior
200	ph © dglimages/stock.adobe.com
202-h	ph © AGIP/Bridgeman Images
202-b	ph © Giancarlo Botti/Gamma Rapho
203	© Adagp, Paris, 2022 – ph © akg-images
205	ph © akg-images/François Guénet
207	© Adagp, Paris, 2022
209	© Adagp, Paris, 2022 – ph © akg-images
210	© Adagp, Paris, 2022 – ph © Centre Pompidou, MNAM-CCI, Dist. RMN-Grand Palais/ Jacques Faujour
212	© Alain Arnouil
213-h	© Adagp, Paris, 2022 – ph © Succession Wifredo lam
213-b	ph © docpix.fr
214	Jame's Prunier, « Le voyage de la Marie-Séraphique » in Jean Meyer, *Esclaves et négriers* © Éditions Gallimard
215-h	© L'Étudiant noir (DR)
215-b	© Dispat Films/Gemma – Collection Christophel
217	© Adagp, Paris, 2022 – Image : National Gallery of Art, Washington
218	ph © H. Armstrong Roberts/ Classicstock/Getty Images
219	© Louis Delsarte (DR) – ph © Randy Duchaine/Alamy Stock Photo
220	© Lobie Cognac – ph © Patrick Ingremeau (DR)
223	ph © akg-images
224	© Adagp, Paris, 2022 – ph © Jean-Yves Lacôte
226	© Adagp, Paris, 2022 – ph © BnF, Paris
229	ph © Manuel Cohen/Aurimages
233-hg	© Flammarion
233-mg	ph © Basso Cannarsa/Opale. photo
233-hd	© Le Livre de Poche
233-bd	ph © Alain Jocard/AFP
234	ph © Everett Collection/Aurimages
235-h	ph © SunsetBox/AllPix/Aurimages
235-bg	ph © Paramount Pictures/BBQ_DFY/ Aurimages
235-bd	© 20th Century Fox – Collection Christophel
236-h	ph © Méliès/Everett/Aurimages
236-b	ph © PVDE/Bridgeman Images
237-h	ph © Everett Collection/Aurimages
237-b	ph © Warner Bros/BBQ_DFY/ Aurimages
239	Leloup © Dupuis, 2022
240	ph © Rolls Press/Popperfoto/Getty Images
243	ph © 20th Century Fox/Everett/ Aurimages
245	ph © RM Studio/Shutterstock
247	ph © Granger/Bridgeman Images
249	© SpaceX (DR)
253-hg	© Lisez !
253-mg	ph © Philippe Hupp/Bridgeman Images
253-hd	© J'ai Lu
253-bd	© Esperanto Filmoj ; Reality Media ; Warner Bros. Heyday Films
255	© Alex Alice/Les Utopiales
256	© Dessin : Jean Giraud Mœbius (1971)
257-hd	ph © Lucasfilm/Bad Robot/Walt Disney Studios/Everett/Aurimages
257-mg	© Adagp, Paris, 2022 – Cliché : Adagp images
259	© Claire Courdavault
261	© The Ladd Company/Shaw Brothers – Collection Christophel
262	ph © Ufa/Everett/Aurimages
263	© Stanza – ph © Quentin Chevrier
264	ph © Dna Films/Film4/Everett/ Aurimages
267	© Ankama Éditions, 2020
270	ph © Walt Disney Studios Motion Pictures/courtesy Everett Collection/Aurimages
273-h	© Éditions Hatier
273-bg	© The Ladd Company, Shaw Brothers, Blade Runner Partnership
273-bd	© Éditions Grasset
274	© Belin - Gallimard
286	ph © Aurimages/Mary Evans/AF Archive/New Line Cinema
287-g	ph © nstanev/stock.adobe.com
287-d, md	ph © positiveimagellc/ stock.adobe.com
303	© Salvador Dalí, Fundació Gala-Salvador Dalí/Adagp, Paris 2022 – ph © Christie's Images/ Bridgeman Images
323	Coll. National Gallery of Art, Washington
325	ph © Martin Harvey/Alamy Stock Photo
327	ph © Robert Doisneau/Gamma Rapho
335	© Adagp, Paris, 2022 – ph © akg-images
337	Coll. Musée des Beaux-Arts, Rouen
351	© The Easton Foundation/Adagp, Paris 2022 – ph © Naotake Murayama, CC BY 2.0. Architecte : Frank Gehry
357	ph © akg-images/Erich Lessing
373	ph © Vizerskaya/Getty Images

DR : Malgré nos efforts, il nous a été impossible de joindre les ayants-droit de certains documents pour solliciter l'autorisation de reproduction, mais nous avons naturellement réservé en notre comptabilité des droits usuels.

Achevé d'imprimer en France par Pollina - 13557 – Dépôt légal : 08583-1/01 - Avril 2022

IMPRIM'VERT®

Les épreuves du contrôle final du Brevet
(400 points)

→ Réussir mon année de 3e en français p. 13

5 ÉPREUVES

FRANÇAIS
3h • écrit ★ 100 points

MATHÉMATIQUES
2h • écrit ★ 100 points

SCIENCES
1h • écrit ★ 50 points

ORAL
15 min • oral (seul) ★ 100 points
ou 25 min • oral (en groupe) ★ 100 points

HISTOIRE GÉOGRAPHIE EMC
2h • écrit ★ 50 points

Vous obtenez le Brevet si vous atteignez au moins **400** points sur **800**.

Avec la mention :

- **Assez bien** : + de **480** points
- **Bien** : + de **560** points
- **Très bien** : + de **640** points

L'épreuve de français

FRANÇAIS ÉPREUVE ÉCRITE
3h ★ 100 points

=

Questions sur le texte littéraire et l'image
→ Compréhension et compétences d'interprétation (sur le texte et sur l'image)
→ Grammaire et compétences linguistiques (vocabulaire, grammaire, réécriture)
1h10 ★ 50 points

+

Dictée
20 min ★ 10 points

+

Rédaction
Deux sujets au choix
→ Sujet de réflexion
→ Sujet d'imagination
1h30 ★ 40 points